History and Theology

歴史と神学

大木英夫教授喜寿記念献呈論文集

上巻

古屋安雄／倉松 功
近藤勝彦／阿久戸光晴［編］

聖学院大学出版会

大木英夫教授近影

献呈の辞

本書は大木英夫先生の喜寿を記念した献呈論文集である。大木先生は東京神学大学の組織神学教授として久しく教鞭を取られ、さらに学校法人聖学院の理事長ならびに院長として、聖学院大学および同大学院の設立を指導された。本年一〇月二八日には、七七歳の誕生日を迎えられる。

本書の執筆者は、主として東京神学大学において先生から神学の指導を受けた者たち、それに聖学院大学大学院や総合研究所、その他学会等を通して先生の謦咳に触れた者たち、あるいは両大学との関わりや研究会を通して先生との交わりにある人々である。

献呈論文集の企てのために編集世話人会を発足させ、論文の寄稿を呼びかけたのは、すでに今年の夏に入る頃で、きわめて急なことであったと言わなければならない。それにもかかわらず、予想を越えて、多数の方々の寄稿、あるいは寄稿の約束をいただくことができた。その結果、かなり大部の論文集になる見通しになったため、二分冊の形で出版することにした次第である。第一分冊をまず先生の喜寿の年に合わせて本年出版し、第二分冊は来年に出版される予定である。

論文集全体の構成については、編集世話人会に特定の構想があったわけではない。寄稿者それぞれの自由な意図に従って論文を寄せていただいた。しかし結果的には大木先生の広範囲にわたる学問的業績と関心に対し、ある程度対応した構成になったのではないかと思われる。

論文集の表題『歴史と神学』は、寄せられた多くの論文に基づきながら編集世話人会が二、三の表題を用意し、その中から先生ご自身によって選定していただいた。大木先生ご自身の神学を表現する表題にもなったと思われる。大木先生ご自身の神学的業績の詳細については、第二分冊の巻末に収録を予定している著作リストによって概観していただけるであろう。

大木先生の神学は、正典としての聖書に基づきつつ、社会変動の歴史的動向を洞察し、その上で人間と世界、また日本の現実の深層次元に肉薄する衝撃力に富んだ思想である。その内容はエネルギッシュな「政策力」となって展開されるところにその真骨頂があると言ってよい。思想の前面に「共同体形成」の意志が打ち出され、古い日本の共同体を「新しい共同体」へと転換させる気迫が鮮明に表明される。先生はご自分の神学と思想を数多くの著作によって展開しておられるが、その神学を、教会形成の実践を通し、また幼稚園から大学院までを含む聖学院諸学校の学校形成を媒介にして、さらにはさまざまな研究会活動を指導されることを通して、パブリックな地平に及ぶ形で「政策的」に実現する努力を傾けてこられた。

本書成立の背景には、大木先生をめぐる豊かな学問と信仰の交流があるが、その人的交流も既述の先生ご自身の神学思想にある「新しい共同体」の形成意志とその「政策的遂行」の働きが具体的に実を結んでいるものと言い得るであろう。

主なる神は、大木先生に「神学する力」と共に、「神学することを教える力」を与え、また「神学を政策的に遂行する力」を与えられた。その豊かなカリスマの中には、責任を負う情熱とそれを果たしていく健康も含まれていて、先生は今年、健やかなご活躍のうちに喜寿を迎えられた。私たち一同、先生から受けたこれまでのご指導とご交誼に心からの感謝を込め、主なる神が今後も先生のご健康と使命達成の上に一層の祝福と導きとを与えてくださるよう祈りつつ、本書を喜寿記念論文集として献呈する次第である。

二〇〇五年九月二三日

編集世話人会を代表して
近藤　勝彦

「大木英夫教授喜寿記念献呈論文集」出版発起人（五十音順）

相澤　一
阿久戸光晴
阿部洋治
有賀　貞
鵜沼裕子
梅津順一
エーハン、ディヴィッド・大木
（Ahearn, David Oki）
大澤　麦
小倉義明
オット、ハインリヒ
（Ott, Heinrich）
金子晴勇
菊地　順
倉松　功
黒木　章
グラーフ、フリードリヒ・ヴィルヘルム
（Graf, Friedrich Wilhelm）
グレイ、パトリック
（Gray, Patrick）
郡司篤晃
高　萬松
（こう・まんすん）
近藤勝彦
佐藤司郎
佐野正子
清水　正
標　宣男
標　宮子
高橋義文
田中豊治
田中　浩
寺田正義
東方敬信
中村磐男
洛　雲　海
（なく・うんへ）
西谷幸介
ハウズ、グラハム
（Howes, Graham）
朴　憲郁
（ぱく・ほんうく）
深井智朗
藤原淳賀
古屋安雄
ヘッセリンク、I・ジョン
（Hesselink, I. John）
松谷好明
森本あんり
八木誠一
安酸敏眞
山形和美
山口隆康
山口　博
横手征彦
渡邉守道

目次——大木英夫先生喜寿記念献呈論文集（上巻）

大木英夫先生喜寿記念献呈論文集下巻　目次

I　ラインホールド・ニーバー

R・ニーバーとW・ラウシェンブッシュ

古屋安雄

ラインホールド・ニーバーは第二次世界大戦後に、我が国でキリスト教界を越えて知られるようになったアメリカの神学者であるが、ウォルター・ラウシェンブッシュは戦前の昭和初期の学生キリスト教運動や「神の国」運動などで知られていたものの、戦後は全く忘れられたアメリカの神学者である。アメリカでも、全くではないが殆ど忘れられている神学者である、といって過言ではないであろう。しかし、ニーバーを正しく理解するためにも、ラウシェンブッシュを無視することはできない。後者なくして、前者はあり得なかったと思うからである。

（1）まず両人とも、その名前から分かるように、ドイツ系のアメリカ人である。時代は異なるものの、二人ともいわゆる二世である。ラウシェンブッシュは一八六一年にニューヨーク州のロチェスターに生まれている（亡くなったのは同地で一九一八年）。父親のオーガストはウエストファレンで五代も続いた牧師の子孫であるが、敬虔主義の牧師となり、そのこともあって、一八四六年に三〇歳でアメリカに移住したときに、バプテスト教会（その前年に奴隷制を巡って分裂したいわゆる北バプテスト）に転会している（以下のラウシェンブッシュに関することは主として次の伝記による。Christopher H. Evans, *The Kingdom Is Always but Coming : A Life of Walter Rauschenbusch,* 2004）。

ニーバーは一八九二年にミズーリ州のライトシテイに生まれている（亡くなったのはマサチュセッツ州のストックブリッジで一九七一年）。父親のグスタフはやはりウエストファレンのオランダ国境に近いところの出身であるが、やはり敬虔主義者であった。一八八一年に一八歳のときにアメリカに移住したが、殆どギムナジウムを卒業したばかりであった。その四年後に北米ドイツ福音教会のイーデン神学校で学んで牧師となっている（以下のニーバーに関することは主として次の二冊の伝記による。Richard W. Fox, *Reinhold Niebuhr : A Biography*, 1985 ; Charles C. Brown, *Niebuhr and His Age, Reihold Niebuhr's Prophetic Role and Legacy*, New Edition, 2002. 高橋義文訳、『ニーバーとその時代――ラインホールド・ニーバーの預言者的役割とその遺産』、二〇〇四）。

したがって、両人の間には父親と息子くらいの差異、約三〇年間の違いがある。ドイツ系移民の歴史を研究するうえでも、両人の時代の違いを知ることは興味深いが、両人とも二世であるので家庭ではドイツ語でしゃべって育っている。もちろん学校では英語を学ぶので、それこそバイリンガルであったが、両人ともドイツ語にはきわめて堪能であった。このことは我が国の神学者がよくわきまえておくべきことである。なぜなら、アメリカ神学はドイツ神学を知らないという誤解が広まっているからである。あるいは、アメリカ神学にはドイツ神学の深みに欠ける、と思い込んでいる風潮があるからである。

しかしながら、同じ二世であっても、その学校教育において差異がみとめられる。時代の違いかもしれないが、ニーバーはアメリカだけでしか学校教育を受けていない。一方ラウシェンブッシュはドイツに留学している。つまり、彼は一八歳のとき、アメリカの大学に行くかわりに、ドイツはウエストファレンのギムナジウム（高等学校）で四年間（一八七九―八三）学んだ。これはもちろん、父親のオーガストがドイツの教育制度のほうが、当時のアメリカのそれよりも優れていると信じていたことによるものである。その若いときに四年間も留学していたという文化的な影響は大きかった。

帰国してからロチェスター大学の四年生となり、ロチェスター神学大学院に入学し、そこを卒業しているが、その間むろんドイツ的なものはなくなっていない。これはのちに牧師になってからであるが、一八九一年と一九〇七年には休暇をとって、それぞれの一年の間に、ベルリン、キール、マルブルグなどのドイツの大学で神学の研究をしている。

それあってか、ラウシェンブッシュは終始、親ドイツ的であった。このことが、第一次世界大戦のときに彼の「社会福音」(Social Gospel) 運動に支障を来たしたと言われるほどであった。ということは、彼はドイツが野蛮だというアメリカの一般的な風潮に組みせず、むしろ文化的に優れていると信じていた。むしろ、反イギリス的であったという。

ところが、同じ二世であっても、ニーバーはきわめて親イギリス的である。それは既に第一次世界大戦のときもそうであったし、のちにイギリス人を妻としたのみならず、そのナチス嫌いは彼の個人的な「イギリス好み」からきたものだとさえ言われた。このように彼はドイツ系でありながら、好みや考え方はむしろアングロ・アメリカ的である。これは移民の二世によく見られる現象であって、かれらの親の祖国に対する両義的な感情の反応である。その国にたいしてある二世は好感を示すが、ある二世は嫌悪感を示す。それがたまたまラウシェンブシュとニーバーに表われたのであろう。その親たちの神学とも関係があるかもしれない。オーガストは終始保守的であり、神学校の教育もドイツ語から英語に変わるのに時間がかかっている。グスタフは神学的には福音的ではあったがリベラルでもあり、早くから、英語化を主張していた。彼らの祖国に対する感情に息子たちは反応しているのであるから、父親たちと息子たちの心理分析が必要なのかもしれない。それはとにかく、はっきりしていることは、若きニーバーが同じドイツ系のラウシェンブシュに全く関心を示していないことである。

そのことはまずニーバーの神学教育に見られる。イエール大学の大学院で学ぶまえのエルムハースト・カレッジとイーデン神学校の教育は、ドイツ語によるそれこそ移民的な教育であった。それゆえに数年後にイエールの大学院で学んだときには英語力に限界があったというほどであった。

ニーバーはイエールで初めて、いわゆるアングロ・アメリカンの文化と教育に触れるのであるが、ここで奇妙なことに、ニーバーは、イエールを初めとする一流の神学大学院で当時流行していた「社会福音」、とりわけその代表的な神学者であるラウシェンブッシュに全く興味を示していない。そこでは、カナダ人のダグラス・マッキントッシュのもとで論文を書いているが、その準備としては、最もアメリカ的なウイリアム・ジェームズの心理学や哲学を読んでいる。

(2) 「社会福音」というのは、一九世紀後半から二〇世紀初頭にかけて、アメリカで支配的なキリスト教運動であった。アメリカ教会史家のロバート・ハンディは『アメリカにおける社会福音』を編集しているが、「一八七〇—一九二〇」とこの運動の期間を限定し、さらに「グラッデン・エリー・ラウシェンブッシュ」の三人をとりあげている (Robert T. Handy, ed., *The Social Gospel in America, 1870–1920*, Gladden・Ely・Raushenbush, 1966)。

ワシントン・グラッデン(一八三六—一九一八)は「社会福音の父」と呼ばれる人物で、長らくオハイオ州コロムバス市の第一会衆教会の牧師で有名な説教家あった。リチャード・エリー(一八五四—一九四三)は、ハイデルベルク大学で博士号をとったが、ジョンズ・ホプキンス大学とウイスコンシン大学の政治経済学の教授をつとめ、聖公会に属した信徒であるが、教会のみならず学会にも社会福音を広めた学者である。いうまでもなくラウシェンブッシュは北バプテストの牧師で、ロチェスター神学大学院の教授であるが、その著書をとおして「社会福音の神学者」と目されていた人物である。

これらの人々のほかに、ジョサイア・ストロング（会衆派牧師）、シェイラー・マシュウズ（シカゴ大学神学教授、北バプテスト）など沢山の有名な推進者や支持者がいて、社会福音運動は広がりをもつようになっていた。この運動がいかに当時のアメリカ教会を動かしたかは、彼らが中心となって一九〇八年に創立した教会連盟協議会（Federal Council of Churches）に見られる。これが今日の全米教会協議会（NCC）の前身であり、いわゆるエキュメニズムのはしりであるが、それは教会の社会問題への取組から始まったものであった。ただ、社会福音を推進した人々は、同時に聖書の歴史研究を導入した自由主義神学者でもあったので、伝統的な保守主義神学に立った人々とは衝突したのである。

しかしながら、現代から見れば、社会福音の人々が主張したことは、当然の事柄であった。例えば、労働組合の結成、労働時間の制限、最低労働賃金の制度、児童労働の禁止、社会福祉の法律制定などである。現代なら都会に公園があるのは常識であるが、これももとは社会福音が、自然の豊かな田舎から都市にやって来た貧しい労働者たちのために設けたものであった。YMCAに運動場やプールを設けたのも、もとは社会福音が貧しい労働者の青少年に（その多くはアフリカ系）、人間らしい生活を保証するためであった。彼らは貧富の差があること、少数の富豪が大多数の財産をもっていることは、神の国にふさわしくない、と訴えたのである。ところが、当時の教会はそのような社会問題に関心をもつことに反対するほどに、個人の霊魂の救いを説く個人主義的な教会であった。「個人福音」にたいして「社会福音」と主張した所以である。

ラウシェンブッシュがこれらの社会問題に関心をもつようになったのは、神学校を出てから最初に一一年間牧会した教会が、ニューヨーク市の第二ドイツ語バプテスト教会という、貧しい移民が教会員に多い教会であったからだといわれている。ラウシェンブッシュは、ギムナジウムを卒業して、ドイツからアメリカの戻る途中に数週間訪問したイギリスで、その頃盛んであった「キリスト教社会主義」(Christian Socialism)に触れたようであるが、この最初の牧会した教会で社会福音に開眼した。それから、チャールス・キングスレー、F・D・モウリスやF・W・ロバートソンの著作を読むようになったという。そして二回の研究休暇に、ドイツの諸大学で当時指導的であった、リッチュル神学という神の国を強調する伝統をひくアドルフ・ハルナックなどの神学を学んでいる。そこからラウシェンブッシュの「社会福音」の諸活動と著作活動が始まった。特に、『キリスト教と社会危機』(一九〇七)、『神と民のため——社会的覚醒の祈り』(一九一〇)、『社会秩序のキリスト教化』(一九一二)、『イエスの社会的原理』(一九一六)および『社会福音のための神学』(一九一七)を次々に著わして、社会福音の代表的な神学者のみならず、当時のアメリカ神学界の指導者となったのである。

したがって当時神学生であったニーバーがラウシェンブッシュに全くの興味を示さなかったというのは、まことに奇妙である。それだけではない。ニーバーのデトロイトにおける一三年間の牧会経験は、社会的な問題に目覚めて、社会的な活動を促すものであった。社会福音という言葉は出てくるが、不思議なことにラウシェンブッシュへの言及は全く無い。その牧会経験の記録が『飼い馴らされた冷笑家のノート』(*Leaves from the Notebook of a Tamed Cynic*, 1929. 拙訳『教会と社会の間で——牧会ノート』、一九七一)で、後のニーバーの神学思想と政治哲学の原点といわれるものである。

ここには、デトロイトにおける社会福音運動の熱心な推進者であった、聖公会主教のチャールズ・ウイリアムスや、メソジスト教会監督のフランシス・マッコネルを非常に高く評価し尊敬している文章があるので、ラウシェンブシュについて一言もないのは、かえって目立つのである。

ニーバーは一九二八年に、ニューヨーク市のユニオン神学大学院に移るが、神学者としての名を挙げたのは、一九三二年に出版した『道徳的人間と非道徳的社会』(*Moral Man and Immoral Society, A Study in Ethics and Politics*, 1932. 大木英夫による邦訳あり)によってであった。本書は、カール・バルトの『ロマ書』(一九一九)がヨーロッパの神学史を近代と現代に二分したように、アメリカの神学史の分水嶺となった、といわれる重要な書物である。ところが、本書にもラウシェンブッシュへの言及は全く無い。

一九三五年にニーバーは『キリスト教倫理の一解釈』(*An Interpretation of Christian Ethics*. 上与二郎による邦訳)を著わしているが、これはコルゲート＝ロチェスター神学大学院におけるラウシェンブッシュ講演である。ところが、本文にはただ一個所にしかその名はでてこない。キリスト教自由主義者、特に社会福音の人々の経済的含蓄は社会主義的なものだった、というくだりに出てくるだけである。本講演においてラウシェンブッシュの神学を取り上げなかったことを悪いと思ったのか、本書の序文では彼は「この国の社会的キリスト教の真の創設者だけでなく、現在に至る最も輝かしい、そして一般的に満足すべき主唱者であった」といっている。しかし、いかにも無理をしているという感じはまぬかれない。

もちろんニーバーの大著はギフォード講演となった『人間の本性と運命』(*The Nature and Destiny of Man*, vol. 1, 1941, vol. 2, 1943)であるが、本書においてもラウシェンブッシュへの言及はその第一巻でただ一箇所、しかも脚注においてだけである。それはラウシェンブッシュの「罪の主要な強調は社会的な制度における伝達であった」と、著書『社会福音のための神学』の一節を引用しているところだけである。

そのあとのニーバーの多くの著作にラウシェンブッシュは全然出てこない。

（4）それだけに、一九五八年の *Religion in Life* 誌四号に掲載された、ニーバー自身の「歴史的見地からみたウォルター・ラウシェンブッシュ」（Walter Rauschenbusch in Historical Perspective）は興味深い論文である。

先ずニーバーは五〇年前に出たラウシェンブッシュの『キリスト教と社会危機』（一九〇七）が宗教界を震撼させたことを思い出すが、この五〇年間にアメリカと世界に多くのことが起こったために、この書物は時代遅れになったという。アメリカは技術的効率のゆえに世界で最強の大国になった。しかし社会的な法制に関して言えば、西欧諸国からは五〇年、ビスマルクのドイツからも遅れている。ラウシェンブッシュはプロテスタントの個人主義を批判したが、真の問題はむしろ中産階級の自己満足であり、それはピューリタンの遺産であった。それゆえにカトリックのほうが労働運動に近かったのである。プロテスタントは文化的には「社会的ダーウィン主義」つまり「適者生存」であり、経済的には「放任主義」であった。

ラウシェンブッシュはこの点を主著の『社会福音のための神学』（一九一七）のなかでも明らかにしてはいないが、彼は世俗的には当時の進歩の理念を、そして宗教的には彼の父親から受け継いだバプテストの、つまり分派的キリスト教のラディカリズムを継承していた。そこには、ニーバー自身がその教派的な背景から引き継いだルターの「二王国論」の影響は見られない。

それゆえにニーバーは、社会福音の罪と十字架の理解が、単なる相互的な愛に還元されているのではないか、と問題視する。そしてその神の国理解が「歴史的な進歩と結び付いた楽観主義」だと批判するのである。特にこの点は、二つの世界大戦を経験し　殊にナチズムとコミュニズムの悲劇を見ている二〇世紀には「幻想」としか映らない。一九世紀には、「破局主義」は旧約の預言者のメシアニズムを「粗野」なものとしたものであったであろうが、現在では歴史の現実的な問題である。人間の能力については現代のほうが、預言者はもちろんマルクス主義よりも悲観的である。それゆえにキリスト教は今日では政治的には保守主義のように見なされてしまうのである。

したがって、われわれは前世紀の社会福音の先輩の貢献を多としつつも、彼らはやはりその時代と文化の囚人であったといわざるをえない。換言すれば、われわれのほうが彼らよりも賢明とは言えないが、彼らが経験しなかったことを経験しているのだ、というのがニーバーの結論であり、それゆえにキリスト教現実主義（Christian Realism）は社会福音（Social Gospel）よりも優れているというのである。

以上が一九五八年のニーバーのラウシェンブッシュ論であるが、それから約一〇年後の一九六七年にドイツの若い神学者、ヴォルフガング・パンネンベルクがニーバーを訪問したときの質疑応答も興味深い。社会福音の中心概念であった「神の国」を再考すべきでないか、という質問にたいしてニーバーははっきりと否定的な答えをしている。「神の国から出発する、あるいはそれを非常に強調する社会思想は、不可避的にユートピア主義に帰着する。われわれはすでにこの神の国に関する仕事を終えてしまったのである」。

またニーバーは、ラウシェンブッシュが「神の国」について「矯正し難くナィーブであった」と断言して、こういっている。

「あの戦争（第一次世界大戦）が世界に及ぼしたものを見ずして彼が死んだのは恵みの業であるとありがたく思っている。それはおそらく彼を絶望させたことであろう」（パンネンベルク『神学と神の国』（一九七二）の近藤勝彦訳、参照）。

確かに、ラウシェンブッシュはその時代の子であり、その制約を受けている。しかしそれはニーバー自身もそうであって、それからまったく自由な人間は誰も居ないであろう。問題は、ニーバーのラウシェンブッシュ批判が当たっているか、どうかである。以下三点を問題にしたい。

第一点は、ニーバーは「神の国」から出発するとユートピア主義に帰着するといい、「神の国」をただ終末論的に理解すべきだというが、それがはたして聖書的かどうかという問題である。イエスの「神の国」が後期ユダヤ教の黙示文学的終末論に影響されているという、ヨハネス・ヴァイスやアルベルト・シュヴァイツァーの議論の影響を受けて、バルトらの弁証法神学者は「神の国」を言わなくなった。ニーバーがそれを終末論的にしか言わないのはその影響であろう。しかしドイツ通のラウシェンブッシュがそのことを知らないはずはない。彼はそのことを知っていて、実は次のように批判しているのである。

「これは私の確信であるが、ヨーロッパの職業的な神学者たちは、姻戚的にまた同情的にブルジョア階級に所属しているために、体質的に、過去と現在の、革命的な理念を理解することは不可能になっているので、イエスの教えにおける禁欲的かつ終末論的な要素を過度に強調するのである」(*A Theology for the Social Gospel*, p. 158)。

これは鋭い指摘である。これは長いヨーロッパ滞在の経験、特にドイツ経験なくしては、出来ない指摘であろう。アメリカのような自由教会の神学者と違って、ドイツの神学者は教会にも行かない国教会の公務員のような神学者だからである。終末論だけの強調は、書斎の神学者の思弁であって、牧会伝道の現場にいる牧師の関心ではない。

第二点は、「神の国」はただ終末的に祈求するものなのか、それとも現在においても実現すべきものか、という問題である。ニーバーは人間の罪と歴史の悲劇を強調するので、「神の国」の地上における実現化というようなことは言わない。しかしながら、ラウシェンブッシュは、「神の国」がイエスによって「すでに」(already) 来たということと、その完成は「いまだ」(not yet) という両側面を理解していた。換言すれば、「神の国」の現在と将来の両次元をとらえていたのである。それゆえに、ラウシェンブシュの伝記を著わしたクリストファー・H・エヴァンスはその書名を『王国は常にただ近づきつつある』（*The Kinghdom Is Always but Coming*）と言う、ラウシェンブッシュ自身の言葉としたのであった。

同様なことを新約学者たち、例えばイギリスのC・H・ドッド、ドイツのヨアヒム・エレミアス、スイスのエドワルト・シュヴァイツァーなどは、異口同音に「実現している終末論」（Realized Eschatology）を主張しているのである。

これこそ、われわれが毎日曜日に教会で「主の祈り」で祈っていることではないのか。「み国を来らせたまえ。み心の天になるごとく地にもなさせたまえ」。こう祈っているものに、「神の国」を実現させるために働く責任は当然あるのではないか。

第三点は、ニーバーが批判している「楽観主義」であるが、それはラウシェンブッシュが生きた第一次世界大戦以前のヨーロッパと、大恐慌まえのアメリカでは、一般的な風潮であった。バルトやニーバーの「悲観主義」にたいして、ラウシェンブッシュの「楽観主義」を指摘するのは間違ってはいない。

しかし、ラウシェンブッシュは個人的にはたして「楽観主義」的な人物であったのだろうか。エヴァンスの伝記によると、ラウシェンブッシュは三〇歳の頃から殆ど耳が聞こえなくなったという。そのために彼は常に孤独であり、とくに子供たちとのコミュニケーションを欠いて、家庭生活では大変な苦労をしたという。耳の聞こえない人は、概して楽観的な人生観をもつものであろうか。

ラウシェンブッシュの著作もそのような状態で書かれたものである。それあらぬか、彼の書いたもののなかには『悪の王国』（*The Kingdom of Evil*）や『人間の堕罪』（*The Fall of Man*）もあるし、『社会福音と個人的救済』（*The Social Gospel and Personal Salvation*）もある。

彼が有名になって、各地に招かれて講演をしているが、多くの講演を引受けた理由にすくなからず家計の苦しさもある。それがさらに貧しい人々の経済的な苦しみへの同情ともなっているのである。それゆえにラウシェンブシュをただ「楽観的」な人間だと断定するのは当を得てないのではないか。

結論。このように、ニーバーは殆どラウシェンブシュに言及しないし、あまり高く評価していないのであるから、主観的にニーバーがラウシェンブッシュから影響を受けているとは言えないであろう。しかし、客観的にそう言えるであろうか。

この点で興味深いのは、前掲のおなじ *Religion in Life*（1958, No. 2）誌に掲載された、リチャード・ディキンスンの「ラウシェンブッシュとニーバー――心の中では兄弟？」（Rauschenbusch and Niebuhr : Brothers Under Skin ?）という論文である。

ディキンスンによれば、両人の違いを言うのが普通であるが、よく見ると両人の歴史とその意味についての見方は非常に似ていることになる。例えば「神の国」についてであるが、ラウシェンブッシュがそれを「実際に社会学的かつ歴史的に可能」だというのに対して、ニーバーは「理論的かつ思弁的な可能性はあるが、人間の誇りと罪のゆえに、実際的には不可能」と見ている。しかし、ラウシェンブッシュに終末論がないというのは正しくない。神の意志が完全にこの歴史のなかで実現されるとは考えていない。したがって、両者は本質的には同じことを異なった視点から言っているのである。

前者が罪を自己本位と見るのに対して、後者が罪を誇りに見ていることは事実である。しかし、罪の力の社会的次元を前者が紹介し、それを後者が受け継いでいることは否定できない。両者はともにに完全主義者ではないからである。

前者は同時代の黙示主義と他界主義を攻撃して、神が歴史に関心をもっていることを主張した。それが後者に引き継がれていることは言うまでもない。前者は決してユートピアンではなかった。「神の国」は常にただ来つつあるものであって、決して「見よここに」と言えないものである。これは神の審判を語った後者と同じである。したがって両者にとって「神の国は現在と将来の両方である」。

したがって、これらの事柄において、ラウシェンブッシュとニーバーは「神学的な心のなかでは兄弟」(brothers under the theological skin) だ、とディキンスンは結論するのである。

もしこの結論が正しいとすると、ブラウンは言わないが、フォックスが示唆しているように、ニーバーが社会福音が強調した社会的次元とラウシェンブシュの重要さについての「全くの無視」(total neglect) はまことに「驚くべき」(remarkable) ことといわねばならない (Richard Wightman Fox, *Reinhold Niebuhr : A Biography*, 1985, p. 31)。なぜニーバーはラウシェンブッシュや社会福音を敢えて無視するのであろうか。

この問題を考えるときに、不評をかっているフォックスのニーバーの伝記であるが、その伝記が不可欠であることを認めざるをえないのである。この最初の伝記は、とくにニーバーを知る人々には不評であった。ニーバーが「有名であること」や「目立つこと」を渇望し、特に晩年は「自分の地位を偶像化し大切にした」などと言って、この伝記は「最悪の素人心理学」であると酷評された。それはニーバの妻アースラの編集になる『ラインホールド・ニーバーを憶えて』(Ursula M. Niebuhr, ed., *Remembering Reinhold Niebuhr : Letters of Reinhold and Ursula M. Niebuhr*, 1991) を出版させたほどであった。それはさらに、本論でも主として使ったようにチャールズ・C・ブラウンの、わりにバランスのよく取れたと評される伝記を生み出したのである。

しかしながら、ニーバーのような広い活動をし、多くの人々に影響力のあったた人物には、いろいろの伝記があってよいのではないか。身内のものが、あるいは彼を尊敬した弟子たちが、彼を最も正しく理解したとは言い難いからである。逆に、批判的な第三者のほうが、客観的に見ているということもある。さきに本論で問題にしたドイツ系移民の場合、一世の父親のドイツに対する感情、さらに二世の息子たちの反応を、心理的に正しく理解する洞察が必要である。特にニーバーとラウシェンブッシュの関係において、前者が後者を殆ど無視ないし軽視していることが、ともにドイツ系の移民の二世であることと関係している、ということは正しく理解する必要があるのではないか。

ニーバーの弟、ヘルムート・リチャード・ニーバーはかつて「バルトは社会福音の正当な継承者」(legitimate heir) と呼んだことがあるが（*Theology, History, and Culture*, 1996, ed., W. S. Johnson, p. 122）、ラインホールド・ニーバーこそウォルター・ラウシェンブッシュの「正当な継承者」ではなかったか、と言うのは過言であろうか。

なお、ついでに言えば、彼自身優れた神学者であり、長らくイエール大学で神学と倫理学を教えた、弟リチャードと二歳上の兄ラインホールドとの関係、特に日本の満州事変をめぐる論争などを正しく理解するためには、ブラウンのようなバランスのよく取れた伝記だけではなく、むしろフォックスのような伝記、即ち微妙な問題を批判的かつ心理的に理解あるいは解釈しようとする伝記は不可欠のように思われるのである。

ラインホールド・ニーバーのアイロニー概念における超越的神学的視点
――ニーバーの「アメリカの神学」をめぐる予備的考察

髙橋　義文

はじめに

ラインホールド・ニーバーの魅力の一端は、対象を見、考え、評価する際のかれの「視点」の独自性にある。そしてその魅力は、とりわけかれのアメリカにたいする見方にあらわれている。その最たるものが、『アメリカ史のアイロニー』[1]における「アイロニー」の概念であると言って過言ではないであろう。

ニーバーは、この書で、アメリカの諸局面をアイロニーの概念をもって分析するというきわめてユニークな方法を導入したが、そこには成熟したニーバーの「視点」が魅力的にあらわれている。この書は、思想的にも実践的にもニーバーが最盛期にあったときの作であり、ニーバーの著作の中でももっともよく読まれ、その分析の鋭敏さのゆえに各方面から高い評価を得た著作であった。[2] しかも、この書によって、アイロニーは、独特な意味でニーバー的概念として知られるようになり、その後とくにアメリカ史の分野でかなりポピュラーな概念となった。[3]

しかしながら、そのような過程で、アイロニーの概念が持つ微妙な意味合いの背後にあるニーバーの超越的神学的視点がしばしばあいまいにされ、見過ごしにされてきた。[4] 忘れてならないことは、ニーバーの「アイロニー」は、本質的には神学的な概念だということである。そうだとすれば、『アメリカ史のアイロニー』は、アメリカを神学的視点から理解しようとする、ニーバーによる「アメリカの神学」のひとつの試みということになろう(5)。

本稿の目的は、ニーバーにおけるアイロニーの概念と超越的神学的視点の関係を、その背景に遡って明らかにすることである。したがって、アメリカ史や世界の諸状況のアイロニー性に関するニーバーの分析を直接の対象とするものではない。むしろ、その分析における神学的要素に注目し、そこにニーバーの視点の独自性を見、その意義を確認することである。それはニーバーのアメリカの神学の特質を従来よりも鮮明に解明するための予備的作業としてなされるものである。

一　アイロニーと超越的視点

ニーバーによれば、アイロニーとは、歴史の具体的状況の中しばしば見られるある種のずれ——そこには場合によって笑いを誘うような滑稽さがひそむ——のことである。「たとえばもし美徳が、その美徳の中に隠された何らかの欠陥によって悪徳となってしまうような場合、あるいは強力な人間や強大な国家がその強さのゆえに虚妄におちいり、強さが弱さになってしまうような場合」(『アメリカ史のアイロニー』一〇頁、以下頁数のみ)などに見られる状況である。

それは、「悲劇的」(tragic)とも「悲哀的」(pathetic)とも異なる概念である。前者は、「善をなそうとしているのに、あるいは悪と知りながらもそれを選ばねばならなくなってしまうような状況」(八、九頁)であり、後者は、「人生において、何の理由もなく、また過ちもないにもかかわらず、偶然や混乱によってこの身にふりかかってくるようなもの」（八頁）である。これらはいずれも運命的なものであるが、アイロニーはそうではない。ここで重要なことは、悲劇や悲哀は、たとえそれを自覚しても状況を変えることはできないが、アイロニーは、それが自覚されたとき、その状況を変えることつまり「悔い改めへと導く」（一〇頁）可能性を持ち、将来にたいする責任意識を喚起するというニーバーの指摘である。すなわち、「アイロニーは悔い改めに火をつける能力」(6)を有しているのである。

しかし、そうは言うものの、一般的には、アイロニーが常にそのような機能を発揮するとは限らない。アイロニカルな状況に巻き込まれた歴史の渦中にある人間はしばしばその状況を自覚することができないということがあるからである。実際にニーバーも、「われわれ自身の歴史に内在するアイロニーを見出……すような余裕もなければ、そのような気持ちさえも持ち合わせていないような状況（neither the leisure nor the inclination to detect the irony）」（三五頁、原文付加）について指摘している。

ということは、ニーバーにとって、アイロニーは、アイロニーを「見出す」（detect）ことを可能とさせる「余裕」（leisure）や「気持ち」（inclination）があってはじめて積極的な意味を持つのである。それは、アイロニカルな状況に対して、それを自覚することができる「距離感」と言ってもよいであろう。ニーバーによれば、「アイロニーを見出すためには自分をつき離して距離（detachment）をとることが必要である」（二五四頁、原文付加）からである。

したがって、アイロニーの概念をもってアメリカを論じるニーバーの思想の特質を明らかにしようとする場合、歴史上のさまざまな局面にアイロニカルな状況を見出すその分析の鋭さと豊かさを追うこともさることながら、その前提として存在するニーバーの歴史にたいする距離感もしくは超越的な視点に注目することが必要である。実際、ニーバーのアイロニーの概念はこの前提の確認なくして真に意味を持たないのである。

ところで、ニーバーにおける、歴史との「距離」の問題は、ニーバー神学の本質に関係する。その意味では、『アメリカ史のアイロニー』は単なるアメリカ史に関する一般的な考察ではなく、ニーバー神学のアプリケーション（応用）もしくはニーバー神学によるアポロジェティックス（弁証）の作業でもある。

ニーバーがアイロニーの概念を打ち出すようになった契機あるいはその淵源について、これまで種々指摘されてきた。たとえば、R・W・フォックスは、『アメリカ史のアイロニー』出版の前年一九五一年七月にジュネーヴでなされたWCC準備会議の場でK・バルトと論争したことが、アメリカを全体として外から見る「距離」(distance)をニーバーに与えたと示唆している。(7) しかしながら、これは少々近視眼的な指摘であろう。また、鈴木有郷氏は、その著書『ラインホルド・ニーバーとアメリカ』でニーバーのアメリカ観を包括的に概観しているが、ニーバーの視点を神学的なものとして明確に示してはいるものの、アイロニーとその視点とを関連付けることをしていない。おそらくこの書全体で繰り返し指摘されている「聖書が啓示する歴史に働く神の摂理」もしくは「聖書信仰の視座」がアイロニーについてもそれを見分ける視点と考えられているのであろう。そうした表現はもちろん間違いではないが漠然とし過ぎていてニーバー独特の視点が今一歩明白にはならない。もっと掘り下げた詳細な議論が必要であろう。(8)

アイロニー概念にある意味でその頂点を見るニーバー独特の視点は一朝一夕に得られたものではない。確かに、『アメリカ史のアイロニー』が書かれた時代背景の動きは重要であるが、フォックスのように直前の出来事がその基本視座を与えたということではない。また、ニーバーの視点を単に聖書的視座として一般的に説明するだけでは不十分であろう。

ニーバーにおけるアイロニーの神学的含蓄は、『アメリカ史のアイロニー』の終章第七章が「アイロニーの意義」と題され豊かに展開されていることに示されている。これは、ニーバーのアイロニーを論じる場合、あるいはそれを利用する場合、看過することのできない重要な部分である。

ところで、ニーバーにおける歴史を見る独特の眼の淵源は、社会学的に見るなら、ニーバーの出自にまでさかのぼって確認する必要がある。また神学的には、一九二〇年代および三〇年代の社会的福音やマルクス主義との取り組みから得た視点が重要である。さらには一九四〇年代の、集中してなされた神学研究の成果がある。それらを経て、ニーバーの神学的視点は成熟したものとなり、歴史との微妙なしかし確固とした「距離」が確立されていくのである。そして、そこにアイロニーの概念が登場するのである。以下に少しくその経緯をたどって確認してみよう。

二　ニーバーの超越的視点の社会学的要因と神学的萌芽

ニーバーは、アメリカ中西部、ミズーリ州セントルイスを中心とする地域のドイツ移民を主とした辺境の教会、敬虔主義の伝統を引き継ぐ北米ドイツ福音教会に、かれ自身ドイツ移民の牧師の子として生まれ育った。家庭および教派の学校エルムハースト・カレッジ（ニーバーが入学した頃はプロゼミナールと呼ばれていた）で使われていた言語はドイツ語であった。またその教育内容はドイツのギムナジュウムのそれであった。その後進んだイーデン神学校でも講義はほとんどドイツ語でなされていた。このように、ニーバーはアメリカにおけるドイツ移民の共同体という「文化的飛び地」で人格と信仰の形成期を過ごしたのである。

後に、東部の名門イェール大学神学大学院に進み、デトロイトでこの教派の教会の牧師になったが、遣わされたべセル福音教会ではドイツ語でなされていた礼拝を英語に切り替えたり、第二次大戦中は、ドイツ系移民が迫害と排斥を受ける中、それまで持っていた素朴な平和主義を捨ててアメリカ参戦を支持、自身の教派の青年たちの出兵に戦時下福祉委員会の幹事として精力的に支援したりするなど、ニーバーは一貫して自身と自身の教派のアメリカ化に努力した。

また、ドイツ福音教会はやがて改革派教会と合同し、福音改革派教会となり、さらに一九五五年になってからではあるが、主流派教会である会衆派キリスト教連盟と合同、合同キリスト教会を結成した。こうして辺境的ドイツ移民の教会は主流派教会の一員になり、この合同をニーバーは高く評価したのであった。

ニーバー自身は、一九二八年、ベセル福音教会を辞してユニオン神学大学院の教授陣に加わることによって所属教派の活動からはなれ、自派の教会合同を先取りするようにしてエキュメニカルな活動へと入り、やがては世界教会協議会の結成に貢献することになる。

しかしながら、ニーバーはユニオンに移り、エキュメニカルな活動のみならず政治的世界でもその名が広く知られるようになってからも、自らの教派とは生涯深い関係を持ち続けた。一九二三年から二二年にわたってイーデンの理事また理事長を務めたことなどはその一例である。(8)

ニーバーは、父方では二世、母方から言えば三世のドイツ系アメリカ人ではあったが、幼少時に受けた文化的感化は濃厚にドイツ文化そのものであった。そうした自らの民族的文化的背景に対して、青年期のニーバーがアンビヴァレントであったことは想像に難くない。かれのドイツ語は、イェールで英語力の不十分さに苦労するということはあったものの、ドイツ語文献に原語で当たることができるという有利さを生涯にわたって与えることになったし、ヨーロッパの政治的神学的情報を含むさまざまな情報を得る点においても大きな力を発揮した。他方、デトロイトのベセル福音教会赴任の翌年、若きニーバーがはじめて全国的一般誌『アトランティック・マンスリー』に投稿した論文「ドイツ的アメリカ主義の失敗」は、ドイツ移民の文化的閉鎖主義を批判した内容であり、いわば自己の背景の批判でもあった[9]。こうした自身の背景に対するアンビヴァレントな意識がどの程度どれほどの期間続いたかは定かではない。おそらくは、自身の成長とともに、とくにユニオンに行く頃には成熟・安定した姿勢へと向っていたと考えてよいであろう。

以上、ニーバーの教派的文化的背景を瞥見したが、この背景が、ニーバーにとって、対象を見る眼の形成に少なからぬ役割を果したことは言うまでもない。その眼とは、アメリカを外から見る視点である。ニーバーは、アメリカの中におりながら、まるで外国にいるかのようにそれも地理的にも政治的にも教会的にも中央や主流から遠く離れた場所に育った。大木英夫教授は、そのようなニーバーの背景を、ニーバー神学に「超越的視点」をもたらした「社会学的要因」と見て、こう述べておられる。ニーバーは、「そのこと［ドイツ的教会・文化的背景］を媒介としてアメリカ全体、いや世界全体をも、客観的に見ることができる超越的立場へと上昇していった[10]」。

しかしながら、この社会学的要因は、初期ニーバーの視点形成のすべてではない。そこには、大木教授の言葉を用いれば、「この社会学的要因をひきたたせた神学的要因[11]」の萌芽も垣間見えていたからである。それは、イーデン在学中、生涯自身にとっての「マーク・ホプキンス」として尊敬を惜しまなかったサミュエル・D・プレスとの出会いから生じた[12]。プレスは、イーデン神学校で四〇年にわたって教師をし、そのうち二〇年間は学長を務めた。かれはイーデン最初のアメリカ生まれの教師で、当時すべてのコースを英語だけで講義した唯一の教師であった。このプレスが教師になって二年目に、ニーバーがイーデンに入学した。当時、プレスは多種類の科目を教えていたが、ニーバーはそのほとんどを履修し、そこで受けた影響は大きかった。そのニーバーに、もっとも印象的で決定的な影響をもたらした科目は、「アモス書」講義であった。これは旧約釈義の一部であったが、プレスはつねに現代世界との関連において講義した。講義もその一部をアモス書の使信を背景にして現代の社会問題研究に用いるというものであった[13]。

その内容がどのようなものであったか、その詳細は不明である。しかし、後年、ニーバーが、プレスの「アモス書講義はどの科目よりも良いものであった」と回顧した上で、「すべての神学は事実上アモスに始まる」と述べていることから、少なくとも、この科目からニーバーが受けた影響の一端を確認することができる。(14) すなわち、後に、ニーバーは、アモスの預言にメシアニズムの歴史におけるコペルニクス的転回を見た。アモスは、選民である自国民イスラエルを突き放して他の諸国民と同列に見なした。ニーバーはアモスの自国民にたいする裁きの言葉をしばしば愛用した。ニーバーはアモスに超越的な眼を見たのである。この眼がやがてニーバーに、歴史にアイロニーを見抜く「距離」を得させることになる。

しかし、ニーバーがプレスのアモス書講義に魅せられた段階は、ニーバーの視点確立のはるか以前であり、あくまでもその萌芽に過ぎない。しかし、萌芽とは言え、それは、ニーバーに超越的視点をもたらした社会的要因が、すでにこのとき単にそれに留まるのではなく、漠然としたかたちながら神学的な味付けもなされつつあったということの証左と見なすことができよう。

三　社会主義との格闘と神学的視点の形成

そうした神学的味付けが、その域を出て本格的なものになるその大事なプロセスは、デトロイト時代を経て、ニューヨークのユニオン神学大学院での初期、一九二〇年代から一九三〇年代半ばにいたる時期である。デトロイト時代、ニーバーは、リッチュル主義的近代自由主義神学の影響下で、具体的にはアメリカの土壌における社会的福音運動の展望に望みを繋ぎながらさまざまな経験を積み重ねた。しかし同時にニーバーはそのような傾向に完全に染まることはなかった。それは一部、所属教派に流れるルター派的敬虔主義の伝統によるところでもあった。

試行錯誤の連続の中で、神学的にも社会的にも形成期というべきこの時期、その後半からニーバーにひとつの方向が出てきた。それは、社会主義的な方向である。ユニオンに移ったニーバーが交わりを深め協力したのは、S・エディ、N・トーマス、J・H・ホームズといったプロテスタントの社会主義・平和主義者たちであった。一九三〇年代のアメリカ社会は未曾有の恐慌に見舞われ、社会不安が増し、政治の重心は左傾化し、さまざまな急進政党や左翼勢力が増大した時代でもあった。ニーバーは、その時代思潮に溶け込むように社会党に入党、社会党員として活発な活動を開始、一方友和会の会長を務めるとともに「社会主義キリスト者の会」を発足させ、その機関誌『ラディカル・レリジョン』を発刊する。その過程でニーバーは、急速にマルクス主義思想に接近、そのかなりを受容し、しかしほどなくしてて、鋭い批判を加えつつそれから離れていくのである(15)。

ニーバーが惹きつけられたマルクス主義の思想は、資本主義体制崩壊説、階級闘争論、プロレタリアートの役割、集産主義、経済的現実主義などであったが、マルクス主義のいわゆる唯物史観に与することはなかった。またマルクス主義には種々の批判も持ち続けていた。したがってニーバーは教条的マルクス主義者になったことはなく、あくまでもキリスト教の枠内でマルクス主義のいつかの要素を受け入れたということではあった。しかし、ニーバーは、マルクス主義に、かれがその限界を感じていた自己満足的で個人主義的道徳主義的でリベラルなキリスト教に対する選択肢の一つとしての有効性を見たのであった。

ニーバーは一九三〇年代半ば、深くマルクス主義に傾斜した。しかしニーバーはそのもっとも深く傾斜したそのところで、マルクス主義も結局のところ近代自由主義と同様、ロマン主義的ユートピアニズムであったことに気づき始めた。その過程でニーバーはあらためてキリスト教の深みを探るのである。キリスト教を「深遠なる宗教」として捉えなおし、リベラルなキリスト教やマルクス主義に対して「歴史的キリスト教に真に永続的な有効な修正」があることを確認するに至った。[16] つまり当時の進歩的知識人たちの域を大きく抜け出したのである。

その転換点にあるのが『一時代の終焉についての省察』（一九三四年）である。この書はニーバーの著作の中で語の厳密な意味でもっともマルクス主義的な著作とされているが、その書の最終章「恩寵の確信」において実はすでにもっとも非マルクス主義的著作となっていた。なぜなら、キリスト教における恩寵の体験は、「人間の生における道徳的宗教的体験全体に対し有機的に関係する」ものであり、「本質的には……相対の視点から絶対を捉えること」であるとの視点が明白に主張されていたからである。[17] すなわち、恩寵の超越的次元が明白に確認され、それが人間の生に有機的に関係するものであることが主張されている。ここには、超越を、歴史と弁証法的に連関する文脈で捉えるという成熟したニーバー神学の骨格が示唆されている。ニーバーにとってこれは一つの大きな転機もしくは神学的な開眼であった。

こうしてニーバーがマルクス主義を克服したのは、政治的社会的な状況によるものではなく、キリスト教の深みの理解においてであった。この一九三〇年代前半の取り組みを経て、ニーバーは新たな神学的地平へと目が開かれた。それは、『一時代の終焉についての省察』出版の翌年一九三五年に出版された『キリスト教倫理の解釈』において明らかになった。そこでは、マルクス主義や道徳主義的自由主義キリスト教を乗り越えた視点から「預言者宗教の真髄」を基としてキリスト教倫理の根本問題が考察されているからである。[18]

以上の、一九二〇年代および一九三〇年代前半は、ニーバーの神学的視点の形成期としてきわめて重要な部分である。これを経てこその後の真に成熟した視点の獲得が可能となったからである。しかし、この時期、ニーバーはキリスト教を社会主義的さらにはマルクス主義的な枠組みでとらえた視点で、アメリカ社会を分析、ラディカルな改革を迫ったが、それは一見、アメリカと明白な距離をとった、ある意味で預言者的な力にあふれたものであった。アメリカもしくは歴史的世界とニーバーとの「距離」がもっとも開いたとき、といってよいであろう。それゆえ、この時期を、冷戦期の『アメリカ史のアイロニー』よりも、世界を見る鋭い力を持っていた時として、この時期のニーバーに預言者的姿を見て、高く評価する向きがある。(19)

しかし、この見方は妥当とはいえない。なぜなら、この時期のニーバーの力強さは、キリスト教的なものであっても社会主義的マルクス主義的色彩によって助けられていた面が強くあり、この時期のニーバーのアメリカ批判のその「距離」はまだ十分に神学的に成熟していたものとは言えないからである。もちろんこの時期のニーバーが、社会主義的マルクス主義的要素に色濃く覆われていたとしても、その中にもなおニーバー独特の神学的洞察がすでに豊かにあったことは確かである。しかし、巨視的に見るなら、ニーバーが本格的な神学研究を経て真に成熟した視点を得るのは、『キリスト教倫理の解釈』以降と言ってよい。その書で得られた「預言者宗教」の概念はさらに煮詰められ考究されその内実が確立される必要があった。ギフォード講演において姿を現す神学的立場からするなら、一九二〇年代および三〇年代は、全体としては、ニーバー神学の、そしてわれわれの関心で言えばニーバーの神学的視点もしくは超越的視点確立の準備・形成の段階であった。

四　ニーバー神学の神学的視点

ニーバーの主著『人間の本性と運命』に結実するギフォード講演(一九三九年度)への招待状がニーバーのもとへ届いたのは一九三七年末であった。そして『人間の本性と運命』の第一巻が上梓されたのは一九四三年一月である。

この間の数年が、ニーバーにとって、おそらくはその生涯のうちもっとも集中して神学研究に没頭したと思われる期間である。[20] 一九三〇年代半ばで得られた神学的開眼は、ギフォード講演の準備とその出版準備において深められ精錬され、一九四〇年代初めに成熟したニーバー神学として姿を現した。ニーバーの神学的視点、超越的視点は、この書においてその本質が確立されたのである。

『人間の本性と運命』およびそれを補足するその後の神学的著作において、ニーバーの神学的視点の基礎を提供している要素はどのような点であろうか。ごく要点のみを挙げれば、以下の三点であろう。

まず、第一は、人間の「精神(=霊)」(spirit)[22]に関するニーバーの理解である。周知のように、ニーバーは、人間を自然と精神(=霊)の逆説的合流点に立つものと捉える。[21] すなわち人間は自然の制約の下にその必然性に強いられて存在する。しかし人間は同時に自然の子としてだけあるのではない。人間は、「自然、生命、自己、理性および世界などの外側に立つ精神(=霊)」[23]でもあるからである。端的に言えば、「自己超越の能力」であり、「自己自身を自らの対象とする能力」である。[24] ニーバーのこのような見方は、西欧思想に横たわる伝統的な二元的人間理解を背景にしてはいるが、そこには独自な面が見られる。それがこの自己超越的自己の省察である。なぜなら観念論と異なり、それはいわゆる理性でも観想における自己でも何らかの普遍的合理的な自己でもないからである。ニーバーよれば、真の自己はすなわちこの超越的な自己であって、「意識の意識として、意識を超えて立つ、純粋な超越的自我」[25]であり、何らかの普遍的合理的自己ではなく「特殊な自己」(a particular self)[26]である。ニーバーは、このような自己超越的自己を「神のかたち」(imago Dei)を象徴するものと見なした上で、その特質を「根源的自由」(radical freedom)[27]と表現する。それは人間の真の尊厳を担い、人間の独自性の真の源泉でもあり、それゆえに人間のあらゆる自由の基礎ともなる。

しかしながら、この根源的自由は必ずしも常に人間の積極的側面をのみ示すものではない。ニーバーによればこの自由には「創造の可能性と破壊の可能性」とがともに含まれているのである。「罪はこの自由において犯される」からである。(28)

第二に、ニーバーの神学的視点を提供していた点は、ニーバーの終末論的歴史観における中間時の歴史に関する洞察とそこにおけるキリストの十字架の役割と位置である。ニーバーはいわゆる救済史的終末論的構造の大枠の中で、歴史をキリストの十字架と再臨の間にある中間時としてとらえ、これを豊かに考察した。罪はキリストの十字架においてすでに勝利が約束されその勝利は再臨において成就する。それゆえに、その間に横たわる時間を、「歴史の意味の開示と成就の間の中間時（interim）(29)」として捉える。その内実についてニーバーは次のように説明する。「キリストの第一の来臨以後の歴史は、その真の意味を部分的に知っているという資質を持つ。……それにもかかわらず、歴史はその真の意味にたいする現実的な矛盾の中にあり続ける。したがって歴史における純粋な愛は、常に受苦愛となる」。「この中間時は、生の意味の部分的な実現とそれへの接近とともに否定し難い腐敗によっても特徴付けられる。……しかしすべての歴史的な諸達成に付随する罪の汚点は、歴史における真理や善を実現するような諸業績の可能性やそうすべき義務を破壊するものではない(30)」。すなわち、中間時の歴史は、現実的体験的には、両義性、予測不可能性、神秘性などによって特徴付けられたものになっているのである。その背後には、「歴史における真理や正義をわれわれは持っているが、それにもかかわらず持っていない（having, and yet not having）というパラドクス」がある。このようなパラドクスは、「すでに」到来しているキリストの十字架の光に照らして見るとき「恩寵のパラドクス」となるのであり、ニーバーの確信によれば、「すべての歴史的営為はこの恩寵のパラドクスの下にある」のである。(31)

第三に、ニーバーに超越的視点を与えたもう一つの要素は、キリストの十字架である。ニーバーのキリスト論もしくは救済論は、キリストの十字架を贖罪的に受け止めるとともに、それを歴史との密接な関係の中で捉えるところにある。上に概観した中間時的歴史のそれを見晴らす「中心的な視点」(the central vantage point)を、ニーバーはキリストの十字架であると見るからである。ニーバーにとって十字架は「歴史の意味の究極的な啓示であり、歴史の曖昧さを究極的に明らかにし、歴史にたいする神の主権を開示する」。信仰の目で見るなら、十字架において「人間の歴史的存在の意味が成就する」のである。すなわちキリストにあって歴史の意味の完成があきらかにされるとともに、ほかならぬキリスト自身が「歴史の終末であり、生の意味の完成」となる。(32)

ニーバーは、この歴史の完成としてのキリストを「啓示の焦点」と呼ぶ。この啓示の焦点は、その形態から言えば「歴史における出来事」であるが、信仰によって把握されるときそれは単なる出来事以上のものとなる。それによって、「歴史全体の意味が理解され、歴史にたいする神の主権の独特な性質が啓示される」からである。(33)

しかしながら、十字架は、歴史の完成であると同時に、歴史の未完成のしるしでもある。十字架が苦難であるかぎりにおいて、十字架に象徴される「代償的愛は歴史においては敗北した悲劇的なものに止ま(34)」らざるを得ないからである。これが「苦難の僕」としての十字架に示されていることである。キリストの苦難は、罪に対する神の怒りの開示でもあるからである。しかしそれが同時に、信仰の目によれば、歴史の完成であり、究極的な勝利の先取りなのである。

ニーバーは、以上の歴史神学的確信において、政治に代表される社会倫理的作業を真に可能ならしめ、さらにはそれに規範を提供する「中心」を発見した。それは『アメリカ史のアイロニー』をはじめ著作活動を含むその後の広範な活動の基礎となったのである。

五　『アメリカ史のアイロニー』における神学的視点

以上、ニーバーの超越的神学的な視点をその形成の背景を含めて概観した。ニーバーが到達した歴史の神学が明らかにしているのは、ニーバーの成熟した超越的神学的な視点である。その「眼」は純粋に神学的な領域における重要な視点であっただけでなく、それは種々の政治的社会的評論において現実領域における独特な視点ともなる。それは、歴史神学的確信を、とくにアウグスティヌスやエドマンド・バークらの視点を取り込むとともに、現実政治それもG・ケナンの政策企画室に参加するなどとりわけ国際政治に具体的に取り組むことを通して精錬されて、『アメリカ史のアイロニー』の重要な背景となった。(35) この書の視点に注目するとき、特に重要なのはこの書の最終章「アイロニーの意義（significance）」である。この章の要諦は以下の点にあろう。

まず、第一は、現代歴史世界にアイロニーの要素はいたるところに存在するが、アイロニーの観点から一貫して、歴史の「筋道」を「解釈」するためには、最終的には「統括的信仰」(governing faith) もしくは「世界観」(world view) が必要である、ということである。もちろんニーバーはそれを「キリスト教的歴史観」と考えている（二二八頁）。

第二は、アイロニーの認識は、「外からの観察者」に依存する、ということである。それも、「批判的であるが敵対的ではない」というむすびつきをもった客観的態度である。ニーバーは、個人には、国家や社会の栄枯盛衰から「超越する一次元」があると見なす。しかし、アイロニーに巻き込まれている者がそれを見分けるのは「よほど自己批判的（very self-critical）でない限り」不可能である。しかし、ひとたびアイロニックな状況を意識するようになれば、その状況を「解消するような努力へと向かう」可能性が出てくるのである。とは言え、ニーバーによれば、「アイロニーの概念による解釈は極めて困難」であるゆえに、個人に「客観的態度が達成されるのはきわめて稀なことである」(二二九―二三二頁)。

第三は、人間状況に関するキリスト教信仰の解釈もしくは「聖書の解釈は一貫してアイロニックなもの」である、との認識である。それは、「人間の自由の独特なとらえ方の故」である。「人間は自らが創造的力をもつ者ではあるけれども、しかし、被造物であることを忘れてしまう故にアイロニックな被造物なのである」。したがって、ニーバーによれば、「人間の本性と運命についての聖書の見方は、顕著な首尾一貫性をもってアイロニックな枠組みの中で動いている」。創造神話、預言者たちの警告、キリストの十字架、キリストやパウロらの言葉はみな本質的にそうである。その背後にある確信は、「人間の歴史のドラマ全体が聖なる審判者なる神、すなわち……人間の思い上がりを笑いたもう審判者なる神がすべて見そなわしておられるという信仰」である。すなわち、「高ぶるものを拒み、へりくだる者に恵みを与える」神の超越的な審判である(二三二―二四二頁)。

第四は、このアイロニーのキリスト教的な解釈は、現代のアメリカとマルクス主義もしくはコミュニズムに妥当する、というニーバーの洞察である。これは、言うまでもなく『アメリカ史のアイロニー』全体の主張でもある。アメリカについて言えば、アメリカの父祖たちが望んだほどにイノセントではありえないこと、アメリカ自身の美徳を表わし責任を取ろうとすれば罪に陥ること等である。マルクス主義について言えば、その主張の根拠である貧しい者の現実は、「マルクス主義的黙示が考えるほどには無私でも純粋でもない」との視点である(二四二―二四八頁)。

第五は、アイロニーを見出すために「自分をつき離して距離をとることが必要であ」り、それによってアイロニーは真の悔い改めへと導く、という見方である。これはきわめて困難なことであるが、ニーバーはその可能性をA・リンカーンに見た。リンカーンは、「南北両軍が持っていたアイデアリズムの中に思い上がりの要素が潜んでいること」を認識することができたからである。すなわち、南北どちら側も自らの正当性を同じ神への信仰によって確信していた。しかしリンカーンは、全能の神はかれらとは別に「神自らの目的」を持っていると考えたのである。ニーバーはリンカーンに、「文明の道徳的遺産を守るべき忠誠と責任にとどまりつつ、他方ではその戦いのレベルを超えた宗教的高みからの展望ももちつづけるという、確かに困難ではあるがしかも不可能ではない課題のおよそ完全なモデル」を見た。このリンカーンのモデルは、コミュニズムのような専制の悪を否定するが、同時に、自由の徳を主張することによってのみ自らの主張の正義を確立しようとする努力をも排除することになる。すなわち、「神の目的と人間の目的との間にはある種の矛盾があるという何らかの自覚がある場合においてのみ、真の神を認識しうる」のである（二五五―二五九頁）。この共通する何らかの自覚すなわち「ある意味次元」に、究極的な解決が潜んでいるとして、ニーバーは次のように結論を述べたがそこには、ニーバーにおける、アイロニーによる人間歴史分析が目指す究極的な地点が雄弁に主張されている。それは、冷戦というこの書の直接の時代背景を超えて、普遍的な意味を指し示している。

> ほとんど共通するところをもたない敵との闘争の中でさえ、ある意味次元に生きる可能性と必然性がある……その意味次元とは、戦争の切迫感が、歴史のドラマの巨大さの前で感じる畏れの感覚に従属せしめられるような意味次元、またそれが歴史の諸問題の解決のために用いられる徳や知恵や力についてあまり誇らない謙虚の感覚に、あるいは敵の悪魔性とわれわれの虚栄心との両方の根底にある共通の人間的脆さと弱さとを認める悔い改めの感覚に、そして自らへりくだる者たちに約束された感謝の感覚に従属せしめられるような意味次元……である。

（二五九頁、強調付加。）

以上、「アイロニーの意義」の章の要点を五点にまとめてみた。ここでのニーバーの主張の究極的な主張を、あえて単純化すれば、次のようになろう。すなわち、アイロニーの概念が指示するものは、対象との間の「距離」であり、それは、天に座する者の笑いの下にあって「悔い改め」へといたる可能性である。

そうだとしたら、『アメリカ史のアイロニー』において、ニーバーはアメリカにたいして十分な「距離」、それも政治的文脈を踏まえたうえで、神学的に洗練された「距離」を保っていたことは明らかである。ところが、この書におけるニーバーのアメリカにたいする距離の取り方を不十分と見なす者は少なくない。

たとえば、フォックスは、コミュニズムへの鋭い批判とアメリカの自己満足への告発がこの書の特徴であると、かれにしては珍しくこの書を全体として正しく理解し比較的積極的に評価しているにもかかわらず、ニーバーの「コミュニズムへの全面的糾弾」はこの書の「最大の欠点のひとつ」と見なした。[36] つまり、ニーバーのコミュニズム批判は行き過ぎであるとの指摘である。そしてそれは、かれのアメリカ批判は不十分であったということでもある。

一方、ライニッツはもっと明白に、ニーバーのアイロニーが「歴史を見る強力な道具」であることは認めるが、『アメリカ史のアイロニー』におけるその適用は弱いと見る。この書では多く一般化され過ぎまた非歴史的な取扱となっていて、アイロニーの概念が効果的に用いられていない、その結果、アメリカにたいして「十分な距離」を維持することができていないと批判した。[37]

しかし、果たしてそうであろうか。この書における、ニーバーの一貫した厳しいコミュニズム批判とアメリカの自己満足・傲慢への批判は、ただ単にその厳しさの度合いを社会的政治的に比較することからだけでは、その本質を十分に捉えられないのではないだろうか。神学的側面に目を注ぐなら、先に指摘した、人間の視点とは別の神独自の視点「神自らの目的」についてのニーバーの確信が、コミュニズム批判とアメリカ批判の両方にどれほど通底しているかという点こそが肝心である。歴史世界の闘争（当時の時代的文脈では冷戦）にも、「畏れの感覚」や「謙虚の感覚」、「悔い改めの感覚」や「感謝の感覚」に従属せしめられるような意味次元に生きる「可能性と必然性」を訴えるその視点をニーバーにしたがって正しく理解するなら、フォックスやライニッツらのニーバー批判は浅薄なものと判断せざるを得ないであろう。ニーバーの視点は、通常の人間的な批判的視点をはるかに超えた出たところにあった。この視点こそ、ニーバー独特のもの、すなわちかれの歴史の神学を背景にした超越的神学的視点である。それは、ニーバーの出自を背景に、社会的福音やよりラディカルな社会主義との取り組みを経るとともにその中でなされた深い神学的研究において獲得した歴史の神学から成熟したかたちで生み出された視点であった。そしてそれが、第二次大戦後のいわゆる冷戦を含む現実の歴史において、キリスト教現実主義の基本的視座でもあり、その文脈におけるアイロニーの概念でもあったのである。

おわりに

『アメリカ史のアイロニー』におけるニーバーのアイロニー概念を、ニーバー神学の超越的神学的視点との関係から考察してみた。ニーバーのアイロニー概念は、神学的な背景を無視して正しい理解はありえないであろう。逆に言えば、『アメリカ史のアイロニー』はニーバーの成熟した神学を基礎にして展開されているのである。

もっともこのことは、ニーバーの著作として当然のことではある。ところが、すでに述べたように、実際には、ニーバー研究においてしばしば十分な注目を受けてこなかったように見える。『アメリカ史のアイロニー』については、歴史上の出来事を解釈するニーバーの「道具」としてのアイロニーの概念にのみ注目が注がれて、その道具の視点の中身やその基礎に目を留めることがなおざりにされてきたように見えるからである。[38]

あえて言えば、本稿の冒頭に述べたように、ニーバーのアイロニーは、神学的概念なのである。かつて、政治学者ハンス・モーゲンソーは、ニーバーを「あたかも外から、つまり永遠の相のもとに（sub specie aeternitatis）アメリカ社会を眺めることのできる人間」と見なした。[39]『アメリカ史のアイロニー』は、そのようにしてアメリカを眺める一つの試みであった。

ニーバーの「アメリカの神学」は、この書のそのような性格を十分に踏まえてこそ明らかにされる必要があるのではないだろうか。

注

（1） Reinhold Niebuhr, *The Irony of American History* (New York : Charles Scribner's Sons, 1955)＝大木英夫・深井智朗訳『アメリカ史のアイロニー』（聖学院大学出版会、二〇〇二年）。以下、邦訳を用い、本文中この書からの引用は（　）内に数字で表わす。

（2） Richard W. Fox, *Reinhold Niebuhr : A Biography*, With a New Introduction and Afterword (Ithaca and London : Cornell University Press, 1996), p. 246 ; Charles C. Brown, *Niebuhr and His Age : Reinhold Niebuhr's Prophetic Roles and Legacy*, New Edition (Harrisburg, PA : Trinity Press International, 2002)＝高橋義文訳『ニーバーとその

時代　ラインホールド・ニーバーの預言者的役割とその遺産』（聖学院大学出版会、二〇〇四年）、二六一、二六二頁。

（3）Richard Reinitz, *Irony and Consciousness : American Historiography and Reinhold Niebuhr's Vision* (London and Toronto : Associated University Presses, 1980), p. 12 et. passim.

（4）鈴木有郷『ラインホールド・ニーバーとアメリカ』（新教出版社、一九九八年）一九六—一九七頁。千葉眞『現代プロテスタンティズムの政治思想——R・ニーバーとJ・モルトマンの比較研究』（新教出版社、一九八八年）。Reinitz, *Irony and Consciousness*, et. passim.

（5）大木英夫教授も、『アメリカ史のアイロニー』を、「アメリカ史をトータルに対象とし、ラディカルに取り扱った一種のアメリカの神学的研究」すなわち「アメリカの神学」と見なしておられる。同書、二九九頁（訳者あとがき）。

（6）Fox, *Reinhold Niebuhr*, p. 245.

（7）Ibid. pp. 243-244.

（8）以上の背景については、ブラウン『ニーバーとその時代』第二章および高橋義文『ラインホールド・ニーバーの歴史神学——ニーバー神学の形成背景・諸相・特質の研究』（聖学院大学出版会、一九九三年）第一章を参照。

（9）Reinhold Niebuhr, "The Failure of German Americanism," *The Atlantic Monthly*, vol. 118 no. 1 (July, 1916), pp. 16-18.

（10）大木英夫「解説」（ニーバー）、『現代キリスト教思想叢書』8　ティリッヒ、ニーバー（白水社、一九七四年）、四九四—四九五頁。

（11）同書、四九五頁。

（12）高橋義文「ニーバーとその恩師サムエル・D・プレス」『形成』特集　ラインホールド・ニーバー——生誕一〇〇年を記念してNo. 258•259（一九九二年六・七月号）、二九—三六頁。プレスは、強い敬虔主義的信仰と社会奉仕への関心を持ち、福音教会を数十年にわたって導いた指導的人物であった。

(13) 同三四、三五頁。高橋義文『ニーバーの歴史神学』六二頁。ブラウン『ニーバーとその時代』三八頁。
(14) Reinhold Niebuhr, "Dr. Press and Evangelical Theology," (Unpublished typescript, in Eden Theological Seminary Archives, n. d. (probably 1941). これは、一九四一年、プレスの引退を記念して開かれた会でニーバーがしたスピーチ(献辞)である。後にコピーが福音教会の全牧師に配布されたようであるが、印刷されて公になることはなかった。しかし、これは、ニーバーがプレスについてかなり包括的に評価している貴重な資料である。
(15) このあたりの消息については、ブラウン『ニーバーとその時代』第二章、第三章を参照。
(16) 高橋義文『ニーバーの歴史神学』第三章参照。
(17) Reinhold Niebuhr, *Reflections on the End of an Era* (New York : Charles Scribner's Sons, 1934), pp. 287, 281.
(18) Reinhold Niebuhr, *An Interpretation of Christian Ethics* (New York : Harper & Brothers, 1935), p. 137.
(19) これはかなり一般的になっている見方でもある。わが国では、千葉眞氏や鈴木有郷氏などがその立場である。千葉『現代プロテスタンティズムの政治思想』一一二頁以下。同『二十一世紀と福音信仰』(教文館、二〇〇一年)第五章「R・ニーバーと預言者宗教」を参照。鈴木『ニーバーとアメリカ』二九七頁ほか。とくに千葉氏は一貫して、冷戦期のニーバーに比べて一九二〇年代および三〇年代のニーバーのほうを、アメリカとの距離がきちんと保てていたとして評価する。それだけでなく、初期ニーバーの思想を「預言者的ラディカリズム」と呼び、むしろそれがニーバーの政治思想に一貫したテーマであるとし、キリスト教現実主義をニーバーの政治思想の中心理念とする理解に反対して、ニーバーにおける「キリスト教現実主義は、歴史的状況に規定された偶発的な、可変的な性格を帯びたものである」とまで主張する(『二十一世紀と福音信仰』、一一三頁)。しかし、ニーバーにおいて、「預言者的ラディカリズム」と「キリスト教現実主義」は対立的なものだろうか、むしろ両者の間には発展的な関係があるのではないだろうか。何よりも、キリスト教現実主義は、四〇年代以降の成熟した歴史の神学を基とし、第二次世界大戦とその後の冷戦期における現実政治との取り組みを背景に、アウグスティヌスやバークなどをとおして精錬された、後期ニーバーにとっては一つの確固たる明白な立場ではないだろうか。後期ニーバーのキリスト教現実主義を偶発的なものとし、かわりに三〇年代までの「預言者的ラディカリズム」（およびその復活が見られる公民権支持やベトナム戦争反対における最晩年の姿勢）のほうを評価するというのは、ニーバーの全体像解釈としては妥当性を欠くのではないだろうか。

（20） ギフォード講演でのニーバーの講演は、通常の講演者と違い、そのまま出版が可能であるような完全原稿を読むかたちでなく、アウトラインを用いて自由に話したという。したがって、出版されたものは講演後さらに調査研究がなされ新たな考察が加えられたものであり、ニーバーにとって講演を終えていたとは言え出版準備もまた重要な研究のときであった。ブランウン『ニーバーとその時代』一二一―一二四頁参照。

（21） Reinhold Niebuhr, *The Nature and Destiny of Man : A Christian Interpretation.* Vol. 1, *Human Nature* (New York : Charles Scribner's Sons, 1941), p. 3.（以下、NDM I と略記。）

（22） 原語 spirit の訳は難しい。mind とは異なるゆえに「精神」では不十分である。しかし、「霊」とすると文意が通じにくいところもある。とりあえず、大木教授が、『アメリカ史のアイロニー』の付録のニーバーのエッセイ「ユーモアと信仰」の翻訳で試みられた仕方に従って、「精神（=霊）」と表記しておく。『アメリカ史のアイロニー』、二八六頁参照。

（23） NDM I, p. 4.

（24） Ibid.

（25） Ibid. p. 27.

（26） Kegley, Charles W. and Robert W. Bretall, eds. *Reinhold Niebuhr : His Religious, Social, and Political Thought.* Library of Living Theology series (New York : Macmillan Co., 1956), p. 11.

（27） *The Self and Dramas of History* (New York : Charles Scribner's Sons, 1955), p. 49 ; Kegley and Bretall, eds., *Reinhold Niebuhr*, p. 10.

（28） NDM I, pp. 17, 236.

(29) NDM II, p. 48.

(30) Ibid., pp. 51, 213.

(31) Ibid., p. 213.

(32) Ibid., pp. 54ff.

(33) Ibid., p. 231.

(34) Ibid., p. 273.

(35) ニーバーが政策企画室に顧問として招聘を受け参加し始めたのは一九四九年であった。そこには、ハリー・エマースン・フォズディックの娘の冷戦戦略家ドロシー・フォズディックも参加していた。Fox, *Reinhold Niebuhr*, p. 238. また一九四六年には、占領地における文化政策に関する国務省の諮問委員会および外交問題評議会の一員となり、国務省の教育使節団のメンバーとしてドイツを訪問している。この頃、ニーバーは米国政府とりわけ国務省と深い関係を持っていた。

(36) Fox, *Reinhold Niebuhr*, pp. 244, 247. ちなみに、ニーバーの著作にたいするフォックスの評価は全体としていつも高くない。とりわけ『光の子と闇の子』(*The Children of Light and the Children of Darkness*, 1944)や『信仰と歴史』(*Faith and History*, 1949)などがそうである。たとえば後者は、ギフォード講演とともに、『アメリカ史のアイロニー』の神学的背景をなす重要な文献と考えられるが、フォックスはそれを「脆弱な書」(weak book)と決め付けている(Fox, *Reinhold Niebuhr*, pp. 238. その後、この見方は多くの人によって論駁されている。)ニーバーの著作のうちで、フォックスが最も高く評価したものが『アメリカ史のアイロニー』であった。

(37) Reinitz, *Irony and Consciousness*, pp. 90-92. 他方、鈴木有郷氏は、『アメリカ史のアイロニー』におけるニーバーの作業は高く評価しているが、その後のニーバーの思想には、時として「アイロニーの精神からの逸脱や矛盾」があって、アメリカとの適切な距離が取れなくなったと指摘している。鈴木『ニーバーとアメリカ』一九八―二〇〇頁参照。

(38) ライニッツなどはニーバーのアイロニーについて、ニーバーの用い方にはそれを不十分として批判しているものの、概念それ自体については、それを世俗化したうえで歴史解釈の道具として高く評価しているが、それは言わば『アメリカ史のアイロニー』の最終章を無視していることでもある。Cf. Reinitz, *Irony and Consciousness*.

(39) ハンス・モーゲンソー(大木英夫訳)「ラインホールド・ニーバー——現代における預言者的実存——」大木英夫『終末論的考察』(中央公論社、一九七〇年)、二〇二頁。

中間時の思想
――ラインホールド・ニーバーに関する一断想

安酸敏眞

また、ほかの譬を彼らに示して言われた、天国は、良い種を自分の畑にまいておいた人のようなものである。人々が眠っている間に敵がきて、麦の中に毒麦をまいて立ち去った。芽がはえ出て実を結ぶと、同時に毒麦もあらわれてきた。僕たちがきて、家の主人に言った、「ご主人様、畑におまきになったのは、良い種ではありませんでしたか。どうして毒麦がはえてきたのですか」。主人は言った、「それは敵のしわざだ」。すると僕たちが言った「では行って、それを抜き集めましょうか」。彼は言った、「いや、毒麦を集めようとして、麦も一緒に抜くかも知れない。収穫まで、両方とも育つままにしておけ。収穫の時になったら、刈る者に、まず毒麦を集めて束にして焼き、麦の方は集めて倉に入れてくれ、と言いつけよう」。

マタイによる福音書第一三章二四―三〇節

はじめに

雑誌『エスクァイア』は、一九八三年の創刊五十周年記念号の第二弾として、「アメリカの歴史を変えた五〇人」(50 Who Made the Difference) という特集を組んだが、ラインホールド・ニーバー (Reinhold Niebuhr, 1892-

1971）は堂々その五〇名の著名人のなかに名を連ねている。(1) さらに一九九〇年秋の『ライフ』誌は、「二〇世紀の最も重要な百人のアメリカ人」の一人にニーバーを数え、「神学者は不完全な社会から徳を要求した」(2)という見出しで紹介した。このように、ニーバーは全米が認める二〇世紀最大の神学者であったが、ロバート・N・ベラーによれば、今日のアメリカには「宗教的洞察と道徳的説得を頼みとする、かつてのラインホールド・ニーバーのような『自認の指導者』」が見出せないという。(3) だが、かつてのニーバーのような預言者的知性が不在であるところに、世界帝国と化した今日のアメリカ合衆国の危うさが端的に示されている。

ニーバーは、その体軀さながらに、アメリカの宗教界ならびに思想界に、文字通り「高くそびえ立つ人物」（a towering figure）(4)であったが、彼はまたしばしば「現代の預言者」とも見なされた。(5) それは彼が超越的な視点から人間の営みや歴史的事象を捉える、鋭くかつ公正な眼識を有していたからである。かつてハンス・モーゲンソーは、ニーバーを「あたかも外から、つまり永遠ノ相ノ下ニ（sub specie aeternitatis）アメリカを眺めることのできる人間」(6)と評したが、ニーバーのこのような透徹した眼差しは、『賢者ナータン』の「三つの指環の譬喩」に出てくる「慎み深い裁判官」に一脈通じるものがある。有名な「冷静を求める祈り」（The Serenity Prayer）がニーバーの神学的極致を表現しているとすれば、ニーバーと『賢者ナータン』の作者との間に、意外な思想的接点があるように筆者には思われる。卑見によれば、両者を結びつけるキーワードは、「中間時」（interim）、「知恵」（wisdom）、そして「謙遜」（humility）であろう。本稿はこのあたりの消息を明らかにするとともに、中間時の思想が含意するところを考察しようとする試論である。

一　ニーバー神学の特異性

ラインホールド・ニーバーは、バルトやブルンナーやブルトマンなどのヨーロッパの神学者たちと対等に渡り合える力量を備えていたが、彼は自分自身に神学者の資格を与えることを拒んだ。彼の真の問題関心は狭義の神学の周辺ないし外部に位置していたからである。彼は教義学者でも組織神学者でも新約学者でもなく、キリスト教社会倫理を専門とする実践的理論家であった。ヨーロッパ的に洗練された学問的神学の営みは、最初から彼の関心を惹かなかった。彼の関心は終始一貫して実践的かつ弁証《アポロジエティック》的であった。ひと言でいえば、「世俗的な時代にあって、キリスト教信仰を擁護し正当づけること」(7)が、彼の唯一最大の関心であった。にもかかわらず、ニーバーは二〇世紀アメリカの最大の神学者と見なされている。彼がそう見なされているのは、バルトに匹敵するような教義学的体系を確立したからでも、ブルトマンのように新しい神学的解釈学の方法を編み出したからでもない。ニーバーの天才的力量は、神学的議論に不案内な一般人や教会離れしたインテリたちに対して、時々刻々変化する人間世界の情勢を、神学的に解釈するために発揮された。彼は現実の社会問題や世界史の動向を論じながら、そこに神の恩寵の働きと人間の罪が介在していることを比類なく深い仕方で洞察したのであるが、しかし彼にそれができたのは、彼のなかに深遠な神学思想が潜んでいたからである。神学は純粋な形ではニーバーの著作の前面に出てこないが、しかしそれは彼のなかで周辺《マージナル》的な位置を占めているのではない。むしろ神学は、彼のあらゆる著作のなかにその背景として、また全体を統制する枠組みとして含まれている。そこに「ニーバー神学」を論ずる意味があり、また論じられる必然性がある。

主著『人間の本性と運命』*The Nature and Destiny of Man*（Vol. 1, 1941 ; Vol. 2, 1943）や、その続編としての

『信仰と歴史』*Faith and History*（1949）が例証しているように、ニーバーの神学は「歴史の神学」ないし「世界史の神学」と名づけられるような構造と特質を有している[8]。しかし、それはパネンベルクが提唱するような「歴史の神学」とは本質的に異なっている。ニーバーはパネンベルクのような形而上学的思弁は好まず、むしろヘーゲル的な歴史哲学や形而上学的思弁には、つねに批判的な眼差しを向けている。

ニーバーが新しい神学的歴史解釈へと開眼したのは、むしろ聖書的神話やキリスト教的象徴を真剣に捉え直すことを通してである。『悲劇を超えて』*Beyond Tragedy*（1937）という著作がこの捉え直しを見事に物語っているが、ここには時間と永遠、神と世界、自然と恩寵といった関係について、キリスト教の「弁証法的」（dialectical）な考え方が、現代的感覚をもって生き生きと描き出されている。「キリスト教的歴史解釈に関する随筆集」という副題が示す通り、この書では聖書的な世界観に対する「神話」（myth）の永続的意義や、キリスト教的象徴（Christian symbols）の現代的妥当性が、みずみずしい表現にもたらされている[9]。聖書的神話やキリスト教的象徴を再解釈するにあたって、ニーバーは「原始的神話」（primitive myth）と「永続的神話」（permanent myth）とをはっきり区別する。彼によれば、古代人の非科学的ないし前科学的な思惟を反映している「原始的神話」と違って、「永続的神話」は現実の超科学的な諸局面を扱うものであり、人間実存の垂直的次元ないし「深みの次元」にかかわるものである[10]。「偉大な神話は実際に深遠な経験から生まれたものであり、経験による検証に絶えず服している[11]」。それゆえ、科学的合理性の範疇にはまりきらないからといって、無碍に却けられるべきではなく、また実存主義哲学の援用によって非神話化されるべきでもない。むしろそれは象徴的に（symbolically）解釈されなければならない。ニーバーによれば、「キリスト教において真実であるところのものは、暫定的・外面的な惑わしをある程度含んでいるような、象徴においてのみ表現されることができる[12]」。なぜなら、キリスト教の世界観においては、時間的なものと永遠的なものとの間の関係は「弁証法的」なものとして捉えられるが、かかる関係は合理的な仕方では表現され得ず、ただ象徴的な仕方でのみ表現されることができるからである。それゆえ「聖書的象徴は真剣に（seriously）受け取られなければならないが、字義通りに（literally）捉えられてはならない(13)」。

二　メシアニズムと歴史解釈

ニーバーの歴史論は人間論と表裏一体の関係にあり、両者の結びつきは主著の表題によって端的に示されている。『人間の本性と運命』の実質的内容は、ニーバーが風雲急を告げる英国エディンバラで、一九三九年から翌年にかけて行なったギフォード講演であるが、著者は第一部「人間の本性」（Human Nature）において、古今東西のあらゆる人間観について聖書的・キリスト教的視点から鋭く論じたのち、第二部では「人間の運命」（Human Destiny）について、よりいっそう深遠な神学的解釈を展開する。ニーバーの人間観と歴史観のほとんどすべては、この書のなかにあますことなく表現されているので、われわれは基本的にこの著作を中心として、以下にニーバーの歴史解釈、とくにその中間時の思想を考察してみようと思う。

ニーバーによれば、人間は自然と自由の交差する地点に立つ両義的《アンビギュアス》な存在である。人間は自然と時間の流転に巻き込まれていながら、しかも自然の流転を超越する自由を所有している。この人間固有の超越能力が歴史認識を可能ならしめるとともに、人間を歴史形成者たらしめる。かくして人間の歴史は、いわば「自然的必然性と人間的自由との合成(14)」である。ところで、人間のこのような超越能力をどのように評価するかによって、「歴史的」（historical）な宗教・文化と「非歴史的」（non-historical）な宗教・文化との差異が生じてくる。「歴史に対する種々な文化の態度における相違は、最終的には自己自身をも超越する人間の超越性も含めて、歴史的プロセスを超越する人間の超越性についての相矛盾する評価によって決定される」[15]、といわれる所以である。

歴史的な宗教・文化と非歴史的な宗教・文化との間の区別は、このように簡潔に、救い主（a Christ）を待望するそれと、救い主を待望しないそれとの間の相違として定義され得るであろう。歴史が潜在的に有意味ではあるが依然としてそれの意味の完全な開示と成就とを待っていると見なされるところでは、どこでも救い主が待望される。歴史の意味の超越的啓示が可能であるとも必要であるとも見なされないような仕方で、生の意味が自然ないし超自然の立場から説明されるところでは、どこでも救い主は待望されない[16]。

この引用に明確に述べられているように、メシアないしキリスト的形姿の意義は、神から使わされたこの人物が神的目的を開示し、歴史のなかで歴史を支配するところにある。そこからニーバーは、「非歴史的」な宗教・文化は「非メシア的」（non-Messianic）であるのに対して、「歴史的」な宗教・文化は本質的に「預言者的・メシア的」（prophetic-Messianic）であり、不可避的に「メシアニズム」（Messianism）を生み出すと主張する。

ニーバーはイスラエル民族が神の審判のもとに徹底的に相対化せしめられた結果、普遍史（世界史）の意識が成立したと考える。そして普遍史に関する最初の明示的な説明を最初の偉大な記述預言者アモスの審判の言葉の中に見いだす。曰く、

「イスラエルの子らよ、あなたがたはわたしにとってエチオピアびとのようではないか、とヤハウェは言われる。

わたしはイスラエルをエジプトの国から、ペリシテびとをカフトルから、スリヤびとをキルから導き上ったではないか」というアモスの言葉は、正当にも人間の文化における普遍史の最初の把握であると見なされてきた。ここで歴史はひとつの民族のパースペクティヴから見られているのではなく、普遍的全体として見られている。そして神はあらゆる国民の主権者であると見なされている。[17]

ニーバーによれば、アモスが告知した神はイスラエルの民族的利害を超越する神であり、アモスが預言した神の審判は世界の諸国民に下るものであり、選民イスラエルもその例外ではない。それはイスラエル民族が懐いていたオプティミスティックなメシアニズムを根本から覆し、預言者的メシアニズムにおいて新境地を切り開くものであった。ニーバーによれば、ヘブライのメシアニズムには、①民族主義的段階、②倫理的・普遍主義的段階、③超倫理的・宗教的段階があるが、アモスの審判の思想はその第三段階の嚆矢となるものであった。ニーバーはアモスの使信に「宗教の歴史における啓示の開始」[18]を見る。それは「ここで最初に、永遠的神的なものが、個別的であれ普遍的であれ、人間の可能性の最高のものの延長とか完成とかとしては見なされなくなったからである。神の言葉は、その他の民族のみならず神の選んだ民にも反して語られる」[19]。彼が「すべての神学は実のところアモスに始まる」[20]というのは、このような意味において理解されなければならない。

ところで、人間の願望や期待に反して語られる神の言葉の中に啓示の開始を見たということは、ニーバーが歴史の真の問題を罪の問題として捉えたということにほかならない。「歴史の本当の問題とは、人間がもっている傲慢な自己欺瞞、つまりその努力の有限性や不完全さを隠蔽し、それによって歴史を悪や罪に陥れるところの自己欺瞞だということである」[21]。それゆえ、「歴史の究極的な謎」は、「善における悪もしくは義人における悪がいかに克服され得るか[22]」ということであり、また神の審判は神の憐れみといかに関わるかということである。ニーバーによれば、この歴史の究極的問題に答えが与えられるのは、イエス・キリストの十字架においてである。預言者思想によって提起された歴史の問題を解決するために、イエスが預言者的メシアニズムの中に導入したのは、「苦難のメシアという法外な考え[23]」であった。「代償的苦難」ならびに「代償的愛」としてのイエスの苦難は、ヘブライのメシアニズムにおけるメシア待望を否定する仕方で成就する。かくして苦難のメシアとしてのキリストは、「歴史の曖昧さを究極的に明らかにし、歴史に対する神の主権を開示する[24]」。

「苦難のメシア」(a suffering Messiah) という考えは、ユダヤ教にとっては躓きであったが、キリスト教信仰は、ユダヤ教によって待望されながらも拒絶されたメシアを、神から使わされた救い主キリストとして受け容れる。キリスト教信仰にとっては、「メシアの十字架上の死」は、「罪なき者が罪ある者を贖う」代贖的行為であり、そこに示されているのは「私心なき犠牲的アガペー」としての神の「完全な愛」である。それゆえ十字架のキリストは、イエス・キリストを信じる者にとっては、「神の力、神の知恵」(第一コリント一・二三—二四) である。ニーバーによれば、新約聖書は「キリストにおいて歴史はその終わりと新しい始まりを達成したという驚くべき主張をする」が、それは「彼の生涯、死、復活において人間の歴史的存在の意味が成就している[25]」とともに、「生の真実の意味を捉える信仰の知恵は、それ自体のうちに、生の更新の前提となる悔い改めを含んでいる[26]」ということを意味している。

三　ニーバーにおける中間時としての歴史

ニーバーはあるところで、「自分の神学全体は、実のところ、この世の人々のために、われわれのための、そしてわれわれにおけるキリスト（*Christus pro et in nobis*）の意味を解き明かしているだけのことである[27]」と述べているが、この言明からもわかるように、彼の神学全体はキリスト論的含蓄をもっている。その場合、彼のキリスト論の中心は、イエス・キリストの十字架であり、また十字架において示された神の愛（アガペー）である。歴史における罪の深遠さの認識を背景として、ニーバーはキリストの十字架のなかに、神における怒りと愛の逆説的な関係の発現を見てとるが、言うまでもなくこのようなあり方は基本的にすぐれてルター的である。いずれにせよ、贖罪論がニーバーの歴史解釈の鍵となっていることは間違いなく、その意味で彼の神学を歴史論に応用された現代的な「十字架の神学」（theologia crucis）の試みと捉えることも不可能ではなかろう。

それはともあれ、歴史のキリスト論的・贖罪論的な解釈ということは、ニーバーの中間時の捉え方に独特のニュアンスを与える。ニーバーは、イエス自らが「終末」について再解釈し、歴史の終局を二つのアスペクトに分離して考えたと見なす。イエスは一方では「神の国はすでに来た」と言い、他方では「神の国は来るであろう」と語っている。一見矛盾するように思われる、このような二重的主張に含意されているのは、「歴史は中間時（interim）である[28]」ということである。ニーバーによれば、イエス・キリストの出現以後の歴史は、「歴史の真の意味の《開示》（disclosure）とその意味の《成就》（fulfillment）との間の中間時であり、また神の主権の《啓示》（revelation）とその主権の完全な《樹立》（establishment）との間の中間時[29]」である。このように考えられた場合、歴史の内部における人間相互間の矛盾対立や人間の神への反逆は、歴史の持続的要素であり続ける。「罪は原理的に（in principle）は克服されているが、実際に（in fact）は克服されていない。愛は勝利的な愛であるよりも、むしろ苦難的な愛であり続けなければならない[30]」。

イエス・キリスト以後の歴史が「中間時」であるということは、われわれの歴史のうちに暫定的な意味が認められるとしても、最終的・究極的な意味の開示と実現は将来に待たれるべきだ、ということである。人間は依然として「鏡に映して見るようにおぼろげに見ている」（第一コリント一三・一二）。それゆえわれわれは、「わたしが完全に知られているように、完全に知るであろう」ときに、はじめて最終的な意味が成就されることを、信仰によって待ち望まなくてはならない。歴史のうちで悪に対する暫定的な審判があるとしても、いずれも不正確である。それゆえ歴史は究極的な審判を待たなければならない[31]。つまり、中間時における「人間歴史は麦と毒麦との混合」である。われわれは暫定的な識別や判断をしなければならないが、最終的な区別は存在しないということをわきまえなければならない。生の意味の成就は、われわれが悔い改めと信仰によって、神との関係を再確立するあらゆる瞬間に存在する。しかし「われわれは希望によって救われる」のであり、生の成就をなお将来に待っている[32]。

なす価値のあるいかなることも、われわれの一生のうちに達成することはできない。それゆえ、われわれは希望によって救われなくてはならない。真なるもの、美なるもの、善なるものも何ひとつ、歴史の直接的脈絡において完全に意味をなすことはない。それゆえ、われわれは信仰によって救われなくてはならない。いかに有徳であろうとも、われわれのなすことは、単独では達成することができない。それゆえ、われわれは愛によって救われるのである。いかなる有徳的な行為も、われわれの友や敵の見地からすれば、われわれの見地からするほどには有徳的とはいえない。それゆえ、われわれは赦しという愛の究極のかたちによって救われなければならない[33]。

かくしてキリスト教信仰は、「歴史の不完全さと腐敗が最終的に克服される《終末》を指し示し[34]」、そして「最終的な審判と最終的な復活を待望する[35]」。かかる終末論的希望は、新約聖書においては、苦難のメシアが「大いなる力と栄光とをもって」再びやって来るという再臨の思想のなかに表明されている。イエス・キリスト以後の歴史は、それゆえ、キリストの《来臨》と《再臨》との間の中間時でもある。曰く、

歴史がキリストの来臨と再臨との間の中間時であるという観念は、人間実存のあらゆる事実を照らし出すような一つの意味をもっている。キリストの来臨以後の歴史は、その真の意味を部分的に知っているという特性を有している。人間が決して完全には彼自身の真の本性と矛盾し得ない限り、歴史もまたその意味の有意義な実現を示している。それにもかかわらず、歴史はその真の意味に対する真の矛盾のうちに依然とどまっている。その結果、歴史のうちにおける純粋な愛はつねに犠牲的な愛でなければならない。しかし、もし歴史がキリストのパースペクティヴから見られるならば、歴史の諸矛盾は決して人間の規範となりえない。(36)

ニーバーがその代名詞となっていた「キリスト教現実主義」(Christian realism)は、このような中間時の思想と密接に関連している。

四　中間時の倫理——"ὡς μή" ではなく、「世界超越と世界変革」——

中間時の倫理を基礎づけるものとしてしばしば引証されるのは、パウロの以下の聖句である。

時は縮まっている。今からは妻のある者はないもののように、泣く者は泣かないもののように、喜ぶ者は喜ば

ないもののように、買う者は持たないもののように、世と交渉のある者は、それに深入りしないようにすべきである。なぜなら、この世の有様は過ぎ去るからである。(第一コリント七・二九―三一)

これはいわゆる「ὡς μή の倫理」といわれるもので、「あたかも……でないかのように」というあり方を奨励する。しかしニーバーは、中間時におけるキリスト者のあるべき態度をこのような"ὡς μή"によっては考えない。彼が説くのはむしろそれとはまったく違った仕方での「終末論的」(eschatological)なあり方である。ニーバーによれば、中間時に生きる教会は十分に終末論的でなければならないが、「教会がそれによって生きる信仰と希望は、理想的には、歴史のあらゆる悲劇的な道徳的曖昧さのただなかにあって、神の意志をなそうと努める教会の責任を廃棄するよりは、むしろそれを先鋭化する」[37]という。このように、ニーバーが終末論的なあり方とキリスト者及び教会の社会的責任とを結びつけていることは注目に値する。ニーバーにとって終末論的であることは、例えばブルトマンが主張するような、「この世に対する距離」を置いた、"ὡς μή"的な「非世界的」(entweltlich ; unworldly)なあり方を意味しない[38]。それは十字架のキリストを覚え、キリストの再臨を信仰と希望によって待望するというあり方を意味している。このあり方を根本的に特徴づけるのが、のちほど考察するように、「真理をもっており、しかももっていない」(having, and not having, the truth)という恩寵のパラドクスであり、このような恩寵のパラドクスがニーバーの「キリスト教現実主義」を支えている。

ニーバーによれば、教会は十字架において啓示された神の「愛」が究極的に一切の問題(社会問題も含めて)の解決であることを認識し、それを歴史のなかで宣教する。教会は社会から逃避しても社会にのめり込んでもならない。そうではなく、「世界超越と世界変革」(transcending and transforming the world)の両契機を弁証法的に統合しつつ、社会形成的でなければならない[39]。ところでそれは、「真理をもっており、しかももっていない」というパラドクスが徹底化されるときにはじめて可能となる。教会は自らが執行するサクラメント（聖礼典）においてこのパラドクスを具現化している。曰く、

キリスト教会の最高のサクラメントである聖餐式は、この終末論的緊張で充ちている。それは「わたしを記念するためにこのように行いなさい」という言葉によって制定されている。聖パウロは「あなたがたは、このパンを食し、この杯を飲むごとに、それによって主が来られるときに至るまで、主の死を告げ知らせるのである」と言明している。かくしてサクラメントにおいてキリスト者は、大いなる記憶と大いなる希望とによって生きるのである。現在の現実は、その記憶と希望のために異なっている。記憶と希望との間に存在しているのは、恩寵の生活である。そこにおいては、キリストの愛は共同体における達成された現実であると同時に、代理的にのみ主張されうる徳である。キリスト者共同体は、キリストの完全を確かな所有物としてはもっていない。それはこの愛を所有していると確信することが少なければ少ないほど、より確実にそれを発揮するであろう[40]。

それゆえ、信仰と希望によって生きる恩寵の共同体としての教会は、「サクラメンタル」（sacramental）でなければならない。サクラメントは、われわれが究極的な徳と真理を「もっており、しかももっていない」ことを象徴している。教会はキリストの《アガペー》に参与しつつも、この《アガペー》を達成したと見せかけないために、サクラメントをもたなければならない[41]。

五　「麦と毒麦のたとえ」――中間時の問題性と「謙遜のセンス」――

中間時の問題性は、「麦と毒麦のたとえ」(the parable of the wheat and the tares) のなかに最もよく示されている。ニーバーは「麦と毒麦のたとえ」と題された説教のなかで、このたとえはわれわれを「当惑させるような教訓」(puzzling lesson) を含んでいる、と述べている。[42] 英語にはマタイ一三・二四―三〇に由来する "sow tares among somebody's wheat" という表現があるが、それは「不正なやり方で人に害を与える」ことを意味している。「麦と毒麦のたとえ」は、このような不正にどう対処すべきかについて、われわれを当惑させる指針を含んでいる。このたとえを素直に解釈すれば、歴史のうちにおける善と悪、正義と不正義に関して、われわれは早まって判断を下してはならない。善と悪、正義と不正義に関する最終判断は、歴史の終末まで待たなければならない。終末において善悪が峻別されるという思想は、ユダヤ・キリスト教的伝統に特徴的なもので、例えばマタイ二五・三一―三三にも明確に見てとれる。そこでは次のように言われている。「人の子が栄光の中にすべての御使たちを従えて来るとき、彼はその栄光の座につくであろう。そして、すべての国民をその前に集めて、羊飼いが羊とやぎとを分けるように、彼らをより分け、羊を右に、やぎを左におくであろう」。「麦と毒麦のたとえ」も、基本的には、これと同じ思想背景を有している。しかし終末において白黒がハッキリするとしても、問題はそれ以前の歴史において、われわれが善悪や真偽に対してどう対処すべきか、ということであろう。当事者になった場合、「いや、毒麦を集めようとして、麦も一緒に抜くかも知れない。収穫まで、両方とも育つままにしておけ」などと、はたして呑気なことを言っておれるであろうか。

例えば、同時多発テロのようなケースについて考えてみよう。歴史のうちでは善も悪もない混ぜになっている、悪を根絶しようとして罪のない人まで巻き添えにしてはいけない、歴史の終末にいたるまで、善も悪もこのままにしておこう、終末になったら神が悪しき輩を滅ぼして地獄に落とし、善なる者を神の国に入れてくださるであろう、といった傍観者的な態度は取れまい。当事者であれば、むしろアメリカの大統領が決断したように、速やかにテロに対する報復の戦争を宣言し、この赦しがたい悪の勢力を徹底的に殲滅しようとしないであろうか。またそうすべきではなかろうか。もしわれわれが、歴史のうちではすべては相対的であり、純粋な白もなければ純粋な黒もない、すべては灰色であり、他者を裁けるような絶対的な善の立場はあり得ないとして、歴史のうちで善と悪、正義と不正義を区別することをやめるとすれば、道徳とか社会正義は成り立たなくなり、人間社会全体は混乱に陥ってしまうであろう。われわれの見方は有限であり、われわれ自身も神から見たら灰色であるとしても、善と正義の理想を達成するためには、歴史のうちで善と悪、正義と不正義を区別する努力を怠ってはならないのではなかろうか。かつてバルトとニーバーの間でかわされた論争も、基本的には、この種の問題とかかわっている。(43)

にもかかわらず、おそらくニーバーなら現政権が進めているような対イラク政策にお墨付きを与えはしないだろう。なぜなら、ニーバーが『アメリカ史のアイロニー』*The Irony of American History*(1952)を執筆した際の基本となったような、「天に座する者は笑い、主は彼らをあざけられるであろう」(詩編二・四)という自己超越的・自己相対化的な視座が、アメリカの現政権には微塵も見うけられないからである。もしわれわれが自分たちの判断や裁きを絶対視すれば――よしんばわれわれが相対的に善の立場に立っているとしても――、われわれはより大いなる悪に転化する可能性がある。実際、アメリカはアフガン戦争の当初、その軍事作戦を「無限の正義」(Infinite Justice)と名づけたが、その後イスラム諸国からの批判に配慮して、「不朽の自由」(Enduring Freedom)と言い改めた。この事例が示唆しているように、われわれは相対的なものにすぎない自分たちの大義を、しばしば絶対的なものとして主張する。そして「偽りの絶対」(false absolutes) であることを見抜かれると、今度は別の仕方で自分が正しいことを見せかけようとする。「麦と毒麦のたとえ」は、こういうわれわれの欺瞞や速断に対して強い警告を発している。かくしてニーバーは、次のようにいう。

「いや」と主人は言った。「毒麦を集めようとして、麦も一緒に抜くかも知れない。」その示唆するところは、非常に多くの悪は人間の利己性から生じるかもしれないが、しかしおそらくより多くの悪は、人間が自分たち自身やお互いについて下す早まった裁きから生じるかもしれないということである。「収穫まで、両方とも育つままにしておけ」。聖書のこれらの驚くべき言葉が示唆しているのは、われわれは裁かなければならない反面、われわれの裁きを超えた裁きがあり、またわれわれの成就を超えた成就があるということである。(44)

ニーバーは、歴史の中間時における道徳的判断の不可避性を執拗に説きながらも、他方で人間的な善や正義が容易に悪や不正に転化することをよく承知しており、だからこそ「謙遜のセンス」(a sense of humility) の重要性を力説したのである。例えば、『アメリカ史のアイロニー』における以下の引用は、ニーバーの考え方を模範的な仕方で示している。

われわれはまたわが国の運命を宗教的に解釈して、我が国の存在意義を人類史に新しい始まりを切り開こうとする神の御業と理解してきた。今やわれわれは世界的規模の責任の中に身を沈めている。そしてわれわれは弱小のものから強大なものへと成長してきた。われわれの文化は権力の用い方、濫用についてはほとんど知ることがない。けれどもわれわれは権力を地球的な規模で用いざるをえないのである。わが国の理想主義者たちは、われわれの魂の純潔を保持するために、権力に伴う責任を回避しようとする人々と、どんな手段であろうと良い目的のために行うのであれば、紛れもなく有徳なものであるにちがいないという血迷った主張をして、われわれの行為に含まれる善悪の曖昧さを覆い隠そうとしている人々に分裂している。われわれは、自分たちの文明を保持するために道徳的に危険な行動をとっているし、またとり続けねばならない。われわれは権力を行使しなければならない。しかしわれわれは一国家が権力を行使するのに完全に公平無私でありうると信じてはならないし、また特定の度合の利害や情熱が、権力の行使がそれによって正当化されるところの、正義を腐敗させるということに無頓着であってはならない。(45)

……権力の行使の訓練、すなわち内部的な宗教的、道徳的抑制をつくるという第三の戦略は、普通は正義感の育成を意味するものと解釈されている。……しかし国家というものは、個人よりもさらに、他者の権利や要求を十分に理解することができないものだ、ということを認める謙遜のセンスは、このような訓練においてはなおさら重要な要素であるかもしれない。正義を過信しすぎるとつねに不正義を招く……。人間や国家が「自らの訴訟の裁判官になる」かぎり、相手方の利害よりも自分自身の利害により敏感になってしまうという人間的弱点を必ずさらけ出すものである。それゆえ、いわゆる「正しい」人間や国家は、自らの道徳的偽善をあばかれるというアイロニーに容易に巻き込まれてしまう可能性がある。(46)

周知のように、ニーバーを愛読したジミー・カーター元大統領は、「政治の悲しい責務は罪深き世界に正義をもたらすことである」というニーバーの言葉をしばしば引用したが、[47]「罪は原理的に（in principle）は克服されているが、実際に（in fact）は克服されていない」、中間時のこの現実世界にあって、ニーバーほど愛と正義の問題を真剣に考えたキリスト教思想家はいまい。ロバート・N・ベラーがその不在を嘆くのは、おそらくこのような現実を冷静に見通す眼識と、自分自身をもシニカルに考察する「謙遜のセンス」を身につけた宗教的指導者のことであると想像されるが、いずれにせよ、自らを“a tamed cynic”と呼んだニーバーは、預言者的な鋭い洞察力と本物の謙虚さとを兼ね備えた、比類なき宗教的指導者であった。[48]

六　「真理をもっており、しかももっていない」(having, and not having, the truth)

ニーバーの中間時の思想は、彼の社会倫理思想や政治哲学として表現されているだけでなく、真理の問題にも応用されている。われわれがすでに見たように、歴史の真の意味はすでに《開示》されたがまだ《成就》されていない状態、あるいは神の主権はすでに《啓示》されたがまだ完全には《樹立》されていない状態が、ニーバーがいう「中間時」であった。このような中間時の状態は、「生の意味が部分的に実現し達成に近づいていると同時に、それが積極的に腐敗していることによって特徴づけられる」。[49]これを真理の問題に当てはめれば、歴史が中間時であるということは、歴史的真理はすべて部分的かつ制約的なものにとどまり、部分的にはまた非真理を含んでいるということにほかならない。ニーバーはこの状態を言い表すのに、「真理をもっており、しかももっていない」(having, and not having, the truth)[50]という表現を用いている。いうまでもなく、これはAと非Aを同時に主張する一種の弁証法であるが、《時間》のなかに《永遠》が突入してきた出来事としてのキリストの《受肉》以後、人類の歴史はかかる弁証法のもとにある、とニーバーはいう。

ところで、周知のごとく、レッシングは真理の所有ではなく真理に到達するために努力することが尊いという趣旨の発言をし、「所有は沈滞させ、怠惰にし、傲慢にする」[51]と述べているが、たしかに「真理をもっている」(having the truth) という思い上がりは、しばしば耐え難い熱狂と不寛容を生み出す。ミュンスター再洗礼派の事例を引き合いに出すまでもなく、真理を所有しているとの早まった宗教的熱狂主義は、しばしば途轍もなく恐ろしい幻想と惨劇とを生み出した。ここでヤン・マティアスの同時代人であったセバスティアン・フランクの言説を引証することは、それゆえ決して徒事ではなかろう。フランクは『パラドクサ』のあるくだりで、「時宜を得ない熱狂」(unzeitiger Eifer) について次のように述べている。

> 時宜を得ない熱狂は多くの人々を駆り立ててきた。だが彼らは最終的には、自分たちが引き起こした事態は時期尚早であったし、それへと召命される以前に起こったということを、みずから認めたのであった。[52]
>
> ……薬物を誤用する以上に有害なものはない。一般的に最良のものも誤って用いられると、最悪のものになる。したがって、神への熱狂というものも、それが神から出てきたものであり、その結果神御自身がわれわれのうちで、そして御自身のために熱中される！というのでなければ、神に敵対するものとなり、死に至る罪となる。時宜を得ない熱狂は、彼らが〔神に〕委嘱される以前に、あまりにも尚早に多くの人々を駆り立てる。[53]

実際、宗教的熱狂はキリスト教の成立以来、良い意味でも悪い意味でもキリスト教の宣教活動と結びついてきたが、しかし使徒パウロは冷 静な熱狂《ニュヒテルン》、つまりファナティックにならない熱き終末待望を、次のような言葉で模範的に言い表している。

わたしたちの知るところは一部分であり、預言するところも一部分にすぎない。全きものが来る時には、部分的なものはすたれる。……わたしたちは、今は、鏡に映して見るようにおぼろげに見ている。しかしその時には、顔と顔を合わせて、見るであろう。わたしの知るところは、今は一部分にすぎない。しかしその時には、わたしが完全に知られているように、完全に知るであろう。(第一コリント一三・九―一二)

ここには所有している真理の確かさと、にもかかわらず現在における認識の部分性、そして将来に与えられるべき完全な真理への期待とが、見事な仕方で一体化して表明されている。

「真理をもっており、しかももっていない」(having, and not having, the truth) という表現は、「真理の所有」と「真理の非所有」という矛盾し合う契機を、いわば弁証法的に結合した形式であるが、ニーバーによれば、真理に対するこのような関係こそ、歴史の中間時における人間の状況である。しかし翻って考えてみると、かかる中間時的な状況においてこそ、はじめて勝義における真理の探求が可能となるともいえる。例えば、さきに引証したレッシングは、一般的に「真理探求者」(Wahrheitssucher) ないし「真理愛好者」(Liebhaber der Wahrheit) としていまでも口吻に上るが[54]、彼は同時代の人々にはまだ隠されていた高次の真理を、時代にはるかに先駆けて予感した。しかし歴史を突き抜ける高みに立っていたとはいえ、彼は依然として変転してやまない歴史の生成過程に巻き込まれていた。

レッシングは歴史超越的な真理を先取りしていたが、それはいまだ明晰な概念的認識にまでは達していなかった。つまり、彼は「真理をもっており、しかももっていない」という状況に身を置いていた。そこからレッシングにおいて真理の探求が始まる。そこにまた、彼の思想の将来への開放性ということもある。不断に真理を探求しながら、より十全な真理の開示を将来に待つという彼特有の態度がそこから出てくる。(55) レッシングの思惟がキリスト教に《δογματικῶς》にではなく、《γυμναστικῶς》に関わろうとするのもそのためである。(56) いずれにせよ、レッシングにおける真理探求は、ニーバーがいう「真理をもっており、しかももっていない」という中間時的状況によく相応している。

七　中間時における真理を見分ける知恵——ニーバーとレッシングの接点——

我田引水と思われてはならないので、ニーバーとレッシングが踵を接すると考えられる点を、もう少し掘り下げて考察してみたい。ニーバーがレッシングに言及したことはほとんどないので、ニーバーとレッシングを結びつけるのは、あくまで筆者の問題関心によっているが、中間時の真理性の捉え方においては、両者の間に通底するものがある。詳細な議論は拙著に譲るが、『賢者ナータン』*Nathan der Weise* における有名な「三つの指環の譬喩」(die Ringparabel) は、中間時における真理性の問題に深く関係している。

「三つの指環の譬喩」はあまりにも有名なので、ここで粗筋を述べる必要はないが、物語全体の枠組みとして、始源から終末へと向かういわゆる聖書的・キリスト教な歴史観が暗黙の前提となっているとみてよかろう。指輪の真贋に関する係争が発生する現在は、いわばその《中間時》に位置している。始源においては、神から賜った本物の指環は一つだけで、混乱と係争はまだ存在しない。終末においては、混乱と係争に終止符が打たれ、三つの指環のうちどれが本物であるかが明らかになるはずである。しかし歴史の中間時においては、すべてのものはいわば玉石混淆の状態にあり、両義的《ツヴァイドイティヒ》ないし多義的《フィールドイティヒ》たらざるを得ない。中間時に位置していることを深く自覚している「慎み深い裁判官」(der bescheidene Richter)は、指環の真贋に関する「謎を解く」ことを最初から断念している。なぜなら、彼は自分の眼識の及ぶ範囲、いわば理性の限界をよくわきまえているからである。しかし、歴史のうちで裁定を下す必要があるとすれば、指環そのものに具わっている「不思議な力」に判定の基準が求められなければならないという。本物の指環ならその所有者を神と人とに好まれる者にする不思議な力を具えているからである。ところが互いに言い争っている三人の息子は、指環に具わる不思議な力を裏切っている。それぞれが利己的な愛に生きており、指環の力は発揮されていないからである。このようなジレンマを打開する唯一の方法として、「慎み深い裁判官」が勧めるのは、自らの宗教的・道徳的実践によって指環の真正性を自証するというやり方である。つまり各自が父親から譲り受けた指環が本物であることを信じて、その指環の不思議な力が自ずから発現するように、ひたすら愛の実践に励めというのである。このような考え方は、レッシングが主張する「宗教の内的真理」という観念に対応したものであるが[57]、いずれにせよこの譬喩が暗示しているように、歴史の中間時においては、真理は客観的・決定的には証明され得ない。そこにおいてはすべてのものは両義的ないし多義的であり続ける。それゆえ、中間時においては「真理は一つ以上の形姿で働く」(Die Wahrheit rühret unter mehr als einer Gestalt)[58]ということは必定である。換言すれば、中間時においては、真理は《多形的》(polymorph)であらざるを得ない。

「真理の多形性」(Polymorphie der Wahrheit)ということについては、次節であらためて論ずるが、このような両義的ないし多義的な現実のただなかで、善悪ないし真偽の判断を委ねられた「慎み深い裁判官」の立場は、二〇世紀のアメリカにおけるニーバーの役割と似ていなくもない。ニーバーは現実世界のなかで、アメリカの宗教、社会、国家が神の正道から逸脱しないように、つねに見張りかつ善導することにその生涯を捧げた。彼が「預言者」と見なされるのはそのためである。

そうであるとすれば、突飛に思われるかもしれないが、ここでニーバーの「冷静を求める祈り」（The Serenity Prayer）について考察してみることは、案外有意義かもしれない。ニーバーの「冷静を求める祈り」は、「神よ、変えることのできない事柄については受け入れる冷静さを、変えるべき事柄については変える勇気を、そしてそれら二つを見分ける知恵を与えたまえ」（God,/Give us Serenity to accept what cannot be changed,/Courage to change what should be changed,/And wisdom to distinguish the one from the other.）という内容であるが[59]、この祈りは、まさしく「歴史の秘儀の深みを見据えた人物から発せられたたぐい稀な言葉[60]」である。

ニーバーの愛娘エリザベスが書いた *The Serenity Prayer* が、ドイツ語版では *Das Gelassenheits-Gebet* という表題になっていることからもわかるように、英語の "serenity" はドイツ語の "Gelassenheit" に通じている[61]。ドイツ語の "Gelassenheit" という概念は、日本語ではしばしば「(自己)放棄」ないし「放下」と訳されているが、この訳語で原意が正確に伝わるかどうかは覚束ない。"Gelassenheit" という概念は、エックハルトやタウラーのドイツ神秘主義の伝統において重要な意義を有しているもので、このドイツ語の名詞は、基礎となる動詞の "lassen" から派生する二重の意味を内包している。すなわち、それはまず自己を拘束しているあらゆるものからの「解放」（Loslassen）と、次に自己を越えた大いなる存在に身を「委ねること」（Überlassen）を、いわば一体化した形で表現している[32]。したがって、それは我執や我意を離れて神に身を委ねることであり、またそこで得られる冷静な宗教的境地を意味している。

ニーバーが用いた“serenity”という英語のなかに、ドイツ語の“Gelassenheit”の語彙を逆輸入的に読み込めるかどうかは疑問だが、いずれにしても「変えることのできないもの」という表現のなかには、人間の力とか能力が及ぶ範囲の限界が示唆されている。そして人間の限界をわきまえ、限界を超えたものを冷静に受け入れるということは、常人には容易にできることではない。それはまさしく我執や我意を完全に離れて神に全面的に帰依した人にしてはじめて可能な行為であろう。「変えるべきこと」を変える勇気ということも、変えることが容易ならざるからこそ、変える《勇気》(courage)なのであり、またそのような勇気は人間的可能性でないからこそ、それを神に祈り求めなければならない。そしてさらに、「変えることのできないこと」と「変えられるべきこと」を見分ける「知恵」(wisdom)となると、これはまったく常人の及ぶところではない。それゆえ、ここで求められている知恵とは、賢しらな人間的知恵とは異なる神的な知恵である。そのような知恵は人間的可能性ではない以上、神から恵みとして与えられる以外には、人間には近づき得ないものであろう。

ニーバーには『時のしるしを見分けて』*Discerning the Signs of the Times*(1946)という有名な説教集もあるが、まさに彼には「時のしるし」を見分ける「知恵」が備わっていた。イエスは弟子たちに向かって、「あなたがたは空の模様を見分けることを知りながら、時のしるしを見分けることができないのか」(マタイ一六・三)と問われたが、われわれの大半は天気を予測する知恵や知識はもっていても、時代の動向を鋭敏に察知する知恵やセンスを欠いている。「主を恐れることは知識のはじめである」(箴言一・七)とあるように、「時のしるし」を見分ける知恵が与えられるためには、天地の創造主に対する真の畏怖・畏敬がなければならない。ニーバーの「冷静を求める祈り」は、彼が神に対するそのような真の畏怖・畏敬をもっていたことを如実に証言している。「高ぶる目」は主の忌み嫌われるものの最たるものであるが(箴言六・一六—一七参照)、「冷静を求める祈り」はその対極にある《へりくだり》を表している。ニーバーにおける「知恵」の問題については、別の機会にあらためて考察してみたいが、そこには自らの限界をわきまえている《限界理性》(Grenzvernunft)、あるいは超越に開かれた《信仰的理性》(glaubende Vernunft)という性格があることは、容易に予想がつく。ニーバーの「謙虚《フミリタス》」(63)ということはそこに淵源しているが、この点においてニーバーは、レッシング＝ナータン的な賢者の立場と重なり合うものを有している。少なくとも筆者にはそう思われてならない(64)。

八　「矛盾におけるキリストと文化」――トレルチとニーバーの接点――

さて、レッシングは、「真理は一つ以上の形姿で働く」と述べたが、トレルチもまたかかる信念を共有している。そしてニーバーはこのトレルチから影響を受けたといわれている。そこで次にトレルチとニーバーの接点について、筆者なりの視点から考察してみたい(65)。

トレルチは「世界宗教のなかでのキリスト教の位置」と題されたオックスフォード講演――本人が急逝したため実際には別の人によって代読された――を、次のような意味深長な言葉で結んでいる。

> まず第一にわれわれにとっての真理であるような真理も、それゆえやはり真理であり生命である。そしてわれわれが他の人々に対する愛の中で毎日体験していること、すなわち他の人々は独自の存在であって固有の物差しをもっているということ、このことをわれわれは人類に対する愛のなかでも体験しうるのでなければならない。……神的生命はわれわれの地上の経験においては一つのものではなく、多くのものなのである。しかし多くのも

ののなかに一つのものを予感すること、これが愛の本質というものである。[66]

トレルチの英国講演集を編集したフリードリヒ・フォン・ヒューゲルは、その序文においてトレルチに特徴的な真理観に言及し、「真理はつねに多形的（polymorph）であって、決して単形的（monomorph）ではない」というのが、トレルチの真理観であると述べている。[67] これを踏まえて今日では、トレルチ研究の第一人者F・W・グラーフも、「トレルチは多元主義的な現実理解に有利になるように、伝統的な一元論的真理概念を《真理の多形性》に解消した」[68]として、「真理の多形性」（Polymorphie der Wahrheit）という観念を主張している。「真理の多形性」という用語そのものがトレルチに直接由来するかどうかは、今後の研究を待たなければならないが、真理は歴史のうちでは多元的な仕方で発現するという確信において、トレルチはたしかにレッシングの歴史相対主義を引き継いでいる。なるほど、トレルチにおいては中間時の観念はほとんど前面に出てこないが、しかしトレルチの思想の根底にはそれとほぼ等価値の思想が潜んでいる。

生の流れを堰き止めて形態を与えるという課題は、それゆえその本質上、完結不可能であり果てしなきものであるが、しかも個々の場合においては、繰り返し解決可能かつ実際的な仕方で提起されてくるものである。徹底的で絶対的な解決というものは存在せず、ただ闘争のうちにある、部分的な、そして総合的に結び合わせる解決のみが存在する。けれども、生の流れは滔々として、不断に波立ち流れ過ぎて行く。歴史はそれ自体の内部において超越されることができず、信仰によって彼岸を先取りするという形か、あるいは部分的救済を変容させ増強するという形以外には、歴史はいかなる救済も知らない。神の国と涅槃とはあらゆる歴史の彼岸にあるのであっ

て、歴史自体のうちには、ただ相対的な克服があるだけである。(69)

上記の言説はトレルチの確信を直裁に表明したものであるが、これはスピリチュアリスムスに裏打ちされた歴史的現実主義とでも名づけうるものである。トレルチの言葉としては、「彼岸は此岸の力である」（Das Jenseits ist die Kraft des Diesseits）(70)という『社会教説』末尾の言葉がつとに有名であるが、この言葉はまさに上記のようなスピリチュアリスティッシュな歴史的現実主義を示唆している。トレルチにおける「能動的神秘主義」と呼ばれるもの、すなわち「争いごとからは遠ざかっているが、しかも自己の精力を完全には使い果たすことなく、闘いと労働、そして共同体へとアクティヴに導いていく神秘主義」(71)は、そのようなスピリチュアリスティッシュな歴史的現実主義を裏側から表現したものと見なしてよかろう。

ところで、われわれにとって興味深いことに、「彼岸は此岸の力である」という確信において、ニーバーはトレルチと共鳴し合っている。ニーバーがトレルチにどの程度関心をもっていたかは、現存する資料からは必ずしも明確なことは言えない。しかしニーバーの処女作『文明は宗教を必要とするか？』*Does Civilization Need Religion?*（1927）は、多くのニーバー研究家が指摘しているように、(72)トレルチの『社会教説』の影響を色濃く反映している。ラインホールドはデトロイト時代に、トレルチのこの浩瀚な書物をドイツ語原典で熱心に読み、そこから多くの教訓を学びとったが、実際的にも『社会教説』の英語版の書評を、『明日の世界』（*The World Tomorrow*）誌の一九三一年一二月号に寄せている。しかしそれだけではない。一九六二年五月九日付けの『クリスチャン・センチュリー』誌の“EX LIBRIS”という小さなコラム記事には、「どんな書物があなたの職業上の態度と人生哲学との形成に最も影響を及ぼしましたか」という質問に対するニーバーの回答が載っているが、そこでニーバーはトレルチの『キリスト教会の社会教説』を真っ先に挙げている。[73] こうした事実をつき合わせてみると、トレルチがニーバーにとってかなり本質的な意義を有する思想家であったと判断してもよかろう。

しかし、それではニーバーはトレルチから一体何を学んだのであろうか。この点については、現段階では確定的なことはいえないが、トレルチの『社会教説』とニーバーの『人間の本性と運命』をともに熟読した者には、両者の間に水脈が通じていることは明白であろう。それだけでなく、キリスト教と文化の関係をめぐる思考に、一定の共通性が見うけられることも確かである。実際、自らトレルチの宗教哲学を主題に選んで博士論文を執筆した弟のH・リチャード・ニーバーは、今やアメリカ神学の古典的名著となった『キリストと文化』において、トレルチを「矛盾におけるキリストと文化」(Christ and Culture in Paradox) の一例として論じた後、脚注部分で兄ラインホールドの『道徳的人間と非道徳的社会』に言及して、ラインホールドもトレルチ同様、「矛盾におけるキリストと文化」の類型に属する「二元論者」(dualist) であるとの見方を暗に示している。リチャード・ニーバーの五類型そのものには、別途検討されなければならない重大な問題が含まれているが、ラインホールドの出世作となった『道徳的人間と非道徳的社会』*Moral Man and Immoral Society* (1932) に対して、弟リチャードが手厳しい批判をしていることを考えると、このような分類はきわめて意味深長であると言わざるを得ない。不案内な方のためにあえて紹介しておけば、リチャードはラインホールドの出世作の出版直後、私信において次のような辛辣な批判を展開している。

あなたは宗教を力として考えておられます。――ときには危険であるが、ときには役に立つ力として。それはリベラルです。宗教そのものにとって、宗教は力ではなく、宗教が向けられているところのもの、つまり神こそが力なのです。……わたしはリベラルな宗教は徹底的に悪であると考えています。それは偽善を癒す応急手当てのようなものです。それは善意を高めたもの、つまり道徳的理想主義です。それが崇める神の特質は、「第n度にまで引き上げられた人間的特質」にほかならず、わたしはかかる宗教からはあなたのように多くを期待いたしません。それはセンチメンタルでありロマンティックなものです[74]。

要するに、リチャードの目からすれば、兄ラインホールドは神学的リベラリズムをまだ十分に克服していないというわけである。ラインホールドとリチャードは、従来、比類なき《タンデム》(二頭立ての馬車)を組んでいるように思われてきたので、われわれがここに紹介したような兄弟間の見解の相違は実に興味深い。

九　ニーバー兄弟を分かつもの——中間時における神の働き——

リチャード・フォックスが主張するように、『道徳的人間と非道徳的社会』の書名がトレルチに由来するものかどうかは別問題にして[75]、この書をめぐる兄弟間の思想的対立を考慮に入れると、ラインホールドを二元論者の仲間に入れているリチャードの議論は、あらためて検証されるべき重要な問題を含んでいる。この関連でいえば、リチャードの『神学、歴史、文化』の編者ウィリアム・ステイシー・ジョンソンの発言は、きわめて重要であると同時に、多くの示唆に富んでいる。

H・リチャード・ニーバーが「二元論」を批判したときはいつも、彼は通常ラインホールドのことを念頭に置いていた。リチャードの思考にとって、道徳的ならびに歴史的な「逆説《パラドクス》」に訴えるラインホールドの二元論的アピールは、この世への黙従とこの世との妥協とを不可避的にもたらすものであった。ラインホールドは不完全な仕方でのみ実現される「理想」をもって歴史にアプローチしたが、これに対してリチャードは、責任倫理と神はいたるところで働いているという確信をもち続けた。リチャードは歴史のうちで働く神の活動を現在の瞬間に探し求めた。ラインホールドはむしろ歴史がその光のもとで裁かれる超越性の原理として神を考えた。彼らの間の相違にとって中心的であったのは、彼らのそれぞれの歴史観であった。(76)

ここで詳しい議論を展開する余裕はないが、いずれにせよトレルチを間に挟んで考察すると、ラインホールドとリチャードの神学的スタンスの微妙な相違がより鮮明になる。(77) ニーバー兄弟はトレルチからともに多くのことを学んだが、それぞれの受容の仕方は微妙に異なっている。リチャードの著作はトレルチの影響をより明示的に反映しているが、思想的傾向としてよりトレルチ的なのは、むしろラインホールドの方かもしれない。そのように判断する一つの根拠は、まさしく中間時に関する両者の見解の相違である。

中間時に関するニーバー兄弟の見解の相違を確認するために、われわれがここで引き合いに出すのは、ラインホールドの『信仰と歴史』に対するリチャードの論評である。これはもともと「神学的ディスカッション・グループ」(これはR・ベイントン、ジョン・C・ベネット、ロバート・L・キャルフーン、G・ハークネス、フランシス・P・ミラー、W・パウク、P・ティリッヒ、ヘンリー・P・ヴァン・デュッセン、ニーバー兄弟といった錚々たるメンバーを含む研究会であった)の会合で口頭発表されたものであるが、リチャードは「大いなる躊躇」をもってこの発表を行なっている。ためらいの一番の原因は、評者にとって著者「ライニー」は、「歴史的な、しかし部分的にしか覚えていない幼年時代以来、ヒーローであり、友であり、仕事仲間であり、兄弟関係にあるライバルであり、神学的な好対照であり、あらゆる危機に際して頼るべき人であり、そこから独立を勝ちとる必要があった人物であった」[78]からである。それに加えて、「ライニーの思想は四分の三かそれ以上が水面下に沈んでいる氷山《アイスバーク》のようなもので、そこでは明確に述べられていることは明確化されていないことに基づいている」[79]。こうしたことが的確な批評を困難にするというのである。

このような理由から、「ためらいがちな冒険」(the hesitant venture)としてなされたリチャードの論評ではあるが、これは弟の兄に対する神学的留保点をよく表しており、その意味では貴重な資料といえよう。二人の考えが一番異なる点は、歴史における神の善性に関してである。リチャードの立場からすれば、ラインホールドの歴史観は神の善性をネガティブに捉えすぎる傾向がある。つまり、歴史のうちにはそれ自体において善なるものはひとつも存在しないということを強調しすぎる、というのである。リチャードがやがて確立する「徹底的唯一神主義」(radical monotheism)のモットーは、「わたしは主でありあなたの神である。あなたはわたしの前に何ものも神としてはならない」(I am the Lord thy God ; thou shalt have no other gods before me)と、「存在するものはすべて、善である」(Whatever is, is good)[80]というものなので、ある意味でこれは当然の批判であるといえよう。例えばラインホールドは、「道徳的審判は歴史のうちで実行されるが、決して正確にではない」とか、「有徳的者たちや罪のない者たちは、人生と歴史の競争においては、まさしくその徳ゆえに、より少なくではなくむしろより多く苦しむかもしれないし、しばしば実際に苦しむ」とか、「歴史のうちには……道徳的意味の接線は存在するが、明確かつ精密なパターンは存在しない」[81]、と主張する。しかしリチャードによれば、神が「隠れた神」(Deus Absconditus)であるとすれば、そのかぎりではこれは正しいが、神が「啓示された神」(Deus Revelatus)であるとすれば正しくない。歴史は神の審判であるだけでなく、神による赦しと変革の業をも反映したものである。ラインホールドはキリストの復活によって現実のものとなった、歴史のうちでの神の現在的な救済の働きに、十分な配慮を払っていない。自分としては、ラインホールドの歴史の神学のネガティブな言説の基礎にある「ポジティブな神学」を伺ってみたい[82]。以上がリチャードのラインホールドに対する批判的論評の要諦である。

注釈するまでもなく、ニーバー兄弟の決定的相違点は、中間時としての歴史をどう特徴づけるか、またそこにおける神の働きをどう評価するか、ということに関係している。ラインホールドが聖書的な「歴史と超歴史の間の弁証法的関係[83]」を真剣に受けとめ、中間時を「真理をもっており、しかももっていない」という弁証法で捉えるのに対して、リチャードにはこの種の弁証法はそれほど見られない。またリチャードが歴史のうちでの神の救済や変革の力を力説するのに対して、ラインホールドは歴史のうちにおける神の審判と歴史を超えた神の救済を強調する。トレルチとの関係では、どちらかといえばラインホールドの方がよりトレルチ的である。つまり、キリスト教思想史的にいえば、ラインホールドとトレルチの基本姿勢がよりアウグスティヌス＝ルター主義的であるのに対して、リチャードはカルヴィニズムの伝統に立脚するジョナサン・エドワーズやF・D・モーリスにより親近感を覚えている。ニーバー兄弟の神学的差違を解明するのが本稿の目的ではないので、これ以上掘り下げた考察はここではできないが、いずれにせよ、ニーバー兄弟とトレルチのかかわりは今後更なる考察を必要としている。

むすびにかえて

以上、われわれはニーバーの歴史解釈における中間時の思想を取り上げ、そこに含まれている幾つかの問題を、筆者が比較的よく知っているキリスト教思想史上の思想家と対照しながら考察してみた。いささか大風呂敷すぎ、また随想風にすぎるとの批判を一部の読者からは受けそうであるが、このような論述スタイルも必ずしもニーバーにとって不適切ではなかろう。大事なことは論述のスタイルや形式ではなく議論の中身だからである。われわれがここで取りあげた「中間時」の問題は、神学にとっても諸科学にとっても、再考に値するテーマのはずである。この問題に関して、ニーバーの議論は多くの示唆を与えてくれると同時に、より深い聖書の学びへとわれわれを誘うものである。

ニーバー神学については、すでにわが国には高橋義文氏らによるすぐれた研究が存在するが、ニーバーを近代キリスト教思想史や二〇世紀神学史のなかに位置づけて、その神学的ならびにキリスト教思想史的意義をもれなく検証することは、なお将来に俟たれるべき課題であろう。大木英夫先生はニーバーから直接学び、その神学の精髄を真に理解した数少ない学者であるが、先生が米国留学から持ち帰られたニーバーの遺産を絶やさぬよう、われわれは今後ともニーバーを研究しなければならない。またニーバーを学ぶことから得られる学問的報酬は計り知れない。少なくとも筆者にとっては、ニーバー研究をすることなしには、その後のトレルチ研究もレッシング研究もあり得なかった。その意味では、書物を通じてではあるが、最初に筆者の関心をニーバーへと向けてくださった大木先生には、いくら感謝しても感謝しきれない。まったく傍流の身ではあるが、このように喜寿の記念論文集に名を連ねることが許され、とても光栄に存じている。先生のますますのご健勝とご活躍を祈念して擱筆する次第である。

注

（1） *Esquire* (Golden Anniversary Collector's Issue), December 1983. 邦訳は常盤新平監修『アメリカの歴史を変えた五〇人』上下巻（新潮社、一九八八年）。ニーバーについて執筆したのは、著名な歴史学者アーサー・M・シュレジンジャー・ジュニアで、北村太郎による訳文は下巻六三―七二頁に収録されている。

(2) *Life* (Fall 1990), volume 13, number 12, 12.

(3) ロバート・N・ベラー他、中村圭志訳『善い社会』みすず書房、二〇〇〇年、一九六―一九七頁。Robert N. Bellah et al., *The Good Society* (New York : Vintage Books, 1992), 190.

(4) Nathan A. Scott, Jr., "Introduction," in *The Legacy of Reinhold Niebuhr*, ed. Nathan A. Scott, Jr. (Chicago : The University of Chicago Press, 1975), ix.

(5) D. R. Davies, *Reinhold Niebuhr : Prophet from America* (New York : The Macmillan Company, 1948); Harold R. Landon (Ed.), *Reinhold Niebuhr: A Prophetic Voice in Our Time* (Greenwich, Connecticut : The Seabury Press, 1962); Ronald H. Stone, *Reinhold Niebuhr: Prophet to Politicians* (Nashville : Abingdon Press, 1972).

(6) Hans Morgenthau, "The Influence of Reinhold Niebuhr in American Political Life and Thought," in *Reinhold Niebuhr : A Prophetic Voice in Our Time*, 109. 大木英夫『終末論的考察』(中央公論社、一九七〇年)、二一六頁。

(7) Reinhold Niebuhr, "Intellectual Autobiography," in *Reinhold Niebuhr : His Religious, Social, and Political Thought* (The Library of Living Theology. Vol. II), edited by Charles W. Kegley and Robert W. Bretall (New York : The Macmillan Company, 1956), 3.

(8) この視点からなされた最良の研究書は、高橋義文『ラインホールド・ニーバーの歴史神学』(聖学院大学出版会、一九九三年)である。

(9) Reinhold Niebuhr, *Beyond Tragedy : Essays on the Christian Interpretation of History* (New York : Charles Scribner's Sons, 1937). 哲学者のリヒャルト・クローナーがニーバーのこの書によって一種の思想的回心を経験したことは、よく知られた話である。W・アスムス『ナチ弾圧下の哲学者——リヒャルト・クローナーの軌跡——』(島田四郎・福井一光訳、玉川大学出版部、一九九二年)、一四八頁参照。

（10） Reinhold Niebuhr, "The Truth in Myths," in *Faith and Politics* (New York : George Braziller, 1968), 16–17.

（11） Ibid., 30.

（12） Niebuhr, *Beyond Tragedy*, 3.

（13） Reinhold Niebuhr, *The Nature and Destiny of Man*, vol. 2 (New York : Charles Scribner's Sons, 1943), 50.（以後は NDM, II と略記）

（14） NDM, II, 1.

（15） NDM, II, 3.

（16） NDM, II, 4-5.

（17） NDM, II, 23 ; cf. Reinhold Niebuhr, *Faith and History* (New York : Charles Scribner's Sons, 1949), 107, n. 2.（以後は FH と略記）

（18） NDM, II, 25.

（19） NDM, II, 25.

（20） "Dr. Press and Evangelical Theology," unpublished typescript of an address delivered by Reinhold Niebuhr at the time of Sammuel D. Press' retirement from the presidency of Eden Theological Seminary, copy in the Eden Archives, nd. (probably 1941), 2.

（21） NDM, II, 25.

（22） NDM, II, 43.

（23） NDM, II, 44.

（24） NDM, II, 45.

（25） FH, 139.

（26）FH, 139.
（27）Hans Hofmann, *The Theology of Reinhold Niebuhr*（New York: Charles Scribner's Sons, 1956）, 246.
（28）NDM, II, 48.
（29）NDM, II, 49.
（30）NDM, II, 49.
（31）FH, 214.
（32）NDM, II, 62.
（33）Reinhold Niebuhr, *The Irony of American History*（New York: Charles Scribner's Sons, 1952）, 62-63. 大木英夫・深井智朗訳『アメリカ史のアイロニー』（聖学院大学出版会、二〇〇二年）
（34）NDM, II, 288.
（35）FH, 233.
（36）NDM, II, 51.
（37）FH, 238.
（38）Rudolf Bultmann, *Glauben und Verstehen: Gesammelte Aufsätze*, Dritter Band, 3., unveränderte Auflage（Tübingen: J. C. B. Mohr, 1960）, 47-49; cf. idem, *History and Eschatology: The Presence of Eternity*（New York: Harper & Row, 1957）, 152. ブルトマンもキリスト者の歴史的実存を、「もはやない」（no longer）と「まだない」（not yet）との間の「中間－時」（time-between）として捉え、新約聖書的なキリスト教倫理として、「責任ある決断における自由」（freedom in responsible decision）について語っている（*History and Eschatology*, 46, 49）。福音的自由と表裏一体の愛の戒命と「非世界化」（Entweltlichung）の理想は、本来は個人主義や脱俗的方向に流れるものではないが、しかしブルトマンの実存論的解釈学からは、ダイナミックな社会倫理の成立は期待できない。

(39) Reinhold Niebuhr, *Does Civilization Need Religion?* (New York: Macmillan, 1927), 165-189.
(40) FH, 241.
(41) FH, 240.
(42) Reinhold Niebuhr, "The Wheat and the Tares," in *Justice and Mercy*, edited by Ursula M. Niebuhr (New York: Harper & Row, 1974), 51-60.; here 55.
(43) この論争については、有賀鐵太郎・阿部正雄訳『バルトとニーバーの論争』(弘文堂、一九五一年) を参照のこと。
(44) Reinhold Niebuhr, op. cit., 56.
(45) Niebuhr, *The Irony of American History*, 4-5.
(46) Niebuhr, *The Irony of American History*, 138-139.
(47) Jimmy Carter, "A Message on Justice," University of Georgia Law Day Address, May 4, 1974.
(48) Cf. Reinhold Niebuhr, *Leaves from the Notebook of a Tamed Cynic* (Chicago: Wilett, Clark & Colby, 1929). "a tamed cynic" については、ラインホールド・ニーバー、古屋安雄訳『教会と社会の間で——牧会ノート——』(新教出版社、一九七一年) の「あとがき」を参照のこと。
(49) NDM, II, 213.
(50) Niebuhr, NDM, II, 213.
(51) Gotthold Ephraim Lessing, *Sämtliche Schriften*, herausgegeben von Karl Lachmann, dritte, auf's neue durchgesehene und vermehrte Aufl., besorgt durch Franz Muncker, Bd. 13 (Nachdruck, Berlin: Walter de Gruyter, 1968), 24.
(52) Sebastian Franck, *Paradoxa*, herausgegeben und eingeleitet von Siegfried Wollgast, 2., neubearbeitete Auflage (Berlin: Akademie Verlag, 1995), Vorrede, S. 13. (傍点筆者)
(53) Franck, *Paradoxa*, 177a und ad 177a, S. 285. (傍点筆者) ちなみに、このように語り得たセバスティアン・フランクも、「中間時」の意識をはっきりと有していた。詳細は拙論「セバスティアン・フランクにおける終末論と神秘主義」、北海学園大学『人文論集』第30号（二〇〇五年）、三五―七〇頁を参照されたいが、筆者の主張を根拠づけるためにここで『パラドクサ』の一節を引用してみたい。

「そしてパウロははっきりと語っている。分派は存在しなければならないが、それはそこにおいて正しいものが、火〔煉獄〕によって試験されて、明らかになるためであると。そのようにして、不法行為も起こらざるを得ないし、いつの時代も雑草が穀物や小麦の間に交じって畑に存在せざるを得ない。なんぴともそれを刈り入れ時の前に引き抜いてはならない。」（Franck, *Paradoxa*, 166-170, S. 269-270）

ここには「麦と毒麦のたとえ」を踏まえた中間時の意識が明確に述べられているが、そこからフランクはまた、「それゆえキリストは、終末に至るまで持ち堪えて忍耐のうちに実を結ぶ者をのみ、神の救いのうちに数えるのである」（*Paradoxa*, 266-270, S. 411）、とも語っている。

（54）筆者は「真理探求者レッシング」についてドイツで貴重な体験をしたが、これに関しては拙論「真理探求者レッシングに魅せられて」『創文』No.４０４（一九九八年一一月）、二二―二四頁を参照されたい。

（55）詳細については、拙著『レッシングとドイツ啓蒙』（創文社、一九九八年）と、改訂増補した英語版 *Lessing's Philosophy of Religion and the German Enlightenment* (New York : Oxford University Press, 2002) を参照されたい。

（56）《*δογματικῶς*》と《*γυμναστικῶς*》に関しては、拙著『レッシングとドイツ啓蒙』、一二、一二五、二五一頁、および *Lessing's Philosophy of Religion and the German Enlightenment*, 9. 10, 55, 112, 114 を参照のこと。

（57）拙著『レッシングとドイツ啓蒙』五五―五六、一一〇―一二〇頁参照。

（58）Gotthold Ephraim Lessing, *Sämtliche Schriften*, herausgegeben von Karl Lachmann, dritte, auf's neue durchgesehene und vermehrte Aufl., besorgt durch Franz Muncker, Bd. 4 (Nachdruck, Berlin : Walter de Gruyter, 1968), 277 (Kritische Nachrichten, 1751).

(59) ニーバーの「冷静を求める祈り」については、チャールズ・C・ブラウン、高橋義文訳『ニーバーとその時代』(聖学院大学出版会、二〇〇四年) の付録として活字になっている、高橋義文「ニーバーの『冷静を求める祈り』——その歴史・作者・文言をめぐって——」(同書五〇〇—五二六頁所収) が最も詳しく、また最も信頼できる。

(60) 高橋義文「ニーバーの『冷静を求める祈り』」、ブラウン『ニーバーとその時代』、五〇四頁。

(61) Cf. Elisabeth Sifton, *Das Gelassenheits-Gebet*, trans. Hartmut von Hening (München: Carl Hanser Verlag, 2001).

(62) Cf. *Religion in Geschichte und Gegenwart*. Vierte, völlig neu bearbeitete Auflage. Herausgegeben von H. D. Betz, D. S. Browning, B. Janowski, und E. Jüngel, Bd. 3 (Tübingen : J. C. B. Mohr, 2000), Sp. 596.

(63) 高橋義文「ニーバーの『冷静を求める祈り』」、ブラウン『ニーバーとその時代』、五二二頁。

(64) 「限界理性」、「信仰的理性」、ならびにレッシングにおける「知恵としての理性」については、拙著『レッシングとドイツ啓蒙』第五章第五節を参照されたい。

(65) ニーバーに対するトレルチの影響、ならびに両者の相違については、西谷幸介『ロマドカとニーバーの歴史神学——その社会倫理的意義——』(ヨルダン社、一九九六年) 三八五—三九二、四四五—四四九頁を参照されたい。

(66) Ernst Troeltsch, *Der Historismus und seine Überwindung*, eingeleitet von Friedrich von Hügel (Berlin : Pan Verlag Rolf Heise, 1924), 83.

(67) Friedrich von Hügel, “Einleitung,” in *Der Historismus und seine Überwindung*, von Ernst Troeltsch (Berlin : Pan Verlag Rolf Heise, 1924), VII. ヒューゲルによれば、このような「真理の多形性」という考えは、トレルチの以下の書物においてすでに見られるという。Ernst Troeltsch, *Die Trennung von Staat und Kirche, der staatliche Religionsunterricht und die theologischen Fakultäten* (Tübingen : J. C. B. Mohr, 1907).

(68) Friedrich Wilhelm Graf, “Die Polymorphie der Wahrheit : Über die aktuelle Bedeutung des deutschen Kulturprotestantismus,” Vortrag an der Kyoto University Graduate School, am 18. Mai 2000. この講演の邦訳は、フリー

ドリヒ・ヴィルヘルム・グラーフ、安酸敏眞訳「真理の多形性――ドイツ文化プロテスタンティズムのアクチュアルな意義について（二〇〇〇年五月一八日、京都大学大学院における講演）――」（単）『基督教学研究』（二〇〇〇年）第20号、一一三―一三五頁所収。

（69）Troeltsch, *Der Historismus und seine Überwindung*, 60.

（70）Ernst Troeltsch, *Die Soziallehren der christlichen Kirchen und Gruppen*（Tübingen : J. C. B. Mohr, 1911）, 979.

（71）Ernst Troeltsch, *Briefe an Friedrich von Hügel 1901 - 1923*, mit einer Einleitung herausgegeben von Karl-Apfelbacher und Peter Neuner（Paderborn : Verlag Bonifacius-Druckerei, 1974）, 94.

（72）例えば、Ronald H. Stone, *Professor Reinhold Niebuhr : A Mentor to the Twentieth Century*（Louisville, Kentucky : Westminster/John Knox Press, 1992）, 41, 48 ; Charles C. Brown, *Niebuhr and His Age : Reinhold Niebuhr's Prophetic Role in the Twentieth Century*（Philadelphia : Trinity Press International, 1982）, 32, 43.

（73）Reinhold Niebuhr, "Ex Libris," in *The Christian Century* LXXIX（May 9, 1962）, 601. ちなみに、彼が挙げている五冊の書物を順に記すと、トレルチ『キリスト教会と諸集団の社会教説』、アウグスティヌス『神の国』、ウィリアム・テンプル『自然、人間、そして神』、H・リチャード・ニーバー『アメリカにおける神の国』、カール・バルト『ローマ書講解』となっている。ついでながら、リチャードもトレルチのこの書を最も影響を受けた十冊の書物の一つに挙げている。H. Richard Niebuhr, "Ex Libris," in *The Christian Century* LXXIX（June 13, 1962）, 754.

（74）H. Richard Niebuhr to Reinhold Niebuhr, n.d. [fall, 1932], quoted in Richard Wightman Fox, *A Biography of Reinhold Niebuhr*（New York : Pantheon Books, 1985）, 145.

（75）Fox, *Reinhold Niebuhr*, 134.

（76）William Stacy Johnson, Introduction to *Theology, History, and Culture*, xxvi.

（77）ニーバー兄弟の相互関係と微妙な思想的差違については、拙論「ニーバー兄弟とアメリカ」『聖学院大学論叢』第16

巻第2号（二〇〇四年三月）、六一―九一頁を参照されたい。

（78） H. Richard Niebuhr, "Reinhold Niebuhr's Interpretation of History," in *Theology, History, and Culture*, edited by William Stacy Johnson (London and New Haven : Yale University Press, 1996), 91.

（79） Ibid., 97.

（80） H. Richard Niebuhr, *Radical Monotheism and Western Culture*, with supplementary essays (New York : Harper & Row, 1960), 37.

（81） FH, 129, 131, 132.

（82） H. Richard Niebuhr, "Reinhold Niebuhr's Interpretation of History," 100.

（83） NDM, II, 50.

ニーバー神学研究の重要視点
——歴史的現実主義

西谷　幸介

はじめに——問題への視角

本稿は二〇〇四年三月三一日に聖学院大学総合研究所主催「ラインホールド・ニーバー研究会」において上記表題で発表した内容を敷衍してしるすものである。

拙著『ロマドカとニーバーの歴史神学——その社会倫理的意義』（一九九六年）以降も、筆者の関心はラインホールド・ニーバーの神学の特徴をその継続的な意義の観点から確認することであった。拙稿「ニーバーのキリスト教社会倫理の神学的特徴」（東北学院大学論集『教会と神学』30号、一九九八年二月）もその関心からしるしたものである。一九九六年にラインホールドの弟H・リチャード・ニーバーの未公刊の主要論文が死後出版され、そこには彼が兄の神学を本格的に論評した興味深くも貴重な論文「ラインホールド・ニーバーの歴史解釈」（一九四九年）が含まれていた[1]。そこで、その論文を材料に、リチャード自身がキリスト教倫理をめぐる彼の代表作の一つ『キリストと文化』（一九五一年）で兄の倫理思想をあの五類型論をもって考察したなら、どの類型に分類するだろうか、という問いを立て、その回答を推定してみる、というのが筆者の試みであった。リチャードは上記著作では兄の著作に明示的にはただ一度、しかもあの分類とは無関係な文脈で言及しているだけであるゆえに（暗示的にのみ、もう一度だけあるが）、その点からもこの試みはある種の意味をもったわけだが、真に重要なのはむろんその回答の中味であり、筆者の結論は、まず、ルターの「隠されたる神」の概念などを兄の歴史の神学的解釈の要として想定したリチャードは、ラインホールドをやはりあの（ルターもリチャードによってそこに含められた）第四の「文化に逆説的に関わる（in paradox）キリスト」類型に含めたであろう、というものであった。筆者はこの判断に、ラインホールドがその歴史解釈においてルターの「義人にして同時に罪人」の概念や「大胆に罪を犯せ」の思想を重視した事実をめぐる筆者自身の解釈なども、加えた。しかし、他方、この結論部分では、正義の論理的な近似値的実現へのルターの等閑視にたいするラインホールドの批判にも触れ、その背景に彼の「歴史における善の未決定的な可能性」の思想があると指摘し、それはリチャードが自身の立場とした第五の「文化を変革するキリスト」類型に連なる要素であり、それも含めてラインホールドの神学の特質はトータルに評価されるべき、とも述べた。

　本稿はとくにいま最後に指摘した視点からしるすものであり、リチャードのラインホールド評にも再度立ち帰るつもりだが、まず主たる対話の相手としたいのはR・W・ラヴィンのニーバー神学研究書『ラインホールド・ニーバーとキリスト教現実主義』（一九九五年）[2]である。ニーバー研究書は前掲拙著で参照しえたもの以降もアメリカを中心に多数輩出してきたが[3]、ハーヴァードを卒業後、エモリー、シカゴ、ドゥルー、南メソディストの各大学で教鞭を取り続けてきた神学的倫理学者ラヴィンのこの著作は、プリンストンのキリスト教社会倫理学者M・L・スタックハウスも評するように、ニーバー没後の研究書群の「最良書中の一書」として彼の「妥当性を保持し続ける根本的思考様式を提示する」ものであり[4]、それがニーバーの名とともに知られてきた「キリスト教現実主義」の思想なのである。ニーバーの思想にこの視点からアプローチした研究はこれまでいくつか存在したが[5]、その包括性や徹底性においてこれを凌駕するものはないであろう。

さて、ラヴィンの特色は、ニーバーのキリスト教現実主義を「政治的リアリズム」（political realism）、「道徳的リアリズム」（moral realism）、「神学的リアリズム」（theological realism）と分節化して提示する点なのだが、これにたいし筆者はさらにそこに「歴史的リアリズム」（historical realism）という次元を加えてはじめてニーバーのいわゆる「クリスチャン・リアリズム」には公平が尽くされるのではないかという考えであり、以下はその議論の提示ということになる。主眼はニーバーのキリスト教的現実主義におけるこの第四の次元の確認ということであっても、この思想の全体的理解が前提として重要であるゆえに、前三次元についてもある程度ていねいに跡づけてゆくつもりである。

1　「キリスト教現実主義」の意味内容と歴史的背景

そこで、まずは、ニーバー理解を深化させてくれるラヴィンの分析と対話しつつ（そこに筆者なりの翻案も加え）、ニーバーのキリスト教現実主義の内容を再吟味していくこととする。そこで、第一に触れるべきは「キリスト教現実主義」という概念ないし呼称についてであろうが、ニーバーの著述を跡づければわかるように、彼は、例のごとく、とりたててこの語に厳密な概念的定義や丁寧な説明を施したり、“Christian Realism”というふうに固有名詞化したりはしなかった。もちろん、『キリスト教現実主義と政治的諸問題』（R. Niebuhr, *Christian Realism and Political Problems*, Charles Scribner's Sons, 1953）と題する著作を出版してはいるが、全体としてはこの語を一般的名称として用いた。(6) ただ、その由来の一つには、彼のイェールでの恩師の一人宗教哲学者D・C・マッキントッシュ編の『宗教的現実主義』（一九三一年）の影響が確実に考えられる。また、ユニオン神学大学での彼の同僚J・C・ベネットもこの概念を頻繁に用いたが、いずれにせよ、この標語のもとに進められた思想運動の最重要の声はニーバーであったと言ってまちがいない。

それにしてもニーバーがこの語——とくに“realism”——を用いる際の意味内容をある程度把握しないでは議論を始めえないゆえに、その手がかりとなる一節を『キリスト教現実主義と政治的諸問題』中の一論文「アウグスティヌスの政治的リアリズム」から引用してみよう。

「アイディアリズムとリアリズムという語は、政治理論と形而上学的理論とでは、相似的ではない。また、政治理論におけるそれらは、形而上学的理論におけると同じようには、精確ではない。政治的倫理的理論において『リアリズム』とは、既成の諸規範に抵抗するような社会的政治的状況における全要素とくに自己利益や権力などを考慮する性向を、意味する。……『アイディアリズム』は、それを提唱する者たちの評価においては、自己利益にというよりは倫理的な規範や理念にたいする忠実性ということで性格づけられているが、それを批判する者たちの意見においては、普遍的に妥当する理念や規範に抵抗する人間の生における諸力を無視したり軽視したりする性向ということで性格づけられている」(一一九—二〇頁)。

ここでニーバーは彼の時代に一般に用いられていた意味での「リアリズム」を、これまた同様の「アイディアリズム」との対照で、説明している。そして、現在の私たちのあいだでもいぜんとしてこれと同様の意味合いで両方の語は使用されている場合が多い。しかし、のちに見るように、ニーバー自身がリアリズムの意味を上記引用文の含蓄に限定することなく本来的な意味でも用いているゆえに、いましばらく筆者なりにこの語の用法を省察しておきたい。

その場合、概念整理のためにとうぜん想起されるのは、ヨーロッパ中世の哲学におけるいわゆる「普遍論争」である。それは、要点のみを述べれば、普遍(ないしプラトン的「イデア」)が個に先行して実在するとする「リアリズム」

対普遍は名目のみであり個物が先行して実在するという「ノミナリズム」の論争であり、両者を調停しようとするのが普遍は個において共在するという立場であった。しかし、自然科学的な実証や思考が支配的となったからか、現代では、感覚的に確認しうる個物の実在性のほうを重視する態度がノミナリズムよりは「リアリズム」の呼称で名指されるようになり、普遍やイデアの実在性を重視するかつてのリアリズムが「アイディアリズム」の名称で呼ばれるようになった。しかし、要は、普遍や理念と個物や現実状況とのうちいずれが実在的（real）かあるいはより実在的か、という判断に基づく態度のことである。リアリズムの用法のこの基本が弁えられれば、用語を「リアリズム」に統一して議論を進めうるし、ニーバーのキリスト教的リアリズムの思想もそれによってより容易に理解されうることになろう。

ちなみに、さきに触れたマッキントッシュによる「宗教的リアリズム」の定義も次のごとくである。すなわち、それは、「ただしくも神と呼ばれるような宗教的対象が、私たちのそれにたいする意識からは独立して存在し、しかもなお私たちに関わっている、とする見解のことである。この場合、私たちは、よく知られた認識論的観念論の議論に依存せずとも、一般的な経験や特定の宗教的経験により、宗教的対象は存在するということのみならず、その本質が何であるかということについても、適切に証明されうる知識と、実践的に価値ありかつ理論的に承認されうる信仰とを、獲得することが可能なのである」(7)。これは前段の議論で言えば、「神」観念のリアリティを肯定する態度ということになろう。

つぎに「キリスト教現実主義」思想の歴史的経過であるが、これは近代工業社会が抱えた諸問題分析への（社会）科学的アプローチとそれらの解決へのキリスト教的良心による政策とを掲げた十九世紀末から二十世紀にかけてのアメリカのいわゆる「社会福音」（Social Gospel）への批判として登場してきた。それは、社会福音と同様、たしかに近代社会と聖書的な神の国のヴィジョンとの溝を埋めようとする努力だが、しかし、「科学的な知識により、神の名のもとに、社会生活を総合的に継続的に再建していくことは、人間の可能性の範囲内にある」(8)と述べて、新約聖書の道徳的ヴィジョンを簡単な可能性と考えたW・ラウシェンブッシュには批判的な、ニーバーを先鋒とする二十世紀前半のアメリカのプロテスタント神学者たちの思想運動であったのである。

2 「政治的リアリズム」とその限界

いま指摘したように、ニーバーの「キリスト教現実主義」ははじめラウシェンブッシュ的「社会福音」への批判として登場し(9)、一般にはその側面がもっとも強く印象づけられてきたと思われるが、とくにその視野において顕著となった次元をニーバーの「政治的リアリズム」と呼んでよいであろう。彼がそのキリスト教倫理学を比較的体系的に展開した『キリスト教倫理の一解釈』(R. Niebuhr, *An Interpretation of Christian Ethics*, Harper & Brothers, 1935[1], Seabury Press, 1979)で述べたように、「イエスの倫理はいかなる人間の生の直接的な倫理的問題も取り扱ってはおらず……政治や経済の相対的な諸問題については何も語らない」(二三頁)ゆえにこそ、私たちはまず、先の引用文に見たごとく、政治的な決断や選択に内在し既存の道徳的諸理念に抵抗する多様な要素を顧慮する冷徹さを必要とするのである。これがニーバーの名とともに有名になった「政治的リアリズム」の態度である。彼はキリスト教的リアリズムのこの次元において、聖書的理念はたんに社会の現実にたいしてのみならずその理念を掲げるいかなる人間の試みにたいしても審判として現われること、したがって、キリスト教神学の諸洞察——とくに「罪」にたいするそれ——に基づいて、特権者と被抑圧者との区別なく、あらゆる人間的状況のなかに潜む、自身の有限性にたいして抱く人間の根源的不安感や、平安の真にして唯一の根元たる神に信頼すること自体を恐れてしまう人間の歪みや、社会的・心理的な諸条件ではなく人間に固有の制約そのものが人間が抱く幻想の源泉であることなどをも認識すべきと、促した。ニーバー独特のこのような姿勢をラヴィンは現代の用語では「懐疑の解釈学」(hermeneutics of suspicion)としても特徴づけうると言う。

さて、ニーバー的な政治的リアリズムの説明が以上に留まるならば、これはニーバーをかじった者なら誰でも想定しうるほどの内容であるが、興味深いのはラヴィンがここからニーバーの「道徳的リアリズム」の説明に移行する際のいわば中間項として提示する「政治的リアリズムの限界」の議論である。すなわち、そこで彼は、政治の領域には人間の自己利益追求の要素が蔓延しているという事実に人は正面から向き合わねばならない、というニーバーの警告のみを真剣に受け止める「より狭義の政治的リアリスト」は、彼のキリスト教的リアリズム全体をまだよく理解しきれていない、と言うのである。ラヴィンはその一例として、「ラインホールド・ニーバーは……隠蔽された政治的現実と腐敗した倫理とのこの関係が政治のまさに本質だということ、換言すれば、政治的イデオロギーは権力闘争に関わる者すべてが多かれ少なかれそのために用いるにちがいない不可避の武器だということを示してくれた」、「おそらくはキャルフーン以来のただ一人の創造的政治哲学者である」と評した、あの政治学者H・モーゲンソーを挙げる。ラヴィンがその反論の根拠とするのは、ニーバー自身が直接このモーゲンソーの自分にたいする賞賛への返答においてモーゲンソーの見解をやわらかく訂正した次の言葉である。すなわち、「もし私たちが政治的領域の道徳的両義性(ambiguity)をそこから道徳的内容を剝奪しない立場で定義するとすれば」(傍点西谷)、「私が思うに、私たちは政治秩序にたいする『リアリスト』のアプローチに含まれるいかなる価値も犠牲にはしないだろう」[10]。ニーバーはJ・ビンガムに宛てた手紙でも、キャルフーンの「いささか非道徳的な政治の概念」を退けつつ、自身の「政治秩序の道徳的両義性にたいする確信」を述べ、キャルフーンとの対照性を語っている。[11]ニーバーは、また、彼に「私たちすべての者の父」という名誉ある称号を帰したとされる政治学者・外交研究家G・F・ケナンの政治的リアリズムにも批判的論評を加えたことがある。[12]

3 「道徳的リアリズム」の根拠としての「人間の本性」

このように狭義の政治的リアリズムでは捕捉しきれないニーバーのキリスト教的リアリズムをつぎに「道徳的リアリズム」として提示することができよう。それは、端的に、とくに政治的リアリズムとの対比で言えば、道徳的諸理念は多数の者たちがそれを信奉しているなら政治的諸帰結をも生み出すということ、またキリスト教徒たちの「イエスの純粋倫理」への情緒的な献身もその社会的影響においてリアルでありうるということを、肯定する判断と態度である。R・ストーンもその二作目のニーバー研究書で、一九四二年以降のユニオンでのニーバーの講義ではイエスの倫理的教えのもつ社会的レリヴァンスが一九三五年(初版)の『キリスト教倫理の一解釈』当時よりもっと強調されるようになったと伝えているが、[13]道徳的リアリズムはその方向において認識される次元なのである。

ラヴィンはニーバーのこの「道徳的リアリズム」を、現在の倫理学説を取り込みながら(かえってそれが議論を混雑させているきらいもあるが)、説明している。できる限り簡潔を心がけて、それを示せば次のごとくである。すなわち、政治的リアリズムは、それが人々の道徳的要求の真偽性は彼らの共同体の道徳的諸信条・諸実践に左右される、すなわち各共同体ごとに倫理的諸基準は多様で異なる、とする点で、(いわゆるポストモダンな)「文化相対主義」(cultural relativism)の立場に近いと言いうるのにたいし、道徳的リアリズムはそれら特定の道徳的諸信条からは独立した道徳的諸規範に関わっている。したがって、それはある意味では、道徳的な善悪や正誤の基準は自然的経験的諸特性（properties）から離れて存在する形而上学的諸特性であるとする、G・E・ムーア流の「直観主義」的な立場も分有すると言えるが、どちらかと言えば、道徳的諸特性は事物の自然的諸特性（そのものではないが、それら）や人間の諸経験に連関するとする、いわゆる「倫理的自然主義」（ethical naturalism）により近い。これが近年の道徳的リアリズムの理解であり、ラヴィンはニーバーのキリスト教的リアリズムもこの倫理的自然主義の一種であると言う。

ところで、倫理的自然主義の系列に属するものとしてはいわゆる「幸福論的倫理」や「功利主義的倫理」なども含まれるが、この系列でニーバーの立場にもっとも近いものとして掲げうるのは「自然法倫理」であろう。周知のように、ニーバーはカトリックの自然法倫理の伝統にたいし、それは倫理的判断を下す際に、問題となっている事柄の文脈を顧慮する融通性に欠け、また生物学的機能の強調過剰に陥りすぎるとして、きわめて批判的ではあったが、ラヴィンによれば、第二ヴァチカン公会議以降のカトリックの自然法倫理はニーバーの線に自己修正してきたことも示唆するように、両者は根本では「正しい行為とは人間の本性（nature—自然）に適ったものである」という確信において一致しているのである。

ニーバーはその代表的デモクラシー論である『光の子と闇の子』（R. Niebuhr, *The Children of Light and the Children of Darkness*, Charles Scribner's Sons, 1944）の序文で、「自由な社会がもっとも繁栄するのは、人間の本性にたいするあまりに悲観的なあるいはあまりに楽観的な見解のいずれも助長しないような、文化的・宗教的・道徳的な雰囲気においてである」（viii頁）としるしており、そこにも倫理的政治的システムは人間本性のリアリスティックな把握に基づくべきという彼の思想を垣間見ることができる。しかし、ニーバーの道徳的リアリズムを倫理的自然主義にもっとも近く表現しているのは彼のギフォード講演『人間の本性と運命』（R. Niebuhr, *The Nature and Destiny of Man*,

Vol. 1, *Human Nature*, Charles Scribner's Sons, 1941, Vol. 2, *Human Destiny*, 1943）の第一巻『人間の本性』中の次の一節であろう。

「人間の根源的本性に属しているのは、一方で、すべてのその自然的な諸能力および諸規定、その身体的および社会的諸衝動、その性的および人種的諸差異、つまりは自然の秩序に植え込まれた被造物としてのその性格である」。

しかし、ニーバーはこれに続けてただちに次のように述べる。すなわち、

「他方で、人間の根源的本性は、その霊的自由、すなわち自然の過程を超越するその力と、ついには自己を超越する力をも、含むものである」（二七〇頁）。

この後半部分は通常の倫理的自然主義の諸定式には重大な攪乱をもたらす見解ではあるが、ニーバーはこのような「自由」を視野にとらええない人間本性論のほうこそ不適切と考えるのである。それゆえ、人間の本性に従って生きるとは、彼によれば、人間の生の諸現実を冷徹に把握することであると同時にその自由に基づく諸可能性をも想像力豊かに思い描くことであり、それはまた、人間の個人の倫理的生活にはアイディアリズムの、また社会の倫理的生活にはユートピアニズムの要素が存在する、ということでもあるのである。

すでに部分的に触れたが、『キリスト教倫理の一解釈』でニーバーは人間社会にたいする「不可能な倫理的理念（ideal）の適合性（relevance）」（六二―二頁）について論じた。そこで、問題は、この実現不可能な理念すなわち私たちがその霊的自由において人間本性の一部として保持することを許されたこれらの理念がどこに由来し、いかなるリアリティをもつのか、ということである。これに回答するためには、人間は自身の経験に基づく醒めた判断においてと同時に、神的な「愛」の諸可能性をめぐる超越的な把握においても、リアリティを見出しうるのだ、ということが

顧慮されなければならない。そして、この後者のリアリティを肯定するのが「神学的リアリズム」の立場なのである。

4 「神学的リアリズム」の根拠としての「神の愛」

社会における人間相互の権利主張の競合状態を調停するものとして最小限の「正義」の諸基準すなわち法と倫理が生み出されてきた。そして、それらのあるべき姿についても多くの正義論が生み出されてきたが、その一つとして「神は愛であり、愛は正義を要請する」[14]という神学的信念に基づく正義論もとうぜんありうるわけである。それは、この愛と正義は私たちがそれらについてたまたま保持している諸観念を超越するリアリティを有している、という確信に基づく理論である。

たびたび立ち戻るが、『キリスト教倫理の一解釈』にそのような神の愛に基づく正義論を促すような次のごとき一節がある。すなわち、

「真に倫理的ないかなる行為もあるべき事柄（what ought to be）を確立しようと努める。なぜなら、行為者は理念的なものを、たとえそれが歴史においていまだ実現されていないとしても、より本質的なリアリティにおける生の秩序として、それに自らが義務的に拘束されていると感じるからである。そういうわけで、キリスト教徒も、愛の理念（the ideal of love）は神の意志と本質においてリアルなものであると信じている。たとえ歴史のどこにもこの理念がその純粋な形で実現されてきた場所はないということを承知していたとしても、そうなのである。そして、キリスト教徒がそれに満腔の義務的拘束力を感じるのは、それがこの〔神における〕リアリティを有しているからである」（五頁）。

ラヴィンもこのようなニーバーの神学的倫理思想を参照しつつ、ここに彼の「神学的リアリズム」が表わされている、と語る。神の意志と本質における愛の理念を、それに従えばすべての人々が調和のうちに生きることができる一つのリアリティや法則（law）として、神学的に語るということは、私たちがそのリアリティのすべてを説明しうるとか、その法則が要求するすべてを知っているということではないが、そのような調和へと至るための社会的諸問題の解決の視野が究極的には神にのみ属していると確信することなのであり、ニーバーはこのように早い時期からこの神学的リアリズムを標榜していたのである。

この点については、筆者もまた拙稿「ニーバーにおける信仰と行為」（倉松功・近藤勝彦編『福音の神学と文化の神学』教文館、一九九七年）において、「神学的リアリズム」という表現こそ用いなかったが、同一基調において論じたことがある。すなわち、『キリスト教倫理の一解釈』の根本命題は、イエスの愛の律法（law of love）の教えを単純な可能性と誤解することなくいかに社会倫理的問題に適用しうるか、すなわち個人としての私たちに究極の律法として洞察される「愛」を集団の成員としての私たちの社会的政治的な行為や状況にもいかに適用しうるか、ということであったのであり、愛の律法はK・バルトが言うように「いかなる社会問題にも応用不可能である」ように思われるが、預言者的精神に従い、この「不可能の可能性」に挑戦し、その「適合性」を証明しなければならない、ということであった、という議論である（拙稿、同上書、二三七―八頁参照）[15]。そして、この神学的倫理思想はニーバーの神学的営為全体を貫くいわば根本的構図として保持されたと言って過言ではないのである。

ラヴィンはここからさらに、このニーバーの神学的リアリズムが道徳的リアリズムの真理主張とどう関わるのかという問題を、ニーバーの聖書的使信にたいするいわゆる「神話的解釈方法」などに依りながら、論じていく。それもニーバー理解においてきわめて重要な主題だが、（むしろ、それゆえに）その掘り下げについては他日を期すこととして、結論のみを言えば、それは、『信仰と歴史』(R. Niebuhr, *Faith and History : A Comparison of Christian and Modern Views of History*, Charles Scribner's Sons, 1949) における「信仰の真理は科学や哲学といった諸学によって知られているすべての真理に相関しており、自身をそれらをより深くまた広い整合的体系へと統合するための資源として示す」(一五二頁) という下りに、象徴的に言い表わされている。すなわち、神学的リアリズムに基づく倫理もあらゆる可能な倫理体系と関わり、それらを統合する、ということである。

以上、ラヴィンの三分節化された議論の順序で、その議論と対話しながら(筆者自身の解釈も遠慮なく加え)、ニーバーのキリスト教現実主義の内容を跡づけてきた。まず、ラヴィン自身の結論的要約を示せば以下のごとくである。すなわち、ニーバーの「クリスチャン・リアリズム」は三種の異なるリアリズム、つまり「政治的リアリズム」と「道徳的リアリズム」と「神学的リアリズム」の融合体である。敷衍すれば、①状況において生きて作用しているすべての要素への顧慮と、②その本性により人間に備わった諸能力やそれにより課された諸限界の留意と、③神の愛によって切り開かれるその諸可能性への希望という三要素の複合体である。そして、このリアリズムこそは、他のいかなる解釈にも優って、問題に満ちた歴史の諸状況を読み取り、そこに解決の方向を見出しうると想定されるものなのである。しかし、このようなラヴィンの把握にたいして、ニーバー神学におけるキリスト教現実主義の意義は、まさに問題に満ちた歴史状況を読み解き打開していくためにも、その「歴史的リアリズム」と呼びうる次元を考慮し補完してはじめて全体として評価されうる、というのが筆者の見解であり、以下はそれについてしばらく述べることとなる。

5　ニーバーの「贖罪論的歴史神学」

筆者の学位論文でもあった『ロマドカとニーバーの歴史神学』（一九九六年）は、その表題からも察せられるように、ニーバーについてもその「キリスト教歴史神学」（a Christian theology of history）に照明を当てようとするものであった。この主題をめぐる彼の主要著作には前掲の『人間の運命』と『信仰と歴史』に加え、さらに『自己と、歴史のドラマ』（R. Niebuhr, *The Self and the Dramas of History*, Charles Scribner's Sons, 1955）があるが、彼自身の証言によって『人間の運命』がその中心部分であり、筆者もこれを彼の神学的業績中の「最も独創的な部分」、「有意義かつ価値ある貢献」であると見なし、それを中心に彼の歴史神学の分析と解釈に集中したわけである。筆者をニーバー神学へのこのような評価の方向に導入していただいたのは、修士論文「ラインホールド・ニーバーの神学的歴史観と終末論」（一九七四年）以来ご指導を受けた大木英夫先生であった。

(1)　ニーバー神学の全体的構成

筆者はニーバーの思想世界の四つの柱を「神学的人間論」、「歴史神学」、「社会倫理」、「政治哲学」と見、全体の出発点は人間個人の「自己」を聖書の「創造」と「堕罪」の教理（ニーバーが用いた表現では「神話」）に基づき洞察し叙述した「神学的人間論」であり、それを人間の社会的領域すなわち「社会倫理」や「政治哲学」が対象とする歴史的世界へと敷衍し適用する作業が「歴史神学」であると論じた。神学的人間論から歴史神学への移行が必然化するのは、前者が規定する人間が一方で自然的存在としては「有限」だが他方でそれを超越しうる「自由」をもち、他者との相互行為によって「共同体」を形成し、これを舞台に自然的諸力を超えた物質的と同時に精神的な諸文化財を生産して、「歴史的世界」の創造者となるからである。自由は、しかし、人間の倫理性の基盤であるとともに罪の機会でもあり、その意味で創造性と同時に破壊性の根源でもあるゆえに、歴史神学は歴史的世界における人間の罪深さとその創造性の未決定的可能性の双方を十全に顧慮しうるものでなければならない。そこで、ニーバーがこの人間の歴史世界を考察するために依拠したのがキリスト論、とくにその中心要素である十字架の「贖罪」の教理であった。「創造」と「堕罪」の教理に基づき展開された「人間論」ではいまだ人間の「救済」は語られないが、「贖罪」の教理により展開される「歴史神学」はこの人間への「キリストの十字架」における神の「罪の赦し」と再生の「恩寵」の啓示を主題とするという意味で、後者は前者のいわば仕上げなのである。

(2) 「歴史的キリスト論」

以上のような基本的な視野において筆者は『人間の運命』を中心にニーバーの歴史神学を再提示したのだが、そこに筆者独自のものがあったとすれば、その一つにこの神学におけるキリスト論は「歴史的キリスト論」(a historical Christology) と特徴づけられうるとしたことがあったかもしれない。述べたように、ニーバーはキリスト論を個人のためのキリストの人格と業の解明としてのみならず、歴史的世界すなわち社会的倫理的領域をも視野に取り込んで論じた。より具体的に言えば、人間の罪を神と個人の垂直次元においてのみならずその水平的集団的形態においても把握し問題にしえた「ヘブライ的な預言者宗教」の文脈において、キリスト論を展開したのである。多くの不評を買ったニーバーの考え方の一つに『人間の本性』中の「罪(sin)の平等性と罪責(guilt)の不平等性」の章があるが、彼がそこに込めた真意は、宗教的「罪」は社会的次元でも倫理的「罪責」としてそれとの何らかのつながりをもって反映されるのであり、その意味でも「歴史の相対的な道徳的達成」（二二〇頁）にも意義を認める旧約預言者の精神は歴史神学においてはじゅうぶんに評価されなければならない、ということなのである。ニーバーが重視するこの契機は、恩寵の意味の「開示」としてのキリストの十字架の苦難および死と、恩寵の「成就」としてのキリストの終末の再臨との間の、すなわち新約以後の、「中間時」としての歴史の見方においても、保持される。したがって、私たちはニーバーのキリスト論を、終始歴史的・社会的・倫理的な、しかも確かな視野と旺盛な関心とをもって展開された、「歴史的キリスト論」と呼びうるのである。

筆者は、ニーバーのキリスト教的歴史観の決定的焦点がキリスト論、とくに十字架の贖罪論にあること、また彼が人間論との関わりやキリストの社会的諸恩恵を強調する宗教改革のキリスト論を重視したことを、彼の元学生でもあったP・レーマンの論文「ラインホールド・ニーバーのキリスト論」（一九五六年）[16]からも教えられたのだが、しかしこの論文にはニーバーのキリスト論との関連における預言者宗教への絶大な関心をとらえる視界は欠如しているように思われ、その点からもこのキリスト論を「歴史的キリスト論」と性格づけることがむしろ妥当と考えたのであった。

(3)「理念の近似値的実現」の思想

以上のような特徴あるキリスト論的視野がその神学の根底にあることが理解されたとき、ニーバーが、一時期のバルティアンたちの社会的諸問題へのその敏感さにもかかわらず、それらの改善の努力さえも損なってしまうような、人間的現状への批判に傾きすぎるその「倫理的かつ宗教的な完全主義」の不毛性を批判したことの所以もよく了解されるであろう。バルティアニズムにおいては神の国があまりに超越的な言葉で描かれるために、歴史におけるいかなる善悪の区別も無意味に帰してしまう、というわけである。彼がそのような場合にしばしば述べたのは、人が「歴史の倫理的諸問題を取り扱うとき、『〔善悪の〕多少を精確に算定したもの』は真に重要である」、ということであった。上記拙著の重要課題の一つはニーバーの神学思想のE・トレルチのそれとの親近性を実証し論証するということであったが、いま指摘したニーバーの確信は、拙著でも強調した、彼が確実にトレルチから継承したと思われる「キリスト教的諸理念の地上における近似値的実現」という思想と深く関わっている。すなわち、トレルチの『キリスト教の諸教会および諸集団の社会教説』（一九一二年）では「キリスト教的エートスは…すべて地上の生との関連においては、ただ近似値的価値しか示さないものである」（九三六頁）と、ニーバーの『キリスト教倫理の一解釈』では「いかなる歴史の現実も、出来事のあとに、理念のただ近似値としてのみ自己を開示する」（一九三五年[1]、五八頁）と、言い表わされた思想である。

(4) 贖罪論的・弁証法的視点

この「理念の近似値的実現」の思想は筆者がニーバーの「歴史的リアリズム」として指摘したい次元と密接につながるのであり、それを詳述することが本稿の結論となるが、ここであらためて彼の「歴史」の根本的なとらえ方をその「贖罪論」的視点から述べておこう。ニーバーにとって、人間の生と歴史の「根本問題」は「罪」とその解決であり、この主題を究極的に有効な仕方で取り扱いえたのが、形而上学的・主知主義な「受肉」論的次元に留まった古代や中世のキリスト論ではなく、神の力ある恩寵の行為としての「贖罪」を強調した「宗教改革」のキリスト論であった。この神の力ある贖罪のわざは一方で罪人の挑戦と反逆を退け限界づけるが、他方その心の反抗の源にそれのみが触れかつ打ち勝ちうる愛と憐れみによって罪人を救うのである。しかも、このことは、歴史を超越した父なる神の恵みの力が、歴史のなかで十字架における御子イエスの悲劇的な無力さのうちに救いのわざをなす、という「逆説」において生じる。それは「罪なき者が罪ある者の罪を贖う」（『信仰と歴史』一四二頁）際に不可避となる自己犠牲の悲劇的無力さにおける力強さである。こうして、ニーバーによれば、超越的な神のアガペーは歴史の内部でそのわざをなす。すなわち、たしかに歴史の諸矛盾は歴史内では解決を見出しえず永遠の神的愛によってのみ究極の解決を得るのだが、しかし悪を滅ぼすこの神的愛は歴史それ自体を破壊するのではなく、歴史内の人間をして十字架のキリストへの信仰をとおしてその罪とともにその贖いの自覚へと導くのである。ニーバーはこのようなキリストの贖罪の真理を象徴的に表現するものとして、贖われた者は歴史内ではなお「義人にして同時に罪人」というルターの弁証法的定式を重用した。彼によれば、この真理によって、人間の生と歴史のドラマ全体の意味が明らかとなるのである。

このように、ニーバーの歴史の神学的理解は「弁証法的」である。ロマドカが「受肉」の歴史的特定性を強調して福音の歴史への「内在」的関与をいささか一面的に指摘したとすれば、ニーバーは以上のような歴史の「贖罪」論的理解において福音の歴史への関係における「超越」と「内在」との両側面を力動的に強調した。しかし、このことがまた、彼の神学的歴史理解の評価において、二つの対照的方向を誘い出す。「超越」の局面をより強調する解釈群と「内在」の要素をより重視する解釈群である。先述の大木教授はニーバーにおける後者の契機を公平に評価する立場であると筆者は確信するが、それは世界をニーバーのように「歴史」の相においてとらえる見方は虚妄だとし、「自然」的コスモスとしてとらえるべきとするK・レーヴィットへの教授の対決的批判にも示唆されている。[17]

(5) ギルキーの一面的解釈

ニーバーとレーヴィットの対峙はいわば思想的全面対決だが、拙著でも取り上げたL・ギルキーの論文「ラインホールド・ニーバーの歴史神学」（一九七四年）[18]はニーバーの歴史理解それ自体の解釈として「超越」的要素を過剰強調する問題性を抱えている、と筆者は判断する。この論文は、一九七〇年代当時勢いを増していたドイツの代表的な二人のプロテスタント神学者J・モルトマンとW・パネンベルクの歴史理解を、神学的には「将来的終末論」的なものとして、文化的には「近代的進歩信仰」の線上にあるものとしてとらえ、それとの批判的対比においてニーバーの歴史理解を提示しようとするものであったから、なおさらギルキー自身が言う「垂直弁証法」（a vertical dialectic）でそれを把握したものであったかもしれない（と筆者は受け取っていた）。ともかく、彼はこの論文で、ニーバーの神的「超越」の概念は「弁証法神学」が言うような永遠と時のあるいは神と世界の「垂直的」関係を表わすものだと主張して止まなかった。これにたいし、拙著で筆者は大木教授の言いえて妙なる「前への超越[19]」と言う表現を借り、これこそ歴史の「水平的」次元にも公平を尽くすニーバーの神の超越の概念をよく表わすとして、ギルキーに反論した。しかし、彼のこのニーバー神学理解はその後もまったく変化していない。むしろ、最近刊行された彼のニーバー神学研究書では、その第二章「ニーバー神学の構造」のなんと冒頭から「垂直弁証法」こそがニーバーの思想の「中心的特徴」だとして強調される。「弁証法」であるから、もちろん、ギルキーも「超越」と同時に「〔内在的〕関係」を含むとは言うが、しかし「神的超越とは人間や社会や歴史の彼岸・上方・上位（*beyond, above, over*）なのだ」と強調し、しかも、あの大木教授の表現を承知しているのか、「これは本質的に前への超越ではない」と断言するのである。[20]ここではニーバーが評価した贖罪がもつ歴史内在的な力動性の側面はいぜんとして等閑視されているように見える。

(6)　リチャードによる批判

本稿の冒頭で触れた弟リチャードもラインホールドの歴史理解を以上のギルキーとほぼ同一線上で解釈していると筆者は判断するが、重要なのは彼が、だからこそそれは問題性を抱えている、と批判する点である。冒頭で言及した拙稿にもすでにしるしたことだが、リチャードはラインホールドの歴史にたいする「創造」「堕罪」「贖罪」など（の教理）による「神話」的象徴的解釈とそれによらない部分との溝と矛盾を突き、じっさい彼が「歴史の循環的解釈」を忌避するのであれば、創造や堕罪や終末などに、とりわけ復活に、「神話的意味以上のもの」つまり「一回限りの出来事」性を帰すべきだと主張するのである。しかし、この詰問的提案はぎゃくにまた、リチャードがファンダメンタリストでないとすれば、彼自身の信仰またそれによる歴史理解はいったいいかなる性質のものか、という反問を惹起させるが（それはG・リンドベックが提唱したようなポストリベラルで構造主義的な「物語神学」に導く類のものであったろうか）、いずれにせよ、これはラインホールドの神学的歴史理解のある種の間隙を衝く問いではあろう。彼がその神話的解釈方法の核心をわかりやすく説明するのに、聖書の神話的使信を「文字どおりではないが真剣に受け止める」（take not literally but seriously）という標語的表現を用いたことは有名だが、そこにはさらに掘り下げられるべき神学的歴史認識論の問題が残存してもいるであろう。ともかく、リチャードの批判のポイントは、ラインホールドにおいては、「歴史における神の行為はつねに新しくまた善い存在の形態をもたらす、という信仰により把握される積極的思想は、暗示されたままであり、ときおりは表明されるが、しかし強調されることはまったくない」、イエス・キリストはなるほど「歴史における個人と社会の真正な更新を可能にするが、それらはいつもただ暫定的な更新にすぎない」、というその言明に象徴されている。すなわち、リチャードにとっては、福音の文化や歴史にたいする「変革」力へのその神学的確信の立場からして、ラインホールドが説く贖罪論の枠内での歴史内の諸変革や諸更新はじゅうぶんにリアルとなってはいない、ということであろう。

(7) マキャーンによる批判

ニーバーの歴史神学には史的・事実的次元への顧慮が不足しているのではないか、という意味では、以上の批判にも連なるような問題意識を披瀝したのは、注(5)にもしるしたD・P・マキャーンの『キリスト教的現実主義と解放の神学』(一九八一年)である。ちなみに、これは、私見では、アメリカにおいてはじめてニーバー神学におけるギフォード講演第二部『人間の運命』の重要性を認識しそれに本格的に取り組んだ研究書のように思われた。しかし、以下に述べる理由のゆえに、筆者は彼の当該箇所の叙述はあまり参照せず、大木教授に導かれた自身の叙述のみで通した。すなわち、拙著に、ニーバーのキリスト論を「歴史的キリスト論」と呼ぶ理由の一つとして「キリスト論は……『信仰のキリスト』のみならず『史的イエス』にも触れざるをえないゆえに、それは本来的に歴史的性格を帯びる」というようなこともしるしたのち、マキャーンも、歴史以前(primordial)的性格の強い「創造」と「堕罪」の教理に比して「贖罪」の教理は史的イエス像において具現されるもので、それとの歴史的連続において旧約預言者が決定的重要性をもった、したがってニーバーの「歴史神学は不可避的に『歴史的キリスト論』となる」(六六頁)、と述べている下りなども目にし喜んでもいたのだが、しかし他方マキャーンはニーバーの歴史神学に一種執拗な批判的問いを抱いているのである。簡潔に言うと、ニーバーは「史的イエス」と「信仰のキリスト」の緊密な「対応」(correspondence) ないし「収斂」(convergence) というキリスト教神学の伝統的で標準的な前提に立って議論を進めたが、もしこの場合イエスの生と死や言動の諸事実が歴史の批判的研究によって十全に証明されないとしたらどうなるか、という問いである。要するに、歴史批評学からの問いへの脆弱性ということが彼の「歴史神学」の欠点ではないか、ということである。しかし、これはキリスト教神学全般に投げかけられてきた永続的な未回答の問い(むしろ歴史に関わる学問全般が抱えている恒久の問い)であり、とくにそれによってニーバーの歴史神学の意義が剝奪されるという類のものではないであろう。これにたいし筆者としては、拙著でも言及したが（マキャーンは引用していないが）、『運命』の冒頭でのこの歴史神学の「教義学的・信仰告白的な性格」（六頁）に関するニーバーの証言を再度指摘しておきたい。それは、簡潔に言えば、歴史の意味の解釈は歴史を超越しつつ歴史に関わる一点からしか可能ではない、これをキリスト教神学はイエス・キリストの十字架の真理の啓示という一視点から行なう、という立場である。こうして、マキャーンの問いは、ニーバーは、はじめから「承知の上」である。それにもかかわらず、世界を「歴史的世界」としてとらえ、イエス・キリストの啓示によってそのドラマに意味を見出していく、そして、そのことは歴史の諸現実にたいして妥当性をもつ、というのがニーバーの歴史神学なのである。

結論——ニーバー神学における「歴史的リアリズム」の次元

以上、第5節の後半では、人間の生と歴史にたいするニーバー神学の贖罪論的・弁証法的な見方を再確認し、評価するにせよ批判するにせよその歴史超越的な側面をに注意を喚起する解釈を見てきた。これにたいし、筆者がこの神学によるその超越的側面と同時に歴史内在的側面の強調を重視する立場に立つことは、同節前半に示した「歴史的キリスト論」や「理念の近似値的実現の思想」の議論からも察せられるであろう。以下においては、それをさらに敷衍し、結論としなければならない。

ラヴィンはニーバーの「キリスト教現実主義」思想の全体像をよりわかりやすくするためにも、まず一般によく知られている「政治的現実主義」の議論から始め、よりアイディアイルなリアリティへのニーバーの顧慮として、つぎに「道徳的現実主義」、最後に「神学的現実主義」の順序で説明した。そこで、このようなラヴィンの議論のどの位置に筆者が言う「歴史的現実主義」の次元はくるのか、という問いがとうぜん出てくることになるが、思うにそれは政治的現実主義と道徳的それとの間である。やや図式的すぎるきらいはあっても、道徳的リアリズムが『人間の本性』に基盤を置く議論だとすれば、歴史的リアリズムは『人間の運命』において展開される主題だと言えないか、と考えるからである。周知のように、ニーバーのキリスト教倫理学がその地歩を確立したのは『道徳的人間と非道徳的社会』(R. Niebuhr, *Moral Man and Immoral Society*, Charles Scribner's Sons, 1932)によってであった。そこには「より道徳的でありうる個人と、より非道徳でありうる社会」という根本命題があったが、『人間の本性と運命』にもその構図は貫通している。以上の見方はこれに対応させたものである。スタックハウスは、ラヴィンはニーバーが「自然主義」すなわちカトリック的自然法思想を歴史解釈に応用したと見るけれども、ニーバーの歴史解釈法は「神学的に構成された理解社会学」と言ったほうがよいのではないか、と示唆しているが[21]、いずれにせよ、道徳的リアリズムのみでは『人間の運命』の思想世界には対応しきれないのである。

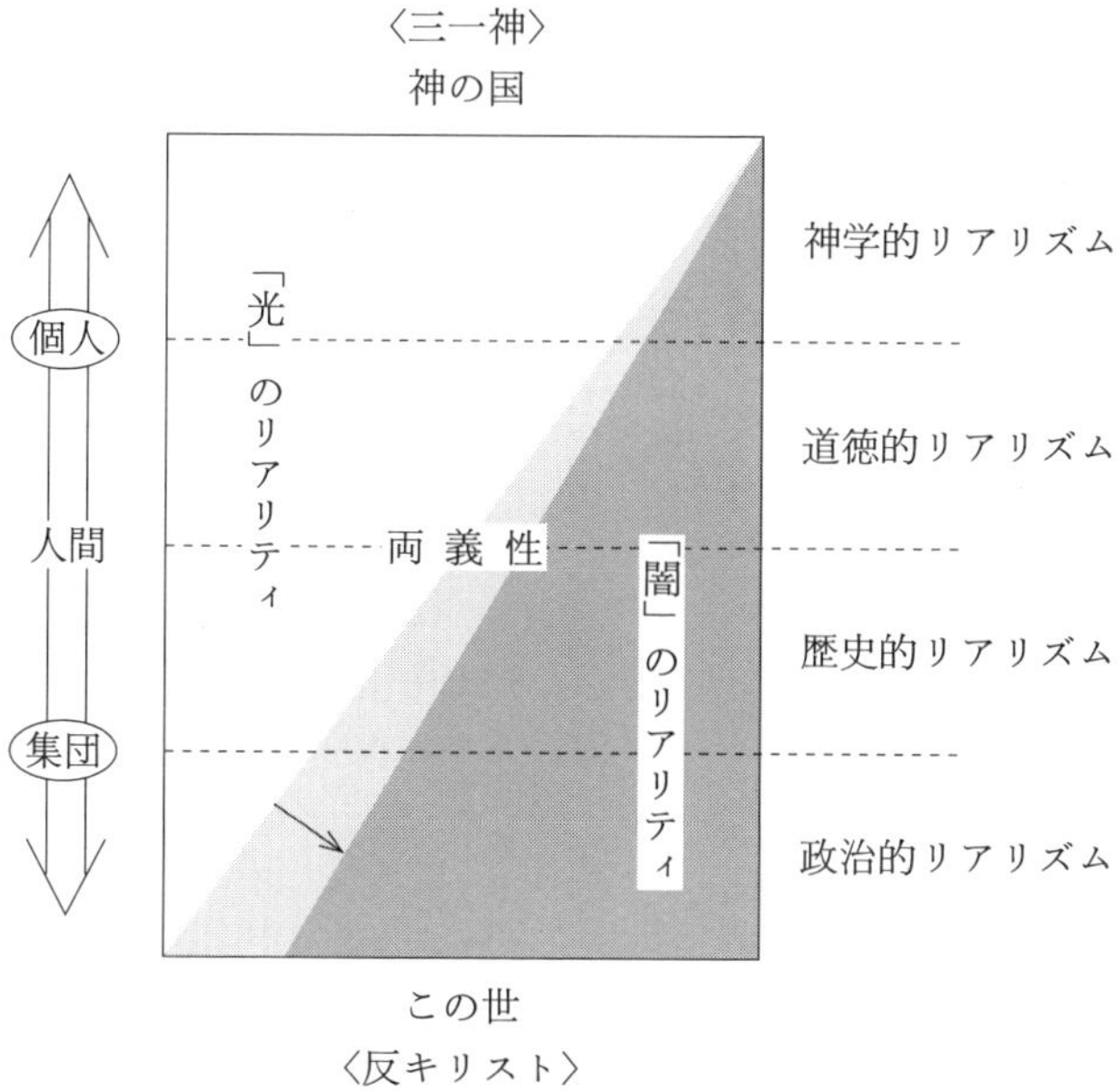

形式的な議論を続けるが、ラヴィンの分析を補完すれば、次のようなイメージ（前頁‐別図）を描くことが可能であろう。すなわち、ニーバーのリアリズムの上方の極には「三一神」と「神の国」のリアリティが、下方の極には「反キリスト」と「この世」のリアリティがあり、人間の「個人」のヴェクトルは上極に向き、「集団」のヴェクトルは下極に向いている。そして、メタフォリカルな言い方になるが、「光」の諸リアリティは上極に満ち下極に近づくほど希薄となり、「闇」の諸リアリティはこれとは逆である。あの四つのリアリズムはどこに位置するかと言えば、上極からまず「神学的リアリズム」、つぎに「道徳的リアリズム」、さらに下り「歴史的リアリズム」、そして下極にもっとも近く「政治的リアリズム」である。すべての次元でニーバーの言うあの光と闇、義人性と罪人性の「両義性」(ambiguity) はたえず残る。前段に触れた有名著作の表題は『非道徳的人間と非道徳的社会』とすべきだったとの評があったが、それもこの点に根拠をもつ。しかし、各リアリズム間に「多少を精確に計算した」(the more or less nicely calculated) 倫理的程度の差も厳存するのである。こうして、中間時としての歴史からのキリスト再臨への待望は、拡大される光のリアリティの闇のリアリティにたいする終末論的勝利への待望となる。

しかし、これだけでは抽象的すぎるゆえ、より具体的な事柄をしるそう。それは歴史的リアリズムを支える「光の諸リアリティ」に関係する。拙著で筆者は近藤勝彦東京神学大学組織神学教授に示唆されつつ、神の前での個人の在り方と行為の正否を論じる「個人倫理学」にたいし、「社会倫理学」は個人の行為の場・前提・結実としての客観的な歴史的・文化的な諸価値・諸制度を考察の対象とすべきであり、その手本としてトレルチの「客観的文化価値の倫理学」があるとしるした。そこでトレルチは、自由・人権・民主主義といった、アングロサクソン的プロテスタンティズムの土壌に培われ、近代世界に広く普及した文化諸価値に注目したのである。これら諸価値が、筆者に言わせれば、近代社会における「光の諸リアリティ」の象徴である。ニーバーがこれら諸価値に高い評価を抱いていたことは繰り返す必要はないであろう。そして、トレルチ（やM・ヴェーバー）にアングロサクソン的プロテスタンティズムと近代的文化諸価値との関係に刮目させたのが、ハイデルベルグのユダヤ系ドイツ人法学者G・イェリネックのいわゆる『フランス人権宣言研究』（一八九五年）であった。ここにイェリネック→トレルチ→ニーバーという思想史的系譜を確認してよい。そして、このイェリネックの信教の自由や人権の研究上のいわば究極的関心はこの研究への付加的文書における次の下りにもっとも印象的にしるされている。

「私が問題としたいのはただ、この〔宗教的〕自由がいかにして法律に規定されるに至ったか、ということである。わたしがひたすら追求している問題は、歴史上どの時点で、この視点から見た人権が法律文書の中に承認されたか、という問題である(22)」。

イェリネックは憲法学者として、自由や平等などひさしく「自然法」としてすなわち不文法的には知られてきた観念がいつどこで「実定法」化されたか、を懸命に追究したのである。なぜなら、彼は抽象的理念が時代に影響を及ぼしうるためには「歴史的現実(23)」となるべき必然性を確信し、その具体的基盤をその法制化という点に見たからである。そして、その動向の歴史的嚆矢をアメリカのロードアイランド植民地設立者・ピューリタン独立派牧師R・ウィリアムズに見届け、彼を称賛する。このテーマはさらなる論究を要するが、本稿で注目したいのはイェリネックのこの「歴史的現実」化の思想である。人々が近代的諸価値をrealizeすなわち実感するために、それを歴史にrealizeすなわち実現することが必須なのであり（その意味では、この「リアリティ」もまた現代的感覚に近いものということができるかもしれない）、そして、人類史はそれを達成するのに「およそ四世紀を要した(24)」と言うのがニーバーの説くところである。

以上のイェリネックの問題意識に連なるニーバー自身のそれは、拙著にもしるしたが、その優れたデモクラシー論文「自由と平等」における、ルターの「福音的自由」はイギリス・ピューリタン革命（とくにJ・ミルトンの思想）を介してはじめて「政治的・市民的自由」に適合するものとなった、という見方に集約されている。彼にとってもアイディアルなものあるいはモラルなものとリアルなものとの結合が肝要なのである。その当該箇所を以下に引用しておこう。

「『福音的』自由というルターの理念は宗教的には有意義であったが、政治的には効力をもつものではなかった。なぜなら、それは個人の良心に上位（over）した国家の権威に挑戦するものではなかったからである。その宗教的理念が政治的・市民的自由にたいして効力をもつよう（relevant）になるのは、ようやくミルトンが『カサエルのものはカサエルに、神のものは神に返しなさい』という有名な聖書の一句を、『私の良心は神から賜わったものだから、私はこれをカサエル〔政治権力者〕に渡さない』、という意味に解釈してからのことである(25)」。

これに加えて次の箇所も見ていただきたい。

「かの〔イギリス人の秀でた〕知恵のうちのある部分は、リチャード・フッカーのような人物から出てきているかもしれない。彼は歴史的諸現実の感覚（the sense of historical realities）をトマス的な「自然法」の概念に結びつけ、それによってイギリス革命の哲学者ジョン・ロックの理論やフランス革命の批判者エドマンド・バークの理論の父となった人物である(26)」。

これはイギリス人による具体的な歴史的諸現実とアイディアル、モラルなものとの折り合いをつける優れたリアリズムの能力をニーバーが高く評価している下りだが、実際には神学的・倫理的理念の歴史的受肉はそのようにして実現されるのである。

以上がニーバーの「歴史的リアリズム」として本稿が指摘したい部分である。むろん、ここでも、イギリス人のリアリスティックな知恵ということが暗示するように、歴史における「光」の諸リアリティと歴史における「闇」の諸リアリティとの関係の判断について、ニーバーは慎重である。歴史においては善や正義の「背に乗って」悪や誤謬が登場することもありうるからである。しかし、以上に見たごとく、ニーバー自身が聖書的・神学的諸理念が光の諸リアリティとして歴史にいわば受肉する事実と可能性とを肯定した。彼の神学においては「恩寵は歴史を破壊せず、成就する」[27]という命題は生きたものである。この事実を等閑視してその神学を適切に理解したということにはならないであろう。

注

(1) H. R. Niebuhr, "Reinhold Niebuhr's Interpretation of History," in W. S. Johnson (ed.), *H. Richard Niebuhr—Theology, History, and Culture: Major Unpublished Writings*, Yale University Press, 1996.

(2) Robin W. Lovin, *Reinhold Niebuhr and Christian Realism*, Cambridge University Press, 1995.

(3) 資料的な意味でも拙著文献表に記したもの以後および以外の主要なニーバー関連の著作を年代順にしるしておくこととする。ニーバーの著述からの抜粋集：R. M. Brown (ed.), *The Essential Reinhold Niebuhr: Selected Essays and Addresses*, Yale University Press, 1986; L. Rasmussen, *Reinhold Niebuhr: Theologian of Public Life*, Collins, 1989; C. C. Brown (ed.), *A Reinhold Niebuhr Reader: Selected Essays, Articles, and Book Reviews*, Trinity Press International, 1992; Ursula Niebuhr (ed.), *Remembering Reinhold Niebuhr: Letters of Reinhold and Ursula M. Niebuhr*, Harper Collins, 1991. ニーバー研究書：R. H. Stone, *Professor Reinhold Niebuhr*: A Mentor to the Twentieth Century, Westminster/John Knox Press, 1992; H. B. Clark, *Serenity, Courage, and Wisdom: The*

Enduring Legacy of Reinhold Niebuhr, Pilgrim Press, 1994 ; L. Gilkey, *On Niebur : A Theological Study*, University of Chicago Press, 2001 ; C. C. Brown, *Niebuhr and His Age : Reinhold Niebuhr's Prophetic Role and Legacy*, New Edition, Trinity Press International, 2002.

（4） M. L. Stackhouse's bookreview in *Journal of Religion*, Vol. 77, No. 2, April 1997, p. 325.

（5） たとえば、R. Veldhuis, *Realism versus Utopianism ? : Reinhold Niebuhr's Christian Realism and the Relevance of Utopian Thought for Social Ethics*, van Gorcum, 1975 ; D. McCann, *Christian Realism and Liberation Theology : Practical Theologies in Creative Conflict*, Orbis Books, 1981. 最近では C. McKeogh, *The Political Realism of Reinhold Niebuhr : A Pragmatic Approach to Just War*, Macmillan Press LTD, 1997.

（6） たとえば、R. Niebuhr, "When Will Christians Stop Fooling Themselves ?," in *Christian Century*, 51, May 16, 1934, p. 659 では、"Christian realists" とある。

（7） D. C. Macintosh (ed.), *Religious Realism*, The Macmillan Company, 1931, p. v.

（8） W. Rauschenbusch, *Christianity and the Social Crisis*, The Macmillan Company, 1907[1], Westminster/John Knox Press, 1992, p. 209.

（9） たとえば、R. Niebuhr, "Walter Rauschenbusch in Historical Perspective," in R. H. Stone (ed.), *Faith and Politics*, George Braziller, 1968 を参照。

（10） H. J. Morgenthau, "The Influence of Reinhold Niebuhr in American Political Life and Thought" も R. Niebuhr, "The Response of Reinhold Niebuhr" も H. R. Landon (ed.), *Reinhold Niebuhr : A Prophetic Voice in Our Time*, Seabury Press, 1962 に収められている (p. 109, p. 122)。なお、モーゲンソー論文は大木英夫『終末論的考察』中央公論社、一九七〇年に邦訳され収録されている。

（11） D. F. Rice, *Reinhold Niebuhr and John Dewey : An American Odyssey*, SUNY Press, 1993, p. 333, n. 5.

（12） R. Niebuhr, *The Irony of American History*, Charles Scribner's Sons, 1952, pp. 147-8.

（13） R. H. Stone, op. cit., p. 63. ちなみに、ストーンの第一作目は、*Reinhold Niebuhr : Prophet to Politicians*, Abingdon Press, 1972.

（14） この点で、エピソードめくが、アメリカ元大統領J・カーターは、ニーバー没後、ニーバー夫人にとくに彼の「愛と正義の思想」に影響を受けたと書き送った。夫人は、それを唱えたのはニーバーだけではなく、「教皇ヨハネ〔二三世〕も、『愛を動機に、正義をその手段とせよ』と述べています」と返事している。M. Rosenfeld, "The Theologian's Wife Speaks Her Mind," in *The Washington Post*, July 19, 1979.

（15） とくにこれをめぐるニーバー自身の直接の言説については *An Interpretation of Christian Ethics*, 1935[1], pp. 51, 59, 104 などを参照のこと。

（16） P. Lehmann, "The Christology of Reinhold Niebuhr," in C. W. Kegley and R. W. Bretall（eds.）, *Reinhold Niebuhr : His Religious, Social, and Political Thought*, Macmillan Company, 1956.

（17） 大木英夫『終末論』紀伊国屋書店、一九七二年、一九九—二〇二頁を参照のこと。

（18） L. Gilkey, "Reinhold Niebuhr's Theology of History," in N. A. Scott, Jr.（ed.）, *The Legacy of Reinhold Niebuhr*, University of Chicago Press, 1974.

（19） 大木、前掲書、五一頁。

（20） L. Gilkey, *On Niebuhr : A Theological Study*, University of Chicago Press, 2001, p. 18.

（21） Stackhouse, op. cit., p. 325.

（22） G・イェリネック、初宿正典訳『人権宣言論争』みすず書房、一九八一年、二〇三頁。

（23） イェリネック、同上書、一二九頁。

（24） R. Niebuhr, "The Challenge of the World Crisis," in E. W. Lefever（ed.）, *World Crisis and American Responsibil-*

ity, Association Press, 1958, p. 26.

（25） R. Niebuhr, "Liberty and Equality," in *Pious and Secular America*, Charles Scribner's Sons, 1958, p. 68-9.

（26） R. Niebuhr, ibid., p. 74. なお、この関連で言い添えておきたいが、注（3）にしるしたロヴァットのニーバー研究書は「ニーバーの神学的発展にたいする歴史的出来事の影響」を論じているけれども、この視点も、本稿の言う「歴史的リアリズム」というよりは、むしろやはり「政治的リアリズム」に属する視点であろう。

（27） 大木英夫、前掲書、二四二頁。

II

ピューリタニズム

ピューリタン決疑論と契約神学
――パーキンズ、エイムズ、バクスター

梅津順一

一　はじめに――ピューリタニズムと決疑論

十六、十七世紀イングランドにおけるピューリタニズムは、より徹底した宗教改革をもとめた自発的な宗教運動として知られるが、そこから特徴的な実践文献が数多く生み出された。共和政期に活躍したピューリタン牧師バクスター（一六一五―一六九一）[1]は、王政復古期に牧会活動を禁じられ、もっぱら多数の著作によって伝道に従事したが、そこには信徒に対する興味深い読書指導も含まれている。もとより、ピューリタンにとって聖書に親しむことが重要であったが、バクスターは信徒一人一人の信仰的状態に応じて有益な書物に学び、内面的に成長していくよう指導したのである。バクスターが通常、最初に手に取るよう勧めたのは、信仰の「基本的な事柄に関する判断を伝えるものであり」、「再生、回心、悔悛についての文章」であった。これに相当するものとして、バクスター自身の著作でいえば、『未回心者への呼びかけ』『キリストを軽視することを戒める説教』『聖徒か野獣か』といった書物があげられた[2]。

これに続いて、信仰の成長を助け、愛と服従の実践を促し、自己中心と高慢などの危険な罪を抑制するための書物が挙げられる。やはりバクスター自身の著作でいえば、『脆弱なキリスト者のための指針』、『自己否定論』、『永遠の

聖徒の憩い』『信仰の生活』『不信仰の非合理性』などを参照するようにというわけである。[3] さらに、三番目に読み進めるべき書物として挙げられたのは、「知識を順序だてる」ためのものであり、「その目的のために、最初に短い教理問答を読み学び、ついで長い教理問答(たとえば、ボール氏のものあるいはウェストミンスター会議のもの)を学び、その次に神学体系を学ぶこと」といわれる。すなわち、大小の教理問答に続いて体系的な神学書に親しむようにというのだが、後者の例として挙げられているのが、ウィリアム・エイムズの『神学の精髄』と『良心の諸問題』であった。[4] 前者は、いわば狭義の神学体系であり、後者は実践神学の体系であるが、これが決疑論と呼ばれるものにほかならない。本稿では、このピューリタニズムの中から生み出された体系的な実践指導書、ピューリタン決疑論の展開過程を検討してみたいのである。[5]

実は、この読書指導が記されている『キリスト教指針』自身がピューリタン決疑論の代表作に他ならない。バクスターはその序文で、王政復古後非国教徒として迫害を受け、自己の蔵書を自由に使用できない状態のなかで、ただエイムズの『良心の諸問題』だけを参照しながら書いたと述べている。バクスターはこの書物の狙いとして、第一に「若い準備の出来ていない、経験の不足する牧師が、取り扱う必要のある諸問題について、実際的な判断や指針を得る」こと。第二に、「賢明な家長が、問題が生じたときに、家族のために一部分を選び読んであげるのに役に立つ」こと、さらに第三に「キリスト者個人が、包括的な指針と疑問の解決を身近にもつ」ようになることをあげている。[6] すなわち、ピューリタン決疑論とは人々が日常生活で直面する諸問題を良心的に解決するための指針集であり、若い牧師を助け、中堅的な信徒を育てるものであり、ピューリタン的な信仰と生活形成の手引きとなることが期待されたのである。

バクスターによれば、ローマ・カトリック教会では伝統的に決疑論が整えられており、プロテスタンティズムの立場に基づく決疑論的著作が長く待望されていた。イングランドではエリザベス期のピューリタン指導者パーキンズがこれに取り組んでおり、すでに触れたオランダに逃れた神学者、エイムズの著作がもっとも優れたものと考えられていた。バクスターはこれらを継承しながら、論理構成の上でも、内容の上でも、一段と磨きをかけて『キリスト教指針』を表したわけである。ここでは、そのピューリタニズムを代表するパーキンズ『良心の諸問題』、エイムズ『良心問題集成』[7]、バクスター『キリスト教指針』を取り上げて、ピューリタン決疑論の継承関係を跡付け、またその方法的展開を辿りたいのである。三著の基本構成については別表一に記しておくが、これらを比較検討し、ピューリタニズムという宗教運動が、決疑論の中でどのように表現されているのか、また、時代を経る中で、実践指針体系がどのような論理でどのような方向に整えられていったのか、とりわけ、ピューリタンの社会倫理における契約神学の意義に注目したいのである。[8]

二　神への服従と良心の平安

1　説教と良心の慰め——パーキンズの出発点

初期ピューリタニズムの代表的な指導者ウィリアム・パーキンズ（一五五八—一六〇二）は、ケンブリッジにおける力強い説教と多くの著作を通じて、幅広い人々に影響を与えた人物として知られている。[9]彼は若いころ酒におぼれる回心を経験したこと、また監獄における力強い説教で多くの受刑者を救いに導いたことなど、その生涯自身がピューリタニズムの特徴を体現しているが、その決疑論的著作『良心問題集成』は、彼の死後、説教の記録と遺稿を整理して刊行されたものである。本書の冒頭部分では、説教として語られた形式が生きており、聖書の引用も豊富であるこ

知るようにして下さる」。だが、このテキストにもとづいてパーキンズは次のように語る。

五〇章四節「主なる神は、学識あるものの舌を私に与えて、私がふさわしい時に、疲れたものに、言葉を司ることを

とから、説教運動から決疑論への道筋を窺い知ることができる。序文の冒頭で引かれている聖書の箇所は、イザヤ書五〇章四節「主なる神は、学識あるものの舌を私に与えて、私がふさわしい時に、疲れたものに、言葉を司ることを知るようにして下さる」。だが、このテキストにもとづいてパーキンズは次のように語る。

「ここには、旧約聖書の預言者、とくに、ここで学識あるものと呼ばれている、エリヤとエリシャの学派に属する人々の実践が示唆され、キリストの預言者の職務として主要な原則が定められています。すなわち、神の言葉のなかで、ある知識ないし教理が明らかにされ、それによって、疲れたものの良心が正され、平安が与えられる。悩める人々の良心に慰めを与えることが、キリストの預言者的職務の特別な義務なのです」[10]。すなわち、パーキンズは、人々の良心が直面する諸問題に取組み、解決を求めつつ不安な状態にあるものの心に、正しい解決と慰めを与えること、これが預言者の職務を受け継ぐ牧師の課題であるというのである。牧師はキリストから知識と賜物を受けて、その職務を果たさなければならないのであった。

パーキンズは「良心の諸問題」を考える基礎として、次のように良心を定義している。良心とは何かといえば、「良心（conscience）という名称がその手がかりを与えます。というのは、良心とは知識と結合した知識を意味するのです。……第一に、良心という手段で何事かを知り考えるとき、人間は自分が知り考えることを知りますし、第二に、良心によって、神もまた知っていることを知るのです。人間は、自分の思考について二人の証人を持ちます。神と自分の良心です。神が第一で主要なもので、良心は第二で、神に従属するのです」[11]。すなわち、人間は良心によって自分自身が何を考えているかを知り、また神もまた自分を知っておられることを知る。良心はいわば反省された自己であり、また神に映し出された自己なのであり、また、良心は人間の行動を方向づける権威と能力をも持っていた。

ところで、人間の「良心の自然の状態」について、パーキンズは次のように指摘する。「権威と力に関していえば、

良心の自然の状態は人間と神との間にあり、神よりは下にありますが、人間よりは上にあります。……したがって、良心は神と神の言葉に対して服従するのです。……神のみが言葉によって、良心を制約します。……神がそうするのは適切です。というのは、第一に、神は唯一の良心の主人なのです。神は良心を造り統治します。2、神は唯一の立法者であり、魂を救う、あるいは破滅させる力をもつのです。それに3、人間の良心は彼自身のほかには、神のみに知られているのです」。「第二の良心の自然な状は、良心が人間の行為に対してもつ力です。信仰によらないものは罪です。……第一に、疑いと不確かな判断に基づく良心でなされた行為……第二に、誤った良心でなされた行為……第三に、誤っているにも拘らず、それを否定する良心でなされた行為[12]」。したがって、パーキンズは人々が神の言葉に服従する正しい良心に導かれ、信仰に基づいて行動することを勧めるわけである。

ところで、パーキンズは、人間は自己の救いの達成を願いつつ、三つの基本的な問いを抱きながら生きていると考えている。第一は「人間は、神に喜ばれ、救われるために、何をしなければならないか[13]」という問いである。これは人間生活の基本的方向はどうでなければならないかを探るものだが、これに対してパーキンズは、「謙遜」「信仰」「悔悛」「服従」という四つの課題を挙げている。「謙遜は、実際には信仰の果実です。しかし、実行としては最初に来るものなので、信仰よりも前に置きます。信仰は心の中に隠れています。信仰が現れる最初の結果は、……自分自身を謙遜にすることなのです」。「キリスト者の生活の実行においては、謙遜と信仰の義務は切り離すことは出来ませんが、教理的に説明するために、私は区別します。信仰では、二つのことが必要です。第一に、宗教の要点、すなわち福音の趣旨、とくにキリストによる義と永遠の約束を知ること。第二に、その約束を理解し、応用すること[14]」。

信仰に次いで、「救いのために必要な第三の義務は、悔悛です。……その始まりは敬虔な悲しみです。そのように悔悛は始まります。……次に、心の変化、すなわち人間全体が感情、生活、会話の点で変化することです。これは、罪を犯さず、すべての点で神の意志を行うという持続的な目的意識と心の決意を持つことです」。「第四の義務は、生活と社会関係において神に新しく服従することです。この新しい服従では、三つのことが必要とされます。第一に、それはわれわれのうちにあるキリストの霊の果実でなければなりません。……第二に、新しい服従は、神の全ての命令を守ることでなければなりません。第三に、新しい服従においては、人間全体として、精神、意志、感情、それに魂と身体の全ての能力において、律法すべてを守るように努めなければなりません[15]」。このように、パーキンズは謙遜にはじまり、信仰と悔悛をへて新しい服従に至ることとして、神に喜ばれる新しい生活を指針したのであった。

ところで、パーキンズは人間の救いのための基本的な第二の問いとして、「人は自分自身の救いを、良心においてどのように確信できるか[16]」という疑問を挙げている。すなわち、「神に喜ばれるために何をなすべきか」という問いは、救いの確信はどのように得られるかという問いに繋がるのである。ここにパーキンズの実践的指針が、単に人々の生活のあり方を示唆するだけでなく、現実に人々の心に平安をもたらす課題を負っていたことが知られる。この場合の「救いの確信」という問題は、カルヴィニズムが強調した「神の選び」に対する人々の不安に由来するものであった。神は永遠の昔からある者を救いに、ある者を滅びに定められているとすれば、自分はどちらに属するのか。こうした深刻な信徒の悩みに対して、パーキンズは「神が予め定めたものを、神は召し、召したものを、神は義とし、義としたものには、神は栄光を得させる」(ローマ八章三〇節)というパウロの言葉を根拠として、次のように語っている。

「選び、召命、信仰、子とする、義認、聖化、そして永遠の栄光化は、誰の救いにおいても決して分離されていないで、相互に関係しながら進んで行きます。だから、これらのどれか一つに確信が持てる場合は、心の内で間違いなく、自分はふさわしい時に、他の全てを持つようになると結論づけることができるのです[17]」。すなわち、選びから栄光化まですべてを持つと今確信が得られなくとも、一つを持つことが確かならばそれが他のものに広がっているというのである。「信仰によって、キリストに結び付けられているものは誰でも、選ばれ、召され、義とされ、聖化されています。理由は明らかです。一つのチェーンの両端は中間の輪によって結び合わされています。幸福と救いがもたらされる順序において、中間の位置を占めているのは信仰です。したがって、信仰によって、神の子は自分が選ばれ、有効に召され、その結果天の国において栄光を受けることを確信させられるのです[18]」。

このように、「いかにして救いの確信を得ることができるか」という問いは、「神に喜ばれるために何をなすか」という問いへの答えの中にあった。すなわち、「謙遜」「信仰」「悔悛」それに「新しい服従」は、それ自身が、自己の選びへの確信に導くものと考えられているのである。もっとも、パーキンズは現実には、救いに関る基本的な第三の問いとして、「精神的に悩んでいるものは、いかに慰められ、救われるか[19]」に応えなければならなかった。パーキンズによれば、小さな悩みとしては、「自分自身の救いに疑いがあることからくる、恐れや悲しみ」があり、大きな悩みとしては、「救いの希望がまったくないときの、絶望」があった。「すべてのこころの悩みは、滅びの宣告を受ける恐怖であり、それが癒されないとすれば、ついに絶望へと至る」と考えられた[20]。これに対してパーキンズが示唆する「一般的な治療法は、キリストの血による永遠の生命の約束を適用すること」であった。

パーキンズはその治療法の適用にあって、順序を追って行うことを重視した。「第一に、悩む当事者は、治療法をよりよく適用するために、具体的な悩みの原因を明らかにしなければならない」。「第二に、原因が知られたのであれば、次に、その当事者が慰めにふさわしいかどうか、審査がなされなければならない。……彼が自分の罪に対して謙遜であるかどうかを探り出すことで、彼が慰めを受けるにふさわしいかどうかが判断される。……審査は友情あるキリスト者の会話によってなされ、悩むものは最初に、自分自身の罪を見つめ考えるように導かれ、次にそれを悲しみ、悪かったと思うようにされる」。その上で、第三に、「罪を告白し、真実にへりくだるものの心に、慰めをあたえる」というのである。(21)

以上みたように、パーキンズ『良心問題集成』の冒頭部分では、説教という形を保持しながら、良心とは何かを教え、神に喜ばれる行為を行い、救いの確信を得ることを勧め、良心の平安を導いていたのである。

2　神と共に歩むこと——エイムズとバクスターの展開

オランダで教え、ニューイングランドのピューリタンにも影響を与えたことでも注目されるウィリアム・エイムズ（一五七八—一六三三）は、(22)ピューリタニズムの影響が強いケンブリッジで教育を受けたが、学生時代に接したパーキンズについてこう回想している。「私は喜んで、若いころ、尊敬するパーキンズ先生が大勢の学生を前にして説教していた頃のことを思い出す。先生は健全に真理を教え、学生を励まして敬虔さを追求するようにし、彼らを神の国にふさわしいものとした。……良心の諸問題を利用し、熱心に説明した」。(23)このように若き日にパーキンズの説教と決疑論を聞いたエイムズは、彼自身『良心問題の諸問題』という決疑論に取り組むことになった。このパーキンズとエイムズの実践神学体系は、とくに冒頭部分、パーキンズ『良心問題集成』の「第一部、他者との関係なしに彼自身に即した人間について」で、はっきりとした継承関係を見出すことができる。別表二で見るように、パーキンズの第一部と、エイムズの第一部から第三部の章別構成は、おおむね対応関係をもっているのである。

まず、第一に、エイムズはパーキンズが第一部、第三章で取り上げた良心論を、大幅に拡充して「第一部、良心について」としている。次に、エイムズは「第二部、人間の状態について」で「罪の状態」について触れているが、これは第二部の章別構成に見るように、パーキンズの第一部、五章以下の内容に対応している（別表二、参照）。すなわち、人間の「罪の状態」からどのように救いへといたるかが主題として取り上げられており、パーキンズが救いの確信について述べた一連の過程を、エイムズもまた踏襲しているのである。すなわち、パーキンズのいう「選び、召命、信仰、子とする、義認、聖化、そして永遠の栄光化」は、エイムズ第二部では、「第五章、召命」「第六章、信仰」「第八章、悔悛」「第九章、子とする」「第十章、聖化」「第十三章、栄光化」として展開されているのである。エイムズはこのようにパーキンズの主題の配置を継承しながら、それぞれの問題をより詳しく取り上げている。

さらに、エイムズの「第三部、人間の義務一般」の章別編成は、パーキンズが、「神を喜ばせるために」と勧めた、「謙遜、信仰、悔悛、新しい服従」に相当する。とくに第三部第一章では、人間の義務一般が神への「第一章、服従一般」として全体的に語られたのち、神との関係における人間のあり方が取り上げられている。すなわち、「第二章、(神に関する)知識」「第三章、神の恐れ」「第四章、神への謙遜」、さらに神への真剣な服従を表わす「第五章、(神への)誠実さ」、それに熱心な服従を意味する「第六章、熱情」が取り上げられている。また、「第七章、良心の平安」とは、「イエス・キリストによって与えられる義認に基づく」ものであった。このように、エイムズの第二部、第三部は、パーキンズの第一部、すなわち「神に喜ばれる」生活、救いを確かにする生活のための指針を継承していたのである。

では、バクスターの『キリスト教指針』はどうであろうか。以上見た、パーキンズ『良心問題集成』第一部とエイムズ『良心的諸問題』第一部から第三部に相当するのは、バクスター『キリスト教指針』では第一部「キリスト教倫理学」である。その内容は、「神聖な自己統御の業において、われわれの心と生活の個人的な行動を、神に向かって、神の下で秩序づけるための指針」と要約されている。別表三としてその章別構成を挙げておくが、この主要部分は、「第三章、一般的な重要指針集」であり、それは「信仰と神聖をもつ生活において、神と共に歩む」ことを主題とするものであった。バクスターは、パーキンズとエイムズのいう神への服従を、神と人間とのより具体的な多様な関係に即して指針するのである。とくに注目されるのは、次に挙げる重要指針である。

「重要指針五、神はあなたの主であり所有者であることを思い起こしなさい。また、あなた自身、それにあなたがもつ全てを、絶対的に放棄し、神のものとして神に委ねていることを確認しさない」。「重要指針六、神は、あなたを支配し裁かれる、あなたの主権を持つ王であり、神に服従し、神を喜ばすことが、あなたの正しさであり、幸福であることを覚えていなさい」。「重要指針七、教会の預言者であり教師である、キリストに学ぶ者としてとどまり、キリストから、キリストの聖霊と、言葉と牧師たちによって、神に関する一層の知識と、あなたの救いをもたらす事柄を学ぶようにしなさい」。「重要指針八、あなたは、魂の医師としてのキリスト、聖化するものとしての聖霊に関っていることを覚えていなさい。それ故、あらゆる罪的な病気と心と生活の汚れから、キリストによって癒され、聖霊によって清められることを真剣に学びなさい[24]」。

「重要指針九、あなたの日々の生活において、あなたの救いをもたらす隊長としてのキリストに従うことを約束したものとして、肉的なもの、この世的なもの、悪魔に対して、巧みに、油断無く、断固として、かつ勇敢に戦いを続けなさい」。「重要指針十、あなたの生活は、神に奉仕の業を行うように整えられているに違いありません。出来る限り良いことを、敬虔に、正義と慈愛の業として行いなさい。賢明に忠実に、勤勉に、情熱的に、かつ楽しんで行いなさい。あなたは神に対して、主人であり雇主に対する雇人として関係することを覚えていなさい。また、あなたは神の賜物を委ねられており、あなたはそれを改善することを報告しなければならないことも覚えていなさい[25]」。以上のように、バクスターはエイムズが神への服従として総括した事柄に対して、所有者としての神、王としての神、教師としてのキリスト、医師としてのキリスト、隊長としてのキリスト、雇主としてのキリストに対する人間の義務としてして展開したのである。

ところで、キリスト教指針第一部後半は、「統御」という共通した題名をもつ興味深い諸章が並んでいる。すなわち、「第六章、思考の統御のための指針」「第七章、感情の統御のための指針」「第八章、感覚の統御のための指針」「第九章、言葉の統御のための指針」「第十章、身体の統御のための指針」である。この場合統御とは、思考、感情、感覚、言葉、身体といった人間的な諸能力と諸活動を、信仰の立場から、適切に秩序づけることに他ならない。ここでバクスターは、神とキリストへの人間の内的態度を、外的な行動として方向づけることを指針しているのである。この第一部後半の内容は、エイムズの第三部後半の、「第八章、美徳」以下に対応するものであった。

エイムズは美徳について、次のような問に応えるかたちで指針を与えている。

「質問1、人間は善いことをするとしても、心が善いことにいつも向かうように、美徳を習慣にしようと努めないならば、十分ではないのでしょうか。

答。私たちは、出来る限り熱心に、信仰に徳を加えなければなりません。ペトロの第二の手紙、一章五節。

1、なぜなら、私たちに特別な形で義務を行うように求める神の言葉を、私たちの内に植え付けなければなりません。ヤコブの手紙、一章五節。

2、私たちは私たち自身を、……心のなかで表わされている同じ教えに明け渡さなければなりません。ローマ六章一七節。……

3、私たちは古い人を、内的悪徳というべきその要素とともに脱ぎ捨てなければならないように、コロサイ三章五節、美徳というべきその要素とともに、新しい人を着なければなりません。

4、私たちはキリストの姿に倣って形づくられ、作り上げられなければなりません。コロサイ三章一〇節。……

5、もしも、徳の習慣がなければ、善き事を行うとしても、私たちは善きことの内に根をはり基礎をもっているとはいえません。邪悪によってたちまち移され、善き事はすぐに滅んでしまいます。マタイ一三章二一節、コロサイ一章二三節[26]」。

このように、エイムズにとって、キリストに従う生活を習慣化することが美徳なのだが、その上で、美徳の必要条件が検討されている。すなわち、「第九章、賢明」「第十章、注意深さ」「第十一章、堅忍」がそれに相当するが、まず「賢明 Prudence」とは、次のように説明されている。「神の栄光、われわれの義務と救済に属する事柄を、識別し、慎重に見極め、考察し、出来る限り、完全へと至らせる。……より特別なこととして、次のことが知恵に属することである。1、われわれ自身にとっての正しい目的を考慮し、それを得ようとすること。エレミア四章二二節……2、第二に、確実にその目的に寄与する手段を選択すること。詩篇二章九節。3、その手段を正しく用いることで、適正に歩むこと。エペソ五章一五節。4、その学びを推し進め、前進させるために、すべての機会を捉え、よく用いること。コロサイ四章五節。5、その学びを妨げるすべての事柄に注意を払い、回避すること。6、主要な善きことを得るために、すべてを断念すること。マタイ一三章四四節、四五節。7、あらゆる事柄において、空しい希望に信頼しないで、堅固な基礎を置くこと[27]」。

このエイムズの「賢明」の主題は、バクスターにおいては「第五章、思考の統御」として受け継がれている。バクスターは「邪悪な思考を回避し、よき思考を行い、よき思考を改善し、より効果的となるように」指針するのである。たとえば、次に見るような「第二節、心を善き思考で満たすための指針」は確かにエイムズの指針を継承し発展させているのである。

「指針一、あなた自身の関心と重要な問題とをよく理解し、あなたが何のために生きているのか、あなたの真の幸福と目的は何かについて、はっきりと心を定めなさい。そうすれば、それによってあなたの思考はそれに奉仕するように命じられることになります。目的があって、そのために手段が選ばれ、利用されます。人間の評価は人間の意図と計画を導き、その意図と計画が思考を方向づけます」。「指針八、あなたの魂の多くの罪、欲求、脆弱さに対して目を背けないようにしなさい」。「指針十四、あなたの生活すべてが用いられなければならず、神と人への神聖な義務の枠組みと過程について、無知であったり、無視したりしてはなりません」。「指針十八、あなたの天職に勤勉に従事しなさい。怠惰に時間を過ごさず、神の栄光のため、神の命令に従順になって、神聖な精神をもって労働を遂行しなさい。そうすれば、あなたの思考が、空しいものに時間を用いたり、怠惰に自由に過ごすことはなくなるでしょう」[28]。

また、バクスターの「第七章、感情の統御のための指針」冒頭の「第一節、罪的な感情一般を抑制するための指針」は、エイムズのいう「注意深さ」「堅忍」の必要を逆の側面から指摘しているということができる。たとえば、次のような指針がなされている。「指針四、あなたの良心をつねに繊細に保ちなさい。そうすれば、罪的な感情の最初の徴候を見つけ出し、罪に気づくことになるでしょう」。「指針五、知恵と理性の力と堅固な判断を得るように努めなさい。というのは、感情は愚かなことで燃え上がるからです。僅かな風でも、子どもたちは容易に吹き飛ばされ、木の葉は揺らぎます」。「指針七、神聖な堅忍、勇気、度量を得るように努めなさい。偉大な精神は、小さな事に関する困難、願望、動揺に対して超然としていることが出来ます」。「指針八、あなたの魂の中に法廷を設け、日々あなた自身を法廷に呼び出し説明を求め、どんな感情でも、適切な叱責を経ないで噴出することのないようにしなさい」[29]。見られるように、バクスターは、エイムズの主題を、より具体的に、より懇切に展開し信徒を指導していたのである。

三　社会倫理と契約神学

1　神への義務と隣人への義務——パーキンズ

ところで、ピューリタン決疑論は、以上見た自己の救いにかかわる神への服従一般だけではなく、日常生活全般に関るさまざまな問題を取り上げていた。パーキンズは『良心問題集成』第一部、第四章で人々が直面する諸問題を、人間を取り巻く諸関係という観点から次のように分類している。

「人間は、さまざまな形で考察されます。すなわち、人間は他から分離された一個の人間として、あるいは、他者との関係のなかで、つまり、社会の一員として。したがって、良心の諸問題は次のように区分されます。単に彼自身として考察された人間に関る諸問題、それに他者との関係に立つなかで生じた諸問題です。

人間は二重の関係、すなわち、神との関係と人間との関係のなかで存在しています。人間は神との関係にあるから、キリスト者という名前、すなわちキリストの一員、神の子という名前をもつ。彼の義務は、神の言葉〔聖書〕のなかで明らかにされた神の意志にしたがって、神を知り、神を礼拝する義務です。人間は人間との関係にあるから、団体の一部であり、ある社会の一員です。社会の一員としての人間に関る諸問題は、三種類の社会に従って、三種類あります。すべての人は、家族の一員である場合、教会の一員である場合、国家の一員である場合があります。……

一言でいえば、人間に関る諸問題は、三つの一般的な項目の下に位置づけることができます。第一は、人間を単に人間であるとして考察した場合の諸問題。第二は、神との関係に立つものとしての人間に関る諸問題。第三は、三つの社会の一員として、したがって、家族、教会、国家の一員としての人間に関る諸問題です[30]」。

パーキンズの『良心問題集成』は、遺稿でもあることから必ずしもこの区分を十分に踏まえているとはいえないが、この第一部が、前節で分析した部分に他ならない。続く第二部は、「神との関係にある人間」すなわち、「キリスト者としての人間」に関る諸問題である。この部分は、「第一章、神について」「第二章、聖書について」「第三章、信仰すなわち神になされるべき礼拝について」「第四章、神の礼拝の時、すなわち安息日について」として展開されている。エイムズの『良心の諸問題』第四部は、このパーキンズの第二部の構成をほぼ踏襲しているから、両者の章別構成を別表四として掲げておくことにしよう。見られるように、パーキンズの場合は十六章構成、エイムズの場合は三十三章構成ながら、主題において明確な対応関係が見られる。すなわち、神への信仰、告白、礼拝、祈り、洗礼などの聖礼典、誓約、断食、安息日（主日）という主題が、ほぼ同じ順序で取り上げられているのである。このように、パーキンズとエイムズの決疑論は、神への義務、すなわち神を知り、礼拝することを主題とする上で並行関係にあるのだが、バクスターとの比較を視野に入れると、エイムズがこの後半の諸章を教会論として位置づけていることが注目される。後に見るように、バクスターは教会論を神と人との関係ではなく、牧師と会衆の関係として位置づけているからである。

ところで、パーキンズの「第三部、他者との関係における人間の良心的諸問題」は、家族、教会、国家といった社会の一員としての人間を問題とするのだが、ここではいくつかの美徳を提示しながら論じている。すなわち、別表五にみるように、「賢明」「温和」「節制」「寛大」「正義」「堅忍」として取り上げているのである。パーキンズによれば、「美徳とは、人間の精神もしくは意志に存する」のだが、第一に前者、「精神の美徳」とは「賢明 Prudence」である。パーキンズはここで、「神を恐れる」ことが「賢明」の始まりであり、賢明さを実践するにあたっては、「熟慮 Deliberation」と「決断 Determination」をもって行うようにと勧めている。すなわち、「熟慮によって、われわれは霊的な理解に従い、何が善であるのか悪であるのか、真実であるか偽りであるか、何が取組まれ、為さるべきであるのかを語ることができます。決断によって、われわれは熟慮にもとづいて、どんな種類の問題であれ、最良の事柄に取り組み、行い、従事し、追求することを決意するのです[31]」。

次に、「意志の美徳」であるが、これは「人間の意志に秩序をあたえること」であり、そこには二つの面があった。「すなわち、意志が自分自身に関るものであるか、もしくは他者に関るものかです。われわれ自身に関るものは、人間の心中の二つの主要な事柄、すなわち仕返しする能力と渇望する能力に関係がある。仕返しする能力に関る美徳は、温和です。温和とは、荒れ狂う怒りを抑え改善することにあります。次の、渇望する能力に関る美徳とは、節制です[32]」。このように、パーキンズは自分自身に関る諸問題としては、「第三章、温和」と「第四章、節制」の美徳を実行することを求めたのであった。

まず、「温和 Clemency」とは、怒りや仕返しを緩和する美徳であるが、これは現実には侵害を受けた場合に問題となる。パーキンズはさまざまな侵害を三種類に分け、それに応じて異なった「温和」のあり方を勧めた。「第一の種類は軽微なものであり、何事かが為されたときでも、不快にするだけで、なんら損失や侵害をもたらさないものです」。これに対応する「温和」とは、「こうしたわずかな侵害を気にするのではなく、何も言わずに構わないでおき、忘却すること」である。「第二の種類は、小さな侵害で、不快にするだけでなく、財産とか生命、名声に対し僅かな傷を負わせるもの」である。これに相当する「温和」とは、「それに留意はするが、しかし許しを与える」ことである。第三の種類は、「より大きな侵害であり、攻撃的というだけでなく、生命に危害を加え、財産や名声を無にするもの」である[33]。これに対応する「温和」とは、「第一に、注意を払い、第二に、許し、第三に、侵害から、正当で合法的な形でわれわれ自身を守ることです[34]」。

自分自身に関るもう一つの美徳は「節制 Temperance」だが、これは自分の「欲求や肉欲」を抑制することであった。「第四章、節制に関る諸問題」でパーキンズは、具体的に「富」「飲食」「服装」「レクレーション」について指針を与えている。たとえば、飲食については、「われわれは、飲食が神の栄光とわれわれ自身の楽しみとなるように、どのように飲食したらよいのですか」に答えている。「食事の前にすべきことは、食事の聖別です」。次に、「食事中のキリスト者としての振る舞い」だが、これは「被造物を食するに当たって」、「単に生存の必要のため、飢えをいやし渇きを満たすというだけでなく、キリスト者の楽しみと喜びのために」行いなさいといわれる。[35] またその際、「食べるにしろ、食べないにしろ、主のために行わなければなりません。ローマ一四章六節」といわれる。また、主のために食するには、正義を行うこと、すなわち、自らの労働で得たものを食することが必要であり、加えて愛を実践すること、すなわち貧しい隣人への配慮も必要だし、「慎み深く」食べることも必要であった。もちろん、食事の後には、神への感謝も忘れてはならなかった。

ところで、パーキンズは「温和」と「節制」に次いで、「他者に関る美徳」として、親切に関わる「寛大 Liberality」と衡平に関る「正義 Justice」を取り上げている。この「寛大」について、パーキンズは「誰が施しを与えなければならないのか」「誰に施しを与えなければならないのか」「どれだけのものを与えなければならないのか」「どのような方法で施しを与えなければならないのか」といった質問に答える形で指針を与えている。ちなみに、この最後の疑問については、「第一に、自分自身、および自分のもつ賜物を、神と神の名誉のために聖別しなければならないこと」「第二に、信仰を持って施しを与えること」「第三に、純真に与えること」「第四に、愛をもって与えること」「第五に、正しく与えること」「第六に、喜んで与えること」と勧めた。[36]

「第六章、正義について」、パーキンズは詩篇一五章の二節「正しく歩み、義を行う者」との聖句を引用しながら、

「真実に、誠実な信仰と良心をもって」歩むことであり、「義を実行」することであると説明している。その場合、「正義とは、二つの部分があり、福音の正義と法律の正義です」とも語られている。「福音の正義とは、福音が明らかにする正義」であるが、これはここでの主題にならない。「法的正義とは、法が明らかにし、かつ実行を求めるもの」である。これにはさらに、「法の命令のすべてを遵守」することを意味する「普遍的正義」と「それぞれに人に権利を与える」ことを意味する「個別的な正義」があるといわれる。パーキンズはここでは、この「個別的な正義」について、「人々が相互に与え、保持する判断とはどのようなものか」「人々は相互にどのように名誉を与えあうのか」といった課題に取り組んでいる。たとえば、社会的に地位の高い者にどのように接しなければならないのかは、ここで取り上げられているのである。(37)

2 十戒と隣人への義務——エイムズ

以上見たように、パーキンズは家族、教会、国家の一員としての人間の相互義務について、「温和」「節制」「寛大」「正義」という美徳に即して指針を与えているのだが、エイムズの『良心の諸問題』「第五部、隣人に対する人間の義務」はかなり異なった取り上げ方を行っている。別表五で見るように、パーキンズの第四部が全六章構成であるのに対して、エイムズの第五部は全五十七章構成であるから、分量自体が大幅に拡大されているが、それだけではなく人間相互の義務、いわば社会生活上の義務の取り上げ方自体が、まったく新しい展開を示している。ただし、その最初の部分、「第一章、権利」「第二章、正義」「第三章、復讐」「第四章、賠償」「第五章、受容」「第六章、侵害」は、人間相互の間の権利の尊重、あるいは逆に権利の侵害が取り上げられており、この部分は事実上パーキンズの「温和」の徳に相当するものといえる。また、続く「第七章、隣人への愛」「第八章、他者のための祈り」に始まるいくつかの章は、パーキンズが隣人に対する「寛大」として取り上げた諸問題と関連がある。しかし、後半の章別編成にはエイムズの独特な観点が見られる。

注目すべきことにエイムズは、モーセの十戒、とくに対人規定といわれる第五戒以下を参照しながら「隣人への義務」を展開している。すなわち、「第二十六章、モーセの立法の衡平について。第五戒と関連して」では、第五戒「父と母を敬え」が取り上げられ、第六戒「殺してはならないが」を参照して、第三十一章以下の「殺人」「決闘」「戦争」などが取り上げられている。それに続く第三十五章以下では、「第七戒、姦淫してはならない」を基準に、「結婚」と「夫婦の義務」などが取り上げられ、第四十一章以下では、「第八戒、盗んではならない」に即して、「契約」「売買」「利子」など、さまざまな経済的諸問題が取り上げられている。第五十三章以下では、「第九戒、偽証をしてはならない」に即して語られ、最後の「第五十七章、満足」は、「第十戒、貪ってはならない」に対応しているのである。ピューリタンが十戒を参照して社会倫理を展開したことはしばしば指摘されるが、エイムズの決疑論も十戒を重要な基準としているわけである。

ここでは、その一部として第六戒、殺してはならないに関る「第三十三章、戦争について」を垣間見ておくことにしよう。エイムズは戦争に関するいくつかの重要な疑問に答える形で指針を展開しているが、第一の質問は「キリスト者にとって、どんな戦争も合法的とはいえないのでしょうか」というものであった。エイムズは戦争を「力を行使してなされる争闘」で、その個人的なものは決闘だが、公共的になされるものは戦争であると捉え、「戦争はそれ自体、はっきりとまったく邪悪なものと考えられています」し、「戦争は野蛮な残酷な人間の徴候です」とも語っている。だが、「いつも不法であるというわけではなく、ある条件のもとでは正当化される」(38)。では、「質問二、戦争を合法化するにはどのような条件が必要なのですか」。この疑問に対してエイムズは概ね次のような根拠をあげている。

第一に、「正当な理由」が必要であること。第二に、戦争をする主体が「正当な権威」でなければならないこと、第三に、「正しい意図」に基づかなければならないこと、第四に、「正当な仕方」でなされなければならないことである。この第一については、「戦争を遂行する指導者たちは、どの程度正当な理由を知っていなければなりませんか」という設問が準備されている。これに対して、エイムズは「国王、戦争の責任者、高位の軍人は、心を尽くして自分自身で考え、また賢明で敬虔な人々に、戦争をする正当な理由があるかどうか尋ねなければなりません」。「戦争を行う者は、もっとも重要な問題に判断を下す裁判官の地位に就きます。裁判官は根拠を検討するにあたって、正しい判断から判決を下すことができるよう、出来る限り注意を払わなければなりません」。「十分な検討と熟慮の後で、戦争の正当性が疑わしいならば……戦争はなされてはなりません」と語っている。[39]

第二の「正当な権威」に関しては、「キリスト者の国王が正当な戦争において、信仰を持たないものの援助を受けてよいかどうか」という興味深い設問も準備されている。これに対するエイムズの答は、「正当な戦争においては、象や馬などの野獣の助けを得ることは合法的ですから、そのことはそれ自体として不法であるとはいえない」。「しかしながら、このことは成り行き上、しばしば合法的でなくなるので、実際のところ特別に注意を払う必要がある」とされた。第三の条件である「正しい意図」とは、「一般的に神の栄光を目指すというだけでなく、直接に戦争の正義に関ることで、戦争が感情や憎悪からではなく、正義への熱情からなされなければならず、適切な目的として平和に向かうものでなければなりません」といわれるのである。[40]

第四の「戦争の正当な仕方」として、エイムズは戦争行為の対象を明確に限定すること、また正当に危害を加える対象であったとしても、その節度を守ることを求めている。前者についてはこういわれる。「すべての正当な戦争行為は、攻撃者と罪あるものに対し、適切に直接的に向けられます。……それ故、懲罰の対象となる人々のみが、直接に意図的に処罰されなければなりません。先行する犯罪がないのであれば、誰彼を問わずに処罰を下すことは正当ではありません。したがって、イスラエルの人々がベニヤミン族の子どもたちを無差別に殺害したことは、悲しむべき罪を犯したように思われます。士師記二〇章」「罪ある人々に対してであれ、戦争の正当な目的を達成することが求める以上に、傷つけてはなりません。すなわち、持ち去られたものを正当に返還させる、あるいは侵害が十分に報復される、あるいは平和が確立するようになされなければなりません」(41)。このようにエイムズは、十戒を手がかりにしながら、戦争というきわめて世俗的な問題について、具体的な判断を下しているのである。

3　バクスターと契約神学

ところで、パーキンズ『良心問題集成』第二部、第三部とエイムズ『良心の諸問題』第四部、第五部の基本的な編成のあいだには、社会関係上の諸問題を取り上げるという点で、おおよその対応関係があったが、バクスターの『キリスト教指針』の基本構成は両者とはかなり異なっている（別表一、参照）。すなわち、同書の基本構成は「第一部、キリスト教倫理学（個人的な義務）」「第二部、キリスト教家政論（家庭の義務）」「第三部、キリスト教教会論（教会の義務）」「第四部、キリスト教政治論（支配者と隣人に対する義務）」となっており、それぞれは、神と人間、夫と妻、牧師と会衆、支配者と臣民および隣人相互の関係に対応している。このそれぞれの関係は契約的な結合でもあるから、バクスターは個人の生活、家庭生活、教会生活、社会生活に対して、それぞれを契約的な相互義務という立場から、いわば契約神学的な立場から指針を与えているのである。この『キリスト教指針』第一部についてはすでに触れたから、社会関係を取り扱う第二部、第三部、第四部の主要な内容を、別表六にまとめておくことにしよう。

実は、バクスターがここで正面から打ち出した契約神学的視点は、パーキンズにもエイムズにもその萌芽を見出すことが出来る。すでに見たように、パーキンズ自身が社会関係を、隣人との関係から、家庭、教会、国家として区分していたし、エイムズの「第五部、隣人に対する義務」には、次のような契約的関係と相互義務を取り上げた部分が並んでいた。すなわち、「第十九章、年齢や賜物の点における上位者と下位者のあいだの相互義務について」「第二十章、権力をもつ上位者と臣民との間の相互義務について」「第二十一章、夫と妻との間の相互義務について」「第二十二章、親と子の間の相互義務について」「第二十三章、雇主と雇人との間の相互義務について」「第二十四章、牧師と会衆のあいだの相互義務について」「第二十五章、為政者と臣民とのあいだの相互義務について」といった諸章である。バクスターは、エイムズの構成を参照しながら、夫と妻、親と子、雇主と雇人との関係を、家庭の義務として一括し、牧師と会衆の関係は教会の義務とし、為政者と臣民の関係は政治論の主題としたわけである。

ところで、バクスターは「第三部、教会の義務」、「第三章、神とのキリスト教的契約および洗礼について」で、キリスト教的契約について次のように説明している。すなわち「キリスト教的契約とは、イエス・キリストを仲保者とし、罪びとの神への帰還と和解のために、罪びとの義認、子とする、聖化、および栄光化のために、神の栄光のためになされる、神と人間の契約です[42]」。したがって、契約の当事者としては、「一方では、父、子、聖霊なる神であり、他方では、悔悛し、信じる罪人」である。契約をすることは、信じるものが「1、父なる神を、イエス・キリストにおいて和解された父として受け入れ、われわれ自身を神に対し、創造者に対する被造物として委ね、2、キリストをわれわれの贖い主、救い主、仲保者として受け入れ、……われわれ自身をキリストに対し、贖われた者、救われた者として委ね、3、聖霊を、われわれを再生させる者、聖化するものとして受け入れ、われわれはわれわれ自身を離れて、聖霊によって完全に新たにされ、聖化されたものとされ、聖霊の働きによって神の前に導き出されます[43]」と説明される。したがって、先に見た、『キリスト教指針』第一部の「神と共に歩むこと」とは、ここでいう神との契約の内に生きることに他ならないわけである。

バクスターは、こうした神と契約の関係に立つ人間、神と共に歩む人間が、夫と妻として家庭を作り、牧師と会衆として教会を作り、支配者と臣民として国家を作り、隣人相互が社会を作るという枠組みで、『キリスト教指針』を構成するのである。たとえば、家庭を作り上げる結婚については次にように勧められる。

「指針十、結婚の契約は、神を恐れつつ、確固とした決意をもって、理解し、熟慮をもって、心から行うようにしなさい。結婚する前に、その関係のすべての義務をよく理解しなさい。少年が遊びに行くように、走り込むように結婚してはなりません。神に対する、また相互に対する多くの重要な事柄に従事する人々のように、義務感をもって行いなさい。それ故、前もって神の下に進み出て相談し、熱心に神の導きと祝福を願いなさい。神を忘れたり無視したりして走り出してはなりません。最悪のことも考慮に入れ、愛情を失わせるかも知れない誘惑をも予め考えておきなさい。そうでなければ相互に誠実であるとはいえません。あなたがたは最悪なことや誘惑に対し備えが出来ているようにしなさい」。

「指針十一、神があなたがたの結婚の究極の目的であること、あなたがたが結婚という人生の状態を選ぶのは、そこでもっとも神に仕えることができるからであること、あなたがた自身と家族とを心から神に捧げることを確認しなさい。そうすれば、結婚はあなたがたにとって、聖化されたものとなるでしょう。神を導き手とし、目的とすることだけが、結婚を聖化することができるのです。偽りなく神の忠告に従い、神の栄光を目的とするものは、神が結婚関係を支配し、祝福することを知るでしょう(44)」。

このように、神と共に歩む男女が、契約として結婚し、家庭を築くと考えられているわけである。バクスターによれば、家庭に限らず、人間相互の社会関係に問題が生じるのは、神を忘れ、神が定めたその関係の目的を忘れ、その関係を肉的なもの、自己中心のものに変えてしまうことにあった。

「あらゆる社会関係、したがって世界が壊滅的に破壊されるのは、自己中心の不敬虔な人間が、自分自身に役立てようという欲望をもって、社会関係に入りこむことであり、肉欲を充足しようとするときには、その社会関係の義務という感覚が見られません。彼らはその関係が自分たちに、どのような名誉、利益、快楽を与えるかをよくよく考えますが、神や人がその関係に何を求め期待するかを考えることはありません。彼らの考えることはすべて、自分たちが何を得るかであって、自分たちがどうでなければならないか、何をなすかではないのです。彼らは他の人が自分にどうであって、何をなすかに敏感になりますが、自分たちの方がどうであって、他者に何をなすかについてはそうではありません。こうしたことは、為政者にも、人民にも、多くの牧師にも会衆にも、夫にも妻にも、両親にも子どもにも、雇主にも雇人にも、またこの他の社会関係にも見られるのです[45]」。

これに対してバクスターは、「われわれの最初の関心は、われわれの社会関係上の義務を知り、遂行することであり、そこで神を喜ばせることですから、励みとなる報酬を期待しながら、神の祝福を求めなさい。あなたがたの役割を学び行いなさい。そうすれば神は確実に神の役割を果たしてくださるのです[46]」と勧めている。ここでいう社会関係上の義務とはいうまでもなく、神と共に歩むものが、神を目的としながら、家庭をはじめ、教会と国家、社会を作り上げていくことであった。これを具体的に支配者と臣民に対する指針を通して見てみることにしよう。まず、バクスターは支配者に関する覚書として、次のように記している。

「覚書一、あなたの権力は神に由来するものであり、神のためのものであることを覚えていなさい。」「覚書二、最大の注意力をもって、キリストの意志と関心に反対するようなどんな関心も抱いたり、支持したりしないように、覚えて警戒しなさい」。「覚書三、神の下で、あなたの目的は公共善であることを覚えておきなさい」。「覚書四、あなたの法律は神の律法に貢献するものであることを覚えていなさい」。「覚書七、真に敬虔で、主を愛し、礼拝し、従う人民があなたの臣民の最良の人々であり、あなたの支配の名誉であることを覚えていなさい[47]」。支配者がこのような者であるとすれば、その支配者に対する臣民の態度は次のようなものでなければならなかった。

「指針二、創造主にして贖い主で、あなたがたの主権を持つ国王、最終的な正しい裁き主となられる神、最初になすべきことは、その神に対する絶対的で普遍的な断固とした服従です。国王に対して忠実な臣下でないものは、行政官によく服従することはできません。それと同じく、創造主の本源的権力に魂を服従させることができないものは、神から引き出された地上の統治者の権力に従うことができないでしょう」。「指針三、まず神を想い、神の行政官としてあなたの統治者に、究極的には神聖な服従心をもって服従しなさい」。「指針七、力を尽くして、自己中心の精神を克服し、あなたがたの名誉よりも、神の名誉と公共的関心を重視する神聖な公共的精神を身に付けるようにしなさい。自己中心こそが、大きな反抗心であり、神と国王と隣人の敵なのです」。「指針八、秘密の思いのなかであっても、統治者を呪うことのないようにしなさい[48]」。

さらに次のような指針も続く。「指針十五、自分が召命を受けていない上長者の事柄に介入しないようにしなさい。あなたが非難できるような能力も、権利も、権威も持っていないような問題について、上長者の行為を非難することのないようにしなさい。仕事に忙しい商工業者や労働者が国王の顧問や政府を非難しているのをよく目にします。十分に理解する手段のない事柄について語っているのです」。「指針十七、あなたがたの統治者の精神的身体的福祉のために絶えず、こころから祈りなさい。……このことは、それ自身よいことを生み出します。こころは統治者に対しよい状態に保たれ、統治者を侵害しようという罪深い欲望は締め出されます。祈りは愛とよい想いを実行するのです[49]」。

ともあれ、バクスターはこのように臣民は支配者に対して、支配者を神に定められたものとして受け入れ、支配者とともに、正しい統治、神聖な国家を作り上げることを勧めたのであった。

四　おわりに

近代初頭のイングランドにおけるより徹底した宗教改革運動であるピューリタニズムは、敬虔で熱心な牧師の説教運動として出発し、人々の信仰と生活とを新たに作り上げることを目指したが、その過程で生み出されたのが体系的実践指導書、すなわち決疑論であった。エリザベス期の代表的ピューリタン指導者パーキンズは、聖書の言葉を語ることにより人々の良心に慰めを与え、神に喜ばれる生活を勧め、救いの確信にいたるように指導したのである。オランダに逃れたピューリタン神学者エイムズは、パーキンズが課題として挙げた「謙遜、信仰、悔悛、新しい服従」をさらに展開することにより、決疑論を書いた。エイムズは「人間の義務一般」を語りながら、神に対して、恐れと謙遜と誠実さ熱情をもって、神に服従することを求めたからである。バクスターの場合には、それを簡明にかつ実際的に「神と共に歩むこと」として語ったのである。救いを確かにしようとした人々は、このように片時も神との内的関係を忘れることなく生き抜こうとしたのであった。

ところで、ピューリタン決疑論者たちは、人々の日常生活の場面の諸問題についても、実際的なより具体的な指針を与えたが、パーキンズとエイムズはそれを「神への義務」と「隣人への義務」として区別して取り上げた。パーキンズは後者に属するものとして、家庭、教会、国家の一員としての諸問題を想定し、そこで必要な主要な美徳を挙げて指針を与えたが、エイムズの場合には、十戒を手がかりにして隣人への義務を指導していた。バクスターの場合には、神への義務と、隣人への義務を、契約的結合として捉え返し、決疑論全体を契約神学的に構成することになった。

すなわち、「第一部、キリスト教倫理学」とは、神と人の契約的関係であり、「第二部、キリスト教家政論」とは、夫と妻の契約的関係が基本であり、「第三部、キリスト教教会論」とは、牧師と会衆の契約的関係に相応し、「第四部、キリスト教政治論」とは、支配者と臣民の契約的関係、および隣人相互の契約的関係を主題とするものであったのである。パーキンズからエイムズ、バクスターと続く、ピューリタン決疑論の内容を辿っていくとき、聖書の言葉を基本としながら、個人の信仰と生活の改革に始まり、契約神学を基調に、家庭、教会、国家と社会の改革へと向かう道筋を読み取ることができるのである。

本稿の分析はそのようなピューリタン決疑論の展開過程をたどることであったから、日常の諸問題に対する具体的な解決内容についてはあまり触れられていない。しかし、ここに人々の生活上の諸問題が包括的に取り上げられていることは注目されるのであり、とくにバクスターの『キリスト教指針』では、日常のありとあらゆる問題が取り上げられ、興味深い見解が示されている。たとえば、その第一部、第五章では時間の使い方が取り上げられているし、同じく第十章では、職業生活とともに余暇やレクレーションについて指針されている。第二部の家庭の義務との関わりでは、家業に関る雇人との関係、子どもの教育が取り上げられているし、第四部では、法律家、医師、教師の職業倫理、それに契約をめぐって市場倫理、利子論が取り上げられるし、また、浪費の問題や社会的抑圧、それに訴訟など、さまざまな社会問題にも言及されているのである。ここに、ピューリタニズムにおいては自己の救いに関る課題として、人生のあらゆる事柄、社会生活上のあらゆる事柄が自覚され、正しい解決が試みられたことが知られる。ピューリタンの決疑論、実践神学体系は、ピューリタンの社会変革の内容と方向とを示唆しているのである。

最後に、そのピューリタン決疑論に関する重要な事実として、このバクスターの『キリスト教指針』がこの種の文献のほとんど最後のものであったことをも指摘しておくことにしよう。これ以降はそれに相当する文献は姿を消しているのである。では、ピューリタン決疑論の遺産はどのように受け継がれたのか。『キリスト教指針』の四部構成は、「個人の義務」「家庭の義務」「教会の義務」「支配者および隣人への義務」であり、それぞれの課題は「個人の統御」「家庭の統御」「教会の統御」「国家の統御」とも言い換えることができるが、バクスター以降、これらの課題はそれぞれ別個に論じられることになった。宗教指導者はもっぱら、個人の信仰生活と教会論を論じたが、家庭論、統治論はそれぞれ別個の主題として、宗教家の手を離れて論じられることになった。たとえば、あまり注目されてはいないが、ジョン・ロックが政治体制を「統治論」Civil-Government、すなわち宗教的な自己統御と関わりのある概念で捉えていることは重要である。さらに、王政復古の年に生まれ、非国教徒専門学校で学んだダニエル・デフォーは、個人の生活の職業生活の部分を、職業指導書として表し、家族論も書いたのであった。『ロビンソン・クルーソー』などのデフォーの小説も、「良心の諸問題」の応用とも考えられるのである。(50)

注

(1) 日本ではバクスターは、マックス・ヴェーバーの『プロテスタンティズムの倫理と資本主義の精神』との関連で注目され議論されている。バクスターの簡単な紹介として、梅津順一『ピューリタン牧師バクスター——教会改革と社会形成』教文館、二〇〇五年。バクスター関連文献については、同書の巻末文献案内を参照すること。

(2) この読書指導が記されているのは、Richard Baxter, *A Christian Directory : or A Sum of Practical Theology, and Cases of Conscience* (London, 1673)、本稿で参照するのは、一八四六年にGeorge Virtueによって刊行された版のリプリント版である。(Soli Deo Gloria Publications, 1966), pp. 478-479. 以下では、*BCD* と略。ここに列挙されている

バクスターの書物は、*A Call to the Unconverted* (1658), *A Sermon against Making Light of Christ* (1655), *A Saint or a Brute* (1662).

(3) *Directions for weak distempered Christians* (1669), *A Treatise of Self-Denyall* (1660), *The Saints Everlasting Rest* (1649), *The Life of Faith* (1660), *The Unreasonableness of Infidelity* (1655).

(4) William Ames, *The Marrow of Sacred Theology* (London, 1642), do., *Conscience with Power and Cases thereof* (London, 1639)、以下では、ACC と略。

(5) ピューリタニズムの決疑論に触れたものとして、大木英夫『ピューリタニズムの倫理思想』(新教出版社、一九六六年)。Thomas Wood, *English Casuistical Divinity during Seventeenth Century* (London, 1952), Keith Thomas, "Cases of Conscience in Seventeenth-Century England," in John Morrill, Paul Slack and Daniel Woolf eds., *Public Duty and Private Conscience in Seventeenth-Century England* (Oxford, 1993)、やや特殊な主題だが次のものも参照。Edmund Leites, *The Puritan Conscience and Modern Sexuality* (New Haven, 1986)、当時の思想史における決疑論の意義については、Edmund Leites ed., *Conscience and Casuistry in Early Modern Europe* (Cambridge, 1988)、なお、梅津順一「ピューリタン実践指針の経済史的性格」、『社会経済史学』43—3(一九七七)は、ピューリタン決疑論の経済史的な分析である。私事にわたるが、これは学術雑誌に掲載された私の最初の論文であり、当時作成過程で大木英夫教授の御教示を受け、また資料については東京神学大学図書館のお世話になった。ここに記して改めて感謝申し上げる次第である。

(6) *BCD*, p. 4.

(7) William Perkins, *The Whole Treatise of the Cases of Conscience* (Cambridge, 1606) 以下では、*PWC* と略。なお、別表一に、この三著の大まかな編成を掲げておく。見られるように、パーキンズは三部構成、エイムズは五部構成、バクスターは四部構成であるから、まとめ方は比較することが可能であるが、分量の点で言えば、バクスターのそれが圧倒的に大きい。

（8）ピューリタニズムの神学的理解については、カルヴィニズムの線に位置づける立場と、契約神学を強調する立場があり、長く論争が続いているが、この問題についてここでは立ち入ることはできない。大木教授の前掲書は、その論争への重要な寄与ということが出来る。

（9）パーキンズの神学と決疑論については、Young J. T. Song, *Theology and Piety in the Reformed Federal Thought of William Perkins and John Preston* (Lewiston, 1998), Thomas F. Merrill ed. And introduction, *William Perkins 1558–1602 : English Puritanist* (The Hague, 1966).

（10）*PWC*, p. 3.

（11）*PWC*, p. 44.

（12）*PWC*, pp. 44, 45.

（13）*PWC*, p. 50.

（14）*PWC*, pp. 54, 59, 60.

（15）*PWC*, pp. 62, 64.

（16）*PWC*, p. 73.

（17）*PWC*, pp. 73, 74.

（18）*PWC*, p. 74.

（19）*PWC*, p. 88.

（20）*PWC*, pp. 88, 89.

（21）*PWC*, pp. 90–93.

（22）ウィリアム・エイムズについては、次の文献を参照。大木英夫『前掲書』「第四章、ウィリアム・エイムズの神学」、

Keith L. Sprunger, *The Learned Doctor William Ames : Dutch Backgrounds of English and American Puritanism* (Chicago, 1972).

(23) ACC. To the Reader, A3.

(24) *BCD*, pp. 74, 75, 79, 83.

(25) *BCD*, pp. 91, 110.

(26) ACC, Book III, p. 63.

(27) ACC, Book III, p. 65.

(28) *BCD*, pp. 249, 252.

(29) *BCD*, p. 274.

(30) *PWC*, pp. 48, 49.

(31) *PWC*, pp. 477, 478.

(32) *PWC*, p. 474.

(33) *PWC*, pp. 489, 490, 491.

(34) *PWC*, p. 492.

(35) *PWC*, pp. 543, 548.

(36) *PWC*, pp. 610, 611.

(37) *PWC*, pp. 616, 617.

(38) ACC, Book V, pp. 184, 185.

(39) ACC, Book V, pp. 186, 187.

(40) ACC, Book V, pp. 186, 188.

(41) *ACC*, Book V, pp. 186, 187, 190.

(42) *BCD*, p. 559.

(43) *BCD*, p. 560.

(44) *BCD*, p. 404.

(45) *BCD*, p. 431.

(46) *BCD*, p. 431.

(47) *BCD*, p. 741.

(48) *BCD*, p. 748.

(49) *BCD*, p. 751.

(50) G. A. Starr, *Defoe and Casuistry* (Princeton, 1971). ピューリタン決疑論の社会思想史的意味については未開拓な分野である。そのいわば世俗思想史的な意義とともに、なぜピューリタン的運動が包括的な決疑論を必要としなくなったのかについても、検討する余地がある。神学教育において包括的な決疑論に代わったのが、道徳哲学体系であったと考えられる。

別表一　パーキンズ、エイムズ、バクスターの三著の基本構成

パーキンズ『良心問題集成』

第1部　他者との関係なしに、彼自身に即して考察された人間について
第2部　神との関係における人間について
第3部　他者との関係における人間について

エイムズ『良心の諸問題』

第1部　良心について
第2部　人間の状態
第3部　人間の義務一般
第4部　神に対する人間の義務
第5部　隣人に対する人間の義務

バクスター『キリスト教指針』

第1部　キリスト教倫理学（個人的な義務）
第2部　キリスト教家政論（家庭の義務）
第3部　キリスト教教会論（教会の義務）
第4部　キリスト教政治論（支配者と隣人に対する義務）

別表二　パーキンズ第1部とエイムズ第1部から第3部の対応

パーキンズ『良心問題集成』

第1部　他者との関係なしに、彼自身に即して考察された人間について
第1章　告白と善
第2章　罪の本質と相違
第3章　良心の服従と能力
第4章　問題の区別
第5章　人間自身に関する最初の主要な疑問
　　1、神に喜ばれ、救われるためには何をしなければならないか
第6章　2、救いの確信をもった良心を得ること
第7章　3、苦悩をもつものはいかに慰められるか。
第8章　1．神の試みから来る苦悩
第9章　2、外的な災難から来る苦悩
第10章　3、瀆神から来る苦悩
第11章　4、人間自身の罪から来る苦悩
第12章　5、人間自身の身体から来る苦悩

エイムズ『良心の諸問題』

第1部　良心について
第1章　良心の定義
第2章　シンデレーシス
第3章　良心の職能
第4章　誤った良心
第5章　懐疑的な良心
第6章　周到な良心
第7章　良心の事実への注視
第8章　行為を検討し回想する良心
第9章　良心による法の適用
第10章　良心それ自身における適用の結果
第11章　良心の判断から生ずる感情
第12章　よい良心
第13章　弱い良心と強い良心
第14章　邪悪な良心
第15章　邪悪な良心の種類程度

第2部　人間の状態に関して
第1章　良心の問題と人間の状態一般
第2章　罪の状態
第3章　回心を遅らすこと
第4章　回心への準備
第5章　有効な召命
第6章　信仰
第7章　信仰に反する誘惑
第8章　悔悛
第9章　子とする
第10章　聖化
第11章　霊の戦い
第12章　聖化の成長
第13章　神の愛の感覚、栄光化の果実
第14章　永遠の生命の希望
第15章　慰め
第16章　苦難
第17章　死
第18章　誘惑
第19章　罪の良心

第3部　人間の義務一般
第1章　服従一般
第2章　知識
第3章　神の恐れ
第4章　神への謙遜
第5章　誠実
第6章　熱情
第7章　良心の平安
第8章　美徳
第9章　賢明
第10章　注意深さ
第11章　堅忍
第12章　大胆
第13章　志操堅固
第14章　忍耐
第15章　節制
第16章　泥酔
第17章　善行
第18章　どちらでもよい事柄
第19章　自発的行為
第20章　心の罪
第21章　口の罪
第22章　業の罪

別表三　バクスター『キリスト教指針』第１部の章別編成

第１部　キリスト教倫理学、個人的義務

第１章　未回心者のための指針
第２章　脆弱なキリスト者のための指針
第３章　神と共に歩むための一般的な重要指針
第４章　大きな罪について
第５章　時間について
第６章　思考の統御
第７章　感情の統御
第８章　感覚の統御
第９章　言葉の統御
第10章　身体の統御

別表四　神への義務をめぐるパーキンズとエイムズの対応

パーキンズ『良心問題集成』

第２部　神との関係における人間について

第１章　問題の順序について
第２章　神について
第３章　聖書について
第４章　宗教、神の知識について
第５章　神への内的礼拝
第６章　外的礼拝
　　１、祈禱―声・しぐさ・場所・時間
第７章　説教を聞くこと
第８章　サクラメント
第９章　洗礼
第10章　主の晩餐
第11章　崇拝
第12章　敵の前での告白
第13章　誓約Oath
第14章　宣誓Vow
第15章　断食
第16章　安息日

エイムズ『良心の諸問題』

第４部　神に対する人間の義務

第１章　敬虔さ
第２章　信仰
第３章　信仰の外的な告白
第４章　異端
第５章　背教
第６章　希望
第７章　神に対する忍耐
第８章　恐れ
第９章　失望と憶測
第10章　神への愛
第11章　神の言葉を聞くこと
第12章　神に対する高慢
第13章　悪魔との対話
第14章　祈り
第15章　告白
第16章　祈りにおける神への約束
第17章　心と言葉の祈り
第18章　祈りの姿勢
第19章　賛美歌
第20章　懇願
第21章　断食
第22章　誓約
第23章　くじ
第24章　教会
第25章　牧会への召命
第26章　説教をすること
第27章　洗礼
第28章　主の晩餐
第29章　戒規
第30章　礼拝のやりかた、第一、礼拝の準備
第31章　崇敬
第32章　献身
第33章　主日

別表五　隣人への義務をめぐるパーキンズとエイムズ

パーキンズ『良心問題集成』

第３部　他者との関係における人間について
第１章　徳の本質と相違について
第２章　賢明
第３章　温和
第４章　節制
第５章　寛大
第６章　正義

エイムズ『良心の諸問題』

第５部　隣人への人間の義務
第１章　権利
第２章　正義
第３章　復讐
第４章　賠償
第５章　受容
第６章　侵害
第７章　隣人への愛
第８章　他者のための祈り
第９章　譴責
第10章　罪を共にすること
第11章　模範と醜聞
第12章　分裂
第13章　隣人への栄誉
第14章　名声と評判
第15章　性急な非難
第16章　悪口
第17章　人々への謙遜
第18章　高慢と妬み
第19章　年齢や能力における上級者と下級者の間の相互義務
第20章　権力をもつものと持たないものの間の相互義務
第21章　夫と妻との間の相互義務
第22章　親と子どもの間の相互義務
第23章　雇主と雇人との間の相互義務
第24章　牧師と会衆の間の相互義務
第25章　為政者と臣民との間の相互義務
第26章　モーセの法の衡平について、第五戒と関連して
第27章　温和さ
第28章　怒り
第29章　協和と善意
第30章　平静
第31章　殺人
第32章　決闘
第33章　戦争
第34章　第六戒にかかわる衡平
第35章　第七戒、結婚
第36章　結婚の厳粛さ
第37章　夫と妻の相互義務
第38章　結婚の解消
第39章　度を越した贅沢
第40章　第七戒について
第41章　第八戒、外的事物の支配
第42章　契約
第43章　売買、貸借契約の価格
第44章　利子契約
第45章　賭け事の契約
第46章　職業について
第47章　貧困と富
第48章　節倹、質素
第49章　寛大さ
第50章　窃盗
第51章　貪欲
第52章　第八戒に関る衡平
第53章　第九戒、ウソ
第54章　公的な判決について
第55章　秘密の開示
第56章　偽証について
第57章　満足

別表六　バクスター『キリスト教指針』第２部以下の主要主題

第２部　キリスト教家政論（家庭の義務）
第１章　結婚についての指針
第４章　家庭の統御について
第６章　子どもたちに教育について
第７章　夫婦の相互の義務について
第10章　両親の子どもたちへの義務
第11章　子どもたちの両親への義務
第13章　雇人の雇主への義務
第14章　雇主の雇人への義務
第17章　家族の一員がいかに週日をすごすか。
第18章　主の日の神聖な過ごし方
第27章　貧しい人々への指針
第28章　富裕な人々への指針
第29章　老齢の人、脆弱な人への指針
第30章　病人への指針

第３部　キリスト教教会論（教会の義務）
第１章　神を礼拝することについて
第２章　礼拝の方法についての指針
第３章　神との契約と洗礼についての指針
第４章　他者に信仰を告白すること
第５章　神への特定の誓約
第６章　牧師に対する内面的、私的な義務について
第７章　論争の中で真理を見出すために
第８章　聖徒の交わりについて
第９章　教会の集会における礼拝の方法について
第10章　物故した人々との交わりについて
第11章　天使たちとの交わりについて

第４部　キリスト教政治学（支配者および隣人への義務）
第１章　高潔な生活について
第２章　支配者に関する覚書
第３章　支配者に対する義務
第４章　法律家の義務
第５章　医師の義務
第６章　学校教師の義務
第７章　兵士の義務
第８章　殺人について
第11章　迫害について
第18章　窃盗について
第19章　契約について
第20章　抑圧について
第21章　浪費について
第22章　訴訟について
第30章　慈善について
第34章　自己審査について

「ウェスレーとメソジズムは長老主義である」と言われる所以
――ピューリタニズム影響史の一側面、キング卿『原始教会考』を中心に

松谷　好明

Ｉ　はじめに――問題の所在

一　悪しき教派主義を克服する道

いかなる人もだれかの子として生を受ける。プロテスタントの信者はだれでも、いずれかの教派・教団（以下、教派と表現）においてキリスト者としての生を受ける（単立の教会、あるいは無教会において生まれる場合も広い意味における教派とのかかわりなしにそれらの教会あるいは集会が存在することはない）。子は親を選ぶことはできない。プロテスタントの信者が生を受ける場合も、ほぼ同様である。信者の子供として生まれ育った者の場合はもとより、自らの決断によりキリスト者となる者の場合も、どの教派において生まれるかは偶然的要素に左右されるからである（神の摂理を信ずる者にとって「偶然」はあり得ないと反論なさる方には、ウェストミンスター信仰告白五章二節をお読みいただきたい）。

かくして、ある特定の教派の子として生まれたプロテスタントの信者にとって、やがて成長するにつれ、自らの属する教派と他の諸教派との関係、あるいは諸教派の間における自らの教派の位置という問題は無視しえない問題とな

る。エキュメニズムに基づく対話や統一を目指す時期においてもさることながら、教派主義による対立や分裂の時期には、かかる問題は抜き差しならぬものとなる。このような問題状況の中で、問答無用の悪しき教派主義が跋扈する。他の教派についての無知、無理解に加え、自らの教派についての無知、無理解も少なくないため、自己への全面的肯定と他者への全面的否定が進行する事態、それが悪しき教派主義である。

しからば、プロテスタント教会において悪しき教派主義を克服する道はないのか。いわゆる無教派主義、公会主義、合同教会論と言われるものはその答えとはならないであろうか。筆者の考えでは、そのいずれも悪しき教派主義を克服することはできず、答えとはなりえないであろう。なぜなら、プロテスタント主義における教派の成立とその伝統の存続は、歴史的であると同時に本質的なものと考えなければならないからである。プロテスタントであるということは、諸教派の伝統のどこかに自らを位置づけることと同義なのである。従って、完全な無教派主義ということはありえないであろう。いわゆる公会主義にも教派的傾向性は明確である。合同教会は教派的伝統をもつ諸教会の連合体であって、教派との歴史的関連性なしに真空の中で成立する団体ではない。

このように考えてくると、悪しき教派主義を克服する道は、教派的伝統の単純な否定ではなく、むしろ歴史神学的反省に基づくその相対化と、かく相対化された諸伝統に学びつつ、自らが継承した教派的伝統を公同教会に仕えるものとして健全に発展させることであろう。従って、プロテスタント教会の希望と責任は、教派的伝統に対する歴史神学的反省に始まると言って決して過言ではない。

二　本論文タイトルの歴史神学的意味

教会統治の原理としては、一般に、監督制と長老制と会衆制の三つがあり、第一の典型はメソジスト教会、第二のそれは長老教会、第三のそれは組合教会であると言われる。この三原理を即現実の教会ないし教派に当てはめた場合、タイトルにあるウェスレーとメソジズムが長老主義であるという命題はそもそも成り立たない。

また、教理的、神学的に、ジョン・ウェスレーとメソジズムは、総じて普遍救済主義を採るアルミニウス主義であり、長老教会は特定救済主義を採るカルヴァン主義であるゆえ、真っ向から対立して実践的にも相容れない、と一般に考えられているから、その意味でも、ジョン・ウェスレーとメソジズムが長老主義であるという命題は誤りであって、改めて論ずるまでもないと考えられるであろう。

そのため我が国のプロテスタント教会史においては、どのような意味でも「ジョン・ウェスレーとメソジズムは長老主義である」という命題が提示されたり、学問的にまじめに論じられたことはほとんどなかったように思われる。この方面について筆者の知識は乏しいので断定的に言うことはできないが、しかし、かかる命題が我が国のメソジストにとっても長老派にとっても奇異に響くことだけは間違いないであろう。

しかしながら、この命題の妥当性については当面差し置くとして、命題そのものは古くから、欧米の長老派、メソジスト双方の教会史家、神学者の間で提起され、論議されてきたものである。例えば、ドリスデール（A. H. Drysdale）は古典的名著『イングランド長老派の歴史』(1)（一八八九）の中で、「いかにしてメソジストはウェスレーの下、教会統治機構論（polity）において長老主義となったか」（傍点、松谷）という一項を設け、「ピューリタニズムとメソジズム双方の大半は……新約聖書の線に沿い、結局、同じ長老主義の統治形態を採用した」(2)、「彼（ジョン・ウェスレー）は、長老制の見解を取り入れてから四〇年後に、それらを徹底して実践に移した」(3)、「かくして、ウェスレー派の制度（Constitution）は、その一般的原理においても根本的慣行においても、真に長老主義的となった」(4)と述べている。

ドリスデールは長老派の教会史家であるから長老派に引き付けてジョン・ウェスレーとメソジズムを解釈している、と見る向きがあるかも知れない。しかし、次のように断言するのはメソジストの教会史家たち、タウンゼンド（W. J. Townsend）、ワークマン（H. B. Workman）、イーヤーズ（George Eayrs）の共著『新メソジズム史』[5]（一九〇九）である。すなわち、「メソジズムは、アメリカ、イングランドいずれにおいても、その組織の主要な輪郭は長老主義的である。奇妙に思われるかもしれないが、この長老主義の刻印は、ウェスレー自身によって押されたのである。明らかに、大部分は無意識の内にであったが[6]」と言うのである（傍点、松谷）。

そこで本論文において我々は、一般に水と油のように考えられているジョン・ウェスレー／メソジズムと長老主義の関係についてなぜそのような見解が異なる立場の教会史家たちから提示されるのか、その歴史神学的理由を明らかにしたいと思う。かくして我々は、一六、一七世紀のイングランド・ピューリタニズムが一八世紀のメソジズムに受け継がれてゆく歴史の一側面に光を当てることができるであろう。そのため、我々は、まず、我々の課題に最も有益な示唆を与えるロバート・マンクの研究書から出発することにする。なお、我々が取り上げるウェスレー／メソジズムと長老主義の関係は、上記の二つの引用文における筆者の傍点からも明らかなように、教理的観点からではなく教会統治機構（polity）論の観点からであることに留意されたい。

II ウェスレー／ピューリタニズム／長老主義

——ロバート・マンク『ジョン・ウェスレー・そのピューリタン的遺産』[7]（一九六六）をめぐって

本書は、マンクがプリンストン大学に提出した学位（Ph. D.）請求論文（主査はピューリタン礼拝論の研究で知られたホートン・デイヴィス）を基に書かれた重要な書物である。本書においてマンクは、ウェスレー研究のルネサンスが起こり多数の研究書が公刊された結果、ウェスレーに対するピューリタニズムの影響はもはや疑う余地がないとした上で、なお、未開拓の分野としてウェスレーとピューリタニズムに共通する〈日常生活への福音の適用〉への関心を挙げ、それを文献史により解明することを狙っている。副題が「キリスト者の生活についての研究」となっているのもそのためである。

一　全体の方法論に当たる第一部「ジョン・ウェスレーとピューリタン文献」においてマンクは、メソジストの伝道者たちが学ぶべき一六、一七世紀の著作の紹介とその一部の要約としてウェスレーが書き続けた『キリスト教文庫』（A Christian Library）（全五十巻）の詳しい分析を行っている。それによれば、ウェスレーは、イングランド教会の立場に留まった著作家に比しピューリタンの著作家をより多く推賞し、同じピューリタンの中では、独立派ないし会衆派の牧師、神学者（トマス・グッドウィン、ジョン・オウエンら）を評価、紹介しているものの、彼が推賞する大多数は、長老派の陣営に属する穏健なピューリタンであった。（傍点、松谷。ここで言う長老派は、すぐバクスターの名が挙げられるように、イギリスの一七―一八世紀に使用された意味での長老派であることは言うをまたない。）すなわち、ウェスレーが推賞する長老派の牧師、神学者は、リチャード・バクスター、エドマンド・カラミー、ジョセフ・アレイン、サミュエル・アンズリー（ウェスレーの母方の祖父）、ジョン・ハウ、トマス・マントン、ジョン・フラヴェル、その他、多数に上る。ウェスレーが、スコットランドの長老派神学者サミュエル・ラザフォード（堕落前予定説の代表的論者！）、ヒュー・ビニング（ラザフォードと共に、いわゆる抗議派の代表的牧師の一人）、ジョン・ブラウン（ウォムフリーのジョン、王政復古時にオランダに追放され、その地で客死）も推賞していることは極めて興味深い。ウェスレーが長老派の牧師として著名なフィリップ・ヘンリー、マシュー・ヘンリー父子を深く尊敬していたこと、アメリカではデイヴィッド・ブレイナードや彼と親しかったジョナサン・エドワーズを高く評価していたことも注目に値する。

二　ところで、マンクは、第二部「キリスト者の生活の神学的基礎」において、それらピューリタン神学者とウェスレーの教理的比較を行ってその密接な関連を確認した後（ここではアルミニウス主義者がより多く登場するが）、いよいよ第三部「キリスト者の生活」において、個人、家族、教会、この世という四つの領域について、ピューリタンとウェスレーの〈神学的基礎の実際的適用〉を綿密に分析する。我々の関心は、このうち「教会」（第七章一節）に向けられる。

このところでマンクは、ピューリタンとウェスレー双方の教会論においては教会の霊的本質についてだけでなく、その外的な形態、すなわち、教会の秩序や統治（傍点、松谷。まさに我々の関心と一致する）が重視されていることを指摘した後、後者におけるピューリタンとウェスレーの関係を①教会統治、②任職、③教会内部の組織、④牧師職（ミニストリー）に分けて詳細に論じている。

①についてマンクは、ジョン・ウェスレーが、キング卿の『原始教会考』[8]（本論文一八〇頁以下参照）を読み、ビショップとプレスビターは本来同一の位階（order）であったこと、および、どのキリスト教の会衆（congregation）も他のすべての教会から独立した教会（church）であることを確信したのを契機に、主教制国教会に対する姿勢が穏健派ピューリタンの方向に変化したことを明らかにしている。すなわち、ウェスレーは、国教会から自らの意志で分離することは決して認めぬものの、一六六二年のノンコンフォーミストのように国教会から締め出された者には共感を示し、結局、穏健な主教制国教会をより望ましいとしながら、穏健ピューリタンの教会統治の妥当性についてもある程度承認するという中間的な立場を執った、とマンクは言う。

以上のマンクの叙述は極めて啓発的であるが、しかしその説明は以下の二つの点でなお不十分ではないかと考えられる。第一にマンクは、キング卿の著作の重要性を暗示しながら、彼の長老派的背景についてもその著作の諸教派の包容（comprehension）を目指す基本的性格についても何ら言及しない。第二に、マンクは、ウェスレーが共感を覚え尊敬もしていた穏健派ピューリタンの代表としてまずフィリップ・ヘンリーを第一に挙げ、次いでリチャード・バクスター、ジョン・ハウ、エドマンド・カラミーなどを挙げているが、彼ら全員が当時の「長老派」であったことの重要性については何も言及していないのである。

次に、②の任職についてマンクが述べていることを見たい。ここではマンクは、「それ（ウェスレーの任職についての見方）はピューリタンの伝統の中の長老派（Presbyterian branch）に見いだされる任職の理解と方式に明確な類似性を見せている[9]」とし、伝統的なアングリカンの立場からの転換の契機を再びキング卿の『原始教会考』に求めている。ウェスレーは、キング卿のこの書物によりいわゆる使徒伝承（apostolic succession）の概念を払拭したが、改革派、長老派の中に残っている権威の「伝達」（transmission）の意味での「長老による按手」と、その按手は「長老会全体」（the whole presbyterate）の行為という理解は堅持し、独立派の人々の「自由な任職」（free ordination）の考え方を取らなかったことをマンクは明らかにしている。そしてマンクは、「この問題でウェスレーは、ハイチャーチの主教派（Episcopalian）ではなく、ハイチャーチの長老派（Presbyterian）だった」とするラッテンベリー（Rattenbury）の見方について、「ウェスレーをハイチャーチの長老派とするラッテンベリーの呼び方は論理的であるように思われる[10]」と支持している。

本節におけるマンクの言説について、我々としては、ここでも二点を留保したいと思う。第一は、任職式の方式（form）がウェスレーと長老派で類似している点についてマンクは、ジョン・サイモンによる伝記『ジョン・ウェスレー』から、ウェスレーはそうした点をアレキサンドリア教会における主教任職の仕方から学んだとしているが、アレキサンドリア教会を含む原始教会の慣習を明らかにしたのは、後で見るように[11]、まさにさきのキング卿の『原始教会考』であったということである。第二は、ウェスレー没後のメソジスト教会の発展についてマンクは、任職について以外は英国メソジズムは長老派的でないとし、「それ（英国メソジズム）は主教派的でも長老派的でもない制度を持ち、両方のユニークな組み合わせである」というエドガー・トムソン（Edgar Tompson）を引いているが、その直後にこの段落をまとめて、「歴史的な発展状況ならびにウェスレーの任職概念の中には（ウェスレーと長老派の間の）明確な類似点（similarities）があり、それらの類似点は両伝統間の更なる親近性（affinities）を種々示す[12]」と述べている。そのため我々は、ウェスレーおよびメソジズムと長老派との間に任職の点以外に類似点はないが親近性はある、と相矛盾することを告げられているように思われ、マンクの論点が明瞭ではない。

ここで我々は、③の教会内部の組織についてマンクが述べていることを検討する。マンクは、メソジズム成功の一つの鍵といわれるソサイアティ（society）やソサイアティの内部に作られたバンド（band）などが、論者たちが言ってきているように、モラヴィア派のソサイアティや〈キリスト教知識促進協会〉（SPCK）、〈外国福音普及協会〉（SPGFP）、〈作法改革教会〉（SRM）などの国教会内のソサイアティに倣って作られたことを大むね肯定するが、更に重要なピューリタンの〈集められた教会〉（gathered church）との関連が従来見落とされてきた、と重要な指摘をする[13]。すなわちマンクは、彼のメンターと目されるホートン・デイヴィスの、ウェスレーのソサイアティは「〈集められた教会〉と〈万人祭司〉という二つの偉大なピューリン的概念の合成物」と言えよう、という示唆に沿い、ピューリタンの中でも、(1)キリストによりこの世から「集められた」、(2)回心と清い生活の経験を持つ、(3)交わりと礼拝のために「任意で」（voluntarily）に互いに一緒になった各会衆の自治権を強調する、独立派あるいは会衆派の〈集められた教会〉が、ウェスレーのソサイアティと類似しているとする。かくしてマンクは、交わり、清い生活、意見の自由、契約概念を中心とする規律、そして最重要の要素としての「集められた」という性格の五点における、会衆派の教会とウェスレーのソサイアティの類似性を詳細に明らかにしている。[14]

ここでのマンクの論述は書物全体の中でも最も啓発的で有益であると言えるが、我々としては以下の二点に留意したい。第一にマンクは、一六六二年の〈大追放〉(Great Ejection)と一六八九年の〈包容策〉(Comprehension)の失敗の後、非国教徒はすべて(長老派も含め)実際上、会衆派の〈集められた教会〉概念に近づいたとするデイヴィスに大むね同意し、また、当時の長老派であるバクスターやフィリップ・ヘンリーが教会区(パリッシュ)を無視して無差別に教会員を「集める」(gathering)会衆派に批判的であったことを正しく指摘しつつ、結局、ウェスレーの背後に〈集められた教会〉原理を唱導した会衆派の神学者たち、ジョン・オウエン、ウィリアム・デル、ルイス・スタックリーがいると言う。しかし我々としては、以上のすべてのことは基本的に個々の会衆ないし教会についての議論であって、一般に長老派的とみなされる、それら個々の会衆ないし教会を互いに結び付け、関係づける、組織化の原理および実践についてではないことを指摘しなければならない。

この段落の末尾でマンクは、ウェスレーは、自ら任職を実施するに至ったことにより事実上は国教会から分離したが彼自身はそのように認識せず、最後までイングランド教会内に留まりうると考えていたが、「ウェスレーの死後メソジストは、結局、状況により〈『集められた』教会のコネクション(connection)〉となることを余儀なくされた」[15]と言う。しかし、段落の冒頭では、「一八世紀末までにイギリスの場にしっかりと恒久的に定着していたメソジストのソサイアティの〈コネクション〉という発達した組織は、ジョン・ウェスレーの勤勉で断固たる手の下に半世紀以上にわたって発展してきたものの結果であるが、しかしそれ以上に、〈一緒になって〉(together)――キリスト者の交わりを通して――こそ人々は信仰を見いだし、堅くし、信仰において成長するのだというウェスレーの早くからの確信の表現であった[16]」と記していた。従って我々としては、マンクが主として論じる個々のソサイアティないし会衆と会衆派の教会の類似性と同時に、ウェスレーが早くからあったsocietyを相互結びつける実践とその原理(長老派的!)の探究をより明確にすべきではないかと考える。ウェスレー自身が会衆派の〈集められた教会〉原理の代表者として挙げたジョン・オウエンでさえ、状況に促されて、マンクが言及しているサヴォイ綱領の立場から、独立した会衆教会間と全体の関係ないし組織の重要性を訴える立場へと強調点を移したことも併せて想起されるべきであろう[17]。この意味で我々は、会衆派とウェスレー、メソジズム双方の「長老派化」(組織化)は歴史的必然であったと言ってよいであろう。但し、この「長老派化」は古典的長老派が目指した国教会の長老制ではなく、近代的な教派(denomination)としてのそれの意味においてである。

第二に、我々が重要かつ必然と見なしてきた各個のソサイアティないし会衆を相互に、そして最終的には全体を連結する(connect)する長老派的原理は、マンクは全く言及していないが、あとで見るように、かのキング卿がその『原始教会考』において原始教会の重要な原理と実践として力説していたものであることを我々は指摘したい。確かにウェスレーは、マンクが論じているように、一七四六年一月二〇日の「日誌[18]」においてはキング卿の書物からビショップとプレスビターが同一位階であり、どの教会も独立していることを学んだ旨を記し、それから約四〇年後の一七八四年九月一〇日の「手紙」では、その書物から「ビショップとプレスビターが同一の位階であり、従って同じ任職権を有することを確信させられた」と言明しているが、我々の見るところ、キング卿の書物の影響はそれらの点に限定されず、ウェスレーが自覚していたにせよ、無自覚であったにせよ、教会統治論ないし組織論全般に及んでいたと見るべきではないかと考えられる。

最後に、④牧師職（ミニストリー）について、マンクがピューリタンとウェスレーの類似性を論じているところを簡単に見たい。ここでマンクは、ウェスレーが説教者たちに彼らの責任を教える際、ジョナサン・エドワーズが編集した『故デイヴィド・ブレイナードの生涯の物語』やリチャード・バクスターの『改革された牧師』などを特に推賞していたことを詳しく述べ、結論として、「イングランド教会への熱烈な献身と、ピューリタンの伝統の中で表わされていた改革派的教訓（precepts）への近似および共感の、真にユニークな混合が、それら二つを力強く堅持し、その結果生ずるさまざまな緊張を携えて生きることができる人物（ジョン・ウェスレー）を生み出すことができた」[19]と言う。以上の点について、我々がコメントすべきことは特にない。蛇足として敢えて言うならば、バクスターは一七世紀末から一八世紀にかけて「長老派」に大別されていたという周知の事実を無視できないということのみである。

これまで我々は、ピューリタニズムとジョン・ウェスレーの関係について「キリスト者の生き方」の観点から追求したロバート・マンクの優れた著作『ジョン・ウェスレー・そのピューリタン的遺産』（一九六六）を、特に長老派への言及に留意しつつ検討した。我国においてこのマンクの著作にいち速く注目し、その内容を詳しく紹介したのは、野呂芳男『ウェスレーの生涯と神学』（一九七五）である。そこで我々は次に、野呂のマンク論においてピューリタニズムおよび長老主義がどのように論じられているか、またマンクが重視しているキング卿の例の著作がどのように取り上げられているかを検討することにしたい。

III 野呂芳男『ウェスレーの生涯と神学』[20]におけるマンク論とキング論

――ピューリタニズムおよび長老主義の観点から

「ウェスレーに魅せられて、三〇年、著者は心血を注いで、このウェスレー研究の一大集成をここに物した」（本書の帯）とされるこの書物は、我が国におけるウェスレー伝、ウェスレー研究の最高峰であって、出版されてから三〇年、未だこれを越えるものは現われていない。歴史神学を志す者にとって現代の古典たる位置は長く失われないであろう。しかし、それ故にこそ、本書における著者のマンク論、キング論と、それにかかわるピューリタニズム、長老主義についての叙述が誤った印象を多くの人々に与えるのではないかと懸念される。すなわち、我々の関心から本書を読むとき、さまざまな問題点を感ぜざるをえないのである。

一　野呂は第四章「伝道者ウェスレー」の中で、ウェスレーはキング卿の『原始教会考』を読んでビショップとプレスビターの権威における同一性と、「一つ一つの地域の信者の交わりが、他から独立してそれ自体教会なのである」と確信し、後にスティリングフリート『イレニコン』によりそうした確信を深めはしたが、実際に最も有効な教会制度は国教会の主教制度であると考えて、最後までイギリス国教会に留まった、と言う[21]。そして野呂は、アメリカのメソジスト会の動きに不満を表明したウェスレーの姿勢から、「このことは、ウェスレーの死後国教会から分離したメソジスト教会の成立がウェスレーの意図に反したものである、との結論を支持するものであると我々は思う。とにかく、メソジスト教会は、多くの点で、国教会のおかげをこうむっている[22]」とし、以下でスウィートが挙げる「メソジズムが国教会から恩恵を受けた点」について論じている。

以上の議論に明らかなように、野呂は、「メソジスト運動の体質」に対するイングランド国教会の影響を特筆し、カトリシズムの影響を無視できないとしながら、ピューリタニズムの影響については全く言及しない。というより、キング卿の書物に大きな影響を受けたとしつつ、キング卿の長老派的背景についても、その影響がピューリタニズムの文脈で働いたものであることも説明しないのである。

同じ問題は、ウェスレーによるメソジスト運動の機構構築について野呂が行う解説にも顕著である。すなわち、班(band)・組(class)・会(society)・年会(conference)や巡回区(circuit)・地区(districts)・連合(connection)といった機構は、モラヴィア派やイングランド国教会内の会(society)の影響を受けたとしつつ、この面でのピューリタニズムの影響についてもキング卿の書物との関係ないしはその書物の持つ含み(implications)についても野呂は何ら言及しない。[23]

「ウェスレーがピューリタニズムの影響を受けた顕著な一例」とされているのは、「ウェスレーが会に導入した……契約礼拝(covenant services)」だとし、更に、「とかくすると、ウェスレーに対する非国教会派の影響は見逃されがちである」と言って野呂が挙げるのは、ウェスレーが好んだアイザック・ワッツの讃美歌と公の集会における即席の祈りの二つのみである。[24]

要するに野呂は、第四章においては、ウェスレーは便宜主義(opportunist)、実用主義者(pragmatist)と言うより〈創作的保守主義者〉と言うべきだとするが、ウェスレーが「愛着と尊重」をもって守り創造的に展開したその「伝統」の中に、ピューリタニズムの決定的影響を含めようとは決してしないのである。

二

ところが野呂は、第九章「義認と聖化」において、突如、冒頭の第一節で〈ウェスレーとピューリタニズム〉と題して両者の関係を論ずる。野呂は言う。「彼(ウェスレー)の時代に最も近かったし、それに、福音的信仰においても聖化への憧憬においても彼に近かった一七世紀のピューリタニズムに対しては、ウェスレーはどういう関係をもっていたのであろうか。既に我々は、ウェスレーがカルヴァン主義予定論に反対し、特に友人ホイットフィールドとその点で対立した事情を知っているが、しかし、このことからウェスレーがピューリタニズムとあまり深い関係をもっていなかったと主張することは早計であろう[25]」と。

かくして野呂は、我々が先に検討したロバート・マンク『ジョン・ウェスレー・そのピューリタン的遺産』の詳細な紹介を試みる。「従来はウェスレーとピューリタニズムの関係を追求した良き研究はなされていなかったのであるが、幸い……（本書）が出版された。かなり重要な研究であると思うので[26]」というのが、その詳細な紹介の理由である。

野呂は、まず、マンクの著書の第一部「ジョン・ウェスレーとピューリタン文献」を取り上げ、『キリスト教文庫』の分析からウェスレーが多くのピューリタン神学者の書物を読み、それらを推賞し、あるいは抜粋・要約して紹介し、またピューリタンの信仰と生活を伝記の形で提示していることを簡潔にまとめている。

次に野呂は、マンクの第二部「キリスト者の生活の神学的基礎」について体験、信仰義認、確証、契約神学、聖化、信者における罪と悔い改め、最後の義認、を要約し、約五頁にわたって紹介する。

最後に野呂は、マンクの第三部「キリスト者の生活」を紹介するが、マンクにとってこの個所は、その著書の副題が「キリスト者の生活の研究」であることから分かるように、結論に当たる最重要個所であるにもかかわらず、野呂の要約はそうしたものとして提示しない。マンクはキリスト者の生の領域として、個人と家族、教会とこの世の四者を挙げ、第一部、第二部に比し最も長く論じているが、それに対して野呂は、第三部を第二部の半分の約二・五頁で済ませる。

我々の関心から最も注目したいのは、マンクによるキング卿の『原始教会考』を野呂がどのように要約しているかである。しかし、ここで野呂は、さきの自らの叙述をほぼ繰り返したあと、「マンクはこういうウェスレーの教会の職制と秩序の考え方が、基本的には、一六六二年〔いわゆる大追放のとき＝引用者松谷補い〕に、教会観についてイギリス国教会の考え方に同意できなかった穏健なピューリタンと同一のものであり、当時の国教会の支配的な考え方とは異なると言う(27)」とするのみである。また、ウェスレーの組織論に関しては、「ウェスレーのメソジスト会はこれまでに、それが国教会内にあった種々の会やモラヴィアニズムから影響されてきたとの指摘がしばしばなされたが、マンクはウェスレーの会はピューリタンの教会の考え方と同じものであることを指摘している(28)」と述べるに止まっている。

以上、我々は、野呂がマンクの著書を要約、紹介しながら「ウェスレーとピューリタニズム」について論じているところを見てきたのであるが、以下において我々は、その内容について若干のコメントを加えたいと思う。

第一に、我々が既に留意した如く、マンクは、ウェスレーが主として取り上げえているピューリタンは穏健な「長老派」だったと再三繰り返し述べているのに、野呂はその点に全く関心を示さない。

第二に、野呂は、自らの関心に合わせてマンクのIIについて最も詳しく紹介する。これは「義認と聖化」の章でなされているから野呂としては当然とも言えるが、マンクの著書の位置付け、紹介としてこの文脈は、果たして妥当であろうか。野呂の紹介においては、マンクにとって最も重要な「キリスト者の生」の現実の領域におけるウェスレーとピューリタニズムの緊密な関係が、極めて印象の薄いものとなる。

第三に、野呂は、マンクが取り上げたキング卿の著書に言及しながら、マンクが詳しく紹介するメソジズム＝ハイチャーチ長老主義論が出る理由には全く言及しない。また、野呂は、「マンクはウェスレーの会はピューリタンの教会の考え方と同じであることを指摘している」と言うが、マンクが力説しているのは、ウェスレーの会は「ピューリタン一般」の「教会」の考え方と同じということではなく、「独立派」ないし「会衆派」の各個教会ないしコングリゲーションの考え方と同じだということである。こうした区別は教会統治論上極めて基本的かつ重要なものであり、当然マンクも十分に留意し慎重に論じているが、野呂にとってはさしたる重要性をもたないもののように思われる。

第四に、野呂は、「ウェスレーとピューリタニズム」の節の末尾で「我々はずいぶんと詳細にマンクの研究を紹介してきたが、それはこの研究が今まで関心を示されていなかった分野に大きな貢献をしたと信じるからであった」と言うが、すぐに続けて、「しかし」と言い、「我々はマンクの研究が、ともするとウェスレー神学を福音主義――マンクの場合、それはピューリタン的なものであるが――を中心とした円周として把握してしまいがちなのに気付かざるをえない[29]」と言う。「ウェスレー神学は、高教会主義とプロテスタント的福音という二つの焦点をもつ楕円として考えられるべき」とする野呂にとって、結局、マンクの意義は、「ウェスレーがピューリタニズムを尊重したことを立証」して、「ウェスレーとプロテスタンティズムとの結合をより強く確信」せしめたことだと結論する。[30]かく結論を下す野呂の「プロテスタンティズム」、「ピューリタニズム」概念は、あまりに漠然としているだけでなく、マンクの主張そのものを正当に評価するものとは見なしえないのではないかと我々には思われる。

三　第十二章「教会論」の冒頭第一節において野呂は、「ウェスレーは教会をどのように考えていたか」と改めて問う。この中で野呂は、「スターキーが言うところによれば、ウェスレーはトレルチの言う教派型(Sektentypus)の論理を、教会型(Kirchentypus)のわくの中で生かそうとした」と述べつつ、「タイアマンに賛成しながらスターキーは、ここにウェスレーが自分からすすんで受け入れた矛盾(inconsisitency)を見ている[31]」が、「これはウェスレーにおける矛盾というよりは、二極の生産的な緊張と言うべきであろう[32]」と言う。そして「ウェスレーにおけるこの緊張の成立過程を、少しく歴史的に回顧してみる必要があるかも知れない」とし、フロストの説を紹介する。

すなわち、フロストによれば（以下、野呂の要約、紹介による）[33]、ウェスレーは三段階を経て原理的に高教会主義を離れたという。まず第一段階は、一七三六年九月一三日の『日誌』に記されているように、ベヴァリッジ主教の『教会議決定事項集』を読んで、「普遍的教会会議も誤り得ること」、「教会会議が救いに必要であると決定したものであっても、聖書から由来しないものは信仰に対して強制力をもたないこと」を知ったというのである。

第二段階は、「ウェスレーがフェター・レイン・ソサイアティーから脱会して、後のメソジスト会の原型とも言うべき自分たちの会を作るに至った時であった」とされる。この会は、「会員から、自分の罪から救われたいという願いだけを要求し、国教会員ばかりでなく、アルミニウス主義者、予定論者、再洗礼主義者、クエーカー教徒も会員たり得たからである」と言う。ここで野呂は、この時期を具体的にいつとは述べてはいないが、ウェスレーがフェター・レインのグループから別れて自分たちの会を作った時と言うのであるから、我々としては一七四〇年七月と見てよいであろう。

第三段階は一七八三年、ウェスレーが「イギリス伝道のためアレキサンダー・メザーに按手礼を授けた時である」とされる。

このようにフロストの説を要約して野呂は、それを次のように評価する。すなわち、「フロストの意見、三段階を経てウェスレーは原理的に高教会主義から離れて行ったとする意見は、それが、ウェスレーがオックスフォードで自分のものとした高教会主義について言われている限り正しい。しかし、最後まで高教会主義者であるとの自覚をもち、そのように振る舞ったウェスレーの主観から言えば、フロストの三段階は、オックスフォードの高教会主義から真の高教会主義、聖書の原理に立った（傍点、野呂）、福音主義の高教会主義への移行だったのである[34]」というのである。

従って、野呂は、教派型の倫理と教会型のわくの緊張関係の成立過程を歴史的に顧みるとしながら、「教派」についても、ピューリタニズムについても、まして長老派についてほとんど何も言及しない。唯一の例外は、ここでも、キング卿の『原始教会考』である。野呂は、キングのこの聖書によりウェスレーがビショップとプレスビターの本質における同一性と、それに基づくプレスビターの任職権、そして、各会衆の独立性を信ずるに至った、と第四章で述べたことを繰り返す。更に、ここでもスティリングフリートの『イレニクム』が「キリストもその使徒たちも教会の(中に)何か特別の制度を定めなかったこと」をウェスレーに」納得させたと繰り返したあと、「ウェスレーがキングとスティリングフリートに影響されたことは、彼が国教会の司教制を変えようと思い始めたことを意味しない。逆が真相であった」とし、「司教制は初代教会以来のものであるし、それに実際的にも最も良い制度であると彼(ウェスレー)は信じていたのである[35]」と言う。

この限りで、野呂の言うことは確かにそうであろう。しかし、続く叙述に、我々としては疑問を抱かざるをえない。すなわち、野呂は言う(番号は便宜のため筆者、松谷が付した)「①初代教会においては、司教は、司祭と職階としては同一のものであるが、しかし機能は異なっているとウェスレーは考えていた。すなわち、司教は司祭たちの監督の役割をもっていたのである。②このように司教の役割の重要性を強調することから言って、ウェスレーがいわゆる長老主義者でないことは明らかである[36]」と。

まず①についてであるが、これは野呂自身が同じ頁(前掲書、五七六頁)の冒頭で紹介したまさにキング卿が強調したことであって、「と、ウェスレーは考えていた」とキングと切り離して特筆するようなことではない。この同じ問題点は、繰り返し言及されるウェスレーと教会教父たち、ないし古代教会(原始教会)との関係にも当てはまる。例えば、野呂は、「ウェスレーが教会教父たち、特にニケヤ会議前の教父たちを重んじたことは周知の事実である」

として、ウェスレーが教会教父、原始教会の伝統を重んじたことを説明するが、それこそまた再び、キング卿が言っていることである。野呂は主としてフロスト、クイックらからウェスレーの教父尊重を語るのであるが、彼らが挙げているポリカルプス、イグナティウス、キプリアヌスなどは、キングがその著書で取り組んだ当の人たちなのである(37)。

②のところで突如「ウェスレーがいわゆる長老主義者でないことは明らかである(38)」と主張されるのは不自然である。これまで野呂は、我々が既に見たように、ウェスレーの教会論との関連でピューリタニズムについても長老主義についても言及せず、まして、ウェスレーが長老主義者と誤解される可能性について全く言及していないからである。しかし、「司教の役割の重要性を強調する」ことが今取り上げられたのであるから、ウェスレーが「いわゆる長老主義者」ではないと野呂が主張することは自然だと言う向きがあるかもしれない。けれども、長老主義者かどうかという問題は、ただ単に司教の役割を強調するかしないかにかかっているわけではない。長老主義、長老主義者という概念は、教会統治論、なかんずく教会統治機構（polity）論の全体にかかわるものであるから、ここでの野呂のように、一つの点だけからして「ウェスレーがいわゆる長老主義者でないことは明らかである」と断言することは早計であり、誤解を引き起こすものと言わねばならないであろう。

野呂芳男『ウェスレーの生涯と神学』におけるピューリタニズムならびに長老主義の取り扱いについての検討はここで終わることにして、次に我々は、マンクも野呂も繰り返し言及するキング卿の著作そのものの考察に入りたいと思う。

IV キング卿『原始教会考』についての考察

一 キング卿とはだれか

ジョン・ウェスレーおよびメソジズムの歴史的研究に必ずといっていいほど登場するキング卿の『原始教会考』の考察に当たり、我々はその前にまず、キング卿とはだれであったか、その書物の執筆背景はいかなるものであったかを簡単に見たい。(39) キング卿の本名はピーター・キング(Peter King)で、一六六九年デヴォンシャーのエクセターで生まれた。父ジェローム・キングは同地の富裕な商人、母アンは哲学者ジョン・ロックの叔父に当たるピーター・ロックの娘である。ピーター・キングは、大追放で国教会を追われながら一六七二年以来エクセターで長老派の人々の牧師を務めていたジョゼフ・ハレット(40)(Joseph Hallett)が校長の非国教徒学校で学んだ後、父の下で商業に従事した。しかし卓抜な才能をもつピーターの学問への情熱は止みがたく、彼は父からもらう手当てをほとんど書物の購入に充て、もてる限りの全時間を、若き長老派信徒として関心を抱いた初代教会史の研究に注いだのである。その最初の結実が、一六九一年若干二二歳のとき匿名でロンドンで出版した『原始教会考』である。この書物の正式のタイトルは、『キリスト後最初の三〇〇年間に栄えた原始教会の制度・規律・一致の探究――現存する同時代の著作から忠実に収集されたものによる』(41)である。このタイトルに明らかなように、キングは原始教会の制度と規律、一致、礼拝の四つに分けて探究を試みたのであるが、一六九一年の本ではその最初の三つのみが取り扱われ、原始教会の礼拝については続いて出された一七一二年の版で初めて併せ取り扱われた。「本書において著者は、あらゆる党派の人々に力強く推める平和・一致・中庸の精神を自ら余すところなく発揮している」(42)と評されるところからも推察されるように、本書は広範に受け入れられるところとなり、一七一三年、一七一九年と版を重ね、一九世紀に入ってからも一八三九年、一八四三年に再出版されている。[43] 筆者が使用している版は一八四一年にニューヨークで出された最初のアメリカ版である。

哲学者ジョン・ロックは、この優れた書物を出版した匿名の非国教徒が親戚のピーター・キングであることを知り、ピーターの父、ジェロームを説得してピーターをオランダのライデン大学に留学させるに至ったと言われる。約三年の間キングは古典、諸科学、神学を学んだが、彼が最も好んだのはカルヴァン主義の教授の下での教会史研究だったと言われる。

帰国とともにキングは、再びロックの示唆によるのではないかとされるが、一六九四年一〇月ミドル・テンプル法学院に入って法学徒となり、九八年六月には法廷弁護士となった。しかし一七〇〇年には庶民院議員に当選、以後、ホイッグの一員として政界、法曹界で活躍した。その間一七〇二年には、チェスター主教ジョン・ピアソン（John Pearson）の古典的名著『信条講解』（一九五九）と並び称された、『使徒信条の歴史』を出版している。一七〇八年ナイト爵を得、サッシュヴェレル弾劾議員、民訴裁判所長官、枢密顧問官と昇進を続け、一七二五年にはサリ州オッカムの男爵キング卿（Lord King）のタイトルを得て貴族となり、続いて大法官（Lord Chancellor）に任じられた。しかし一七三三年には脳卒中で倒れて大法官位を退き、翌三四年六五歳で死去した。

このようにキングの中高年から死去に至るまでの略歴に触れたのは、彼が法学徒・弁護士・議員・貴族・大法官と立身出世するとともに、長老派非国教徒としての『原始教会考』の立場から国教会主義へと転向したのではないかと、国教会派、非国教会派いずれの陣営からも見なされるに至ったからである。従って、『原始教会考』については、いかに秀才が物したにしろ二二歳の未熟な若者が書き、あとで後悔した書物であるからそれほど重んずべきでないという見方と、著者の年齢や後年の軌跡がいかなるものであるかにはかかわりなく、この書物の内容は真実で、説得力があるとする立場とが長く対立することとなった。[44]

『原始教会考』に対する批判は、一七一七年、匿名の著者による『非国教徒あるいは長老派による任職の無効性』と、ノンジュラーの聖職者ウィリアム・スクレイター（William Sclater）の『原始教会の原案』（Original Draught of the Primitive Church）によってなされた。また、ソールズベリーの大執事チャールズ・ドーブニー（Charles Daubeny）は、一八〇四年に出した『論文集』（Eight Discourses）の中で、キングは自分の著作によって考えを変えたと明言したが、この主張には必ずしも根拠がなかったと言われている。

いずれにしろ『原始教会考』は、一六九一年の出版以来、一八三一年エドウィン・ハッチ（Edwin Hatch）のバンプトン講演『初代キリスト教会の組織』が出版されるまで、この分野での最高権威として留まったのである。

ジョン・ウェスレーがロンドンからブリストルに行く馬の旅の途上で『原始教会考』を、読んで『日誌』に記したのは一七四六年一月二〇日のことであるから、それは一七一二年以降出された第四部〈礼拝〉が含まれた版であったと思われる。すなわち、ウェスレーは、ニケヤ会議の原始教会の制度、規律、一致、礼拝について教会教父たちが書き残したことを、ピーター・キングのこの書物から学んだのである。（キングからのみ学んだと言えないことは言うまでもないが、しかし、この書物から決定的な影響を受けたことは爾後のウェスレーの言動から明らかである。）

ピーター・キングの『原始教会考』が出版された一六九一年は教会史的に一体いかなる時代であったか、ここで概観する。[45] 一六六〇年の王政復古と、騎士議会が次々に立法化した一連のいわゆるクラレンドン法、すなわち、地方自治体法（一六六一）、礼拝統一法（一六六二）、秘密集会禁止法（一六六四）、五マイル法（一六六五）、および一六七三年の審査法は、多くのピューリタンの運命を決定的に変えた。一部の指導者は国教会当局への服従を選び、高位聖職者となったが、多くのピューリタン牧師は、六一年主教たちとの交渉が実らず、六二年には不服従の道を選び、国教会から追放された。いわゆる大追放である。今や完全に非国教徒となった二、〇〇〇名近い牧師たちは、彼らを迎え支える信徒たちと共に、政治的、社会的抑圧と差別の下、多くの場合経済的にも困難な道をたどった。国教会における長老制の樹立を理想としていた長老派は、事実上は独立教会化せざるをえない状況に追い込まれたが、国教会に再合同するいわゆる包容策（Comprehension）の実現を夢見つつ、会衆派、独立派とは一線を画していた。本来各個教会の自治権を掲げた会衆派は、非国教主義の状況に長老派よりはより適応し、優れた神学的リーダーシップもあって一層の相互の連携を模索しつつあったが、それでも総じて困難な事態であった。

一六七九年騎士議会が解散され、ホイッグが政権を握ったが、八五年ジェームズ二世の即位とともにトーリーが優勢となり、軍その他へのカトリック教徒の登用、高等宗務官裁判所の復活、二度にわたる信仰自由宣言と反動策が続き、遂に一六八八年の名誉革命となった。

ウィリアム三世の下、新議会は、一六八九年〈宗教寛容法〉（Toleration Act）を作り、カトリック教徒以外のキリスト教徒（クエーカーも含む）に集会の自由を認めるに至った。ここで寛容策が採られたということは、とりもなおさず、包容策が採られなかったことを意味する。すなわち、ウィリアムと共に亡命先のオランダから戻り、国教会の新体制の推進役となった主教ギルバード・バーネット（Gilbert Burnett）は、ホイッグの政治家、ラティテューディナリアン（latitudeinarian）の神学者として、教会政治的には包容策実現に努めたが、政治的、社会的安定のために寛容を求める声が各方面に強く、また、非国教徒の側でも完全に妥協してまで国教会に復帰することをよしとしない人々が多くあり、結局、包容策は実現しなかった。かくして、新国教会体制は政治的に成功し、一六九八年以降のトーリー主義者アン女王の時代、一七一四年即位したジョージ一世、一七二七年即位したジョージ二世のハノーヴァー朝下におけるホイッグの時代を通じ、国教会は外的、制度的には揺るがぬ組織となっていった。しかし、内的、信仰的には疲弊し、国教会は全般的には力を失っていったと言わねばならない。そのことは何よりもまず、礼拝と神学、宣教への姿勢に顕著であった。神学においては、啓示、教理、歴史の時代から理性、道徳、弁証の時代に転換したのであった。

このような急激な変化の中で、伝統的な使徒伝承、王権神授説、受動的不服従の教理を堅持してウィリアム王とその名誉革命体制への臣従誓約を拒否したカンタベリー大主教サンクロフトと他の六人の主教を含む約四〇〇名の〈臣従拒誓者〉(Nonjurors)は、分離した「国教徒」として内部対立を含む茨の道を歩み、次第に衰退していった。

他方、非国教陣営においては、「長老派」のバクスター、子カラミー、オウエン(会衆派)の時代からジョセフ・ミード(会衆派)、ジョン・ハウ(長老派)、トマス・マントン(長老派)、フィリップ・ヘンリー(長老派)を経て、ダニエル・ウィリアムズ(長老派)、マシュー・ヘンリー(長老派)、孫カラミー(長老派)、更にはアイザック・ウォッツ(会衆派)、ジョン・ギル(バプテスト)の時代へと推移していったが、これら偉大な名前とは裏腹に、全体としては次第に衰微しつつあった。すなわち、王政復古以後共に地盤沈下していた長老派と会衆派は、ロンドン周辺の牧師たちを中心に、小異を捨てて大同に付く道を模索し、遂に一六九一年いわゆる〈幸いなる一致〉(Happy Union)のための《合意項目》(The Heads of Agreement)の締結に至ったが、相互不信と対立は神学的、教会政治的論争を過熱させ、両派の協力は長くは続かなかった。審査法の影響による困難のみならず、アリウス・ソシヌス主義と理神論、不信仰の影響、更には教理論争や弁証への嫌悪やその結果としての信仰的無気力、無関心は、非国教主義各派から霊的力を奪うと同時に、各グループの組織的硬化、各グループ間の対立と内部抗争を招いたのである。

非国教主義のこうした事態を国教会の立場から風刺した文学作品が、『ガリヴァー旅行記』で有名なジョナサン・

スウィフトの『桶物語』[46]（一七〇四）である。また、フランスから亡命してきていた若き哲学者ヴォルテールは、一七二六—七年頃に友人に宛てて書いた『哲学書簡』[47]（最初に英語で一七三三年出版）第五信「イギリス国教について」の冒頭に、かの有名な一節を記した。すなわち、「当地は諸宗派分立の国である。自由人としてイギリス人は、自分の気に入った道を通って天国へ行く」と。しかし、第六信「長老派教徒について」では、「監督派と長老派とがブリテン島での二つの支配的宗教であるが、ほかの宗派もすべて歓迎されており、いっしょにまあまあ仲良くやっている。とはいうものの、各派説教師の大多数は、ジャンセニストがイエズス会士を罵倒するのに見せるのとほとんど変わらない激しさでもって、互いに憎み合っている」とも記している。

二二歳の少壮の学徒ピーター・キングが『原始教会考』を一六九一年に出版したのは、まさにこうした事態を見据えてのことであり、その解決への道筋をつけようとした大志からであった。

二　『原始教会考[48]』の内容

「序文」においてキングはその執筆の動機を述べ、決して虚栄心や野心からではなく、また争い、悪意の精神や「我々の現在のさまざまな敵対と分裂を助長し増大させる悪しき意図」からではなく、むしろそれらをいやすために、「原始的、使徒的教会の実践（practices）」と慣習（usages）がいかなるものであったかを自分自身と他の人々に知らせる目的からであるとする。

キングが採った方法[49]は、ニケヤ会議までの約三〇〇年間における古代教会の制度、規律、一致、礼拝が実際にどのようなものであったかを教父たちの証言から明らかにしようとする歴史的なものである。キングは「序文」の冒頭で、「イングランド教会派、長老派、独立派、アナバプテストという名で普通呼ばれている我が国の人々の間で今不幸にも論争されている点」に特に絞って論ずると言うが、[50] 実はこのような歴史的方法は、それら各派の間で信頼性を失い始めていたものである。というのも、従来各派が自らの立場を弁証しようとして採った歴史的方法は論争を激化するだけの非生産的なものとして学者間では敬遠され、むしろ、哲学的、道徳的正当化という理性、理論の時代へと移行していたからである。[51]

従って、キングがかかる伝統的な歴史的方法を採ったということ自体が、半世紀にわたる各派間の不毛な歴史的論争に決着を付けて、実際には国教会と非国教徒双方、非国教徒各派の間に真の一致と包容（comprehension）の可能性を提示しようとする大胆な意図を意味すると言えよう。

キングが取り上げた著作は、イグナティウス、ローマのクレメンス、イレナイオス、殉教者ユスティヌス、アレクサンドリアのクレメンス、テルトリアヌス、キュプリアヌス、ペッタウのウィクトーリヌス、マールクス・ミヌキウス・フェーリクス、オリゲネス、エウセビウスらの著作、書簡、編集したもので、数はそれほど多くないが、キングは一六、一七世紀に出版された最良の原語テキスト（ギリシャ語、ラテン語）を使用している。キングは、その他ポリカルプス、ネオカエサリアのグレゴリウスはじめ多くの著作に目を通したが、必ずしも有用ではないため本書では取り上げていないと説明する。[52]

一六九一年版の第一部、原始教会の〈制度〉は八五頁（アメリカ初版で）、第二部〈規律〉は三五頁、第三部〈一致〉は二三頁、本書の主要部分が第一部であることはこの構成からも明らかである。（なお、一七一二年以降追加された〈礼拝〉は、計一三〇頁に及ぶが、ウェスレーに大きな影響を与えたのは主として前篇であったと思われる。）

第一部〈原始教会の制度〉は、全六章から成る。第一章[53]では、原始教会で「教会」の語がさまざまな意味で使用されていたが、最も一般的な意味は、礼拝と規律のため、それぞれの牧師の下、一個所に集まるキリスト者の集団である各個教会であるとされ、キングはこの各個教会に焦点を当てる。各個教会の構成員は聖職者（clergy）と信徒（laity）であったが、そのうち前者にはビショップとプリーストとディーコンの三種（order and degree）があったという。使徒たちは各地の最初の改宗者たちの中からビショップとディーコンを立てたが、ビショップについては一教会に一人だったとキングは言う。一教会に多数のビショップがいるように書いてあるものもあるが、一個所に最高のビショップ（supreme bishop）はただ一人で、エピスコポスと呼ばれたとされる。使徒たちから任職されたビショップが後に続くビショップに任職するという形の継承により、信仰の正統性が明らかにされていた、とキングは言う。以上の主張は、従来の長老派の主張と基本的に一致していた。

第二章[54]でキングは、一人のビショップに対しては一教会が割り当てられていただけで、一人のビショップの管区（diocese）に複数の教会が含まれることはなく、そもそも管区の語は存在せず、教会区（パリッシュ）に当たるパロイコスだけ用いられていたと言う。当時は信者たちが少なかったため広い範囲にいるキリスト者たちが一つの会衆を形成し、三世紀に最大の管区だったアンティオキア、ローマ、カルタゴ、アレキサンドリアのうち、前三者は単一の会衆のままで、アレキサンドリアだけ幾つかに分れていたとされる。アレキサンドリアの教会の場合、遠隔地に住む人々も少なからずいて、毎週日、土、水、金の四回一個所に集まることが困難なため、彼らのために簡単な礼拝堂を作り、ビショップが任じたプレスビターにそれを託し、それらの礼拝堂の会衆が姉妹教会として一人のビショップの管轄下にあった、とキングは言う。

第三章でキングは、まずビショップの種々の務めを説教、礼拝、統治の三つに要約し、その務めを忠実に果たすために教会区に居住する義務があったことを明らかにした後、ビショップをどのように選び、任職したかを詳細する。それによれば、教会区ないしビショップ管区が空席になった場合、聖職者と信徒の全員が教会に集まって後継者を選出し、選ばれたビショップが近隣のビショップたちの承認と同意を得るやり方と、近隣のビショップたちが選んだビショップを教会員たちが同意し選出するやり方があったが、いずれにしても教会員の同意、ビショップたちの承認の二つが不可欠だった。任職ないし就任に際しては、近隣のビショップ少なくとも三名が群れである会衆の前で按手をもってなされ、かくしてビショップとされた者はその旨を他のビショップたち、とりわけ特に知られたビショップたちとその管区に、通知する習慣だったという。[55]この部分は、特に会衆派の主張に近似していたと言えよう。

第四章[56]はプレスビターについてである。キングは、プレスビターの務めと位階をめぐって対立が最も激しいが、公平な探究の結果自分としては次のような点は明瞭になったと言えるとする。まず、プレスビターとは、聖職の位階にある人で、それによりビショップの務め全体を果たす固有の（inherent）権利を有するが、教会区を保有せず、その教会区のビショップの許可と同意を得て実際にその務めを遂行する人であったとされる。すなわち、プレスビターはビショップの助任者（curate）、補助者（assistant）であったから、その教会的任務の実行においてはビショップより下位にあったが、ビショップと同じ固有の権利を有したので、要するに、プレスビターは、ビショップと等級（gradu, degree）で異なるが、位階（ordine, order）では同等（equal）だったという。従って、プレスビターは、ビショップと全く同じ務めを有していたので、当然のことながら、任職の権能も持っていた、とされる。以上のような意味で、ビショップとプレスビターを区別して最初に使った人は二世紀初めのアンテオケのビショップ、イグナティウスで、その後他の教父たちがそれに倣ったが、実際にはビショップとプレスビターの語は相互置換的に使われることも少なくなかったという。しかし、厳密に言った場合、本来のビショップは教会にとって本質的であるが、プレスビターは使徒時代からいたものの、教会にとって本質的ではなかった、とされる。ここで言われているビショップとプレスビターの本質的同一性は、ウェスレーがキングから学んだ第一の点とされるが、それこそ従来から長老派が強く主張していた点である。

第五章[57]でキングは、主として貧しい人々の世話と主の食卓の用意に当たるが、ビショップ、プレスビターが不在の場合にそうしたことに当たるディーコンと、彼らを補助するサブディーコン、その他、侍者、エクソシスト、読師などの役者、および、ディーコンの任職、などについて短く取り上げたあと、プレスビターの任職の仕方について詳細に述べる。

第六章[58]でキングは、信徒の教会員資格、その権能、特にビショップを選び、ビショップに問題がある場合には代わりの人をビショップに選ぶ（属しているシノッド、ないし幾人かの他のビショップたちの判断が不可欠だが）権能について述べたあと、教会の統治と政策（government and policy）は聖職者と信徒の共同の行為であったこと、すなわち、会衆はビショップなしでは何事もなしえず、反対に、ビショップもその会衆に知らせ、同意を得ずして何事もなさなかったとしている。このような信徒の役割の重視は、長老派、更にそれ以上に会衆派に広く見られたものである。

第二部[59]は〈規律〉についてであり、キングは、これを譴責についての六つの問いの形で整理する。すなわち、①いかなる過ちが譴責の対象となったか、②だれが譴責したか、③譴責の仕方、④いかなる譴責だったか、⑤赦免の手続き、⑥赦免の仕方である。このうち、我々の関心から特に重要なのは、②で、教会の法廷で裁くのは聖職者と信徒の全員であったとされていること（マタイ一六・一八、一九の「教会」は各個教会ないし教会区の全員を意味するとキングは取る）である。即ち、キングによれば、陪餐停止や破門の公的布告、悔悛者の赦免の按手などの執行権（executive power）はひとりビショップのものだが、立法的、裁決の、司法的権能は、聖職者と信徒両方に属するものだったという。プレスビテリーのメンバー（ビショップとプレスビターたち）は、法廷全体のために必要な準備をする委員会であり、また、難しい問題については近隣のビショップたちの助けを得ていた、とされる。

⑥の戒規が解かれ、正式に赦免が与えられる仕方についても、次のような重要な指摘をキングはしている。即ち、過ちを犯し、譴責され、赦免される人は、真実の悔悛をし、告白した後、ビショップと聖職者たちの前にひざまづいて、頭に彼らの手を置いてもらい、祝福を受けて、信仰者の交わりに回復されていたということ、および、大きな過ちを犯した聖職者の場合は、赦されても信徒として交わりに回復されることはあっても、教会的身分（dignity）に戻ることは決して許されなかった、ということである。以上においては、特に会衆派の主張に近いものが多い。

次にキングは、〈規律〉の第二の要素として、各個教会の独立性と相互依存性についてまとめている。すなわち、キングは、全司法行為は他の教会の関与なしに行なわれ、各個教会、教会区は独立していたこと、しかし、どの教会も普遍的教会の枝であり、ビショップには他の教会を見守り、また彼らに自分たちの方のことを知らせる、普遍的教会の仕え人としての務めがあったから、相互に連絡（correspondence）がなされていたと言う。その点で彼が注目するのは、シノッド（教会会議）で、それは幾つかの各個教会のビショップ、プレスビター、ディーコンと信徒の代表とからなる組織（convocation）だった。シノッドには、普遍的ないしエキュメニカルなものと地方的なものとがあったが、シノッドに集まる人々の範囲や頻度は状況により多様で、しかも、キリスト者の為政者が存在しなかった時代ゆえ、自分たちで自発的に集まっていたと言う。シノッドが扱う問題がそこに代表が出ていない教会のことについてであれば、その決定は勧めの性格をもつのみで、代表が出ている自分たちの教会のことについてであれば、その決定は拘束力をもった、とキングは言う。ここで言われる各個教会の独立性は会衆派的であり、シノッドは長老派的と言える。

第三部〈教会の一致〉[60]も、我々の関心から言って極めて興味深い。キング自身、ぜひともこの件について、更に一致を破る分裂（schism）について、原始教会の考え方をより明らかにしたいと言う。初めにキングは、普遍的教会の一致について取り上げ、それはキリスト教にとって非本質的である儀式、慣習の画一性（uniformity）ではなく、宗教の本質的箇条、すなわち、信仰と教理の根本箇条（fundamentals）についての同意、一致であった、と強調する。従って、教理の腐敗こそ一致の破壊であり、分裂を生み出すものであった、と言う。

次にキングは、多くの各個教会の集合としての教会の一致について取り上げ、その一致は兄弟同士としての相互の連絡と、互いへの愛と和合（concord）——それらは相互に陪餐を認め合うことにおいて表わされる——にあったが、それらの促進とそれらが妨げられた場合の戒規のためにはシノッドが開催されたと言う。

最後にキングは、各個教会における一致と分裂を取り上げ、特に、自分たちの合法的牧師あるいは教会区教会から正当な理由もなく分離することは分裂（schism）と見做されていたこと、まして一人のビショップの下を離れて、他のビショップを立てることは、教会の中から教会を集めて作ることで、由々しい罪であったと言う。要するに、原始教会の各個教会における分裂とは、正当な理由なく自らの合法的ビショップとの交わりから人が離れることだった、ということである。ちなみに、正当な理由とされたのは、①牧師の背教ないし棄教、②牧師が異端者となった場合、③牧師がスキャンダルとなる、邪悪な生活をしている場合、であった。この第三部では、一致、統一を重んずる国教会の伝統と、長老派が理念としていたものに極めて近いと言える。

以上が、キング卿の『原始教会考』第一部から第三部の主たる内容の要約である。

三　キング卿『原始教会考』とジョン・ウェスレーの関係について、三者のコメント

我々が既に繰り返し見たように、ジョン・ウェスレーは、一七四六年一月二〇日の『日誌』と、一七八五年の『手

紙』の中でキング卿の書物について直接言及していることは周知の事実であるが、この事実から本書とウェスレーの関係についてどのようなコメントが加えられているか、典型的な例を三例検討したい。

第一は、一九世紀の長老派教会史家ドリスデールの『イングランド長老派史』(一八八九)である。彼は、「本書〈キングの〉は、歴史的な観点から長老主義の主要な立脚的の幾つかをしっかり弁護するものとして、イングランド長老主義の歴史において際立つ書物である[61]」と述べたあと、大よそ次のように言う。すなわち、一七三八年までウェスレーは理論的にハイチャーチの立場だったが、一七三九年ブリストル主教が彼の管区から立ち去るように命じたのを無視し、野外説教とソサイアティーの形成を始めたときから実際的に国教会への反抗を開始し、一七四四年の第一回年会(Conference)においては国教会からの分離を強く退けていたものの、一七四六年までにはキング卿の書物により〈穏健な長老派〉(a moderate Presbyterian)になっていた[62]、と。更にドリスデールは、同様のことを、「ウェスレーの高位聖職制的(prelatic)観念はひっくり返され……使徒的継承は言わなくなった」、「一七四九年、ウェスレーの『教会の秩序』(Church Order)観は明確な変化を遂げていたことが明かとなった」、「一七八四年、長老派の見解を採ってから四〇年後にウェスレーは、一種の抗議と圧迫の下でだが、その長老派的見解を全面的に実行に移した」と説明している[63]。

このようにドリスデールは、『原始教会考』のごく簡単は要約は提示しているものの、この本のウェスレーへの影響、ないし関係については使徒的伝承の放棄以外には特定して言及せず、一般的表現に終始している。通史ではあるが、さきに見たように、「これは……彼を徹底した、断固たる長老派にした」と言う限り、より具体的な関係の指摘があってしかるべきであったろう。

第二は、タウンゼントらの『新メソジスト史』(一九〇九)である。著者等は言う、「歴史的に言って、メソジズムの長老派的組織は、ウェスレーが、オッカムのキング男爵の『原始教会考』とスティリングフリートの『イレニコン』を読んだことによる」[64]と。著者らは、『原始教会考』について次のように言っている。それは「すばらしい本」で、「その目的は、非国教徒（the Dissenters）の包容（comprehension）を促進することであった。なぜなら、キングは長老派として教育されていたからである。ごく最近になって初めて、この本は他のものによって凌駕されるに至った」[65]と。そして、『原始教会考』のウェスレーに対する影響の具体例について、第一巻においては、使徒伝承の否定と、自らの任職権の主張の二点を挙げる。[66]第二巻において著者たちは、「ウェスレーは偏狭なハイチャーチ人としてその歩みを始めたのであり、教会の統治機構（polity）の問題についてより自由な見解を抱くようになったのはごく漸次的にであった。キングの『原始教会考』……が彼の意見に重大な変更をもたらした」[67]とし、ここでは任職権についてのキングの影響に再度言及している。

このように、メソジスト史の専門家たちは、キングがもともと長老派であり、『原始教会考』が包容を目指す議論であったことを正しく指摘しているが、「メソジズムの長老派的組織」が半分は彼の本に負っているという割には、ここでも、ウェスレー自身の一七四八年と一七八四年の発言の内容に限定していることは物足りなく感じられる。

第三は、山中弘『イギリス・メソディズム研究』[68]（一九九〇）である。本書は、「宗教運動としてのメソディズムは、その規模はもとより教義的特質や組織形態など、近代における宗教の在り方を考える上で、ピューリタニズムに劣らぬほど大きな意義をもっている」[69]と見る著者が、宗教学の立場からメソジズムの組織的展開を分析した優れた研究書である。しかし、同じくウェスレーおよびメソジズムの教会統治機構論（著者の言う組織形態）に関心を抱く我々から見ると、『原始教会考』に関する山中の叙述には種々の問題が潜んでいるように思われる。

そもそも第二章「メソディズムの成立と展開」を追う歴史の部分に、キングの『原始教会考』への言及は一切ない

（第1章で言及された「プレスビィテリアン」をはじめとする非国教徒への言及もほぼ皆無である。）それが出るのは、第三章「ウェスレーの思想と権威」の第三節「ウェスレーとカリスマ」の中でである。山中によれば、「一七四五年まで、ウェスレーは次第に狭隘な高教会主義から脱しつつあったが、依然として使徒継承権に関する高教会的客観主義的立場に立っていたように思える」[70]が、「ところが、翌年一月に、ウェスレーはキング卿が一六九一年に出版した『初代教会考』を読み、この読書によって決定的影響を受ける」[71]と言う。しかし、続けて山中は、ベーカーを根拠に、「運動の指導者としての自覚と経験が彼の中にもたらしつつあった変化を、キングの著作は論理的に正当化し、更にその変化をゆっくりと継続させることになったと考える方が自然である」[72]と述べる。「決定的影響」と言うものがこのようなものであるというのはかなり不自然であるが、「八四年の按手礼の行使」を「初代教会の歴史に関するキング、スティリングフリート等の読書を通じて」[73]得た認識によると、一般的に述べ、これをキングの本を読んでからの確信の実践と明記するウェスレー自身とも、その発言を重視する研究者たちとも大きく異なる。更に山中は、M・ヒルにより、「彼のこうした論理の背景には、初代教会の実践を最重視した国教会内の拒誓臣従者たちの伝統が存在している」[74]と述べ、論旨が必ずしも明確ではない。

いずれにしても山中が、キングの書物を「ウェスレーの権威の性格規定」の文脈で論じていることからも危ぶまれるように、組織論的には取り上げられていないから、キングが長老派的背景をもつことも、キングの本がウェスレー、メソジズムの長老派的形成へのかかわりとがあるのではないかといったことも全く視野に入らない。既に指摘したように、山中は、第一章では非国教徒の諸教派について比較的詳しく述べながら、第二章の「メソディズムの成立と展開」でそれとはほぼ無関係に歴史を叙述したが、第四章を「ウェスレー死後の時代と混乱」、第五章「組織的発展と変化」においても、メソジズムを自己完結的に、ひたすら内部から描くのみである。従って、その組織の、他と比較しての教会統治論的特徴や、まして長老派との類似性や関係性といったことへの言及は皆無である。

それゆえ、我々としては、他の面では山中の研究に学ぶところ大であるが、キングの『原始教会考』の位置付け、ウェスレーとメソジズムへの影響、関係についての叙述には相当の留保が必要であると言わねばならない。

以上、我々は、『原始教会考』についての三者のコメントを見てきた。本論文Ⅳの㈡において本書の内容を詳しく見てきた我々からすると、三者とも、ほとんどの史家、研究者と同様、ウェスレーは本書から大きな影響を受けたとか、教会観、教会統治観がひっくり返ったと言いながら、その具体的な分析となると、単にビショップとプレスビターの同位階性と等しい任職権の主張に止まっているのは遺憾である。一七四六年以降のウェスレーの教会統治論上の思想と行動は、ウェスレーが最後まで意識の上では国教会から離脱して一致を破壊することを拒否していたことも含め、ほぼすべて、キングの描く包容の構想の中に収まるものであり、また、そこには多くの長老派的要素があったことに我々はもっと留意しなければならない。それは、必ずしも「影響」と呼ぶことはできないにしてもである。なぜなら、ロバート・マンクが繰り返し指摘したように、ウェスレーにおいては状況の必要に応じて新たな実践が次々に試みられるが、彼のそうした実践は、多くの場合、既に得ていた知識の無意識的、無自覚的実践であったり、事後に既知の知識により理論的に説明されるものだからである。

V　ウェスレーとメソジズムは果たして長老主義か

一　矢崎正徳の全面的否定説

ウェスレーの生前におけるメソジスト運動の機構については、我々が既に見たように(75)、野呂は長老主義に全く言及することなく、ただ「一つのピラミッド[76]」と呼ぶだけである。

山中は「組織形態の形成」において一七四一年以降のメソジズムの組織について[77]、また、第四章「ウェスレー死後の時代と混乱」において運動の内部の歴史について詳しくは述べるが[78]、教会統治論上の理論的、実践的特質についてはほとんど触れていない。

これに対して矢崎正徳は、その著『十八世紀宗教復興の研究[79]』（一九七三）の第三章「メソジズムの組織と運動」、とりわけその第二節「メソジズムの宗教組織の問題性」において、メソジズムの組織原理、組織構造について詳細に論じている。そして「本文で解説したメソジズムの宗教組織構造を図解すれば」として、次のような図[80]を掲げる。

その上で矢崎は、(1)のウェスレー個人から(6)のクラス、バンドについて簡単な注を加えるだけでなく、特にクラス、バンドについて詳細な説明を展開している。

ところが矢崎は、こうしたメソジズムの組織構造全体については、「かかる宗教組織の形態の社会学的特質は、トレルチやテイラーが分析したように……ジェスイット教団の如きいわゆる教団組織と、バプティストの……小集団組織との中間形態であった[81]」と述べるのみで、長老主義についても会衆主義についてもほとんど何も言及しない。ほとんど唯一の例外は、ウェスレーが「ベンスン宛書簡（一七八二・一一・二九）において、教会堂の建設によって、その教会堂説教者の任命権および解任権を『受託者』に与えないことに、メソジストとプレスビィティリアンやインデペンデントとの相違を確認したのである[82]」と注で述べているところであろう。

矢崎は、第二節の初めの方の部分で、「結論を先にいえば、彼（ウェスレー）はすべての地方的結社が強力に中央集権化された一つの‘connexion’（関係）として統合されねばならないと思惟したのである。かかる組織原理こそ、筆者が前節において考察してきた非国教徒集団の組織原理たる congregational system と全く相違する connexional

connexional system

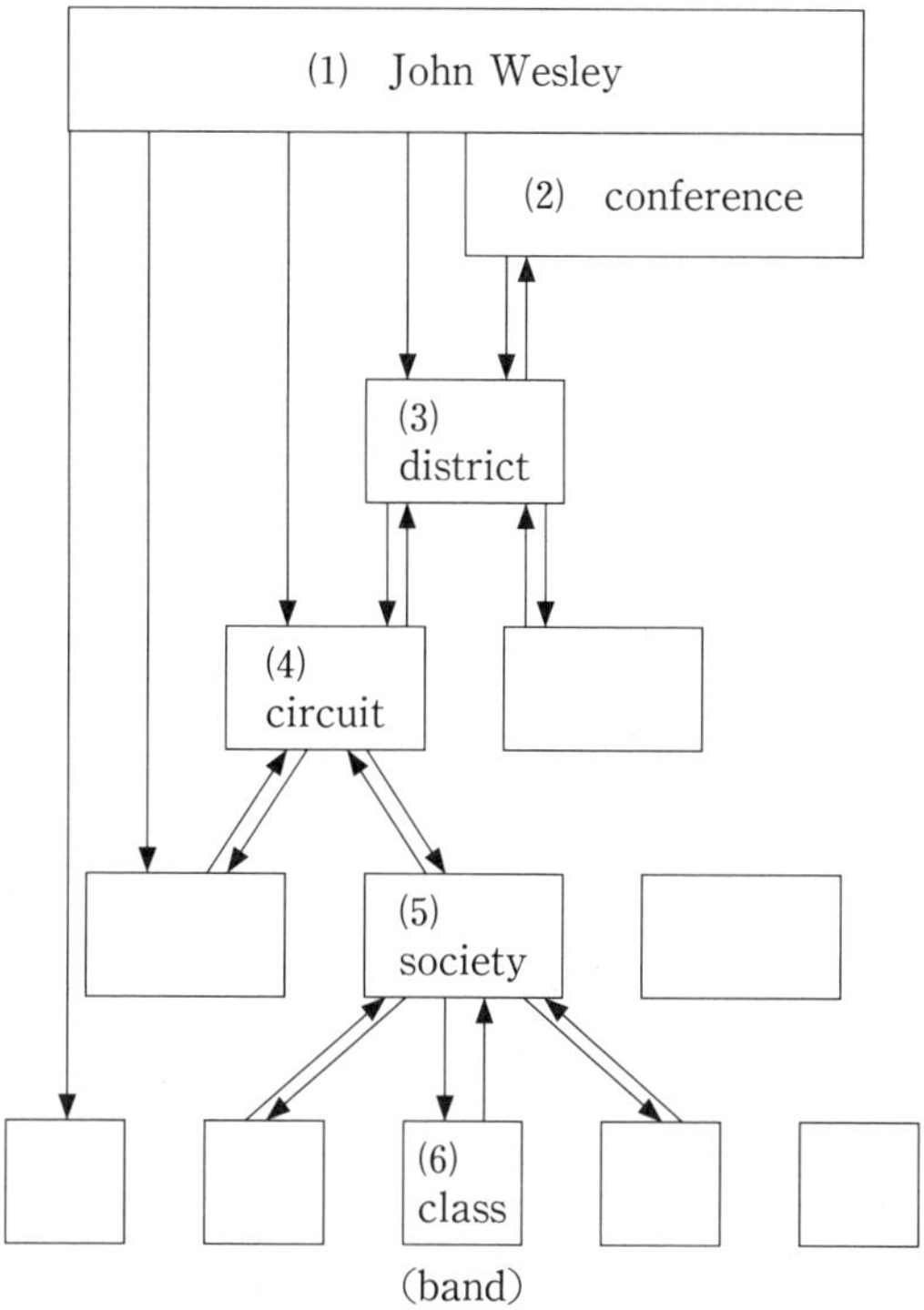

systemの原理であったのである。このいわゆるコネクショナリズムは、イギリス・プロテスタント、なかんずく非国教徒集団内にあって、全く新しい組織であったといいうる[83]」と述べているが、それに続く上記のような説明では、メソジズムのコネクショナリズムが「全く新しい組織原理であった」ことを我々としては納得しえない。矢崎としては、Congregationalismについても Presbyterianismについても前節で論じたとするのであるが、前節においてでは「組織」の原理について言われているのはごくわずかで、前者については、「文字通り、『集会的』(congregational)原理、すなわち『独立的』原理である[84]」、「厳格な自治を享受する独立分離団体であった[85]」とされ、後者については、王政復古以降、「一種の階統的体制である全国的教会体制を志向し、あるいはそれを企図」する

などということはなく、「プレスビィティリアンの団体生活は、実質的に、インデペンデントのコングレゲイショナリズムと相違しない組織形態になっていた」[86]と記すのみである。我々としては、歴史的状況の認識について特に問題は感じないが、かかる説明のみではCongregationalismの組織原理についてほとんど何も明らかではなく、Presbyterianismの組織原理についても、「代議制的ないわゆるchurch courtsの全国的制度」[87]というだけでは理解することが難しい。まして、コネクショナリズムは「正にかかる非国教徒集団の組織原理……と根柢的に相違していた」[88]と断定される点には賛成しがたいのである。なぜなら、ウェスレーとメソジズムの「コネクショナリズム」には、キング卿の場合と同様、主教制はもとより、長老制、会衆制の原理が融合していると見られるからである。従って、矢崎が強調する「コネクショナリズム」の長老制的要素を重視すれば、「ウェスレーとメソジズムは長老制である」という見方が自ずと出て来るのである。

二　サミュエル・ブラッドバーンの全面的肯定説

サミュエル・ブラッドバーン(Samuel Bradburn, 1751-1816)[89]は、ジョン・ウェスレーの後継者と目されていたジョン・フレッチャーの忠実な弟子で、自身、ウェスレーの親友であり協力者だった。一七九一年ウェスレーが死去したことに伴う動揺と混乱の中で、ウェスレーの側近中の側近であった彼は、一七九二年、「メソジストは非国教徒か」という問いに答え、次のように言ったという。[90]すなわち、「問題は、『メソジストの制度とは何か』に尽きるが、私は彼自身(ウェスレー自身)の言葉で答えることにする。その彼の言葉が印刷されているかどうか確かではないが、私は彼が私にそう言ったことは間違いないと明言してこの世を去りたい。かの一〇〇人(いわゆるリーガル・ハンドレッズと言われる主だった伝道者たち)にその言葉を語ったことがないかどうかも分からない。いずれにしろ、ウェスレーの言葉はこうだった。『私が死ぬとすぐ、メソジストは正規の長老教会（a regular Presbyterian Church）になるだろう』である。彼が言おうとしたのは、我々が自分たちの統治に種々変更を加えてかかるものになるべきだということではない。なぜなら、たとえウェスレーがそのように決して言わなかったとしても、事柄はその通りだからである。ただ、彼が言おうとしたのは、彼の死をきっかけに我々はそうなるということだった」と。

更にブラッドバーンは、次のように述べている。「我々は主教派ではないし、そうではありえない。我々は独立派ではないし、そうなるつもりもない。従って、我々は、自らを何と呼ぶにしても、長老派に違いない」、「我々の四季会は、スコットランドでプレスビテリー（中会）と呼ばれている教会会議に匹敵する。我々の地方会は、シノッドとぴったり一致する。年会は、全国会議ないし総会に一致する」と。

このようにブラッドバーンは、ウェスレーの生前からメソジストは国教会内にあって変則的な（irregular）長老教会だったが、ウェスレーの死により国教会から離れ正規の長老教会となる方向に進むというのがウェスレー自身の見方であり、自分もそのように確信する、と言うのである。

さきの矢崎は、「ウェスレー逝去後における、なかんずく、十九世紀におけるメソジズム宗教組織の分裂をクロノロジカルに追跡するのは、本研究より離れる大きな課題」(91)としながら、オクスフォード大学のカリィの図式を紹介し、メソジストのディノミネーション化と各ディノミネーションの組織原理について、「コネクショナリズム」と「コングレゲイショナリズムないしインデペンデント」から説明し、長老制については全く言及しない(92)。

これに対して、ブラッドバーンの見方を紹介するドリスデールは、ウェスレー死後のメソジズムの分裂・発展の事態を更なる長老制化の過程と見、ウェスレイアン・メソジストの場合は完全な長老主義となったと見るのである(93)。

三　結論・我々の見方

以上、我々は、一七世紀から一八世紀にかけての教会統治機構論をめぐるイングランドの状況を、キング卿の『原始教会考』とそのウェスレーへの影響およびその相互関係の観点から概観し論じてきた。では、ウェスレーとメソジズムは果たして長老派と言えるのか言えないのか。長老派であると主張する人々に真理契機はあるのかないのか。キング卿の『原始教会考』はこの問題に結局どうかかわるのか。

我々の見方はこうである。王政復古とそれに伴う大追放で、非信従主義各派はバプテスト、クエイカー同様、完全な非国教徒となった。しかし、長老制国教会の夢破れ、現実には会衆派化した「長老派」の人々には包容による国教会復帰への願いが残り、完全に会衆主義となることには違和感が続いた。会衆派の場合、長老派より非国教主義に適応できる体質であったが、各個教会の完全独立化、相互協力、連携の弱体化の傾向が顕著となるにつれ、ニューイングランドの「神政政治的」会衆主義とは異なる形での全体的組織形成の方途が模索されていた。

しかし、長老派、会衆派いずれも手詰まりと長期停落傾向の中で、主教制国教会の霊的空洞化も見据え、原始教会のモデルというすべての非国教各派、国教会いずれにとっても否定しがたい教会統治原理を提示し、包容こそ唯一の打開策であることを説得しようとしたのが「長老派」たるキング卿の『原始教会考』であった。

従って、我々は、『原始教会考』は、これまで繰り返し述べたように、主教制、長老制、会衆制のいずれかの正当性を証明しようとするものではなく、むしろ、そのいずれもの真理契機を救い上げ、生かすことによって、原理的には一致を見いだし、実際的には包容を長老派の立場から実現しようとするものであったと見なければならない。しかし、それゆえにこそ、『原始教会考』は、一七世紀後半から一八世紀前半の圧倒的な国教会優位の体制の中で、政策的に取り上げられることは望みえなかったと言わねばならない。

その書物が、まさに摂理により、ジョン・ウェスレーの手に渡り、彼の教会統治論を一変させ、あるいはまた、彼の実践と確信を肯定し、強化する働きをなすに至ったのである。すなわち、ウェスレーが各ソサイアティないしバンドを重視し、その自主性に一定の評価を与えた限り、それはキングの会衆制評価と一致し、ソサイアティの組織化、四季会、巡回区、年会の形成、および規律の組織的実施は、まさにキングが強調する長老主義的要素であり、自らのビショップとしての特別な権威を主張するウェスレーは、キングが重視する一致のシンボルであり、一致を現実化する主教制的要素と考えられる。

かくして、我々は、既に述べたように、一七四六年以降のウェスレーは、国教会の使徒伝承の否定や自らの任職権の主張について直接言及する場合においてのみならず、ほぼすべての実践とその理論化はキング卿の『原始教会考』の線に沿い、その枠内で行なわれたと見ることができるのである。国教会に留まるというウェスレーの揺るがぬ方針についても、また、ウェスレーからメソジストに流れる国教会を離れて教派教会を形成する方向でさえ、キングの描く基本線に沿っていたのである。前者の場合、キングに見られる主教派的、長老派的要素が、後者の場合、キングに見られる特に長老派的、会衆派的要素が前面に出ていたと言えよう。

結局、ウェスレーおよびメソジストの組織原理のどの面に焦点を当てるのか、また、「長老主義」「長老制」をどの時点で、いかに捉えるかによって、ウェスレーとメソジズムは長老主義であるとも長老主義でないとも答えうるのであるが、我々としては、長老主義であるとする見方にはそれなりの歴史的、神学的理由、根拠があると言えるのに対し、ウェスレー、メソジズムと長老主義が全く無縁であるかのように見ることにはかなり無理があるのではないかと考えるのである。

注

（1）A. H. Drysdale, History of the Presbyterians in England. Their Rise, Decline, and Revival, London, 1889.

（2）Ibid., 584.

（3）Ibid., 589.

（4）Ibid., 591.

（5）W. J. Townsend, H. B. Workman, George Eayrs, ed., A New History of Methodism, 2vols, London, 1909.

（6）Ibid., I, 67.

（7）Robert C. Monk, John Wesley. His Puritan Heritage, Nashville, 1966. なお、筆者が本書の存在と価値を教えられたのは、本年二〇〇五年六月一一日に開かれた日本ピューリタニズム学会設立大会における大木英夫先生の記念講演「ピューリタニズムと現代」草稿によってである。

（8）Peter King, An Inquiry into the Constitution, Discipline, Unity, and Worship of the Primitive Church, 1691. 本書については本論文一八〇頁以下で詳述するが、著者は後に貴族に叙せられたため、本書は一般にキング卿の『原始教会考』（筆者は本書のタイトルをこう略称する）と呼ばれてきた。本論文においてもキング卿の通称を用いる。

（9）Monk, 201.

（10）Ibid., 205.

（11）本論文、一八〇頁以下。

（12）Monk, 208.

（13）Ibid., 211.

(14) Ibid., 212-220.
(15) Ibid., 220.
(16) Ibid., 209.
(17) Robert W. Olive, ed., John Owen. The Man and His Theology, London, 2002, Chap. 6.
(18) この「日誌」の記載の邦訳は山口徳夫訳『標準ウェスレー日記』イムマヌエル総合伝道団、一九八四、II、一三九—一四〇頁にある。なお、ウェスレーのキング卿の『原始教会考』との出合いについては、ほとんどのウェスレー伝に記されている。例えば、Tyerman, The Life and Times of the Rev. John Wesley, M. A. 3vols, London, 1870-72. の I, 508.
(19) Monk, 226.
(20) 野間芳男『ウェスレーの生涯と神学』（日本基督教団出版局、一九七五）。
(21) 同書、一九三—一九四頁。
(22) 同書、一九四頁。
(23) 同書、一九八—一九九頁。
(24) 同書、二〇〇—二〇一頁。
(25) 同書、四二〇頁。
(26) 同書、四二〇—四二一頁、なお、野呂はMonkをモンクと表記するが、我々はマンクを採り、野呂からの引用にもマンクを用いる。
(27) 同書、四二九頁。
(28) 同書、四二九頁。
(29) 同書、四三〇頁。

(30) 同書、四三一頁。
(31) 同書、五六九頁。
(32) 同書、五七〇頁。
(33) 同書、五七一―五七四頁。
(34) 同書、五七八頁。
(35) 同書、五七六頁。
(36) 同書、五七六頁。
(37) 本論文一八〇頁以下。
(38) 野呂、五七六頁。同様の議論は、野呂の本書に拠るところが少なくないと見られる、山内一郎『メソジズムの源流』(キリスト新聞社、二〇〇三)にも見られる。八六ページ注(9)なお、少し前のものであるが、同じく野呂の見方に大きな影響を受けていると思われる岸田紀『ジョン・ウエズリ研究』(ミネルヴァ書房、一九七七)にも、長老主義やキング卿のことは全く触れられていない。
(39) キング卿の略歴については主としてDictionary of National Biography, OUPおよび、ドリスデールの前掲書を使用した。なおピーター・キングとジョン・ロックの関係については一般にはピーターはロックの甥とされているがDNBはピーターの母方の祖父がロックの叔父(伯父)としている。
(40) DNB.
(41) 既出、本論文一六六頁、注(8)参照。
(42) The Life of the Author prefaced to the first American edition of "An Inquiry", 10.
(43) Drysdale, 436n.
(44) アメリカ版初版(一八四一)の編集者George PeckのAdvertisement, 8参照。以下に述べるキング批判については、Drysdale, 436n. 参照。

(45) 以下の概観については、主として次のものに拠った。John Staughton, Religion in England under Queen Anne and the Geroges 1702-1800, 2vols, London, 1878. なお、拙論「二本の木は一本とされた!? 長老派と会衆派による《合意項目》(The Heads of Agreement, 1692) の歴史神学的考察」、聖学院大学綜合研究所紀要、二〇〇四、No.三〇も参照されたい。

(46) 中野好之／海保真夫訳『スウィフト政治・宗教論集』(法政大学出版局、一九八九)。

(47) 高橋安光訳、中央公論〈世界の名著〉『ヴォルテール、ディドロ、ダランベール』一九七〇、所収。

(48) 以下においては、"An Inquiry..." のアメリカ版初版（一八四一）を用いる。Published by G. Lane & P. P. Sanford, N. Y.

(49) Ibid., 13.

(50) Ibid., 13.

(51) G. R. Cragg, From Puritanism to the Age of Reason, CUP, 1966 および Sir Leslie Stephen, History of English Thought in the Eighteenth Century, 2vols. 1876[1], 1902[3]. 邦訳中野好之訳『十八世紀イギリス思想史』(筑摩書房、3巻本、一九六九）を参照。

(52) King, 17-18.

(53) Ibid., 19-29.

(54) Ibid., 30-52.

(55) Ibid., 53-60.

(56) Ibid., 60-82.

(57) Ibid., 82-98.

(58) Ibid., 98-104.
(59) Ibid., 105-140.
(60) Ibid., 141-163.
(61) Drysdale, 433.
(62) Ibid., 588.
(63) Ibid., 589.
(64) Townsend, et al. I, 68.
(65) Ibid., I, 69.
(66) Ibid., I, 229.
(67) Ibid., II, 159.
(68) 山中弘『イギリス・メソディズム研究』(ヨルダン社、一九九〇)。
(69) 同書、三頁。
(70) 同書、一七九頁。
(71) 同書、一八〇頁。
(72) 同書、一八〇頁。
(73) 同書、一八二頁。
(74) 同書、一八二頁。
(75) 本論文、一六四頁以下参照。
(76) 野呂、一九八頁。
(77) 山中、八七―九六頁。

(78) 同書、一九六―二四七頁。
(79) 矢崎正徳『十八世紀宗教復興の研究』(福村出版社、一九七三)。
(80) 同書、二三一頁。
(81) 同書、二三〇頁。
(82) 同書、二三三頁、注(3)。
(83) 同書、二一八頁。
(84) 同書、二一二頁。
(85) 同書、二一二頁。
(86) 同書、二一三頁。
(87) 同書、二一三頁。
(88) 同書、二一二頁。二一八頁参照。
(89) DNB.
(90) 以下はDrysdale, 591-593に拠る。
(91) 矢崎、二四五頁。
(92) 同書、二四七―二五二頁。
(93) Drysdale, 592-593.

III　歴史と神学

アウグスティヌスの恩恵論成立に関する歴史的な考察

金子晴勇

はしがき

一般にアウグスティヌスは「恩恵の博士」(doctor gratiae) と称されている。本論は彼の恩恵論がどのような精神的な歴史状況において成立したかについて考察する。

(1) 恩恵概念の歴史的伝統

聖書で使用されている「恩恵」という言葉はギリシア語のカリス (Χάρις) であり、七十人訳聖書 (セプテュアギンタ) では同義語の「同情・いたわり」を意味する エレオス (ἔλεος) が使われた。しかし、これらの言葉が福音書では全く使われないか、使われたとしてもわずかに過ぎなかった。[1] それに対してパウロの真正な手紙では明らかに神学的な術語としてカリスは六〇回も用いられ、その他の箇所でも四〇回にわたって使われた。彼は自己の神学思想を構成する中心主題と関連させてカリスをしばしば使用しているが、その思想は聖書ではそれ以後には発展が見られず、アウグスティヌスの時代に至るまで、とくにペラギウスとの論争に至るまでは、明瞭な神学的考察の対象とはならなかった。[2] 恩恵の現実がもちろん経験されたとしても、その現実に立って学問的にそれを反省したり、少なくとも主題として採りあげることはなかった。それゆえ、パウロ神学に見られるように恩恵の神学はイエスにおける救いの経験として採りあげられてはいても、単にそれが開始している点が認められるにすぎない。やがて人間性についての反省が深まり、罪の贖いのためにはキリストの恩恵が不可欠であることが自覚されて初めて、恩恵の神学がゆっくりと立ち上がってくる。

旧約聖書では恩恵は主として四つの言葉によって表現された。①「好意や寵愛」を意味するヘンは他者に対する義務や要求が伴われない一方的な好意が示される場合に用いられた。「彼はわたしの心に適った」（サムエル上一六・二二）や「大変気に入られ」（列王上一一・一九）「ノアは主の好意を得た」（創世六・八）などに表れている。②「同情や憐れみ」を意味するラフミームは強い情念をもって他者に臨み、親がその子に対する慈しみの情であって、授ける者と受け取る者との結合を前提とする。「その子を哀れに思うあまり」（列王上三・二六）、「貧しい人々を憐れむ、自分が産んだ子を憐れむ」（イザ四九・一三、一五）などに示される。③「慈しみ」を意味するヘセドは相互的な人格間の信実を表し、「わたしは慈しみを喜ぶ」（ホセア六・六）に典型的に表現されている契約共同体の関係を示す。これは心の強い結びつきを相互に期待し、契約の内容ともなって、神とイスラエルとの関係を規定する。ここに恩恵の意義が示され、神への信実が、人間相互にも、求められる。「主があなたに求められることは、いつくしみを愛し、へりくだってあなたの神と共に歩むことではないか」（ミカ六・八）。④「公平」を意味するツェダカーはヘセドと同じく契約共同体との関連で用いられる。それは「わたしはあなたに正義と公平を与え、慈しみ憐れむ」（ホセア二・二一）に表れている。また「わたしは恵みをもってあなたを呼ぶ」（イザ四二・六）にも用いられた。

ところが新約聖書ではこの恩恵概念が新しい内容で満たされている。イエス自身の口から恩恵（カリス）について語られていないとしても、その行動と言説はすべて独自な神の恵みを告知しており、それを実現していた。たとえば「あなたがたの父は喜んで神の国をくださる」（ルカ一二・三二）、また「これらの小さな者が一人でも滅びることはあなたがたの天の父の御心ではない」（マタイ一八・一四）との発言には神の恵みが告知されている。しかもそれは「小さな者」に向けられており、また「財産のない者」（マルコ一〇・二六）や「家計で失敗した者」（マタイ一八・二七）また「半死半生の旅人」（ルカ一〇・三〇以下）や「見失われた一匹の羊」（同一五・四）に憐れみが注がれた。このように神の憐れみや慈しみが新しい生活の源泉となった。

これに対しイエスの弟子たち、とりわけパウロは、新しい福音の使信を恩恵概念によって表明するようになった。彼自身の告白によれば神は「わたしの母の胎内にあるときから選び分け、恵みによって召し出してくださった」（ガラテヤ一・一五）し、「神の恵みによって今日のわたしはある」（Iコリント一五・一〇）。また彼の使命も「恵みを受けて使徒とされた」（ローマ一・五）ことによっており、彼には「主の恵みがあふれるほど与えられた」（IIテモテ一・一四）ばかりか、その恩恵は無償で授けられたものである。ここから彼の恩恵論の基本主張「人は皆、神の恵みにより無償で義とされる」（ローマ三・二四）が説かれるようになった。こうして「神の計画と恵み」（IIテモテ一・九）のもとにあって、「信仰によって今の恵みに入れられる」（ローマ五・二）という信仰義認の教えが誕生した。しかもキリストが神の恩恵の源泉であって（IIコリント八・九／一二・九）、キリストこそ神の恩恵の原像・啓示者・担い手・授与者として語られる（同一三・一三）。また聖霊も「霊の賜物」として恩恵を授け（ローマ一・一一）、「恵みの霊」（ヘブライ一〇・二九）と呼ばれる。この恩恵は律法による救いの道を排斥する。パウロは「あなたがたは律法の下ではなく、恵みの下にいるのです」（ローマ六・一四）とキリスト者の立っている場所が根本的に変化したことを告げ、「律法によって義とされようとするなら、キリストと縁もゆかりもない者とされ、いただいた恵みを失います」（ガラテヤ五・五）と警告する。この律法によっては罪の認識が得られるに過ぎず、律法から恩恵への方向転換を説いて、「律法が入り込んで来たのは、罪が増し加わるためでした。しかし、罪が増すところには、恵みはなおいっそう満ち溢れました」（ローマ五・二〇）と言う。

ここに信仰義認、無償の恩恵、聖霊の賜物としての恩恵というパウロの根本思想が確立された。アウグスティヌスの恩恵論はこうしたパウロ思想の復興の試みであるが、そこにはパウロから四〇〇年の歴史と経験とが重要な意味をもっている。しかし、古代教会においては三位一体とキリスト論が中心的な教義問題となっていて、恩恵についての教義は発展しなかった。したがってキリスト教思想史の最初の諸世紀においてはパウロが用いた恩恵（カリス）に相当する表現も使用例も見いだされないと言われる。(3) パウロに続く使徒教父時代のキリスト教徒は伝承的なユダヤ教の律法的な敬虔と山上の説教の厳しい要求に忠実に従っており、強調点は倫理的な要求におかれ、恩恵によってもたらされた救いのときを生きた。同時に形成を見た教会の悔い改めが特別な「回心の恩恵」（charis metanoias）としての特徴をもっている。このような倫理の強調は、最初の三世紀にわたってキリスト教信仰が当時隆盛をきわめたグノーシス主義によって脅かされたためであった。そこでは物質的な世界を悪とみなし、そこからの救いは知識によって得られると説かれた。このようなグノーシス主義の異端に立ち向かってキリスト教の真理を弁証することが古代教会の中心的課題となり、三位一体とキリスト論の教義の確立を見たのである。

この時代には異教徒や異端者に対決する宗教論争が激しく展開し、教会では護教家たちが活躍した。その中でも異端者マルキオンとエイレナイオス、異教徒のケルソスとオリゲネスとの間に交わされた激しい論争が有名である。彼らは物質的世界を悪とみなすグノーシスの世界観を聖書の創造思想によって反駁し、神が物質や身体をも善として創造したことによってそれを肯定したのみならず、同時に世界を創造した神の超越性を力説した。ここから彼らは神自身が人となる受肉によって救いが実現したことをキリスト教の福音として説いた。また知識によって救われるというグノーシスの思想に対決して新しい教えは、世界や身体からの逃避ではなく、世界と交渉する自由を許したばかりか、善いわざの必要性と倫理的な新しい力を強調した。

こうしたグノーシス思想との対決状況の下ではキリスト教的な救済は根本において創造思想によって説かれたのであった。神は創造神として物質的な世界から絶対的に超越した存在であるが、この超越性に立って造られたのではないロゴスの受肉が説かれるに及んで、神の超越と内在との鋭い緊張関係が生まれた。この点を明らかにするために神の本質(ousia)と活動(energeia)とが区別され、神の本質はその超越性のゆえに認識できないとしても、神はただその活動をとおして出会われ、理解される。この神の活動のわざこそ「救済計画」(oikonomia)なのであって、言語学的には「家計」を意味するoikonomiaは実質的には「神の救いの計画」つまり「経綸」を含意し、東方教会の神学では「恩恵」と同じ機能をもっている。(4) このoikonomiaにおいて一歩一歩自己を啓示するのは三位一体の神である。これによって人間における神の像は罪による毀損状態から回復される。そのためには神のロゴス自身が人となり、神の像としての人の姿を完全に明らかにし、この像の回復のために神の霊が遣わされる。(5) それゆえ、キリストの人性をめぐってなされた対決はニカイヤからカルケドン公会議に至るまで隠された「恩恵論」として展開を見たのである。

こうした経過を辿りながら恩恵論は基本的には受肉という客観的な救済の出来事に基づいて展開された。今日一般に考えられる恩恵はそこでは「雄弁な沈黙」(das beredte Schweigen)という形で表出されているといえよう。(6) このような展開の中からアウグスティヌスの恩恵論が新たに「罪と恩恵の教え」として宗教的経験の深みから語られるようになる。わたしたちはこうした新しい展開が生じた理由を古代末期の時代状況から明らかにしなければならない。

(2) アウグスティヌス時代の特質

わたしたちは思想史を研究する場合に、特定の思想が一定の体系を形成する基礎となっている経験に注目する必要がある。この経験は一般に個人がおかれた文化的な状況とか比較的若いときに経験した特殊な出来事から生じる場合が多い。この基礎となる経験は思想史を研究していると、同じ時期に同じような姿を保っていても、これに個人が関与する仕方の相違から全く異質な思想に発展することがある。つまり状況と問題は同じでも、それに関与する主体的な態度によって全く異なった様相を呈する。(7) どのように世界に対し自覚的に関わるかということが決定的に重要な意義をもち、それにより思想の方向性が出てくると考えられる。したがって基礎経験で問題となるのは、世界よりも、世界に自覚的に関わる自己なのである。

アウグスティヌスの時代は古代末期である。この時代にはローマ帝国とキリスト教との関連が歴史に共通する最大の問題であったが、時代に内在する問いに各人は自由に関与しながら、自己の歴史を形成することができる。それゆえ、トレルチが説くように歴史の現実と各自の思想との間に「ある秘められた結びつき」が存在する。(8) ここからわたしたちは、アウグスティヌスが時代の諸問題に深く関わりながら、きわめて個性的で豊かな思想を創造した点を理解できる。彼の独創的な思想はその根底においては時代に内在する問題と密接に関連しており、わたしたちが問題としている「恩恵論」も同様に時代の問題や教義論と密接に関わっていた。

アウグスティヌスの根本思想は「不安な心」(cor inquietum) から解明できる。(9) この種の精神的な変化はマルクス・アウレリウス皇帝からコンスタンティヌス帝に至るまでの時代に起こったものである。[10] この時代の文化に特有な不安やペスミスティックな感情を契機にして罪責感情が高まったのに対して、内面的な宗教性としてキリスト教やグノーシス主義が優勢になってきた。[11] こうして人々は外的な世界と古い伝統から切り離されて、個人の内面世界を重視する思想が到るところで生まれてきた。[12] ここには同時に、アタナシオスの『アントニオスの生涯』に見られるように、人類全体を一括して政治的に支配するのではなくて、個別に人格的にかかわる神であった。伝統的な宗教はキケロが『神々の孤独な個人を内側から支える人格的な唯一神に向かう傾向が生じた。この種の神はローマの神々のように、人類全体本性について』で端的に示しているように、個人の救済を直接問題にせず、宇宙に漲る聖なるものに対する畏敬の念を宗教儀式や神聖とされる彫像・神託・神殿などをとおして維持していた。[13] これに対してこの時代には個人的に関与する神が内面の深みから探求されていた。アウグスティヌスが『真の宗教』の末尾で問題にしたキケロとラクタンティウスとの宗教の定義に関する根本的な相違もこのような状況のなかで生まれてきた。[14]

こうした個人の内面的な深みから世界を変えるような創造的な文化活動が起こった。この文化創造は古代末期の文化的偉業とみなすべきものであって、それによってヨーロッパの思想文化の根幹が形成されることになった。こうした文化創造はアウグスティヌスの下で決定的な成果を生み出したが、すでに同じような傾向が異教徒にもキリスト教徒にも萌芽として生まれてきていた。こうした人たちは何よりも自己が大きな神の力によって活かされていると信じたのである。したがって三世紀から四世紀にかけてローマ帝国内で活躍した人物たちは、人格的な唯一神であれ、宇宙に偏在する神々であれ、自分をその召使と信じて、その命令に謙虚に服し、力強い行動に駆り立てられた。たとえば、殉教をも恐れずに教会組織の形成に尽力したカルタゴ司教のキプリアヌス（位二四八―二五八年）、帝国の改革に熱心であったアウレリアヌス帝（位二七〇―七五年）、キリスト教徒に改宗してまでもローマの再建に尽くしたコンスタンティヌス帝（位三〇六―三三七年）、ふたたび古代の神々を蘇らせて「背教者」と呼ばれたユリアヌス帝（位三六一―六三）、さらには教父の中ではアタナシオス（二九六頃―二七三年）やヒエロニュムスなどもそのよい例である。

思想の創造的な発展には回心の経験が認められるが、これと密接に関連している罪の自覚や意味がこの時代には大きな変化を起こしていた。アリストテレスがギリシア人の考えを代表して罪を述べているところを参照すると、「罪」(hamartia) とは「過失」の意味で、過大と過小の「中」を外れて「間違って的を射る」ことを意味する。[15] しかし、今やこれが神に対する反逆として、しかも一般的には、目に見えない悪魔の力に操られた結果だと考えられるようになった。したがって人が悪に向かうのは、それだけ悪魔の力がその人のうちに強まっていることを意味した。[16]

このように個人の罪責意識が高まったことは恩恵論を生み出す地盤となっているが、時代を全体としてみるならば、それは破局を迎えていた。[17] 歴史家ドーソンはこの時代の特色を「瀕死の世界」と言っている。[17] このような瀕死の状態はすでに一時代前から指摘されており、たとえばキプリアヌスによって「今や世界自身が語って、それ自身の終末の近いことを万物の凋落をもとにして証言している。すでに衰退への下り道を辿って、その終末に近付くものは、沈む日と欠ける月のように、枯死する樹と枯渇する流れのように、力衰えることを免れない。これは世に下された宣告であり、神の審判である」[19] と証言された。また、ナジアンズスのグレゴリオスはその説教のなかで「至る所に死、至る所に悲嘆、至る所に荒廃」と叫び、「その心はすでに枯渇していた」と述べて、[20] 古代文明が没落するにいたった最深の秘密を吐露している。さらに、アウグスティヌスの同時代人ヒエロニュムスの手紙にも異教徒のローマ攻略に触れて「どこをみても悲痛、どこをみても悲嘆、至る所に死の面影」と心痛が披瀝されている。[21] これらの証言が物語っているように、彼が活躍していた時代は、その生命力が尽き、荒廃と悲嘆の声を聞きながら崩壊していった。[22]

このような時代の苦悩をアウグスティヌスはその著作『告白』の冒頭で「不安な心」（cor inquietum）という言葉をもって表明した。[23]「心」は人間の存在を動的に表現するときに好んで用いられた言葉である。しかも、それは苦悩や悲惨ばかりでなく、矛盾や謎を秘めた存在をもいう。たとえば「わたし自身がわたしにとって大きな謎になった」（『告白』IV、四、九）と言われる。「謎」（quaestio）とは「問題」のことで、いまや人間が大問題となって彼の前に立ちはだかっている。この謎は、髪の毛のように簡単に数えられないし、理性の光も届かない人間の心における深淵である。だから「人間そのものが大きな深淵（grande profundum）である」（同IV、一四、二二）と言われる。人間そのもの、また人間の心の深みの測りがたさの前に立ち、彼は驚異の念に打たれた。その驚異は内面的な深みをたたえるものとして現われており、やがてここから自然主義的な心の理解を超えた人間にとって深淵な罪責観が生まれてくる。この深刻な罪責感情にこそ「罪と恩恵の教え」の根源がある。

この教えはどのようにして彼の心中に芽生えてきたのであろうか。それはギリシア思想の影響を次第に脱却するプロセスから明らかになる。また、恩恵論がキリスト教の教えとして誕生する歴史的契機としてペラギウス派との論争が重要な意味をもってくる。

(3) ローマの攻略とペラギウス論争の開始

四一一年アラリックのひきいる西ゴート族が「永遠の都」ローマに侵入し略奪した事件は、西洋史のエポックを画する事件であった。永遠の都が没落にいたった原因がキリスト教徒とその宗教とに帰せられたのに対し、アウグスティヌスは『神の国』をあらわして護教家として活躍したが、ローマの没落はまたペラギウス論争を併発させることになった。ゴート族によるローマ劫掠の翌年の春に、その難を避けてペラギウスもカエレスティウスもローマを去り、北アフリカに移っており、あいついでアウグスティヌスが司教であったヒッポを訪ねている。その当時北アフリカの教会はドナティストとの論争に巻き込まれていて、ヒッポの町も四一〇年八月二五日に皇帝によって開催を命じられたドナティストとの協議会を準備することに追われ、両人の到着に注意しなかったし、アウグスティヌス自身もヒッポを離れてカルタゴに行っていた。その後、ペラギウスが彼に手紙で無事アフリカに到着したことを知らせたのに対して、彼は丁重にしかも用心深く返事をしている（『手紙』一四六）。彼が実際ペラギウスに会ったのはカルタゴにおいてであった。二人が出会ってどんな印象をたがいにもったであろうか。ペラギウスはアウグスティヌスから手紙をもらったことがあり、その初期の著作『自由意志』にも共感していたが、彼の面前で或る司教が『告白』第10巻のアウグスティヌスの有名な祈り、「あなたの命じるものを与えたまえ、そしてあなたの欲するものを命じたまえ」を述べたとき、ペラギウスは我慢できず、激憤せんばかりであった（『堅忍の賜物』二〇、五三参照）[24]。道徳の深刻な腐敗現象を露呈していた当時の世相に対しペラギウスは教養ある平信徒として大きな影響をもつようになり、人間の自然本性を自己開発力によって良い状態へと導こうとした。このような道徳主義者ペラギウスは何かを乞い求める祈りなどは行なわない。祈るのは神に感謝するため、しかも助力を求めてではなく、自由意志の力によって実現された行為に対する感謝のためである。したがって、彼はアウグスティヌスの精神的発展を理解せずに、かえって道徳的に堕落していると考えたから、そのような態度をとったのであろう。他方、アウグスティヌスの方はペラギウスがある会話のなかで、幼児洗礼は罪の赦しのためではなく、キリストにおいて聖化されるためだと、あたかも吐きだすように主張しているのを聞いて、驚いている（『説教』一六七参照）。

アウグスティヌスとペラギウス派との論争はキリスト教史上画期的意義をもち、キリスト教の中心的教えである

「罪と恩恵」の教義がこれにより明確に確立された。アウグスティヌスは中期から晩年にかけてほぼ一〇年間にわたって三位一体や、創造論、また魂の起源といった深淵的ではあるが、高度に思弁的な議論に携わってきた。ところがペラギウス主義の挑戦によって彼が直面した新しい問題は、キリスト教の「最も確かに基礎づけられた信仰」（fundatissima fides）と直接関係するものであった（『手紙』一六六、二五）。この論争から彼が確立した恩恵論はその後の歴史にとって計り知れない意義をもったがゆえに、彼は後代の人々から「恩恵の博士」（doctor gratiae）と呼ばれるようになった。

(4) 急進的改革派と保守的穏健派

ところで、ローマ世界の悲惨な出来事を経験した人たちには、当時の世界の道徳的頽廃を徹底的に批判し、道徳の再建を説いたペラギウス主義はキリスト教会を全面的に方向転換させる改革を意図しているように思われた。ペラギウスはすべてのキリスト教徒に修道士となるように求めた。実は、アウグスティヌスもタガステの地に退いたときには同じ理想に燃えていたはずであった。しかし、ペラギウスの急進主義はカルタゴの司教アウレリウスやアウグスティヌス、またその友人のアリピウスによって修正させられた。それはローマの攻略を前にして北アフリカに移住してきたメラニアとピニアヌスという大富豪に対する態度を見るとよく分かる。ペラギウスはこの世と完全に断絶するように彼らを導いたのに対して、アフリカの司教たちは彼らのアフリカの財産を教会に寄進するように説いた。彼らはこれにしたがって自分の永代所有地をカトリックの修道院に寄付した。ここにペラギウスの急進的な改革志向に反対するアフリカの司教たちの姿勢が明らかである。これはローマ帝国内の平均的な善良なカトリック平信徒の姿勢であった。ペラギウス派はそのような微温的な傾向に批判的であったが、多くの人たちは反体制の急進派から体制内改革の穏健派に転向する傾向もあり、ペラギウス論争の社会的な背景をなしている。[25]

(5) 経験の深化と恩恵論

アウグスティヌスはキケロの『ホルテンシウス』を読んで哲学への回心をした経験からみても、若い時にストア思想の影響を受けている。ペラギウスがアウグスティヌスの初期の著作に共鳴するのもうなずける。[26] しかし、アウグスティヌスの精神的発展は、自由意志と恩恵との関係においていちじるしいものがあった。彼はパウロの予定説について論じたことに関して次のように『再考録』で語っている。「わたしはこの問題を解決しようとして人間の自由意志を弁護するように努力してきた。だが、神の恩恵が〔それに〕勝った」(『再考録』II、一、一)と。このように彼は自説が大きく変化したことを認めた。したがって彼によると自由意志によって救われるのではなく、聖書の真理は神の恩恵を説き、信仰の出発点をも神の賜物によって与えられる。このような変化はペラギウス論争が始まる以前にすでに芽生えていた。これが生じた原因は彼が司教として広く民衆に触れ、その慢性的な病弱状態を知悉し、情欲に屈した自己の内なる罪の深淵にたえず目を向け、根源的罪性を洞察したことによる。たとえば『告白』第八巻に展開する堕落した意志の内部分裂のドラマは、キリスト教文学の最高峰であって、この内面的な戦いこそ思想の基礎にある経験である。[27] ここから「恩恵が勝利した」という先の『再考録』の言葉も理解できるのみならず、ペラギウス主義との対立も鮮明になってくる。

まずアウグスティヌスの思想における特質は、ペラギウスと比較してみるならば、深刻な罪責観に求められる。罪は神から離反して自己のみに立とうとする高ぶり、つまり傲慢であり、また道徳生活における邪欲としての「むさぼり」である。そこでは何よりも「病んだ人間」が恩恵によって癒されることに最大の関心が寄せられている。[28] この罪はアダムによって説明される。彼は「罪を犯さないことができる」状態にあったが、それは自由意志のみの力によるのではなく、神の恩恵の助力によって可能であった。だが、恩恵に寄りすがることなく、自己自身で立とうとするなら、それは高慢であって、これにより罪が犯された。罪とは偶然犯される個別的な道徳違反ではない。それゆえ善いわざによって償われ帳消しにはならない。むしろ高慢によって人間の意志は正しい方向を失い、罪を犯さざるをえない状態に追い込まれる。これが罪の生んだ結果であり、人間の自然本性の破壊となって人類に及んだ原罪の事実である。アウグスティヌスはこの事実を、次のパウロの言葉から理解している。「こういうわけで、ひとりの人によって、罪がこの世にはいってきた。そして罪によって、死がはいってきた。このようにすべての人にそれがゆきわたり、ひとりの人によってすべての人は罪を犯したのである」(ローマ五・一二)。[29]

アダムの罪の結果は人間の自然本性の破壊としての「無知」と「無力」である。前者は知性の盲目であり、何をなすべきかを知らないことである。後者は当為を実現することのできない意志の脆弱である。これらは罪の罰であって、神を求める方向から転落した罪深い愛、つまり邪欲となって現われている。邪欲は性的なものにかぎらず、「むさぼり」でもあって、転倒した無秩序の意志であり、神を使用してまでも自己を享受しようとする。しかし邪欲は性的領域で優勢に支配しており、人間をその奴隷となしている。これは克服しがたい罪である。しかもそれは「罪の娘」から「罪の母」にまでなっていて、原罪を伝播させているとも考えられている(『結婚と情欲』I、二四、二七)。だからキリスト信徒の両親から生まれた子供といえども、罪から洗い清める洗礼が必要である。もちろん子供を産むこと自体は罪ではないが、情欲と結びついた生殖が問題となる。[30]

罪の教説は神の恩恵を強調する基盤になっている。ペラギウスは神の恩恵のもとで、神の創造における恩恵として律法と自由意志の授与を考えたが、アウグスティヌスは罪からの救済としての恩恵を説いた。そこには創造者の恩恵と救済者の恩恵との相違がある。この相違は自然神学的な神と救済論的な神との相違とも、理神論的な考察と啓示論的な考察の相違とも言い換えられるし、宗教学的には「一回生まれの人」と「二回生まれの人」もしくは「健全な心」と「病める魂」との違いともいえよう。(31) しかし、アウグスティヌスの場合には創造の恩恵から救済の恩恵にまでのプロセスで人間を把握しており、救済史的な理解となっている。とはいえ、ここには北アフリカとイタリアやガリアとの宗教性の相違もある程度影響していたかも知れない。なぜなら総じてアフリカではキリスト教が社会の中に深く浸透していたのに対し、イタリヤやガリアでは異教徒との対決や異教徒への宣教がいまだ継続しており、戦闘的なキリスト教徒の集団形成が急務であったからである。したがって前者では恩恵による罪の癒しが、後者では洗礼による劇的な回心が意図されていたといえよう。(32)

注

（1） これらはマルコ福音書には現れず、マタイ福音者ではエレオスが三回用いられるも、カリスは使われていない。ヨハネ福音書ではカリスが四回プロローグにおいてのみ用いられている。ルカではカリスが八回、エレオスは七回現れる。なお、以下の叙述はGnade Gottes, II. Im AT und Judentum (E. Würthwein), III. Im NT (G. Stählin), in : RGG, 1958, Bd. II, Sp. 1632-37 の研究に拠る。

（2） J. Duffy, The Dynamics of Grace. Perspectives in Theological Anthropology, 1993, p. 17.

（3） 恩恵という言葉が使われていても、それは聖書的な表現の引用に過ぎず、それについて反省する例が認められない。O. H. Pesch, A. Peters, Einführung in die Lehre von Gnade und Rechtfertigung,1989, S. 8-9 を参照。

（4） O. H. Pesch, A. Peters, op. cit., S. 12.

（5） 「神の像」が古代東方教会においていかなる意義をもっていたかに関しては金子晴勇『ヨーロッパの人間像』（知泉書館）の第三章「ギリシア・ラテン教父における〈神の像〉」四七―六六頁参照。

（6） O. H. Pesch, A. Peters, op. cit., S. 11-15. 参照。

（7） ここには同一の答えが出せる単純な算術は適用できない。だから思想を歴史の産物と見て、社会経済的な下部構造の観念的反映であると一義的に主張することは困難であり、かくも多様なる形態をとって存在している思想をどう理解すべきか問い直さなければならないように思われる。わたしは思想の多様性を世界に関わる人間の自由な主体性に求めたい。

（8） トレルチは『歴史主義とその諸問題』において歴史的に与えられているものの評価の基準を「現代的文化総合」（gegenwärtige Kultursynthese）によって捉えている。彼によると歴史的なものはすべて個別的にして相対的であって、歴史の記述もそのようなものである。しかし歴史の価値評価の基準のほうは「当の歴史過程から有機的に成長してきており、思想と現実との間には、ある秘められた結びつき、主観と客観との本質的同一性が存在する」ことから得られる（Ernst Troeltsch, GA. Bd. III, S.183）。したがって歴史の諸時代はその固有の中心から把握されるため、何時も同一で変わることはないにしても、現時点で行動し観察する各人の主体的な関心からのみ歴史的選択の方向と客観化および叙述の方向は生まれてくる。これがトレルチの言う「現代的文化総合」に他ならない。

（9） この点に関しては金子晴勇『アウグスティヌスとその時代』（知泉書館）第五章「〈不安な心〉の軌跡と思想形成」（六三―九〇頁）で詳しく論じておいたのでここでは省略する。

（10） ドッズはマルクス・アウレリウス皇帝からコンスタンティヌス帝に至るまでの精神的変化を考察し、「この時期は物質的衰退に加速度が加わる一方、新しい宗教感情がふつふつと沸き上がっていた時代である。これを称して私は〈不安の時代〉と呼ぶ」と述べている（ドッズ『不安の時代における異教とキリスト教』井谷嘉男訳、日本基督教団出版局、一一七頁）。

（11）ドッズ前掲訳書、二八、四四、五〇頁参照。

（12）このことは「自己のうちに隠遁する」（anachorein eis heauton）というこの時代に流行った概念の分析からフェステュジェールによって立証された。その例としてマルクス・アウレリウス帝の『自省録』、哲学者プロチノスの神秘主義、グノーシス派の哲学などがあげられる（Andre-Jean Festugiere, Personal Religion among the Greeks, 1954, p. 58-67.）。

（13）キケロは言う「神々にたいする敬虔な気持ちがなくなれば、信義や人間社会の絆、さらには諸徳の中でも唯一際だつ正義の徳といったものも、おそらく消えてなくなるだろう。……神々の思慮や理知の働きによって全世界が統治され、支配されていると考える哲学者たちは穀物をはじめとする大地の産物、これらを実らせ成熟させる天候や季節のうつろい、天の運行といったものが、いずれも不死なる神々が人間に授けた恩寵にほかならないとみなす」（キケロ『神々の本性について』第一巻、二節、三—四山下太郎訳「キケロー著作集11」岩波書店、六—七頁）と。

（14）アウグスティヌス『真の宗教』五五、一一一参照。キケロ前掲訳書、第二巻二八節、七二、邦訳一三四頁。「神々への信仰にかかわるあらゆる問題を注意深く再検討し、いわば〈読み直す〉（relego）ことを行った者たちは、この〈読み直す〉行為にちなんで〈敬虔な者〉（religiosi）と呼ばれたのである」。

（15）アリストテレス『ニコマコス倫理学』一一〇六b二五、一一三五b一八参照。

（16）ブラウン『アウグスティヌス伝』上巻、出村和彦訳、教文館、四四—四九頁参照。

（17）アウグスティヌスはコンスタンティヌス帝がキリスト教へと回心することによって起こった歴史区分を、異教時代に対立するものとして「キリスト教時代」（Christiana tempora）と呼んだ。このような歴史的変化はさまざまな紆余曲折を経て徐々に実現したのであった。コンスタンティヌス帝とコンスタンス帝から、グラティアヌス帝、テオドシウス帝に至るまでローマ帝国は次第に異教から離れて、キリスト教を国家宗教として宣言するに至った。このようにローマ帝国はキリスト教に接近していき、皇帝が教会と緊密に結びついて、キリスト教の正統信仰を擁護しても、ゲルマン諸民族の侵入を防ぎきれず、帝国の崩壊を食い止めることはできなかった。

(18) ドーソン他『アウグスティヌス』服部英次郎訳、筑摩書房、八頁。「この時代は、ローマの没落、すなわち五〇〇年余ものあいだ世界の栄枯盛衰を支配してきた、あの偉大な秩序の消失と新しい世界の基礎付けとをまのあたりに見た」。

(19) キプリアヌス『デメトリアヌスに与える護教の書』第三章、ドーソン前掲訳書、同頁からの引用。

(20) グレゴリオス(ナジアンズスの)『説教』第二八説教。

(21) ヒエロニュムス『手紙』六〇、ドーソン前掲訳書、同頁からの引用、このようなローマ帝政末期の社会的惨状はFerdinand Lot, The End of the Ancient World and the Beginnings of the Middle Ages, 1961, p. 171-86. に詳しく叙述されている。

(22) アウグスティヌスは『神の国』II、二〇の有名な箇所でこの時代の道徳的な荒廃を異教徒の快楽主義において捉えている。彼によると異教徒たちはローマの神々の非道な恥ずべき行為を模倣することによって快楽主義に陥り、国政が「最悪の破廉恥きわまる状態」にあることを少しも憂えず、ローマ帝国はいまや古代アッシリア王サルダナパルスの宮殿に比べられるほどにまで転落しているという。

(23)『告白』における「不安な心」の意味については金子晴勇『アウグスティヌスとその時代』一二九—一三二頁参照。

(24) ここにある「或る司教」というのはノラの司教パウリヌスであると思われる。ペラギウスにはこのような祈りは神が個人に対し依怙贔屓をするように映るがゆえに、律法を授ける神の大いなる権能を犯す不敬虔と思われたのであろう。とくに病人に対する癒しなど必要ないというのが彼の意見であった(De natura et gratia, 21, 23)。ブラウン『アウグスティヌス伝』下巻、六九頁参照。ペラギウスは常に人間を完全に独立した個人として考えている。それに対しアウグスティヌスは『告白』第四巻の最初に記されているように神によって養われる「乳飲み子」において「人間としての人間」を捉えている（『告白』Ⅳ、一、一）。

(25) ブラウン、前掲訳書七三—七四頁参照。

(26) この点に関しては『自然と恩恵』六七、八〇—八一参照。

(27) この部分が書かれる直前に『キリスト教徒の戦い』という書物で内的な葛藤が窮め尽くされている。

(28) 例えば、ノラのパウリヌスに宛てた手紙には「恩恵ほど魅力的なものがほかにあるであろうか。わたしたち病んだ人間はこの恩恵によって癒されるから」（『手紙』、一八六、三九）とある。この「病める人間」の宗教における意義についてはウイリアム・ジェイムズ『宗教経験の諸相』上巻、桝田啓三郎訳、岩波文庫、一二四頁以下参照。

(29) この言葉はアウグスティヌスが用いた古ラテン訳によって訳出したものであるが、終わりの文章は、「こうしてすべての人が罪を犯したので」と今日では訳されている。彼は自分の使用したテキストにしたがって「アダムによって」すべての人が罪を犯したと理解したのである。ここには『アンブロジアステル』の解釈が影響している。このテキストの解説と訳について小高毅編『原典・古代キリスト教思想史3』一四九—一六一頁参照。

(30) こういう考えは古代末期の禁欲思想と彼自身の経験とから生じているものであろう。

(31) ウイリアム・ジェイムズ『宗教経験の諸相』上巻、桝田啓三郎訳、岩波文庫、二五一—二五二頁参照。

(32) この点に関してブラウン前掲訳書九五—九六頁参照。

クザーヌス、イスラームと宗教寛容*

渡邉守道

はじめに

今度、大木英夫先生の喜寿のお祝いを迎えるにあたって、献呈論文集が企てられ、出版されることになったのは、まことに慶賀にたえません。

コロンビア大学でPh. D.のために研究をしていた際、しばしばユニオン神学校の図書館を訪れましたが、当時、研究者として図書館でも勤めておられた大木先生にお会いし、キリスト教、キリスト教史についての関心と興味から、また同じ東北地方出身の理由もあって、いろいろ談合する機会をもつことが出来ました。その後、先生が聖学院の理事長となられてからは、一九九五年、一九九六年、一九九七年と三度にわたっての招待をいただき、聖学院大学の大学生、大学院生に集中講義をする貴重、有益な機会を与えられました。その上、先生の強いお薦めで、私が専門としている十五世紀の神学者、哲学者、政治・法律学者についての本を『ニコラウス・クザーヌス』として聖学院大学出版会から二〇〇〇年に発刊できました事については、深く感謝いたしております。

それで、この献呈論文集のためには、私が長年、もっとも関心を持って研究してきたニコラウス・クザーヌス

(Nicolaus Cusanus, 1401-1464) の思想のうち〝宗教寛容〟についての考えを述べ、特に現今も重大な問題となっているイスラームとの関連について検討したいと思います。

クザーヌスとイスラーム

クザーヌスのイスラームに対する関心と思想については、彼が一四二八年ないしは一四三〇年にドイツのコブレンツ（Koblenz）でなしたと見なされる現存の第一説教（Sermo 1）の第一部（Pars Prima）「神の名について」（De nominibus Dei）という所で、トルコやサラセン（では神の名は）〈オラー・ウハクパー〉で、それは〈偉大で正義な神〉（をいみしている）（in Turkia et Saracenia《olla uhacber》id est《iustus deus magnus》）と陳べて、早くからイスラームに関心があった事を示している。[1] そしてバーゼル公会議（一四三一―一四四九）に出席時代（一四三二―一四三七）には、『コーラン』のラテン訳を入手して、スペイン人としてイスラームに当然関心の深かった親友セゴビアのファン（Juan de Segovia, ca. 1400-1456?）と一緒にそれを読み研究したことが知られている。[2]

上記のコーランのラテン訳は、クルーニー修道院院長ペトルス・ウェネラビリス（Petrus Venerabilis, 1122-1156）の委託のもとに、イギリス人であるケトンのロベルトウス[3]（Robertus Ketenensis, fl. 1136-1157）が完成したもので、一一四三年にできた所謂『トレド集成』（Collectio Toletane）の一部をなすものである。その『トレド集成』は、クザーヌスの生誕地ベルンカステル・クースに現存するニコラウス養老院の図書室に〝クザーヌス写本〟（Cod. Cus. 108）として保存されている。[4]

また、クザーヌスは、一四三七年にコンスタンチノープルに赴き、「聖十字架の教会」に住むフランシスコ会士の持っていたアラビア語のコーランを見付けた上に、郊外のペラの「聖ドミニクス修道院」では、バーゼルで入手した訳と同じラテン訳を見ることが出来た、と『コーランの精査』(Cribratio Alchorani) の第一の緒言に書いている。[5]

一四五三年五月二九日に起ったトルコ人によるコンスタンチノープルの陥落は、他のヨーロッパ人と同様にクザーヌスにとっても衝撃的事件であった事は明らかである。[6] その結果の一つとして、クザーヌスがあの有名な『信仰の平和について』(De pace fidei) を書いたのは一四五三年九月の事であった。八巻和彦教授による邦訳が平凡社発行の『中世末期の神秘思想』(一九九二) に含められている。[7]

その『信仰の平和について』を見てもわかるように、クザーヌスはイスラームだけを問題としていたのではなく、ユダヤ教、ヒンドゥー教などをも念頭において書いた事は注目されなければならない。上記の著書の中で、クザーヌスは次の事をのべている。〝神の御言葉〟(イエス・キリスト) および使徒ペテロ、パウロのもとにエルサレムに集って諸宗教の合同、和合を論ずる諸国民代表の賢者たちは、[8] ギリシャ人、イタリア人、アラブ人、インド人、カルデア人、ユダヤ人、スキタイ人、ペルシャ人、シリア人、スペイン人、トルコ人、ドイツ人、タタール人、アルメニア人、ボヘミア人、最後にイギリス人と実に多数である。[9] 仏教の影響が昔も今も甚大な日本に生れた我々にとっては、クザーヌスが、インド人、ペルシャ人、タタール人をあげていながら、仏教徒にふれていないのは、一寸不満に思われる。[10]

いずれにせよ、『信仰の平和について』の全体の論調は「平和的」、「協調的」で、世界の諸宗教にある共通的なものを求めて行こうとする態度に溢れている事は明らかである。それら諸宗教の儀礼 (ritus) は種々であっても、その背後にあるものは「一つの宗教」(una religio) であって、[11] 従って、それら宗教はお互いに排斥や勢力争いによらず、話合いと相互理解によって調和と協力を求めて行くべきであるという事が強調される訳である。これがクザーヌスの「多様な儀礼の中の唯一の宗教」(una religio in rituum varietate) という思想であると広く理解されて来たのである。[12]

このようなクザーヌスの考えを、諸宗教間の関係を全く併存化、ないしは相対化した宗教的多元主義と見る解釈は、西欧でも、特に啓蒙主義時代以後の学者により広く受け入れられたといえる。[13] 一七八七年に出版されたJ・S・ゼムラー（Johann Salomon Semler, 1725-1793）の『信仰の一致又は統一性に関する枢機卿クーザのニコラウスの対話』(Des Kardinals Nikolaus von Cusa Dialogus von der Übereinstimmung oder Einheit des Glaubens, Leipzig, 1787) などは、その最も良い例である。[14]

ここで一寸、私事にふれることを許していただきたい。一九六四年、クザーヌス死後六〇〇年に、イタリアのブレサノーネ（Bressanone またはドイツ語で Brixen）で開かれた国際記念学会に招かれ、そこで「クーザのニコラウスと宗教寛容の思想」(Nicholas of Cusa and the Idea of Religious Tolerance) と題する論文を発表する機会を与えられた。[15] その際の司会者は、つい最近、八月五日に九九歳で亡くなられたクザーヌス研究の大先輩レイモンド・クリバンスキー（一九〇五―二〇〇五）教授であった。Ph. D. 学位を得てまもなく、初めて国際会議に参加して論文発表をする若者には、各国からの有名な学者たちを前にして、震え上らんばかりの緊張振りであったのを記憶している。

今から見るとその論文は未熟なものであったが、クザーヌスの『信仰の平和について』の解釈に当って、その内容的検討のみならず、その時代的背景を考慮する事の重要性を強調したものであった。その上に、クザーヌスのキリスト教と他の宗教との相互関係観については、全く相対化した、いわゆる〝完全〟な「宗教の寛容」の立場に基づくものではないという解釈を支持したものであった。あれから四〇年以上たった現在、ほぼ同様のテーマについて議論している自分のことを考えると、自分の理解に可成りの深みが加わったのでなければ、何とも面目のない事と思わざるをえない。

一四五三年に書かれた『信仰の平和について』に比べて、クザーヌスが最も真剣にイスラームに取りくんだのは、言うまでもなく、親友の教皇ピウス（Pius）二世（一四五八―一四六四）の要請によって一四六〇年から一四六一年の間に書かれた『コーランの精査』である。[16] 彼がその為に使用した文献については同著の緒論に説明があり、それら文献は上述したクザーヌス図書室の Cod. Cus. 107 と Cod. Cus. 108 に含まれている。[17]

クザーヌスはその緒論において、『コーランの精査』を書くにあたっては、自分がカルトゥジア会のディオニュシウス（Dionysius Cartusianus, 1402-1471）にイスラーム反駁の本を書くように要請し、その結果、ディオニュシウスは厚い『ムハンマドの不誠実に対する反駁論』（Contra Perfidiam Machometi）を書いて教皇ニコラウス五世（一四四七―一四五五）に捧げた[19]と述べているし、その他にも、ドミニコ会士のモンテクルチスのリコルドゥス（Ricordus de Monte Crucis, O. P., ca. 1243-1320）の『サラセン人の法に対する反駁論』（Contra Legem Saracenorum）[20]や、その他にトマス・アクィナス（Thomas Aquinas）の『アンティオキヤの聖歌隊指揮者に宛てた信仰の根拠について』（De Rationibus Fidei ad Cantorem Antiochenum）[21]やトルケマダのファン（Juan de Torquemada）の『ムハンマドの不誠実の根本的誤謬に対する反駁論』（Contra Principales Errores Perfidi Mohameti）[22]などを参照したと述べている。

調和強調的であった『信仰の平和について』に比べて『コーランの精査』が全体的にみてイスラームについてより批判的、論争的であることは疑いない。その第一巻では神の唯一性が強調されているので、特に強烈な批判論は含まれていないが、その後には、特に「コーランに対する罵言」という題の第二巻、第十九章などには強い批判が述べられている。[23]

クザーヌスに大きな影響を与えたライムンドゥス・ルルス（Raimundus Lullus, 1232?-1316）が、イスラーム教徒との関連において、初期には、アラビア語の習得、コーランの学習、ムスリムの為の宣教努力などを強調したのに対し、後年になって、イスラームに対してより戦闘的な議論を展開し、十字軍的活動につながった事が思い出される。(24) クザーヌスのイスラームを含めた他宗教に対する穏和な立場が、イスラームに関しては後年になって何故、より批判的になったかについては、色々な理由が考えられる。

まず第一に、以前以上に深く、真剣な研究をした結果として、イスラームのより明白な理解に達した事の反面、その弱点、非ないしは反キリスト教的教説に一層の認識を持つようになった事が考えられる。(25) コーランがイエス・キリストが神の子であることを屢々否定し、キリストの十字架上での死のみならず、(26) キリスト教の根本的教えである三位一体論をも拒否している事は、(27) クザーヌスには早期から明瞭であったと思われる。

第二に、一四五八年以来、カトリック教会の中心地であるローマに在住し、一四五九年には、教皇ピウス二世のマントゥア(Mantua)会議出席中、教皇特使兼臨時総代理となり、いわば、体制擁護者の地位についていたクザーヌスにとっては、以前より敏感に、カトリック教会とキリスト教世界に挑戦をもたらしたイスラームに対して、自然に批判的、警戒的、護教的な態度をとるようになったと思われる。(28) この事に関しては、ピウス二世自身が一四六一年にムハンマド(Muhammad)二世(一四五一—一四八一)に有名な書簡を送り、キリスト教世界の強力さを誇示、強調した事が思い出される。(29)

第三に考えられる重要な理由は、一四五九年に開かれたマントゥア会議で、対トルコ十字軍編成を提唱し、その為に甚大な努力をしていた親友ピウス二世を援助せんとしていたクザーヌスの友情であったと言える。事実、クザーヌスは、ピウス二世に捧げた『コーランの精査』の初頭に、

「おお！ 最も聖なる教皇よ！ 貴下の純朴な僕《しもべ》が、熱狂的な信仰をもって著したこの本をお受け取りください。

異端ネストリウス教派から派出したムハンマドの分派《セクト》は誤謬に陥っており、拒否さるべきであることを貴下の天才と雄弁を持って明示されるよう、どうかこの本を受納ください」[30]

と述べている。

第四の理由としては、技術的な点として、クザーヌスが使用したケトンのロベルトゥスが一一四三年に完成したコーランのラテン訳が不十分であって、クザーヌスがコーランをすこし誤解した事もあげられる。[31]

クザーヌスと「敬虔な解釈」

しかし、特に注目すべき事は、『コーランの精査』において、クザーヌスがコーランの「敬虔な解釈」(pia interpretatio)[32]という事を提唱し、それをコーラン理解の方法としている事である。それは、L・ハーゲマンによれば、「キリスト教の視点からする好意的で柔和で寛大なコーラン解釈に他ならない」と理解されるものである。[33] クザーヌスは一四三三/三四年に書いた『普遍的和合について』のなかで、「コンスタンティン大帝の寄進状」の偽造性を初めて立証した事で有名であるが、[34]『コーランの精査』にも、彼の文献学的、解釈学的、人文主義的な関心と、正確なテキストへの注意集中が明らかにうかがわれる。[35]

"Pia interpretatio" という言葉は『コーランの精査』の第二巻に四回使われている。[36] ベルンカステル・クースの図書室に現存するラテン訳のコーランにクザーヌスが書いた傍注を見ると、少なくとも三度にわたって——恐らく一四三三年、一四五三年、一四六〇—六一年に——、すなわちバーゼル公会議時代、『信仰の平和について』執筆以前、それから『コーランの精査』執筆中に注を書いたものと思われる。[37] 第三回目に注を書いた時には彼は殆ど六十歳であったが、最も真剣にコーランを読んだようで、傍注は短いけれど、彼の注意力を表すものが多い[38]。

クザーヌスの言う所によれば、『コーランの精査』を書くにあたって、即ち、コーランを「精査し、篩《ふるい》にかけ」て調べる際に、多妻をもったムハンマドの素行、生活とか、楽園に入った際に、ぱっちりした白い目の美女によって与えられる肉感的快楽についてなどのコーランのあちこちに書かれた忌まわしい想念を排除し[39]、またユダヤ教的やネストリオ派的な要素を取り除き、その反対に、コーランの中にある福音に依存する、新旧約聖書に和合した部分を拾いあげ、それらに注目していかなければならないと言うのである。「われわれは、彼らムスリムの間で権威を有しているあの書物を、われわれにとっても意味あるものとすることに絶えず努めねばなりません[40]」と彼は述べる。

このような解釈方法を取ったという事は、クザーヌスがキリスト教の根源性を認めたと共に、第二には、イスラームにもそれを反映する教説が内在する事を確認したと言える。再びハーゲマンを引用すれば、クザーヌスは「コーランの中にさえも福音の真理を見い出すことが可能である[41]」と信じたのである。

一四六四年、教皇ピウス二世は、イタリアのアンコナ（Ancona）港にあって、諸国の君主にむかって十字軍参加を強く要請して来たにも拘らず、わずかしか到来していなかった船舶に落胆していたのであったが、クザーヌスは、教皇のもとに駆けつける為、七月三日にローマを出発しアンコナへの道を急いで居た。けれども途中、トディ（Todi）で八月一一日に生涯を閉じ、ピウス二世自身も三日後にアンコナで死亡したのである。もしもクザーヌスがアンコナに到着したとしたならば、どのような活動をしたか、平和論者であった彼が、十字軍支持、反イスラーム思想家となっていたか、それはどのような理由からであったか、といった種々の疑問は、結局、歴史の幕に閉ざされて、明瞭な解答は得られなくなったと言えよう。

「文明の衝突」

ハーバード大学のサムエル・P・ハンチントン教授は、一九九三年に"The Clash of Civilizations"という『外交雑誌』(Foreign Affairs)に発表した論文で、世界の政治は新しい時代に入りつつあり、それは今までのようにイデオロギーや経済問題中心の時代でなく、紛争の根本的問題は文化的(cultural)であり、世界の政治は「文明の衝突(clash)」によって支配されるであろうと説いた。この論文は一九九六年に出版された彼の著 *The Clash of Civilizations and the Remaking of World Order*(文明の衝突と世界秩序の再建)において更に展開され、非常な反響をよんだ。(42)

彼の指摘によれば、歴史家アーノルド・J・トインビー(Arnold Joseph Toynbee, 1889-1975)は、彼の有名な著書 *A Study of History*(『歴史の研究』、全六巻、一九八四―八九)において二十一の主要文明を挙げたが、現在では、そのうち七つないしは八つの文明が存在するとされた。それは、西欧(Western)、孔子もしくは儒教(Confucian)、日本(Japanese)、イスラーム(Islamic)、ヒンドゥー(Hindu)、スラビック・オーソドックス教(slavic・Orthodox)、ラテン・アメリカ(Latin・American)の文明と、"多分"(possibly)アフリカ(African)の文明であると言うのである。ハンチントンの七つないしは八つの文明論が正確であるかどうかは別として、ここで問題にすべきは、文明、文化を中心の概念として世界政治の現在・将来を議論するよりは、もっと突込んで、文化、文明の基礎にある宗教を根本概念として考える方が真相に近づく事が出来るのではなかろうか、と言うことである。なぜそのアプローチが回避ないしは拒絶されるのであろうか。余りにも単刀直入的で、紛争や恐怖感をもたらし易いからであろうか。

ともかく、ハンチントンがトインビーを通じてあげた儒教を宗教と考えるべきかどうかは別問題として、彼の七つないしは八文明論も、ユダヤ教とキリスト教、仏教、イスラーム教、ヒンドゥー教のグループに分割する事が出来ると思われる。その中でも、キリスト教とイスラームの関係が、西欧の歴史においてだけではなく、現在の世界政治上、特に重大な意義を持って来たし、持っていることは明白である。

中世と現代に関連して、一〇九五年に始まった第一次十字軍から一二七〇年に終った第八次の十字軍遠征、一四五三年のコンスタンチノープル陥落、オスマン帝国（一三八三―一六五〇）の興隆、衰亡などが、キリスト教とイスラームの関係に甚大な影響を及ぼしてきたのは周知の事実である。最近における近東の諸問題が、一方に、パレスチナとイスラエル、それに他方、キリスト教国とイスラーム諸国との間の紛争に基づくことは言うまでもない。上述のように、クザーヌスは多神教的ともいえる仏教の存在を知らなかったか、重要視しなかったと思われるが[43]、彼が重要な一神教であるユダヤ教、キリスト教、イスラーム教の関係についてより明確な理解に達しようと真剣に努力した思想家であったことは間違いない。

イスラーム研究の西欧における最高権威者の一人と見做されるプリンストン大学のB・ルイス（Bernard Lewis）教授は、二〇〇一年九月一一日の「同時多発テロ」のすこし前に出版した *What Went Wrong?*（何が失敗の理由か？）というイスラーム教国批判の本で、「ムスリム教徒自身の観点、理解によれば、文明とは正にイスラームと境界を一つにするものであって、その境界を越えた所に住む者は野蛮人と異教徒、異端者だけであった」と述べている[44]。イスラーム信者の態度がこのような自信、ないしは傲慢にみちたものであったとしたなら、同じ一神教徒のユダヤ人とキリスト教信者との間に軋轢、紛争が絶えなかったのも理解し易いと言える。その結果は、ハーゲマンの言う「攻撃と猜疑の歴史」であった訳である。[45]

クザーヌスはこの問題の解決にあたって、当初は、武力によらず話し合いを強調したが、諸種の事情、条件から、いわば従来の十字軍的な方法に可成り傾くようになったと見られるのは上述の如くである。それにしても、彼が調和的、説得的アプローチを全然放棄したと言う事は出来なく、できるだけ友好的で寛大なコーラン解釈を採用しようと試みたことは明白である。

一四六一年に完成した『コーランの精査』は、かなり前から研究されて来たと言えるものの、『普遍的和合について』（一四三三―三四）、『無知の知について』（一四三〇）、『推測について』（一四四二）のような彼のより前期の著作に比べると、割に最近になってより注目を受け、研究されるようになったものである。権威のあるハイデルベルク版の『クザーヌス著作全集』（Nicolai Cusani Opera omnia）の第八巻をなす、三七〇頁にわたるハーゲマン教授編纂の『コーランの精査』は一九八六年に出版されたものである。『宗教の平和について』に表現された所謂〝宗教寛容〟の思想に元気付けられた〝エキュメニスト〟にとっては、『コーランの精査』は失望をもたらす著作かもしれない。その本では、イスラーム教徒は、教育がなく、無知で、偶像崇拝者であるという従来の形にはまったくアラブ人感がたしかに残っている。キリスト教徒でイスラーム研究の大家であったG・C・アナワティ（G. C. Anawati）教授などは、『コーランの精査』はイスラーム教徒に見せない方がよいと断言した程である。[46]

しかし、クザーヌスの神学は〝話を続けていく神学〟[47]（theologia sermocinalis）で、話相手が理解、和合に達しうるという望みを放棄しないものである。上述したように、クザーヌスが『コーランの精査』を書くにあたって参照した諸著作は、現在、ベルンカステル・クースのクザーヌス図書室のCod. Cus. 107と108にあるが、その107には〝愛の本質について〟（De essentia amoris）というかなり長い傍注がついている。[48] そこには、「愛は和合、統一をもたらすことに注意して下さい。そして、愛が大きくて完全であればある程、より大きな統一を成しとげるのです」と書いてある。この愛の本質の議論は、後に書かれた『コーランの精査』にも繰り返されている。[49] この愛についてのクザーヌスの言葉こそ、彼のイスラーム神学に対する真剣な返答であったと言えよう。

むすび

現在、世界には、約十五億人のイスラーム教徒がいると言われる。近東のみならず、西欧、アフリカ、それに最多数はインドネシアに住在している。その大多数がイスラーム教徒国とされる四十四ヶ国のうち、アフガニスタン、イラン、パキスタン、サウディ・アラビアのように公式に「イスラーム国家」と称する国々（10）、アルジェリア、バングラデシュ、エジプト、イラク、マレーシアなどのようにイスラームを「国家宗教」とする諸国（12）、その憲法にはイスラームについて何ものべられていないアルバニア、レバノン、シリア、インドネシア、スーダンなどの国々（11）、それに、明白に「世俗国家」と称えるマリ、ナイジェリア、セネガル、トルコなどの諸国家（11）もあって、事情は複雑である。

クザーヌスの時代には、問題も違っていたし、関心もことなっていたが、主に西欧のキリスト教と近東のイスラームの間の衝突（clash）に注意をむけていた事は間違いない。けれども、現今の状態については、ごく最近に出版された『（真の）神以外に神は存在しない』（No god but God）という本で若いイランの研究者である著者、レーザ・アスラン（Reza Aslan）は、これからの世界の問題は、西欧とイスラーム諸国の間の紛争ではなく、むしろ、イスラム教徒、教国間の不和、紛争がより重大な問題となると説いている。[50]

そういった世界情勢の下に、クザーヌスの説いた「話し合い」と「愛による和合、統一」に基づいた宗教寛容へのアプローチは、有効的であり得ないし、不可能であるとの批判も投げかけられるであろうし、クザーヌス自身、諸事情から、そのアプローチに自信を失ったかに見えるが、一方、長い歴史の発展を見ると、彼のアプローチこそ、人類にとって重大な問題への解決にのこされた最も望ましい方法と言えないであろうか。

*この論文は、二〇〇三年一〇月二四日に新潟で開催された日本クザーヌス学会第二二回大会でおこなった特別講演に一部基づいている。

注

（1）*Nicolai de Cusa Opera omnia* XVI, 1（Hamburg : Felix Meiner, 1970）.

（2）Jasper Hopkins, *Nicholas of Cusa's* De pace fidei *and* Cribratio Alkorani（Minneapolis : The Arthur J. Banning Press, 1990）, p. 75. 最近のイスラームに関する本には、しばしば『クルアーン』と書かれているけれども、ここには従来の『コーラン』を使用する。

（3）このイギリス人数学者、天文学者の生地としては、ケトン（Ketton-Kettenensis）、レディング（Reading-Retinensis）、チェスター（Chester-Castrensis）などがあげられて来た。スペインに渡り、トレド（Toledo）などでアラビア語の天文学や数学書の研究をした。クリューニー修道院長ペトルス・ウェネラビリスに一一四二年に頼まれて『コーラン』のラテン語訳を完成した。

（4）J. Marx, *Verzeichnis der Handschriften-Sammlung des Hospitals zu Kues bei Bernkastel a./Mosel*（Trier : Selbstverlag des Hospitals, 1905）, pp. 106 - 108 ; James E. Biechler, "Three Manuscripts from the Library of

Nicholas of Cusa," *Manuscripta* XXVII (July 1983), p. 92.

(5) Hopkins, *Nicholas of Cusa's*... , p. 75.

(6) Erich Meuthen, "Der Fall von Konstatinopel und der lateinische Westen," *Historische Zeitschrift* 237 (1983), pp. 1-35.

(7) ニコラウス・クザーヌス『信仰の平和』八巻和彦訳、小山宙丸監修、中世思想原典集成17『中世末期の神秘思想』(東京平凡社、一九九二年)、五七八—六四四頁。

(8) *Nicolai de Cusa* De pace fidei, ed. Raymond Klibansky and Hildebrand Bascour, O. S. B. (London : The Warburg Institute, 1956), p. 10 ; Hopkins, *Nicholas of Cusa's*... , p. 37.

(9) *Nicolai de Cusa* De pace fidei, pp. 11-62 ; Hopkins, *Nicholas of Cusa's*,... , pp. 37-70. クザーヌスのタタール人観については、八巻和彦「『信仰の平和』におけるタタール人像――クザーヌスの東方への眼差し――」『文化論集』23 (二〇〇三年九月)、pp. 1-21 参照。

(10) 八巻訳『信仰の平和』五八二頁。仏教はクザーヌスの言う「偶像を崇拝しているインド人」(八巻、pp. 597-598) として片付けられたのであろうか。

(11) *Nicolai de Cusa* De pace fidei, p. 7 ; Hopkins, *Nicholas of Cusa's*... , p. 35.

(12) この概念について多数ある研究から、とくに有名なものをあげると、Michael Seidlmeyer, "Una religio in rituum varietate : Zur Religionsauffassung des Nikolas von Cues," *Archiv für Kulturgeshichte* 36 (1954), 145-207 ; Bruno Decker, "Nikolaus von Kues und der Friede unter der Religionen," in Josef Koch, ed. *Humanismus, Mystik und Kunst in der Welt des Mittelalters* (Leiden : E. J. Brill, 1959), pp. 94-121.

(13) Decker, "Nikolaus von Kues," pp. 111-112, 118.

(14) Johann Salmon Semler, *Des Kardinals Nikolaus von Cusa Dialogus von der Übereinstimmung oder Einheit des*

Glaubens, Leipzig, 1787.

（15）その論文は後に Morimichi Watanabe, "Nicholas of Cusa and the Idea of Tolerance" in *Nicolo' Cusano agli inizi del mondo moderno*（Firenze : G. S. Sansoni, 1970), pp. 409-418. として発表された。

（16）*Nicolai de Cusa Opera omnia*, VIII, Cribratio Alkorani, ed. L. Hagemann（Hamburg : Felix Meiner, 1996).

（17）Cf. 注4。

（18）*Opera omnia*, VIII, Prologus, p. 6.

（19）Cod. Cus. 107, fol. 1^r-193^v. ハーゲマン『キリスト教とイスラーム』p. 118 ; Biechler, "Christian Humanism," p. 10.

（20）Cod. Cus. 107, fol. 194^r-232^v. ハーゲマン『キリスト教とイスラーム』pp. 88, 101, 118. リコルドゥスについては、Hagemann, *Der Kur'an*, pp. 56-57 参照。

（21）ハーゲマン『キリスト教とイスラーム』pp. 83-88. Hagemann, *Der Kur'an*, pp. 67-68.

（22）ハーゲマン『キリスト教とイスラーム』p. 118. Hagemann, *Der Kur'an*, p. 68.

（23）*Opera omnia*, VIII, pp. 124-128, 154-158（Invectio Contra Alkorarum); Hopkins, *Nicholas of Cusa's*... , pp. 146-149（An invective against the Koran).

（24）ハーゲマン『キリスト教とイスラーム』pp. 102-109.

（25）例えば『コーラン』井筒俊彦訳（岩波書店、一九五七）（上）一四一—一八九頁、（中）一三〇、一三六、一五四、二〇三頁、（下）一五六頁。Cf. ハーゲマン『キリスト教とイスラーム』p. 125.

（26）『コーラン』（上）p. 138.

（27）『コーラン』（上）pp. 141, 160.

（28）Cf. ハーゲマン『キリスト教とイスラーム』pp. 10-102.

（29）Giuseppe Toffanin, *Lettera a Maometto II*（Naples : Pironti, 1953); Albert R. Baca, ed., *Aeneas Silvius Pic-*

colomini : *Epistola ad Mahomaten II* (New York : Peter Lang, 1989).

(30) *Opera omnia*, VIII, 1. クザーヌスはそこでイスラームを「ムハンマドのセクト」と解している。ハーゲマン『キリスト教とイスラーム』p. 114.

(31) ケトンのロベルトゥスのラテン語訳の欠点については、T. E. Berman, "Tafsir and Translation," *Speculum*, 75, 3 (July 1998), 703-732. Cf. James E. Biechler, "Nicholas of Cusa and Muhammad : A Fifteenth Century Encounter," *The Downside Review*, 101 (January 1983), 55.

(32) Biechler, "Nicholas of Cusa and Muhammad," 55-56 ; ハーゲマン『キリスト教とイスラーム』pp. 112-113.

(33) ハーゲマン『キリスト教とイスラーム』p. 113.

(34) Morimichi Watanabe, *The Political Ideas of Nicholas of Cusa, wih Special Reference to his De concordantia catholica* (Genève: Librairie Droz, 1963), pp. 145-156.

(35) Biechler, "Three Manuscripts," 96, 100. Cf. R. W. Southern, *Western Views of Islam in the Middle Ages* (Cambridge, MA : Harvard University Press, 1962), pp. 93-94.

(36) *Opera omnia*, VIII, pp. 72, 95, 99, 125; Hopkins, *Nicholas of Cusa's...*, pp. 115, 129, 132, 147 ; ハーゲマン『キリスト教とイスラーム』pp. 112-113.

(37) Biechler, "Three Manuscripts," 93, 95.

(38) Biechler, "Three Manuscripts," 95.

(39) 『コーラン』(上) pp. 167, 169, 175 ; (中) pp. 200, 212, 249 ; (下) pp. 38, 166, 168, 169, Cf. Biechler, "Nicholas of cusa and Muhammad," 53, 55 ; ハーゲマン『キリスト教とイスラーム』p. 100.

(40) Biechler, "Nicholas of Cusa and Muhammad," 53 ; ハーゲマン『キリスト教とイスラーム』p. 111.

(41) ハーゲマン『キリスト教とイスラーム』p. 114.

（42）中田考『イスラームのロジック――アッテーから原理主義まで』（講談社選書メチエ」（講談社、二〇〇一年）、三〇一頁によれば、サミュエル・ハンチントン『文明の衝突と二一世紀の日本』（集英社新書）（集英社、二〇〇〇年）が出版された。

（43）Cf. 注10。

（44）Bernard Lewis, *What Went Wrong?: The Clash Between Islam and Modernity in the Middle East* (New York : Oxford University Press, 2002), p. 3.

（45）ハーゲマン『キリスト教とイスラーム』p. vii.

（46）Georges C. Anawati, "Nicolas de Cues et le problème de l'Islam" in *Nicolo' Cusano agli inizi del mondo moderno* (Firenze : Sansoni, 1970), pp. 141-175 at 179.

（47）Cf. 注4と17。

（48）Biechler, "Three Manuscripts," 97.

（49）"Nota amor unit. Et quanto maior et perfectior quanto magis unit." Biechler, "Three Manuscripts," 100 ; Nicolaus de Cusa, Adnotatio de essentia amoris (Cod. Cus. 107, fol. 21). クザーヌスの『コーランの精査』には以下のごとくに書いてある。*Opera omnia,* VIII, 104—"Quoniam autem amor unit, amor perfectissimus, qui maior esse nequit neque minor, cum sit substantialis, maxime unit. Video igitur in essentia ipsius amoris unientis unitatem. Quomodo enim esset unus uniens amor sine unitate ?"

（50）Reza Aslan, *No god but God : The Origins, Evolution and Future of Islam* (New York : Random House, 2005), pp. 220-248.

歴史的啓示の考察

近藤　勝彦

はじめに

現代の人間の神観念は概して稀薄であり、また不鮮明である。それによって世界と人生の存在や意味の根拠を認識することはできない。それに対してキリスト教の神学的認識は現代人の一般的神観念によらず、啓示によってなり、神学全体の認識は啓示の理解から本質的に規定されている。このキリスト教神学が立脚する啓示は、イエス・キリストにおける神の啓示であり、イエスという歴史的存在を基盤にして「歴史的啓示」と言われる。しかしこの啓示の「歴史性」の意味内容について、厳密にはかならずしも神学的に自明な共通理解があるわけではない。一九世紀の歴史的研究が史的イエスの問題をめぐって相対主義的混乱に陥って以来、神学はこの「歴史的啓示」の概念をめぐって確定した共通理解を失っている。「歴史的啓示」をどのように認識し、提示するかという問題は、キリスト教教義学の決定的な問題であるとともに、神と歴史の関わりをめぐって、キリスト教弁証学や倫理学にとっても決定的な問題である。弁証学が歴史問題とどう関わることができ、倫理学が歴史的経験を踏まえた倫理学としてどう展開し得るかという問題も、結局は「歴史的啓示」の理解によって決定される。「啓示」が非歴史化されるならば、キリスト教弁証学も倫理学もまた、その根本において非歴史化されざるを得ない。弁証学も倫理学も一般に歴史的現実との関わりを希薄にさせられ、具体的に近・現代史との関わりの中で弁証学や倫理学として打ち立てられることが困難に、また無意味にさえなるであろう。ここでは「歴史的啓示」をめぐって、二〇世紀神学の中でも重大ないくつかの神学的試みを検討する。それに基づいて、「歴史的啓示」のあるべき理解を探究するためである。

1 「戦いは、戦い抜かれなければならない」——エルンスト・トレルチの試みとその意味

一九一一年、エルンスト・トレルチは分量的には小さいが質的には重大な講演「信仰にとってのイエスの歴史性の意義」(1)を出版した。その際トレルチが取り組んだ問いは、歴史的方法によって認識されるイエスの人格は信仰に対して内的かつ本質的な意味を持っているかという問いであった。この問いの背景には、すでに従来からのキリスト教思想をめぐる二つの大きな事実があった。一つは、一切を歴史的制約のもとに理解する歴史的方法が近代人の意識に浸透しているという事実であり、もう一つはトレルチの理解に従えばすでに一七世紀以来キリスト教信仰の変貌が進行しているという事実であった。その変貌とは、トレルチによると、キリスト教はもはや歴史的な救済の業を必要としない神信仰、つまりスピリチュアリステッシュに理解された魂に働く神の信仰、もしくは「キリスト教的理念」に変えられているというものであった。D・F・シュトラウスやA・E・ビーダーマンの表現で言えば「人格」から分離された「原理」としてのキリスト教への変貌である。人格はこの原理の認識の歴史的初動には関係しても、それ自体に内的本質的な関係を持つことはもはやない。それは言うならば、信仰内容の中にイエスのいないキリスト教ということになる。

これに対し、トレルチは「人格」と「原理」、「イエスという事実」と「キリストという象徴」の結合を図ろうとした。なぜならキリスト教的理念はただ理念として存在するのでなく、「宗教」として存在するのであり、それゆえに「祭儀と共同体」を必要とし、祭儀と共同体はその中心に「歴史的人格」を必要とするとトレルチは考えたからである。この結びつきを欠くことは、キリスト教理念そのものの生命に関係するとトレルチは理解した。この「祭儀と共同体」の中心をなす歴史的人格の認識に当たって重大なのは、イエスの個々の事実ではなく、「イエスの現象全体の事実性(2)」であるとトレルチは考えた。そしてこの「事実」は歴史的批評的方法を通して確定されなくてはならない。なぜなら「信仰は事実を解釈するが、事実を確定することはできないからである(3)」。事実を確定するのは、信仰の働きでなく、歴史的方法による認識である。こうして「キリストという象徴」が「イエスという事実」の中に確固として強力な内的基礎をもつべきであれば、つまり「共同体と祭儀の歴史的な基礎」をイエスの中に確保するためには、歴史的研究によるイエス認識の「戦い」は、「戦い抜かれなければならない(4)」とトレルチは語った。「もしこの戦いがイエスの歴史性に対し、あるいはおよそイエスの認識に対して不利に決着すれば、それは実際、科学的な教育を受けた民衆層においてキリスト象徴が終る、その終りの始まりであろう(5)」とトレルチは言う。彼はその時代の「非歴史主義的に方向づけられた若い世代(6)」とは異なり、歴史的批評的認識の戦いを戦い抜くことで、信仰の歴史的基盤を保持しようとした。またそれが可能であることを最後まで疑わなかった。彼にとっては無制限な相対主義や懐疑主義を原理的に貫く歴史主義は真の歴史主義ではなかった。彼による真の歴史主義は宗教的基盤の支持に基づくことも可能なものであった。

この歴史的批評的方法によるイエスの事実の認識は、トレルチによれば、詳細を尽くす必要はなく、「基本的な全体像」の確認だけで十分であり、「キリスト教信仰の成立と形成にとってのイエスの人格の決定的な意味」が認識され、「イエスの説教の宗教的倫理的な基本性格」と「その説教が最古の教団において経験した変化」が認識されればよいと言う。ほぼ同じ年代のハイデルベルクでの講義をもとにした彼の『信仰論』は、『信仰にとってのイエスの歴史性の意義』と同趣旨のもとに、キリスト祭儀の根拠を「イエスの人格の並外れた印象(7)」に遡らせている。トレルチは「復活」の歴史的事実性については歴史的方法によって否定も肯定もしなかったが、復活現象の根拠とイエスにメシアの属性が付与されたことに関しては、この「イエスの並外れた印象」に遡れると考えた。イエスの人格の並外れた印象の主要点としてトレルチが挙げたのは、「魂の価値と兄弟愛による神の国とを説いた彼の宗教的倫理的な説教、並外れた派遣意識、神によって引き起こされるべき世界の更新に対する緊張感(8)」などで、これらは歴史的方法によって明確に認識できるとトレルチは言う。これらのイエス認識は、内容的には、当時の宗教史学派のイエスにおける「神の国」発見が関係している。このようにして歴史的に確定できるイエスの並外れた印象から、トレルチはキリスト祭儀と復活顕現、キリストとしてのイエスの信仰の成立を説明し、イエスの人格の中にわれわれの「神秘的な頭(9)」を認識するに至ると語った。つまり、トレルチは歴史的方法による事実の確定によって、キリストを「神秘な頭」とする祭儀的な結合を理解したのである。トレルチとしてはしかしここまでが歴史的方法による認識の限界であった。彼は「神秘な頭」を語ることはできたが、それは「イエスの神性」を認識できると語ったわけではなかった。トレルチはさらに『信仰論』の口述筆記の部分とは別に、講義の部分、従って口述筆記部分よりは一層編者であるゲルトルート・フォン・ルフォールの筆記ノートに依存しなければならない部分の中で、「良心の呵責なしにイエスの人格の心理学的な意義を越えていくことができる人」なら、「キリストの神性について語ることができ」、「正統主義との連結はより容易になる(10)」とも語ったという。しかし歴史的方法を越えることは彼自身の学的な道ではなかった。トレルチとしては歴史的方法により、キリストの人格を頭とする祭儀的共同体に基づきつつ、キリスト教的理念世界を生命的に保持しようと試みることで満足するに止まった。その際、そもそものキリスト教的理念世界には、イエスの神性や、イエス・キリストを第二位格とする内在的三位一体の神の主張は欠如していたのである。

こうしてわれわれはトレルチの中に二つの層を認識する。一つには彼は、歴史的方法による歴史的なイエス認識の戦いを戦い抜く。なぜならそれは信仰の根拠に関わる問題であり、宗教的祭儀共同体の運命を決する問題であるからである。信仰はただ信仰そのものによってのみ基礎づけられるというマルティン・ケーラーの敬虔主義的主観主義の道をトレルチは採らなかった。信仰の根拠は歴史的事実にあり、その事実は歴史批評的方法によって確定されなければならない。イエスの人格という歴史的事実を欠いてキリスト教祭儀共同体は生き続けることはできず、従ってまたキリスト教理念の終わりが始まることになる。それゆえ歴史批評的研究の戦いは戦い抜かれなければならないというのである。しかしトレルチにはもう一つの層がある。それは「キリスト教的理念」そのものをどう認識するかという問題であって、このこととの関連でイエスの神性は本質不可欠的な契機にはなっていなかった。キリスト教理念そのものが、すでに「イエスの神性」のない神理念へと変貌していたからである。内在的三位一体論を欠如した神信仰のために、トレルチにおいてはただその祭儀的ならびに共同体的基盤構成のレベルにおいてだけ「イエスの歴史性」が問題になったのである。信仰の根拠としての事実というとき、信仰そのものの内容に入る「イエスの神性」という根拠ではなく、イエスの神性なきキリスト教理念の歴史的、祭儀的、共同体的な根拠だけが問題になった。イエスの神性そのものは、キリスト教的神信仰の内容的構成原理として浸透していなかったのである。

「キリスト教的理念」はしばしば「キリスト教的な信仰と生の世界」とも言われ、また単純に「キリスト教的神信仰」とも言われる。イエスの人格について、またその説教についてただ「基本的な全体像」で事足りるとされたのは、この「キリスト教的な信仰と生の世界」にとってイエスの歴史的人格が唯一の源泉ではなかったからでもある。イエスの歴史的人格は、「準備と影響との大きな関連」[11]の中にあると、トレルチは考えた。歴史的に見るということは、まさに歴史的な相互関係の中に見ることにほかならない。イエスの歴史的人格には「預言者と詩編作家の準備」があり、「パウロ的なキリスト教信仰とルターからシュライアーマッハーに至る豊かなキリスト教的人物の影響」[12]がある。そうした啓示の準備と継続作用の中に、その中心としてイエスの歴史的人格がいるというのである。この啓示の大きな連関に支えられることによって、イエスの人格についての歴史的認識は、基本的概略的な認識で十分とされた。

2 パウル・ティリッヒにおける「啓示者の透明性」と歴史の喪失

トレルチが歴史的方法によってもたらされる破壊的な結果に対抗して、「戦い」は同じ歴史的方法により同一の次元において「戦い抜かれなければならない」と語った同じ年（一九一一年）に、パウル・ティリッヒはキリスト教を歴史的方法の危険からもっとラディカルに解放する道を探求していた。それは、歴史学がたとえその結論として、ナザレのイエスに関する聖書の記述は実は「イエス神話」であって、イエスは実際には歴史的に存在しなかったとの結論が引き出されたとしても、それによって崩されないキリスト教を求めたのである。初期のティリッヒで有名になった「キリスト教的確かさと史的イエスをめぐる一二八のテーゼ」の試みである。その第一テーゼは『『イエスはキリストである』とのキリスト教的信仰命題は、『キリストであるイエスは実存した』との史的命題から区別されなければならない」[13]というものであった。このテーゼの試みは、「信仰の根拠」に関してティリッヒがトレルチではなく、彼の師マルティン・ケーラーの思想線上に立ったことを意味する。それは、信仰自身が信仰の根拠を与えるという主張である。ただしティリッヒの信仰概念は、ケーラーの意味での心理主義的敬虔主義のそれではない。「究極的関心」

（ultimate concern）あるいは「無制約的なものに捉えられていること」（Ergriffensein）といった概念が示すように、存在論的にして実存論的（Ontological-existential）な信仰概念であった。

ティリッヒの啓示の理解もまた、これと同一基本線上において考えられている。ここでは特に二つの観点から彼の啓示概念を問題にしたい。一つは「透明化」の思想であり、もう一つは「像の類比」の思想である。ティリッヒはキリストにおける啓示を「究極的な啓示」（the final revelation）として主張する。その点ではティリッヒはキリスト教神学者である。しかしキリストとしての啓示の究極性（finality）はどこに根拠を持つか。それはティリッヒによれば、イエスの十字架において啓示の媒介者（ナザレのイエス）が啓示されるもの——ティリッヒによればそれは「存在の根拠」であり、「新しい存在」であるが——に対して「完全な自己犠牲」となり、彼において「存在の根拠」の「完全な透明性」（complete transparency）があることによる。[14] ティリッヒは一般的に、相対的なもの、有限的なものの偶像化を拒否する。それは、有限なものの神格化による他律を拒否することでもある。啓示について言えば、このことは啓示における相対的媒介者が啓示の内容に対して自己を否定し、啓示の内容が透明化することである。この点で重大なのが、イエスの十字架であって、十字架は媒介者自身を偶像化することを拒否することで、「透明性」の象徴として理解された。しかしこのことは、啓示において人間イエス、そして史的イエスとその生涯が「犠牲」とされ、啓示内容の「透明性」に仕えて、「透明化」されることに他ならない。重大なのは「存在の根拠」であって、イエスの生涯の固有性はその十字架も含めて犠牲にされる。

この犠牲と透明性の問題は、「新しい存在」とイエスの関係の中にも現れる。ここでも決定的なのはキリストとしてのイエスにおける「新しい存在」であって、イエスその人ではない。「新しい存在」とは「実存的疎外を克服し、そうすることで信仰を可能にする実在」[15]と定義される。この新しい存在の認識は「歴史的論証」によらず、それへの直接的「参与」による。その直接的参与とは信仰であり、信仰は「実存の制約下における新しい存在の直接的明証」と言われる。従って、ティリッヒによれば、「キリスト教がそこに基づいている出来事の実在性を保証する」[16]のは、この信仰的参与によるのであって、イエスに関する歴史的論証によるのではない。イエスの個性は「新しい存在」に対して「犠牲」にされ、新しい存在はイエスを通過して、「透明性」を得る。こうして史的イエスと「新しい存在」の関係は、あの一九世紀的な「人格」と「原理」の分離を克服してはいないことになる。新しい存在はキリストとしてのイエスの存在と言われながら、イエスの歴史的個性を本質的構成内容とはしない。「人格」（イエス）は「原理」（「新しい存在」）の本質的構成内容ではない。「新しい存在」の理解は、「イエスなきキリスト教か」[17]と疑われることになる。

この問題をさらによく表わしているのが、ティリッヒにおける「像の類比」（analogia imaginis）の主張である。ここでも歴史的研究はキリスト教信仰の基礎を与えもしないし、また奪いもしないというティリッヒ年来の主張が繰り返される。歴史的研究のような不確かな根拠の上に信仰は安らうことはできないのであり、逆に信仰こそがそれ自身の根拠を保証するとティリッヒは言う。この点ですでに述べたように、ティリッヒは彼の師、マルティン・ケーラーの主張を継承している。信仰そのものが「信仰を創造した実在の出現」を保証するという。ただし信仰はすでに述べたように、心理学的にでなく、存在論的に理解されている。その点がケーラーとの相違である。信仰の根拠としての実在は、「人格的影響力」の「体験」ではなく、「無制約的なもの」である。しかしそこには、信仰という結果が、その原因、つまり、実在の出現という原因を基礎づけるという同一の論理がある。「信仰を創造した実在」はティリッヒによると「実存的疎外を克服して信仰を可能ならしめる新しい存在」にほかならない。ところで、その「新しい存在に具体性がなければ、その新しさは空虚である」。そこで、「新しい存在」の現れについての抽象的な文言でなく、それがその人の中に現れた、その人の「像」(picture)が力を持つとティリッヒは言う。歴史的方法による史的イエスの認識ではなく、「聖書的な像」が、それがそこから生じた「現実の人格的生」(actual personal life)との間に類比、すなわち「像の類比」を持つとティリッヒは言う。この実在の人格的生が弟子たちに出会ったとき、「聖書的な像」を作り出した。そしてこの「聖書的な像」が「新しい存在の変革的な力」を伝達する。ティリッヒのこの主張は、要するに歴史的方法でなく、像、つまり聖書的メッセージによる像がリアリティを伝えていることを意味する。「現実の人格的生」と「史的イエス」とは依然として区別して考えられている。「キリストとしてのイエスの聖書的像」が類比的に対応している「現実の人格的生」は、「史的イエス」ではない。こうして「新しい存在」のキリスト教は、「聖書的像のキリスト教」ではあるが、「イエスなきキリスト教」ではないかと疑われるわけである。しかしそれにしても、一体、歴史的方法による認識を否定しながら、なぜそうした「現実の人格的生」が存在したと言い得るのであろうか。ティリッヒの場合、それは「新しい存在」の概念から来ている。「実存のもとにおける実存的疎外の克服」という概念である。それを保証するのは、それに対する信仰的な関与だけである。「信仰的関与が新しい存在が古い存在を克服した一個の人格的生を保証する。しかしそれは彼の名がナザレのイエスであることは保証しない」(18)と言うわけである。果してティリッヒのこの議論は通用するであろうか。「存在」の認識ということであれば、それは歴史的方法による論証の事柄ではないと言い得るであろう。しかし「一人の人格的な生」とその存在は、直接的意識の問題ではなく、歴史的問題であるはずである。さらに言えば、「実存の制約下における実存的自己破壊の克服」ということき、「実存の制約下における」という事態は、もはや存在論的な概念だけではなく、「歴史的」でもある。「新しい存在」が「実存の制約下における」を概念上含むからといって、その概念に対応する実在が現に「実存の制約下に」あるわけではない。「実存の制約下に」ある人物が事実いるかいないかは、歴史的方法の認識によって確認する以外にないであろう。概念の中に「実存の制約下」を含んだところで、現に実存の制約下にそれが出現したことになるわけではない。実存の制約下のことは概念構成のみで決定できることではない。ティリッヒの論理では、信仰は「無制約的なものに捉えられた状態」であり、その無制約的なものは、「実存の制約下にあって実存の疎外を克服する新しい存在」である、従って信仰があるという事実は「新しい存在」が「実存の制約下」に現れた「人物」の存在を証明すると言う。しかしそれはただ、概念の同語反復がなされているだけのことと言わなければならないであろう。

ティリッヒ神学における歴史的方法の欠如を視野におくとき、われわれは、歴史的研究が信仰に危機的となる結果を出す場合には、同じく歴史的な研究の地平において反論の戦いをしなければならないと言わなければならないであろう。この点ではケーラーの信仰自体によるその根拠の証明ではなく、トレルチの「戦いは戦い抜かれなければならない」に組しなければならない。歴史的研究の結論の誤りとそれが及ぼす信仰に対する危機に対抗して、存在論的に構想された「非歴史的な神学的立場」に撤退するのでなく、その結論を歴史学的に修正していく「歴史的神学的方法」による戦いが必要である。ティリッヒのように『聖書的イエス像』と『人格的生の歴史的事実』の類比を言うのでは、史的イエスを喪失し、今生きるのみでなく過去に生きた同一の生にあるイエスの認識を喪失する。[19]「事実性」の概念が、歴史的論証を離れて、信仰的参与の事柄とされていることは、ティリッヒにおける「反歴史主義」の代償である。[20]

3 「神は主としてご自身を啓示する」――カール・バルトにおける「原歴史」と「神思想」の先行性

『ローマ書』第二版の序文において、カール・バルトはフランツ・オーファーベックを「きわめて注目すべき敬虔な人物」として特筆し、彼自身の『ローマ書』第二版が内容的にこの人物と交わした「論議」によって深く影響されていることを明言した。それはプラトンおよびカントの思想が持っている意図に関する知識の修正とともに、またキェルケゴールから学んだ事柄の増大とともに、『ローマ書』第二版の特徴の背景をなしていると言う。こうして挙げられた一連の名によって示される『ローマ書』第二版におけるバルトの思想は、とりわけ「永遠と時間の関係」の理解に関係し、イエス・キリストと時間の関係をどう理解するかを示している。その総括的な表現は例えば次のようなキリストと時間の関係の記述に見られる。「キリストすなわちメシアとしてのイエスは、時間の終わりである。彼はただパラドックス（キェルケゴール）として、ただ勝利者（ブルムハルト）として、ただ原歴史（オーファーベック）として理解され得るのみである」[21]。バルトは少なくとも『ローマ書』第二版から『教会教義学』の第一巻、第二巻において、キリストを時間の終わりとして理解しながら、それをオーファーベックの用語を用いて「原歴史」として表現した。ただしこの「原歴史」の内容は、オーファーベック自身のものと同一であったわけではない。歴史家であったオーファーベックにとって「原歴史」はキリスト教の歴史的成立史であって、後の歴史のキリスト教とは質的区別が指摘されながらも、なおそれ自体として歴史的であり、時間の中の時間であった。しかしバルトはこのオーファーベックの「原歴史」の概念を非歴史化し、超越論的な解釈を施した。バルトにおいて「原歴史」は「時間の中の瞬間とはならない瞬間」である。バルトによると「時間と時間の間に、それ自身は決して時間の中の瞬間とはならない瞬間がある。しかし時間の中の各々の瞬間は、この瞬間の持つまったき尊厳を受け取ることができる。この瞬間は、永遠の瞬間であり、そこで過去と未来が静止し、過去は去ることをやめ、未来は来ることをやめる今そのもの（das Jetzt）である。時間はその秘義を顕す」[22]。この「永遠の瞬間である今そのもの」は歴史的ではない。「一人の、あるいは多数の、あるいはあらゆる人間の歴史において他の時間と対立して特定の時間であるかのように歴史的ではない」[23]と言われる。

こうした「時間の中の瞬間にならない瞬間」の思想をバルトは終末論と呼んだ。『ローマ書』八章二四節「見えるものに対する希望は希望ではありません」の注解箇所において、バルトはあの有名な終末論についての発言をしている。「徹頭徹尾終末論でないようなキリスト教は、徹頭徹尾キリストと何の関係もない」。しかしここでの終末論とは、「教義学の最後に付けられた、あってもなくてもよいような終末論の小さい章」[24]のことではないと、ただちに言われる。終末論は、「終りの事柄」についての思索ではなく、永遠と時間、神と人間、イエス・キリスト、そして神の国についての「永遠の瞬間」「今そのもの」の思索であり、およそ神学的思惟そのものの根本性格とされる。バルトにおいて終末論は、客体的な神学的ザッヘとしての「終りの事柄」に関わる教説であることを止め、主体的な仕方で神学的に思惟化されている。それは、彼の直前の時代に取り上げられた「黙示文学的な神の国思想」とは一切関わりのない「今そのもの」を強調する神学的思惟となった。これは、終末論の「非歴史化」を意味し、神学的思惟化という仕方での黙示文学的な終末思想の「非神話化」を意味するであろう。バルトは啓示についてもまた当然、この非歴史化された終末論的思惟によって理解した。キリストがいかなる方かは、「それ自体非歴史的な事柄」(das an sich Unhistorische)[25]と彼は言う。イエスは「時間の限界」であり、「歴史的なものの死の一線」である。

バルトがこの終末論的思惟を「覚醒」とも呼んだことは興味深いことである。それは「再臨遅延」について語った際であった。バルトによると「再臨遅延」などあり得ることではない。「概念上、およそ現われることがあり得ないものが、どうして遅延するはずがあろうか」と彼は言う。「再臨が遅延しているのでなく、われわれの覚醒が遅延している」[26]のだと。つまり「非歴史的な時」「今そのもの」は「覚醒」によって認識されるほかはない。終末論的思惟とは「覚醒」にほかならず、それが「時間の中の瞬間でない瞬間」の認識、啓示の認識である。

バルトがこうした非歴史的な思惟によって一九二〇年代の「反歴史主義」の一翼を担ったことは明らかであろう。この「反歴史主義」によってバルトはオーファーベックやキェルケゴールのみならず、ニーチェとも手を結ぶ。次のように言われる。「臆病な直線的思考は、歴史のこの上からの光、すなわち生の『非歴史的な雰囲気』を神話的ないしは神秘的と呼ぶ。われわれはしかしまさにこの『見通しうる明るいものと暗くて見通しがたいものとを分かつ線』(ニーチェ)の上に立って、あらゆる歴史を制約する非歴史的なもの、すなわちむしろ原歴史的なもの、あらゆる歴史とあらゆる生のロゴスの光を認識したい[27]」。

『教会教義学』のバルトがやはり基本的に「反歴史主義的思惟」によったことは、「ヒストリシュなもの」をどうでもよいものとみなす表現の中に見て取ることができる。しかし『教会教義学』において示された啓示理解は、まぎれもなく「歴史的啓示」を自称し、バルトはいまや「啓示の歴史性[28]」について語る。啓示は、一方で「いつもそしていたるところで起こり得る出来事」「繰り返され得る出来事」を事実として報告するような「神話」とは区別される。聖書によって知らされる啓示は「偶発的」で「一回的」であると、バルトは言う。しかし啓示を歴史的(geschichtlich)と言うのは、バルトによるとヒストリッシュな意味で歴史的というのではない。「ヒストリッシュなもの」とは彼によれば「中立的な観察者によって認め、知覚され得るもの、あるいは事実認め、知覚されたもの」である。それではバルトの言う「神話」でも「ヒストリッシュ」でもない、「歴史的」(ゲシヒトリッヒ)とは何を意味するであろうか。それは「特定な歴史的(ゲシヒトリッヒ)な場所を占めている人間と関係する[29]」。啓示が「歴史的出来事」であるとは、「ただかしこにおいて、そしてかしこにおいてだけ、あの時に、そしてあの時においてだけ、神とある全く特定の人間の間に起こった出来事[30]」であることを意味する。ヒストリッシュな判断は、この出来事の「時間的な形態」に関係するだけで、そこで「神が人間を相手にして扱われた」ことを主張することも、否定することもできない。そこで「歴史的啓示」とは、「神が人間を相手にして扱うこと」であり、「時間的な形態」に関係することではない。これが、「啓示は、全く啓示の主体から、すなわち神からのみ理解されることを欲する[31]」ということである。啓示から神が認識されるのではない。逆に、神から啓示が理解されるのである。それをバルトは、「啓示は垂直に天から起こる[32]」と言う。この啓示は、時間的な形態から認識されていないから、バルトはイエスの復活に際しての「空の墓」にも興味を示さない[33]。しかし実際には、「空の墓」の歴史的事実が否定されれば、「三日後の復活」はなく、復活はただブルトマン的に「十字架の意味性」あるいは、カール・ラーナーのように「十字架との裏表」として非歴史化するほかはなく、「歴史的啓示」の非歴史化は避けがたくなるであろう。

バルトのこの「啓示の主体」からの啓示理解は、「啓示の出来事」と「キリストの神性」の関係について、何を意味するであろうか。それは、啓示としてのイエスの出来事から、つまり歴史的啓示から、時間的形態をもった歴史の事実から、イエスが主であり、御子にいます神であるとの認識がなされるのではないということである。バルトによれば、イエスは「永遠なる父の独り子として、主であるがゆえに、それゆえ主である。……それはほかから導かれ、基礎づけられ、論証されることはできず、むしろ肯定することができるとすれば、ただ彼についてのあらゆる思惟の始まりとして分析的命題の中で肯定することができるだけである[34]」と言われる。つまり「彼（イエス）は神の子であるがゆえに、それゆえ神の子である」。バルトは「あらゆる思惟のはじまり」にこの「同語反復」があると言い、「この同語反復を除去することはできない[35]」と明言する。「すべての省察はただこの前提から出発する」。イエスは御子にいます神であるという命題は、ほかのものから引き出された命題でなく、「基礎命題」とされる。「啓示の中で彼が主であることは、いかなる初めもなければ終りもない。それはわれわれの上に、永遠の真理と実在そのものの未聞の比較できない降下をもって、突入してくる。彼が啓示の中でわれわれにとって主であることは、ほかのどこからも洞察されたり導出されたりすることのできることではなく、その認識はその承認とともに始まる」[36]。つまりバルトによれば、イエスが主であり、御子なる神であることは、啓示からの認識の帰結ではない。それはただ、基礎命題として、思惟の始まりとして承認され、啓示を可能にするものである。そしてこの「認識」は「彼の本質が前もってそれ自身の中であるそうあることとの対応である」[37]とバルトは言う。

以上の結果われわれは、バルト神学は一体、啓示から、歴史的啓示から出発していると言い得るのかという疑問を避けることはできない。バルトにおいて「神が語った」も、「神はご自身を主として啓示する」も、結局、啓示から帰結した結果的な命題ではなかった。逆に、それらはそこからしてはじめて啓示が理解され得る思惟の「基礎命題」であり、思惟の開始である。バルトは、啓示からでなく、啓示の主体である神から出発している。神から出発することが、「神の言葉」から出発するということであった。「神の言葉」とその三つの形態である「啓示」「聖書」「宣教」との区別があるのは、そのためである。バルトの神学は「神の言葉の神学」であるが、それは同一のレベルにおいて「啓示の神学」「聖書の神学」「宣教の神学」であるのではない。厳密に言えばバルトは「神の言葉の神学」であることによって「聖書からの神学」ではない。同様に「啓示からの神学」でもない。ただしバルトにおける神の言葉と啓示の区別は、神の言葉と聖書の区別とは異なることも無視できない。聖書と宣教は、神の言葉の「述語」であるが、啓示は「主語そのものの言い換え、第二の表示」[38]と言われるからである。バルトの「神の言葉」の神学が、「聖書からの聖書主義的な神学」でないことはかなり明白なことであるが、それがまた「啓示からの啓示主義的な神学」でもないことについては、より一層注意深く語られる必要がある。それにしても啓示が「言い換え」であり、「第二の表示」であるということは、「神」ご自身、そして神ご自身である「神の言葉」が、「言い換えられるもの」「第一の表示」として啓示にまさる「主語そのもの」であり、それが啓示の形を取ることを意味する。このことはいわば存在的

（オンティッシュ）な筋道としてであれば問題はないであろう。神ご自身がおられなければ、啓示はないと言い得るからである。神が神であることは、優越性における永遠の言葉においてあり、啓示の認識はただその対応的な承認にほかならない。啓示そのものに根拠があるのではなく、啓示は根拠を「三位一体の神の永遠の決定」「神の永遠の意志決定」[39]にこそ持つ。神の啓示と神の内なる永遠の決意との同一性の主張は、やがてバルトの「神の恵みの選び」の教説において主題化されるが、それはすでに啓示論において前提されている。しかし問題は、一方の神の決意、もしくは神の言葉が「第一の表示」であり、啓示が「第二の表示」であるという関係が、存在的にだけでなく、認識的にも言われているのではないか、それが「思惟の出発」ということではないかという問題がある。そのときバルトはあらゆることに先だって、啓示から出発しているのではなく、まず神についての彼の知識から出発していることになる。神の言葉から出発するとは神から出発するということであった。バルトは、「時間的に語られる行為」から神がいかなる神であり、イエスがいかにして神であるかが示されるとは考えていない。神がご自身を主として啓示するのも、イエスが御子であるのも、神の永遠の意志決定の「降下」による。「神」が啓示するゆえに啓示があるのであって、神を啓示する「啓示」がまずあるのではない。それゆえバルトの中に「啓示実証主義」があるとボンヘッファーが指摘するのは、バルトの啓示理解の根本の事態を言い当てたことにはならないであろう。バルトにおいては啓示が実定的（positiv）に措定されているわけではないからである。

バルトは「歴史的啓示」から出発するまえに、根底的に、むしろ同語反復的な基礎命題から出発している。それは「イエスは主である」、「神は主としてご自身を啓示する」、あるいは「神は語った」「神は神から認識される」といった命題である。ここにバルトの神学的思惟の出発があり、そこから啓示が理解される。彼はまずイエス・キリストにある「歴史的啓示」から出発しているのではない。世界に向く神の向きについての彼の思想、神思想からまず出発している。

しかし一体なぜ歴史的啓示に先だって、神知識から出発できるのであろうか。そこにはバルトの「信仰の決断主義」があるのか。バルト神学の出発に信仰の決断主義を見るのは、本論とは異なる文脈においてであるが、ヴォルフハルト・パネンベルクの見方である。パネンベルクは、バルトにおいては啓示の権威は「主権的な神の主観性」に訴えられているとして、バルトは結局「信仰覚醒の神学」(Erweckungstheologie) がかかえている問題性を根本的に越えてはいないと批判した。「近代神学のあらゆる人間中心主義や主観主義を克服するはずのバルトの断固たる神中心主義が、まさにバルトが戦った主観主義の際立った先鋭化にいたるということは非常にアイロニカルな現象である」[40]とパネンベルクは言う。啓示の権威の理解においてただ「体験の主観主義」に代わって「決断の主観主義」が登場していると言うのである。一九世紀になって、キリスト教神学の基盤として人間の主観性の理論が発展させられ、その線上でバルトにはただ「神の確かさから始める神学者の決断」[41]という主観性しかのこされていなかったと言うのである。パネンベルクのこの診断と批判は、われわれの問題とは文脈が違うと言ったのは、パネンベルクの批判は、バルトの啓示理解が「時間的な形態」との関係を欠如していることに関して語られたものではないからである。「歴史的啓示」に先立つ「神知識」からの出発を問題にしてではなかった。パネンベルクにとっては、バルトが「人間存在の問いの性格との関連を除去して」神を語ったことが問題であった。彼はそこに、バルトの「信仰の決断主義」を指摘し、ただ主観的決断の力によってだけ展開されるような議論の形式で神を語るのは、すでに自己矛盾であると批判した。なぜなら、そうすることで、神は結局、非合理で恣意的な、客観的に基礎づけられない人間の決断によってしか接近できない思惟の内容と思われることになり、神は事物の真理にとってどうでもよいものになってしまうから、と言うのである。パネンベルクはバルトの啓示理解の反歴史主義ではなく、弁証学的文脈における対論の欠如を批判した。「普遍妥当性を主張する思惟の地平において、無神的な現実理解の普遍妥当性を論駁しないのであれば、神思想はすでに犠牲にされていることになる」[42]とパネンベルクは言う。

「決断的主観主義」という思惟の根本性格を指摘できれば、それは「反歴史的思惟の性格」とも関係するであろう。決断主義はまたアンチ・ヒストリムスムだからである。それにしてもパネンベルクによるバルトの決断的主観主義に対する批判は、カール・レーヴィットによるハイデガー批判によって刺激され、増幅作用を受けている。レーヴィットによると一九二〇年代後半には、精神の世界のあらゆる立場の究極的な基礎づけは「決断」に基づいているという見方が広がったという。カール・シュミットの法哲学の理論もしかり、ハイデッガーの断固たるものへの決断の情熱もしかり。このレーヴィットの指摘を引き継いで、パネンベルクは、バルトも決断的主観主義によって「キリスト教的な啓示証言の権威を受容した」と言い、形式的にはこれはヒットラーの断固たる性格へと決断するのと、思惟の地平としては同一で、ただ決断の向かう対象が異なっただけだと言う。バルトが基礎命題としてそこから出発した神知識を「啓示証言の権威を受容した」と言うべきかどうか、疑問はなお残る。そしてまた神へと決断するバルトの決断主義とヒットラーに対するハイデガーの実存的決断とを共通のものと語るのであれば、それ以上に両者の相違について語る必要があるであろう。しかしいずれにせよ、決断主義は反歴史主義でもあって、バルトの啓示理解におけるヒストリッシュな次元の喪失は明らかである。ヒストリッシュな歴史を欠如したバルトの神からの啓示理解は、具体的に彼の教義学としての倫理学における歴史的な次元と文脈の喪失という欠陥をもたらしている。これは、バルトの倫理学の構想とトレルチのそれとを対比するとき、一層明らかになるであろう。

4 「神の存在はその支配である」――ヴォルフハルト・パネンベルクの原理とその問題

ヴォルフハルト・パネンベルクはその啓示概念を「歴史としての啓示」と言い表した。そこにはいかなる「歴史的啓示」の理解が示されているであろうか。ここでは特に根本的な性格として「歴史の終り」にある啓示という理解と、「下から」の啓示認識という問題について取り上げたい。この二つの線はどちらも彼の神学の鍵概念である「歴史」の理解と関連している。

パネンベルクによれば神が御自身を神として示される啓示は歴史的な神の行為である。このことをパネンベルクは、聖書的な啓示の理解から、とりわけフォン・ラートの影響下で理解された聖書的な啓示理解から考えている。この「神の歴史的行為」による啓示の理解から「下から」の啓示認識の理解に進むが、まずその前に「啓示の時」の問題に注意を向けてみたい。パネンベルクによると啓示は「神の歴史的行為」ではあっても、とりわけ「歴史の終り」に起きる。ここで詳細を説明することはできないが、ある意味でこの歴史の終りの啓示という主張の中にパネンベルク神学のすべてが込められていると言っても過言ではないと思われる。しかしなぜ彼は、神が神として御自身を示す啓示が歴史の終りに起きると主張するのであろうか。それには三つの理由があると思われる。一つは記述したように、フォン・ラートを初めとする旧約聖書学者と結びついて聖書的伝承史における啓示をどう理解するかということから来ている。例えば申命記二六章に語られているカナンの土地取得後の信仰告白、あるいはツィンマリが明らかにしたエゼキエル書の神の顕現定式など、聖書、特に旧約聖書において神はその約束から成就に張り渡された一連の事実の経過の最後に、ご自身の約束に対して信実な方として御自身を示した。パネンベルクはこの関連に立って、聖書の啓示が一連の歴史の「終り」における啓示であることに注目した。その際、この約束から成就への張り渡しの終りが、預言者においては歴史の将来に向けられ、さらに黙示文学においては歴史的世界の終りとしての終末に置かれたことに注目の目を向ける。

この面から言うとパネンベルク神学は旧約聖書の啓示理解に基づいている面があり、旧約神学における啓示理解に変化が起きれば、彼の神学的基盤は揺るがされることになるであろう。ロルフ・レントルフのパネンベルク批判はそうした出来事の一つであった。レントルフによれば聖書的神の啓示は、出エジプトの神の行為に示されたように、決してイスラエル史の最後ではなく、むしろその開始にあるというのである。この主張はパネンベルク神学の根幹の一つを揺るがすことにならざるを得ない。[43] さらに黙示文学が旧約聖書の伝承史の中で預言者に繋がる信憑性を獲得できるかという問題もある。「黙示文学」の真理性をどう主張できるかという問題は、パネンベルク神学における「歴史の終り」の主張に対して大きな問題になるであろう。

しかしパネンベルクの言う「歴史の終り」における啓示という主張は、それだけでなく他の二つの理由を持っている。旧約聖書の啓示理解に次ぐ第二の理由は、ヘーゲル思想である。これは神学主張の真理性の根拠をなすものではないが、パネンベルクの啓示理解の理由の一つにはなっていると思われる。ヘーゲルによれば、歴史全体が神の霊の外化であり、神の啓示と考えられる。しかし歴史全体を理解するためには、歴史が終わらなければならない。全体は終わりに完結するからである。従って、もし神が歴史全体から啓示されるというのであれば、啓示は当然歴史が全体として概括され得る歴史の終りでなければならない。歴史全体としての啓示ということは、つまりは歴史の終りにおける啓示ということになる。ヘーゲルは歴史の完成を彼の時代の現在に見たが、パネンベルクは歴史の完成、その終りを未来に見る。その意味でパネンベルクはヘーゲル的でありつつ、黙示文学的である。

啓示が歴史の終りにあり、しかも歴史がまだ終わらず、黙示文学に従えば歴史の終りは近い将来にあるとなれば、神が神であることを示す啓示もまた将来にあることになる。しかしそうなると啓示はまだなく、神が神であることはまだ分からないことになるのであろうか。そうではなく、終りの「先取り」があって、そこに暫定的な啓示があると、パネンベルクは主張する。それがイエス・キリストにおける啓示である。キリストにおいて「終りの先取り」があり、「暫定的な啓示」がもたらされる。なぜ終わりの「先取り」がそこにあるかと言えば、それは歴史の終りには万人の復活があるという黙示文学の見方に依存し、イエスが復活したことがその終りの先取りを意味すると言う。こうしてパネンベルクの啓示理解では「イエスの復活」が決定的な、と言っても先取りの決定的な理由になるが、それを含めて黙示文学の見方に全面的に依存することになっている。歴史に終りがあることも、またその終りに何があるかということも、そして何が歴史の終りを先取りするかということも、パネンベルク神学は結局黙示文学の見方に依存していることになるであろう。

ところでもう一つ、歴史の終りにおける啓示というパネンベルクの主張には、第三の理由があると言うべきであろう。事柄から言うとこれがむしろ決定的と思える。それは彼自身が言う「神の存在はその支配である」という考え方である。これは言い換えられて、「万物の主として御自身を示す神だけが真の神である」とも言われる。もちろんパネンベルクはこの命題によって、神が神によって支配されるべき有限な事物の存在を必要とし、それに本来的に依存していると言っているのではない。神が神であるために何か有限な事物、支配可能な事物が必要だと言うのではない。しかし「有限な事物が存在している以上は、それらに対して力を有していることが神の本性（神の神性）にとって本質的であることを意味している」[44]と言う。根本は、神の存在あるいは神の神性はその支配であるという思想である。この思想が、万物の神支配である神の国の歴史の終りの出現においてはじめて神は神としてご自身を啓示するという思想になる。パネンベルク自身は、「神の神性」が主体であり、歴史の支配はその述語であることを現わそうとしている。しかしパネンベルクは、神の万物支配とは別個に神が神としてその自由の中でご自身を啓示するとは考えない。むしろ神は世界を創造した以上は、終りに先だって究極的にご自身を啓示することはできないと考えている。これは結局のところ、神の神性は有限な事物に対する支配ということに拘束され、「すべての有限な事物」ということで「万物の終り」の啓示ということへと運命づけられていることになるであろう。一体、なぜ神は万物の終りにおいてでなければご自身を神として暫定的にしか啓示できないのか。その暫定性は人間の認識能力の有限性のゆえに言われるならともかく、パネンベルクではそうではなく、神の啓示能力の問題として言われることになる。このことは結局のところ、「神の存在はその支配である」というパネンベクルの原理的な思想に拘束されているためであろう。しかし本当は、神ご自身はあらゆる有限な事物の支配に優り、それ以上のお方でもある。そして神の啓示がなければ、およそ現実が歴史であることも、歴史の終りがあることも失われるであろう。神が神であって世界を終わらせるゆえに終りがあるのであり、その逆ではない。歴史の終りがあることで神が神であることが分かるのではない。パネンベルクは神の存在を支配と同一視し、歴史全体としての啓示を主張することによって、「神の自由」に対して適切さを欠いたと思われる。

パネンベルクの啓示理解のもう一つの特徴は「下から」つまり「歴史的出来事」からの認識という道である。これは復活の歴史的事実性の問題とその意味の認識によって説明される。イエスの復活は、終りの先取りとして暫定的な啓示の時とされる。このイエスの復活とその事実が持っている言葉を理解するためには、実証主義を越えて歴史の現実に相応しい歴史学的方法が必要である。パネンベルクによれば歴史的批評的方法は決してはじめから歴史を神のない歴史、神的行為のない現実として、世俗主義的に規定する必要はない。むしろ神の行為に開かれながらイエスに起きた復活の歴史的事実の認識に努めてよい。これは、フォン・カンペンハウゼンがかつて採った道でもある。この方法は重大な意味を持っているが、ここではこの方法を共有可能な道として許容して進んで行きたい。ここでむしろ問題にしたいのは、イエスに起きた復活の歴史的事実性を踏まえた上での、その意味の認識である。黙示文学的地平において復活の出来事はそれ固有な言葉、すなわち固有な意味を持っている。パネンベルクは当初五つの意味を要約的に語った。イエスに復活が起きたことは、「世界の終末の開始」を意味するというのが第一である。続いて、復活の事実は「神ご自身がイエスの生前の行動を確証したことを意味する」と言う。さらに「人の子は再臨するイエス以外の何者でもない」ことを意味し、世界の終末の開始とともに「イエスにおいて神が究極的に啓示されている」という。最後に挙げられるのが、イエスの復活によって「異邦人伝道への移行」の理由が説明されるということである。第一に挙げられた、復活があれば「世界の終末の開始」があるとは、黙示文学的地平に基づいて言われていることである。しかし問題は「イエスの生前の行動」あるいは「イエスの生前の権威主張」の確証を意味するという復活の意味解釈である。ここでパネンベルクは黙示文学的地平の復活理解を超えているのではないか。キリストの生前の権威主張を復活が確証するという理解は、すでに復活の意味をキリスト論的に修正していると思われるからである。なぜなら、黙示文学的な意味で言うならば、復活させられたからといって、誰でもその生前の行動や主張を確証されるわけではない。復活には復活前との人格の同一性のもとで、しかも「変えられる」面がある（コリ一、一五・五一）。まして「神の御子性」の確証は復活そのものの確証能力によるのではなく、ただイエスにのみ起こる。つまりイエスの「神の御子性」が生前の「権威主張」をもたらし、それが復活の出来事を確証として用いる。逆に、復活があれば誰でも「神の御子」になるわけでない。キリストにおける啓示を構成しているのは、ただ終りの時に起きると期待されている万人の復活の出来事ではない。そうではなく、イエスの神の御子性であった。復活の事実性を歴史学的に認識したとしても、それでイエスの神性を言うことにはならないであろう。復活の出来事は、歴史的方法の対象ではあっても、イエスと神との本質的一致、あるいはイエスの神の御子性は、歴史的認識の対象ではないと言うべきである。その承認や認識には、聖霊の働きと、それに信仰が必要とされる。それはバルトに反して、歴史学的認識と関連して遂行されつつも、パネンベルクに反して、すぐれて神学的な認識であると言わなければならない。

以上のように言い得るとすると、イエスの啓示において決定的なのは世界の終末の開始であろうか、それともイエスの神の御子性であろうか。一体、終末の開始とともに神の啓示があるとして、それがどうして「世界の全体」においてでなく、「イエスにおいて」なのか。パネンベルクが啓示を語るためには、すでに復活に対するキリスト論的な修正や、啓示のキリスト論的限定を施してのことであった。「下から」と言いながら、彼もまた信仰的承認の決断をくだしているのではないか。当時のユダヤ人の地平ではなく、原始教会の地平に立っていると言わなければならないであろう。

しかしそれにしても、ただ事実上原始教会の地平に立つのでなく、やはり歴史的方法の次元と神学的認識の次元の相互関係、相互補完を認識することは重大である。イエスの復活の出来事が持っている固有な意味の理解をめぐって、ただ時代的な黙示文学の地平に止まっているのでなく、復活したイエスご自身の固有性の認識によってイエスの復活の意味理解は修正させられる。このことも認識しなければならない。歴史の意味は神学的理解によって解釈され、神学的理解は歴史的に認識された事実によって支えられる。

結び――「歴史的啓示」をめぐる歴史神学的方法

二〇世紀の神学史にみられた以上の「歴史的啓示の考察」の成果を、以下、数点にわたって確認しながら、本論文の結びとしたい。

1、キリスト教神学が啓示からの思惟であるとき、啓示とはイエスの人格、言葉、行為、そしてイエスに起きた十字架や復活の中に神の啓示を認識することである。その意味でキリスト教神学の啓示は、「歴史的啓示」である。この歴史的啓示には、ヒストリッシュな側面がある。それゆえトレルチが、イエスをめぐる歴史研究の戦いを戦い抜かなければならないと語ったのは、正当であった。イエスの歴史的存在、バプテスマのヨハネからの受洗、弟子の選びや派遣、罪人や徴税人との会食、権威ある仕方での語りかけ、罪の赦しや安息日についての言動、それらはまた当時の宗教史的文脈では十字架上の刑死の原因をなしたであろうことなど、歴史的に認識され得ることである。十字架と復活の出来事とそのある面での固有な意味についても、歴史的認識の戦いは戦い抜かれるべきである。十字架が通常の罪人の処刑でなかったこと、復活については「空虚な墓」の事実、十字架の死から「三日目」と言われる事実などである。「そのうち多くはいまなお生きている」とパウロの言う、復活者顕現の目撃証人の複数の存在の指摘など、歴史学的に見てどうでもよいものでは決してない。史的イエスを欠いて歴史的啓示を語ることは、歴史概念の存在論化であったり、実存論化であったり、神話化であったり、そうした形での擬似神学化であって、いずれにせよ非歴史化の危険を免れがたい。それは一般にキリスト教神学にとって歴史の無意味化を結果させ、逆に歴史の脱キリスト教化、世俗化、そして意味空虚化にも至ることになるであろう。

2、しかしそれでは、「イエスはキリスト、主、御子にいます神である」とはどのようにして言い得るのか。トレルチの歴史的方法はこれを言い得なかった。ティリッヒは、これに代えて「神人統一の本質存在」としての「新しい存在」を語り、史的イエスを放棄した。代わりに「新しい存在」が出現した「一人の現実の人格的生」を想定したが、その「人格」そのものが「新しい存在」というのではない。いわば「人格と原理の分離」に止まり、その溝は克服されないままであった。

3、バルトは「イエスはキリスト、主、御子にいます神である」の基礎命題から出発した。しかしそれは、バルトにとっては、「神の永遠の決意」「神が内にあって外へと身を向けること」の中で言われた。これと啓示とは「言い換え」の関係、しかし啓示は「第二の表示」であった。啓示と神の内なる決意との同一性の主張は、バルト本来の貴重な発言ではある。しかし啓示から神の決意へ、第二の表示から第一の表示へと向かうのでなければ、啓示的思惟ということはできないであろう。バルトは少なくともその啓示論においては、啓示的よりも、神智学的思惟になっていると言うべきであろう。またバルトにおける啓示の時には、ヒストリッシュなものが欠如している。ヒストリッシュなもののない神のゲシヒテは、歴史的啓示の神智学化と併行していると言わなければならないであろう。

4、パネンベルクは、イエスの復活を歴史的方法によって認識することで、イエスと神とが一つであることを認識するという。しかしそこには復活の意味をめぐるキリスト論的修正がすでに入れこまれていると疑われる。「イエスはキリスト、主、御子なる神である」との認識は、歴史の事実とそれ固有の意味についての歴史学的方法に基づきながらも、やはり霊的な認識として始めて可能なのではないか。「空の墓」や「復活者顕現」の歴史的事実を認識することと、復活が同時に昇天・高挙であり、しかも高挙者が神と一つであることを意味するとの認識は、次元を異にしており、後者の認識は歴史的事実の認識と関連しつつ、それを超えている。キリストは復活し昇天した方として、つまり神と一つの方として現在に臨在する。この「臨在のキリスト」は、歴史的方法によるイエス認識と関連しつつも、歴史認識を越えて、聖霊による信仰的認識である。かつての高挙の主の認識は、今日の臨在の主の認識と同一の、歴史的方法を越えたレベルにおいてなされる。歴史的啓示の認識は、歴史的方法に関連しつつ、それを越えて信仰的神学的認識でなければならない。

パネンベルクの終りの啓示の主張、従ってイエス・キリストにおける啓示の暫定性の主張は、大きな問題を孕んでいる。それは結局神を歴史の述語にしてしまうからである。神の国の完成に神が神であることが賭けられているとのパネンベルクの主張は、この問題性をよく示している。人間の認識能力の問題としては終末における啓示の意味はある。しかし「イエスがキリスト、主、御子なる神である」こと、それはまた神は「父、子、聖霊なる神」であるとの啓示であるが、イエス・キリストにおけるこの啓示は終局的であり、決定的である。それはなお将来を持つが、暫定的啓示や先取り的な啓示の意味で将来を持つのではない。決定的な啓示として、約束に対する根拠として将来を持つのである。啓示は「神の自由」による歴史化であることを忘却してはならないであろう。

本論は啓示における歴史的性格に注目したものであって、パネンベルクがバルト批判で扱った啓示認識における人間学など弁証学的文脈を主題にはしなかった。しかしいかなる啓示認識にも時代史的文脈があり、神、世界、人間についての前理解がある。啓示認識はその意味では常に先行理解の修正を伴うメタノイアの認識である。この意味でも啓示認識は戦い抜かれるべき認識と言わなければならないであろう。しかしこの問題についてはまた別に稿を改めて取り扱わなければならない。

注

（1）Ernst Troeltsch, Die Bedeutung der Geschichtlichkeit Jesu für den Glauben, Tübingen 1911.
（2）Ibid., 33.
（3）Ibid., 33.
（4）Ibid., 34.
（5）Ibid., 34.
（6）Ernst Troeltsch, Der Historismus und seine Probleme, Tübingen 1922, Aalen 1961, 3.
（7）Ernst Troeltsch, Glaubenslehre, herg. von G. von le Fort, München 1925, Aalen 1981, 101.
（8）Ibid., 102.（安酸敏眞訳『信仰論』、教文館、一一三頁）
（9）Ibid., 106.
（10）Ibid., 117.（安酸訳、一二九頁）
（11）Troeltsch, Bedeutung der Geschichtlichkeit Jesu, 38.
（12）Ibid., 38.
（13）Ergänzungs- und Nachlassbände zu den Gesammelten werken von Paul Tillich Bd. VI., herg. von R. Albrecht und R. Tautmann, Frankfurt, 31.
（14）P. Tillich, Systematic Theology, vol. 1, London and Beccles, 1964, 164.
（15）P. Tillich, Systematic Theology, vol. 2, London and Beccles, 1964, 131.
（16）Ibid., 131.

(17) Gunther Wenz, Theologie ohne Jesus? Anmerkungen zu Paul Tillich, KuD 26. Jg., 1980, 128-139.

(18) P. Tillich, Systematic Theology, vol. 2, B1

(19) 拙著『歴史の神学の行方』(教文館、一九九三年)一〇〇頁。その際私は、同様の主張を示している文献として、以下のものを挙げた。Bruce J. R. Cameron, "The Historical Problem in Paul Tillich's Christology", in: Scottish Journal of Theology vol. 18, 1965, 257-272; D. Moody Smith Jr., "The historical Jesus in Paul Tillich's Christology", in: Journal of Religion vol. 46, 1966, 131-147. さらに注17に挙げたグンター・ヴェンツの論文も参照。

(20) W. Pannenberg, Problemgeschichte der neueren evangelischen Theologie in Deutschland. Von Schleiermacher bis zu Barth und Tillich, Göttingen 1997, 347f. ティリッヒが一九二〇年代のプロテスタント神学における「反歴史主義的革命」に参与しているとの指摘については、パネンベルクもF・W・グラーフに負っている。F. W. Graf, Die "antihistorische Revolution" in der protestantischen Theolgie der zwanziger Jahre, in J. Rohls/G. Wenz (Hrg.): Vernunft des Glaubens. Wissenschaftliche Theologie und kirchliche Lehre. FS W. Pannenberg, Göttingen 1988, 377-405. を参照。

(21) Karl Barth, Der Römerbrief (Zweite Fassung) 1922, Zürich 1989, 6.

(22) Ibid., 523f.

(23) ibid., 252.

(24) Ibid., 527.

(25) Ibid., 162.

(26) Ibid., 527.

(27) Ibid., 127.

(28) Karl Barth, Die kirchliche Dogmatik, 1. Bd., Zürich 1932, 1964, 347.

(29) Ibid., 343.
(30) Ibid., 343.
(31) Ibid., 311.
(32) Ibid., 348.
(33) Ibid., 343.
(34) Ibid., 426.
(35) Ibid., 468.
(36) Ibid., 446.
(37) Ibid., 446.
(38) Ibid., 121.
(39) Ibid., 123.
(40) W. Pannenberg, Problemgeschichte der neueren evangelischen Theologie in Deutschland. Von Schleiermacher bis zu Barth und Tillich, 201.
(41) Ibid., 201.
(42) Ibid., 202.
(43) これについては拙論「旧約聖書と啓示概念」（『神学』六六号、東京神学大学神学会編、教文館、二〇〇四年一二月）四〇―六二頁参照。
(44) Wolfhart Pannenberg, Theology and the Kingdom of God, Philadelphia 1969, 55.
(45) W. Pannenberg, Grundzüge der Christologie, Gütersloh 1964, 1966, 64. しかしこの「究極的」（endgültig）は「暫定的」（provisorisch）と言い換えられる。W. Pannenberg（herg.）, Offenbarung als Geschichte, 5. Aufl., 1982, ixf.

『ローマ書講解』におけるカール・バルトの教会理解

佐藤　司郎

はじめに

本稿は、カール・バルトの『ローマ書講解』（第一版および第二版）の、とくにローマ書九章から一一章までの講解を取り上げ、そこに表明されているバルトの教会理解を明らかにし、後に『和解論』において最終的に叙述されるにいたった彼の「教会論」の出発点を確認しようとするものである。

論述の順序は以下の通りである。はじめに「第一版」の当該箇所の講解全体を確認し、その上で「第一版」の講解の特色と教会理解を明らかにする。次に「第二版」を取り上げ、同じく教会に関して講解の中で明らかにされているバルトの神学的強調点をいくつかの論点にしぼって述べてみたい。「第二版」が周知のように非常に特色のある神学的講解であったのに対して、「第一版」の講解は、むしろ聖書によりいっそう即したものであり、バルト自ら「舞台から消え去らせた」ものであるにもかかわらず、一つの聖書講解として、今日のわれわれから見てもなおすぐれた内容を備えていると言うことが許されよう。

一　「第一版」（一九一九年）

「ローマ書」九～一一章でパウロが取り組んでいる問題は、言うまでもなく、彼の宣教活動の中でいよいよはっきりしてきた「肉による同胞」（ローマ九・三）イスラエルの不従順という歴史的現実であった。

これらの諸章を、バルトは、「危機」（九章）、「罪責」（一〇章）、「希望」（一一章）の表題のもとに理解しようとした。われわれが最初に重要なこととして確認しておかなければならないのは、「ローマ書」本文で「イスラエル」とあるところを、バルトがしばしば「教会」と読み替えているという、当時すでに書評者を困惑させた[1]、バルトの「驚くべき決断」（E・ブッシュ[2]）である。このことは、第一版より第二版においていっそう顕著なものとなり、じっさい、九～一一章の第二版の表題は「教会の危機」（九章）、「教会の罪責」（一〇章）、「教会の希望」（一一章）となる[3]。イスラエルの危機・罪責・希望は、バルトにおいて、教会の危機・罪責・希望と読み替えられるべきものであった。ここで全体は――後年の理解と異なり[4]――「イスラエル」と「教会」との間の対立と関係においてとらえられておらず、むしろ切れ目は「イスラエル／教会」と「異邦人／世」との間に走っている。決定的対立軸は、ここでは「古い世界」と「新しい世界」（あるいは「神の国」）の間にあり、「イスラエル／教会」は、まさに前者、古い世界の側に入るものととらえられる。新しい世界の担い手は神によって異邦人ないし世から起こされる。「第一版」の九～一一章の解釈は、過ぎゆく「古い世界」と到来する「新しい世界」、すなわち、「神の国」との関わりにおいて推し進められる[5]。以下、はじめにバルトの講解の大筋をたどっておきたい――これは第二版の講解の基本的線と見なしても差し支えない。

(1)　バルトによれば、八章の終わりまでパウロが語ってきたのは「理論ではなく、神認識」（356）[6]であった。「神認識とは、純粋理念の確かな高みに逃れ去ることではなくて、今日の世界の危機の中に、共に苦しみ、共に生み出し、共に希望しつつ立ち入ることである」（ibd.）。それゆえに、「イスラエルの危機、教会の危機」（ibd.）は、われわれ自身の危機、われわれの現実的な危機であり、われわれはそこから独善的に逃れることをせず、むしろそれをわれわれ自身の問題として引き受けねばならないのである。かくてパウロは彼自身を、「今や廃嫡された者たち、救いが今やその傍を通り過ぎていく兄弟たちの危機の横でもなく上でもなく、最も内面的に参与しつつ、その下に置く」（363）――九章一～五節。九～一一章の解釈にあたりバルトを刺激した言葉の一つがB・ドゥームの「ヤーウェはイスラエルの病気」（365, 366, 371, 427）であった。イスラエルはヤーウェ以外のことで苦しむのではない。それゆえにまた癒しはヤーウェのもとにしかない。これがバルトの一貫した解釈の論理である。イスラエルの不従順が彼らをメシアと神の国から分離するのではない。そうではなくて、この分離は神から起こる。「彼らをかつて立ち上がらせたその同じ神が、今や倒れさせる。彼らをかつて召したその同じ言葉が、今や彼らを排除する。彼ら自身の約束が、今や彼らの裁きとなる」（364）（六節）。神は「生ける神」（ibd.）であり、神の決意は「世界の救済への永遠の絶対的決議（Dekret）」[7]（ibd.）としてイスラエルの歴史の中で示される。「神の約束は、〔イスラエルの〕歴史の始まりにおけると同じくその過程においても、ただ《約束の子ら》においてしか、換言すれば、アブラハムと同様の意味において神と親和性（Wahlverwandtschaft）をもつ者たちにおいてしか成就されない」（364）（七～九節）。その場合、約束の子らのこうした神との親和性の本質は、彼らの倫理的あるいは宗教的ヒロイズムには存せず、生ける神の行為の中に、またこの神の理解の中に存し、当該の人間の一切の質に先行し不可逆な神と人間の間の自由な挨拶と答礼に存する。「問題は、個々人を価値づけること、あるいは価値づけないことではないし、また彼らの個人的な《至福》

でもない、そうではなくて神の国の基礎づけのための彼らの適性と選びであり、その場合彼らの人間的質そのもの、彼らの個人的な運命そのものは何の役割も果たさない――未決定なままである」（364f.）（一〇～一三節）――九章六～一三節。ヤコブが愛されエサウが憎まれるということ、神の義の啓示がイスラエルを通り過ぎて異邦人に向かうということ、あるいは教会がもはや神の言葉の正当な担い手でなくなるということ、こうした「気の重い事態」（370）を、われわれは神ご自身の尺度とは別の尺度で判断してはならない。人間的、宗教的、道徳的な義の立場からの説明は、結局のところ、「神にすべての嫌疑をかける」（ibd.）ことにならざるをえないからである。「今やとり分けイスラエルの現在の危機について、神の外部に、神がご自分の民と結びたもう親和性の外部に、その理由を求めてはならない」（ibd.）。「むしろ、もし棄却の後に再び受け入れられることが起こるべきであるなら、まさに神の義の計り知れぬ自由な支配に対する開放性、理解、そして承認を、努力して手に入れることが必要である。イスラエルは神で苦しむ、ただ神においてのみ、再び健康になりうる。それゆえに、何よりも、イスラエルの危機に目を向けることは、われわれを、神の無条件の即事性（Sachlichkeit）の賛美と崇敬へと向かわせるに違いない」（371）（一四節）。じっさい人間の生の基本方向にとって「神の自由な意志」（371）とは別の、それより高い根拠が規準的であったことは一度もなかった。モーセがモーセとなったのは、人間的に彼が神の国においてそうした輝かしい地位への要求をもっていたからではなくて、彼が神において光を見いだしたからである。ファラオがファラオになったのは、はじめから神の国の犠牲者となるように人間的、個人的、歴史的に断罪されていたからではない、そうではなくて、彼が神において闇を見いだしたからである。「人間に意欲を起こさせ疾走させるのは、どちらの場合も、神である」（372）（一五～一八節）。しかしそうなると、人は、人間の生の道、あるいはその歴史的発展について、責任を個人から神に転嫁する可能性を当然ながら思いつく。しかしこうした可能性は「生ける神の現実からの逃走」（ibd.）でしかなく、人間には許されない（一九〜二〇節ａ）。なぜなら、神と人間の関係は「原因と結果の、機械的な関係ではなくて、形相と素材の、相互的かつ生命的な芸術的関係である」（ibd.）から。「創造は創造であり、神は神である！」（ibd.）。神の生ける働きを尊重し、神が世界とわれわれの生の歴史の中で生み出そうとする新しい形式のためにつねに備えること、このことこそ、神を理解しようとする人間の為すべきことであって、われわれの目下の状態について理屈をこねるのが人間の為すべきことではない（二〇〜二三節ｂ）。ところで現今の状況はこうである。すなわち、自らを特別に価値ある素材と見なしうる権利をもっていると信じたイスラエルが、すべての素材は神のみ手の中では同じ価値をもつことを経験しなければならないということ、また神が神自身のやり方にしたがって、「ユダヤ人と異邦人から」（ibd.）一つの新しいものを、彼らの主張を何ら顧慮することなく、再び創造したということである。これがイスラエルの「残りの者」であり、選びと召しにあずかった異邦人である。彼らは神の新しい業において「共働」（ibd.）することが許されたが、イスラエルの大多数の者たちは排除され、目下のところ、不要な要素として取りのけられている。「それは裁きである、しかし絶滅ではない。苦い幻滅である、しかし没落ではない」（ibd.）。しかし今や再びイスラエルにとって神が、たんなる詭弁や拒否の対象としての運命ではなくて、かつて神がそのような方としてイスラエルの神であったような自由な神、生ける神、主権的な神でありつづけるならば、何も失われることはないし、今の状況の只中においても、大いなる希望がイスラエルを待っているのである。むろんもしイスラエルが、この神の即事性を把握しようとしないなら、彼らの病気はいやしがたい。しかし必ずそうでなければならないことは決してない。「イスラエルの只中から出た、今や神と共に先行する《残りの者》は、以下のことを、すなわち、神は今や後ろにある全体をも忘れてはおられないということを、保証する」（373）（二四〜二九節）——九章一四〜二九節。今やイスラエルは、「過ぎ去り行くべき《怒りの器》」（388）として見いだされた。「イスラエルがその上に置かれた試金石は彼らにとって隅の親石にならず、躓きの石となった」(ibd.)。なぜか。イスラエルの「隠れた事柄」(ローマ書二章一六節)が正しくなかったがゆえに、決定的な時間において、彼らは「律法を行なう者」(二章一三節)とはならなかったからである(九章三一節)。すなわち、キリストの棄却は、卑劣さや激情の行為ではなく、イスラエル宗教と道徳の最高の行為であった。まさにこうした行為によって、彼らは今の彼ら自身の棄却を確実なものとした。その間、そこに、もう一つの別の、人間的歴史的にはイスラエルとの比較に耐ええない種族が存在しはじめた。好感の持てないヤコブがしっかり者であるエサウと並んで、あるいは豚と一緒にいた失われた息子が彼の兄と並んで存在するように。しかし神の時間がこの種族にも開かれたとき、この種族において、すべてが、イスラエルにおけるのとは全く別の仕方で存在した。この種族において「憐れみの器」が生まれた。そこで試金石は隅の親石となった。この種族において神は、「異邦人の新しいイスラエル」(389)において今や現実となったように、選び、召し、仕えさせることができた。「それがイスラエルの危機であり、そしてこの危機の中でのみ助けることのできる助けの本質は、以下のことに存しなければならないであろう、すなわち、イスラエルが、やり損なった根本的問題に立ち返り、ちょうどシロアムの癒しの泉のように決定的瞬間がもう一度到来するときに、エサウとしてではなくヤコブとして、ファラオとしてではなくモーセとして神を出発点とすることに存しなければならないであろう」(389)——九章三〇〜三三節。

九章の講解において、バルトは、外から観察すれば解きがたい逆説の事実としてのイスラエルの「危機」を、徹底して「内から」(363)見ようとした。「神の即事性に目を閉ざそうとすることは、いずれにせよ、教会の危機を理解する道ではない。逆に、この危機の最も深い本質と共に、その克服もまた、この神の即事性と論理から、自ずと生じて来ざるをえない」(388)。パウロは、今、イスラエルに対する「批判と争論」(394)のためイスラエルの敵として立っているのではない。彼はイスラエルを愛している。それをもう一度語って、もし誤解があればそれを解こうとする（一〇章一節）。しかしまたパウロはここでイスラエルの心術と業績について判断を誤ることはない。もしイスラエルが、人間的心術や業績に対する義、あるいは「《歴史的な義》」（396）が問題の中心だと考えているのなら、それも誤解であり、取り除かれなければならない。彼らの神への「熱心」、彼らの敬虔、彼らの神信頼と兄弟愛において示される活力は言うことはない。問題は、それらの熱心の根底に「認識」が欠けていることである。認識は、バルトによれば、「まさに人間的で一時的でしかない一切の観点と権利とに対して、神的な彼岸的な観点と権利とを、明白に上位秩序とすることに基づく。すなわち、到来する神ご自身の御国における神の完全な支配に対する、他の一切を飲み込む憧憬であり、神の啓示と自己確証と創造に対して一切の人間的な歴史的な重要事を断固して拒否することである」（397）。それゆえに、この認識は、その本質において、ケースバイケースで表現されうる一つの「区別能力」（ibd.）であるが、その欠けは、たとえそれがどんなに真剣で内面的で活動的なものだとしても、敬虔によって埋め合わせることはできない。「この世は《敬虔》に充ちているが、認識においてはきわめて乏しい。これこそ、われわれがその下で呻吟している当のものである。これこそ、イスラエルの危機である」（ibd.）（二節）。さて今や、慎重に、こう言うことができる。すなわち、「イスラエルの危機は運命ではなく、彼の罪責である」と。その根拠は一面から言えば神の決心の中に隠されているが、他面から言えば、人間の意志の行為として認識可能なものとして歴史の中に突出する。イスラエルは神の義をとらえ損なった。「神の義は、神が秩序づけ、再建し、新しく建てられようとしておられることに基づく」（398）。しかしイスラエルは自分の義のことで努力した。彼らが神に熱心になればなるほど、神の計画と神の義との矛盾も大きくなった。「神の義は己の道を行く、しかしそれは今われわれに隠されたままであり、われわれはメシアの救済行為に何も関与していない。こうして生じたわれわれにとって不利な転換〔神がイスラエルを棄て他の者を選ぶこと〕は、それゆえに、運命ではない。そうではなくて歴史的な罪責である。――この転換について今さらに詳しく語られねばならない」(402)(三節)――一〇章一～三節。イスラエルをもメシア的救済行為の中に引き入れようとした呼びかけが、神から発せられた。「神の義は神の義としてイスラエルに未知ではありえない」(403)。この神の義、すなわち、歴史への神の新しい介入は、差し当たり、「律法による義」として現われた。しかし「中間状態」(ibd.)にあってイスラエルが、この神の義を、ひそかにであれ、あるいはおおっぴらにであれ、自分の企てに、人間の義に変えてしまうということがあってはならなかった。「律法はただ全く真剣に受け取られさえすれば、その最も深い内容はキリストであり、アブラハムに約束された、神ご自身によって生み出されるべき、神の民の教育の目標である。律法の最後の言葉は、わたしがそれをなそう! わたしがただひとりで酒ぶねを踏もう(イザヤ六三・三)! わたしが主である(イザヤ四五・五)! という使信である。教会が客観的に真理を所有していることだけで、そこに、人間の側において、正しい積極的な意味があるとすれば、教会もまた、義と生命の一つの場所でありうる」(403)(四～五節)。神の意志の必要な一切の認識は、なるほど今イスラエルの大多数はそこから離れているけれども、モーセと同じく信心深いイスラエルにとって、本来いつも接近可能なものであったのだ。神を見いだそうとして、自分の道を求めるな、そうではなくて、神によって見いだされるようにせよ、そうすれば、彼の義は曙のように(イザヤ五八・五)現われ出る(六～八節)。心と口とをもって神に然りを言え、神についてのあなたの観念にではない、そうではなくて、神があなたに近づいてこられるままの神ご自身にである、そうすれば、あなたは、キリストにおける神の行為という不動の根拠の上に立つ(九～一一節)。今やそうしたことは、「ユダヤ人のもとでも異邦人のもとでも、教会の壁の内でも外でも」(ibd.)起こる。神は、ご自身への奉仕のために選び、ご自身の民を見いだし、彼らの主となる(一二～一三節)。こうしたこと、すなわち、神が、いたるところで、そしてそれは教会の中でも彼の民を見いだすということは、彼の呼びかけにわれわれの耳を、彼の永遠の義への感性を開いてくださるために、神ご自身がすべてのことを為すのでなければ、どうして可能であろうか（一四～一五節）――一〇章四～一五節。しかしもし神の義の一切の語りも聞こえない耳に出会ったら、あるいは人間的な義にしか適合しない耳に出会ったら、何の助けにもならない。神の国の使信の一切の源泉も、もし教会が、不信仰において、一切の客観的な真理を、またもや、宗教、敬虔、道徳、政治、学問、その他に変えてしまい、相応しい真剣さをもって受け取らないとすれば、何の助けにもならない。「その時、まさに使信は、人間の罪責によって空しくされる」（417）。それがイスラエルの状況であり、イスラエルの不従順である。「イスラエルは生ける言葉の単純な歩みを阻止する、そして、イスラエルは真理を持っているけれども、持っていない、というようなことにならざるをえない」（417）（一六～一七節）。いや、聞こえないということは理由にならない。「どのようにしてイスラエルは、まさにイエスラエルこそ、全世界で聞こえているものを聞くことができないということがあるのであろうか」（ibd.）（一八節）。「どのようにしてイスラエルは、神無き者、神に逆らう者らが同時にまさに良く理解するものを、理解できないということがあるのであろうか」（ibd.）（一九～二〇節）。そうではない、罪責。すなわち、イスラエルの周りでざわめいている真理に対する自覚的な、内的な反対と抵抗、神の支配要求に対する明瞭な、決定的な「私はそれを欲しない」ということが、イスラエルを、神の活動の継続のために今や選ばれ招かれている「新しいイスラエル共同体」（417）から区別する（二一節）――一〇章一六～二一節。

バルトが一〇章で見て取ったのは、イスラエルの危機は神の出来心でも、偶然でも、運命でも、彼らの無能力でもなく、罪責にほかならないということであった（417）。しかしそれは、イスラエルの「役割」（427）、「課題」（ibd.）、「約束」（ibd.）の終わりを意味しない。「アブラハムに彼の子らについて語られていることは、彼らが今や彼の神のおいて苦しまなければならないということによって取り消されたり、無効にされることはありえない」

(ibd.)。むしろ、そのようにまさにイスラエルが神において苦しみ神に対して罪責を負う者となったことは、またイスラエルの「希望」(ibd.)でもある。希望が一一章の主題となる。危機がなぜ希望なのか。バルトは、神は「自由」(ibd.)であり、また自由でありつづけるからと言う。神の意志は鉄のような自然法則ではなくて、「生きて前進する行為」(ibd.)にほかならない。それは棄却ともなり選びともなる。しかしそれは神において終わりではない。「神は一つの道具を脇に置き、別の道具をつかむ。しかしだからと言って前者が神の道具でないのではない。それは自分に、も順番の回ってくる瞬間を待っている」(ibd.)。神の働きのそれまでの段階から新しい段階へと神と共に前進して歩んだことのある者は、「そうした前進において表現される全体の運動は、今や置き去りにされる要素にとっても、いつか再び役に立つ」(ibd.)ことを最も良く知っている(一一章一~一二節a)。事態のそうした将来的展開を今すでに指し示しているのは、なるほど現在にとって重要でないとしても、「神の自由な選びと召しによる」(428)イスラエルにおけるあの少数者の存在である。彼らは、「教会そのものが、神の恵みの選びから、たしかに事実としては排除されているが、しかし根本的かつ絶対的には決して排除されていない、むしろその事実的な状況も変化しうる将来をもっている」(ibd.)ことの保証人である(二b~六節)。しかしイスラエルは、そうした事態の幸福な転換が神の決意の中で、また神によって導かれた全体の運動によって、可能となるまで、その機が熟するまで、「憂慮、空虚、暗黒の長い時間」(ibd.)を過ごさねばならない(七~一〇節)。こうした長い時間も、しかし約束なしにではない。イスラエルの没落によって場所ができた他の者たちの興隆は、没落も興隆も神の中に起源があるのだから、今や置き去りにされている人たちへの「遡及効果」(ibd.)なしではないし、すでに、彼ら、置き去りにされている人たちにとっても、新しい展開への展望を開くものである(一一節)。それゆえに、あらゆる希望をもって、「残りの者」、少数者に目が注がれるべきである(440)——一一章一~一一節。その彼ら、すなわち、「今興隆しつつある新しく神に選ばれた者たち」(ibd.)は、神はご自身の民を追放したのではない、放置しておられるのではない、神の糸は切れていないことをしっかり見つめなければならない。高慢な過激な気分や歩みにふけり、自分の転倒の準備をするようなことになってはならない。「彼らが勝利したのではない、神が勝利したのだ。彼らが正しいのではない、神が正しいのだ」(ibd.)。彼らは自分の知恵と力によって立っているのではない。ただ神の意志によって立っているのである。そうであれば、「彼らはただ最も内的な最も喜ばしい参与をもって、今棄却されている者たちにも役に立つことになるに違いない神の運動の前進を待ち望むことができるだけであろう」(ibd.)。そうでなければならない理由は、この方向での事態の展開から、彼ら、神の新しい民にとっても、また彼らと共に完成を呻きながら待つこの世にとっても、「多くの神的な指示、展開、啓示」(441)が期待されるがゆえにであり(一一~一五節)、また彼らは、彼らの現在の所有と職務においても、あの以前の神の民の肩の上に立っているから、その彼らの業を継続しなければならないから、そして故郷も起源ももたない神の捨て子として彼らの家に受け入れられたからである。彼らはたとえば神への奉仕のため何か新しいものをもたらすのではなくて、むしろただ、神のあの以前の人びとが今しばらくの間そこから排除されている古いものに参与することが許されるだけだからである(一六~一八節)。それゆえ、気をつけよ! 神の古い家族に参加が許されることとそこから排除されていることは、その根拠を「神の慈しみと厳しさの中に、人間の信仰と不信仰の中に」(ibd.)もっている。今日あなたたちに味方しているのと、明日あなたたちに、まさにおそらくは意識的な比較を通してあなたたちの選びに妨げになるものを持ち込むなら反対して向けられるであろうものは、同一の根拠なのだ(一九~二二節)。むしろ、あなたたちは、あの今は神の怒りのもとに閉じ込められている人びとにも、新しい受け入れのときがやがて来ることを考えよ(二三~二四節)。――一一章一二~二四節。このやがて来る新しい受け入れのとき、その時までの「異邦人とイスラエル、この世と教会の今の不快な対立は中間状態でしかありえない。この対立を絶対的、決定的として受け取ることは、早計な人間的知恵であろう」(450)。今のこの異邦人の歴史的な時が、その意味を成就するとき、イスラエルにも新しい時が開かれる。神の秘義を見る目には、いたるところで、「なるほど中断された過去の未完成の発展の線も見えるけれども、しかしまた、全体の完成のために神の決意の中ですでに決定されている到来しつつある継続をも見える」(450f.)(二五～二七節)。いずれにせよ、そうした個々の人間や集団の対立を、こうした対立を最終的に凌駕する、その本来の究極的意図において「普遍的な憐れみ」(451)を目指す「神の歴史の秩序」(ibd.)以上に真剣に受け取ることは許されない(二八～三二節)。「神は歴史の主である」(ibd.)。もしわれわれ自身が賢くあろうとしないかぎり、歴史の歩みについて何も知ることができないということが真実であるなら、それよりもっと真実なのは、われわれが神を理解しようとしないかぎり、われわれは歴史の歩みを全然理解できないということである(三三～三六節)。——一一章二五～三六節。

(2) われわれはバルトの講解の大筋を辿った。第一版の講解、聖書理解を貫いている視点は、「生ける神」(359, passim)、「神の生命性」(369)、「神の自由」(368, passim)、「憐れみの神の生ける自由」(430)、「神の力」(356, 440)、「自由な、生ける、主権的な神」(370, 373)など表現は様々だが、超越的・生命的・運動的・主権的な神理解(374)である。この神理解から、イスラエルの不従順という歴史的現実が理解される。

「第一版」で示されている教会理解において、われわれは、第一に、徹底した教会批判的な線を指摘することができるであろう。それはすでに、イスラエルを教会と読み替えてなされる展開の中に示されている。イスラエルの危機、罪責、あるいは希望も、そのまま教会の危機、罪責、希望であった。危機、とり分け罪責が問われうるためには、言うまでもなく、問う神との関係において「イスラエル/教会」に何らかの優位点がなければならない。バルトはそれを、彼らは神の言葉の受領者であったとしてとらえる。「自らに与えられた神の言葉によって(ローマ九・六、三・

二）、《われわれ》（ローマ五・一、六・一）が必要に迫られて一つの新しいこととして宣べ伝えるすべてのことを、自らもまた知り、また語り、また代表し、また所有する大きな歴史的な共同体《ゲマインシャフト》が存在する」（359）[8]。これが「イスラエル／教会」である。そこには選びがあり召しがあり、約束があり、彼らは優位点を持たない人びとに対する証しのための神の言葉の担い手であった（361）。しかし現実はどうか。「イスラエルに関して、すべては、本来そうでなければならないのと全く別様である。すなわち、メシアは現われた、新しい世界の基礎は据えられている、滅びからの人間の救いは始まった――しかしまさに民族ならびに共同体《ゲマインデ》としてのイスラエルはこの〔メシアの〕現われに気がつかず、この基礎の上に立たず、またこの目標を目指して共に歩むことをしない。神の決意は、歴史の中で、キリストの体において、認識可能となる――しかし特徴ある全体としての教会はこの神の決意から落ちてしまったように見える、すなわち、それは救済と希望のこの〔神との〕交わり《ゲマインシャフト》の傍らにある、またその外にある組織体である」（361）。世界への証しのために選ばれた神の闘士イスラエルはもはや神の言葉の担い手ではなく、教会そのものも神の言葉の正当な担い手ではなくなる（370）。イスラエルは「仮象の－イスラエル」（366）、「仮象の教会（Scheinkirche）」（367, 374, 379）と判定される[9]。「教会の神的基礎は今や教会に反対する証しとなる」（364）。それゆえ「教会は聖書的真理の墓である！」（361）。そしてわれわれは、バルトの教会批判的な線の決定的言葉を、次のような命題の中に聞くことになる。「教会はキリストを十字架につけた。以来、キリストの道と教会の道は、二つに分かれた」（ibd.）。「教会はキリストを十字架につけた。最悪の危機の徴！」（365）[10]。これがイスラエルを教会と読み替えることの帰結にほかならない。この場合、教会と読み替えたとき、そこに含意されていたのは、換言すれば、バルトが目の前に見ていたのは、同時に今日の教会の姿でもあった。それゆえ、次のような言葉も、挿話ではない。「あなたたちは知らないのか、あなたたちは聞かなかったのか、『神の真の言葉、それは、それが現われる時、いつもわれわれの感性と願望に反して現われる。それは最も聖なるもの中においてもわれわれの感性に反対することを止めず、すべてを破壊し根絶し破砕する』（ルター）。おおいに賛美された教会の始まりにはそうしたことが響いていた（1516）――本当に今日、直ちにあらゆる側から、尊敬の喪失と愛の喪失とボルシェヴィキズムについての感傷的な嘆きの声をあげることとなしに、そうしたことの響くことはもはや許されないのだろうか」（395）。「教会はローマ書を与えられている――生ける全体を念入りに死せる個々の断片にばらし、真理を諸真理にし、再びローマ書を《信仰と倫理の教説》としてつくり直し、《教会の》パウロを誇りとする。教会はフランチェスコを与えられている――彼を修道会の頭、聖人に、後には禁欲主義者の最も愛すべき人にまで高める、その結果彼は彼が本来語りたいことについても、ただ沈黙するほかない。教会はルターを与えられている――そして彼を、《内面性》の、《ドイツ主義》の、《福音的自由》の、こうした無意味なものが何と呼ばれようと、それらの守護者となす。教会はツヴングリを与えられている――彼は教会の手の中で……自由思想家的牧師の原型の人となる。教会はカルヴァンを与えられている――彼は教会にとってはまさに資本主義と近代デモクラシーの聖人ぐらいで十分である。教会はドイツ神秘主義を与えられている、教会はキルケゴールを与えられている、教会はブルームハルト与えられている、教会はトルストイを与えられている――そして教会はそれらすべてを念頭に置き、それらすべてから、教会の目的のために、何かを作り出すすべを知っている。教会は、神のすべての実証の中に、宗教的なもの、人間的なもの、興味あるもの、《敬虔》を発見し、そして神的なものを、使信そのものを、危険なものとなりうる可能性のあるもの、すなわち、悔改めの要求を、投げ捨てておくすべを知っているのである」（422）。「現代のキリスト教の衰弱は、社会問題に対するその機能不全の中に、戦争に対するその混乱した狼狽の中に、今日大口をたたくその神学の中に啓示されており、そのようにしてそれはそれ自身――おそらく――神の国の使信は教会の使信から相応の距離をとることによってふたたび輝くようになりうるための諸条件をつくり出す」(400, 401, 442f.)。教会は神の国との矛盾の中でとらえられる。神の国、神の新しい世界の出現、それは「イスラエル／教会」の人間的企てからは決して生まれてこない。これがバルトの教会理解の第一の線、すなわち、イスラエルを教会と読み替えつつなされる教会批判的線にほかならない。

他方、同時にわれわれは、イスラエルの不従順と棄却、メシアと神の国からのその分離がまさに「神ご自身から起こる」とするその認識において、教会理解が別の展望のもとに置かれていることも見落とすことはできない。神からの棄却の中に彼らの希望がある。古い世界に属する「イスラエル／教会」は、希望において、到来する新しい世界の中に、むろん自分の力によってではなく、すでに共に引き込まれている、これがバルト強調する教会理解のもう一つの線である。ところで「教会」という言葉は、ここではおよそ以下の二つの用い方がなされているように見える。一つは、イスラエルを読み替えた、神の国と矛盾する古い世界に属する共同体として。もう一つは、ユダヤ人キリスト者と異邦人キリスト者からなる、イスラエルの棄却と再受容の間の歴史の中間状態において、新しい世界の到来を担う存在を表わすのに、用例は少ないが、用いられる。ただしこの場合は、たとえば「神の永遠の絶対的決議は人間のすべての新しい世代の上にあり、世紀から世紀へ、自由な生ける神の秩序としての教会の展開にしたがう」(367)、あるいは、「神の教会は、多くの、多くの『それ〔教会〕は欲しない』(一〇・二一)の瓦礫の下深くに埋もれている」(432)[11] などのように用いられる。しかしこれらはまれであり、中間状態におけるイスラエルの残りの者を含む異邦人教会に対して(455)、教会という言葉を用いることが意図的に回避されていると判断せざるをえない。むしろ彼はそのために、以下のような様々な表現を用いる。「新しい神の民」(453)、「メシアの共同体《ゲマインデ》」(433)、「異邦人‐イスラエル」(415)(「ユダヤ人‐イスラエル」と対比的に)、「神の‐イスラエル」(366)(「仮象の‐イスラエル」と対比的に)、「真のイスラエル」(374)、「新しいイスラエルの共同体《ゲマインシャフト》」(414)、「イスラエルの‐共同体《ゲマインシャフト》」(413)「新しいイスラエル」(389)、「霊と真理における神の共同体《ゲマインデ》」(425) など。神の救いの歴史は今やこうした新しい神の民、パウロが「われわれ」と称している存在、つまり、一般的に教会と呼ばれる存在において担われる。むろんこの意味での教会もただ神の選びと召しによるのであって、バルトによれば、彼らは自分の信仰もイスラエルの不信仰も信じてはならず、ただ神にのみ目を注ぐべきなのであり、そのさい最も重要なことは、イスラエルに関して、彼らの選びは取り消されない、むしろ不従順と棄却の上に位置づけられること、そうした神の自由な歴史支配について明確でありつづけることにほかならない。神の国の前進、神の救い、神の世界史の運動は、彼ら「新しいイスラエル」の選びと召しで終わらない。神はイスラエルを愛しつづけられる (457)。イスラエルの最後的受け入れが生起するであろう (458)。この点でわれわれは、第一版でも、第二版においてと同じく[12]、バルトにとってもっとも重要であった箇所、一一章三二節に注意しなければならない。バルトはこの第一版でもイスラエルの選びおよび棄却に関して「予定」という言葉を用いないことはない (「まさに予定されていた神の闘士〔イスラエル〕」(361)、「今や教会の上にかかっている棄却への予定」(427)) が、第二版におけるほど頻繁ではない。とはいえ内容的には両版は一貫している。この二重予定は二重性の平衡にとどまっているわけではない。というのも、選びも棄却もまさに同一の神に根拠があるのだから[13]。したがってこう言われる、「いつも選びが第一のもの、起源的なもの、人間に関する本来の神の思い、それゆえにまた最後のもの、最後に歴史の現実としても実証され確証されるすべての歴史の真理である」(457)。それゆえに、棄却はなるほどあらゆる真剣さにおいて現われ、それは長く続くかも知れないが、それが最後のことではない。イスラエルは神に敵対する、しかし選びと神の愛は存続する。神がイスラエルの危機であったとすれば、まさにこの神こそ彼らの希望なのである (460)。こうした歴史の主としての神の運動について、したがって棄却されたイスラエルについて、神のイスラエルとしての教会は目を開いていなければならない。「あなたたちは本来、あの他の者たち、後に残された者たち、目下棄却された者たちに疎遠に偏向して自分たちを対立させたい気にさせられるところで、今も、神の支配の継続性をこそ直視しなければならないのではなかろうか。あの者たちとあなたたちの関係を、有機的に、神的秩序との諸関連において、したがって人間的・外面的・戦術的にでなく把握する努力をどんなに行なっても十分ではありえないであろう」(446)。イスラエルの棄却が彼ら異邦人教会の選びと受け入れに道を開いたとすれば、まさに彼らと共に、イスラエルは、神において、あるいは神への希望において、神の新しい世界の中に組み入れられていると言わなければならない。第一版は、神の自由、神の国、救済史全体の運動、神の憐れみの勝利、神の計画、神の運動の前進、などを強調することによって、一方で「イスラエル/教会」の人間的企てを徹底して批判すると同時に、それらをも、新しい世界の前進の中に、共に組み入れた。

二　「第二版」(一九二二年)

第二版を取り上げたい。聖書本文の翻訳、第一版の構成との若干の相違およびその意味などは、今とくに言及することをしない。ただたとえば、第一版では九章三〇~三三節が「危機」(九章表題)の中で取り扱われていたのに対して、第二版ではそれが九章三〇~一〇章三節として「教会の罪責」(一〇章表題)に区分され、教会の罪責が、「認識の罪責」と、「暗闇の中に輝く光」を「理解しなかった」罪責との二つに整理されるなど、全体として見通しのよい構成につくり変えられたと言ってよいであろう。重要なことは、第一版の基本的な対立的線が「古い世界」と「新しい世界」(神の国)の間に引かれていたのに対して、その線が、第二版では、時と永遠、神と人間の間の無限の質的差異の中にあることである(XIII, 315, 340, 349, 390)[14]。教会という言葉は、ここでも、第一版と同じく、第一に、イスラエルを言い換えた意味をもち、それだけでなく、たとえば第一版でユダヤ人キリスト者と異邦人キリスト者か らなる共同体に対して教会という言葉を使うことは回避され、「新しいイスラエルの共同体」などの言葉が使われていたが、ここでは逆に、新しいイスラエルの共同体のような表現は見られず、一貫して教会と呼ばれる。現状の教会に対する批判が含意されていることは言うまでもないが、しかしその場合でも、たんなる外的批判ではなくて、内的批判、すなわち、「教会の主題」としての「神の言葉」(325)との関わりにおける批判であり、その意味で、その批判は、第一版に比べてそれだけ本質的かつ根元的なものとなる。われわれは、以下、教会理解をいくつかの観点から明らかにしたい。

「イスラエル/教会」が第一版で古い世界の側にあったのに対して、第二版では人間の側にある。今や教会の危機・罪責・希望は、人間そのもの(346, 353, 374)、宗教的人間(316, 346)、文化(356, 403)、そして世(374, 386, 390)の危機・罪責・希望として、いわばそれらを頂点において代表するものとして明らかにされる。

はじめに「教会の危機」の理解について語らなければならない。教会、すなわち、神と人間の質的差異、その緊張の中にある教会は、人間の側にあると見られる。教会は、神、神の啓示、福音に対立しつつ(「福音に対して、教会は、神の不可能な可能性の此岸における人間の究極の可能性の具体化として対立する」(316)、「福音は、教会が福音の廃棄であるのと同様に、教会の廃棄である」(317))、「組織された宗教」(325)として存在する。教会は宗教である(353, 359, 367, passim)。また人間の究極の試みとしての教会とこの世とは、両者とも神と人間の無限の質的差異の中にあって弁証法的に固く結ばれている(390)。この世は、現実の世でありつつ、教会と同じく、神との対立において規定された存在として理解される。世がすぐれて神学的概念であることに注意しなければならない。教会はこの「世の疑わしい頂点」(386)にほかならない。要するに、バルトにとって、教会とは、「神的なものを人間化し、時間化し、事物化し、この世化し、実用的な何ものかとする多かれ少なかれ包括的精力的な試みである」(316f.)ということになる。教会にとって問題の中心はいつも、「神に対する人間の関係」(325)であり、この関係は神の言葉において働くほかないのだが、この「神の言葉が……人間的な、偶然的な、無力な言葉ではなく、まさに神の永遠で絶対的な言葉である」(ibd.)ということ、まさにこれこそ教会の固有の危機である。教会の主題《テーマ》(ibd.)としての神の言葉が教会において人間によって聞かれかつ語られることにおいて、それはくり返し無力なものとなり、真ではなくなる、要するに、人間の言葉へと転倒させられる、このことが教会の危機である。この言葉が教会を裁く。「この主題において、教会はエサウの教会とヤコブの教会にくり返し分裂する。エサウの教会とはそこでは奇跡が起こらず、それゆえ神について聞くこと語ることすべてが人間はみな偽り者だということを啓示しうるにすぎない教会であり、ヤコブの教会とはそこで奇跡が起こり、人間の偽りを越えて神の真実が可視的となる教会である」(320)。神はこうした選びと棄却において人間に理解され崇められるほかない。「神の啓示は、永遠が時間となりしかも時間とならないという逆説において、愛されたヤコブと憎まれたエサウという謎の像と比喩において、永遠の二重予定という秘義において生じる」(332)。むろん二つの教会があるのではない。そうではなくて、神の啓示は、その非直接性のゆえに、一つの教会の弁証法的二重性において明らかになるほかないのである。「エサウの教会」と「ヤコブの教会」の二重性への分裂は、第一版では「存在」と「仮象」への分裂として示されていた。第二版は、前節でも述べたように、この二重性を、第一版に比べいっそう徹底した仕方で、永遠の二重予定として理解した。しかしそれは第一版と同じく、あるいはいっそう徹底して、固定的な二重性ではない。ヤコブとエサウ、モーセとファラオの解釈を通して、選びと棄却、恵みと裁きが同一の神に基づくこと(342, 384, 407)、しかも前者による後者の永遠の克服が神における二重性の意味であることを強調することにより(332, 342, 407)、バルトは、絶対的二元性を突破する。神は二元性を望んではいない。それは「可動的な二重の可能性」（328）である。この予定論は、義認論に媒介されて[15]、人間を二つのグループに分けることをしない。「それ〔永遠の二重予定〕はこの人間とあの人間を分けない、そうではなくて、それは彼らの深い交わりである。この交わりに対して、彼らはみな一直線に並んでいる。この交わりに対して、ヤコブは時間のあらゆる瞬間においてエサウでもあり、エサウは啓示の永遠の瞬間においてヤコブでもある」（332）。教会が生ける神と関わることは、こうした危機の中に置かれているということである。エサウの教会、すなわち、われわれのこの可視的な既知の教会は、その目標と約束がまさにヤコブの教会であり、またまさに教会は神の民であるがゆえに、刃の上に、深淵の縁の上に置かれる。これが教会の危機にほかならない（345）。

次に、「教会の罪責」の理解に短く触れて、「教会の希望」をバルトがどのように解明しているか取り上げたい。バルトは罪責を大きく二つに分けて指摘した。第一に、それは、教会の主題、すなわち、神の言葉、あるいは神の認識によってもたらされる危機を承認せず回避しようとするところに生じる罪責である（346, 358）。ここでも、ここには現状の教会への批判が含まれる（「勝利する教会、時代に迎合する教会、民族的教会、当世風の教会、人間の（一つを除いて）すべての欲求を満足させる教会、どんなに恥さらしであってもいつも自分を意識し、いつも落ち着きのない、いつも逃げ道を探してそれを見つける教会、《教会生活》の教会は……神の教会であることに成功することはできないし、成功しないであろう。その教会は悔改めが何かを知らないがゆえに、誤りがあろうとなかろうと、神の教会となることはないであろう」（354f. 362)。この「一つ」、すなわち、教会の主題の回避から、教会は真の教会であることに失敗している。またこの指摘は、教会の危機が人間そのものの危機、宗教的人間の危機であったのに一致して（346)、神に対する人間の罪責との関連でとらえられている（346, 356)。しかし根本の事情は、教会がエサウであってヤコブではないということ、その点で苦難に出会うだけでなく、それに対して教会に罪責があるということにほかならない（353)。「教会には、いつもどこでも、神が欠けていたし、欠けているし、欠けるであろうということが、一度そのすべての範囲において理解されているならば、それは教会の誤りとして語ることが許され、語ることができ、語らなければならない」（346)。それゆえここでも第一版と同じく、教会がキリストを十字架につけたと言われる。この教会は厳密に表現すればエサウの教会のことであろうが、われわれはエサウの教会についてしか知らないのだから（398)、やはり、この世ではなく、教会がキリストを十字架につけたのである（「認識の危機、宗教の破局が突発する。……エサウの教会は現にある通りの教会でありまたそうでありつづけ、この教会の唯一の希望であるキリストを十字架につけねばならない」（354, 372f.)。もう一つの教会の罪責をバルトは、「光は暗闇の中に輝く」にもかかわらず、教会がこれを理解せず、見ないところにあるとした。「神の不可能な可能性、それは教会の可能性の域内にあり、永遠の光、非被造的光の中の光、それが教会を照らす。教会が見る目を持つかどうか、それだけが問題である」（358)。神の不可能な可能性が可能となるとき、奇跡が生じるとき、時間の中ではいかなる瞬間も満たされることのない神に対する人間の実存的関係が出来事となり、信仰が生起し、教会は「実り多い、約束に満ちた悔改めの場所」（361）となり、「人がそこで十字架についての極度に否定的な言葉を、ただそれだけを聞くことになるがゆえに、喜ばしき使信を、積極的な神の言葉を聞く場」（362）となり、「奇跡と信仰の教会」（363)となる。要するに、ヤコブの教会となるであろう。しかしエサウの教会はそれを欲しない。そこに罪責がある。「神に対する頑固な見込みのない反抗――これが人間の本質であるように見える、これが教会固有の本質であるように見える。光は輝く、しかしそれは本当に闇の中に輝くのである」（374)。

どこに教会の希望はあるのか。バルトによれば、それは、教会の危機が罪責として明らかになるところ、すなわち、神にある。「教会は、まさに教会の特別な危機と罪責のゆえに、まさに教会は人間的に言えば何の希望ももたないがゆえに、それ以外にない希望、神への希望をもつ」（377）。裁く方であると共に憐れむ方であり、隠された神と共に啓示された神であり、エサウの神であると共にヤコブの神でもあるという「神の一元性」（378, 384, 408）が、われわれの希望にほかならない。「神の一元性」は第一版における「神の自由」と同義である。この神の一元性が教会史の「別の、全く別の側面」（379f.）をなし、この神の一元性、この神の恵みが、今や「残りの者」の選びにおいて、勝利する（382）。神が、既知の可視的エサウの教会において、未知のヤコブの不可視的教会を選ぶことが教会の希望である。「時間のヴェールが永遠の瞬間に裂けるとき」（381）、ヤコブの教会の選びが、啓示の不可視的出来事として生起する。教会は自らの時間的希望の廃棄において唯一の希望である神を指し示す。「教会の終わりは、神の充実の始まりである。すなわち、無限であるだけでなく永遠であり、それゆえ神の充実に対立する有限なものの限定だけでなく廃棄――そこでは、すべての人がキリスト・イエスにあって一つであるがゆえに、選ばれた者と棄却された者がいるのでも、異邦人とユダヤ人がいるのでも、外に立つ者と内に立つものがいるのでもない――である神の充実の始まりである」（388f.）。この教会の終わりの否定的意味、すなわち、キリストの十字架の意味が、あらゆる人間的制限からの神の自己解放の行為、選びと和解の可能性と現実性、時間の中での永遠の瞬間のきらめきであるとすれば、教会の終わりの積極的意味、すなわち、キリストの復活の意味は、永遠であり、永遠の光そのものであり、復活の生命であり、救いであり、選びによる棄却の不可能化にほかならない（389）。教会の希望は、時と永遠の、教会の終わりと神の充実の始まりとの、あるいはキリストの十字架と復活との弁証法に基礎づけられる。

教会の希望は何か。「希望するとは、希望なき現実にしっかりと眼差しを向けることであり、現実の相対性を知り、現実の彼岸的意味である目標、現実が不可視的に目指す目標を知ることである」（398）。この現実の終わりに、すなわち、「神の啓示を受ける人間の具体化」（400）としての教会におけるこの人間の終わりに目標の実現として生起するのは、新しい人間の創造にほかならない。「この到来する新しい人間、すなわち、神の啓示によって救われ、義とされ、生きる者とされたこの到来する新しい人間は、イスラエルから選ばれた者たちと共に、キリストにおいて選ばれた異邦人である」(ibd.)。しかし人間として神を選ぶ者、すなわち、エサウが、神によって選ばれた人間、すなわち、新しい人間ヤブに道を譲らなければならないとき、二重予定の意味がその目標に到達するとき、「このこと〔二重予定〕が語られ聞かれるとき、それゆえ神の啓示が人間に対して遂行されるとき、それと共に、啓示を受け、そのように啓示を受けた者として道を譲り、ただ衰え、ただ消え失せるしかありえない人間が救われ、義とされ、復活させられているという不可能な可能性、終末論的な可能性が現われる」(401)。「復活の未来」において、「永遠の未来」において人間は救われる。それが全イスラエル、全教会、個々の教会に妥当することは言うまでもない(ibd.)。エサウの教会におけるこうした神の不可視的な啓示、永遠による時間の突破が教会の唯一の希望なのである。

まとめと展望

第二版の序文の中で、よく知られているように、バルトは「主題《ザッヘ》を別な仕方で語る必然性[16]」を避けることができなかったと書いたが、このことは、九〜一一章にも当てはまるであろう。問題は、教会の危機・罪責・希望である。簡単に言えば、教会である。第一版は古い世界に属する教会の危機と罪責を鋭く指摘したが、同時に、視点はむしろ新しい世界、すなわち、歴史における神の国の前進に移されており、その限りで、「イスラエル/教会」は、肯定的な視点から、その希望において位置づけ直され語られている。これに対して第二版は、教会を徹底して否定的な視点から語った。神の奇跡が起こるとき、神の永遠が時間の中へと突破する瞬間に、エサウの教会、すなわち、可視的、経験的、われわれの教会の絶対否定において、ヤコブの教会は不可視的に出来事となる。しかもそれはあくまで「永遠の未来」、「復活の未来」において終末論的に生起する。危機と罪責の中にある教会は破滅する。時と永遠の永続的危機の弁証法がここでもバルトの思惟方法であった。「人間と共なる神の歴史は、その中で、永遠との関係における時間と歴史の歴史喪失的弁証法に転換されている[17]」という批判的判断は、ある意味で成り立つであろう。ある意味でというのは、第二版序文でバルトが、もし私に体系があるとすればそれは「キルケゴールが時と永遠の《無限の質的差異》と呼んだことをその否定的かつ肯定的意味において可能なかぎりねばり強く見つめる[18]」ことにあると述べたさいの「否定的意味において」である。教会は、バルトにおいて、啓示そのものではなく、啓示の「人間的刻印、中間駅、道標、否定」(359)[19]以上のものではありえず、歴史的・人間的刻印としての教会自身に希望を置くことはできない。逆説的に言えば、この否定的意味の中にこそ肯定的意味は見いだされなければならない。というのも、こうした危機と否定において教会をとらえるよう彼を導いたのは、「文化プロテスタンティズム的な代用品の中で福音が別種なものになっているという革命的発見[20]」であったからである。教会は、人間、文化、宗教、そして世の頂点における人間的な企てとして福音の廃棄である。こうした「宗教共同体としての教会」(シュライエルマッハー)もまた福音によって否定・廃棄されるほかない。バルトによれば、教会がつねに新たな危機に陥ることなしに、教会の主題、課題が果たされることはないのである。そうした危機の中で神の言葉が真実に聞かれ語られる教会がヤコブの教会だとすれば、エサウの教会を教会の主題に照らして批判することの中にこそ「肯定的意味」が含まれると言うことが許されるし、言わなければならない[21]。とはいえ、それによって現実の教会、エサウの教会の存在そのものが十分とらえられているとは言えない。じっさい、私見によれば、バルトは早くも翌年(一九二三年)、『ローマ書』とは別の視点から教会をとらえることを始めた。リューベックの講演(『教会と啓示』)がそれを萌芽的に示している。これを検討してみることは、むろんここでのわれわれの課題ではないが、一つの見通しとして記しておきたい。

　これと関連してもう一つ確認しておきたいのは、ここで「世」が、とくに教会との関係でどのように見られているかということである。世の概念は両版を通じて基本的には変わらず、聖書に即して理解されており、とくに特徴的なものとは言えない。それは、「神によって創られたが、神との自らの根元的一致から退落し、それゆえに救いを必要としている世界。人間の、時間の、事物の世界。われわれの世界」(5)である。あるいは、「世とは、罪による規定のもとで生成し存在するわれわれの現実存在全体」(146)と言ってもよいであろう。これをわれわれも「世界」、「世」、「この世」などと呼ぶことが可能である。そしてわれわれは、福音によって照らされないかぎり、「われわれはまた、いつも、この世の内部に、すなわち、神との平和の外部に立っており、またいつも遂行された和解の横に、それとは無縁、無関係に立っている」(141)。世は、とくに第二版では、神の外部として、徹底して否定においてとらえられる。その限り、世は、時と永遠の弁証法により、神との無限の質的差異により教会と固く結ばれている。そして教会は、教会より大きな概念である世の危機と罪責を、したがってまた希望をも、その頂点において代表するものなのである。O・ヴェーバーの言葉を借りて、『ローマ書講解』における教会と世の関係を、次のように総括しておきたい。「教会と世とは、たとえ異なった仕方においてであろうと、共に絶対的終末論の陰のもとに、死線の強制的権力のもとに存在している」[22]。われわれの課題は出発点におけるバルトの思惟を確認することであって、教会と世の関わりがその後どのように変化・発展していったか跡づけることは、別な課題としなければならない[23]。

　最後に、もう一つのことに言及しておきたい。それはイスラエルと教会の関係の問題である。われわれはすでに、バルトがイスラエルを教会と読み替えたこと、それは両版に共通しており、むしろ第二版においていっそう著しいことを述べた。第一版においても第二版においても、前者では、イスラエルと教会が共に古い世界の側に位置づけられ、後者では共に人間の側において理解されることによって、イスラエルと教会の共通点は明らかにされているが、その分イスラエルの独自性は明確でないと言わなければならない。しかしエーバーハルト・ブッシュは、このことはたんにイスラエルを教会に解消してしまうという危険を呼び起こすだけではなく、同時に、教会を旧約的に理解し、教会を「肉によるイスラエル」の中に最も強力に引き入れて行くことになることを指摘し、むしろそれこそがバルトの神学的特徴をなしていることを論証している。[24] ここから、約束と成就というシェーマでイスラエルを教会によって止揚・克服されたとするのではなく、教会も成就を自分の前方にもつという教会理解が生じ、二〇年代にそれが様々に強調されたと言う。[25] ブッシュによれば、イスラエルと教会の統一性を構成しているのは、両者とも神の同一の啓示に直面していることである。啓示とは単純に一～三〇年の時間ではなく、その内容をなす神と人間の出会いである。この啓示は、隠れの中での啓示であることと、隠れの中からの全き啓示、神と人間の契約という二重の側面をもつ。この啓示構造に応じて、旧約の人びとも新約の人びとも、一貫して約束において生きている、しかも両者とも成就されていない約束に生きているのではない。こうしたバルトにおける「約束のカテゴリーの発見」は、キリスト教会から旧約が失われそうになっていた時代、まさに途方もない利点をもっていた――そのようにブッシュは解釈している。イスラエルと教会の関係理解は、今日の教会理解に欠かすことはできない。『ローマ書講解』を出発点として、どのような関係理解が形成され、それがどのような意味をもつことになったか、これも、われわれの研究課題でなければならない。

注

（1） A. Jülicher, Ein moderner Paulusausleger, in : J. Moltmann（Hg.）, Anfänge der dialektischen Theologie, Teil 1, 1962, S. 96. A.Schlatter, Karl Barths《Römerbrief》, S.144.

（2） E. Busch, Unter dem Bogen des einen Bundes : Karl Barth und die Juden 1933-1945, 1996, S. 22.

（3） 強調は筆者。以下、とくに断らない限り、強調はバルト。

（4） Vgl. KDII/2, §34.

（5） 『ローマ書講解』第一版の序文、冒頭の言葉を見よ。Der Römerbrief（Erste Fassung）, GA, 1985, S. 3.

（6） 以下、本節の終わりまで、本文中の数字は以下の『ローマ書講解』第一版の頁数。Der Römerbrief（Erste Fassung）, GA, 1985. Vgl. I. Schpieckermann, Gotteserkenntnis, 1985, S. 82-108.

（7） Vgl. KDII/2, S. 68f.

（8） 「自らに与えられて」の部分の傍点は筆者。

（9） Vgl. KDIV/2, S. 698ff.

（10） 強調は筆者。

（11） 強調はいずれも筆者。

（12） Römerbrief（Zweite Auflage）, S. 407.

（13） 「両者〔神と人間〕の間の状況は、一方で天の国への奉仕と他方で古い世界への奉仕という永遠の二重予定の告知は、神の意志による歴史の不毛な・動かない・固定した・終わってしまった二分化ではなくて、まさに飛んでいる鳥にも比べられる一つの運動の瞬間的表現なのであり……」（384）。

(14) 以下、本節の終わりまで、本文中の数字は以下の『ローマ書講解』第二版の頁数。Der Römerbrief (Zweite Auflage).

(15) たとえば、Römerbrief, S. 348, 354, 382, 384.

(16) Römerbrief, VIII.

(17) M. Honecker, Kirche als Gestalt und Ereignis, 1963, S. 161.

(18) Römerbrief, XIII.

(19) 「あらゆる啓示の刻印の歴史的現実は、印、証言、模写、記念、指示である。すなわち、それはくり返しすべての歴史的現実の彼岸にある啓示そのものへの指示である」(S. 105 ; S. 52, 53)。

(20) Honecker, aaO., S. 162.

(21) Vgl. J. von Soosten, Die Sozialität der Kirche, 1992, S. 217-227. ゾーステンはボンヘッファーの『聖徒の交わり』における『ローマ書講解』(第二版)批判を手がかりに、ボンヘッファーとバルトの教会理解の比較検討を行なっているが、基本的にルター神学の地平を動いているボンヘッファーに対して、バルトの立場を最終的にカルヴァン主義的外部から説明する。ただこのことの持っている、また第二版が有している積極的意義を必ずしも十分評価していないように思われる。

(22) Otto Weber, Kirche und Welt nach Karl Barth in : Antwort, Karl Barth zum siebzigsten Geburtstag am 10. Mai 1956, S. 266.

(23) 参照。拙稿「カール・バルトにおける『教会と世』——覚え書」(『教会と神学』四〇号、二〇〇五年三月)。

(24) Busch, aaO., S. 11-36.

(25) Vgl. Unterricht in der christlichen Religion, Bd. I : Prolegomena (1924), S. 178, 182. Verheißung, Zeit—Erfüllung, 1930 in : Weinacht, Göttingen 1957, S. 38-47.

日本とアジアにおけるキリスト教「伝統」
――歴史的存在者の解釈学的神学

森本あんり

一　「歴史の神学」としての「日本の神学」

大木英夫氏は、古屋安雄氏との共著『日本の神学』において、「日本をトータルかつラディカルに対象化し、それを神学的に取り扱う」ところの「日本の神学」を提唱しておられる。同書によれば、その問題関心はすでにそれより二〇年以上も前から育まれていたということであるが、ここに言う「日本の神学」は、日本を「属格」ではなく「対格」として主題化するという点で、北森嘉蔵らそれ以前の「日本的神学」とは根本的に異なった試みである、と論じられている。(1)

同書における大木氏の執筆部分は「方法論的考察」と題されているが、「日本の神学」を正面から論じているのは、そのうちの「序説」という四〇頁ほどの文章である。これは、同書全体からすると約八分の一の分量にとどまっており、「日本の神学」の全貌を明らかにすることを意図したものではない。また、同書でより大きな分量を占める前半の古屋氏の執筆部分は、近代日本のキリスト教との折衝を継時的に素描したもので、必ずしも「日本を神学の主題とする」という問題意識が明瞭に貫徹された論考となってはいない。したがって、「序説」に続く「本論」たる「日本の神学」の実質部分は、今なお本格的な執筆を待っている、と言ってよいのではないかと思う。

「日本の神学」に対する大木氏の研究関心は、近年でも失われていない。その成果は、二〇〇五年春に東京で開かれた国際宗教学宗教史会議のシンポジウム席上でなされた「グローバリゼーションと日本の神学」という題の講演にも結実している。(2) 実は、「日本の神学」の「本論」を構成すべき内容の一端は、この講演にうかがい知ることができる。大木氏はそこで、世界史の深層動向の指標となる歴史的な「フォルトライン」を六〇年前の日本敗戦に見いだし、このフォルトラインによって分かたれた新しい日本の形成こそが「日本の神学」の課題である、と断言しておられるからである。この課題は、絶対的超越の容認によってのみ徹底化される相対主義を梃子として、自己慶賀的な日本の自己絶対化を防ぎ、それに代えて新しい霊性の開拓と涵養へと進む、という努力によって達成されなければならない。しかも、同講演によれば、現代日本に固有のこの神学的課題は、実は一七世紀以来連綿として続いてきた世界史の深層動向と軌を一にしている。この両者が同一線上に並んでいることは、日本国憲法第九七条において、同憲法が日本国民に保障する「基本的人権」は「人類の多年にわたる自由獲得の努力の成果」である、と表現されていることにも明らかである。人類が多年にわたって求めてきた「自由」の獲得こそ、戦後日本と世界の歴史がともに追求すべき恒久的な課題であり、その実現を助けることこそが「日本の神学」の課題なのである。(3)

こうした発言から推測する限り、「日本の神学」は、日本を世界史の流れの中に位置づける歴史解釈の作業を基礎部分に含み、かつその帰結部分には社会倫理的な歴史形成の課題が含まれる、と考えてよいであろう。古屋氏の執筆になる近代日本のキリスト教受容史もまた、本来的な意図としてはこの連関の提示を目指したものであった、と解することができる。「日本の神学」は、「歴史の神学」として遂行されねばならないのである。しかもその「歴史の神学」は、たんなる世俗史としての歴史ではなく、終末論的な歴史理解をもった神学として、またたんなる世界史の観想ではなく、実践的な歴史駆動力をもった神学として、遂行されねばならないのである。

本稿は、この認識を全面的に共有する。神学という学問は、歴史への顧慮と係留なくしては、宗教哲学の抽象性へと堕す。神学は、キリスト教という宗教が実際の歴史的な人間共同体に現実化させてきた諸形態の実定的な分析と、その将来的な形成の可能性に実践的な責任を担う学問である。と同時に、本稿はこの認識に竿頭一尺ならぬ一寸を加えるため、歴史認識の当事者であるわれわれ自身の歴史的な存在性について、今日の文化理論の批判と歴史解釈学の知見から有意義と思われることを学び、今後の神学研究の営みに資することを目的としている。

二　「歴史の神学」としての「アジア神学」

大木氏の数ある著作と問題関心から本稿が特にこのような主題を選ぶのは、「日本の神学」と類比的な課題をもつ「アジア神学」の研究に触発されてのことである。アジア神学は、日本国内ではほとんど顧みられることがなく、その基本的な諸文献の邦訳すら存在しないのが現状である。日本の神学界においては、アジア神学は「解放の神学」や「フェミニスト神学」などと並んで、従来の神学に対置される伝統批判的な神学として紹介されてきた。そのため、神学の中心的な課題として認識されることもなく、日本がアジアに対して長年とり続けてきたのと同じ軽視の態度をもって、周縁部分に放置されてきた観がある。しかし、アジア神学の提出する問いは、すべての神学学徒がいずれかの局面において必ず直面せねばならない本質的な問いを擁している。アジアという文脈は、従来のキリスト教神学が当然のごとく前提していたいくつもの基本的な考え方を問いに付すからである。こうした問いに答えるためには、従来の神学的識見の蓄積を総動員しつつ、現在と将来にわたって歴史の「深層動向」を見極める洞察力が必要である。

アジア神学は、前世紀初頭にドイツの神学者たちが問うた「キリスト教本質論」を新たなかたちで再提出している、と言うこともできよう。アジア神学は、儒教や仏教やアニミズムといった宗教的環境についても、また人種や漢字という民族的・文化的な環境についても、日本と類似点の多い隣接圏で論じられてきた神学である。「日本の神学」は、こうしたアジア神学からの挑戦に正面から応え、そこに供されている実験的な考察と実践的な智恵に学ぶことで、今後の課題遂行に大きな助力を得ることができるはずである。

ひるがえって、はじめに触れた「日本の神学」の研究視角からは、ここに言う「アジア」が属格なのかそれとも目的格なのか、という件の問いが当然差し向けられよう。ただ、「アジア」という名で呼ばれる一見自明な単位体が実は圧倒的な多様性に満ちていることに多少なりとも思いをいたすならば、これを「トータルかつラディカルに対象化する」という試みがはじめから困難を抱えているということは、とりあえず理解され得るであろう。(4)「日本の神学」にあっては「属格」か「目的格」かの選択であった対比は、「アジア神学」にあってはいっそう複雑である。そこでは、この二格に加えて、さらに「主格」や「与格」への言及も必要になるからである。すなわち、アジア神学の「主体」は誰か。そしてそれは「誰のための」神学か。「日本の神学」では、その語り手と聞き手が日本人神学者であることは暗黙裡に了解されており、少なくとも表立った議論の対象とはなっていない。だが「アジア神学」では、そもそも誰がそれを論ずる資格をもつか、そしてそれは誰に向けて語られる神学か、という点からして論じられねばならないのである。本稿がこれを「アジアの神学」とも「アジア的神学」とも「アジア人の神学」とも特定せず、ただ「アジア神学」と無規定なままに標記せざるを得ないのも、このためである。(5)

しかし、こうした重加された複雑性にもかかわらず、アジア神学は日本の神学とある認識において強く共鳴し合っている。それは、アジア神学もまた、アジアを歴史的に定位する作業なくしては成り立ち得ない、という認識である。

世界史の中で中近東時代、地中海時代、汎ヨーロッパ時代、アメリカ新大陸時代、と西回りに辿ってきたキリスト教伝播の歴史が、アジアに至ってはじめて問われるようになった問いに答えることである。キリスト教の人口動態が著しく変化し、世界のキリスト教徒の三分の二が非西洋に住むと言われる今日、アジアはキリスト教がそれまでに辿ってきた二千年の歴史とどのように折り合いをつけるか——ここに、アジア神学がまずもって問わねばならない問いが集約されている。アジア神学もまた、歴史の神学として遂行されねばならないのである。

もちろん、この問いは、従来の伝統的な神学にまったく知られていなかった、というわけではない。神学は、たしかにこれまでも「土着化」や「文脈化」などの掛け声をもって類似の問題を論じてきた。しかし、アジア神学の今日的な問題設定は、少なくとも二つの点において従来のそれとは根本的に性格を異にしている。第一に、今日のアジア神学は、二〇世紀後半に大きな進捗を見た文化理論の諸知見を無視して論ずることはできない。当初「アジア神学」が「ラテン・アメリカの神学」などの「地域的神学」の亜種として登場した時には、東西の冷戦構造と全体主義体制下の政治的抑圧という時代の現実がその性格を深く規定していた。しかし、こうした社会状況はその後数十年の間に大きく変化している。軍事独裁政権が数度の政変によって劇的に民主化されていった韓国は、その典型的な事例である。社会正義への希求は、現在でもけっしてアジア神学の議題から揮発してしまったわけではないが、その重要性が相対的に大きく低下したことは否めない。代わってアジア神学の今日的な潮流を理念的に下支えしているのは、民族的なアイデンティティの自覚的な模索と表出である。これを「ポストモダン的な状況」と総括することもできよう。本稿はこの問題に立ち入る余裕をもたないが、社会状況のこうした変化に即して、要求される神学的な文化理解も大きく変化していることは確かである。(6) 二〇世紀の神学者たちもそれぞれのしかたで「文化と福音」という論題を扱ったが、彼らの前提している固定的で非歴史的で単層的な文化理解は、今日われわれが目にしている流動的で分断化された多孔質の複合体としての文化を扱うには、どうしても不十分である。

第二に、土着化や文脈化を論ずる従来の議論に前提されてきたのは、「基本と応用」という構図であった。つまり、まずいつでもどこでも誰にでも妥当する普遍的で標準的で正統的な神学があり、次いでこれを特定の周縁文化へと適用して必要な調整と修正を施す、という構図である。神学の教育課程においても、これらの「応用」神学は、まず標準とされる神学がひととおり教えられた後に、補足として紹介されることが多い。しかし、アジア神学の真の発見は、これまでそのように普遍性を標榜してきた神学もまた、実はきわめて文脈的であったという発見であり、その文脈限定性が自覚されぬまま正統性の衣を纏わされてきたにすぎないという発見である。これは、キリスト教神学がアジアという異化作用をもつ文脈に出会ってはじめて得られる類の発見である。現代アメリカのキリスト教を見て、とりわけその自国中心主義的な原理主義の主張を見て、その特殊性に気づかぬ人は少ないであろう。だが、それらの目立ちやすい政治的な外貌の下にも、「ハロウィーン」という社会慣習が示すように、非常に特殊なキリスト教の土着化の一形態が常在している。同様の土着化は、時代を遡ればキリスト教のヨーロッパ的な諸形態にも認められようし、宗教改革者たちの神学が不可避的に帯びている文化制約性にも認められよう。さらに、盤石とも見える中世キリスト教コルプスの歴史的な特殊性へ、あるいはキリスト教の基本的な性格を定義づけた初代教会の文化背景の特殊性へと目を向けるならば、プロテスタンティズムの起点も、いやキリスト教そのものの起点も、すべてが歴史限定的な性格を帯びたものであることに思い至らざるを得ない(7)。

この点で範例的なのは、キリスト教信仰の中核を構成する三位一体論などの基本信条をめぐっての問いである。われわれの基本信条は、「実体」や「本質」などといったきわめてギリシア的な概念や言語をもとに作られているが、はたしてこれも歴史限定的な文脈化の一事例として捉えられるべきであろうか。もしそうであるならば、ギリシアに代えてアジアの概念や言語で同じ作業を行うことも許されねばならないであろう。アジア神学者の中には、このような主張のもとに、陰陽論や易に由来するアジア的な諸概念を用いて三位一体論を大胆に再構築しようとする者もある。(8)そのような試みが成功しているかどうかには、大いに議論の余地があろう。しかし、仮にそれらがみな同等の権利をもつ文脈化であるとすると、われわれはここで、従来のキリスト教とは根本的に異なった新しいキリスト教に出会っていることになるのであろうか。その場合、キリスト教は何をもってみずからをキリスト教と任ずることができるのであろうか。(9)あるいは、ポストモダン的な歴史認識からすると、そのように全世界的なキリスト教のアイデンティティやメルクマールを求めること自体が、そもそも時代錯誤なのであろうか。

このように問いを辿ってゆくと、アジア神学の焦点もまた、日本の神学の場合と同じように、「伝統」をどのように扱うか、という歴史解釈の問題に収斂してゆくことが明らかとなる。

三　アジア神学における「伝統」批判

ところが、まさにこの点において、アジア神学は大きな問題を抱えていると言わねばならない。それは、アジアの神学者たちが、アジアという文脈を強調するあまり、これまで培われてきた欧米キリスト教の伝統を一気に清算することを求めるからである。欧米神学への依存から脱却することは、アジアのキリスト教が早急に果たすべき神学的自立の第一歩であるかのように論じられる。このような論調は多くのアジア神学者に共通して見られるが、なかでも声が大きいのは、台湾出身の神学者C・S・ソン（宋泉盛）である。彼はアジア神学者たちの中でおそらくもっとも多産な著者であるが、その著作には欧米のキリスト教伝統に対する強い拒否感が満ちている。以下に、その批判的神学の一端を紹介しておこう。(10)

一九七九年に出版された『第三の眼の神学』では、西洋の神学に囚われているアジアの人々に新しい視野を開き、アジアの歴史と文化と生活に神の業を見いださせる「第三の眼」の必要が説かれている。ギリシアの哲学は第一の眼を提供し、ゲルマン精神による宗教改革は第二の眼を提供したが、それら二つの眼で行われるのは「二次元の神学」でしかない。(11)アジア神学は、しばしば仏像に彫られる第三の霊的な洞察眼をこれに与え、「三次元の神学」を可能にしてくれるのである。従来の神学は、アジア文化圏のただ中に働く神の愛の現実を見えなくしてしまう「冷血な論理」であると非難されている。(12)

同様の批判は、一九八六年に出版された『アジアの母胎からの神学』にも展開されている。同書は、「伝統的神学の捕囚からの自己解放に意識してつとめている」アジアの人々に向けて語られたものであるが、それによれば、アジア神学は今、欧米から輸入された神学や聖書学の食べ過ぎで肥満と消化不良に陥っている。(13)このような状態から抜け出すために、アジア神学は伝統的な西洋の神学を受け入れることを止め、無理にでも運動をして不要な体重をそぎ落とさねばならない。この減量の過程は、当事者にとっては不安かつ苦痛であろうし、慣性的な食欲麻痺があるため、明らかにみずからの意志に反して行われねばならない。だがそれは、アジア神学の自由な発展と独立のために必要不可欠のプロセスなのである。同書は「輸入食」を断つというこの目的ために、アジアの非キリスト教的な諸宗教からふんだんに題材を取り入れ、ゆっくりとした物語の手法で神学を語り紡いでいる。おそらくそれは、他宗教から学ぶことを拒んできた従来の神学に対する、彼の意図的な挑戦をも意味しているであろう。

こうした批判や挑戦は、一九九〇年に出版された『イエス——十字架につけられた民衆』においていっそう鋭くなっている。その冒頭で彼は、金芝河の戯曲を引用しつつ、西洋の神学全体に手厳しい糾弾の言葉を投げつけている。[14]西洋の伝統的神学は、民衆の苦しみと叫びをみずからのものとした荊冠のイエスを、教会の教理体系というセメントに固められて崇められる金冠の「似非イエス」へと転じさせてしまった。ソンは、「伝統」「権威」「指導者」「教義」「正統」などといった言葉に一様に激しい反感を抱いており、こうした神学者たちの捏造した神を拒否することこそアジア神学の緊喫の課題である、と論じている。捏造されたこの神は、伝統的教義の神、既成宗教の神、制度的教会の神、宗教的権威者たちの神であり、イエスが「アッバ」と呼びかけた聖書の神とは似ても似つかぬ別の神である。[15]神は、とりわけアンセルムス以降の暴力的で報復的な西方贖罪論により、生け贄の血を求める「人殺し」の神となった。アジアのキリスト教は、今こそこのような「安楽椅子にアグラをかく神学者の頭にだけ描かれた論理」を棄て、「正統主義宗教が説きまわる神」に挑んで反抗し、その神をこそ見捨てなければならない。[16]ソンによれば、このような神学の変節は、西洋の神学伝統の全体をさらに飛び越え、そもそもパウロ自身にまで遡る。パウロこそ、イエスの素朴な福音を神学化した張本人である。パウロによって、福音の焦点は十字架から復活へと移されたが、復活の強調は、アウレンの『勝利者キリスト』という書物の標題が示す通り、結果としてアジアに対する西洋の傲岸な勝利主義と覇権主義を助長し、アジアの苦しむ民衆にとってはあまりに非現実的に響く教理となった。[17]われわれは今こそアジア神学に導かれて、パウロを含む西洋の神学の歴史をすべて拒否し、教会の権威的な神学によって崇め奉られ栄光に包まれた復活のイエスから、あくまでも民衆とともにあろうとした悲惨と受難のイエスへと立ち帰らなければならない、というのがソンの主張なのである。

はたしてこれは、神学や伝統に対する正当な評価であろうか。アジア神学は、彼の主張するように二千年の歴史を飛び越えて無媒介に聖書的源泉へと接続することができるのであろうか。聖書的源泉といっても、ソンの言う「聖書」とは、報復的正義を求める旧約聖書を除外し、悪しき神学化の元凶であるパウロを除外し、復活を除外し、十字架の贖罪を除外して、受難のイエスのみを摘出するというウルトラ・マルキオン的な外科手術を施された「聖書」の謂である。「伝統」に対する彼の包括的な拒否にもかかわらず、神学史を繙くならば、このような聖書理解はけっして新奇な主張でないことが明らかとなろう。伝統は、ソンのように伝統批判を行う際にも、なお参照されるべき源泉なのである。

聖書理解ばかりではない。ソンが批判的に引用しているアウレンの『勝利者キリスト』という著作には、実はラテン型の贖罪論ばかりではなく、これを批判してその対極に立とうとする贖罪論理解も示されている。[18] アベラルドゥスに始まる主観型贖罪論がそれである。この類型は、キリストの死をもっぱら道徳的な教えの模範と捉え、弟子たちには存在論的な代理の関係ではなく倫理的な信従の関係を求めるという、近代的で人間論的な十字架理解を備えている。ソンは、アンセルムスの贖罪論に対する口を極めた批判において、みずからそれと知らずに、いま一つの典型的な十字架理解を熱心に再生産しているのである。ソンの批判はここで、きわめて近代西洋的なヒューマニズムに近く立っている。このことは、彼の批評者たちがつとに指摘してきたことでもある。台湾神学院のサヴァッキーによれば、ソンの思想は当初から「西洋のリベラルな神学潮流」を反映させており、[19] マレーシアの神学者ホワ・ユンによれば、ソンの神学は畢竟「世俗的で多元主義的な西洋の神学」と「アジアの文化的宗教的諸形態」との「創造的な結婚」に他ならない。[20]

本稿の中心的な主張として、さらに重ねて指摘したいのは、伝統に対するソンのこうした批判的態度が、実はそれ自身、近代西洋の啓蒙主義に特徴的な思惟である、ということである。伝統を軽視し、これを各人に与えられた理性能力の十全な活動に対する不当な制約と見なすその発想自体が、啓蒙主義という伝統に束縛された思惟である。われわれわれは、次節でガダマーの歴史解釈学にこの経緯を学ぶであろう。ソンのように西洋と東洋を画然と対立的に捉える構図は、一見したところアジアの自己表出であるかに見えるが、実はその構図自体も西洋由来の「オリエンタリズム」に則っている可能性が高い。[21] アジアの独自性は、西洋から見た東洋趣味をアジア人が裏返しに取り入れることで表現されるものであってはならない。西洋から見ていかにもアジアらしいことが、アジア人自身からすると必ずしもアジア的であるとは限らないのである。この点も「日本の神学」の課題と通底するところがあろう。今日アジアの「アジア性」を特定する作業は、オリエンタリズムの罠を自覚的に避けつつ慎重に行われなければならないが、ソンには残念ながらそのような自覚や警戒はまったく見受けられない。

総じて、ソンに限らずアジア神学者の中には、「伝統」の意義や機能に対する根本的な無反省と無理解が伏在している。伝統は、われわれが対象化し客体化して自由に取捨選択することのできるような何ものかではない。伝統を批判しこれを克服しようとする営みに際しても、伝統の存在は不可欠の前提であり条件なのである。それゆえ、伝統の意味に原理的な反省を加え、その現代的な意義を定位することは、アジア神学の問いを研ぎ澄ます助けになりこそすれ、頑迷固陋な伝統主義を持ち込むことではけっしてない。アジア神学に今もっとも必要なのは、こうした伝統理解の検証であり、とりわけその検証のために、われわれ自身の歴史的な存在性を自覚することである。伝統は、言語にも似て、われわれが自由にその外へと歩み出てこれを論ずることのできるようなものではない。ガダマーの言葉を借りれば、「歴史がわれわれに属しているのではなく、われわれが歴史に属している」のである。[22]「世界の歴史化」とは、大木氏がさまざまな著作を通して繰り返し語られたところであるが、その歴史化する「世界」の中には、世界の歴史化についてそのような思索をめぐらす自己自身の存在も含まれているはずである。世界の歴史化の認識は、みずからの歴史的な存在性とそれゆえの限定性の自覚に至って、はじめて首尾一貫したものとなる。

四　ガダマーの歴史解釈学

以上のような歴史と伝統に関する再検証を試みる手だてとして、本稿はガダマーの『真理と方法』に注目する。同書第二部は歴史認識と解釈学の問題を扱っているが、難解な上に未だ邦訳もなく、本邦では少数の専門家集団を越えて広く読まれているとは言い難い。しかし、同書は英語圏では今なおよく読まれており、神学的な文化論や歴史理解の議論ではしばしば前提とされる基本文献である。[23] 日本やアジアを歴史の神学として考察の対象となす作業にとり、ガダマーの解釈学的な歴史理解から得られる洞察はこの上なく貴重である。そこで本稿では、歴史解釈の当事者存在がもつ歴史性の自覚如何というわれわれの関心を主軸に据え、同書の議論を整理して以下に提示することを試みたい。

(一)　宗教改革からロマン主義までの解釈学

解釈学という学問は、カトリック教会の「伝統」理解に対する宗教改革者たちの聖書的確信を拠り所として出発した。聖書はそれ自身を解釈する（sui ipsius interpres）のであって、正しい解釈のために教会の伝統による補完を必要としない。この宗教改革的な聖書主義が人文主義の文献学的素養と結びつき、解釈学的な神学的原理へと発展したのである。ただし、「ドグマからの解放」こそ解釈学の出発点であった、とするディルタイのよく知られた発言は、私見によればプロテスタント神学者の間に誤解を生みかねない。[24] ここに言う「ドグマ」とは、カトリック教義のあれこれのことではないからである。それは、そもそも教会のドグマのことではなく、「聖書という文書が全体として意味ある統一体をなす」という解釈学上のドグマのことである。古典的な修辞学以来知られてきた解釈学の格言は、

「全体は部分から、全体は部分から」という循環であった。プロテスタント的な聖書理解の原理は、フラキウスの『鍵』（一五六七年）に明示され、トレント公会議で枢機卿ベラルミーニが何としても反駁せねばならなかった両陣営の根本的な相違点であるが、この格言に見る限り、実はプロテスタントもカトリックと同様に「ドグマ的」であったと言わねばならない。彼らもまた、「聖書正典の全体としての統一性」というドグマを脱しきれてはいなかったからである。「ドグマからの解放」は、この想定を捨て、聖書内部の個別文献をそれぞれの歴史的文脈に即して解釈するようになって、はじめて達成されたと言える。解釈学的な「全体」とは、正典文書としての聖書「全体」から、各文書が置かれた歴史的文脈の「全体」へと、その意味を転じていった（181）。近代の解釈学は、かくしてその基礎を据えられたのである。

ガダマーは、彼自身の歴史解釈学の提示へと進むための準備作業として、彼以前の解釈学の限界を概観しているが、シュライエルマッハーからディルタイに至る近代解釈学の系譜に対する彼の錯綜した批判をあえて一言で括るとすれば、それは本稿が注目するごとく、歴史解釈の当事者存在の歴史性に対する無自覚であろう。解釈者の歴史制約性こそ、「地平融合」や「影響史的意識」といったガダマー解釈学の鍵概念にも通底するもっとも重要な認識である。同時に、この自覚こそ、われわれがアジア神学をめぐる現在の議論にもっとも欠けていると考えるものである。アジア神学は、この認識なくしてはみずからを学問的に定位することができない。以下にまず、この自覚如何を焦点としつつ、ガダマーの批判を順に辿ってみよう。

近代解釈学の幕開けに立つシュライエルマッハーは、直接的な解釈が可能でないところすべてに解釈学の必要性を見、解釈学を補助学から自律的な普遍学へと発展させた。そのシュライエルマッハーの解釈学に対するガダマーの批判は、実は第一部の「芸術論」末尾にすでに明示されている。そこでは、シュライエルマッハーの「再現」ないし

「再構成」（Representation）がヘーゲルの「統合」（Integration）と対比されて論じられている。シュライエルマッハーにとり芸術作品の「理解」とは、その作品が成立した起源へと遡り、創作者である芸術家の本来的な「意図」を再構成することであった。もとより、芸術作品は「無時間的な空間に浮かぶ美的体験の対象」ではない。それは、本来の歴史的連関の中に置かれてはじめて何ものかを語る存在となる。解釈学の課題は、そのために作品と鑑賞者との歴史的な懸隔を克服することにある、というのがシュライエルマッハー解釈学の眼目であった。しかしガダマーによれば、このような再現ないし再構成は、解釈者にとってはすでに本来の姿ではない。たとえ美術館に陳列されていた芸術作品をそれらが本来置かれていた場所へと戻して設置し直すとしても、それは原初状態の復元ではあり得ない。絵画が教会へと戻され、建築物が復元されたとしても、それらは否定のしようもなく新しい時代の新しい世界に属しており、せいぜい観光名所となるだけである。これに対し、ヘーゲルは歴史的過去の保全という企図の不可能性をはじめから熟知しており、その代わりに「思惟によって現在の生との媒介を行なう」ことを要求する。[25] ヘーゲルは、木から果実を摘み取って差し出す乙女を描いたシラーの詩を引用しつつ、木から摘み取られた果実が本来の状態と同一ではあり得ないことを示唆するとともに、その果実を差し出す乙女が「より高次のしかたで」これを自己の精神のうちに取り込むことを求めている、と論じた。この精神は、「芸術作品においてまだ外面化されていた精神を、『内面・化』し追憶する（Er-Innerung）[26]」。つまり、たんなる過去の忠実な再現ではなく、鑑賞者たる自己の精神による現在の生との媒介と統合こそが、芸術作品を「理解する」ことなのである。この対比は、第二部におけるシュライエルマッハー解釈学の批判へとそのまま通脈している。鑑賞者の現在の生に注視し、これとの統合において芸術作品の理解を論ずることは、歴史認識における解釈者の歴史的存在性に自覚的な視線を注ぐことと同義だからである。

媒介と統合というヘーゲルの弁証法はこの点で評価されるが、彼が世界史を精神史としてアプリオリに構成したことは、続く歴史学派の批判を招くところとなった。歴史学派の解釈学は、思弁哲学ではなく経験科学こそが歴史理解の普遍化に有意義である、と主張する。だが、ヘーゲルの思弁性を拒否して歴史を歴史自身から内在的に理解しようとするランケやドロイゼンらの努力には、ある本質的な困難が伴っている。そもそも歴史には、文書テクストのようなまとまりや終わりが存在しない。したがって、全体から部分を解釈するという解釈学の手法には限界がある。歴史に浮遊する個的存在をある統一へともたらすものは何か。この問いに対し、ランケは歴史自身が目的論的な構造を有していると答える。「すべての時代が神に直結している」という彼の言葉も、この存在論的な構造を前提してのものである。つまり、歴史に統一を与えるのは、すべてを見渡す神の視点である。歴史家はそれゆえおしなべて祭司なのであって、人類が堕落によって失った「神との直接性」を各時代に回復させる役割を担っている（214）。ということはしかし、ランケもまた、歴史に内在的な意味を与える目的を歴史の外に想定した、ということになる。歴史の祭司は、生身のまま神の視点を代弁できるわけではない。彼らは、ちょうどランケ自身が否定しようもなくロマン主義という時代史的精神の中に存在したように、歴史の外に立つことはできないのである[27]。つまり、ここでも欠如しているのは、歴史解釈者自身の歴史的性格についての自覚であると言えよう。ガダマーはこれをランケの「叙事詩的な自己忘却」と呼んでいる（236）。叙事詩作者が壮大な歴史絵巻を展開するにあたって、視点たる自分の存在をその絵巻の外に置いてしまうことを指しての発言である。

ドロイゼンもこの点では同様である。ドロイゼンは、歴史の意味が歴史的行為者の意図や計画を越えていることを知っていた。そのため彼は、歴史解釈者の後知恵的な解釈の重要性に着目したのである。しかし、彼が理解していなかったのは、回顧的に歴史に意味を賦与しようとするその解釈者自身もまた、特定の歴史的な限定を受けて存在している、ということである。たとえば、「第一次」世界大戦は、「第二次」世界大戦があってはじめて「第一次」と呼ばれるようになるが、この解釈者の歴史的限定性は、けっして完結することなく無限に拡大され修正され続けなければならない。論者の置かれた立場によっては、「第二次世界大戦」は「太平洋戦争」とも「一五年戦争」とも呼ばれ得るであろうし、それらを含む二〇世紀全体は、二一世紀の視点からは「戦争の世紀」としてさらに別の性格づけを与えられることになる。ジョン・F・ケネディの暗殺事件では、そこで何が起こったのかという歴史的「事実」が解釈者の政治的な立場によりまったく異なって構成されており、それらの背後に真実の核があると想定することはもはや困難になっている。歴史は、解釈者の特定の関心状況によって、つねにその意味を転じてゆくのである。

付言すれば、ここにもアジア神学の学ぶべき点がある。ヘーゲルの媒介と統合に立ち戻るまでもなく、アジアの神学者がみずからの置かれた歴史的立場から従来の神学に新たな意義づけを与えることは、解釈行為としてはごく自然な作業の一端と見なされるであろう。だが、その彼らの歴史認識もまた、特定の歴史状況からなされたものである以上、やがて凌駕されてゆくべき暫定的性格を有している。アジア神学が歴史解釈学の一端としてなすべき作業とは、自己の視点からの歴史の再解釈であり、かつ同時に、その自己の再歴史化なのである。その場合、彼らの歴史認識は、彼ら以前にあったものを払拭するわけではなく、彼ら以後の歴史認識もまた、彼らのそれを無化するわけではない。歴史認識は、そのたびに無からの出発を繰り返すのではなく、不断に積み重ねられてゆく重畳的な構造を有しているのである。

おそらく、ガダマーがもっとも注意深く自己の立場との異同を論じなければならなかったのは、ディルタイであろう。ディルタイの終生にわたる課題は、自然科学が諸学の標準的なモデルとされつつあった二〇世紀初頭のヨーロッパ知的世界にあって、精神科学を自然科学と同等の客観性をもつ学問として位置づけることであった。ディルタイはそのために、ドロイゼンから「説明」と「解釈」との二分法を受け継いでこれを理論化し、歴史認識においては意識と客体との一致が直接的な確実性をもつ「体験」（Erlebnis）を出発点に据えた。つまり、歴史の連関は、時間的・因果的な出来事の連続性によってではなく、心理的・内在的な個人の体験という連続性によって構造と統一を与えられるのである。生きられた体験の内容たる一次的所与は、実証主義的な認識論が想定するような感覚の素データの集積ではなく、ある「意味の統一体」である。[28] ベルクソンの譬えを用いるならば、メロディは個々の音符としてばらばらに響くのではなく、それぞれの音が相互に浸透しあってひとつの意味ある統一体として聞かれるのである。[29] 同じ文脈でディルタイは、経験の可能的主体を構成するフッサールの「構造」概念をも援用しており、これらの全体性への眼差しによって、彼は前世代の外在的な歴史主義を克服し得ると考えた。

しかし、ガダマーはまさにこのディルタイの「体験」概念に、歴史的自己認識の欠如を見る。個々人の「体験」では、歴史意識の論理的主体が不在なため、歴史の統一性という経験が得られないからである。ディルタイ自身もこの欠落におそらく気づいており、その補塡のために彼は「世代」や「国家」というヘーゲル的な概念的主体を再導入せざるを得なくなった（228）。ガダマーの見るところでは、ディルタイの問題は彼の「体験」概念そのものにある。個々人のもつ「体験」は、モナドのように窓もなく自己完結しているのではなく、絶えず歴史的所与の流れに棹さしており、その内容はつねに「記憶と期待との独特な融合」（226）によってある全体性へと整序されている。ここでも、ガダマーの批判は、解釈者自身の置かれた歴史的存在性を眼目としているわけである。ディルタイのアポリアは、彼が生と哲学、直接性と反省性、歴史認識と自然科学とを結びつけようとしながらも、結局はその手法においてデカルト的な客観主義の残滓を清算できず、認識主体の歴史的存在性の承認に至らなかった、という点に存している。

ガダマーがハイデガーの現存在の解釈学を評価するのも、やはりこの点に関してである。以上に述べたような歴史主義のアポリアに対し、ハイデガーは根本的に異なった立場をもって臨んでいる。そもそも彼にとり「理解」とは、ドロイゼンのように方法論的な概念でもなく、ディルタイのように人文科学の基礎概念でもなく、現存在の根本的な存在様式である。理解とは、主観主義や心理主義で論じられる認識論の問題から、現存在の遂行様式として画定されるべき存在論の問題となった。テクストや世界という解釈されるべき対象ではなく、それを解釈する人間のあり方こそが、また現象の背後にある形相としての存在ではなく、時間の地平に存在する現存在の事実性こそが、解釈学の問いを構成するのである。理解において人間は、自己の存在を可能的未来へと企投し、これを現実化することによって存在し続ける。したがって理解とは、現存在が存在するものの彼方へと自己を企投する実存的な作業の謂に他ならない。しかし同時に、この企投する人間は、事実としてすでに存在していた存在であり、幾重にも重なる存在連関の中へとあらかじめ投げ込まれている被投的存在として自己を認識する存在である。その企投は、自己に先立って存在したものにより可能とされ、かつ限界づけられている。つまり、伝統への帰属は、歴史的に限定された現存在の本質規定なのである。ハイデガーにあっては、従来の学問理解において「障害」ないし「主観的条件」としか見られていなかった人間存在の歴史性が、歴史認識に本質的な契機として再提示されているのである（266）。

（二）　伝統と権威の復権

以上の対論の上にガダマーはみずからの解釈学を展開するが、その基底がハイデガーの「先行理解」にあることはこれで明らかであろう。未知と既知をめぐるプラトン以来の古典的なパラドックスは、「先行理解」ないし「先入見」によって答えられることになる。つまり、テクストの全体的な意味は、読み手が意味の兆しに応じて自己を企投しつつ読むことによって開かれてゆくが、逆にそのような意味の兆しは、ある期待をもって読み進むからこそ見えてくるものである。理解の先行企投は、読み進むにつれてつねに訂正を余儀なくされてゆくとしても、そのような企投なくして解釈はあり得ない。『存在と時間』によれば、このような解釈学的循環は、やむを得ない悪しき循環ではなく、もっとも原初的な知のあり方に他ならない。[30] そしてこの解釈は、つねに歴史的意識の具体化として遂行されるのである。ハイデガーは、デカルトの「思惟」やヘーゲルの「精神」という主観性の概念に、存在を「現前しているもの」から考えるギリシア的な実体論が前提されていることを明らかにして、かかる解釈学的な循環の過程をみずから実例として提示している。この場合、「ある主題を学問的に定位する」とは、それを歴史的な伝統の中に位置づけて批判に供することを意味する（274）。

しかし、啓蒙主義はこうした理解の前提となる「先入見」をいっさい排除してしまった。「自分自身の悟性を使用する勇気[31]」を標語とする啓蒙主義は、「先入見」をすべて他者の権威か自己の内なる早計に基づく誤謬として斥けることを要求した。ガダマーによれば、「いっさいの先入見の克服」というこの啓蒙主義的な企図こそ、実はひとつの根拠なき先入見に他ならない（281）。われわれはすべて、上で確認したように、家族や社会や国家など、みずからの選択によらない歴史的な所与の中へとあらかじめ投げ込まれて存在している。まさにそのような被規定性の土台の上でのみ、われわれの経験や理解も可能とされているのである。何ものにも囚われることのない絶対理性の無制約な発現という理念は、啓蒙主義のふりまいた幻想であって、歴史的存在者たる人間には不可能である。理性は自己の支配者なのではなく、つねに所与の状況に依存して機能する。これが、「歴史がわれわれに属しているのではなく、われわれが歴史に属している」（281）という先の言明の意味するところである。

ここには、アジア神学が恒常的に直面している問いへの重大な示唆が含まれている。歴史意識の解釈学は、理性の自律と生の透明性を無邪気に信ずる近代啓蒙主義に対し、歴史の波間に漂う人間の不可解で不条理な暗さ、謎や混沌や無意識、といった要素を強調する。ロマン主義は、このことを知っていたかに見えるが、実はロゴスとミュトスとの対立という図式そのものを啓蒙主義からそのまま受け継いでおり、両者の価値秩序を逆転させたにすぎない（278）。そこにはやはり、認識の可能根拠でもあり限界でもある自己の歴史性に対する認識が欠落しているのである。ガダマーの解釈学は、この点の追求において首尾一貫しており、緩むことも揺らぐこともない。

問題は、すべての先入見を排除することではなく、権威や伝統に対する理解を問い直すことであろう。啓蒙主義は、権威の概念を歪曲し、理性や自由へのアンチテーゼとしてしまったが、ガダマーによれば、権威の本質は他者の知見を自己のそれよりも優れていると承認する理性の行為である（282）。伝統もまた、理性や自由に対立するものではない。伝統は、すでに存在しているものの慣性だけで永らえることができるわけではない。それは死せる伝統主義の特徴であって、生ける伝統はつねに更新され、再確認され、洗練され、受け取り直されなければならない。したがって、伝統に関してはその改革のみが理性的で自由な行為であるかに思われるが、その維持と再生産もまた同様に理性的で自由な選択の行為であり得る（286）。これも、アジア神学が心して聞かねばならない洞察であろう。本稿結尾に見るように、伝統の自己保持力と自己改革力とは相関的である。伝統の改革は、伝統の土台の上でのみ可能である。つまり、改革のためにこそ、伝統は維持されねばならないのである。

人文科学には、解釈者から独立した「対象そのもの」は存在しない。人文科学における理解は、われわれが伝統によって呼びかけられていることを知る時、はじめて可能となる（287）。つまりそこでは、「問う者と答える者との逆転」（379）が起きねばならないのである。それゆえ、解釈者の主観性と対象のもつ意味の客観性という対立ははじめから誤っており、解釈者を離れて解釈の対象が永遠不変で普遍妥当的な客観的意味をもつということはあり得ない（316）。このことを明らかにしてくれるのが、法学や神学の「適用」という概念である。ロマン主義の解釈学にあっては、しばしば過去がそれ自身として対象化され、解釈者の存在を度外視して過去の他者性や固有性を承認し称揚することが解釈の要点であるかのように論じられた。法律や聖書の意味は、歴史学的にまずそれ自身の文脈において「知解」と「釈義」がなされ、ある客観的な意味の確定が終わり、しかる後に、それとは別の手続きとして解釈者の裁定的ないし宣教的な意図のもとにその意味の「適用」がなされる、という順序である。ちなみにこれは、伝統的神学とアジア神学との間に引かれた区画線の欺瞞と同じ構造を示していよう。ガダマーはしかし、このような独立した過去の解釈学的な地位にはまったく懐疑的である（346）。適用は、あらゆる理解に内在しているからである。「適用」なくして「解釈」はあり得ない。聖書文言の意味は、解釈者の宣教的な読解においてこそ現前し、法律条文の意義は、実際の裁定場面においてこそ確定されるのである。なぜ彼がそのように考えるのか、その理由を次に見よう。

（三）「地平融合」と「影響史的意識」

ガダマーの名前は、しばしば「地平融合」という合言葉とともに記憶されている。歴史学的な理解においては、解釈者が対象となる過去のもつ歴史的な地平へとみずから身を移し入れて理解することが必要である、などと言われてきた。しかし、ここにも大きな誤解の可能性が潜んでいる。すでに見たごとく、ガダマーは彼以前の歴史学派が考えたような過去への自己移入や追体験という要求をそのまま肯定しているわけではない。たとえ「他人の身になって考える」という修身の題目のようなことが可能であるとしても、そこでその相手との相互理解が生起しているかどうかは、まったく別の問題である。そのことの例示として、彼は口頭試問と医師の問診という二つの事例を挙げている（308）。どちらの場合にも、そこには会話が成立しており、相手の地平を知る努力がなされてはいるが、その会話はまさに相手の地平を知るためにのみ交わされており、相手との了解は目的とされていない。歴史学派の陥穽は、対象のもつ地平へと自己を移し入れ、その地平を再構成することで、相手を理解したと思い込んでしまうことである。それは、手段と目的の混同に他ならない。かかる地平の認識は、「他者の他者性」を承認することによって、実質的にその他者の語りかけに耳を傾けることを停止してしまっている。相手の語りかけを聞く解釈者自身の存在は、手の届かない安全地帯に退避させられており、あたかも存在しないかのごとくに透明化されてしまっているのである。

しばしば解釈学に差し向けられる批判の一つは、そのようにしてなされる解釈が主観の恣意に左右される、という嫌疑である。だがこれは、自然科学的な方法論的理念を不当に持ち込んだ批判であると言わざるを得ない。解釈者は、どこか自分とは別に対象テクストの本来的な名宛人が存在する、という前提では解釈を行うことができない（340）。これが「釈義」と「適用」との区別という前述の誤謬であるが、ガダマーの別の秀逸な譬えを用いてこれを説明するならば、次のようになろう。われわれは誰も、世界史を自分の目の前に開かれた一冊の教科書のように読むことはできない。なぜならば、われわれ自身がその中に存在しているからである（345）。本を読んでいるわれわれ自身が、その本の意味の一部なのである。

したがって、「地平融合」という標語は、絶海の孤島に住む「ロビンソン・クルーソー」を別の孤島の住人が訪ねるかのごとき理解では、まったく誤解されてしまうことになる。個人は、文化的伝統に生きる存在者として自己を認識した段階において、すでに多くの他者との連関の中に生きているのであって、閉じられた独立の地平などというものは存在しない。地平とは、「われわれとともにさまよっていくもの」[32]であり、過去の地平もつねに運動と変化の内にある。ガダマーはむしろ、複数の地平ではなく「ただ一つの地平」について語るべきである、とすら語っている。[33]現代の地平は、過去の地平との不断の折衝のうちに形成されているからである。これが、ガダマーのいま一つの術語である「影響史」の意味するところでもある。もちろん、すべての伝統が唯一の地平に包摂され得るわけではない。学問的な認識の課題となる地平は、現代の地平との隔たりにおいてそれとして定位されねばならないであろう。その限り、複数の地平について語る必要があることは言うまでもない。だがそうであるにしても、ガダマーが強調するのは、「歴史学的な意識自体は、持続的に活動している伝統に対するひとつの積み重ねでしかない」という事実である。[34]理解とは、「それだけで存在しているかのごとく思われていたもろもろの地平が融合してくる過程」なのである。[35]

伝統とはそれゆえ、過去の特定の時代に存在してわれわれが吟味検討の上で取り入れたり捨て去ったりすることのできるものではない。「理解」とは、主観的行為であるよりも、それを可能にする伝統に参与することである（295）。伝統への参与は、あらずもがなのやむを得ない制約条件ではなく、むしろ理解そのものを可能にする条件の一つである。つまり、過去と現在が絶えず相互に媒介され浸透する連関の中にみずからを置く行為である。いやむしろそれは、自分がすでにある特定の伝統の中に生き、それによってすでに、何かを理解しようとする際には、あらかじめ見る眼と聞く耳とを与えられている、ということを自覚することである。伝統は、まさにわれわれがその伝統の一部であり、その呼びかけを聞く者であり、その呼びかけに問われている者であると自覚した時に、はじめて理解することが可能となる。そのことの自覚を、ガダマーは「影響史的意識」と呼ぶ（383）。

ガダマーは、プラトンの主知主義を避け、形而上学から倫理学を独立させたアリストテレスを評価する。アリストテレスの倫理学では、善のイデアについての客観的な知識（episteme）ではなく、具体的な人間の活動にとっての善をヘクシスとして考える「実践知」（phronesis）が問題になる（317-329）。そこで重要となるのは、自己と自己の活動を知ることである。ガダマーが彼以前の解釈学に一貫して指摘してきたのも、この自己知の欠如であったと言うことができよう。すでに見たように、ディルタイはなお自然科学的な反復可能性や検証可能性という概念に後ろ髪を引かれており、その「体験」概念は人間経験に不可避的に内在する歴史性の認識を欠いている。フッサールはその一面性を批判したが、そのフッサールもガダマーの目からすると、なお外部世界の認識こそが原初的な経験であると信じ込んでおり、経験には言語が介在していること、したがって不可避的に特定の言語共同体とその歴史的文化を背景にしていることについての理解が乏しい（363）。しかし、経験は二度と繰り返すことのできない歴史性をもっている（359）。ヘラクレイトスの昔から知られているように、人は同じ川に二度足を浸すことはできないのである。二度目に同じ経験をする者は、まさにその一度目の経験による知のゆえに、以前とは異なった人間となっている。真実の人間的な経験とはそれゆえ、「すべてのものには時がある」という経験であり、したがってそれは二度と反復され得ないという経験であり、みずからが有限であって時間の主人ではなく未来の支配者でもないことを知るという経験である。ガダマーはそれゆえ、ディルタイの「体験」（Erlebnis）に対し、一貫して歴史的な径間（Fahren）を強調する「経験」（Erfahrung）という用語を用いる。

経験とは、したがって解釈学的には「伝統」にかかわる出来事である。真正の経験とは、「自己の歴史性の経験」に他ならない（363）。ガダマーはここで、伝統とは「言語」であり「汝」である、と語っている（364）。その意味は『真理と方法』第三部において語られる「言語論的転回」に詳しいが、いずれも伝統とはわれわれにとって何らかの独立した対象存在ではなく、われわれ自身との関わりにおいてのみ理解できるものであることを示唆している。言語と同じく、伝統はわれわれがみずからの脇へ差し置いて語ることのできるものではない。伝統は、その語りの不可欠の前提であり、土台であり、手段であり、条件である。伝統は、たんに過去の他者として客観的にその存在を認知されるのではない。伝統に聞くということは、伝統が現在の自分に何事かを語りかけていること、いや何事かを問いかけていることを認めることを意味する。われわれはそこで、問う者と問われる者との立場の逆転を経験するのである。

五　批判と対話

初版刊行から半世紀近くを経たガダマーの『真理と方法』には、多くの批評と批判が寄せられ、知的にも長命を保ったガダマー自身の反論と相俟って、創造的で生産的な対話が繰り返されてきた。なかでもハーバーマスとアーペルによる批判は、彼の解釈学理解をより鮮明に描き直す契機となったように見える。(36) ハーバーマスは、『真理と方法』の特に第三部に展開された経験の言語的性格から、ガダマーの解釈学がイデオロギー批判に無力であることを指摘した。「地平融合」は、何よりもまず対象の語る真理をどのようにして理解するかを論ずるものであって、その対象の背後に働く支配と抑圧の社会構造をそのまま無批判に受容することにつながる。ガダマーにとっては、こうしたイデオロギー的な歪曲も彼の言う「先入見」の一種であり、これを歴史的経験によって不断に暴露し訂正してゆくことこそ、解釈学に課された本来的な任務の一部であった。しかしハーバーマスによれば、イデオロギーはたんにやがて修正されてゆくべき先入見の一つなのではなく、ある説明を企てることによって別の真実を覆い隠すという巧妙な働きをする装置である。対象の真理との合意を前提してかかるガダマーの解釈学は、この隠蔽による歪曲を批判的に抉出することができない。ハーバーマスのイデオロギー批判は、かくしてガダマーの保守主義に向けられたが、同じ批判をアーペルはガダマーの主観主義に向けている。前節に見たように、ガダマーにとり解釈とは自然科学的な意味での客観性を追求するものではなく、「適用」こそが理解の本義であった。しかし、「適用」の解釈学には、解釈者がみずからの目的に合わせて過去のテクストを恣意的に利用することを防ぐ機構が存在せず、解釈そのものがイデオロギー化する可能性を許容することになってしまうのである。(37)

これらの批判がガダマーの所論を正しく理解しているかどうか、そしてガダマーがこれらに答えてどのような弁明を展開したかは、それぞれ注意深く吟味されねばならぬ論題であろうが、これ以上それを詳しく追うことは本稿の課題を逸脱することになる。ただ、神学プロパーの分野で提起されたガダマーへの批判については、ここに言及しておかねばなるまい。近年のポストモダン的な文化論を扱った神学では、タナーがガダマーに対する諸批判を総括している。(38) 彼女によれば、ガダマーの文化理解は、もっぱら思想や文芸や芸術といった知的生産物を文化の実体と同一視する「高級文化」観であり、文化的なアイデンティティをあらかじめ定義された既存の継続性として捉える傾向にある。しかし、ポストモダンの文化理解では、主観的世界と客観的世界とは絶えず相互に侵入し陥入し影響を与え合うと考えられている。文化や伝統は、既存の対象としてあらかじめ存在してわれわれの発見を待っているのではなく、観察者自身がその雑多で未分化で不定型な現実を切り分け、選択し、定義し、組織化することによって、ようやく対象として存在せしめられるものである。ガダマーの文化理解は、これらの点で明らかにヨーロッパの知識階級がもつ時代的な制約を帯びている、というのがタナーの評価である。

おそらく、みずからの理論が時代的な制約を帯びていることにもっとも自覚的なのは、ガダマー自身であろう。こうした対話による真理への接近こそ、実はガダマーの解釈学が求める「理解」の本来的な姿に他ならない。歴史的に制約されたわれわれの知は、ヘーゲル的な絶対知となることはできず、つねに「半知」にとどまらざるを得ない。自己の可謬性とさらなる前進の可能性の承認こそが、理解という作業の基本構造なのである。その点では、逆説的ながら、タナーの批判もガダマーの歴史解釈学の目論見を見事に現実化したものと言うことができよう。より内容的な応答としては、その「構成主義」的な文化理解に対して次の一点を述べておきたい。

神学の課題としての歴史理解には、「構成主義」を越える対象の存在を前提し設定する必要がある。構成主義自体も、対象が主観の恣意によってのみ存在せしめられるとは考えないはずである。たとえ研究者の主観が介在することにより対象が切り分けられ特定されるとしても、そのための素材はアモルファスながらもすでにそこに存在していなければならない。カントは、認識に際して悟性の形式が果たす役割を強調したが、だからといって感性的な素材そのものが主観の外から供給されることなくして認識が成立すると考えていたわけではない。構成主義にも同様のことが指摘されよう。ここには、理性が絶対的な自律をもって機能し、世界に透明性と合理性を賦与する、という啓蒙主義哲学の残滓が見て取れる。ポストモダンの文化理論がそのような幻想に引きずられてよいはずはないが、タナーの語り口は限りなくその幻想に近づいている。ガダマーの発言をもう一度引用しておこう。「理性はわれわれにとり、つねに現実の歴史にのみ存在する。それは、自己自身の主人ではなく、自己が関与するところの所与の状況に不断に依存しているのである。」(280)

　本稿はここでも、すでに何度か強調してきた当事者の歴史的存在性の認識を再確認しておかねばならない。タナーとて、理性が所与の歴史的規定性からまったく独立して機能し得るとは考えないであろう。われわれの理性がもつ構成能力は、それ自身歴史的な所与に、つまり伝統に制約されており、具体的な歴史への連関と企投の現実においてはじめて機能することができるのである。彼女は別の文脈で、「神」と「神についての人間的観念」というカウフマン的な区別を導入した上で、「伝統」への依存を後者への忠誠心として非難し、これを「偶像礼拝」とまで呼んでいる。[39]ポストモダンの理論家も時に概括的な倫理的判断を下すことの一例であるが、このような区別だてと論難は、慎重な理論家にしてはやや不用意である。歴史的に制約された人間の理性能力からすれば、「神についての人間的観念」を媒介させることなくして「神」について語ることはできないからである。タナーはここで、啓蒙主義的な理性信仰に対するガダマーの批判の前に立ち戻ってしまったかに見える。

六　帰結的考察

ガダマーに寄せられた以上の批判を顧みると、『真理と方法』第二部に展開された歴史的存在としての人間理解、伝統や正統、権威や先入見などをめぐる彼の考察は、ポストモダンの諸文化理論が論じられる今日でこそ、われわれに有意義な知見を提供してくれるように思われる。多くの批判的対話を経た後もなお有効な彼の知見を特徴づけるのは、本稿が冒頭から問い続けてきた人間存在の歴史的性格である。[40]ポストモダン的な歴史理解においては、個々の事象を体系や通史へと編み上げてしまう目的論的な枠組みをもった「大きな物語」の消失が語られるが、それは対象として見られていた限りでの歴史性の消失である。ポストモダニズムは、歴史の中というよりは歴史理解の崩壊後に自己を位置づけてしまうため、自己自身の歴史理解もまた歴史の中の一段階を占めているという可能性には無関心である。[41]そしてこの認識こそ、日本の神学の将来的な形成に不可欠の認識であり、かつアジア神学の現在には決定的に欠落していると思われる認識である。われわれが自己を自己として認識する時、われわれは自己がすでにある歴史的文脈へと投げ入れられた存在として認識する。われわれの将来への企投は、この被投性によって多かれ少なかれ規定された「被投的企投」である他ないのである。まことに、「伝統への聞従は、根源的かつ本質的なしかたで現存在の歴史的な有限性に属している」（266）。

アジアの神学者たちがキリスト教神学の伝統を根こそぎ否定し、みずからの固有性を強調した新しい神学の伝統を築こうとする時、彼ら自身の歴史的な限定性はその視野に入っていない。「西洋」の伝統に対置して自己を「アジア的」と見なすその認知構造も、歴史的にはオリエンタリズムやコロニアリズムの枠に囚われてしまっていることが多い。われわれがソンの神学的発言に確認したように、アジアに固有の神学を希求しながら、結果としてその自分が忌避する伝統的西洋のリベラルな啓蒙主義思想をそのまま再生産してしまうこともある。伝統は、われわれが自由に対象化して取ったり捨てたりすることのできるものではない。伝統は、伝統を批判しこれを刷新する際にも、不可避的に前提されている条件であり、われわれの思惟を規定している所与なのである。われわれは、言語の家に棲むのと同じように、伝統の家に棲む。それはわれわれにとって唯一の棲み処であるため、われわれはそこから自由に歩み出てこれを取り壊し、平地にしてから新たな建設を始めることはできないのである。アジア神学は、みずからの前に過ぎ去ったキリスト教二千年の歴史をいかに評価しようとも、これを自己の歴史的な限定性として引き受けることなくして新たな伝統の形成へと向かうことはできない。それは、われわれが選んだものではなく、われわれの前に存在してわれわれを規定している先行与件だからである。われわれは、批判や修正によってその上に新たな展開を重ねてゆくことはできるが、それらをすべて払拭して原点からの新規巻き直しをすることはできない。そして事実、ソンの神学が示すように、いかに実験的で挑戦的であろうとも、アジア神学は、この伝統の重層的発展のひとつの表現であり、生ける証であり得る。それは、つねに変化し成長するキリスト教伝統が、アジアにおいて生みだした自己の延長の突端なのである。(42)

この事情をより一般的な文化論の表現に直せば、次のようになろう。伝統は、人間の共同体が蓄積した実践知の体系である。それは、象徴や世界観や意味の体系を形成することにより、構成員にアイデンティティの源泉を提供し、共同体の統一性と連続性を保証する。その限り、伝統は一度限り形成されて完成するのではなく、教育や儀礼によって繰り返し更新され再現され再獲得されてゆかねばならない。伝統はそれゆえ、硬直した伝統主義に陥ることなくつねに生きた伝統であり続けるためには、歴史の中で不断に直面する新しい環境からの挑戦を受けとめ、これを処理してみずからの基盤へと組み込んでゆかねばならないのである。[43] 伝統の自己同一性は、物理的ではなく有機的である。それは、つねに新陳代謝を続けることによって維持される同一性なのである。[44]

伝統とその改革は、互いに対立的ではない。生ける伝統は常に新たな挑戦に開かれており、それとの交渉を経てみずからを変容させる能力をもつ。もしこの挑戦に応答することがなければ、伝統は共同体の構成員がみずからのアイデンティティを維持し更新するのに必要な規範と規則の体系として機能することをやめるであろう。逆に、適応が適切になされてアイデンティティが再構成されるならば、それはこの適応の過程が生起するための条件としての伝統が生きて機能していることを物語っている。伝統は、つねに改革を必要とするが、改革はその基盤としての伝統が生きて機能しているが故に可能なのである。改革は、すなわち再形成（re-formation）である。

注

（1）古屋安雄・大木英夫『日本の神学』（ヨルダン社、一九八九年）、二二六～二三七頁。

（2）大木英夫「グローバリゼーションと日本の神学」、聖学院大学総合研究所編『国際宗教学宗教史会議第一九回世界大会シンポジウム資料』（二〇〇五年三月）、五～一一頁。

（3）同講演に対するその後の応答の一つに、拙稿「世界史の深層動向から日本の神学を問う」、『聖学院大学総合研究所ニュースレター』一五巻一一号（二〇〇五年七月）、一三～一八頁がある。

（4）「アジア」を一つの統一体として扱い、しかもそのアジア全体を代弁して発言することができる、と主張する一部のアジア神学者に対しては、正当な批判の声がある。Robert L. Ramseyer, review of R. S. Sugirtharajah, ed., *Frontiers in Asian Christian Theology : Emerging Trends*, in *Japan Christian Review* 61 (1995), 117-119.

（5）これらの問題については、拙著『アジア神学講義』（創文社、二〇〇四年）、特に「序章」と「結章」を参照されたい。

（6）この点については、以下にやや詳しく論じておいた。Anri Morimoto, "Contextualized and Cumulative: Tradition, Orthodoxy and Identity from the Perspective of Asian Theology," in Heup Young Kim, Fumitaka Matsuoka and Anri Morimoto, eds., *Christianity at Crossroads: Seeking Asian Identities from a Theological Perspective* (Louisville, KY: Westminster John Knox Press, forthcoming).

（7）『アジア神学講義』序章、特に四～一三頁を参照。

（8）同書第四章におけるジュン・ユン・リーの三位一体論を参照。

（9）ちなみに、多様なキリスト教の諸形態に一致を与える源泉として聖書を掲げることは、問題の解決を導かない。歴史的な前後関係は、聖書が伝統を生んだのではなく、むしろ伝統が聖書を生んだことを教えている。聖書自身にも多様な伝統が流れ込んでおり、その解釈をめぐって多様な伝統が生み出されてもいる。以下に取り上げたソンの聖書理解が例示しているように、聖書を指さすだけでは全キリスト教を横断的かつ縦断的に統合する結節点を特定できないのである。なお、拙稿「歴史概念としてのアジア――神学と哲学の間に」『創文』（二〇〇四年八月）、六～一〇頁は、本節に示した問題設定を概述したものである。

（10）ソンの神学とそれに対する批判は、『アジア神学講義』第二章に詳述しておいた。

（11）Choan-Seng Song, *Third-Eye Theology: Theology in Formation in Asian Settings* (Maryknoll, New York: Orbis Books, 1979), ix.

（12）Ibid., 152.

（13）C. S. Song, *Theology from the Womb of Asia* (Maryknoll, New York: Orbis Books, 1986), xii, 1-3.

（14）『イエス――十字架につけられた民衆』梶原寿監訳、金子啓一他訳（新教出版社、一九九五年）、一六～四〇頁。本書は、数少ないアジア神学の全訳書の一冊である。

(15) 同、一四一〜一四二頁。
(16) 同、一三二頁。
(17) 同、一六九〜一七五頁。
(18) グスターフ・アウレン『勝利者キリスト』佐藤敏夫・内海革訳（教文館、一九八二年）、一五七〜一六〇、一七〇〜一八一頁。
(19) Sheldon Sawatzky, "Review and Critique of C. S. Song's Theology of Mission," *Taiwan Journal of Theology* 4 (1982): 229-248.
(20) Hwa Yung, *Mangoes or Bananas? The Quest for an Authentic Asian Christian Theology* (Oxford: Regnum Books International, 1997), 174. 他に、以下を参照。Ralph R. Covell, *Confucius, The Buddha, and Christ: A History of the Gospel in Chinese* (Maryknoll, New York: Orbis Books, 1986), 218; Jung Young Lee, *The Trinity in Asian Perspective* (Nashville: Abingdon Press, 1996), 56.『アジア神学講義』、一〇三〜一〇四頁。
(21) エドワード・サイード『オリエンタリズム』板垣雄三・杉田秀明監修、今沢紀子訳（平凡社、一九九三年）、特に上巻第一章を参照。
(22) Hans-Georg Gadamer, *Gesammelte Werke, Band 1: Hermeneutik I, Wahrheit und Methode: Grundzüge einer philosophischen Hermeneutik* (Tübingen: J. C. B. Mohr [Paul Siebeck], 1986), 281. 以後本書に限り、頁数のみを本文中に括弧で挿入する。
(23) ガダマーの『真理と方法』が英語圏で今なおよく読まれていることは、二〇〇〇年に新たに改訂英訳が出版されたことからもうかがい知ることができる。Hans-Georg Gadamer, *Truth and Method*, Second Revised Edition, translation revised by Joel Weinsheimer and Donald G. Marschall (New York: Continuum, 2000). この改訂版は、さらに二〇〇五年一月に新装版となって再版された。

(24) ディルタイ『解釈学の成立』久野昭訳（以文社、一九七三年）、二四～二九頁。
(25) ハンス＝ゲオルク・ガダマー『真理と方法Ｉ』轡田収他訳（法政大学出版局、一九八六年）、二四八頁。
(26) 同、二四七頁。
(27) 『アジア神学講義』、二一四頁。
(28) 『真理と方法Ｉ』、九二～九三頁。
(29) 同、九七頁。
(30) マルティン・ハイデッガー『存在と時間・上巻』細谷貞雄他訳（理想社、一九六三年）、二五八頁。
(31) カント『啓蒙とは何か』篠田英雄訳（岩波書店、一九五〇年）、七頁。
(32) Ｈ・Ｇ・ガダマー「真理と方法」、Ｏ・ペゲラー編『解釈学の根本問題』竹市明弘他訳（晃洋書房、一九七七年）所収、二一四頁。
(33) 同、二一五頁。
(34) 同、二一六頁。
(35) 同、二一五頁。
(36) Hans-Georg Gadamer, "Rhetorik, Hermeneutik und Ideologiekritik : Metakritische Erörterungen zu Wahrheit und Methode (1967)" und "Replik zu Hermeneutik und Ideologiekritik (1971)," *Gesammelte Werke, Band 2 : Hermeneutik II: Wahrheit und Methode : Ergänzungen*（Tübingen : J. C. B. Mohr [Paul Siebeck], 1986), 232-250, 251-275.
(37) ガダマーとの批判的対話に関しては、ジョージア・ウォーンキー『ガダマーの世界――解釈学の射程』佐々木一也訳（紀伊國屋書店、二〇〇〇年）、特に第四章が参考になる。他に邦語による紹介書として、丸山高司『ガダマー――地平の融合』（講談社、一九九七年）がある。

(38) Kathryn Tanner, *Theories of Culture : A New Agenda for Theology* (Minneapolis : Fortress Press, 1997), 131-135. タナーがここで参照しているのは、John D. Caputo, Mary McClintock Fulkerson, Sheila Briggs といったポストモダンの批評家たちである。より詳細な議論については、前掲拙稿 "Contextualized and Cumulative : Tradition, Orthodoxy and Identity from the Perspective of Asian Theology" を参照されたい。

(39) Ibid., 127.

(40) Fredric Jameson, *Postmodernism, or, The Cultural Logic of Late Capitalism* (Durham : Duke University Press, 1991), 18, 21, 25.

(41) テリー・イーグルトン『ポストモダニズムの幻想』森田典正訳（大月書店、一九九八年）、四六～五五、八一～八二、九二頁。

(42) ミューラーは、「生ける伝統」という概念を「福音の生ける声」（viva vox evangelii）の「動態」として語っている。H・ミューラー『福音主義神学概説』雨宮栄一・森本あんり訳（日本基督教団出版局、一九八七年）、五九～六一頁。

(43) Robert J. Schreiter, *Constructing Local Theologies* (Maryknoll, New York : Orbis Books, 1985), 104-117. See also idem, *The New Catholicity : Theology between the Global and the Local* (Maryknoll, New York : Orbis Books, 1997), 63, 71, 83, 128.

(44) 『アジア神学講義』、二五～三〇、二一二～二一四頁を参照。

民衆《ミンジュン》神学再考
――そのパラダイム転換の試みをめぐって

洛　雲　海

はじめに

今年、韓国は光復《コァンボッ》六〇周年を迎えた。多くのアジア諸国にとって喜ばしく、特別の節目に当たる今年は、日本にとって敗戦六〇周年という重く意味深い年でもある。そして、この意味深い年が大木英夫教授の喜寿に当たられた。恩師大木英夫教授の喜寿に際し、ソウルにて生きる筆者が献呈論文への寄稿を許されたことは筆者にとって大きな喜びであり名誉なことである。大木教授は韓国において最もよく知られた日本人神学者の一人である。そのことは、韓国の神学研究と神学教育を代表する長老会神学大学（ＰＣＴＳ）において二〇〇一年五月、三日間に渡って開催された開校百周年記念国際学術大会の講演者として、アジアからは唯一大木教授が招請されたことからも知られる。大木教授の主張は韓国神学界においても注目されているのである。(1)

大木教授は学の営まれる「時代」と「場所」を常に問題の基底に据える組織神学者であり倫理学者である。「時代」とは特に「現代」と言い換えることが重要であろう。大木教授の場合、「現代」を含む「時代」や「場所」とは関係なき仕方で歴史や神学の普遍一般などを論じるよりは、いつでも「現代」における「社会変動の状況」とそれが置かれてある「場所」を問題の基底において意識し、そこから論を展開するところに際立った特徴が見られる。このことは、例えば方法論との関連で三位一体論のように純粋に神学的問題が論じられるときにさえ当てはまる。[2]

一九九四年に出版された『新しい共同体の倫理学』においては、フレッチャーの意味するような「状況倫理」とは違った意味で「状況からの出発」ということが強く主張された。[3] このような主張に、組織神学者であると同時に倫理学者としての大木教授のスタンスが明確に看取される。[4]「日本の神学」の場合、その神学的実存の「場所」は『『復活の出来事』によって備えられた『教会』』とされ、そこから「日本」が問題とされてきた。[5] 大木教授の場合、「日本において」神学することだけでなく、「日本」そのものを問題とされてきたのである。御著『日本の神学』をもって具体化されたこの姿勢は、「なぜキリスト教か」という課題とリンクすることをもって、その後いよいよ深められた。日本における組織神学がもつ独特の課題として位置付けられたこれらの問題は、二〇〇三年に出版された『組織神学序説』序章の第一声で「『なぜキリスト教か』、これが、日本において、そして二十一世紀の世界において、神学がとり組まねばならない問い」(傍点筆者)であると宣言され、[6] 序章に続く第一章では状況と方法の問題において何にも先んじて「日本の状況」が論じられたのであった。[7]

「日本の状況」は形成的課題を要求する。つまり、「日本のようなキリスト教的場所で」神学する際、大木教授においては特に「教会形成」という歴史的課題が常に念頭に置かれて神学が展開されてきたのである。それが日本の組織神学研究の道であり、日本における組織神学が担う課題であると言われる。[8] こうして、大木教授は日本における組織神学の在り方と方法に一つの明確な筋道をつけられたのである。[9]

さて、以上のように展開されて来たし、また展開されつつある大木教授の神学的性格とは内容的にも形式的にもまた方向性においても全く異なるものであるにも関わらず、一方で自らの置かれてある「時代」と「場所」を深刻に受け止め、あらゆる点においてこれらと乖離しないような神学をラディカルな仕方で展開しようとする神学者の一群が韓国にもいたし現在もいる。その代表例が、主として一九七〇年代以後その学的成果を世に問い始めた民衆《ミンジュン》神学者たちである。彼らの第一世代から第二世代は、分断された朝鮮半島にあって、彼らが呼ぶところの軍事独裁政権という特殊な状況下にある「七〇年代から八〇年代」（時代）並びに「韓国」（場所）を神学的に問題とし、またそこで遂行されるべき神学自体の再検討と変革を試みたのであった。具体的には韓国の政治・経済・歴史・文化そして学問的状況を独特の神学的視点をもって問題とし、外に向かっては「民主化」をスローガンとした社会変革を標榜しつつ実際に体を張って運動圏に飛び込み、韓国社会の民主化運動の一翼を担ったのであり、内に向かっては神学と教会それ自体の変革を標榜しつつ主として西欧において展開されてきたいわゆる伝統的神学と対峙し、「反神学」や「脱神学」を訴えて、神学におけるパラダイムの転換をラディカルな仕方で試みたのであった。[10] 民衆《ミンジュン》神学者たちの神学的姿勢は大木教授のそれと対極にあるように見える。それは既存のキリスト教の伝統に対して拒絶的であり、ある種破壊的でさえある。しかし、それは無目的的破壊でない、彼らなりの仕方で新しき「創造のための破壊」、新しき「形成のための破壊」を目指したと評し得ようし、彼らは今もそれを目指しつつある。

　本論考は、主として七〇年代以降の韓国における政治的・社会的闘争の場と神学界において激しく展開され、「アジアの神学」として広く世界に紹介された「民衆《ミンジュン》神学」を取り上げ、これを再考しようとするものである。その性格上一つの「政治神学」[11]と位置付けられる「民衆《ミンジュン》神学」は、内外を問わず、その理論と実践の急進性や冒険的性格からして、ややもすると不幸な仕方で誤解されてきたし、曲解もされてきたように思われる。他方、日本の諸キリスト教会ならびに神学界の中には、一九七〇年代から八〇年代（あるいは九〇年代まで含めて）にかけて、韓国民主化闘争との連帯や韓国社会の困難な状況に置かれた「民衆《ミンジュン》」との連帯を模索する動きがあった。[12] 特に『福音と世界』

誌上で頻繁に「民衆《ミンジュン》神学」が取り上げられ、交流が活発化した時期もあった。しかし、これらの動きも一般的にはNCCを中心とした、中でもいわゆる伝統的神学や教会に批判的な一部の社会福音的傾向をもつ人々を除いては注目されるどころか一顧だにされなかったようなところがある。そして、その傾向は未だに続いていると言えよう。しかし、二十一世紀を迎えた今日、東北アジアの主要国家の一つとして東北アジアの平和のための鍵を握るようになっている韓国の現在と現政権が、実は「民衆《ミンジュン》神学」の存在無くしては不可能であったであろうことにわれわれはもっと注意を払ってよいのではないであろうか。(13)

確かに、その神学の提起した問題の中には深刻なものがある。特に、東北アジアにおけるキリスト教の未来を展望する上では、プロテスタンティズムの根幹に関わるようなところで等閑視し得ない諸問題がある。(14)韓国神学界を眺めてみても、保守的・福音主義的神学陣営からはその神学の諸問題点が激しく批判もされてきたし、またその神学が韓国の神学界の大勢を占めることも決して無かった。批判は外からばかりなされたわけではない。その神学は、七〇年代に始まった「民衆《ミンジュン》神学」を第一世代とすれば、それ以降の第二・第三世代の民衆《ミンジュン》神学者たちによって批判されるようにもなってきているのである。(15)

「民衆《ミンジュン》神学」は、今日的視点からすれば、今や政治的社会的状況においてあまりにも深い自己矛盾を露呈しているように見えるところもある。例えば、軍部による独裁的政権下にあった七〇年代から八〇年代当時は、抑圧された民《ミン》衆《ジュン》の側に無条件で立ち、反体制を標榜していたはずの民衆《ミンジュン》神学者とその支持者たちが、民主化された今日、むしろ体制側に立ち、かつては非難と拒絶の対象であった社会の特権層・エリート層・指導層・富裕層にまで浸透し始めているという現実がある。七〇年代の「民衆《ミンジュン》神学」の論理に沿って現韓国社会を鳥瞰したとき、こうした実態を矛盾あるいは皮肉と言わずして何と言おうか。そこには時代の変化という言葉では結論付けがたい、より根本的な問題が

「民衆《ミンジュン》神学」自体の中に存在していたとは言えないであろうか[16]。

しかし、朝鮮半島の南北分断という状況が依然として変わらないままであるにもかかわらず、なぜ韓国においては民主化が成就したのか[17]、またそのような力はどこにあったのか、その理由を探ってみることは無意味なことではなかろう。それどころか、その理由解明は東北アジアを含む世界平和とキリスト教の未来を希求模索する上では重要なことでさえあろう。われわれはその理由と力の所在の一部を、民衆《ミンジュン》神学が試みた大胆なパラダイム転換の努力とその実践による成果に見ようとするのである。

われわれは、これまで「民衆《ミンジュン》神学」が掲げてきた広範な学的成果の中から、特にパラダイム転換の様態に焦点を当てて「民衆《ミンジュン》神学」を再考することを目的としようとするものである。拙論ではそのパラダイムの全貌について扱うのではなく、その核心の解明を目標とするが故に、「民衆《ミンジュン》神学」の初期の思想、中でも特に徐南同《ソナムドン》と安炳茂《アンビョンム》の思想を主として取り扱うことになる。このささやかな論考が、世界史の深層動向を意識し、預言者的目をもって二十一世紀の日本とこれを含む東北アジアならびに世界の未来に思いを馳せられる大木教授の喜寿を慶び祝う一端となるならば、筆者の喜びこれに勝るものはない。

1　テオロギア・ミリタンスとしての「民衆《ミンジュン》神学」

人が、韓国神学と言えば「民衆《ミンジュン》神学」のことであり、韓国キリスト者あるいは韓国人神学者と言えば大概「民衆《ミンジュン》神学」を支持しているかのように考えるとすれば、そこには少なからぬ誤解がある。「民衆《ミンジュン》神学」の支持者たちは、いわゆる保守的傾向が大勢を占める韓国キリスト教界にあっては数的に少数派であったし、今も少数派であるには違いないからである。

それにもかかわらず、韓国の神学と言えばやはり「民衆《ミンジュン》神学」に注目せざるを得ない。韓国神学界のみならず最近の韓国の政治的・文化的状況に鑑みるとき、この神学を軽視あるいは無視してしまうことは、韓国のキリスト教界や社会ならびに朝鮮半島の状況を見る視野をあまりにも狭めてしまうこととなろう。韓国のキリスト教界全体に対してとは言えなくとも、七〇年代以後の韓国社会に対しては、今日に至るまで「民衆《ミンジュン》神学」は少なからぬ影響を及ぼしてきたのである。実際のところ、「民衆《ミンジュン》神学」は内外を問わず、ある意味で「韓国神学」の代名詞的存在とさえなっている。人はその理由を、「民衆《ミンジュン》神学」を形成展開し、またこれを世界に向けて紹介する役目を果たしてきた諸著作の使用する巧みなレトリックの中に見出すこともできよう[18]。しかしそれ以上に、この神学自体の持つ独自性とダイナミズムならびにこの神学を展開する神学者たちが韓国社会の「民主化」を推進する過程で果たしてきた実践的力の大きさにその理由を求める方が妥当であろう。

民衆《ミンジュン》神学者たちは、何よりも韓国の政治的・経済的社会「正義」と「人権」のために闘い、また戦うために神学をしてきた。闘いの陣頭指揮者は「貧しい者、抑圧された者、蔑まれている者を解放し、雪辱される、〈先に立たれる神〉、〈十字架のイエス〉」であるといわれる。徐南同《ソナムドン》は元WCC聖書研究部のハンス・ウェーバーに依って、この闘いを「人間を解放させる神の戦い」と表現した[19]。「民衆《ミンジュン》神学」にとって「人間解放」のための闘いは、他方で「社会解放」のための闘いと結びつく。したがって、「民衆《ミンジュン》神学」の本質をその実態に即して解釈しようとすれば、これは人間とその構成体としての社会を解放するのために「闘う神学」(テオロギア・ミリタンス)であると言えよう。

「民衆《ミンジュン》神学」に関して論じられた学問的韓国語文献だけをみても、すでに三五〇点を優に超えている。外国語文献やジャーナリスティックなものまで含めたら、その数は計り知れない。「民衆《ミンジュン》神学」にはそれほどに人の関心を集める力があったということであり、また社会を動かす力もあったということである。

2　「民衆《ミンジュン》神学」という名称とその訳語についての註的説明

「民衆《ミンジュン》神学」は「民衆の神学」とは訳しにくい。第一に「民衆《ミンジュン》神学」の意味する「民衆（ミンジュン）」には、この神学特有の政治的意味付けがなされており、日本語で一般的に使われる「民衆（みんしゅう）」とは内容的にも形式的にも相当の温度差があるためである。また、第二に日本語の「の」は英語の「of」に似て多義的であるため、「の」を挿入した場合にはその「の」の持つ包括的な意味合いが限定されてしまうおそれがあるためである。そもそも韓国語には日本語の「の」とほぼ同様の機能を持つ助詞「의」がある。それにもかかわらず、韓国においてこの神学の名称が最終的に「民衆《ミンジュン》神学」と決定された時には「民衆《ミンジュン》」と「神学」との間にこの「의」は挿入されなかったという経緯があるのである。[20]

名称決定の場は、一九七九年秋にソウルで開かれたCCA主催の「アジア神学協議会」であった。[21]「民衆《ミンジュン》」という言葉は、この言葉の持つ特殊な政治神学的概念のために、それをpeople, crowd, volkなどの欧米語に翻訳することが困難であるという。[22]その英語版報告書（一九八一年）ではこれを反映させて、「民衆《ミンジュン》神学」が“Minjung Theology”と訳され、“Theology of Minjung”のようには訳されなかったのであった。[23]しかし、日本で初めて本格的に紹介されることとなったこの報告書の日本語版は『民衆の神学』と訳された。この事実は、その後日本のキリスト教界にさまざまな誤解を生む契機となったことと思われる。[24]そのことを意識してか、その後の邦語諸文献の訳出においては「の」を省いて「民衆神学」と表記するものが多くなってきている。しかし、仮に邦訳題のように『民衆の神

学』と訳されたときの「の」を説明しようとすれば、それは第一に「民衆における神学」であり、第二に「民衆的な神学」であり、第三に「民衆のための神学」であり、第四に「民衆による神学（民衆がなす神学）」であり、第五に「民衆を神学の対象とする神学」であるということとなる。このように、「の」には実に包括的な意味合いが込められているのである。第五の目的格的な「の」の用法については、大木教授が古屋教授と共に『日本の神学』を始めとした諸所で強く主張されてきているので日本の神学界では既に広く知られているが、[25]「民衆《ミンジュン》神学」においてもこの目的格的「の」の用法が全体の基調をなしていると見られる。明確な仕方で言及されてはいないながらも、「民衆《ミンジュン》神学」においては包括的な意味で「民衆《ミンジュン》」ならびにこれを含む「韓国」が神学の対象とされてきたのである。事実、一九八二年に出版された前掲「アジア神学協議会」の韓国語版報告書の表題は、『民衆과 韓國神學（民衆と韓国神学）』（傍点筆者）とされたのであった。「民衆《ミンジュン》神学」が「一つの韓国神学」であること、[26]またそれが「韓国の民衆《ミンジュン》」を対象とする神学であること、そして包括的な意味で「韓国」を対象とする学であることに鑑みれば、人は「民衆《ミンジュン》神学」を「韓国学」の範疇に入れることも可能であろう。

3　神学の「場所」——復活の体としての教会

神学を「韓国学」の範疇に入れるという構想は、「民衆《ミンジュン》神学」であれば可能となろう。なぜなら、「民衆《ミンジュン》神学」は一九七〇年代の「韓国において」始められ、「韓国社会において」「韓国人によって」展開されてきた諸神学の中の一つであって、韓国の民衆が担ってきた歴史・社会・文化それに宗教や文学のようなものまでをもその対象とするものであるからである。「一つの韓国神学」としての「民衆《ミンジュン》神学」の「場所」はどこか。朴聖焌《パクソンジュン》は「民衆《ミンジュン》神学」を説明して、それは「『七〇年代韓国社会』を『場』とした『現場の神学』」であるとまとめた。[27] この命題に沿って考察してみる限り、「民衆《ミンジュン》神学」の「場所」は「七〇年代韓国社会」ということになるが、神学の「場所」に関する命題をその背景まで遡って考慮してみるとき、意外にも大木教授の主張される神学の「場所」との共通項が見えてくるのである。

すでに「はじめに」の中でも触れたように、大木教授は「日本の神学」の実存的「場所」を「復活の出来事」ならびに復活の「キリストの体」としての「教会」に求められた。一方で、民衆《ミンジュン》神学者たちも、「民衆《ミンジュン》神学」の実存的「場所」を「復活の出来事（事件《サッコン》）」ならびに「教会」に求めているのである。彼らは、韓国社会において彼らが呼ぶところの「イエス事件」が起こる民衆《ミンジュン》の「現場《ヒョンジャン》」に「復活の出来事（事件《サッコン》）」の「場」を見出したし、そのような諸事件の起こった七〇年代の「韓国社会」そのものを一つの「教会」と見なしたのであった。[28] 大木教授も民衆《ミンジュン》神学者も共に、神学の「場所」を「復活の出来事（事件《サッコン》）」と「教会」において見出していることは刮目に値する。しかし、もちろん刮目してばかりはいられない。両者の意味する「復活の出来事（事件《サッコン》）」と「教会」の内容は、天地ほどの差があるからである。[29]

徐南同《ソナムドン》は「復活」を集団的、社会的な概念とし、これを政治的問題として捉えた。[30] 彼は主の復活の形態を三つに整理し、第一の形態を伝統的な理解に基づく「教会」、第二の形態を「聖書」あるいは「メッセージ」、第三の形態を「抑圧されている民衆《ミンジュン》が覚醒して立ち上がる姿」とし、この第三の形態―「民衆《ミンジュン》の覚醒」にこそ復活の新しい姿を見出している。[31] 彼にとって、復活とは「殺害された者の抗議であり、恨《ハン》晴らしであり、侵害された神の義の回復」である。[32] またそれは「死の否定、隠された事実の露呈、真理と生命の勝利」である。[33] そして、「死体の蘇生であり（中略）霊的な体で新しい社会に復活すること」である。[34] これらのひと言ひと言には独自な意味合いが込められていることに特別の注意を要するが(35)、それ以上に主の復活の形態についてのこれらの表現の前提として何よりもまず「イエスの復活の体、復活の実体」というものが考えられていることに注意を向けたい。実はこの「イエスの復活の体、復活の実体」を構成するものが彼にとっては民衆《ミンジュン》なのである。

徐南同《ソナムドン》においてイエスの復活とは「抑圧されて死んだように見える民衆が立ち上がって（中略）自己の歴史の主体的な働き手として登場すること」である。他方、われわれの復活とはメシア王国（千年王国）の到来、すなわち「民《ミン》衆《ジュン》の歴史的主体性の獲得」である(36)。このように徐南同《ソナムドン》にとっての復活とは、現実世界における政治的なものとして立ち現れるのである。メシア王国とは「新しい政治を言う(37)」。それは彼にとって此岸における現実である。したがって、復活を彼岸的・他界的・非政治的に捉える教会の神学を、彼は激しく批判の対象としたのであった。なぜか。「非政治化されてしまった復活信仰は、（中略）現実変革の力にはなりえない」（傍点筆者）からである(38)。徐南同《ソナムドン》にとっては「現実変革の力」の有無が真理判断や価値判断の基準とされるのである。同様の視点から、キリストの体としての「教会」も現実社会における復活の新しい姿とされ、政治的意味で「民衆《ミンジュン》の覚醒」の「場所」とされるのである。その線上に立って、七〇年代の「韓国社会」そのものが一つの「教会」と表現される。その思想的背景には千年王国的復活観が色濃く存在する(39)。

徐南同《ソナムドン》は、復活観との関連で「千年王国」という聖書的象徴を重視する。しかし、一方で彼は「神の国」の象徴も軽視しない。彼によれば、「神の国」の象徴と「千年王国」という象徴は、楕円における二つの焦点のように併存されなければならないものである。前者は個人の人格の救いを保障するのに対し、後者は社会的・集団的人間の救いについての保障である。前者は他力的救いを前提するのに対し、後者は自力的な救いに傾く。そして、前者は彼岸的で究極的なものの象徴であるためユートピア的かつブルジョア的夢であり、後者は歴史的・彼岸的・準究極的なものの象徴であるためこの歴史の中では社会全体が新しくなる民衆の渇望として存在するものと解釈される。前者は個人の霊魂を保障し、後者は社会正義を保障する。したがって、仮に「神の国」信仰だけであれば他界的信仰になる憂慮がなされるし、「千年王国」信仰だけであれば狂信的信仰となる恐れがあると徐南同《ソナムドン》は考えた。積極的な意味では「民《ミン》衆《ジュン》神学」を通して「今まさに千年王国を現実化する作業をしている」と考えていた徐南同《ソナムドン》ではあったが、実は非常に冷静に「神の国」信仰と「千年王国」信仰のバランスを考え、またこれを維持しようとしていたことが忘れられてはならない。[40]

さて、民衆《ミンジュン》神学者にとって「民衆《ミンジュン》の覚醒」の場は、大木教授が「教会」を指して言われたのと同様に「『真の自己』の成立の場所」であるかもしれない。それはまた「人間の自己をとりまく（中略）世界全体の真実が成立する『場所』」でさえあるかもしれない。[41] そして、実際彼らはそのように考えるであろう。しかし、大木教授にとっての「教会」という「場所」は、疎外と抑圧を受けた貧しき「民衆《ミンジュン》の覚醒」の場ではない。それは民衆《ミンジュン》神学者たちが言うような「恨《ハン》を断《タン》（恨《ハン》晴らし）する」ことによって成立するのではなく、「罪からの回心」によって、内から外へ（つまり復活の中へ）と真に越え出ることにより成立する「復活者キリストの体」である。[42] 言葉の内容における両者の相違は、民衆《ミンジュン》神学者が指し示す教会の具体的姿においていっそう明らかとなる。

「教会」の具体的形態について、徐南同《ソナムドン》はカトリック、プロテスタントに次ぐ教会の第三の形態を掲げ、「聖霊の教会」「民衆《ミンジュン》の教会」を提唱した。それはまた「現場《ヒョンジャン》教会」とも呼ばれた。徐南同《ソナムドン》にとっての「現場《ヒョンジャン》教会」とは金曜祈禱会、木曜祈禱会、ガリラヤ教会であり、[43] またカトリック農民会や都市産業宣教会のようなものでもあり、さらには基督教社会問題研究院、NCC人権委員会、KSCF（韓国学生キリスト者総連盟）、基督者教授協議会といったものまで含まれるのであった。[44] このように、大木教授も民衆《ミンジュン》神学者も共に神学の「場所」を「復活の出来事（事《サッ》件《コン》）」と「教会」において見出しているとはしても、「復活の出来事（事件《サッコン》）」や「教会」という言葉がその意味内容を全く異にしている限り、両者の立脚点は全く異なっているし、その具体的形態も実体も全く異なっているということははっきりさせておく必要がある。神学の「場所」としての「民衆《ミンジュン》の教会」においては、いわゆる「罪からの回心」は求められないのである。しかしその教会は、貧困問題、都市・農村問題、労使雇用問題、思想的・政治的問題などによって社会から疎外され、抑圧を受けているような人々が共々に集まることのできる場であり、積もり積もった「恨《ハン》を断《タン》（恨《ハン》晴らし）する」ことによって覚醒され、解放されることによって成立する「復活者キリストの体」としての場所なのである。[45]

4　「民衆《ミンジュン》神学」の「担い手」

ところで、「二つの韓国神学」としての「民衆《ミンジュン》神学」の担い手とは誰か。その神学を始めたのは誰か。「民衆《ミンジュン》神学」の第一世代としては延世《ヨンセ》大学校を追われた徐南同《ソナムドン》や韓国神学大学校[46]を追われた安炳茂《アンビョンム》が日本ではよく知られている。しかし、宋基得《ソンキドゥッ》は「民衆《ミンジュン》神学」自体の始まりに関しては同じく第一世代に属し、梨花《イファ》女子《ヨジャ》大学校教授だった玄永学《ヒョニョンハッ》に注目する必要があるという。徐南同《ソナムドン》はその最初の「民衆《ミンジュン》神学」の論文を一九七五年に発表したが、玄永学《ヒョニョンハッ》はその二年前にすでに「民衆《ミンジュン》神学」的発想に基づく論文「民衆の中に受肉しなければ」を公にしていた。[47]宋《ソン》基得《キドゥッ》は、玄永学《ヒョニョンハッ》がその論文の中で「民衆《ミンジュン》神学」という言葉こそ直接使わなかったにもかかわらず、その要旨と方向を誰よりも早く明らかにしていたと評価している。[48]その論文の冒頭で玄永学《ヒョニョンハッ》は民衆《ミンジュン》という言葉を説明している。これは最も初期のものでありながら、その後民衆《ミンジュン》について論じられる上で明確な路線を引いたものとして注目し得る。[49]

玄永学《ヒョニョンハッ》によれば、民衆《ミンジュン》とはエリートや特権層、指導層と対比されるものであり、政治権力や経済的富、社会的地位ならびに高等教育などとは関係のない名も無き人々である。しかもエリートにとってはいつでも問題分子として現れるものである。元来イエスの周りにいた人々は「民衆《ミンジュン》」であった。ところがキリスト教はそうした民衆《ミンジュン》の兄弟・友となるよりは民衆《ミンジュン》を治め、教え、使う立場、つまりエリート=非民衆《ミンジュン》の立場に立つようになってしまった。しかし、イエスは違った。そこで、もしもキリスト教がイエスの場合のように民衆《ミンジュン》のものとなろうとするのなら、キリスト教は民衆《ミンジュン》の中に受肉し、民衆《ミンジュン》に学ぶものとなければならないのではないか。玄永学《ヒョニョンハッ》はそのように問うたのであった。

玄永学《ヒョニョンハッ》はキリスト教と神学がその態度と立場において根本的な変革を起こし、真に捨てられた者たち=民衆《ミンジュン》の友となるべき必要性を訴え、(50)彼らに教えるのではなく、彼らに学ぶものとなるべきことを主張したのである。このように、「民衆《ミンジュン》神学」の担い手は、その存在無くしては成立しないという意味でまず「韓国の民衆《ミンジュン》」が想定される必要があり、次いで高等教育を受けてはいても民衆《ミンジュン》の中に受肉することを望み、民衆《ミンジュン》の友となり、民衆《ミンジュン》に学ぶことを願う韓国人神学者たちが続くといって良いであろう。「民衆《ミンジュン》」という担い手なくして「民衆《ミンジュン》神学」も成立しないのである。

5　アンチテーゼとしての神学——反神学

「民衆《ミンジュン》神学」はアンチテーゼとしての神学をもって自己を規定する。徐南同《ソナムドン》は主として西欧を中心として発達した神学一般を「伝統的西欧神学」と呼び、これに対するアンチテーゼとして「民衆《ミンジュン》神学」を位置付け、その性格を特徴づけるものの一つとして「イヤギ神学（『物語』ないし『語り』神学）」を展開した。彼によれば、伝統的な神学の媒体は論理的思弁、抽象的概念であり、その方法は演繹的である。すなわち記録された「聖書」や「教理」から出発する。それに対して、「イヤギ神学」の媒体は非論理的ともいえる「感情」や実際的かつ具体的「経験や事例」であって、それは記録された「言葉」ではなく「物語ること・語り」から出発するものである。そして、「イヤギ神学」の方法は帰納的である。前者が抽象的な「超越的神」を探求するのに対して、後者は具体的な「受肉した神」を探求する。したがって、「イヤギ神学」としての「民衆《ミンジュン》神学」は伝統的西欧神学に対する「反神学」という性格を持つというのである。[51] 前者を「頭」の道とすれば後者は「体」の道であり、前者を「神学」の道とすれば後者は「イエス（反神学—Gegentheologie, countertheology）」の道であると述べられた。[52]

しかし、ここにはいわゆる伝統的神学に対して自らをいたずらに「反神学」と言い放ってそこに安住してしまうことを許さないような逆説的論理が隠されている。朴聖焌《パクソンジュン》はこのことと関連するようにして「『反神学』が『イエスの道』だというのなら、『反神学』こそ本来的（authentic）意味で『神学』だということではないか」と述べ、伝統的西欧神学を批判した。[53] つまり、「民衆《ミンジュン》神学」の立場からすれば、いわゆる西欧の伝統的神学こそが実は反「神学」ということになるのである。このように、「アンチテーゼとしての民衆《ミンジュン》神学」ないし「反神学としての民衆《ミンジュン》神学」という見方は、実は伝統的西欧神学を「正」とした場合のものであって、自らを「正」と考える「民衆《ミンジュン》神学」の立場からすれば、伝統的西欧神学の方が却って「反神学」ということになる。「反神学」を遂行するためにはそれに先行して「脱神学」の作業が必要となる。それは、徐南同《ソナムドン》が呼ぶところの伝統的西欧神学から脱することである。

実際のところ、民衆《ミンジュン》神学者たちは既存の伝統的西欧神学から脱することを主張した。[54] それは方法的にはキリスト論や救済論など既存の枠組みにおいて捉えられる「神学」について「留保」することである。[55] 徐南同《ソナムドン》の場合、それは

「合流」というパラダイムを用いて、「二つの異なる伝統」を一つにするということであった。ここで伝統というとき、彼は聖書を伝統の範疇に入れはするが、「聖書のみ」で神学を展開するようなことはしない。彼にとっての二つの異なる伝統とは、第一にキリスト教の民衆伝統（聖書の民衆伝統と教会史の民衆伝統）と呼ばれるものであり、第二に韓国の民衆伝統（韓国民衆史と韓国の文化的遺産）と呼ばれるものである。そして、それらの核心に相当するものを徐南同《ソナムドン》は「典拠」と呼んだ。彼はこれら二つの伝統を一つに「合流」させることを通して、「民衆神学《ミンジュン》」を展開したのである。(56) そこでは、聖書に記録された歴史と教会史が同じ土俵に置かれる。またそこでは、聖書に記録された諸事件《サッコン》（出来事）と韓国の民衆史として記録された諸事件《サッコン》（出来事）も同じ土俵に置かれる。さらには、聖書の物語と韓国の文化的遺産（詩や民謡や民間説話や、さらには小説に至るまで）が併置される。そして、両者が「合流」というパラダイムを通して一つとされるのである。この方法は、既存のいわゆる伝統的西欧神学の方法から完全に逸脱している。それ故に、「民衆神学《ミンジュン》」はいわゆる「キリスト教神学」と呼ばれるべきものではなく、それは民衆神学《ミンジュン》者たちによって、あくまでも「民衆神学《ミンジュン》」、しかも「アンチテーゼとしての神学」あるいは「反神学」として捉えられたのであった。「民衆神学《ミンジュン》」はいわゆる「キリスト教神学」ではないのである。

6　パラダイム転換の様態と論理

アンチテーゼとしての神学を自認する「民衆神学《ミンジュン》」は、自己の存立と形成ならびにその展開を「新しいパラダイム」の中で遂行した。あるいは、その遂行は既存のパラダイムの転換作業と同時進行的であったと言える。それは、単なる「発想の転換」とは次元を異にする、神学全体の根本的変革作業であった。民衆神学《ミンジュン》者たちはいわゆる伝統的神学の依拠するパラダイムを拒否するに留まらず、自らの神学が依って立つ「場所」、すなわちその存立に決定的な根拠を与える立脚点を始めとし、神学の方法や使用言語またその用法、さらにそれらを通した聖書の新たなる解釈を含む大掛かりな再検討を通して、新しいパラダイムの提示を試みたのである。以下、いわゆるキリスト教神学のパラダイムを転換するために民衆《ミンジュン》神学者たちが主張した諸転換の内、その核心的なものに限定して選択・整理をしてみよう。

A. 立脚点の転換：支配層の側から被支配層の側へ

「民衆《ミンジュン》神学」はその「方法」や「解釈学的発想」において画期的な転換を試みた。例えば、朴聖焌《パクソンジュン》が徐南同《ソナムドン》の方法について「両翼の方法論」と呼んだようなものが代表的である。彼によれば、その方法は一翼を「社会経済史的方法」ならびに「文学社会学的方法」とし、もう一方の翼を「聖霊論的共時的方法」とするものである。徐南同《ソナムドン》は神学の方法の中に、「社会経済史的方法」や「文学社会学的方法」を導入したのである。彼はゲシヒテとしての歴史を考えない、考えるのはヒストリエとしての歴史である。(57) 朴《パク》は前掲の両翼の一方を強調することは均衡を失わせ、結果として神学が民衆《ミンジュン》の実体から遠く離れたものとなってしまうであろうことを警告する。(58)

しかし、このようなものよりも、より決定的な転換は他に求められた。朴聖焌《パクソンジュン》は、「民衆《ミンジュン》神学」の試みた本質的な発想の転換を「立脚点の転換」に見ている。すなわち彼は「支配層の側」から「被支配層の民衆《ミンジュン》側」へ神学する場を移すという点に見て取り、これを「コペルニクス的転換」と表現したのである。(59) この背景には、西欧的伝統的神学は支配層の側に立脚する神学だという認識がある。この「立脚点の転換」は、「民衆《ミンジュン》神学」における他の諸転換を誘発する決定的な要因となった。

立脚点が変われば、神学の言語が変わり、神学の方法も変わる。「民衆《ミンジュン》神学」の場合、その転換はいわゆる学問としての神学の拒否にまで至るのである。学問を超えた神学として、徐南同《ソナムドン》は抽象的・概念的言語の使用を放棄し、民衆《ミンジュン》の言語としての「民譚＝民間説話」を用いるという方法を適用したのであった。

B. 方法の転換：演繹的方法から帰納的方法へ

すでに述べたように、徐南同《ソナムドン》はいわゆる伝統的な神学の方法を演繹的なものと見なした。彼はその媒体を論理的思弁や抽象的概念とし、記録された「聖書」や「教理」などから出発するところにその特徴を見出した。演繹的な方法を「上からの」方法と見なすことができるとすれば、その方法は抽象的普遍概念に基礎づけられた観念的思弁に依拠することになる。したがって、その方法によっては民衆《ミンジュン》との距離が生まれることになる。民衆《ミンジュン》は観念的かつ抽象的に思考する存在ではなく、また観念や抽象の産物でもなく、彼らは思考様式においても、存在そのものにおいてもまさに歴史的かつ具体的だということである。したがって徐南同《ソナムドン》は、反神学を標榜する「民衆《ミンジュン》神学」が方法的にも伝統的な神学と対置されるべきこと、すなわち帰納的方法を採るべきことを提唱して、次のように述べた。「われわれは今や、(中略) 伝統的、演繹的方法と観念的思弁を反省し、聖書本来の歴史的啓示の道に従って、帰納的方法、社会科学的実践へと果敢に変えて行くのでなければならない(60)」。徐南同《ソナムドン》は帰納的方法をただ提唱しただけではなかった。彼はそれを実践することへと踏み出した。すなわち、神学の媒体を非論理的な感情にかかわるものや実際的かつ具体的な「経験や事例」と見なし、記録された「言葉」よりは民衆《ミンジュン》の「物語ること・語り」の中にその特徴を見出したのであった。それ故に、彼は神学の方法に「民譚＝民間説話」を適用したのであった。「民譚＝民間説話」を使う方法は、観念的思弁ではなく、社会科学的視点と具体的実践を要求する「下からの」方法と見なせるものである。

神学の方法論として「帰納的方法」を採るということは、別に民衆《ミンジュン》神学者たちに独自なものであるわけではない。それは、彼らが主張するように西欧の伝統的神学を十把一絡げにして「演繹的方法」を採るものと理解し、その対極にあるものとして自己を規定し、そこで初めて可能となるようなことではないのである。例えば、米国人社会学者ピーター・バーガーはプロテスタンティズムの伝統に立ちながらも、「神学は帰納的方法を取るべきである」ということを提言するに至った学者であった(61)。興味深いことは、民衆神学者にしろバーガーにしろ、双方共に方法として「社会学」の適用を提唱するということである。したがって、神学における「帰納的方法」採用の問題は、実は徐南同《ソナムドン》が唱えたような「西欧の伝統的神学」か「反−西欧の伝統的神学」かという対立的構図で捉えるよりは、神学の方法として「社会学」を適用するか否かという方法論的問題として捉える方が有効ではないかと思われる。

C.　主体に関する解釈学的転換1：「神主体」から「神と人間の共同主体」へ

朴聖焌《パクソンジュン》は「民衆《ミンジュン》神学」の解釈学的パラダイムの二つの基調を、徐南同《ソナムドン》の「合流」と安炳茂《アンビョンム》の「事件《サッコン》」に見ている。彼によれば、「合流」とは「異なる伝統が合わさって一つとなっていくこと自体とその方法」であり、その中身は「神と人間が共同主体となって、政治的解放と文化的解放を成し遂げていく」ことである(62)。一方、「事件《サッコン》」とは「神と人間が共同主体として（intersubjectively）引き起こす歴史的・社会的・集団的出来事」を指し、それは「過去・現在・未来に渡って通時的に起こるもの」でありながら、同時に「今日、ここに現存するイエスが引き起こす事件」といった共時的性格を持つものでもある(63)。「合流」にしろ「事件《サッコン》」にしろ、双方とも「神と人間の共同主体」性がパラダイムの基礎をなしている。したがって、「合流」と「事件《サッコン》」という二つの解釈学的パラダイムの基調をつなげる真の基調は、この「神と人間の共同主体」性において見出されることが妥当である。「民衆《ミンジュン》神学」の真の解釈学的パラダイムの基調は、実は「神と人間の共同主体」性にあるのであって、そこから「合流」も「事件《サッコン》」も導き出されると見なすべきである。

「神と人間との共同主体」というモチーフは、一種の「神人協力説」（synergism）と言い得るものかもしれない。

しかし、それは単に「神人協力説」というものでは説明しきれないような激しさを内容的に含んでいる。それは神人の協力ではなく、神と人間の共同主体を謳うものであり、それと同時に、神と人間が主体として「共同」であること、すなわち「一つ」であるという主張にまで踏み出すものなのである。ここで、神を「イエス」と言いかえ、人間を「民衆《ミンジュン》」と言いかえて見るとき、「イエスと民衆はイエス事件の中で二つでなく、一つだ」(64)と断定してみせた安炳茂《アンビョンム》の言葉は「神（イエス）と人間（民衆《ミンジュン》）との共同主体」というモチーフと結びつき、それまでのいわゆる伝統的パラダイムとは異なった地点、あるいはいわゆる正統的教会によって徹底して忌避されて来た地点へと深く浸透していくものであったことが知られるのである。イエスと民衆《ミンジュン》は「イエス民衆《ミンジュン》」という主体として二つでなく一つであるということ、これが「民衆神学《ミンジュン》」を神学的パラダイムにおいて西欧の伝統的神学と呼ばれるものと決定的に袂を分かつこととなったと思われる。

もともと安炳茂《アンビョンム》の関心は一貫して「歴史のイエス」にあったと言われる。一九五六年にハイデルベルク大学に留学し、ブルトマン学派を始めとする諸神学に学んだ彼は、六五年に帰国したときには「歴史のイエス」に対する不可知論者となっていたという。ところが、朴正熙《パクジョンヒ》軍事独裁政権下における民衆《ミンジュン》の悲劇的な事件に直面した彼は、民衆《ミンジュン》の苦難と連帯する中で「受難のイエス」に出会う体験をする。それは、彼にとって福音書に描かれたイエスの物語と自分たちの置かれてある現実の出会いの体験であった。この体験が彼の目をイエス個人からイエスをとりまく名もないオクロス（民衆《ミンジュン》）へと視点を移動させたのであった。(65)

安炳茂《アンビョンム》はイエスとオクロス（民衆《ミンジュン》）を一つと見なした。ここにパラダイムの決定的な転換が起こる契機があった。彼は個人としてのイエスではなく、オクロス（民衆《ミンジュン》）と一つであるイエスを本来のイエスと見、このイエスを「イエス民衆《ミンジュン》」と呼んだのである。そして、彼はついに「福音書のなかでイエスは、ただ『イエス民衆《ミンジュン》』としてのみ存在する」と断言するところにまで行きついた。(66) 彼は、この「イエス民衆《ミンジュン》」が今日の韓国における解放事件の中で「民衆《ミンジュン》」と一つとなるとき、「受難のイエス」はこの「民衆《ミンジュン》」において現れると解釈した。つまり、安炳茂《アンビョンム》は二〇〇〇年前の「イエス民衆《ミンジュン》」が、時代を超えて今日も韓国の民衆《ミンジュン》解放事件の中に実在するということを唱えたのである。彼は「イエス民衆《ミンジュン》」が実在する民衆《ミンジュン》解放事件を今日の「イエス事件《サッコン》」と呼んだ。彼にとって「イエス事件《サッコン》」の主役は「イエス民衆《ミンジュン》」である。こうして「イエス民衆《ミンジュン》」は安炳茂《アンビョンム》の「民衆《ミンジュン》神学」―「事件《サッコン》の神学」の主題とされたのである。(67)

これに対して、徐南同《ソナムドン》は「民衆《ミンジュン》」が一人の人物として現れたものがイエスだと主張した。(68) この見解に至るヒントを、彼は田川建三の『マルコ福音書』から得たと告白している。徐南同《ソナムドン》は、マルコ福音書を分析した田川の「オクロス」解釈に依拠し、この「オクロス」を「群集」と訳すよりも「民衆《ミンジュン》」と訳す方に妥当性があると理解した。そして「イエスは民衆を代表する象徴」であって、「民衆がその主題である」という田川流のマルコ福音書解釈を受け入れ、これを「民衆《ミンジュン》神学」全体の主題へと拡大させたのである。その結果、徐南同《ソナムドン》は「民衆神学の主題は、イエスであるよりは民衆である」という命題を獲得するに至ったのである。(69)

D. 解釈学的転換2:「キリスト論的通時的解釈」から「聖霊論的共時的解釈」の付加へ

安炳茂《アンビョンム》は「イエス民衆《ミンジュン》」という概念をもって神学を展開したが、徐南同《ソナムドン》は「苦難を受けた民衆《ミンジュン》がメシアである」という「民衆《ミンジュン》メシア」概念をもって神学を展開した。(70) 両者の関連づけにとって重要な解釈原理はやはり「神と人間との共同主体」性にあると思われる。そしてこの原理が、彼ら民衆《ミンジュン》神学者たちを解釈学的に「聖霊論的共時性」の導入へと導いたと考えられる。なぜなら、彼らは「今日、韓国で起こっている民衆事件《サッコン》」を「神と人間との共同主体」によって起こりつつある事件《サッコン》と見なし、これを過去の「イエス事件《サッコン》」と共時的に結びつけて、今日の民衆事件《サッコン》を

「今日のイエス事件《サッコン》」と呼ぶからである。

「イエス事件《サッコン》」とは、第一義的にイエスの「十字架と復活」の出来事（事件《サッコン》）を指す。いわば「十字架と復活」が「イエス事件《サッコン》」のプロトタイプである。過去、イエスにおいて起こったあの「十字架と復活」という出来事が、事件《サッコン》として今日も再現されていると彼らは考える。そして、その再現の現場《ヒョンジャン》に彼らは聖霊の働きを見出すのである。その現場《ヒョンジャン》がキリストとの出会いの場であり、啓示に触れる場であると彼らは信じた。したがって、特に安炳茂《アンビョンム》は、二〇〇〇年前の史的イエスを追求することや、教理上のキリストを追及することはナンセンスなことと考えたのであった。彼にとって真に重要なことは、過去のイエスではなく今日のイエスである。今日のイエスを重視することは、「今日のイエス事件《サッコン》がどこでどのように起こっているかということ」(71)と直結し、今日のイエス事件《サッコン》に目を向け、これを傍観せず、その事件《サッコン》に参与するということである。イエス事件《サッコン》への参与とは、具体的には民衆《ミンジュン》の苦難への参与を指す。このような思考様式には、「言葉」に対する「事件《サッコン》（出来事）」の先行性が前提とされている。安炳茂《アンビョンム》はケリュグマ形成の核となったはずの、ケリュグマ以前の史的「イエス事件《サッコン》」に注目し、「初めにケリュグマがあった」のではなく、「初めに事件があった」と宣言した。(72)この言葉をもって、安炳茂《アンビョンム》はヨハネ福音書のパラダイムに対して根本的な挑戦を迫ったのである。

一方、徐南同《ソナムドン》にとって「民衆《ミンジュン》神学」の主題は「イエス」ではなく、「民衆《ミンジュン》」であった。「イエス」から「民衆《ミンジュン》」へというこの主題の転換は、民衆を宣教の対象としてでなく、逆に宣教の主体とするような神学へと転換させた。(73)徐南同《ソナムドン》にとって「民衆《ミンジュン》」は対象ではなく主体となった。主体としての「民衆《ミンジュン》」は歴史の主人でもある。「民衆は牧会の対象ではなく、民衆が自らの歴史の主人であるということを見出すところに希望がある」(74)。こうモルトマンは言ったが、この言葉は徐南同《ソナムドン》にとっても重要なものとなった。しかし、徐南同《ソナムドン》は主体としての「民衆《ミンジュン》」解釈については、これを聖書的典拠を用いて導き出した。

神の民の救いの核心を示す聖書的典拠について、徐南同《ソナムドン》は特に「出エジプト事件」と「イエスの十字架刑事件」の二つを取り上げる。彼はこれらの出来事を政治的事件とみなすが故に、「十字架」は特に「十字架刑」と呼ばれる。彼は、双方共「神の歴史への介入の支配的典拠」であり、同時に「(民衆《ミンジュン》神学の)パラダイム的・元祖型典拠」であると見なすのであるが、一方で両者間には対照点も見られると言う。この対照点は次の四つに整理される。すなわち、1 民衆《ミンジュン》との関係においてモーセは英雄的な解放者であったが、イエスは抵抗的な同行者であったこと、2 出エジプトが一回的革命であったのに対して、十字架刑事件は永久革命を目指すものであったこと、3 一回的革命の場合は民衆が救い(解放)の対象となったが(他力的救済)、永久革命の場合は民衆が救い(解放)の主体となる(自力的救済)こと、4 モーセは民衆の声(渇望)に応えた者であったが、イエスは彼自身が民衆の声(渇望)であったこと、の四点である。[75] この中で、われわれは特に3に注目する必要がある。そこでは民衆が救い(解放)の「対象」からその「主体」へと転換する決定的事件が何であったかということが明らかにされている。徐南同《ソナムドン》にとって、その決定的事件とは「イエスの十字架刑事件」だったのである。したがって、民衆が救い(解放)の対象の段階であるような出エジプト事件は、彼にとってはまだ未熟な段階と見なされる。[76]

典拠に依拠して「民衆神学」を展開する徐南同《ソナムドン》も、安炳茂《アンビョンム》と同様「初めに事件があった」という命題に至る。ただし、それは安炳茂《アンビョンム》と違って社会史的アプローチによる啓示解釈を通して到達したものであった。彼によれば、脱神学化過程の第一歩は、聖書研究における社会史的アプローチにある。この社会史的アプローチによって、聖書の歴史的・発生学的〈核〉というべき啓示が見出されるという。この啓示を彼は「言葉」とは見ずに、「歴史的事件《サッコン》」と見た。その結果、彼は次のような結論に達した。「『初めに言葉(ダバル、ロゴス、道)があった』ではなく、『初めに事件があった』というべきであろう(77)」。つまり、徐南同《ソナムドン》は「言葉」ではなく「歴史的事件《サッコン》」を啓示と見なしたのである。それは「言葉」に対する「事件《サッコン》」の先行性を認めることであった。そして、このことは単なる「事件《サッコン》」の先行性のみならず、「言葉」に対する「事件《サッコン》」の優位性を主張することへと結びつけられた。それが「初めに事件《サッコン》があった」ということの意味である。

徐南同《ソナムドン》にとって「啓示」の対照概念は「典拠」である。彼は、伝統的な神学の規範である「啓示」が宗教的思考の範疇に入れられるのに対し、「典拠」は歴史的範疇に入れられるものと見た。そして前者と後者の解釈法を対照させ、前者を「キリスト論的－通時的解釈」(Christological－diachronic interpretation)と呼び、後者を「聖霊論的－共時的解釈」(pneumatological－synchronic interpretation)と呼んだ。どちらの解釈を適用するかによって、歴史的出来事に対する解釈の結果は大きく異なる。徐南同《ソナムドン》は「ナザレのイエス」についての解釈を例にとって両者の相違を際立たせた。彼によれば、西欧の伝統的神学の基調をなすキリスト論的解釈は「ナザレのイエス」を「わたしのために」「わたしに代わって」贖罪する存在と見なしてきたが、聖霊論的解釈では「私がイエスを再演する」ものと見なし、「今、イエスの事件が再び発生するもの」としてこれを解釈するのである(78)。つまり、キリスト論的解釈においては、過去の「イエス」と現在の「わたし」との通時的関係が「贖罪」を介して結びつけられるのに対して、聖霊論的解釈においては「再演」を介して過去の「イエス」が現在の「わたし」において共時的に一致することになる。徐南《ソナム》同《ドン》は「キリスト論的－通時的解釈」と「聖霊論的－共時的解釈」とを二者択一的にではなく相互補完的に考えると言う。しかし、歴史的範疇としての「典拠」が「聖霊論的－共時的解釈」と結び付けられ、この「聖霊論的－共時的解釈」なくして二つの伝統の「合流」は起こり得ないことを思えば、徐南同《ソナムドン》の「民衆《ミンジュン》神学」において決定的なものはこの「聖霊論的－共時的解釈」にあることになるだろうし、実際「聖霊論的－共時的解釈」の方に重心は相当偏っていると見て良かろう。そうでないと「民衆《ミンジュン》神学」は成立しないのである。「キリスト論的通時性」の解釈原理だけでは「イエス事件《サッコン》」も「合流」も共に成立しない。それらは「聖霊論的共時性」という解釈原理を導入すればこそ成立するものである。この解釈原理なくしては徐南同《ソナムドン》の主張した「苦難を受けた民衆がメシア」であるという見解も安炳茂《アンビョンム》の「イエス民衆《ミンジュン》」という見解も生まれることはなかった。したがって、「民衆《ミンジュン》神学」は解釈原理としての「キリスト論的通時的解釈」から「聖霊論的共時的解釈」の方に大幅な舵きりをして初めて成立するものであったのである。この解釈原理は、西欧の伝統的神学の根幹をなす「キリスト論」的解釈に対する根本的見直しを迫るものとなり、「民衆《ミンジュン》神学」が新たなパラダイムへ突入するために決定的な役割を果したものといえよう。この解釈原理のもとで、「主体」の転換作業が行われた。先にも触れたように「民衆《ミンジュン》神学」においては「民衆《ミンジュン》」が宣教の「対象」としてでなく、その「主体」と見なされたし、歴史についてもその「主体」は「民衆《ミンジュン》」であり、聖書についてもその「主体」は「神」ではなく「イエス」でもなく「民衆《ミンジュン》」であると解釈されたのである。[79]

おわりに

日本人神学者たちに求められているものは何か。かつて大木教授は「日本人はもっと魂（精神）を危険にさらすべきではないか」と問われた。そして、今日必要とされているものを「魂を危険にさらす強い精神」とされた。[80]この問いを「日本人」からそこに含まれるはずの「日本の神学者」へと移し変えて問い直して見ることは、今日の日本的状況において極めて重要なことではなかろうか。神学する日本人は、敗戦後六〇年を経ていよいよ右傾化を進めつつあるような日本の情勢と日本を取り囲む東北アジアの状況をいかに見、いかに処すべきか。大木教授の表現を借りて言えば、日本の神学者は「もっと魂（精神）を危険にさらすべきではないか」。

韓国には民衆《ミンジュン》神学者たちがいた。少なくとも一九七〇年代の民衆《ミンジュン》神学者たちはその身を賭して神学をした。彼らは単に野心的な次元とか、あるいは奇抜な発想を提示して楽しむというような次元から新しい聖書解釈を試みたり、神学的パラダイムの転換を試みたりしたのではなかった。むしろ、彼らは神学を通して政治的闘争に身を投じ、ある者は監獄に収容され、またある者は大学の教授職を追われるという仕方で、身体と同時にその魂（精神）までをも危険にさらしたのであった。当然のことながら、彼らとその思想を支持した人々も魂（精神）を危険にさらすこととなった。それらの神学者たちとその神学に影響を受けた人々の生を顧みるとき、人は民衆《ミンジュン》神学をアジアにおける政治神学の一つとみなせるであろうし、実際に民衆《ミンジュン》神学者たち自身もこれを政治神学として評価してきた。それは「韓国の現実に即した『福音の政治的釈義』の展開」とさえ評された(81)。その内容を検討して見るとき、彼らの神学する態度は明らかに冒険的ではあった。しかし、それは大木教授が日本という視座からモルトマンを批判的に評されたようなあの「巨大な冒険(82)」的性格というようなものとは異なった。それは、当時の政治的状況下にあっては韓国社会に対して持つ神学の責任性を軽視したものではなく、むしろ独自の仕方でその責任性をまっとうしようとしたものであったのである。その責任性遂行の成果は、その後の韓国政界において顕著な仕方で現出したと見ることができよう。

一九七〇年代から八〇年代にかけて展開された韓国社会の民主化運動は、盧泰愚《ノテウ》元大統領を最後に軍事政権に終結をもたらし、一九九二年のいわゆる文民政府（金泳三《キムヨンサム》元大統領）の出現に貢献したといえようが、この民主化運動の一翼を担っていたものはまさに民衆神学者たちとその支持者たちであったことが忘れられてはならない。民衆《ミンジュン》神学者安炳茂《アンビョンム》の妻朴英淑《パクヨンスク》が、金大中《キムデジュン》前大統領が総裁を務めていた平民党(83)の副総裁という位置にあったこと、また彼女が後に民主党から国会議員に当選して党最高委員となったこと、[84] 民衆《ミンジュン》神学の研究で日本の立教大学から学位を取得した朴聖焌《パクソンジュン》[85]の妻韓明淑《ハンミョンスク》も金大中《キムデジュン》政権において創設された女性部初代長官（日本の大臣に相当）を務めたことなどは、その顕著な具体例として提示できよう。もちろん民衆《ミンジュン》神学者とその妻の思想を一つとみなすことには慎重でなければならないであろう。しかし彼女たちは、民衆《ミンジュン》神学者の妻として彼らの最大の理解者であり、支え手であり、同志であったことには違いないのである。われわれはこうした事例をどう見たら良いであろうか。民衆《ミンジュン》神学者の伴侶として「民衆《ミンジュン》神学」の形成と発展に少なからぬ助力をなし、また行動を共にしてきたはずの女性たちが、実に民主化運動の闘士であった金大中《キムデジュン》政権の誕生と維持、それに続く盧武鉉《ノムヒョン》政権の誕生ならびに維持にも寄与してきたという現実が、韓国社会において起こったのである。

一方で、韓国の人権運動や民主化運動という観点からすれば大いなる成果・大いなる躍進とも見なせるこれらの結果も、他方七〇年代民衆《ミンジュン》神学の主張からすれば、これ以上無いほどの自己矛盾に陥り始めているとも見られよう。なぜなら、少なからぬ「民衆《ミンジュン》神学」後継者とその支持者たちが、現韓国社会の「特権層、指導層、エリート層、富裕層」を形成しつつあるからである。もちろん九〇年代に入ってからの民衆《ミンジュン》は、以前のそれとは違って反体制的な性格と同時に体制側に適応しようとする市民的な性格を共有していると見る学者もいる。[86] こうした観点からすれば、七〇年代の民衆《ミンジュン》神学的観点のみをもって九〇年代以降今日に至る迄の政治的状況ならびにその背景を評価することは的を得ていないと批判される余地はある。しかし、はっきりさせておかなければならないことは、一国の長官や最大野党の副総裁などという位置は、抑圧され、搾取され、疎外された貧困階層では決してないということである。彼らは「民衆《ミンジュン》」ではあり得ないということである。

「民衆《ミンジュン》神学」は、この神学を韓国の教会と韓国のキリスト教神学界が必要としていたかどうかは別にしても、韓国社会の民主化のために、七〇年代の韓国社会そのものが必要とし、また要求した一つの神学であったとは言えよう。確かに、韓国社会は変わった。韓国社会は劇的に民主化された。この変化を、政治的側面と絡めた「近代化」の線で捉えようとすれば、人はその変化の要因を、大木教授が注目されるグローバリゼーションのコンテキストにおける世界史の深層動向に求めることができるとは言えないであろうか。(87)もしもそれが可能であるとすれば、その深層動向の担い手として、韓国には民衆《ミンジュン》神学者とその支持者たちがいたということは忘れられてはならない。彼らは「魂を危険にさらす強い精神」の持ち主であった。強い精神とは何か。大木教授によれば、それは「アンチテーゼをとり入れ、そしてそれによって破壊されず、より高次なジュンテーゼに立つことによって、テーゼとアンチテーゼの対立をこえることができる精神」のことである。このようなことが可能であるのは「そのようなことを可能にするような要素がアンチテーゼの中にあるとき」であると大木教授は言われた。(88)果たして「民衆《ミンジュン》神学」には「そのようなことを可能にするような要素」があったであろうか。

仮にわれわれの神学的営為が、東北アジアという場所に立脚しているという現実と真摯に向き合い、またわれわれは「民衆《ミンジュン》神学」が形成されたこの東北アジアという土壌と同じ土壌の上に立って神学をなしているという現実を真剣に自覚するならば、そのような「要素」を探し出すことは可能であろう。なぜなら、民衆《ミンジュン》神学者たちは、その行為を誰が何と評しようと、いわゆる伝統的キリスト教が堅持してきた神学的パラダイムを根元的なところから転換させてしまったのであるからである。(89)

では、あの「テーゼとアンチテーゼの対立をこえることを可能にする」ような要素とは何か。それは一つには、七〇年当時の韓国の特殊な「社会的状況」であり、同時にその状況の中で「民衆《ミンジュン》神学」を担った者たちが堅持した「勇気」、民衆《ミンジュン》と共に立ち、正義と自由の獲得のためには、襲い来るあらゆる恐れにもひるまなかったあの「勇気」

であったとは言えないだろうか。徐南同《ソナムドン》が「民衆《ミンジュン》の神学」について説明する言葉の中に、次のようなものがある。「民衆《ミンジュン》の神学は、（中略）二分された個人の霊魂の純化と社会構造の人間化を、〈同時的に、同一体系〉として取り扱う試みである。それはいわば〈神と革命の統一〉である。そして神と革命の統一とは、（中略）民衆自身の知恵と信念を勇気をもって成し遂げて行く道である」[90]（傍点筆者）。

「民衆《ミンジュン》神学」がアンチテーゼとしての神学であるとすれば、「民衆《ミンジュン》神学」が対抗し、そこから脱しようとしたテーゼとしての神学の側に立とうとする者にとって肝要なことは、これをいたずらに拒否し無視することではなくて、むしろこの「アンチテーゼをとり入れ」ようとしてみる勇気を持つことではないであろうか。そして、たとえこのアンチテーゼとしての神学の何かをとり入れたとしても、「それによって破壊されず、より高次なジュンテーゼに立つことによって、テーゼとアンチテーゼの対立をこえることができる精神」を養うことではないであろうか。実は、徐南《ソナム》同《ドン》の「合流」というパラダイム自体が、ある意味ではテーゼとアンチテーゼの対立を超えてジュンテーゼに至ろうとする試みであったように思われるのである。「合流」とは互いに異なる伝統が合わさって一つとなることそれ自体であり、その方法であるからである。民衆《ミンジュン》神学者たちは、冒険的ながらも命をかけた冒険として「合流」を試みたのであった。

大木教授の言われるように、われわれが神学をすることにおいても「より高次なジュンテーゼに立つことによって、テーゼとアンチテーゼの対立をこえることができる精神」を養うために、そして朝鮮半島問題を含めた「東北アジアの全状況をあの（アモス的な）高次な位置から見る」[91]ことができるようになるために、政治学・経済学・法学・社会学、そして文学・歴史学・哲学、さらには諸自然科学の最新成果を踏まえ、それらの諸学との「合流」さえをも視野に入れつつ、われわれはキリスト教神学を新しくラディカルに展開していくことを重要な課題とするべきではなかろうか。そういう意味で、「民衆神学《ミンジュン》」は今後もさらに深く研究されて行くことが期待される。「民衆神学《ミンジュン》」が投げかけた課題は深く重い。

註

（1）筆者は二〇〇五年度長老会神学大学院での秋学期講義において、韓国語に翻訳された大木教授と古屋安雄教授の共著『日本の神学』を一つのテキストとして取り扱う予定である。

（2）大木英夫「バルトとモルトマン―三位一体論、とくに聖霊論の対比」組織神学研究会編、組織神学研究第一号『ユルゲン・モルトマン研究』（聖学院大学出版会、一九九八年）一〇頁（以下『ユモ研』と略す）。

（3）ここでいう「状況」とは、フレッチャーのように「原理の規範性を縮小しまた緩和するという仕方」で接触を求める「小状況」とは異なり、「社会変動の現実という大状況」が意味される。大木英夫『新しい共同体の倫理学（上）』（教文館、一九九四年）二三頁。

（4）同書四頁。

（5）「日本」に関しては、大木教授が古屋安雄教授と共に著された『日本の神学』の全体を通して取り扱われているが、中でも「場所」の問題考察に関しては、務台理作による西田幾多郎解釈を通した考察が同書内で展開されている。古屋安雄、大木英夫『日本の神学』（ヨルダン社、一九八九年）二五六頁以下。また神学的実存の場所と教会の関連については特に同書二六九頁以下を参照のこと。

（6）大木英夫『組織神学序説』（教文館、二〇〇三年）二一頁。

（7）同書二九頁。「日本の状況」を「自然」と「歴史」の両極性において捉える観点については、大木教授の論文「日本における神学と神学教育の問題」『日本の神学』三〇四頁以下を参照。

（8）大木英夫「『組織神学研究』発刊にあたって」ならびに「バルトとモルトマン―三位一体論、とくに聖霊論の対比」を参照のこと。『ユモ研』二頁、五頁、一〇頁。

（9）この神学の具体的展開は〝*A Theology of Japan*〟の第一巻をもって既に始められている。これはモノグラフシリーズとして今後も第二、第三巻が順次出版される予定である。*A Theology of Japan : Origins and Task in the Age of Globalization*, Monograph Series 1, Edited Board : Hideo Ohki, Yasuo Furuya, Masaomi Kondo, David Oki Ahearn, Tomoaki Fukai, Atsuyoshi Fujiwara (Seigakuin University Press, 2005).（以下 TJ と略す）

（10）パラダイム転換という用語を使った場合、拙論においてはトーマス・クーンの用いたパラダイム・シフトという用語に厳密に対応した意味で使っているわけでないことを断っておく。つまり、パラダイムそのものをある一定の科学者集団間で共有する規範とか理論とか価値観といった意味で使用しているというよりは、民衆《ミンジュン》神学者たちの使用法が一般的にそうであるように、ここでも意味が拡張された通俗的用法で用いているものである。通俗的用法において、この語は多義的である。しかしクーンが見たように、一方に大抵の科学者たちが既存のパラダイムについて批判的検討や新しいパラダイムを提唱することを経ずして、知の累積的発展に寄与しようとしているという現実があり、他方でパラダイムにおける科学的革命を通して非累積的に科学は進歩するという現実があるとすれば、民衆《ミンジュン》神学者たちはまさにキリスト教神学界における既存のパラダイム自体に批判を加え、新しいパラダイムを提唱する仕方で神学に革命を起こし、その新しいパラダイムの上に神学を構築しようとしてきたという意味で、クーンの用法に対応しているとも言えよう。

（11）「政治神学」という言葉の意味と使用について、深井智明氏は『政治神学再考』のプロローグの中でその定義が困難であること、またその言葉の使用が「まったく個別的」であることを、M・ホーネッカーやモルトマンさらにR・ニュッハウスなどの議論に言及しつつ説明しているが、ここでもまったく「個別的」な意味で「政治神学」という言葉を使用していることを付言しておく。深井智明『政治神学再考』（聖学院大学出版会、二〇〇〇年）一〇頁以下を参照のこと。なお、深井氏の同書中エピローグ「ラディカル・プロテスタンティズムと政治神学」に見られる「ラディカル・プロテスタンティズム」という主張は、政治神学としての「民衆《ミンジュン》神学」を東北アジアというコンテキストにおいて解釈する上でも有効と思われる。

(12) 池明観《チミョンゴァン》氏は、韓国の民主化闘争における日本の教会の働きを高く評価する。彼は日本の教会が韓国の民主化運動に連帯し、苦難を共にしたことを戦後日本の「初めての教会史的事件」とし、今後、教会史の中にこれをどのように位置づけるかが「両国の教会にとって重要な課題」であると述べている。二〇〇四年一一月一三日に開催された池明観《チミョンゴァン》氏の特別講演会での講演—「北東アジアと日韓のキリスト教」を参照。NewsLetter OIKUMENE 第三五号に収録。

(13) ここで筆者が念頭に置く「現政権」とは、広くは文民政権が成立した金泳三《キムヨンサム》政権以後現在に至るまでの政権のことであるが、狭義には民衆党の金大中《キムデジュン》政権とその後継としての現盧武鉉《ノムヒョン》政権（ヨルリンウリ党）を指す。

(14) 「民衆《ミンジュン》神学」の惹起する深刻な問題とは、例えば罪概念の欠如（あるいは無視）を始めとした、いわゆるキリスト教神学の根幹あるいはその全分野にまたがって列挙せざるを得なくなるようなものであるため、一つの論文をもって対峙するにはそれはあまりにも巨大すぎるものである。問題が全分野に関わる理由は、「民衆《ミンジュン》神学」がいわゆるキリスト教神学のパラダイムとは異なったパラダイムを用いて展開されているためである。そこで、ここではまずそれら深刻な問題の要因と見なせる「民衆《ミンジュン》神学」のパラダイムに関心を向けて見たい。「民衆《ミンジュン》神学」はどのようなパラダイム転換を果たしてきたのか、それが本論稿の関心である。

(15) 第二世代の民衆神学者による民衆神学批判の象徴的なものとしては、例えば金明洙“민중 메시아론 비판（民衆メシア論批判）”『신학사상（神学思想）』90집（한국신학연구소, 1995）を参照のこと。

(16) 「民衆《ミンジュン》」が反体制的な性格を持つ存在であるとすれば、体制側に適応しようとするものとしてはいわゆる「市民」の存在が挙げられてきた。ところが、九〇年代以降の韓国では社会の変化に伴って、この両者の性格が「民衆《ミンジュン》」において一つとなり始めたとする民衆《ミンジュン》神学者が現れた。すなわち九〇年代に入り、「民衆《ミンジュン》」は反体制的な性格と同時に体制に適応しようとする市民的な性格を共有するようになってきたというのである。朴聖焌《パクソンジュン》によれば、民衆《ミンジュン》神学者朴チェスンは九〇年代以降を市民運動の時代と位置付け、今後の民衆神学はいわゆる市民社会における市民運動との正しい関係の問題、市民運動との連結・連帯の必要性を主張した。この観点からすれば、筆者が指摘した矛盾はむしろ必然とみなされることとなろう。朴聖焌『民衆神学の形成と展開』（新教出版社、一九九七年）三三八頁以下参照。（以下『展開』と略す）

(17) 一国の民主化の程度を計る判断基準の一つは、社会における個人と共同体の「自由」の度合いにある。この点に関して、池明観《チミョンゴァン》氏は控えめながらも、現今の韓国の自由は日本のそれを凌駕していると見ていることは注目に値する。池明観《チミョンゴァン》氏の前掲講演「北東アジアと日韓のキリスト教」を参照。

(18) すなわち、「韓国のキリスト者たち」とか「韓国の神学」あるいは「韓国のキリスト教」という言葉が「民衆《ミンジュン》神学」的な諸要素やそれらとの関わりを示す象徴的言語と無条件で結び付けられることがあり、あたかも「韓国のキリスト者たち」という言葉で括れるような存在の全体が「民衆《ミンジュン》神学」やこれを生み出す背景となった「抑圧された民衆《ミンジュン》」および「民主化運動」などと密接な関係にあるかのように記述され、しかもこれらを支持しているかのように記述される場合が少なからずあったということである。そのような例として、二つの例を揚げてみよう。「韓国のキリスト者たちは全泰壱《ジョンテイル》の生と死からイエスの生と死を見、七〇年代の韓国民衆の決起（すなわち全泰壱《ジョンテイル》の「復活」）からイエス・キリストの復活を見、七〇年代の民主化運動から五旬節の聖霊の出来事を体験した」（傍点筆者）。あるいは「韓国キリスト者たちにとって、韓国現代史の人権と民主主義のための闘争の『七〇年代』は、聖書の民衆伝統と韓国史の民衆伝統が一つの流れに合流した事件であった」（傍点筆者）。これらの例文に使われたレトリックを意識しないと、人はここで語られた「韓国のキリスト者たち」の中に含まれない、それよりはるかに多くの「韓国のキリスト者たち」の存在が無いかのような誤解をする可能性がある。民衆《ミンジュン》神学者たちの文章には、このようなレトリカルな文体を使う傾向が比較的強く見られるようである。前掲の例文は、『展開』三五九頁からの引用。

(19) 徐南同『民衆神學의 探求』(한길사, 1983년) 26쪽.(以下『탐구』と略す)

(20) それまでは「의」を挿入して議論する学者もあった。例えば、徐南同“민중의 신학에 대하여 (民衆の神学について)”『탐구』29쪽以下を参照のこと。

(21) 命名の経緯については、玄永学《ヒョニョンハッ》の論文“민중, 고난의 종, 희망 (民衆・苦難の僕・希望)”한국신학연구소편『80년대 한국민중신학의 전개 (八〇年代韓国民衆《ミンジュン》神学の展開)』(한국신학연구소, 1990) 쪽を参照のこと。なお、CCAとは The Christian Conference of Asia のことである。

(22) 徐南同“두 이야기의 합류 (二つの物語の合流)”『탐구』53쪽.

(23) *Minjung Theology*–People as the Subject of History, Orbis Books, 1981, [2]1983. ed. By the Commission on Theological Concerns of the Christian Conference of Asia, Preface by James H. Cone.
ドイツ語訳においても状況は同様である。一九八四年のドイツ語版では“Minjung Theologie”と訳された。Minjung Theologie des Volks Gottes in Südkorea, Neukirchner, 1984, hg. Jürgen Moltmann et al. Mit einem Beitreg von Kurt Schag.

(24) 例えば、邦訳『民衆の神学』の監修者のひとり木田献一氏は、その序文の中で「日本の神学と教会の歪んだ現状」について批判的に言及するに際して、例として古屋安雄教授の論文「いわゆるアジア的神学についての批判的見解」を引き合いに出しているが(六頁、八頁)、仮に木田氏がそこで引用した古屋教授の「いわゆるアジア的神学」の中に「民衆の神学」を含めて考え、そこから古屋教授の「いわゆるアジア的神学」に対する批判を批判したのだとすれば、「民衆の神学」の「の」に関する木田氏の理解はやはり一面的であったと思われるし、その時点では誤解もされていたように思われる。もちろん、その「の」は「民衆《ミンジュン》神学」が脱(西欧)神学を主張する限り、アジア「的」であることを含みはするであろうが、筆者が既に註23及び註20で触れたように、その英訳には of が使われなかったことは重要であるし、その後韓国では「의(の)」が省かれ「民衆《ミンジュン》神学」と呼ばれるようになったことを考慮すれば、木田氏の理解が

一面的になってしまった理由は、やはり『民衆神学』が『民衆の神学』と訳されてしまった所にも見出せると言えよう。木田氏の批判に対する古屋教授の応答は、木田氏の批判に対する弁明的性格のものではないが、大木教授との共著『日本の神学』の序論に収められている。古屋安雄、大木英夫『日本の神学』二六頁以下。

(25) 例えば、同書一一頁以下を参照のこと。

(26) 徐洸善《ソコアンソン》は「民衆《ミンジュン》神学」を「一つの韓国神学」と表現した。徐洸善「韓国における民衆と神学―アジア神学協議会についての伝記的報告」李仁夏、木田献一監修、キリスト教アジア資料センター編『民衆の神学』（教文館、一九八四年）一八頁。ここでも「一つの韓国の神学」とは記されなかったことに注意が要される。

(27) 『展開』五頁、八五頁、三五七頁。

(28) ただし、用語の問題として、同書三四二頁。

(29) 「天地ほどの差」という表現について、民衆《ミンジュン》神学者たちは苦笑するかもしれない。何も差は無いではないかと。彼らが一九世紀末に朝鮮半島で起こった東学《トンハク》農民革命（東学党の乱）を高く評価し、詩人金芝河《キムジハ》の思想に深く影響を受けていることを筆者は知らないわけではないが、その上で敢えて使った表現であることを断っておく。東学《トンハク》農民革命のモットーは「人乃天《インネチョン》（人すなわち天）」であったし、金芝河《キムジハ》はこれを「飯《メシ》が天（パビハヌル）」であると解釈した。ハヌルを神と訳す場合には「飯が神（パビハヌル）」となる。「飯《メシ》が天である」という解釈については、金芝河《キムジハ》の獄中メモ『張一譚《チャンイルダム》（張日譚）』を参照のこと。

(30) 徐南同 “고난받는 자의 승리（苦難を受ける者の勝利）”『담구』251쪽.

(31) 徐南同《ソナムドン》の復活理解については、“고난받는 자의 승리（苦難を受ける者の勝利）”，“우리의 부활과 4월혁명（われわれの復活と四月革命）”，“민중신학을 말한다（民衆神学を語る）” を参照のこと。『담구』245쪽 이하, 123쪽이하, 191쪽이하.

(32) 徐南同 “‘십자가―부활’의 현실화（〈十字架―復活〉の現実化）”『담구』318쪽.

(33) 같은 책, 같은 쪽.

(34) 같은 책, 319쪽.

(35) 例えば、「殺害された者」と表現されたとき、そこでは第一義的にはイエスの十字架が想定されている。イエスの十字架は西欧の伝統的教会が解釈してきたように「十字架」ではなく「十字架刑」であり、イエスの死は「死」の問題としてではなく「殺し（チュギム）」の問題として解釈することに「民衆《ミンジュン》神学」の一つの特色がある。

(36) 徐南同 "우리의 부활과 4월혁명（われわれの復活と四月革命）"『탐구』130쪽.

(37) 徐南同 "'십자가—부활'의 현실화（〈十字架—復活〉の現実化）"『탐구』320쪽.

(38) 같은 책, 같은 쪽.

(39) 같은 책, 319쪽 이하.

(40) 徐南同 "두 이야기의 합류（二つの物語の合流）"『탐구』56쪽 이하. ただし、今日の教会状況においては、メシア王国の方をより強調すべきことも言われる。徐南同 "민중신학을 말한다（民衆神学を語る）"『탐구』191쪽 이하. "새 시대의 문턱에 서서（新しい時代の入口に立って）"『탐구』154쪽. なお、徐南同《ソナムドン》はキリスト教の神の国信仰に対する千年王国信仰と似たものとして、韓国仏教の中には弥陀信仰に対する弥勒信仰があったということを、韓国の革命的運動の歴史的洞察を踏まえて指摘しているが、その議論は比較宗教学的観点から非常に興味深いものである。"두 이야기의 합류（二つの物語の合流）"『탐구』73쪽 이하 ならびに "우리의 부활과 4월혁명（われわれの復活と四月革命）"『탐구』177쪽.

(41) 古屋安雄、大木英夫『日本の神学』二六八頁。

(42) 同書二六九頁。

(43) ここで挙げられている「木曜祈禱会」「金曜祈禱会」「ガリラヤ教会」は、民衆《ミンジュン》神学に基づいて形成された集会であった。したがって、民主化闘争との関連を深く持つ集会であり、そこで使用される祈りの言語や説教の内容は、既存の教会のそれとは一線を画したものであった。したがって、それらは韓国キリスト教界の中でも非常に特殊な性格を持った集会であったということに注意を要する。

(44) 徐南同"恨의 형상화와 그 신학적 성찰 (恨の形象化とその神学的省察)"や"80년대 한국교회의 신학적 과제(八〇年代の韓国教会の神学的課題)"『담구』86쪽, 207쪽.

(45) 徐南同《ソナムドン》は貧困について、それは物質的条件だけを指しているのではなく、自立心や自尊心の欠乏までをも含めた「従属的態度の複合体」と考えている。徐南同"貧困의 사회학과 貧民의 신학 (貧困の社会学と貧民の神学)"『담구』392쪽.

(46) 現在は韓神《ハンシン》大学校と改名され、総合大学となっている。

(47) 徐南同《ソナムドン》によれば、彼の民衆神学の外的出発点は一九七五年にイエスと民衆《ミンジュン》というテーマで発表した主題講演にあり、意図的に民衆《ミンジュン》という実体を神学の中心課題としたのは前年の一九七四年からであったという。彼に先行する人物としては、徐《ソ》は文学界の詩人金芝河《キムジハ》、神学界の玄永学《ヒョニョンハッ》と金容福《キムヨンボッ》を挙げている。しかし、同時に彼自身は「〈民衆〉を神学の核心的主題として設定し、それを体系化し、(中略)すべての神学の中心にならなければならないと主張したのは私である」と「民衆《ミンジュン》神学」創立者としての自負を語っている。徐南同"민중신학을 말한다 (民衆神学を語る)"『담구』173쪽 이하.

(48) 宋基得"민중신학의 정체 (民衆神学の正体)"한국신학연구소 편『80년대 한국민중신학의 전개 (八〇年代民衆神学の展開)』한국신학연구소 (韓國神学研究所, 1990) 64쪽. 玄永学《ヒョニョンハッ》の主張の具体的内容については、一九七三年六月『한국신학보 (韓國神學報)』に掲載された"민중 속에 성육신해야 (民衆の中に受肉しなければ)"を参照のこと。この論文は韓國神学研究所から出版されたNCC神學研究委員會編『民衆과韓國神學』1982년, 15쪽以下で確認できる(以下『민한』と略す)。玄永学《ヒョニョンハッ》の論文が徐南同《ソナムドン》に先行していたことについては、『展開』七二頁にも言及あり。

(49)「民衆《ミンジュン》とは何か」あるいは「民衆《ミンジュン》とは誰か」という問題については、その後の理論的進展に伴って、「民衆《ミンジュン》」を定義すること自体が避けられるような傾向も見られるが、それも研究者の間で意見は分かれるところである。註86を参照のこと。

(50) 玄永学《ヒョニョンハッ》 “민중 속에 성육신해야 (民衆の中に受肉しなければ)” 『민학』を参照のこと。

(51) 『展開』三七五頁、二七一頁。

(52) 徐南同 “민담의 신학—反神學 (民譚の神学—反神学)” 『탐구』 305쪽. 「反神学」としての民衆《ミンジュン》神学に関する最近の動向については、民衆《ミンジュン》神学第三世代に属する金鎭虎《キムジノ》の近著『반신학의 미소 (反神学の微笑)』 삼인, 2001년を参照のこと。

(53) 『展開』五頁、二七四頁。

(54) 脱神学ということについては、徐南同《ソナムドン》の論文 “민담에 대한 脫神學的 고찰 (民譚についての脱神学的考察)” を参照のこと。『탐구』に所収。

(55) 『展開』二七六頁。

(56) 徐南同《ソナムドン》の「伝統」と「典拠」については、『展開』二五五頁以下によく整理されている。

(57) 徐南同 “민중신학을 말한다 (民衆神学を語る)” 『탐구』 185쪽. 徐南同《ソナムドン》は自分の神学の典拠を Geschichte でなく Historie であると語る。

(58) 『展開』二七四頁、三七六頁以下。

(59) 同書三七七頁。

(60) 徐南同 “‘십자가—부활’의 현실화 (〈十字架—復活〉の現実化)” 『탐구』 317쪽.

(61) この点については、深井氏の著作『超越と認識』の第一章において明快な仕方で紹介されている。深井智明『超越と認識—二十世紀神学史における神認識の問題』(創文社、二〇〇四年) を参照のこと。

(62) 『展開』二四二頁。

(63) 同書二三七頁。
(64) 同書一〇九頁。
(65) この間の経緯については安炳茂『갈릴레아의 예수（ガリラヤのイエス）』（한국신학연구소, 1990）に詳しい。なお、民衆《ミンジュン》は疎外されたマルコ的オクロスであって、ルカ的ラオスではないということについては、NCC神學研究委員會編『民衆과 韓國神學』、한국신학연구소, 1982년 に収められた安《アン》炳茂《ビョンム》の論文“예수와 오클로스—마가복음을 중심으로（イエスとオクロス—マルコ福音書を中心として）”が参考になる。邦訳は「マルコ福音書におけるイエスと民衆《ミンジュン》」として、キリスト教アジア資料センター編『民衆の神学』教文館の中に収められている。また徐南同《ソナムドン》も同様の主張をしている。例えば、徐南同“우리의 부활과 4월혁명（われわれの復活と四月革命）”『民衆神學의探求』한길사, 1983년, 129쪽. 民衆《ミンジュン》に関する徐南同《ソナムドン》と安炳茂《アンビョンム》の聖書観の相違については“민중신학을 말한다（民衆神学を語る）”『담구』178쪽以下を参照のこと。
(66) 『展開』一〇九頁。
(67) 同書一八三頁。
(68) 徐南同“민중신학을 말한다（民衆神学を語る）”『담구』188쪽.
(69) 徐南同“두 이야기의 합류（二つの物語の合流）”『담구』52쪽 이하. また、同書所収“민중신학을 말한다（民衆神学を語る）”187쪽.
(70) 徐南同“민중(씨알)은 누구인가（民衆とは誰か）”『담구』217−218쪽.
(71) 安炳茂『民衆神學이야기（民衆神学イヤギ）』韓國神學研究所, 1990년, '1991년, 35쪽.
(72) 『展開』二三八頁。
(73) 徐洸善、前掲書、二二頁。
(74) これは、徐南同《ソナムドン》によるモルトマンの言葉の引用である。“'민중의 신학'에 대하여（「民衆の神学」について）”『담

구』31쪽.

(75) 徐南同“두 이야기의 합류（二つの物語の合流）”『탐구』51쪽. なお、「出エジプト事件」と「十字架刑事件」に局限されていた聖書的典拠は後に拡大され、そこに弱者保護法で貫かれている「原イスラエルの契約法典」が加えられる。この典拠の拡大は、社会経済史的方法を念頭に置いた結果であるという。徐南同“민중신학을 말한다（民衆神学を語る）”『탐구』184쪽 이하.

(76) 같은 논문, 같은 책, 187쪽.

(77) 徐南同“민담에 관한 脫神學的 고찰（民譚についての脱神学的考察）”『탐구』297쪽.

(78) 徐南同“두 이야기의 합류（二つの物語の合流）”『탐구』78－79쪽.

(79) 朴聖焌《パクソンジュン》は、聖書の主体が民衆であるということを、「民衆の目で」聖書を読みなおすという新しいパラダイム導入の結果であると語っているが、筆者はこれを解釈原理としての「聖霊論的共時性」導入の結果であると理解した。『展開』二九八頁を参照のこと。なお、徐南同は直接「民衆」という言葉を使ってはいないが、「貧しい人々」を福音の歴史的担い手と同定し、この人々こそ神の救済史の主体であると聖書自身が自覚している事態について言及している。徐南同“貧困의 사회학과 貧民의 신학（貧困の社会学と貧民の神学）”『탐구』404쪽.

(80) 古屋安雄、大木英夫、『日本の神学』、二九五頁。

(81) 徐洸善、前掲書、一九頁。

(82) 大木英夫「バルトとモルトマン　三位一体論、とくに聖霊論の対比」『ユモ研』、五頁。「巨大な冒険」という言葉自体については、J. Moltmann, Das Kommen Gottes, 1996（『神の到来』蓮見訳）八頁を参照。

(83) 平民党《ピョンミンダン》は民主党《ミンジュダン》の前身である。

(84) 朴英淑《パクヨンスク》氏は議員引退後、韓国女性財団理事長として、女性問題と取り組みつつある。

(85) 朴聖焌《パクソンジュン》氏は一九六八年よりの一三年間を政治犯として獄中で過ごし、出獄後には当時安炳茂《アンビョンム》が所長を務める韓国神学研究所の学術部長として即刻迎えられ、後に民衆《ミンジュン》神学の研究により立教大学から博士号を授与された人物である。一九九五年から一九九七年までは富坂キリスト教センター研究主事として日本に滞在し、現在は韓国聖公会大学ＮＧＯ大学院兼任教授として平和学ならびに神学を担当している。

(86) 朴在淳《パクジェスン》などの見解がその一例である。民衆神学研究所編『민중은 메시아인가 (民衆はメシアなのか)』(한울, 1995)。『展開』新教出版社、一九九七年、三三八頁以下。なお、「民衆《ミンジュン》とは何か」という問題については、徐南同《ソナムドン》が民《ミン》衆《ジュン》と市民の関係をはじめとして、民衆《ミンジュン》がそれぞれ百姓、プロレタリア、大衆、知識人とどう区別されるかという観点から、これを関係論的に比較検討している。徐南同 "민중신학의 성서적 전거 (民衆神学の聖書的典拠)"『담구』224쪽 이하.

(87) TJ 75.

(88) 大木英夫「日本の精神的宿題としての聖書」、古屋安雄、大木英夫『日本の神学』二九五頁。同様のことは、大木教授の論文「日本における神学と神学教育」においても主張されている。同書、二九八頁以下、特に三〇二頁を参照。

(89) 神学的パラダイム転換の結果は、聖書の読み方においても、いわゆる伝統的なそれとは一線を画すような局面をもたらした。そのような一例として、しばしば揚げられるのは、ルカ福音書一〇章のいわゆる「善きサマリア人の譬え」に関する解釈である。民衆《ミンジュン》神学者たちは、そこに登場する人物たちのうち、誰がキリスト（メシア）の役割を演じているかを問題にする。例えば、徐南同《ソナムドン》はキリスト（メシア）の役割をするのは「サマリア人」ではなく、「強盗どもに襲われた人」であると考える。その人の苦しみの声を、道行く人々に対する「キリストの召し」と解釈するのである。そして、その人に対する態度がキリスト（メシア）に対する態度であると理解する。われわれがこういう解釈に対してどう対応するかが、より高次のジュンテーゼに至るための応用問題となるであろう。この読み方の例については、徐南同 "소리의 내력 (声の来歴)"『담구』116쪽, "민중신학을 말한다 (民衆神学を語る)" 같은 책, 180－181쪽, などを参照のこと。

(90) 徐南同"민중신학을 말한다（民衆神学を語る）"『탐구』63쪽.

(91) 大木英夫「日本における神学と神学教育の問題」、古屋安雄、大木英夫『日本の神学』ヨルダン社、一九八九年、三一七頁。（アモス的な）は筆者による付加。

Ⅳ　社会と倫理

G・W・ブッシュ時代の歴史的意味

有賀 貞

はしがき——アメリカはどこに行くのか

今から二〇年ないし一五年前、一九八〇年代後半には、世界は冷戦に幕を下ろして、よりよい方向に進んでいくように見えた。その世界の中での日本は高度成長期にあり、民主政治も安定し、先行きは明るく見えた。しかし今は世界にも日本にも、先行きに暗い影が広がっている。世界はどうなるのか。日本では、経済の停滞、政治の貧困、アジア情勢の変化の中で、過去回帰的なナショナリズムが台頭している。そして世界の中心国アメリカへの国際的信頼はイラク戦争開始以来大きく揺らいだ。アメリカの行動は国際秩序の維持要因であるよりも、その攪乱要因であるように見えるからである。アメリカ国内には保守とリベラルとの亀裂・対立があり、G・W・ブッシュ大統領の共和党政府はその一方の利益と理念の実現を強引に目指しているように見える。アメリカはどこに行くのか。単独主義的な強硬な対外行動を続けるのか。保守派の支配は続くのか。それらに答えるためには、最近のアメリカ、すなわちG・W・ブッシュ時代のアメリカを歴史的視野の中に置いて見ることが必要であろう。(1)あと三年続くはずのブッシュの時代の意味を探ろうとする本稿は、まだ終わらない時代についての一つの中間報告的試論である。(2)

I　リベラルな時代の突然の終焉――手を広げ過ぎたリベラル・アメリカ

ブッシュ時代の歴史的意義を検討するためには、まず一九六〇年代に立ち戻ることが必要である[3]。それは第一に、この六〇年代のリベラルなアメリカの終焉から今日のブッシュの時代に至る道が始まったからである。第二には、私見では、六〇年代と二〇〇〇年代という二つの十年間には類似性があるように思われるからである。前者にベトナム戦争があれば後者にはイラク戦争がある。六〇年代にリンドン・ジョンソン大統領の当選と、翌年の「偉大な社会」構想の発表によって、アメリカのリベラリズム（進歩主義）が最高潮に達した直後に、その崩壊が起こったように、二〇〇四年の選挙における共和党の勝利によって最高潮に達したアメリカの保守主義も、間もなく分裂し、保守優位の時代が終わりを迎えることは大いにありうる。

一九三二年から六八年まではアメリカ政治史では民主党優位の時代と言われる。この間五〇年代には共和党のドワイト・アイゼンハワーが二期大統領を勤めているが、それを除けば民主党が大統領の座を占め、議会においても僅かの例外を除き、上下両院を支配した。民主党優位の時代は「リベラル派」優位の時代であった。当時の民主党の有力政治家がすべてリベラルだったわけではなく、民主党は保守的な南部の民主党員を抱えており、他方共和党にもリベラルな共和党員がおり、ニューヨーク州など北東部の共和党の政治家は概してリベラルであった。

リベラル派（進歩派）とは公共の利益と社会福祉とのために政府権力、とくに連邦権力を用いることに前向きであり、連邦権力の活用により福祉国家を形成し維持しようとする立場であり、「ニューディール」の理念を支持継承する立場であった。そして第二次大戦後にはリベラル派は人種差別・性差別の撤廃を実現するために積極的になり、対外的には「保守派」とともにソ連の膨張を「封じ込め」共産主義勢力の拡大を阻止する政策を進めた。

フランクリン・D・ローズヴェルト（FDR）は不況下の一時的困窮者の救済、経済秩序の安定、景気の振興、社会福祉政策の導入など、政府の役割を拡大するニューディール政策により、多数の有権者に受益者意識を与え、民主党優位の時代を形成することに成功した。戦中から戦後の経済繁栄の中で、民主党も共和党も現状維持的になり、相違が狭まったが、過去の実績により民主党優位の時代が続いた。共和党が一九五二年と五六年の大統領選挙で勝ったのは、アイゼンハワーという人気ある第二次大戦の英雄を擁立したためであり、当時の国際情勢のなかで旧軍人への信頼感が高まっていたからである。また共和党が伝統的保守色の強いロバート・タフト上院議員ではなく、穏健な保守派とみられたアイゼンハワー将軍を大統領に指名したことは、共和党も民主党政権下で築かれた体制を大筋において受容したものと見なされた。

アイゼンハワー引退後、政権は民主党の手に戻り、J・F・ケネディ、ジョンソン両大統領の下で民主党政権が八年継続した。ケネディの不慮の死後、大統領職を継承したジョンソンはテキサス州の政治家であったが、FDRを尊敬し、彼の衣鉢を継ぐ政治指導者を目指した。彼は公民権運動の高まりに応じて人種差別制度の撤廃に取り組み、また当時注目されるようになった豊かな社会における貧困の解消に取り組もうとした。彼は一九六四年の選挙で「極端な保守主義者」を標榜した共和党の大統領候補バリー・ゴールドウォーターを大差で破ると、人種差別と貧困とを解消する「偉大な社会」の形成を唱えて、一連の政策を実行に移した。ジョンソンは「大きな政府」がアメリカのすべての問題に積極的に対処するという、二〇世紀のアメリカ・リベラリズムの哲学をもっとも大胆に表明した指導者であった(4)。

当初一九六八年の選挙に出馬を期していたジョンソンが同年三月末、不出馬声明を出さざるを得なくなったのは、ベトナム戦争政策の挫折であった。ベトナム戦争は対外政策に関する国民のコンセンサスを崩した。ベトナム戦争の挫折は、国民に危機意識のないときに、遠方の局地戦争に、市民から徴集される軍隊を大量につぎ込んで長期戦を戦うことが、不可能であることを示したのである。民主党の支持層は戦争支持派と戦争反対派に分裂し、この年の民主党全国大会は混乱した。その結果、政権は共和党に移動することになった。

今日のアメリカの政治家にはジョンソンのように「貧困に対する戦争」を標榜する者はいない。そのような旗印はドン・キホーテ的な理想主義と見なされる。それには三つの背景があると言えよう。第一に、七〇年代の石油危機によってアメリカの高度成長時代が終わると、福祉政策に対するアメリカの中流階級の見方が変わったからである。中流階級の節税志向が強まり、「ばらまき福祉」に対する批判が強まった。七〇年代にアメリカは「福祉」よりも「減税」の旗印が好まれる時代へと急転回した。第二には、アメリカが開放的経済体制をとりつつ同時に福祉国家的性格を充実させることができたアメリカ産業の圧倒的優位の時代が終わったからである。六〇年代前半アメリカ経済が好況だった処にベトナム戦争が拡大して景気を過熱させたことも、アメリカの産業の競争力の低下を速めた。「大きい政府」が支持を弱めた第三の理由は、それが公共の利益を実現するよりも、利益団体のための利益分配政治になっていたためである。福祉政策にしても、それを受ける人々よりも福祉政策に協力する人々のためのものとなり、重複や無駄が多くなっていった。(5)

人種関係の問題もリベラルのコンセンサスを壊すことになった。リベラルな改革の受益者であるはずのアフリカ系市民が暴動に走り、リベラリズムを否定するアフリカ系活動家が登場したからである。一九六〇年代半ばの公民権法および投票権法の成立によって、人種差別撤廃を目指す運動は大きな成果を上げたことで、白人市民は平穏な人種関係の時代が到来することを期待した。しかしその後数年間は一九六六年のロサンジェルス市ワッツ地区の大暴動に始まり、アフリカ系市民による暴動がアメリカ各地の都市で勃発した。都市の黒人たちは人種平等の原則の確立による生活の変化への期待を高めたが、現実にはそれほどの変化がなかったので、彼らの間には期待と現実の格差への不満が充満し、人種暴動が連鎖的に頻発する原因となった。

またこの時期には黒人指導者の中に、キング博士の非暴力直接行動は生ぬるいとして、暴力を否定せずより戦闘的に白人権力との対決を通じて彼らから譲歩を獲得すべきだと主張する急進的な人々が登場した。彼らは人種統合を望まず、黒人の結束による人種闘争を主張した。彼らは「ブラック・パワー」という合言葉を用いた。黒人の運動に刺激されて他のマイノリティー・グループもそれぞれの闘争を展開した。彼らも「インディアン・パワー」「チカノ・パワー」などを合言葉とした。女性とくに白人の女性たちも、教育や職業の追及において性差別を受けているという意識を強め、「ウーマン・パワー」を結集して活発な女性解放闘争を展開した。しかし「パワー」という言葉を最初に用いたのは、おそらく大学キャンパスで「スチューデント・パワー」という言葉を用いた「ニューレフト」の学生運動であろう。急進的な学生たちはアメリカにおける人種差別やベトナム戦争に反対しただけでなく、アメリカの政治経済体制問題を変革されるべきものとして攻撃したので、「ニューレフト」と呼ばれるようになった。ベトナム反戦運動や上記の諸運動がアメリカ既存の価値観念を否定し、反革命戦争あるいは人種差別・性差別を正当化してきた既存の権威の正統性を否定する中で、伝統的な道徳の抑制力が弱まった。既存の社会的規律に反逆する「カウンターカルチャー」が若者の間で一つの社会現象となった。民主党の支持層はこれらの諸パワーの要求を担い、あるいは受け止めようとする人々と、それらに反発する人々とに分かれた。

ジョンソンは第二次大戦後のアメリカ・リベラリズムの構図をもっとも大胆に表明した指導者であったが、彼は風呂敷を広げ過ぎたリベラルというべきであろう。彼は期待を高めすぎて、彼の支持層の中から不満が爆発し、また海外での戦争に手を広げ過ぎたために、支持層の分裂を生んで自滅したのである。「手を広げ過ぎた超大国」という言葉があるが、ジョンソン大統領について言えば、自ら設定した政治課題の大きさを軽視して「手を広げ過ぎたリベラル」の挫折であったということができよう。

II　六〇年代文化革命への二つの反動――ネオコンと福音派

一九六〇年代の「偉大な社会」構想の「大きな政府」志向への反動として、七〇年代は「小さな政府」志向を生み出したが、また同じ七〇年代には、急進的な反政府・反体制運動への知識人の反動として、「ネオコンサーヴァティヴ」が登場し、旧来の道徳観念に反逆したライフスタイルの革命への反動として、保守的な宗教運動が台頭した。六〇年代のアメリカ版文化大革命というべきものへの反動として生じた二つの動き、ネオコンサーヴァティヴと福音派（エヴァンジェリカル）とは、現ブッシュの時代とも大きな関わりがあり、また定義に混乱が見られるので、ここで取り上げることにしたい。

「ネオコンサーヴァティヴ」あるいはその短縮形としての「ネオコン」という言葉はブッシュ政権登場以来、日本でも盛んに用いられるようになった。「ネオコン」とは何かといえば、その言葉は三つの意味で用いられると言ってよい。一つは広義のネオコンで、一九八〇年代にロナルド・レーガンとともに、あるいは彼の政策構想を継承して「保守革命」を志向した人々を指していう。彼らは福祉国家の見直し、政府の規制撤廃によるアメリカ経済の活性化、軍備の強化による強いアメリカの実現などを主張し支持した人々である。彼らはそれまでの保守派が現状維持的な保守であったのに対して、「革命」すなわち現状変革を目指すところに「ネオ」と呼ばれるべき特徴があった。この用法によれば、今日のブッシュ政権を支える人々はすべて「ネオコン」である。第二の用法では狭義のネオコンを指し、元来は民主党支持者（あるいは若いときには社会主義者）で反共リベラルであったが、やがて民主党リベラルに失望し、七〇年代末までにレーガン（ちなみにレーガンも三〇年代には民主党の支持者だった）の支持者となった保守主義者およびその系統につながる人々をいう。第三に中間的用法があり、G・W・ブッシュ政権の中枢や権力の周辺にあって、タカ派的で単独行動主義の対外政策を主張する人々を指す。

広義のネオコンの中の主力は、元来保守的な共和党支持者で、彼らの理念に従って現状を変革する必要を強く意識するようになった人々であるが、ここでは第二の用法における「ネオコン」についてやや詳しく述べることにしたい。それは狭義のネオコンが民主党支持者から共和党保守派へと移動したグループだからである。

狭義のネオコンは対外政策において対ソ強硬論を唱え、共産主義の脅威を強調したレーガンを支持した。彼らのゴッドファーザーと言われる先駆的知識人はアーヴィング・クリストルであり、それについで活躍した人物としてはノーマン・ポドーレッツをあげることができよう。彼らはともに、ユダヤ系アメリカ人で、ユダヤ系の評論誌『コメンタリー』や一九六五年に刊行されネオコンの代表的な評論誌となった『パブリック・インタレスト』を主な拠点として活動した。彼らの思想的な同志のなかにも、ユダヤ系知識人が多い。クリストルは自由の価値の擁護に否定的な左翼と決別して、リベラル左派というべき立場をとるようになった知識人であった。ポドーレッツも評論活動の初期にはリベラル左派であり、六〇年代にも公民権闘争を支持し、また反共産主義の立場をとりながら、ベトナム戦争政策には批判的だった。彼らが「ネオコンサーヴァティヴ」と呼ばれるようになるのは六〇年代末になってからで、リベラルな精神をもたないニューレフトとそれに無抵抗なリベラルに反発して保守主義に傾いたからである。彼らは七〇年前後、一時反戦派反体制派に浸透された民主党にも幻滅して共和党の支持者となった。しかしヘンリー・キッシンジャーのデタント政策には懐疑的で、対ソ強硬派のレーガン派に傾き、やがて内政についてもレーガン派の保守主義を支持するようになった。アファーマテイヴ・アクションへの反発も彼らを保守化させた一因である。ただし彼らとともにユダヤ系知識人の大部分がネオコンになったわけではない。ユダヤ系知識人の大半はまだリベラルないしはラディカルであった[6]。

クリストル、ポドーレッツやその知的な同志たちはリベラル左派の評論家時代にはニューヨーク知識人の狭い世界にしか影響力をもたなかったが、ネオコンの評論家になるとともに幅広い読者を得た。しかし彼らが政界人から注目され、政界への影響力をもつようになるのは、対外政策における反ソ派として、キッシンジャーの外交とは一線を画すレーガン派の同志となってからである。共和党フォード派はキッシンジャー・グループを外交助言者に擁していたが、レーガン派はそのようなグループをもっていなかったので、対ソ強硬派であるレーガン派とネオコンとが接近したのである。ネオコンにはソ連に対する強い不信とともに、国連に対する冷めた態度があった。とくに七〇年代には国連総会でシオニズム非難が決議され、国連貿易開発会議では途上国の立場から富の再分配を求める「新経済秩序」構想が採択されるなど、国連が「偏向」したと見られたので、それ以来国連への不信も強い。そのことも九〇年代の共和党保守派の立場と一致した。

クリストルやポドーレッツは評論活動によって政治的影響力を及ぼそうとした知識人であるが、彼らの子供たちウィリアム・クリストル、ジョン・ポドーレッツ、エリオット・エイブラムズ（ポドーレッツの女婿）らの世代になると、政策の立案提言のための保守系シンクタンクで活躍し、共和党政権の中に入るようになった。この系統に連なり、レーガン政権の中で活動した人物としては、ジーン・カークパトリック国連大使とエイブラムズ国務次官補を挙げることができる。第一期ブッシュ政権では、ポール・ウォルフォウィッツ国防副長官のほか、リチャード・パール国防政策委員会議長、ダグラス・フェイス国防次官、エイブラムズ国家安全保障会議中近東担当上級部長らのネオコンが政策決定に参画した[7]。

次に宗教的保守派である福音派を取り上げたい。一九七〇年代に入ると、アメリカでは反戦運動が収まり、人種暴動はなくなって人種関係もあらたな落ち着きを取り戻した。当時のアメリカには、「許容的な社会」(パーミッシヴ・ソサエティ)と呼ばれた、多様なライフスタイルを許容する社会があった。一九六〇年に経口避妊薬(いわゆるピル)が開発されたことが、六〇年代の若者世代に伝統的道徳観念や生活様式に反逆する気分が生まれたことと相俟って、性関係に革命的変化をもたらした。結婚しないで同棲する若い男女が多くなり、いずれ結婚するにしても、一定期間同棲関係を続けることが多くなった。女性が社会的に進出し職業をもつようになったこととも関連して、結婚しない女性も増えたが、職業的に男女の差別がなくなったので、離婚も増大した。

多様なライフスタイルの時代には家族が多様化したのであるが、伝統的な家族になじんだ者の目には、次世代を生み育てるという結婚と家族の価値が軽視されるようになったと見られた。一九六〇年代には既存の道徳への反逆の行為であったマリファナなどの麻薬の吸引も七〇年代にはそのまま定着した。社会的規律は全般的に弛緩し、それが犯罪の増加に端的に表れていた。こうした状況を見て、家族生活の軽視やさまざまな道徳的退廃は道徳の基礎をなす宗教心の衰退に起因すると考え、宗教復興を志す人々が増加した[8]。

一九六〇年代にはキリスト教界においてもニューレフト的な傾向が見られた。かつてアメリカで二〇年代には進化論教育禁止問題をめぐってファンダメンタリストと世俗的モダニストとの対立が注目されたことがあったが、その後はファンダメンタリストの立場をとる人々は少かった。プロテスタント諸教派ではリベラルと保守派の相違はあっても、穏健な中道派が指導権を握り、内部対立はみられなかった。保守派は聖書理解と近代科学との調和を図るリベラル派に対して、聖書に基づく基本的信条を守り、個人の回心経験による信仰の確かさを重視する立場に立ったが、彼らはファンダメンタリストとは一線を画そうとし、自らを福音派と呼んだ。しかし六〇年代になるとプロテスタント諸教派は公民権運動にどう係わるか、ベトナム反戦運動に係わるかを巡って、それぞれの内部で対立が顕在化した。白人リベラル派の牧師と信徒たちとは、それらに積極的に参加し、教会として彼らの主張を支持することを求めた。白人の福音派であっても、公民権運動に参加した人々がおり、アフリカ系プロテスタントは福音派であり公民権運動の推進者であった。その意味では、信仰における保守派は必ずしも政治における保守派ではなかったが、福音派は概して社会改革よりも個人の信仰生活を重視したから、教会としてこれらの運動に関わることにも概して消極的であった。[9]

一九六〇年代後半に世俗的なニューレフト知識人が登場したように、プロテスタント神学にもそれに対応する人々が登場し、若い世代に影響を与えた。ハーヴェイ・コックスの『世俗都市』やジョゼフ・フレッチャーの『状況倫理』などの神学論がその例である。また黒人解放運動や女性解放運動に対応する黒人神学や女性神学も新たな神学として提唱された。古屋安雄は、六〇年代にはアメリカの主流教会を支配したリベラル派が公民権運動や反戦運動などに熱心な社会派であったが、その反面新たな神学思想に影響されてキリスト教信仰の確実性を喪失したことを指摘し、リベラル派では聖職者でさえ神の存在を信じるのは四六％、イエスの神の子性と信じるのは三一％にすぎなかったという数字を紹介している。[10]

リベラル派はアメリカ社会に広がる社会的規律の弛緩や道徳的退廃に手を貸したと見られたので、伝統的信仰と道徳とを重んじる人々は福音派を支持し、宗教復興による道徳的退廃からのアメリカの再生を期待した。『ニューズウィーク』は一九七六年を「福音派の年」と呼んだ。それはこの年にボーン・アゲインのクリスチャンをもって自認したジミー・カーターが、腐敗したワシントン政界の一新を旗印に大統領に当選したからである。ウォーターゲート事件で有罪となり獄中で宗教的に目覚めたチャールズ・コルソンが『ボーン・アゲイン』を著して注目されたのもこの年であった。しかしカーターは政治的保守派ではなく、「福音派の年」はまだ政治的に保守的な福音派の年ではなかったのである。(11)

一九七〇年代にはまだ福音派は政治的保守派として結集していなかったが、彼らを政治活動への駆り立てる条件は熟しつつあった。それは彼らが、政治的に消極的だった間に、政府の政策がアメリカの非キリスト教化を助長するようになったと感じ始めたからである。福音派もリベラル派とともにかつては政教分離の原則の積極的な擁護者であった。それは彼らがともにカトリックが政教分離の原則を乱そうとすることを警戒していたからである。他方、プロテスタントの国であったアメリカでは、公立学校で祈りを捧げ聖書朗読を行い、プロテスタントの行事を教育内容に取り入れるのは当時は適切なこととされていた。しかし連邦最高裁は六〇年代の幾つかの判決の中で、公立学校における祈禱や聖書朗読を禁止し、公教育から宗教色を厳密に排除した。公立学校で学ぶ者はキリスト教徒に限られないからである。六〇年代初頭に祈祷の時間を設けていた公立学校は一部にすぎず、カリフォルニアでは二%か三%、中西部では一〇%か一一%であったという。しかし公立学校の一律の脱宗教化には、福音派の多くの人々は反発した。(12)他方で、多くの地域で公立学校に導入された性教育も福音派の反発を受けた。彼らはその内容が即物的で道徳教育の要素が乏しいことに不満であり、またこれは本来親が家庭教育として行うべき領域ではないかと考えたからである。

しかし福音派をもっとも慨嘆させたものは、女性に妊娠中絶の選択権を認めた一九七二年の連邦最高裁の判決である。福音派は女性解放運動や性道徳の革命について、家族の価値を損ない、子供を生み育てることの意義を軽視するものとして、かねてから不快感を抱いていた。彼らにとって、女性に中絶選択権を与えることは、誤ったフェミニズムへの迎合であった。同じく七二年には、「法の下における平等を、合衆国も州も、性によって否定もしくは制限してはならない」という憲法修正「平等権修正」が発議された。福音派はフェミニズムに対する不信感からこの修正に否定的態度をとり、廃案にすることに貢献した。こうして福音派はアメリカの非キリスト教化を防ぐために、彼らと志を同じくする政治家を支持する必要を感じた。福音派の多くは七六年に民主党から大統領選挙に出馬したボーン・アゲイン経験をもつ南部バプティストのカーターに期待したが、大統領としての彼のリベラルな政策に失望し、七〇年代末までには共和党保守派のレーガンに期待の目を向けるようになる。

一九七〇年代に福音派が社会状況に不満をもちながら、政治においては彼らの活動がまだ活発ではなかったのは、彼らを政治運動へと動員する有力な指導者と組織とが欠けていたからである。そのような指導を提供したのは、最初はジェリー・ファルウェルにより、後にはパット・ロバートソンにより代表されるようになったテレビ伝道者であり、彼らが保守政治の確立を目指す共和党の戦略家と提携して「宗教右翼」の政治団体を作り、政治運動を展開するようになった。一九七九年に「クリスチャン・ヴォイス」「モラル・マジョリティ」などの政治団体が設立されたのが始まりであるが、やがて九〇年にロバートソンと共和党戦略家とが「クリスチャン・コアリション」を設立し、それが宗教右翼の中心的組織となった。テレビ伝道者たちには、ケーブルテレビの普及発達が活動に追い風となった。テレビ伝道者は彼ら自身のテレビ事業に乗り出して、それを広報媒体とし、さらにその収益を大学や神学校の設立などの教育活動に投入し、政治的保守派としての福音派の裾野を広げるために活動した。彼らは一世代前の福音派の指導者と異なり、いわゆる主流派教会の出身ではなく、南部バプティスト教会かペンテコステ派から出てきた人々で、ファンダメンタリストと呼ばれることに異議を唱えなかった。そして世論調査機関は聖書を字義通り解釈しボーン・アゲインの回心経験をもつ人々を福音派と定義したので、福音派とファンダメンタリストとは同義と解されるようになった。しかし定義なしに問われた場合に福音派と答えた人々（全体の三分の一）は、上記の定義による福音派（全体の五分の一）よりさらに多かった（いずれもカーター政権期の調査による）。そして福音派と答える人々がすべて政治的保守派（いわゆる宗教右翼）というわけではなかった。トニー・カンポロ、ジム・ウォリス、ロナルド・サイダーのような社会福音派の牧師たちも活動していた。(13)

III 「保守のFDR」レーガンの登場——一つの時代の創始者

一九七〇年代はリベラルなアメリカは終わったが保守のアメリカもまだ始まらない過渡期であった。一九六八年の選挙をもって民主党優位の時代は終ったが、そうかといって共和党の時代が始まったわけではなく、大統領選挙で共和党が勝っても議会では民主党が多数党だった。民主党の上院支配は八〇年から動揺し始めたが、下院では九四年に多数を失うまで常に多数党であった。それゆえ、政治学者は政党支持層の再編（リアラインメント）による優位政党の交替は起こったとはいえず、アメリカ政治は多数党が定まらない状況（ディアラインメント状況）にあるとみなした。それは有権者の政党への忠誠度が低下して、さまざまなレヴェルの選挙で異なる政党の候補者に投票し、彼らの政党支持が常に浮動し変動する状況である。本稿では、そのようなディアラインメント状況をも含めて、七〇年代を六〇年代の混乱の収束のための時期、その後の方向が模索された時期と特徴づける。そしてリアラインメント論からいえば早すぎるが、八〇年代初頭にすでに保守の時代、共和党の時代が到来したという見方を提示したい。七〇年代、八〇年代にはディアラインメント状況に関連して、政党の組織が弱体化したこと、政党ではない政治団体の集金力が上昇し政党の集金力が低下したことが指摘され、政党の衰退と言われたことがあった。しかしその後、政党はそのような政治団体との提携関係を強め、政策政党化していくことにより政党としての結束力を回復するのである。(14)

一九六八年の大統領選挙に勝って翌年就任した共和党のリチャード・ニクソンの政府は、しばらくの間アメリカ人にとって一種の鎮静剤としての役割を果たした。ニクソンはベトナム休戦交渉の推進に力を入れたが、当面一方的兵力撤退を進めることで、ベトナム戦争批判をかわし、徴兵のくじ引きを繰り返すことをやめ、徴兵予定者を一回で全部決めてしまう方式を採用して学生の反戦運動を沈静化した。貧困問題については過大な期待を持たせない「有益な怠慢」策をとる一方、アファーマティヴ・アクションの採用によってアフリカ系市民のエリート層の懐柔を図った。人種暴動の頻発と、六八年の民主党全国大会を混乱させたベトナム反戦運動の急進化とは、共和党にリベラルと急進的運動とを結び付けて民主党のリベラリズムを批判し、「法と秩序」を守る党を標榜する機会を与えた。

彼はアメリカの軍事力によって共産主義勢力の拡張を阻止するという従来の冷戦政策を改めて、共産圏諸国に対する外交の活用により、ソ連とのデタント、人民中国との関係改善を進め、そのなかでベトナムにおける「名誉ある休戦」を実現しようとした。彼の外交は「自由」とか「民主主義」という言葉よりも「均衡」と「安定」を強調するものになった。彼の政治スタイルはアメリカの理想主義がベトナムの泥沼にまみれ、国内の緊張で傷ついた後の時代に適合するものであった。ニクソンは保守主義者であったが、その後の共和党の保守主義者、いわゆる「保守革命」の指導者とは異なり、ニューディール型福祉国家を攻撃する意図はなかった。ニクソンの秘密主義的、権力主義的な政治の手法はウォーターゲート事件というスキャンダルを生み、結局彼を失脚に導く。彼の最初の副大統領アグニューも収賄のスキャンダルで辞任しており、ニクソンの後継者ジェラルド・フォードも七六年の選挙で、ワシントン政界の腐敗した空気から自由であることを売り物にして登場した民主党のカーターに敗れた。

カーターがアメリカの政治外交における道義の復活を掲げて政権獲得を目指したのは時宜を得たことであった。国内の人種関係が改善され、ベトナム戦争からも完全に手を引いたとき、アメリカ人の間にはアメリカ外交の道義性を再び掲げたいという願望が生じたからである。カーターは腐敗なき政治を目指すとともに、アメリカの対外政策から失われた道義的要素を回復しようとした。彼は道義性こそアメリカの対外政策に力を与えるものだと主張し、国際人権の擁護を掲げ、共産主義国の人権抑圧を批判するのみでなく、アメリカの同盟国に対しても人権状況の改善を求めて圧力をかけた。しかし彼の政権期にはソ連の第三世界での勢力拡張政策が目立ち、一九七九年末にはアフガニスタンへの大掛かりな軍事介入に乗り出した。また同年イラン革命が起こり、第二次石油危機が発生してアメリカ経済を圧迫しただけでなく、革命が反米化してテヘランのアメリカ大使館が占拠されて館員が人質に取られた状態が続いた。そのためカーターは八〇年の選挙で再選されず、強いアメリカの復活を唱えた共和党のロナルド・レーガンに敗れた。

レーガンは魅力的で説得力ある話し手として、フランクリン・D・ローズヴェルトになぞらえられ「保守のFDR」と言われたが、大統領としての役割の上でも「保守のFDR」と言うべき人物である。[15] FDRがリベラルの時代、民主党優位の時代の創始者であるならば、レーガンは保守の時代、共和党優位の時代の創始者である。レーガン政権はイラン・コントラ事件のような失態も冒したが、保守主義の大統領としての彼の業績をまとめれば、以下のようになる。

第一に、彼は一九七〇年代に繰り返されたスタグフレーションに終止符を打ち、インフレを鎮めつつ経済を成長軌道に戻し、対外的にはまた「攻め」の外交により国民の「強いアメリカ」願望を満たすことで、閉塞感に陥っていたアメリカの暗いムードを払拭したことである。彼の政策は拡大した「双子の赤字」を後に残すことになったが、経済を成長軌道に戻した功績は大きい。

第二に、彼は個人的カリスマと、「小さい政府」および「家族の価値」を称揚する政策哲学とによって、多数派としてのレーガン保守連合（小さい政府派―社会的保守派―ネオコン的反共派の連合）を形成したことである。それは何よりも彼の連合であって、まだ共和党連合として確立したわけではなかったが、彼はそれにより共和党優位の時代を導いたといえる。

第三に、経済の国際化、グローバル化の趨勢に乗り、保護主義を排して開放経済を維持しつつアメリカ経済の発展を図る方向を定めたことである。六〇年代末以来、競争力が低下した産業とその労働者への保護を求める国内圧力があったが、レーガンは極力そのような圧力への譲歩を避けて、グローバル化の時代に対処して競争力ある産業を伸ばすための産業構造の再編を促した。

第四に、グローバル化の時代に対処するために、経済活動の規制の撤廃あるいは緩和、それに市場原理による競争を通じて、公共的利益を実現する方針をとり、累進所得税制の抜本的変革により高額所得者の税負担を軽減して事業意欲と投資意欲を高めることで、アメリカ経済を活性化しようとした。そのため福祉の見直しを含め、政府のサービスを切り詰めようとした。つまり「大きい政府」の哲学から「小さい政府」の哲学への転換を行った。その一環として、アメリカの連邦制の在り方を見直し、中央集権的傾向を改めて、分権化を推進した。彼はこのような保守改革を行い、それをその後のアメリカの政治の基調とすることに成功した。

第五に、ソ連との単なる共存ではなく、ソ連に対していわば攻めの外交をとったことである。ソ連が一九七〇年代に行った軍事力強化を凌駕するために大幅な軍事費増額により軍事力強化を図り、さらに戦略的防衛計画（ＳＤＩ）の推進を提唱してソ連に圧力をかけ、戦略兵器削減交渉の土俵に引き出そうとした。また七〇年代にソ連が第三世界で勢力拡張政策をとったことに対処し、中米やアフガニスタンでの巻き返し作戦をとって成果を上げた。かつてはアメリカが脆弱な反共政権を助け、ソ連が反抗勢力を助けるという図式が普通であったが、この時期には米ソは攻守ところを変えて、ソ連が脆弱な親ソ政権を支え、アメリカが反抗勢力を応援するという役回りになった。また自由化への動きが出て動揺するポーランドへのソ連の介入を防いだことも、外交面での功績といえる。東アジアでは反共主義者として台湾に好意を示しながら、他方では人民中国との国交発展に努め、日米中の戦略的パートナーシップを形成したことも彼の外交リアリズムの表れといえよう。

第六に、そのような攻めの政策をとりながら、ソ連との対話を欠かさず、ソ連の新首脳部が政策転換を志向すると、ソ連とのデタント外交を推進し、中距離核兵器全廃を取り決め、冷戦終結への道筋をつけたことである。

第七に、開放的政策の一環としてラテンアメリカおよびアジアからの移民流入の増大を容認し、アメリカ人の人種民族的・宗教的構成の多様化を促進したことにより、今日のアメリカへの流れを作ったことを付け加えたい。

当時イギリスでもサッチャー首相が登場し、レーガンと同じ発想によってイギリス経済を活性化しようとしていた。彼らはともに福祉政策を整理縮小し、民営化あるいは規制撤廃を推進し、市場原理を徹底させて経済の再活性化を図る政策をとった。彼らは保守派であったが、彼らの政策は現状維持の保守主義ではなく現状変革を目指す保守主義であったから、「保守革命」と呼ばれたのである。経済の国際化、グローバル化が進む時代には、それを先取りする変革が必要であるという意識がアメリカでもイギリスでも有権者の間に広がっていたから、彼らの市場原理重視の改革構想は国民の支持を得たのである。このような構想は西欧の社会民主主義政党にも影響を及ぼした。フランスのミッテラン政権も発足当初は国有化案をもっていたが、政権半ばに市場経済重視へと方針を変え、EC域内市場の完全自由化を促進する方向に転じたのである。

Ⅳ 在野期の共和党の多数派戦略——一〇〇%の保守政党を目指して

一九八〇年のレーガンの大統領当選とともに、共和党は上院で多数を獲得し、八六年の選挙まで多数党の立場を維持したが、その年の選挙では民主党に多数を奪われた。下院では民主党が一貫して多数党であった。共和党を議会の多数党にすることが共和党の戦略家たちにとって課題として残されたのである。八六年の中間選挙で共和党支持が弱まったのは、自動車産業のようなアメリカの伝統的基幹産業が日本の産業などとの競争の激化に苦しんでいたからである。八八年の選挙ではレーガンから政権を引き継いだジョージ・ブッシュが当選したが、彼はレーガンのカリスマを欠いていた。彼の政権はソ連のペレストロイカと新思考外交、東ヨーロッパの社会主義圏の崩壊という世界情勢の劇的な変化の時期に、米ソ冷戦の終結を取り仕切ったが、そのような外交上の成果も彼の人気を高めることはできなかった。たしかに湾岸戦争直後にはブッシュ支持率が高かったが、反米的なフセイン政権が存続したために、国際秩序維持のために国連安保理決議を得て戦われたこの戦争の成果は、あまり評価されなくなった。

ブッシュはテキサスで実業人になったとはいえ、元来は北東部実業家の家系であり、共和党の中では穏健保守派であった。八〇年には大統領予備選挙ではレーガンに次ぐ候補者だったので、折り紙付きの保守派と見られたレーガンが選挙の際に挙党体制をとるために副大統領に選んだ人物である。そのため、共和党の保守派にはブッシュに対する不信感があったが、彼が公約に反して財政赤字抑制のため増税を行ったため、「小さい政府」派の反発を招き、九二年の選挙では大量の票が独立の大統領候補者ロス・ペローに流れることになった。九二年に民主党のビル・クリントンが経済問題を争点にして当選することができたのは、ロス・ペローが保守的な共和党の支持層の票をブッシュから奪ったからである。

「大きな政府の時代は終わった」と語ったクリントンの政治的役割は、民主党優位の時代に登場した共和党の大統領アイゼンハワーのそれに似ている。(16)ともに優位な政党が設定した政策路線をやや穏和化することはあっても基本的にそれを踏襲した。アイゼンハワー政権が朝鮮戦争とベトナム戦争という優位政党の政権が行った二つの戦争の間に登場して、戦争をせず財政の均衡を図ったように、クリントン政権もまた優位政党の政権が行った二つの戦争の間に登場し、戦争をせず財政の均衡を導いた。一九八〇年代の共和党政権による構造改革はクリントン時代になって経済の好況をもたらしたので、財政の均衡は予想より早く彼の政権終了前に実現したのである。クリントンは選挙に際しては民主党の伝統的支持基盤である労働組合の支持を得たが、彼は労働組合の求めるグローバル化の抑制の要求には応じず、ロシア、東欧諸国、中国、インドが世界的市場経済に参入して市場経済がますます世界大に広がった時期に、グローバル化の趨勢の中でアメリカ経済を発展させる政策を継承発展させた。クリントン政権がカナダとともにメキシコをも含む北米自由貿易地域協定を推進したのもその一環である。それは労働組合の不満を買い、九九年の世界貿易機構シアトル会議の際にはAFL―CIOから大デモの返礼を受けた。彼は共和党多数の議会と妥協しなければならなかったこともあるが、彼自身福祉の見直しの必要を意識していたので、母子家庭への生活補助の条件を厳しくすることを含む福祉再編成法を成立させた。

クリントン政権発足後の中間選挙、すなわち一九九四年の選挙で、共和党は一九五二年以来初めて下院で多数を獲得し、それ以後下院で多数党の位置を保持している。その多数派戦略を指導したのは、九五年に下院議長になるニュート・ギングリッチであった。彼が九四年の選挙に際して同志とともにとった行動はアメリカの選挙史においては特筆すべき異例なことであった。彼は同志とともに一〇項目の法案の立法化を掲げる「アメリカとの契約」と名付けた政策綱領を作成し、下院選挙に出馬する共和党候補者三三七人の署名を得て選挙に臨んだ[17]。この政策綱領はレーガンの「小さい政府」構想を徹底させようとするものであり、そのような明白に保守的な政策綱領を掲げてその実現を約束することで選挙に勝ち、下院から共和党を完全ないわば一〇〇%保守の政党にしていこうとしたのである。彼の作戦は成功し、この年の選挙では共和党は下院で議席を一挙に五四増やして、二三〇議席を得て多数党になった。彼らの中でも初当選議員たちは七三人のほとんどが徹底した保守主義者であるという点で目立った[18]。

「アメリカとの契約」では「小さい政府」「福祉国家の解体」を目指す経済保守主義の項目が大部分で、「家族強化法」の制定など社会的保守主義に関わる項目も含まれていたが、妊娠中絶権の否定や公立学校での祈禱、あるいは同性愛者の権利の認知への反対（クリントンは第三の性としての同性愛者の権利を認知しようとして宗教保守派の反感をかっていた）などいわゆる宗教右翼が好む項目はない。その理由について消息通は、クリスチャン・コアリションが、一九九二年選挙で減税派のペローに投票した有権者を共和党が吸収して選挙に勝利すること、そのために保守勢力の結集を強化することを優先したので、共和党全下院議員候補者から署名を得る「契約」には露骨な宗教色を入れないことに同意したためであると推測している。当時クリスチャン・コアリションの指導者は宗教的保守派が経済的保守主義を支持し、また安全保障政策にも関心をもつべきであると述べて、世俗的保守派との提携を重視していた[19]。福音派の増大が目立ったのは、二〇世紀後半に人口が増加し、経済が発展した南部および西部である。この地域で福音派の人々が経済的に成功し上昇するにつれて、彼らは政治的関心を強めるようになるとともに、宗教・道徳問題のみならず、経済政治の問題でも保守的になり、その意味でも共和党の保守連合に入りやすくなっていたといえよう。

他方、ネオコン系の知識人も自由主義的民主主義の価値観を支えるものとしてユダヤ－キリスト教的伝統を受け継ぐ宗教の重要性を強調するようになっていた[20]。

ギングリッチたちは下院で多数党の地位を占めてきた民主党議員の権力基盤を崩そうとした。共和党優位に時代になっても下院で民主党が多年多数党の座を保持したのは、民主党議員たちが相互依存の形で培いそして依存してきた「利益団体コミュニティ」をもっていたからであった。それゆえギングリッチら共和党の戦略家は民主党の多数党としての地位を支える「ニューディール型利権構造」を解体して、下院議員への政治資金の流れを再編成することを狙ったのである。(21)

ギングリッチは九四年選挙の勝利によって下院議長に就任し、議長を共和党議員の司令塔として「アメリカとの契約」の公約を実行に移そうとした。しかし下院の過半数を制しただけでは公約の立法化は困難であった。上院でも共和党が多数を占めたが、上院共和党は下院共和党ほど超保守派が揃っていなかったし、大統領が民主党のクリントンである以上、「アメリカとの契約」の立法化がホワイトハウスから極力抵抗されることは当然であった。一九九五年秋には「アメリカとの契約」の内容を予算案に書き込もうとする下院とそれに反対する大統領とが対立して予算案の審議が遅れ、緊急支出法案も成立せず、一部の政府機関が一時閉鎖に追い込まれたこともあった。このようなギングリッチのやり方は世論には行き過ぎたごり押しという印象を与え、九六年の選挙ではクリントンの再選に有利に働いた。世論に向けたイメージ作りの点では元大学教授ギングリッチは生来の政治家クリントンの敵ではなかった。彼は独断的な議長ぶりにより共和党下院議員の間でも人望を失い、とくに講師謝礼に関して下院倫理規定に違反した後は彼の指導力は急速に低下した。

ギングリッチは大統領候補者の人材ではなかったから、二〇〇〇年の大統領選挙で政権奪還を狙う共和党員は、前大統領ジョージ・ブッシュの長男でテキサス州知事として二期目に入っていたG・W・ブッシュに着目したのである。ここでG・W・ブッシュという人物の特色について述べておきたい。親子で大統領になったのは第二代ジョン・アダムズと第六代ジョン・Q・アダムズだけであるが、ブッシュの場合は一代八年しか間隔がないことが特徴である。政治的経験がなく実業人としても凡庸だったG・W・ブッシュが、九四年にテキサス州知事に当選することができたのは、父ブッシュのテキサス人脈、政財界とのコネクションの助けがあったからである。息子ブッシュは宗教的覚醒によって立ち直った人物として宗教保守派に共感を示し、彼らから強い支持を得ているが、彼の宗教的回心も両親の配慮のおかげである。両親は八五年に酒に溺れた彼を立ち直らせるために、著名なエヴァンジェリストのビリー・グラハムに息子を引き合わせて、宗教的再生への導きを託した。G・W・ブッシュはテキサスの富裕層や大企業とのコネクションを利用し、彼らに支持されて政界入りし、その結び付きを活用してホワイトハウスへの道を歩みながら、他方では回心経験によって再生した者、信条を同じくする同志として福音派大衆の支持を得られた。有力な親の縁故に頼って人生を歩んで来た人物でありながら、挫折から立ち直って人生を築いて来た者として、中小企業家からも親近感をもたれた。このことが政治家としての彼の利点なのである。(22)

V　ブッシュ時代の一つの歴史的意味——保守支配の完成

ブッシュ時代の一つの歴史的意味はアメリカの保守支配、共和党優位体制が完成したことである。この時代のそのような歴史的特徴をより詳しく見るならば、次のような十の特徴に分けて言うことができるであろう。「一つの」というのは、ここではブッシュ時代の大事件である九／一一事件とその後のアメリカの対外行動について論じないからで、それらを次節で論じてから、改めてブッシュ時代の歴史的意味をまとめる所存である。

第一に、ブッシュ時代とは明確な保守政党となった共和党が、減税保守―外交保守―宗教保守の提携による保守連合を形成し、ホワイトハウスとともに、連邦議会両院を支配するようになった時代である。共和党がホワイトハウスと上院とを支配するようになったことで、大統領が上院の同意を得て空席を補充する連邦司法部の保守的傾向もさらに強めらつつある。

第二に、二〇〇〇年の大統領選挙で限りなく負けに近い勝利で政権を掌握した共和党が、ホワイトハウスを中心に議会とくに下院共和党、保守系シンクタンク、そして保守系政治団体（いわゆるグラスルーツ団体）を結び付けて、共和党を保守の多数党として維持するための組織体制を作り上げたことである。それにより共和党は二〇〇二年の中間選挙で勝利し、そしてそのような組織体制を稼働させることにより、〇四年の大統領選挙でブッシュの明確な勝利をもたらし、議会選挙においても多数派の地位を強化できた(23)。グラスルーツとは元来は庶民あるいは一般市民のことであるが、今日のグラスルーツ団体は、一般市民が自発的に形成する団体というよりも彼らが動員され組織される団体という性格が強い。

第三に、共和党が純然たる保守の党となったということの反面、民主党もまたリベラルな党という性格を強めたわけであり、その意味で、政党対立が保守勢力対リベラルな勢力の対立という性格を強めた時代である。民主党もリベラルなグラスルーツ団体との提携を強めて、共和党に対抗しようとしている。二大政党の全国組織が強くなってグラスルーツ団体が下部組織の役割を果たしているのが今日の政党政治の特色である。

第四に、共和党支配の下で、貧富の格差はますます広がる傾向がある。共和党は保守的なグラスルーツ団体と結び付き、それらの集金、集票力に依存する大衆政党であり、ビジネスの世界においてもウォール・ストリートではなくメイン・ストリート（中小都市の商業地区）を地盤とするといわれる。それは事実であるが、他方でアメリカ社会の頂点を占める最富裕層の支持を受け（もちろんこの層には貴族的リベラルもいるが）、その層の利益に沿う政策を進めていることも否定できない。保守的グラスルーツの支持を利用して最富裕層のための減税を行い、可処分所得における貧富の格差を拡大しているのである。

第五に、ブッシュ時代は保守対リベラルという政治対立がはっきり現れた時代であるとともに、リベラルの側が保守化したいえる面もあり、逆に保守がリベラル化した面もあるのが、この時代の特徴といえよう。リベラルと保守との間には立場の開きがあるが、しかしリベラルは規制緩和や福祉切り詰め、アファーマティヴ・アクションの限定など面ではかなり保守の主張に影響されている。逆に保守の側も、アファーマティヴ・アクションには反対するとしても人種・エスニックの多様性を受け入れており、フェミニズムを嫌いつつ男女平等の現実を受け入れているから、それらの面ではリベラル化したといえる。

第六に、これは第四で述べたことに関連するが、エリートの「レインボー化」(ここでは多人種多エスニック化を意味する言葉として用いる。元来はジェシー・ジャクソンが勤労階級のレインボー連合の形成を提唱したときに用いた言葉)が今日のアメリカの特徴である。ブッシュの第一期および第二期政権の顔触れは、アフリカ系、メキシコ系、キューバ系、日系等アジア系を含み、女性の数も多く、アメリカの多様性をこれまで以上に反映している。(24) 保守エリートもリベラル・エリートもともにレインボー化しているのが現状なのである。

第七に、これも上に述べたことと関連するが、ホワイト・スニックス、アジア系、ヒスパニック、アフリカ系などの市民は今日でも民主党支持が多く、とくにアフリカ系はそうであるが、ホワイト・エスニックス、アジア系、ヒスパニックでは共和党支持が漸増している。党派対立、保守対リベラルの対抗の両側とも、人種・エスニック横断的になってきた。ヒスパニック市民の支持の獲得はブッシュの多数派戦略の一環となっている。

第八に、上に述べたことは宗教的マイノリティ集団についてもいえることであり、カトリック教徒もユダヤ教徒も従来は民主党支持で、今日でもその傾向は残っているが、共和党支持者の比率が増大している。共和党から出たブッシュ大統領がヨハネ・パウロ二世の葬儀に自ら出席したのは、ポーランドの解放に精神的指導力を及ぼした人として教皇に敬意を払っていたからであるが、カトリックが共和党の支持層になっていることも当然意識されていたであろう。保守的なプロテスタントのブッシュが教皇の葬儀に出席したことは、プロテスタントとカトリックとの敷居の著しい低下を如実に物語る。かつて一九五〇年代にウィル・ハーバーグが『プロテスタント—カトリック—ジュウ』を著してこれらの宗教はいずれもアメリカの宗教になったと述べたときには、これら三つの宗教集団の間にかなりの文化的相違があることが指摘されていた。今日ではこれら三つ集団の間の敷居は低くなっており、プロテスタントの保守派はカトリックやユダヤ教徒の保守派と文化政治においては共通の立場に立って、むしろリベラルなプロテスタントと文化的に対立する。他方プロテスタントのリベラルは他の宗教集団のリベラルと親和性をもつ。宗教的保守主義も宗教的リベラルもプロテスタント、カトリック、ユダヤ教徒の敷居を越えて連携するようになったことが、近年のアメリカの特徴的な現象である(25)。

第九に、同じくアメリカの宗教状況に関することとしては、ユダヤ－キリスト教的伝統の外にある宗教集団——ムスリム、ヒンズー教徒、仏教徒など——を、とくに人数が増え五〇〇万人—八〇〇万人と推定されるムスリムをどのように市民社会に組み入れていくのかという課題に直面していることがブッシュの時代の特徴である。九／一一事件後はますますその課題が重要なものになった。事件の追悼集会にはプロテスタント、カトリック、ユダヤ教の聖職者のほか、イスラム教の聖職者も参加して祈りを捧げたし、ブッシュもその直後ワシントンのイスラム教センターを訪問した。またイラク戦争に際してははじめてイスラム教聖職者が従軍チャプレンに任命されているのも、そのことの表れである(23)。

第十に、共和党支配がホワイトハウスと上下両院の支配で完成したといっても、共和党が圧倒的に優位にたったわけではないことを付言しなければならない。二〇〇四年の大統領選挙は二〇〇〇年の選挙に比べれば有権者投票の多数を獲得して明白な勝利であったが、選挙人投票でみれば、オハイオ州で敗れれば結果が逆転するほどの僅差の勝利であった。議会で議席を増やしたとはいえ、まだ圧倒的多数を得ているとはいえない。そういう点では、共和党支配は僅差の優位による支配なのである。そこでブッシュ時代の歴史的意味をさらに考察するために、次にブッシュ時代の大事件である九／一一事件とその後のアメリカの対外行動について取り上げることにしたい。

VI　九／一一事件とアメリカの対応——反テロ戦争の「パールハーバー」

冷戦終結当時のアメリカには国連活性化への期待があり、国際協調志向があった。ジョージ・ブッシュ政権の新世界秩序構想もそれを反映するものであった。クリントン政権も国際協調志向を継承し、核実験禁止条約のような国際レジームの形成に努めた。しかし一九九〇年代に共和党を支配するようになった保守派は国際協調志向に乏しく、彼らの台頭とともに、アメリカ国内の国際協調志向は冷却した。海外から手を引くことを主張するパット・ブキャナンのような原理的孤立主義者は僅かだが、メインストリートを代表する経済保守派は環境問題などで国際レジームによる拘束を嫌い、国益に関係ない海外での軍事活動には消極的だった。宗教保守派も主たる関心は国内にあり、中東問題では信仰上の理由から親イスラエル的だったが、国際的関心は高くなかった。対外関係にもっとも強い関心をもっていたのはネオコンおよびグローバリストの保守派というべきグループである。ディック・チェイニーやドナルド・ラムズフェルドは元来の共和党員で、元来は民主党系だったネオコンとは背景が異なるが、九〇年代には彼らはネオコンと同じシンクタンクに入って協力しており、政策上での意見の対立はなくなっていた。したがって、彼らを含めて保守的グローバリストをネオコンと総称することにも一理ある。彼らはアメリカが唯一の超大国で、軍事的には比類ない力をもっている状況では、その軍事力により世界秩序を維持できると思い、国連や固定した国際レジームの拘束を嫌い、アメリカが行動の自由を保持して行動することを重視し、個々の問題でアメリカに同調する国と協力すればよいと考えた。彼らが国際秩序の攪乱者として問題視したのはいくつかの「ならずもの国家」の存在で、なかでも彼らが第一の問題国とみていたのはイラクである。彼らは湾岸戦争でフセイン政権を打倒できなかったことを悔やみ、フセインが米英に反抗的態度をとり、フランス、ロシア、中国との間に制裁解除後に発効する石油利権供与協定を結び、国連の経済制裁解除を促していることに苛立っていた。彼らは九／一一事件以前からフセイン政権打倒という目的を早晩達成する必要があるという立場に立っていた。[27]

しかしブッシュ自身は軍事的手段でそのような目的を実現する考えもまだもっていなかった。選挙戦当時、彼は「慎み深い外交」などと言い、積極的な対外政策を展開する考えは示さず、また旧ユーゴ地域からの監視軍の撤兵を示唆した。彼の対外政策では、核実験禁止条約の不批准、京都議定書の取り決めからの離脱、国際刑事裁判所への異論など、国際レジームへの否定的態度が目立った特徴だった。彼が就任以降、アメリカに対する目立ったテロ行為はなかったので、対テロ政策は重要課題にはなっていなかった。それが一変し、ブッシュ政権が「テロに対する戦争」の名の下に対外戦争に乗り出すのは九／一一事件後のことである。[28]

二〇〇一年九月一一日の夜、ブッシュ大統領は「二一世紀のパールハーバーが今日発生した」と日記に記したという。[29] 九／一一テロ事件を日本軍によるパールハーバー奇襲になぞらえる言説は当時多く見られた。この事件を契機としてブッシュは「テロとの戦争」を宣言する。パールハーバーがそれまで第二次大戦に限定的にしか関与していなかったアメリカを全面的参戦へと駆り立てたように、この事件はそれまでアメリカの在外公館や駐留米軍に対するテロがあっても小規模な報復行動に止めていたアメリカを大掛かりなテロとの戦争に突入させ、それはいわゆる「ならずもの国家」をも攻撃対象に含めるものになった。副大統領チェイニー、国防長官ラムズフェルド、同副長官ウォルフォウィッツらはかねてから狙っていた軍事力によるフセイン政権の打倒を、反テロ戦争と結び付けて実行しようとした。政権内にはコリン・パウエル国務長官やリチャード・アーミテイジ国務副長官のような慎重派がいたが、ブッシュはアフガニスタン作戦が一応の成功を収めると、強硬派の意見を受け入れるようになる。ブッシュは〇二年一月にはテロリストとともにテロを支援するイラク、イラン、北朝鮮の三国を「悪の枢軸」と呼び、それらの国が大量破壊兵器をもってわれわれに脅威を与えるのを許さないと述べ、テロとの戦争を「悪の枢軸」全体に立ち向かうものに拡大した。そして彼は六月には、われわれの安全のために必要なときには「先制行動をとる用意がなければならない」と述べた。九／一一テロ事件をパールハーバーとの連想で捉らえたパールハーバー・シンドロームは、軍事力によりテロ勢力の打倒を狙い、どこにでも出て行くというアメリカの対応の性格を決定した。それゆえ九／一一事件はまさしく「テロとの戦争」におけるパールハーバーであった。

アメリカが九／一一事件を経験したアメリカが、大規模な反撃手段をとった第一の理由は、歴史的に外からの脅威に対する安全を享受してきた国であるために、この事件の衝撃がとりわけ大きかったからである。アメリカは長年「安全が無料で保障される」ような地政学的条件に恵まれていた。日本のパールハーバー攻撃は重要な海軍基地への予期せざる破壊的攻撃であったが、第二次大戦中日本もドイツも米国本土を攻撃することはまったくできなかった。冷戦時代にソ連がＩＣＢＭやＳＬＢＭを開発するようになった後も、米ソ両国はＭＡＤ（相互確証破壊）という均衡状態により相互の戦略兵器の現実的脅威は相殺されていたが、核均衡時代におけるより完全な安全の再現への願望から、レーガン時代にはいわゆるSDI構想が出て来た。冷戦終結後、旧ソ連の核兵器技術の「ならずもの国家」あるいはテロ組織への流出が懸念されるようになったが、九／一一事件以前には、まだ切迫した危険感はなかった。九／一一事件によって、アメリカ人はテロ組織やならずもの国家が大量破壊兵器（核兵器および生物・化学兵器）をもつことの危険に敏感になった。この事件後まもない頃炭疽菌事件が起こったこともその危険意識を高めた。ブッシュ政権がそうした危険が切迫した場合に先制攻撃を行うこと明言し、多数の国民がそれを支持して、フセイン政権への武力行使にも賛成したのはそのためである。

しかし九／一一事件後のアメリカ人の過剰ともいえる反応は、いままで安全すぎたからというだけでは、十分説明できない。アメリカ人は植民地時代以来、バイブルとともにライフルをもって生活した人の子孫であり、今でも自宅に銃をもっている人が多い国である。(30) アメリカ人にとって自分および家族の生命財産を自衛することは重要なことであり、市民の自衛権はアメリカではかなりゆるやかに解釈されて、攻撃的な自衛が認められている。外国から自国の領土が攻撃されればこの攻撃的自衛本能が触発される。第二次大戦の場合がそうであった。九／一一事件は国の中枢が攻撃され大都市の市民が大勢殺される事件であったから、彼らの自衛本能が激しく刺激され、彼らをテロ勢力を制圧することを目指す対抗的行動へと駆り立てたのである。

九／一一事件はブッシュを全くの対外強硬派にし、冷戦後の対外関与に消極的になっていた人々を積極派へと変えた。二〇〇〇年の選挙では限りなく敗者に近い当選者だったブッシュは、アメリカに危機意識が広がったこの時に、脅威を及ぼす勢力に敢然と立ち向かう姿勢を示し、国民的指導者としての正統性を獲得しようとしたのである。パールハーバー・シンドロームは軍事優先の対応を考案し、それを支持する雰囲気を作った。パールハーバーの侵略者に対して武力により徹底的な勝利を収めたように、武力でテロ勢力の本拠を叩くという行動をとることは当然と思われた。指導者もテロとの戦争という言葉を多分に比喩的なものとしてではなく、実際の戦争という意味で理解した。テロ活動に大量破壊兵器を提供しかねないならずもの国家の中で当面の脅威とされたのがイラクであり、イラクのフセイン政権が大量破壊兵器を用いる危険がある場合に、武力を行使することは議会でも多数の支持を得た。指導者がテロとの戦争の一環として正当化すれば、国民はイラクへの武力行使を支持した。こうしてテロとの戦いでは非軍事的予防措置が主要部分を占めるという常識が忘れられた。

ブッシュ政権は発足当初から、国益擁護の観点から自国の行動の足かせになるような国際的レジームに関わることに消極的であった。九／一一事件後、アメリカの世界への関与は非常に積極的になったが、それは基本的には単独主義的な積極性である。国際協力は必要な限りそれを求め、いかなる協力も歓迎するが、アメリカの軍事力が決め手であるから、自国の行動を他の国の意見で制限されたくないという態度が他方にあった。パウエル国務長官の主張によってイラク攻撃を認める国連安保理決議を取り付けることに努力したものの、政権内の強硬派は当初から国連決議というお墨付きを得たいとは思っていなかった。

ブッシュ政権の国際協調の枠組みを重視しない単独主義は、国際連盟を柱とする国際秩序の形成を志したウィルソンの国際主義から遠いものであるが、ならずもの政権を擁する国の体制変革（レジーム・チェンジ）を達成しようとすることは、メキシコやドイツの民主化を求め、民主主義国から構成される国際社会を展望したウィルソン外交と共通するところがある。第二次大戦に際してローズヴェルト政権が主要枢軸国の民主化という体制変革を行おうとしたことも周知の通りであり、カーター政権に始り、その後の政権に受け継がれた人権外交にも体制変革の助長を狙う発想があった。アメリカ外交が対外的に積極的に関与するときには、体制変革が政策目標になる伝統がある。したがって、一九九〇年の湾岸危機以来アメリカに敵対的なイラクの民主的体制変革を望み、また中東全体の民主化を目指そうとするのは当然といえる。しかし今回はイラクがアメリカあるいは近隣諸国を攻撃しないうちに、軍事的手段によって体制変革を実現しようとしたところに独得の強引さがあった。危機意識に触発されて、予防戦争という手段と民主化という目的とか結合したのである。

しかしテロとの戦争は現実には民主主義体制をとらない国との提携を必要とした。アフガニスタンを攻撃する際には、軍部独裁のムシャラク政権の協力や旧ソ連から独立した中央アジアの独裁政権の協力が不可欠であった。テロとの戦争を始めるに際して、ブッシュが世界の国々はわれわれの側に立つかテロリストの側に立つかであると述べたときには、独裁的な国々も味方にしようという意図があった。しかしイラク戦争前には民主化という体制変革の必要が強調され、ネオコンからはイラクの民主化が中東全体の民主化を促進するという希望も表明されるようになった。このような壮大な変革の構想は保守主義者にはそぐわないものであるが、現在の保守主義は変革する保守主義という性格をもっているから、国際社会についても、このような変革のヴィジョンをもったのである(31)。

アメリカのテロとの戦争は、アフガニスタン攻撃についてはかなり広い国際的な理解を得たが、武力行使の正当性が怪しいイラク戦争に至って、西欧民主主義国の立場を二分し、政府がアメリカを支持した場合でも、世論にはかなりの反対論があった。国際秩序を維持する中心国としての立場から逸脱して、暴走する帝国というアメリカのイメージを広く国際社会に与える結果となった。そしてフセイン政権打倒後のイラク情勢の混乱をアメリカが収拾できず、さらなるテロリズムを誘発する傾向があるために、アメリカの威信はますます傷ついた。今やイラクで手一杯のアメリカはさらなる暴走をすることもできない帝国となり、アメリカが威圧したい国からも足元を見られることになろう。

VII　ブッシュ時代のもう一つの歴史的意味——保守的アメリカの「最高にして最後の段階」？

ブッシュの時代は保守支配の完成の時代という意味のほかに、「手を広げ過ぎた保守」の時代という意味がある。さらに今後を予見して言えば、保守的アメリカの「最高にして最後の段階」とも言えるであろう。それは一九六〇年代のジョンソンの時代に対応するものである。ジョンソンは「手を広げ過ぎたリベラル」であったように、ブッシュは「手を広げ過ぎた保守」である。前者は貧困に対する戦争を追求しつつベトナム戦争を拡大して失敗したが、ブッシュも国内で減税の徹底を追求しつつ、テロとの戦争の名の下にイラク戦争まで始め、その後始末が長引いたことで手を広げ過ぎた。その結果、大幅な財政赤字を生むとともに、堅実な市民層の志願兵や州兵にイラクでの重い軍事的負担を課している。ジョンソンが支持者の離反を招いたように、ブッシュも支持者の離反を招く可能性が大きい。二〇〇四年の選挙戦を前にして、イラクでは先制攻撃の根拠とされた大量破壊兵器の開発の証拠がついに発見できなかったこと、そしてフセイン政権打倒後のイラク情勢が混乱し、ゲリラあるいはテロ攻撃により駐屯軍の犠牲者が出続けたことのために、アメリカ国内でもイラク戦争への批判が増大した。ブッシュ大統領への支持率が低下して、ブッシュの敗北の可能性も取り沙汰された。この時はまだ米軍の犠牲は一〇〇〇人の単位に止まっていたので、ブッシュは戦争と戦後イラクでの米軍の活動をテロの脅威との戦いの一部として正当化し、イラクでの米軍の活動の継続の必要性を強調することで、支持者をつなぎ止めることができた。

しかし今後イラクの事態が悪化すれば、ブッシュ政権がそのような正当化によって支持を獲得し続けることはできないであろう。黒字化した政府予算を引き継いだブッシュ政権は今や大幅な財政赤字を背負っている。テロとの戦争は国内の警戒態勢の強化を含んでおり、アフガニスタン、そしてイラクでの軍事行動の費用と合わせて政府の財政を圧迫している。財政の面でもこれ以上に手を広げることは無理で、増税しないとすれば、早急な大幅の支出削減が求められる状況に陥っている。

そしてまた、イラク情勢が米軍の増派を必要としても、志願兵と職業軍人をもって軍隊を編成するアメリカには、それ応じて兵士を増派する余裕はない。米軍は最新の兵器を多数保持する強力な軍事組織であるが、兵士の数には限りがあり、世界の警官としての役割を果たすために、もうこれ以上手を広げ過ぎる余裕がないのである。

ブッシュが手を広げ過ぎたとすれば、ブッシュ時代にまとまった保守党としての共和党の支持基盤が崩れて、共和党政権が終わりを迎える可能性がある。もしそうなるとすれば、レーニンが帝国主義について用いた言葉を借用して、ブッシュ時代を保守主義アメリカの「最高にして最後の段階」であると言うことができる。減税主義者、財政均衡主義者はブッシュが財政赤字を拡大することに反発しブッシュ離れを起こす可能性がある。堅実で質素で道徳的な勤勉な市民たちは、兵役を志願した家族の若者や州兵に入った家族の若者たちから犠牲者がさらに増えれば戦争支持から後退するであろう。ベトナム戦争時代とは異なり、今のアメリカの軍隊は市民から徴兵制で選抜される軍隊ではない。軍を志願し、州兵として登録する人々は生活にあまり余裕のない家族に属する人々である。富裕階層の子女は軍を志願しないし、彼らは税金も多く払わないとすれば、ブッシュ政権を支持してきた堅実で素朴な下層中流階級の人々は不公平感を抱くであろう。そうすれば次の選挙では彼らが民主党候補に投票するようになるであろう。それを避けようとすれば、ブッシュ政権は早晩何らかの機会と設けて、イラク駐屯軍の撤退あるいは大幅削減をしなければならなくなる。その後イラクの情勢いかんよっては、何のためのフセイン打倒だったのかと問われ、共和党からの多くの離反者が出る可能性がある。

ブッシュ第二期政権にはチェイニーやラムズフェルドはそのまま居残っているが、「ネオコン」と呼ばれたメンバーはオルフォウィッツを始め、政策決定の中心から外され、ライスらリアリストを中心とする布陣になっているのは、ネオコン政策の行きづまりを意識した変化であるといえよう。

福音派プロテスタントはブッシュの堅固な支持層と目されるが、先に述べたように福音派がすべてキリスト教右翼というわけではない。前述のように福音派であるが政治的立場はリベラルな人々もいる。今年五月ブッシュ大統領は福音派の青年の支持を増やすことを狙い、ミシガン州の福音派の学校カルヴィン・カレッジの卒業式に演説者として出席したが、その大学の多くの教授や学生、卒業生は、「助けの必要な人々を無視して富める者を甘やかし、環境を損ない、国民に誤解を与えて誤った戦争に導いた」大統領の政策は自分たちの信仰には合致しないと抗議したという。[32]ブッシュは大統領就任前には「思いやりのある保守主義」を唱えたが、実際の政策は富裕層にのみ思いやる保守主義の観を呈している。財政上の理由でさらに福祉および社会保障支出が切り詰められれば、今後ブッシュの政策に反発する福音派の人々の数も増えるかもしれない。二〇〇八年が政権党の交替の年になる可能性は大きいのである。[33]

〔追記〕本稿はハリケーン「カトリーナ」の災害発生前に書かれた。カトリーナへの対応の遅れは「手を広げ過ぎた」あるいは行き過ぎた保守的アメリカの実相をいっそう明白に写し出す鏡となった。

注

（1）現在の第四三代大統領ジョージ・W・ブッシュとその父である第四一代大統領ジョージ・H・W・ブッシュとを区別

するため、本稿では前者をG・W・ブッシュと記し、父の方はジョージ・ブッシュと表記する。

（2）未完の時代の歴史的意義を論じるのは学術的とはいえず、スタイルも文献注を減らしており学術的ではないが、現代のアメリカについての一つの試論として、大木英夫博士に献じたい。

（3）一九六〇年代から二〇世紀末までのアメリカの政治動向を概観したすぐれたテキスト的な書物として、砂田一郎『現代アメリカ政治—二〇世紀後半の政治社会変動』（芦書房、一九九九年）がある。本稿の筆者はこの時期の政治史の基本的知識をこの書物から得ている。

（4）当時はゴールドウォーターは極端な保守主義によって共和党に大敗をもたらしたと見られたので、一九六八年には共和党大統領候補になったニクソンは穏健保守、中道派として民主党から票を奪うことに努めた。しかし今日ではゴールドウォーターは保守主義者から、彼らの先駆者として評価される。

（5）Theodore Lowi, *The End of Liberalism : The Second Republic of the United States*（New York : Norton, 2nd ed., 1979).

（6）一九六〇年代、七〇年代のクリストルおよびポドーレッツの評論活動については本間長世『アメリカ政治の潮流』（中央公論社、一九七七年）が詳しい。

（7）Mark Gerson, *The Neoconservative Vision : From Cold War to the Culture Wars*（Lanham, MD : Madison Books, 1997）はクリストル、ポドーレッツおよびその同世代から次世代にかけての思想的同志たちの思想を包括的に好意的に考察した研究としてまとまっている。

（8）この時期の福音派の台頭については古屋安雄『激動するアメリカ教会——リベラルか福音派か』（ヨルダン社、一九七八年）が参考になる。

（9）Robert Wuthnow, *The Restructuring of American Religion*（Princeton : Princeton University Press, 1988). chapter 7.

（10）古屋安雄『キリスト教国アメリカ再訪』（新教出版社、二〇〇五年）の第二部を参照。信仰の確実性に関する数字は注（8）の著作四二―四四頁と本書一六八頁から引用。

（11）D. G. Hart, *The Old-Time Religion in Modern America : Evangelical Protestantism in the Twentieth Century* (Chicago : Ivan R. Dee, 2002), chapter 5.

（12）Martin E. Marty, *The Protestant Voice in American Pluralism* (Athens : Univ. of Georgia Press, 2004), 72.

（13）Wuthnow, *Restructuring of American Religion*, 193-195. 福音派の中のリベラルあるいはラディカルな社会派牧師については、古屋『激動するアメリカ教会』を、また福音派の近年の状況については蓮見博昭『宗教に揺れるアメリカ』（日本評論社、二〇〇二年）を参照。

（14）政党再編成論の代表的著作は James L. Sandquist, *Dynamic of the Party System : Alignment and Realignment of Political Parties in the United States* (DC : Brookings Institution, rev. ed., 1983) である。政党衰退論としては Martin Wattenberg, *The Decline of American Political Parties, 1952–1980* (1984); R. K. Scott and R. J. Hrebenar, *Parties in Crisis* (New York : Wiley, 1984) などがある。そのほか B. E. Shofer, ed., *The End of Realignment?* (Madison : Univ. of Wisconsin Press, 1991) が参考になる。

（15）それゆえ五十嵐武士はレーガン政治を「政策革新の政治」と見て、その政治過程を政治学的に分析した。『政策革新の政治学』（東京大学出版会、一九九二年）。

（16）引用は砂田『現代アメリカ政治』、四〇五頁による。

（17）Ed Gillespie and Bob Schellhas, eds., *Contract with America : The Bold Plan by Rep. Newt Gingrich, Rep. Dick Armey, and the House Republicans to Change the Nation* (New York : Times Books, 1994).

（18）Linda Killian, *The Freshmen : What Happened to the Republican Revolution?* (Boulder : Westview Press, 1998).

（19）吉原欽一編著『現代アメリカの政治権力構造』（日本評論社、二〇〇〇年）九〇―九二頁、近藤健『アメリカの内なる文化戦争――なぜブッシュは再選されたか』（日本評論社、二〇〇五年）、一〇八頁。

（20）Gerson, *Neoconservative Vision*, 285–292.

（21）吉原欽一編著『現代アメリカ政治を見る眼――保守とグラスルーツ・ポリティックス』（日本評論社、二〇〇五年）、とくに二章。

（22）ブッシュの伝記的研究はまだ読んでいないが、ブッシュ論の中では彼の一族を極めて批判的に論じた評論家フィリップスの著作が興味深い。Kevin Phillips, *American Dynasty : Aristocracy, Fortune, and the Politics of Deceit in the House of Bush*（New York : Vikings, 2004）.

（23）この点については吉原『現代アメリカ政治を見る眼』が啓発的である。

（24）Joe Klein, "The Benetton-Ad Presidency," *TIME*（Dec. 27, 2004/Jan. 3, 2005）, 43.

（25）Will Herberg, *Protestant-Catholic-Jew*（Garden City : Anchor, 1955）; Robert Booth Fowler, et al., *Religion and Politics in America : Faith, Culture, & Strategic Choices*（Boulder: Westview, 2nd ed., 1999）, 250-253.

（26）このことはダイアナ・エック（池田智訳）『宗教に分裂するアメリカ』（明石書店、二〇〇五年）に詳しい（原書名は『新しい宗教的なアメリカ』であるのに、訳書の題はなぜか分裂を強調する題になっており、本書の内容と趣旨にそぐわない）。簡潔には古屋『キリスト教国アメリカ再訪』第一部を参照。

（27）ネオコンの対外政策観とイラク攻撃論については、Stefan Halper and Jonathan Clarke, *America Alone : the Neo-Conservatives and the Global Order*（New York : Cambridge University Press, 2004）; Bob Woodward, *Plan of Attack*（New York : Simon & Schuster, 2004）を参照した。久保文明編『G・W・ブッシュ政権とアメリカの保守勢力――共和党の分析』（日本国際問題研究所、二〇〇三年）はブッシュ政権の包括的研究として啓発的である。

（28）ブッシュがテロとの戦争という言葉を演説で使ったのはアフガン作戦が始まった数日後の二〇〇一年一〇月一一日である。その後のブッシュ演説もNational Review, ed., *We Will Prevail : President George W. Bush on War,*

Terrorism, and Freedom (New York: Continuum, 2003), 41, 108, 160 から引用した。

(29) ボブ・ウッドワード（伏見威蕃訳）『ブッシュの戦争』（日本経済新聞社、二〇〇三年）五〇頁。

(30) 松尾文夫『銃を持つ民主主義――アメリカという国のなりたち』（小学館、二〇〇四年）。

(31) 注(24)の文献 Halper and Clarke, *America Alone* は保守主義の立場から、保守主義とは言えない軍事第一主義、全体を見渡すバランス感覚の欠如などのネオコンの発想を鋭く批判している。

(32) カルヴィン大学での事件については、Elisabeth Bumiller の *International Herald Tribune*, May 23, 2005 掲載の記事による。

(33) 民主党の現在の態勢については本稿では言及していないが、久保文明編『米国民主党――二〇〇八年政権奪回への課題』（日本国際問題研究所、二〇〇五年）は同党の現在の政治戦略に関する研究として示唆に富む。

「時間」についての若干の考察

標　宣男

序章

教会に通うようになってしばらくの頃、時間とか歴史とかいう語が急に身近に感じられるようになった、と思うことがあった。しかし、「時間」に特別な関心を持ったのがいつごろだったかはっきりと思い出せない。たしか次の二つの言葉に出会ったのがそのきっかけをなしているように思う。その一つは、アウグスティヌスの有名な言葉、「そして私たちが時間について語るとき、それを理解しているのであり、また、他人が時間について語るのを聞くときそれを理解している。それでは、時間とは何であろうか。誰も私に問わなければ、私は知っている。しかし、誰か問うものを説明しようとすると、私は知らないのである(1)」と、もう一つはアインシュタインが、その晩年親友の物理学者ベッソー（Besso）の死に際しその遺族に送った言葉、「今や彼はこの奇妙の世界と分かれて、私に先立っていきました。このことは問題ではありません。我々確信的物理学者にとって過去と現在と未来の区別は、たとえ執拗であろうと、一つの幻想の意義しか持っていないのです(2)」、である。最初の言葉によって、「時間」の不可思議性に目を開かされ、後者からは、「この天才科学者が言わんとしていることは何であろうか」、という好奇心に駆られたのを覚えている。

そこで、折に触れ「時間」関係の書物を集め始めたのであるが、「時間」が持つ性格から、関係する領域は、物理科学、生物学、歴史学、考古学、文学、哲学そして神学にいたるまで広範囲に及ぶ。本論は、この広範囲な時間論の中から、筆者自身がとりわけ興味を持ち、かつある意味では対極にあると思われる二つの領域、すなわち現代物理学に於ける時間論と、アウグスティヌスにおける時間論（神学）を取り上げ、若干の考察を加えまとめたものである。しかしまず、これらの時間論に言及する前に、有名なマクタガードの議論の枠組みを借り、いったい時間論では何が問題になっているのか概観してみようと思う。

第一章　時間論とは何か

「時間とは何か」、どうもこのテーマは、古代から現代に至るまで哲学者の頭を悩ましている問題であるとおもわれる。時間に関する近代の哲学議論のうちで最も有名なものの一つは、イギリスの哲学者J・M・E・マクタガート（一八六六—一九二五）が一九〇八年に発表した“The Unreality of Time”[3]という論文である。この論文において、マクタガートは「時間」の実在を哲学的に否定するという、摩訶不思議なことを企てた。本論ではこのマクタガートの時間の定義からはじめようと思う。ただし、本論で用いるマクタガート時間論は、入不二基義の『時間は実在するか』[4]あるいは滝浦静雄の『時間——その哲学的考察——』[5]において紹介されたものをもとにしている。

ところで、一般的に「時間」とは経過の現象に関るものである限り、それは一つの系列をなしていなければならないと言われる。さらに、マクタガートによると、「時間」という系列が、「時間」であるためには、「変化」を入れうる系列でなければならない。これがマクタガートの議論の大前提ともいうべきものである。この前提の下、マクタガートが置いた三つの種類の系列を示そう。「その第一は、その諸項が過去・現在・未来と続く系列で、これを彼はA系列と名付ける。第二はその諸項は前（earlier）と後（later）という関係で並ぶ系列で、これはB系列と名付けられる。そして第三は、ただ一定の規定だけを含む系列で、これを彼はC系列と呼んだ(7)」。

マクタガートは、これらの系列のうちC系列は、例えばアルファベットの文字や数列の様なものであり、初めから時間とは無縁のものと考えている。ここで、彼が時間に相応しいと考えているのはA系列であり、B系列はA系列に依存して初めて成立するものであり、B系列だけでは変化を十分説明できないと、マクタガートは考えている(8)。その上で彼は、実在とは無矛盾でなければならないことを前提に、A系列の存在証明は矛盾を含むゆえにA系列は存在しない、すなわち時間は存在しないというのである。その詳細は、前述の入不二や滝浦の書に譲るが、要するにA系列に含まれる「現在」の説明に「現在」と同義の言葉を使っており、これは「循環」論の誤謬を犯しているというのである。結果として、存在するのは、C系列であり、体験される「現在」は幻想に過ぎない、というのがマクタガードの結論であった。その当否は別にして、これによって「時間論」があらためて近・現代の哲学のテーマになったといわれる。

しかし、本当に「時間」とは何であろうか。「過去」は過ぎ去ったゆえに既に無く、「未来」は未だ来ぬゆえに存在せず、時間が何らかの連続であるなら、「今」（「現在」）は幅を持たないゆえに時間とはいえない。一方、時間の経過は物質の変化によって知られると言うが、それでは両者の関係はどのようなものなのか。特に、今という長さのない瞬間は時間であるのかそうでないのか。我々は今しか知覚できない、しかしその今という瞬間は長さの無いものであるゆえに、時間がなんらかの意味で延長でありまた持続であるとすると、我々の認識ではその持続を捉えることはできない。認識できないものの存在を主張できるのであろうか。さらに、このような時間そのものが存在するといえるのであろうか。これがマクタガードの問題意識の出発点になったのであろう。マクタダードの結論のように時間が存在しないならば、このような設問自体不要になる。しかし、当然この結論に対し、多くの哲学者の反論があり多くの時間論が提出され今に至っている。これらについて、ここで適切に説明することは出来ないが、それらのいずれも（A、Bいずれの系列にせよ）時間の実在を主張したものであった。

先に述べたように、本論では、アウグスティヌスの時間論と現代科学の時間論という、一五〇〇年の隔たりを持った時間論について、各々このような時間という不可思議な存在を如何に取り扱っているか見てみようと思う。その際、特に両時間論に共通なテーマを取り上げ考察することにした。それらのテーマとして、まずマクタガードの提起した「時間の実在について」考える。次いで両時間論において、重要な位置を占める「同時性」の問題、時間論では不可欠なテーマである「時間の測定」について、さらに特に現代科学の時間論において興味深いテーマである「時間の個別性および不可逆性」の問題について述べることにする。最後に、これらのテーマごとに、両時間論間の比較と考察を試みてみようと思う。

第二章　アウグスティヌスの時間論

(一)「時間は実在するか」

滝浦や入不二は前出の著書の中で、アウグスティヌスは時間の実在を否定しているのだと結論付けている。例えば、滝浦は、アウグスティヌスの「本当の意味で時があるといえるのは、まさしくそれが〈ないほうに向かっている〉からだ[9]」との考えに対し、それを「非実在性の主張であったといえよう[10]」と述べている。すなわち、アウグスティヌスの「時間」はマクタガート流に言えば、C系列であると言い、続いて「アウグスティヌスは、……実在するものとして永遠をめがけていた」というのである。もとより、アウグスティヌスが、永遠が存在していないなどということは考えていなかったことは確かである。しかし、永遠の肯定がそのまま時間の実在の否定になるのであろうか。

アウグスティヌスは、序章で述べた言葉の後に、次のような言葉を記している。

「……過去と未来とは、過去はもはや存在せず、未来は未だ存在しないのであるから、どのようにして存在するであろうか。また、現在はつねに現在であって、過去に移り行かないなら、もはや時間ではなく永遠であろう」。ここのみ読む者にとって、アウグスティヌスはやはり時間の存在を認めていないように思えるだろう。しかし、かれは、続いて次のように問う。

「それゆえ、現在はただ過去に移り行くことによってのみ時間であるなら、私達はどうしてその存在する原因がそれの存在しないことにあるものを存在すると言うことが出来るであろうか」。

実はアウグスティヌスは、「時間」は実在すると考えているのである。それゆえ、この問いは、もはや存在しない「過去」、未だ存在しない「未来」、また、時間ではなく永遠である「現在」の前で、なおかつ時間が存在すると主張することはどういうことなのか、という問題意識を表わしたものなのである。

H・J・カイザーは『アウグスティヌス――時間と記憶――』の第一章の冒頭付近で、「存在とそれに属している場所とはまさに不可分なのである[11]」、と述べ、時間の存在についての説明を、時間の存在する場所の説明から始めている。そして、アウグスティヌスの『告白』からの「引用」と共に次のように述べ、時間の存在する場所は、魂あるいは記憶であるというのである。

「時間の場所とは、魂であり、精神であり、「記憶」である。『なぜなら過去、現在、未来は、魂の中に或る三つのものとして存在し、他の場所で私はそれらのものを見出さないからであり……』[12]」。

しかし、ここでいう、「過去」、「現在」および「未来」は、通常使われているものと意味合いが異なる。アウグスティヌスは、この「引用」箇所の直前で、この過去・現在・未来について、次のように述べている。

「すなわち未来も過去も存在せず、また、三つの時間、すなわち過去、現在、未来が存在するということもまた正しくない。それよりむしろ、三つの時間、すなわち過去のものの現在、現在のものの現在、未来のものの現在が存在すると言う方が正しいであろう[13]」。

アウグスティヌスにとって、過去と未来の存在は、現在と切り離して取り扱うことはできない。「過去を真実に語る時、記憶からすぐ去った事物ではなく、それらの事物の心象から考えられた言葉が取り出されるのである。それらの言葉は、事物が過ぎ去る時に感覚によって、心のうちに痕跡として残されたものである[14]」。そして「未来」については、神が預言者に（未来に起ることを）教えられたという「事実」に言及するが、何故そのようになるのかは神のなされる業であるとして、考えることを中止する。[15] 結局、アウグスティヌスは、時間の三つの位相を、魂の働きと関係付けて、つぎのようにいうのである。

「過去のものの現在は記憶であり、現在のものの現在は直覚であり、未来のものの現在は期待である[16]」。

アウグスティヌスが、時間の存在する場所を魂とするのは、魂、特にその働きである記憶が、時間の特性を把握する力を持っているからである。アウグスティヌスは時間を「ある種の延長である[17]」とみなしたが、魂（記憶）もまた延長を持つもの、すなわち「時間の経過を把握する場合、その把握能力に相応しいだけ延びる[18]」ものであり、「『いれもの』として……時間内容を、取り巻き、含み内容化することが出来るもの[19]」なのである。これによって、時間内容の現実化がおこるのである。「この現実化は魂を通じておこなわれる、……すなわち、未来から過去への移り行きは、引き伸ばされた現実の存在の中で起るのである[20]」。

魂あるいは記憶と時間との関係を述べたのはアウグスティヌスだけではない。アリストテレスもまた次のように論じている。

「もし霊魂が存在しないとしたら時間は存在するだろうか、しないだろうか、これが問題とされよう。なぜなら数える者の存在することが不可能である場合には、数えられうる何者かの存在することも不可能であるからして、したがって明らかに、数もまた存在すること不可能であろうから。というのは、数は既に数えられたものか、あるいは数えられうるものかであるから。ところで、霊魂または霊魂の〔部分なる〕理性をのぞいては、他の何ものも、本性上数えることができないとすれば、霊魂が存在しない限り、時間の存在は不可能であろう。そしてただ時間の基体たるもの〔運動〕のみが、〔時間なしに〕存在するであろう[21]」。

アリストテレスは、「時間は運動の数」であるという有名な言葉を残しているが、もしもその数を数えるものがいない場合、時間は存在しないことになる。言い換えると、アリストテレスにとって、時間は理性による認識の問題となり、それ故、彼にとって時間は理性の場所である魂の中にのみ存在することになる。なぜなら、彼にとって、認識を離れて客観的な存在はないのである。

アウグスティヌスの場合はどうであろうか。実は、『告白』の時間論の直前で、アウグスティヌスは、有名な「無からの創造[22]」の教義を展開する。そして、その後彼の時間論は「神は天地の創造以前に何をなされたか問う人」への反駁を持って始まり、「あなたはすべての時間を造られ、あなたはすべての時間以前に存在した。時間というものが存在しなかったとき、いかなる時間も存在しなかった[23]」といい、続いて時間もまた被造物として、神に創造された[24]ことを主張するのである。それでは、記憶の中の時間と被造物としての時間の関係はどうなっているのであろうか。アウグスティヌスの主張によると、時間の現在性の客観的側面は、時間が神の被造物であることによって与えられるのであり[25]、その時間を「現在」において、魂があるいは記憶が「延長」という能力を持って知覚するのである[26]。先に三浦が言及したこととは違って、アウグスティヌスにあっては、過去・現在・未来へと続く「時間の実在性」は神の被造物として、当然の事柄であったのである。

(二)「同時性の意味」

アウグスティヌスは「創世記逐語注解」において、すべての被造物は「同時」に作られたという[27]。先に述べたように、時間もまた被造物であることを考えると、時間も他の被造物と同時に創られたことになる。しかし、「同時」とは何であろうか。H・J・カイザーはその著書において、

「同時ということは、アウグスティヌスの神の考えからくる前提なのであって、……被造物はこの神から、本質的な意味で、時間なしに、すなわち同時に生ずるのでなければならない[28]」(傍点—筆者)。

とのべ、「同時」とは時間がない状態であるとする。これより前、カイザーは「同時」と類似性のある「瞬間」について、

「瞬間が無限に連鎖しているというような理論的連続は、アウグスティヌスが哲学している場合の意味にはなく、そうではなく、無限な(つまり数えることが出来ない)多くの充たされた瞬間の連鎖が**体験され、感知されている**のである。……[29]」(太字—筆者)。

と述べる。アウグスティヌスにおける瞬間は哲学的なそれではなく、人間の感知するものとしての瞬間であり、従っ

てカイザーは次のように言う、

「瞬間は存在論的に見れば分解しようとすること、またこの分解がいっそう小さな部分へとさらに行われることが出来るならば、存在の基準つまり、『延長』が見出せないことが、明らかにされた。それゆえこの場合時間の存在は非存在に向かうというその傾向において成り立っている。けれども、それぞれの瞬間は、いっそう小さな瞬間へと無限に分けることが出来ない内容を人間にもたらしている[(30)]」。

すなわち、アウグスティヌスは「哲学的瞬間」の探求を時間の「非存在」へ向かうものと考え、その意味を人間として認めないのである。

ところで、「同時」に戻って考えるならば、それは通常の意味では複数の物の存在あるいは出来事の「ある瞬間」の共有を意味しよう。しかし、アウグスティヌスの言う「同時」は彼がその哲学的意味を認めなかった時間の中の非時間的「瞬間」を指しているわけではない。それは、時間の外を意味している。一つは、先に示した記憶の中における、過去・現在・未来の存在の仕方、すなわち「過去のものの現在、現在のものの現在、未来のものの現在」という存在の仕方であろう。さらにこのような考えの究極に、神による世界の「同時」的創造が存在する。すなわち、「同時に『ある』ということが充足されているのは神の中であり、そこでは同時にあるということは永遠である[(31)]」(傍点―筆者)。すべての被造物は、それは時間すらも、と言うより、時間に代表される時間的未来に出現するあらゆる被造物とその変化も、この「同時」において「時間と共に」無から創造されたのである。

時間が世界(宇宙)と共に創造されたという思想は、アウグスティヌスあるいはキリスト教思想の独創ではない。プラトンも、著書『ティマイオス』において、一つの神話として宇宙の創造を述べ、その中で「時間は宇宙とともに生じたのは、なにしろ両者ともに生み出されたのだから、……[(32)]」と言う。したがってプラトンにあっても宇宙(秩序と言う意味がある）ができるまでは、時間というものも存在し得ない[33]とされているのである。そこでは、宇宙の「製作者」デミウルゴスは素材あるいは「永遠の質料」を素に宇宙を作ったのであるが、この質料は「無秩序なもの[34]」であるゆえに、「前―後」を区切るいかなる定点も存在せず、したがって宇宙（秩序）創造以前には時間は存在しなかったとされている。また、無秩序（無形相）な永遠の質量は時間なしで存在したとされる。一方、アウグスティヌスではどうであろうか。彼は、「創世記逐語注解」において、「創世記」の冒頭部分にある、「神は天地を創造された」について、次のように述べている。

「……天とは、創られた初めから完成され、常に至福の状態にある霊的被造物のことであり、地とはこれに対して、未だ完成していない物体的質料のことであると解されるべきであろうか[35]」。

たしかに、このことはアウグスティヌスの「無からの創造の教義」に矛盾しない。しかしそれでは、アウグスティヌスにあっては、神はまず無形相な質料を創り、それから万物を創造するという、二段階の創造をなしたのであろうか。そして、全ての被造物が時間を「存在の質」として持っているならば、この無形相の質料も時間的なものなのであろうか。これについて彼は『告白』において、次のように言う。

「……諸物の質料が最初に造られ、それから天地が造られたのであるから、それは天地と呼ばれたと理解するがよい。しかしそれは時間上最初に造られたのではない。諸物の形態〔形相〕がはじめて時間を起こすのであるが、かの質料は無形態〔無形相〕であったので、時間においてはじめて形成されたものとともに知覚されるのであるからである[36]」（〔　〕内―筆者）。

「形相」を持つものにしか時間はない。しかし、アウグスティヌスは、無形相の「質料が最初に造られ」という。その一方で、それは「時間上最初に作られたのではない」という。これはどのようなことを意味するのであろうか。その答えを、彼は次のように与えている。

「だから無形相で形相付け可能な質料は、それが霊的なものであれ物体的なものであれ、時間的な秩序によってではなく原因的秩序によって、まず創られたのである。……質料自身は、それが創造される以前は存していなかったのである」[37]（傍点筆者）。

これによって、アウグスティヌスは、この世界が神の一回限りの創造によって、全て完璧に創られたことを主張するのであり、この「同時性」は、ギリシャ的なものとは全く異なる、「無からの創造」の教義そのものということになる。ここに、アウグスティヌスの思想における「同時」という事柄の持つ重要さがある。その意味で、「同時」性はアウグスティヌスにとって、あらゆることの前提なのである。

㈢ 「時間の測定」

先に述べたように、アリストテレスは時間を「運動の数」とし、魂をその数を数えるものとした。それでは、時間の数を数える、すなわち時間の長さを測定するとはどうゆうことであろうか。このことについてアリストテレスは次のように言う。

「事物はそれと同類のある一つのものによって……測られる、……時間は運動により、又運動は時間によって測られる。……そこで、もし第一のものが同類の全てのものを測る尺度《はかり》であるなら、〔諸種の運動のうち〕あの均等の円環的運行が最も優れた尺度であろう、……この移動〔すなわち円運動は〕規則的である。それゆえ又、時間は天球の運動である、とも言われる[38]」。

ここでは、天体（古代の考えだと天球）の円運動は、時間の尺度であるといわれているが、それは時間が円運動と同類のもの（円運動するもの）と考えられているからである。このような考えは、プラトンにも見られる。先に示したように、プラトンによると、製作者「デミウルゴス」は時間を宇宙と共に創ったのであるが、そのとき時間を「永遠」の動く似像として創り[39]、また永遠を模する為に時間を数に則して円運動するものとして創り、さらに、惑星が「時間の数を区分してこれを見張るもの」として創られた[40]。この円環的な時間の表象は、無限の過去から無限の未来へと続く、終わりないギリシャ的な時間に相応しいものであった。

このような考えに対し、アウグスティヌスは、「私はかってある学者から日や月や星の運動がとりもなおさず時間であることを聞いたが、それに同意しなかった[41]」、と述べているが、このある学者とはプラトンのことである。そして、同意しなかった理由を、『旧約聖書』の「ヨシュア記」の記事を念頭において、「天体の運動が時間であるといってはならない。かって、ある人の願いによって、戦いに勝つまで日が静止したときにも、停止したのは日のみであって、時は流れていたからである[42]。」という。あるいは、同意しなかったほかの理由として、「創世記」には太陽の創造される三日前に、既に昼夜の区別の時を経たことが記されているが、その為であることも考えられよう。もちろん、アウグスティヌスも、天の星と光（星辰）が、時節や、日や年に関係した存在であることにも言及している[43]。しかし、それら時節や日や年は、時間をこれら星辰により「区分[44]」したものなのである。彼は、『神の国』において次のように言う。

「……彼ら〔天使達〕は、あらゆる時間の以前につくられてからこのかた、あらゆる時間にずっと存在していたのである。つまり、時間が大空とともにはじめを持ったのであり、天使たちはすでに大空以前に存在したことになる。ある時間が大空とともに存在し始めたのではなく、かえって大空以前に存在していたわけである。もちろん、このある時間とは、何時間、何日、何ヶ月、何年という意味の時間なのではなく（というのも、このような時間間隔の測量は、通常の、もしくは本来の意味の時間と呼ばれ，それは光体の運動からはじまるものであるというということがあきらかだからである。だからこそ神も光体をおつくりになった時『季節と日と年を定めるしるしとなるように』といわれたのであった)、**あるものが先行しあるものがそれに遅れて経過し、それらが同時に存在することができぬような**ある種の変化をもつ運動のことである」[45]（〔 〕内、太字および傍線—筆者）。

アウグスティヌスにとっての時間は、創造のはじめより続き常に存在するこの「ある時間」、すなわち「天使の時間」と同様な「**あるものが先行しあるものがそれに遅れて経過し、それらが同時に存在することができぬような**」時間であり、星辰の運動によって表わされるものではないと思われる。そして、少なくとも彼の問題意識は、「〔星辰の〕運動によって時間を測るのではなく」むしろ、その「〔ある〕時間によって運動を測る」[46]（〔 〕内筆者）のである。それでは、彼はその時間自身をどのように測るのであろうか。それについて、彼は次のように言う。

「人間の魂よ、……お前は時間の長さを知覚し、それを測る能力を与えられている」[47]。

「私の魂よ、私はあなたにおいて時間を測るのである。……すなわち事物が過ぎ去るとき、あなたのうちに刻み込み、それらが過ぎ去った後も残存する印象、すなわち現存する印象そのものを私は測るのであって、その印象を刻み込むために過ぎ去るものを測るのではない。時間を測るとき、私は印象そのものを測るのである」[48]。

「長い過去とは、過去の長い記憶なのである」[49]。

先にアウグスティヌスは、魂を「時間の場所」といった。時間の長さは、魂という抽象空間に、記憶により印象として刻み付けられたそれを測るのであるといってもよいであろう。そしてこの時間が、神による世界の創造の時より終末に向けて、今に至るまで続いてきた時間の一部分として知覚されたものである。それゆえ、この「空間」に刻み付けられた時間は、もし幾何学的に表現するならば、明らかにプラトンの「円環」とは異なる、「**あるものが先行し**

あるものがそれに遅れて経過し、それらが同時に存在することができぬようなある」方向を持ち限られた長さを持った「線分」としての時間と言えよう。魂はこの線部の長さを「同時」に知覚するのである。

(四)「固有性および非可逆性」

「創世記逐語注解」には、次のような興味深い表現がでてくる。

「だから隠れた力によって、神は全被造物を動かされ、その動きに被造物は服する。天使たちがその命じられたことを成し遂げるときであれ、星辰が回転するときであれ、風が向きを変える時であれ、水の深淵が激流と四方から暴風によって逆巻くときであれ、緑地が繁茂しその種子を生育させるときであれ、動物たちが生まれ様々の欲求によって自らの生を営むときであれ、不義なる人々が義なる人々を鍛錬するのを許されるときであれ、**神はその最初の創造において、いわば折りたたんで世に与えたものを世々の時として展開されるのである**[50]」(太字および下線部―筆者)。

この記述に関し、カイザーは二つのことに言及している。一つは、個々の被造物に個々の時間を与えた、と言う点である。すなわち、個々のものには、それ固有な時間が割り当てられている。このことについて、カイザーは、この時間の性質をアリストテレスと比較して次のように言う。

「アリストテレスは時間を数学的大きさ、つまり運動の量と解したが、これに対してアウグスティヌスでは、時間は存在の質として現れる。時間の自立性は、アリストテレスの見解では重要ではないのであり、それと言うのも、存在するものは『本質的に』時間に存在するのであるつまり、現れているものは時間の中で時間化し、そもそも時間と共に始めて現実性になる、と言う意味での質は、アリストテレスの解釈にはないからである。アリストテレスにとって時間は**運動に関する**ものであり、アウグスティヌスにとっては、**運動と共にある**」[51]（太字—筆者）。

「存在の質」としての時間は、個々の存在の性質を決めるものとしての時間でもある。したがって、カイザーが、大胆に次のように言うのもうなずける。

「アウグスティヌスの時間は本質的に個々のものであり『**さまざまな時間**』から成り立っていると理解される（このような極端な結論をアウグスティヌスはどこにも定義していないけれども、テキストの検討から正当なのであって、つまりそれは、知覚可能な、また表象可能な、さらに思惟可能な内容について、認められるだけの数の時間があるという考えになるだろう[52]）」（太字—筆者）。

存在するものは、本質的に時間的存在であり、あの「天使の時間」のようにそれらには固有な時間が割り当てられている。そして、認められる数だけの時間が存在する。

カイザーが指摘するもうひとつの点は、神がその時間を、創造において、いわば「折りたたんで」世に与え、それを世々の時として展開される、というところである。彼の言葉に従えば、「時間は、固体における『様々なもの』と共に、原因の中に『折りたたまれて』つくられている[53]」、ということになる。アリストテレスは、存在するものに対し、形相、目的、動力、質量の4原因を唱えたが、アウグスティヌスにとっては、時間もまた、存在の原因であるということになろうか。それでは、何故個々の時間が折りたたまれているのか。それは、その時を神がそのものに対する「相応しい時[54]」としたからである。存在するものが、存在するためには、その時が必要であった。これが「原因」の意味であろう。それでは、神は何故「相応しい時」を定めたか、については、アウグスティヌスは次のように言う。

「神は始められた業を完成されたと同時に、完成されるべき業を始められた。完成されたというのは、原因的理拠の完全さの故であり、はじめられたというのは**時間的秩序**の故である」[55]（太字―筆者）。アウグスティヌスによると、神は、創造の業を理拠（創造の永遠な理性的根拠[56]）によって完成され、同時に時間的秩序のうちにもそれを完成される業を始めたのである。すなわち、個々の被造物は、それぞれ時間的秩序に服し完成へ向かっているのである。このことを、アウグスティヌスは次のようにも言っている。

「不変なる永遠によって生きる神は、すべてを同時に創られ、そこから時間が流れ出し、場所が満たされ、事物の**時間的、場所的動きによって世々が展開する**のである」[57]（太字―筆者）。

時間に従った事物の展開を、世界の完成への時間的秩序とみるアウグスティヌスにとって、時間と運動の関係も時間の非可逆性も、当然のことだったのである。そしてここの時間の全体が、宇宙に相応しい全体としての時間を形成するのである。[58]

第三章　近・現代科学の時間概念

自然科学が時間を科学的な考察の対象として問題にしたのは、アインシュタイン以降であるといっても、大きな誤りではないであろう。しかし、自然科学の中に存在する時間についての概念となると、それは科学者の持っている哲学に依存することから、その歴史は近代科学の発生にまでさかのぼる。それ以後、科学者はさまざまな時間概念を展開してきた。本章では前章と同じく、「時間の実在について」、「同時性」、「時間の測定」そして「固有性および非可逆性」について論じるが、最初のテーマについてはI・ニュートンの時間論とそれに対する批判を、続く2つについてはA・アインシュタインの考えを、そして最後のテーマについては、アインシュタインとI・プリゴジンの考えを中心に紹介する。

㈠「時間の実在について」――ニュートンを中心に――

近代自然科学の成立に、寄与した二人の大科学者（自然哲学者）G・ガリレオ（一五六四〜一六四二）とニュートン（一六四二〜一七二七）は時間について、どのように考えていたのだろうか。まずガリレオについて述べよう。彼の業績の中に垣間見られる時間についての考えは、彼とアウグスティヌスの間に存在する一千年の中世と、そこにおけるアリストテレス自然学の影響を考えると興味深いものがある。これについて、E・A・バートは有名な著書『近代科学の形而上学的基礎』のなかで、次のように述べている。

「中世の哲学者が、私達が時間過程と呼ぶものを考えた時、彼らが念頭に置いたのは、可能態から現実態への連続的な変換であった。神は、可能態としてより高い存在性を有するものを常に運動へと引き込む。神は、……自ら動かされないが、全ての変化を動かすものである。現代の用語で言いかえれば、現在は動かされずに存在し、絶えず未来を引き入れる。

これは私達の耳にはばかげたもののように聞こえるが、それは私達が、ガリレオにならって、彼の記憶と目的もろとも実在する世界の外へ追放してしまったからである。その結果、私達は時間を**測定できる連続体としか見ない。現在の瞬間のみが存在する。しかし、その瞬間自体も時間的な量ではなく、消え去った過去の無限の広がりと、未だ踏み込んでいない未来のこれまた無限の広がりとの間の分割線に過ぎない。**こんな見方からすれば、時間的運動を、未来を現実へと吸収することだと看做すことは不可能である。本当のところ現実的なものは何もないからである」[59]（太字および傍線―筆者）。

確かに、ガリレオの著作を見るに、彼のなかには直接時間について言及した議論は存在しないように見える。また、ガリレオは熱心なカトリック教徒であったにもかかわらず、彼の自然研究における業績の背後に、彼の宗教思想の影響を直接見ることはできない。ガリレオの真骨頂は、中世の「可能態から現実態への連続的な変換」といった形而上学的な議論にあるのでは無く、現実の自然世界における物体の運動がどのようになっているのか数学的に表わすことであった。特に、時間の空間化は思想的にはアウグスティヌスの時間論でも現れているが、実際的には中世末期にパリ大学のニコール・オレムが図式化したのが最初といわれている。[60] しかし、そこでは時間は空間と共に「延長」としての性質を持つとされ、両者の区別は必ずしも明確で無かった。その区別を成し遂げ、時間に対する速度の関係を、落体の法則の研究において定式化したのがガリレオである。[61] 彼の研究にとって、当然時間に対する物体の運動（場所・速度[62]）の計測は必要なことであった。この実証的態度はその後発展した近代物理学のそれと同等なものであり、ここに導入された時間〝t〟には、過去も現在も未来も無い、近代科学におけるパラメータとしての時間そのものであるゆえに、彼の時間についての考え（ただし、ガリレオ自身が明らかにしたわけではないが）は、このパートが言及したことに帰着するであろう。

しかしながら、ガリレオの歴史舞台退場と踵を接するように登場したニュートンにあっては、微妙に趣を異にする。ニュートンは、主著『自然哲学の数学的原理』において、定義と公理を土台にして、近代的動力学の構築を成し遂げた。この主著の本文冒頭における物質量、運動量、外力および向心力などの物理量の「定義」後に置かれた「注解」において、時間について次のように述べている。

「**絶対的な、真の、数学的時間**は、それ自身で、そのものの本性から、どのような外界的事物とも関係なく、**均一に流れ**、別名を持続《ドゥラチオ》とも言います[63]」（太字—筆者）。

ニュートンの言う絶対時間とは、無限・均質・連続的存在で、どんな物体の運動とも独立に存在し、無限の過去から無限に未来に均一に流れる。ここには、前記の独立変数〃t〃としての時間および、慣性の原理の暗黙の了解である時間の均一性が述べられている。しかし、このような、ニュートンの絶対時間は、絶対空間とともに、その「絶対性」と「流れ」の意味するところを批判されてきたのであるが、その批判の例としてバートのそれを示そう。

「……絶対空間と絶対時間は、それらの本性からして、知覚できる物体がそれらに関して動くことができることを否定するのだ。つまり知覚できる物体は、それらの中で動くことしかできない、それらに関して動くことができず、ただ他の物体に関して動くことができるだけである。何故そうなのか？ それはただ、絶対空間・絶対時間が無限で均質だからである。それらの一つの部分は、それと等しいどんな他の部分とも区別できないのだ。……事物は絶対空間・時間の中を動くが、ただし他の事物に関して動くのだ。**知覚できる基準点**がいつもはっきりと、又暗黙のうちにとられねばならない(64)」（太字および傍点―筆者）。

絶対時間は流れない、ただあらゆる物質と独立に存在するだけである。しかも、その均一性ゆえに、運動を知覚することはできない。それならば、時間を用いる場合、時間における**基準点**は何か、科学の現場では、それをはっきり意識しないまま、物質の状態Fを表わす式、F＝F（t）の中に存在する一種のパラメータとして時間を使用している。この〃t〃には、過去も現在も未来も表わされていない、いわんや流れも存在しない。実証的近代科学の大成者とも見られるニュートンの中に、何故このような矛盾した概念が存在するのだろうか。バートはこれについて、次のように言う。

「この疑問の答えは、ニュートンの神学の中に見つけることができる。彼にとって、……空間と時間は単に数学的・実験的方法とそれが扱う現象によって暗示される存在ではなかったのだ。それらは、究極的には宗教的意味を持っており、この宗教的意味は彼にとっては科学的意味に劣らず重要だった。空間・時間は全能の神がいたるところあまねく現存し、又永遠から永遠へ引き続いて存在することを意味した(65)」。

もちろん、神を時間・空間と同一視しかねないニュートンの思想は、ライプニッツなど同時代人からも批判された。しかし、前記のガリレオと比較して、ニュートンの中のこの保守性とも思われる思想（あるいは信仰）は、決して科学の進歩を遅らせたわけではなかったことを、知らねばならない。それは、ガリレオの業績が「運動論」の範囲であったのに対し、ニュートンは「力」の実在、特にその当時不合理性の故を持って否定されていた遠隔力としての重力の実在を認めたことによって「動力学」を創始したことに示されよう。この力の概念も、彼の神学に結びついていたのである(66)。

(二) 「同時性の意味」

絶対時間という観念を批判したライプニッツの主張は、彼がニュートン主義者、サムエル・クラークへ出した書簡の中にみられる。

「空間は時間と同様に、純粋に相対的なものだと考えます。空間は共存の秩序であると考えているのです。時間は継起の秩序であると同様です。もし被造物が無ければ、空間と時間は神の観念の中にしかないでしょう(67)」

「時間というものの、そして継続というものの内で現実存在するもの全ては、継起的なのですから、連続的に滅びていきます。だとすると現実存在しない事物が、どうして永遠に存在しうるでしょう。だって、そのいかなる部分も現実存在しない事物がどうして存在しうるでしょうか。時間というものの中で現実存在しているのは瞬間だけですし、瞬間は時間の部分でさえありません(68)」。

「神が世界をもっと早く創造しえたかという問題に関しては、十分理解しあわねばなりません。事物なしでは時間は単なる観念的な可能性に他ならないことを私は論証してしまったからです。……時間は被造物と共存すべきものであり、被造物の変化と量によってしか概念されないのです[69]」。

このような、ライプニッツの時間論いついて解説し、G・J・ウイットロウは、次のように言う。

「ライプニッツは、瞬間それ自体が、独自の権利で存在するという絶対時間観念を否定し、出来事のほうが時間よりいっそう基本的だと主張した。彼によれば、**瞬間とは単に、同時に起こる出来事を分類したり、整理したりする抽象概念に過ぎない**。彼は時間を実態としてではなく、出来事の起こり方の順序と定義したのである。……瞬間より出来事のほうが基本的であるとする、ライプニッツの説は《時間の相関説》として知られている。この説は、出来事から時間が得られるのであって、逆ではないという考えに基づいている。例えば、二つの出来事が同時だと判断される時、絶対時間上の1点に二つの出来事が占められるのではなく、一方の出来事が起こるときに、他方も起こる事に過ぎない。同時ではない場合には、次のような時間関係観念を使う。**同時に起こる凡ての出来事から形成される世界状態**を考え、それが、昨日、今日、明日という具合に起こると考える[70]」(太線―筆者)。

このようなライプニッツの主張にもかかわらず、ニュートン流の時間概念は、十八、十九世紀を通じて支配的になり、二十世紀の初頭までには、個々の出来事とは独立な「唯一普遍な時間系が存在する」という仮定、あるいは暗黙の了解が存在するようになった。それは科学者に留まらなかった。ウイットロウは工業文明の発展、安価な時計の量産が、一般にこの傾向を進めたといっている[71]。

現代科学における「時間」の位置は、二十世紀初頭、アインシュタインの「特殊相対性原理」によって、大きく転換する。アインシュタインは次のように述べる。

「時間が関係する我々の全ての判断は、常に同時に起る出来事についての判断なのである。例えば私が、『あの汽車はここの七時に到着する』というとき、それは『私の時計の針が七時を指すことと、あの汽車の到着とは、同時に起る出来事である』という意味なのである[72]」。

これに対し、細川亮一は、このことの重要性を次のように強調する。

「アインシュタインの独自性は、出来事の同時刻性という基底的な次元へと時間の問題を還元し、その同時刻性から時間論を展開することにある。ここに、『同時刻性の絶対的性格の公理と任意性を明晰に認識する』……という洞察がある[73]」。

そしてこのことの意味を次のように言う。

「時間を『私の時計の短針が指す』という出来事としていることである。このことによって、ある出来事（列車の到着という出来事）の時間（時刻）を語ることは、同じ場所での二つの出来事の同時刻性として捉え返される。時間の問題が出来事同士の関係という次元に置かれたのである。それによって時間はそれ自身独立・自存の存在ではなく、出来事同士の関係となる。時間問題を二つの出来事の同時刻性へと還元することは、『時間は出来事の基準枠であり（座標という幾何学的な絶対性）、出来事から物理的に独立である（物理的な絶対性）』という絶対時間を否定する決定的一歩である[74]」。

このことより、アインシュタインの主張が、先に述べたライプニッツの《時間の相関説》と深い関係があることは、明らかであろう。特に、瞬間の定義を「**出来事**の同時（同時刻）性」に求めている点は、自然科学における時間"t"の性質を決定するものである。しかし、アインシュタインと、ライプニッツの類似性はそこまでである。アインシュタインが同時性を無条件に主張できるとするのは、**同じ場所**での二つの出来事についてであり、異なった場所においては、このことは無条件には成り立たない。「同時に起こる凡ての出来事から形成される世界状態」などということは、科学的には意味を成さないのである。そこには「時間の測定」の問題が関係してくるのである。

三 「時間の測定」

十九世紀末から二十世紀初頭活躍した著名な数学者・科学者アンリ・ポアンカレ（一八五四―一九一二）は、「同時性」と「時間の測定」について、アインシュタイン以前で最も深く考えた学者であるが、一九〇五年に刊行された著書『科学と価値』（原題 'La Valeur de La Science'）中の第1部第2章「時間の測定」において、心理的時間と物理的時間を区別した上で、後者における「同時性」の問題について、次のように言う。

「標準時計を用いるにせよ、あるいは、光の速度のような伝達速度を考慮に入れるにせよ、時間の測定なしに、そうゆう速度を測定し得ない。したがって、**同時性という定性的問題は時間の測定という定量的問題と引き離しがたい**[75]」（太字―筆者）。

しかしながら、

「二つの経過時間が等しいということについての直接の直感を持たないと同様に、二つの事象が同時だということについても、直接の直感を我々は持っていない[76]」。

それゆえ、

「二つの事件が同時であるとか、前後しているとか、二つの経過時間が等しいとかは、自然法則が出来る限り簡単であるように**定義しなければならない**[77]」（太字―筆者）。

ここにきて、現代科学の「時間」についての立場がはっきり表されている。ニュートンにおける時間は、「流れ、あるいは持続」という表現に表されているように、元来人間が通常持っている素朴な時間意識、時間感覚に基づいたものであったと見られる。それに対し、現代科学のそれは、「定義」、それも「自然法則に依存した定義」の問題とされる。極論すれば、「時間」は物理学上の「便宜上の産物[78]」ということになる。

アインシュタイン（「特殊相対性理論」）によると、このような「同時性」が問題になるのは、同じ場所ではなく離れた場所の間の「同時性」を考える場合である。それは決して自明のことではない。前記のように同じ場所での同時性から出発したアインシュタインは、**静止系での**異なった場所での共通な時間を、二つの時計の同調（時間を合わせること）によって定義する。まず、その離れた二点を、AとBとし、それぞれに全ての性質が等しい時計があるとする。それぞれの時計が示す時間を、A時間、B時間とする。ここで、AからBに光が進む時間と、BからAに光が進む時間が等しいとき二つの時計は同調していると定義する。すなわち、

「いま光が〃A時間〃のt_AにA点を出発してB点に向かって進み、〃B時間〃のt_BにB点で反射してA点に戻り、再び〃A時間〃のt'_AにA点についたとする。定義により、もし

$$t_B - t_A = t'_A - t_B$$

が成り立つならば、この二つの時計は同調していることとなる[79]」。

異なった場所での同時性は、同調している時計による時間の測定によって始めて定義される。そして結局、このような操作を系全体におかれた時計に対し続けることにより、静止系全体の共通時間が定義できる。

次に、重要な点は、アインシュタインが、

「さらに経験的事実にしたがって、$2\overline{AB}/(t'_A - t_A) = c$ という量が**普遍定数**——真空中の光速——であると仮

定しよう[80]」（太字―筆者）。

というところである。これについて、細川は次のように言う。

「$2\overline{AB}/(t'_A - t_A) = c$ という式は当たり前のことを言っているに過ぎないと見えるかもしれない。……アインシュタインはここで初めて、時間間隔を定義しているのである。$\overline{AB}$（AとBとの距離）は『ユークリッド幾何学の方法を使って剛体によって』測定できる。そして、光速度一定の原理により、光速度cは『真空中での光速度という普遍定数』である。従って、時間間隔 $(t'_A - t_A)$ は、$2\overline{AB}/c$ であり、時間間隔が測定されうる量として定義される。時間間隔はAとBという異なった場所にある二つの時計を前提にして、初めて定義される。アインシュタインは、『同じ場所でのふたつの出来事の同時刻性』から出発し、『異なった場所（AとB）同士の同時刻性』」を定義することを通して、時間間隔を定義したのである。『同じ場所での変化』に定位して時間を語る伝統的な時間論との対比は明らかであろう[81]」。

ここに初めて、時間が測定可能なものとしてのはっきりした位置を持ったといえるが、それは結局のところ光速度cが普遍乗数であることに依存している。先のポアンカレ流に言うならば、

「**光は真空中を一定の速さ　c　で伝播し、この速さは光源の運動状態に無関係である**[82]」。

という、この物理法則に基づいて時間が定義されたことになる。

(四)「固有性および非可逆性」

先に述べたアインシュタインによる時間の測定の定義は、静止系に置かれた静止している時計を用いた議論であった。それでは、静止系に対し運動している物体ではどうであろうか。今一般性を失うことなく、静止系とそれに対し

一定速度vで運動している棒を考える。この相対運動をしている二つの系では同一の事象が異なって見えることを、アインシュタインの思考実験に従って示そう。（なお以下の記述は、アルバート・アインシュタイン「運動している物体の電気力学について[83]」によっている。）

棒とともに移動する観測者において測った棒の長さをr_{AB}とする。いま、**静止系における時計と同調した時計**を棒の両端A、Bに取り付けるとする。この両端の時計は互いに同調しているとみなすことにする。いまt_A時間に棒の進行方向に向かって棒の端A点を出た光が、棒の端B点において時刻t_Bで反射され、時刻t'_AにA点に戻ったとする。cは光源の運動状態よらず一定であることから、静止系から見た場合、

$$t_B - t_A = r_{AB}/(c-v)、\quad および\quad t'_A - t_B = r_{AB}/(c+v)$$

となり、したがって、

$$t_B - t_A \neq t'_A - t_B$$

このことは、棒とともに運動している観測者にとって、二つの時計が同調していないことを意味する。この思考実験の出発点は、静止系から見てAの時間とBの時間が同調しているということであった。もし、運動している棒に取り付けられた時計同士の間で同調を取った時計を用いるならば、この思考実験の結果は、本章で述べたと同じになるはずである。アインシュタインは、この思考実験を示した節の最後を次のように締めくくっている。

「このようにして、同時性という概念には、絶対的な意味を持たすことはできないということがわかるであろう。二つの事件が一つの座標系から見て同時刻に起ったように見えても、その座標系に対して運動している別の座標系から見ると、もはや同時刻の事件と見ることはできなくなるのである[84]」。

本章(三)で述べたように、異なった場所での時計の同調によって、共通時間は定義できる。しかし、一般的に言って、

それは座標系の選択に依存するのである。したがって、相対速度の存在する座標系の間には、共通の時間は存在しないことになる。すなわち、互いに相対運動をする、あらゆる座標系に共通な時間、絶対時間、は現代科学の上では存在しないことになる。

それでは、相対的速度を持つあらゆる座標系はそれぞれ独立のまったく異なった時間を持つのであろうか。ある意味ではその通りである。しかし、もし座標系の間の相対速度がわかっている場合、両座標系の時間の間には次のような関係が存在する（結果のみ示す）。

いま、やはり一般性を失うことなく、静止系とそれに対し速度vで運動する座標系（前記の例では棒に固定された座標系）を考える。静止系の時間を〃t〃とし、1次元空間の場合を考え、$c^2t^2-x^2=s^2$ なる量を導入すると、このsは座標変換に対して普遍量となる。このsを用い $s/c=\tau$ なる量を考えると、τは次の式により表わされが、これを運動系における、**固有時間**という。

$$\tau=t\sqrt{(1-v^2/c^2)}$$

この式が意味するところで最も奇妙な点は、静止系から見て光速で運動している世界における時間は、たとえそれが静止系から見てゼロでない有限な値、tを持つにせよ、常に、$\tau=0$ となることである。すなわち、光速で運動している世界においては、全ての事象は瞬間的に（同時に）起ってしまうことであろう。「光の世界には時間がない」、あるいは「光の世界は永遠」といわれるゆえんである。

アインシュタインの「特殊相対性原理」は、同時性の定義から、時間の固有性の概念を出導き出した。しかし、そこには、時間の方向の概念は含まれていない。じつは、ニュートンからアインシュタインへと続く物理学の発展の流れは、個体の運動に関するものであった。この運動を記述する力学方程式において、速度反転（v→－v）は時間反転（t→－t）と同じ効果を生じる。個体運動の逆転を考えた場合、一つの個体が今来た道を逆行しても、それは物理学的に見て巡航と同じ運動の過程であり、物理学的になんら不思議なことは思われない。それゆえ、現代科学が物質運動による《時間の相関説》をとる以上、ニュートンからアインシュタインまでの現代科学においては、時間は逆転できると解釈されうるのである。すなわち、時間は可逆である。あるいは、この物理学の中では、時間の逆行を否定できないということになろう。

一方、個体運動を対象にしたニュートンの物理学とは異なった物理学の流れが存在する。それはマクロな物質の性質、特に熱の移動を取り扱う「熱力学」である。熱力学は、産業革命期にボイラーの熱効率を高めようという実際的問題から発展した。特に、この熱力学において本論に関係して重要なのは、「熱力学の第二法則」、別名「エントロピーの法則」呼ばれるものの存在である。これは、周囲とのエネルギーの出入りがない系（孤立系）では、熱エネルギーの質は時間とともに劣化すると主張するものである。その劣化の度合いを示す物理量をエントロピーと言い、熱エネルギーの質の劣化は「エントロピーは増大する」という言葉によって表される。後に、このエントロピーの概念は確率論との結びつきによって、一般的な「乱雑性の度合い」を示す言葉とみなされるようになった。自然界には、孤立系とみなされる状態や、準孤立系とみなされる場合が存在する。さらに、宇宙全体がひとつの孤立系とみなせるかもしれない。そうならば、宇宙のエントロピーも増大する方向にある。多くの者は、ここに「時の矢」の方向、時間の不可逆性を見たのである。「時の矢」はエントロピーが増大する方向に向かっている。

その熱力学を確率論によってミクロな粒子（分子）運動と結び付けて考えたのがボルツマンであるが、このボルツマンの考えには多くの疑問点が出された。それは、ミクロな分子の個々の運動は可逆なニュートン力学によって表されるのに、なぜその集合であるマクロな物質の挙動は不可逆になるか、という問題である。ボルツマンは、論戦の末

「時の矢」の存在証明を放棄してしまった。それを、プリゴジンの言葉を借りて言うと次のようになる。

「時の矢は、客観的な過去と未来の区別が全くない世界に、われわれ（そしておそらくすべての生き物）が持ち込む申し合わせに過ぎない、とボルツマンは主張するようになった[85]」。

それでは、なぜこのような「時の矢」が存在するように見えるのか、という疑問に対し、これまで多くの物理学書では、この問題を棚上げして触れないかあるいは、それは人間の無知の故に確率という概念を持ち込まざるを得なかったためだ、と説明してきた。このような考えに対し、異論がなかったわけではない。量子論の開拓者として有名な、プランクは、次のように述べている。

「第二法則の妥当性が、実験や観測をしている物理学者や化学者の技量に少しでも依存すると仮定するのは不条理だろう。……それはあらゆる自然の過程において常に同じ向きに変化するひとつの量が自然界に存在すると主張するだけである。……この法則の限界は、そのようなものがあるとすれば、この法則の本質をなすと同じ領域、つまり観測される自然の中にあるはずであり、観測者の中にあるのではない。……[86]」。

しかし、このような考えは決して主流にならなかった。

一方、近年複雑性の科学が注目を集めている。ここでいう複雑性とは必ずしも要素の数が多い系を意味しない。数学的に言えば方程式が非線形性示すことを意味する。その系では、初期値のどんなわずかな差も時間と共に、予測できないような差異となる「初期値敏感」な性質を示し、実際問題としてそのルートをさかのぼることはできない不可逆性を持つ。もちろん、前記のような、多くの分子の競合する熱力学系はこの複雑系の一つである。プリゴジンはこのような系について、

「……強い不安定性を持つ力学系で考え出された非局所的記述という、力学のもう一つの記述法の結果として確

率が出てくるのである。ここにいたって確率は、いわば力学内部から生じてきた客観的性質となり、力学系の基本構造を表現するようになった[87]」。

といっているが、ここで強調せねばならないことは、彼にとって**確率的性格は複雑系固有な客観的な事実**であり、ボルツマンが言ったような人間の申し合わせでも、無知のなせる業ではないという点である。そして、平衡から遠く隔たった状態にある個々の複雑系は、系の乱雑さが最大になる方向すなわち、エントロピー（確率を持って定義される）が最大になる平衡へと向かう。これが「時間の矢」の方向である。**不可逆性は、複雑系固有な性質**ということになる。さらに、プリゴジンの主張の中に含まれる重要な点の一つは、このような系は、これまで述べた時間〝t〟とは別な、個々の複雑系内部の無秩序の度合いによって示される「内部時間[88]」を持っているとしていることである。外部からのエネルギーの流れの中に存在する平衡から遠く隔たった複雑系は、様々な状態を含む内部的揺らぎにより、「自己組織化」を引き起こすが、自然界における新しいものの出現は、このような複雑系の揺らぎの結果である。複雑系のもつ「内部時間」とは、個々の系の状態の揺らぎゆえに揺らぎながら進むその系固有な創発的時間[89]であり、それは外部の時間〝t〟とは異なるダイナミックな不可逆な時間である。人間を含め生物全体もまた、それぞれが平衡から遠くはなれた複雑系を構成し、個々の内部時間を刻みつつある存在であるということになる。

第四章　結論に代えて

㈠

第二章の冒頭で、「滝浦や入不二は、アウグスティヌスは時間の実在を否定し、『永遠』の実在を主張していると結論付けているが、『永遠』を信ずることが、『時間』の否定になるのであろうか」、という疑問を述べた。それでは、アウグスティヌスにとって「時間」とは何であったのであろうか。その答えは、時間は「神の被造物」であるという一言に尽きるのであろう。信仰者としてのアウグスティヌスにとって、「永遠」の実在は当然として、彼が時間を「神の被造物」として捉えられたとき、「過去（天地創造、キリストの十字架）・現在（救いの時）・未来（終末）へと続く時間」の実在もまた「客観的事実」として当然のことだったと考えられよう。それを人間の魂（記憶）が知覚するのである。マクタガード流に言うならば、AとCの系列がアウグスティヌスの時間論の中には互いに排除しあうことなく存在するといってもよいと思われよう。そしてもし、天使の時間のような「あるものが先行しあるものがそれに遅れて経過し、それらが同時に存在することができぬような運動」としてのある時間をも考えるならば、Bの系列もまたこれに加えられよう。

一方、近代科学における時間の概念はどうであろうか。F＝F（t）として、物質の状態を表わすパラメタとしての時間表現の中で意味されている、出来事とは独立な「唯一普遍な時間系が存在する」という暗黙の了解は、その起源がヨーロッパ中世にあるにしても、ニュートンによって基礎付けられた近代科学の成功によって、十八、十九世紀を通じて支配的になり、二十世紀の初頭までには一般に存在するようになった。マクタガード流に言うならば近現代科学の主流の時間はC系列のそれである。このマクタガードの時間論もまたこのような時代に作られたものであり、彼のC系列の実在性の主張は、このような時代的影響の下にされたのではなかろうか。そうならば、序章に示したアインシュタインの言葉との類似性は当然のように思われるのである。

最後に、アウグスティヌスとニュートンの時間論の背後にあって、それに影響を与えた神学はどのように違うのであろうか。詳しくは語れないが、これについて、次のA・コイレの言葉は、簡にして要を得たものであるように思う。

「ニュートン主義者は時間と空間を、創造にではなく神に結びつける[90]」。

㈡

「同時性」という概念は、アウグスティヌスの神学と現代科学では、全く異なる意味合いのものである。そもそも、アウグスティヌスにおける「同時」は、時間の中にはない。それは「創世記」第一章の「はじめに神は天と地を創造された」という言葉の、「はじめに」に相当するのであるが、その「はじめ」は時間の中に無く、神の永遠の中にあるからである。その「はじめ」に、神は時間も含めた被造物いっさいを「同時」に創造されたのである。そして、アウグスティヌスの時間論はこの一回限りの創造が前提になって展開するのである。

アインシュタインは、「同時性」を出来事の同時刻性によって定義した。これにより、「同時性」を出来事の次元に還元し、その上に時間論を展開した。その延長上に「特殊相対性原理」の構築がある。「同時性」は、それぞれの時間論がこの上に構築されている点で共通の重要性を持っているといえよう。

㈢

アウグスティヌスが時間を測るといった場合、その時間は「被造物」の一つとして神により創られた存在であって、その働きは他の被造物の運動の長さを測るものであっても、被造物の運動によって測られるものではない。天体の動きは、日常的に時間として使われようとも、存在する時間を区切るものでしかない。神の作られた時間の長さは、事物が過ぎ去る時を刻印することによって、魂により測られる。そして、それは記憶されて存在するその長さを測るのである。アウグスティヌスは何故人間にそのような能力が与えられているのか述べていない。しかし、物体的なものではない「時間」の場所がもしあるとするならば、物体的なものではない「魂」[91]しかないであろう。さらに、神において、過去・現在・未来が同時に存在するという形で時間を知ると同じように、「神の似像」たる人間の魂[92]もまた時間の長さを「今」、同時に（不十分ながら）知覚しうるのだということなのであろうか。

アウグスティヌスの時間の測定は、その存在の基準の確かさを「神」の中に持っていた。これは現代人にとっては、神秘主義的であると思われるかもしれない。一方、相関説を採る現代科学では、「……二つの経過時間が等しいとかは、自然法則が出来る限り簡単であるように**定義しなければならない**」、というように、時間の測定は定義によるのである。アインシュタインはこの自然法則として「光速不変の原理」を置いたのであるが、どのような相対速度を持つ座標系から見ても、不変な速度を持つ「光」とはいったい何であろうか。これから帰結する様々な予想とともに、これもまた、十分神秘的な存在ではなかろうか。

(四)

マクタガードの時間論に対する批判の多くは、その論理的整合性はともかく、マクタガードの結論と人間の持つ生き生きした時間感覚とのギャップに違和感を持ったためではなかろうか（その典型はH・ベルクソン、例えば『創造的進化』）。アウグスティヌスの場合はどうであろうか。彼の場合も、「それぞれの瞬間は、いっそう小さな瞬間へと無限に分けることが出来ない内容を人間にもたらしている、」として人間的有限な幅を持った瞬間をのみ考え、哲学的瞬間の探求は時間の非存在へ向かうとして退けていると考えられる。なぜなら、彼にとって、時間とは魂が直接捉えた生き生きした、「折りたたまれたものが展開される」ように現れるものなのである。さらに、カイザーが言うように、アウグスティヌスの時間が、神による一回限りの創造において「個々のもの」に「存在の質」として与えられたものであるならば、その時間はまさに我々が知覚している「今」がそれであり、マクタガードのように、経験される現在を「幻想」とする時間思想とは対極にあるといわねばならない。

現代科学はどうであろうか。アインシュタインは「特殊相対性理論」によって、時間の絶対性が否定し、一部時間の固有性を獲得したものの、それは物理学の「便宜上の産物」となってしまった。さらにアインシュタインの物理でも、その時間は近代科学の時間〝t〟と同じであり、可逆であり、過去・現在・未来の区別はない。序章で述べた、アインシュタインの言葉はそれを示している。一方、プリゴジンは、複雑系の科学を通し、生き生きした自然の姿や、なかんずく時間の不可逆性あるいは固有性を科学に取り戻そうとした。それは、ニュートン以来の科学が持つC系列としての時間を、人間の時間のほうへ引き寄せる努力として評価できるが、結局のところ、それはB系列としての時間に到達しただけであったと思われる。

最後に、プリゴジンが紹介している、アインシュタインについて語ったR・カルナップの興味深い言葉を示し、本現代科学の時間論の結論としたい。

「アインシュタインは、現在という問題に深刻に悩んでいるといった。現在を経験することは、人間にとって特別の意味を持つ。過去や未来とは本質的に違った何かがある。この重要な違いは物理学には現れないし、又現れることもできないと彼は説明した。この経験を科学では把握できないことは、手痛くも避けがたい諦観のようであった。……アインシュタインは、これら科学的記述は、我々の人間的な要求を満足させることはできないであろうと考えた。現在には、科学の範囲外にある本質的な何かがあると考えた(93)」。

注

（1）アウグスティヌス（服部栄次郎訳）『告白　下』岩波書店（一九八一年）一一三～一一四頁

（2）最初にこの言葉に出会ったその文献が手元にないので、ここでは次の文献を代わりに挙げておく。
細川亮一『アインシュタイン――物理学と形而上学――』創文社（二〇〇四年）二四八頁

（3）J. M. McTaggart "The Unreality of Time", Mind vol. 17, 1908, no. 68, pp. 45-74.

（4）入不二基義『時間は実在するか』講談社（二〇〇二年）

（5）滝浦静雄『時間――その哲学的考察――』岩波書店（一九七六年）

（6）滝浦静雄、前掲書八六頁

（7）滝浦静雄、前注（5）の書八六頁

（8）入不二基義、前注（4）の書、一〇〇～一〇一頁
「B系列を形成する「より前―より後」という特徴づけは、アルファベットのような単なる順序関係とも違う。B系列が単に項目を順番に並べた無時間的な列でなく、時間的な順序関係であるためには、そこに「時間」が含まれていなければならない。そしてその「時間」が成立するためにはA系列が不可欠なのである。」

（9）本文中のこの部分に最も近い表現は、注（1）の書では、一一四頁の次のところであろう。
「時間はただそれが存在しなくなるというゆえにのみ存在するといって間違いなかろう。」

（10）滝浦静雄、前注（5）の書一〇四頁

（11）H・J・カイザー（小阪康治訳）『アウグスティヌス――時間と記憶――』新地書房（一九九一年）五頁
なお、存在するものが「物質的なもの」であるなら、場所と存在者の関係は、以下に示すように、アリストテレスが

言及している。
アリストテレス（岩崎允胤、出　隆訳）『自然学』アリストテレス全集8　岩波書店（一九九三年）一〇三頁
「……感覚的もの全てはもともと〔その自然の性として〕どこかに存在し、そして各々の物体にはその占めるべきある一定の場所があり……」
(12) H・J・カイザー、前載書九頁
(13) アウグスティヌス、前注(1)の書、一二三頁
(14) アウグスティヌス、前注(1)の書、一二〇頁
(15) アウグスティヌス、前注(1)の書、一二二頁
(16) アウグスティヌス、前注(1)の書、一二三頁
(17) アウグスティヌス、注(1)の書、一二九頁
(18) H・J・カイザー、前注(12)の書、二五頁
(19) H・J・カイザー、前注(12)の書、一二頁
(20) H・J・カイザー、前注(12)の書、四三頁
(21) アリストテレス（岩崎允胤、出　隆訳）『自然学』一八六頁、アリストテレス全集8　岩波書店（一九九三）
(22) アウグスティヌス、前注(1)の書、一〇九頁
(23) アウグスティヌス、前注(1)の書、一一三頁
(24) アウグスティヌス、前注(1)の書、一一三頁
(25) H・J・カイザー、前注(12)の書、三五頁
(26) H・J・カイザー、前注(12)の書、四四頁
(27) アウグスティヌス（片柳栄一訳）「創世記逐語注解(1)」（アウグスティヌス主著作集『創世記注解』16　教文館

一九九四年所収)、二八〇頁
「だから不変なる永遠によって生きる神は、すべてを同時に創られ、そこから時間が流れ出し、場所が満たされ、事物の時間的、場所的動きいによって世々が展開するのである。」
(28) H・J・カイザー、前注(12)の書、一四〇〜一四一頁
(29) H・J・カイザー、前注(12)の書、一九〜二〇頁
(30) H・J・カイザー、前注(12)の書、三四頁
(31) H・J・カイザー、前注(12)の書、一四一頁
(32) プラトン(種山恭子訳)「ティマイオス」、(『プラトン全集 12』、岩波書店 一九九九年所収)、四九頁
「ティマイオス」のこの箇所において、プラトンは、「時間は宇宙とともに生じたのは、なにしろ両者ともに生み出されたのだから、……」と述べている。しかし「製作者」は素材あるいは永遠の質料を素に宇宙を作ったのであるが、この質料は「無秩序なもの」(三二頁)であるゆえに、「前—後」を区切るいかなる定点も存在せず、したがって宇宙ができるまでは、時間というものも存在し得ない。
(33) プラトン、前掲書、四九頁
(34) プラトン、前注(32)の書、三二頁
訳者種山氏の訳注を参照。
(35) アウグスティヌス、前注(27)の書、一〇頁
(36) アウグスティヌス、前注(1)の書、一九三〜一九四頁
(37) アウグスティヌス、前注(27)の書、一六〇頁
(38) アリストテレス、前注(21)の書、一八八頁
(39) プラトン、前注(32)の書、四七〜四八頁

(40) プラトン、前注(32)の書、一八七頁
ここに「ティマイオス」の訳者である種山氏がプラトンの時間について要領よく纏めている。また、アリストテレスの時間論も、併記されている。
(41) アウグスティヌス、前注(1)の書、一二七頁
(42) アウグスティヌス、前注(1)の書、一二九頁
(43) アウグスティヌス、前注(1)の書、一二七頁
(44) アウグスティヌス、前注(27)の書、六一頁
(45) アウグスティヌス(服部栄次郎訳)『神の国 (三)』岩波書店(一九九八年)、一三五~一三六頁
(46) アウグスティヌス、前注(1)の書、一三〇頁
(47) アウグスティヌス、前注(1)の書、一一六頁
(48) アウグスティヌス、前注(1)の書、一三六~一三七頁
(49) アウグスティヌス、前注(1)の書、一三九頁
(50) アウグスティヌス、前注(27)の書、一八〇頁
(51) H・J・カイザー、前注(12)の書、一六六頁
(52) H・J・カイザー、前注(12)の書、三五頁
(53) H・J・カイザー、前注(12)の書、一七二頁
(54) アウグスティヌス、前注(27)の書、六三頁
(55) アウグスティヌス、前注(27)の書、二〇五頁
(56) アウグスティヌス、前注(27)の書、三二一頁
(57) アウグスティヌス、前注(27)の書、二八〇頁

(58) H・J・カイザー、前注(12)の書、一七一頁
(59) E・A・バート(市場泰男訳)『近代科学の形而上学的基礎』平凡社(一九八八年)、八六~八七頁、
(60) ニコル・オレム(中村 治訳)「質と運動の図形化」、(「中世思想原典集成」第19巻『中世末期の言語・自然哲学』平凡社 一九九四 所収)
(61) 村上陽一郎『西欧近代科学』新曜社(一九八四年)、一九八~二〇五頁
(62) ガリレオの研究には、速度、あるいは加速度という、「瞬間」における物理変数の概念が、哲学的または数学的に厳密な考察が無いままこっそりと導入されている。
(63) I・ニュートン(河辺六男訳)『自然哲学の数学的諸原理』、(河辺六男編集『ニュートン』中央公論社 昭和五四年所収)、六六頁
(64) E・A・バート、前注(59)の書、二二七頁
(65) E・A・バート、前注(59)の書、二二八頁
(66) 標 宣男『科学史の中のキリスト教』教文館(二〇〇四年)、八八~一一八頁
(67) ライプニッツ、クラーク(米山優、佐々木能章訳)「ライプニッツとクラークとの往復書簡」(下村寅太郎他監修『ライプニッツ著作集 9』工作舎 一九八九年所収)、三〇九頁
(68) ライプニッツ、クラーク、前掲書、三五六頁
(69) ライプニッツ、クラーク、前注(67)の書、三六三頁
(70) G・L・ウィットロウ(柳瀬睦男、熊倉功二訳)『時間その性質』、法政大学出版局(一九九三年)、一三〇~一三一頁
(71) G・L・ウィットロウ、前載書、一三一頁
(72) アルバート・アインシュタイン「運動している物体の電気力学について」、(湯川秀樹監修、中村誠太郎、谷川安孝、

井上健編訳『アインシュタイン選集 1』共立出版 一九八九年所収)、二一一頁
(73) 細川亮一『アインシュタイン——物理学と形而上学——』創文社(二〇〇四年)、七三頁
(74) 細川亮一、前掲書、七四頁
(75) アンリ・ポアンカレ(吉田洋一訳)『科学と価値』岩波書店(一九九八年)、六九頁
(76) アンリ・ポアンカレ、前掲書、七〇頁
(77) アンリ・ポアンカレ、前注(75)の書、七一頁
(78) アンリ・ポアンカレ、前注(75)の書、七一頁
(79) アルバート・アインシュタイン、前注(72)の書、二一二頁
(80) アルバート・アインシュタイン、前注(72)の書、二一三頁
(81) 細川亮一、前注(61)の書、七五~七六頁
(82) アルバート・アインシュタイン、前注(72)の書、二一〇頁
(83) アルバート・アインシュタイン、前注(72)の書、二一三~二一四頁
(84) アルバート・アインシュタイン、前注(72)の書、二一五頁
(85) I・プリゴジン、I・スタンジール『混沌からの秩序』みすず書房(一九八七年)、三三三~三三四頁
(86) I・プリゴジン、I・スタンジール、前掲書、三一〇頁
(87) I・プリゴジン、I・スタンジール、前注(85)の書、三五六頁
(88) I・プリゴジン、I・スタンジール、前注(85)の書、三五三頁
(89) I・プリゴジン(安孫子誠也、谷口佳津宏訳)『確実性の終焉』、みすず書房(一九九七年)、五〇頁
(90) アレクサンドル・コイレ(横山雅彦訳)『閉じた宇宙から無限宇宙へ』みすず書房(一九八七年)、二〇一頁
(91) アウグスティヌス、前注(27)の書、二三二頁

「魂は物体的なものではない」

(92) アウグスティヌス、前注(27)の書、二四四頁

「『神の似像にしたがって』といわれることは魂のうちにおいてでなければ……理解されない」。

(93) I・プリゴジン、I・スタンジール、前注(85)の書、二八四〜二八五頁

医療・福祉政策における基本的研究課題

郡司篤晃

はじめに

聖学院大学大学院は人間福祉研究科の設置を決定した。

本論であえて医療・福祉としたのは、医療と福祉は共に人に対するケア[1]であり、政策研究としては共通の基本的課題があることを主張するためである。

医療は医療技術の要素が大きいが、近年は、医療は疾患（disease）を対象とするだけではなく、病む（ill）人を対象とした「患者中心主義」の重要性が主張されている。[2]福祉の目的は生活支援であり、そのための専門技術が用いられる。用いられる技術には違いがあるが、人による人に対するケアである点では共通である。

また、近年高齢化や在宅ケアが推進される中で、ケアの現場においても、医療と福祉の統合の必要性が高まっている。

研究領域としては、医療経済学は既に相当の蓄積があるが、福祉は主として公的なサービスとして提供されてきたことから蓄積は少ない。しかし、近年は普遍主義に移行するにともない、経済学的な側面の研究の重要性が増大しており、医療経済学の蓄積から多くを学ばなければならない。

ケアに必要な資源はいかなる先進工業国においても、一貫して経済成長を上回って増大し続けてきた。資源制約が厳しくなる中で、ケアの質を確保しつつ効率を向上させることは焦眉の急務となっている。一般の消費財やサービスであれば、その質と効率を確保するための方法は市場の活用である。しかし、ケアについては、市場は失敗することが知られているので、政府が介入せざるを得ない。しかし、どのように介入したらよいか、世界には未だ定見がなく、大きな政策研究の課題である。

ケアの提供を市場モデルで考えることはできず、ケアを受ける個人とケア提供者の関係のモデルで考える必要がある。それを経済的取引で行うとすると、心の問題を約束できないなど、典型的な不完備契約の問題となり、モラルハザードにどう対処するかという問題となる。即ち、ミクロな視点の研究が重要である。

一方、ケアの政策研究には、極めてマクロな視点も重要である。ケアは元来家族によって担われてきたが、今や家族の機能が縮小し担いきれなくなった。それはなぜなのか、将来どうなるのか、社会構造の変化についての歴史的な縦断的な視点が重要である。また、今後の政策はいかにあるべきかに関する政策研究には、国際的な横断的な考察が必要である。

政策研究の困難性

政策研究は科学と計画の要素を含む(3)。計画とは「未来に実現したい状態がある場合に、それを実現するためのプロセスの分析・評価である。」そこには、三つの要素、①未来性、②目的性、③客観性が含まれている。政策研究においては、歴史研究に学ぶだけではなく、未来に責任的にかかわろうとする。しかし、未来には常に不確実性がともない、また人間が考える合理性には限界がある。

また、目的が入ってくるところに、純粋な科学と峻別される要素がある。どのような目標を選択するのかは、民主主義社会においては、政治過程で決定することになっているから、政治学の研究対象となるであろう。

政策は計画・実行・評価のサイクルであるが、大学における政策研究の重点は評価にある。なぜならば、計画立案、実行は行政や現場で主として担われるのに対して、評価には、①客観的でなければならないので、立場性が排除されなければならない、②データの収集分析などの技術が必要であり、③内外の文献等の情報収集と蓄積が要請されるからである。

科学技術と産業の発達とその影響

人口転換

科学技術が発達し、工業産業が発達すると、社会の構造に大きな変化が起こった。一七〇〇年代に起こった産業革命は、人類に豊かさをもたらし、生物としての人間を生態学的拘束からの自由にした。

一八〇〇年代のヨーロッパで、人口構造に変化が起こった。まず死亡率が減少し始め、数十年後に出生率も減少しだした。その間に人口が増加した。この変化は全ての人口集団において観察され、人口転換（demographic transition）とよばれている。この法則は、人口学においては最も基本的で大きな法則である。この現象の原因は産業革命によって生産性が増大し、都市化によって生活水準が向上したからだとされている。(4)

科学技術と産業の発達とその影響

科学技術と産業の発達は、豊さと生産余剰を産み出し、その余剰は人々の間で取引されるようになった。A・スミスは、産業革命によって豊かになったイギリスと、産業が未発達な当時のヨーロッパを見て、その原因が分業による生産の効率化とその交換の仕組みにあると見た。更に、道徳学者であったスミス(5)は、働いている個人が決して利他的な動機で働いていないことに気がつく。しかし、個々人が利己的に利益を追求しても、少しばかりのsympathyがあれば、(神の)見えざる御手が働いて社会の豊かさと調和が実現されるとした。これが市場の予言であった。(6)

その後Marshal(1841-1924)らによって経済学が確立された。経済学が発見した事実は、市場は、生産者が最も効率的に生産を行い、生産された多様な財を、個々に異なる制約と好みを持った人々に分配するという極めて複雑な作業を、比較的簡単なしかけでやり遂げるということであった。(7)

経済学の確立は、市場に対する知識と信頼を高め、私的セクターの存在を確立した。そして、政府はできるだけ市場に介入しない方が良いという自由思想を生み出した。国家は平和や治安の維持等につとめるべきであるという、後世「夜警国家」と呼ばれる「小さな国家」観を生み出した。(8)

その後、戦争の遂行、経済競争激化への対応、さらに第2次世界大戦後は、福祉国家の建設のために、政府、特に行政の拡大が起こった。「大きな国家」の出現にともない、その欠陥も明らかになり、「行政国家」の問題とよばれるようになった。(9)

社会主義国の崩壊にともない、特に経済のグローバル化が進んで各国間の経済競争は激化した。各国に誕生した新自由主義政権は市場化を推進することによってこの問題を解決しようとした。再び小さな政府が指向された。そして、社会保障制度もその例外とはならなかった。

経済学の隆盛と限界

その後、経済学は数理的な精緻さを追及し、規範的思考を排除してきた。社会の厚生（Welfare）を追求しようとした「厚生経済学」も、その限界は効用主義をでないことである。(10)

R. Heilbroner は、「自由主義経済」思想の基本的な点は以下の三点だとする。(11)

① 社会の物質的なニーズを満たすような生産や分配の主要な手段を、人間の得たいという欲求に依存するようになった。

② 生産の指示と分配の仕方を市場にまかせた。

③ 公と私の両方の権力を認め、その境界を認めた。

①は人間の本性が、利己的であることの容認であり、それにもかかわらず市場に任せることへの安心と信頼である。歴史上、利己主義を肯定する思想はなかったので、Heilbroner は「世俗化の思想」だと言う。

③の「私の権力」とは「消費者主権（sovereignty）」を認めること、即ち消費者には「選択の自由」があることであり、民主主義と底通している。自由主義経済の発展なくして民主主義の発展はなかったであろう。なぜなら、民主化とは権力の下方移譲であるとすれば、分配の権限を「個人の選択の自由」に任せることほど民主的な方法はないからである。

しかし、人間が利己心に基づく経済人であるという、人間のある側面を純化した仮説は、人間は経済人として生きなければならないという行動規範になりつつある。[12] 社会主義国が崩壊し、経済のグローバル化が急速に進行し、経済競争が激化する中で、この傾向は加速されている。

ケアを市場で提供することの根本的な問題は、本質的には利他的である行為を利己心に頼って行うという点である。この矛盾を、現実的に解決する方法があるのか、ということが研究課題である。

市場化と家族機能の縮小

市場化は家族を含む社会構造を変化させ、扶助のあり方を大きく変えてきた。家族の機能は、①生産・労働機能、②再生産機能[13]、③養育・教育機能、④扶助機能[14]である、といわれている。

伝統的社会（例えば農業社会）では、家族が生産をはじめ、あらゆる機能を果たしてきた。また、地域社会は家族の機能を補い、お互いに助け合った。例えば、農村の「結い」、茅葺屋根の葺き替えの共同作業などが知られていた。

生産が工業化することにより、それまで家族内で行ってきた生活必需品、衣食住などを生産する機能の多くが、家族の外に出て行った。これは家族の機能の「外部化」である。住宅を自分で建てることははるか昔になくなったが、衣の外部化は近年急速に進み、今や食の外部化が進行中である。

工業製品として生産される一般消費財は、その質が良く、生産の効率が高いため、人々の消費生活の質は向上し、豊かになった。それはまた、生活に必要な諸々の財が、非貨幣的な交換である「社会的交換」から、市場で貨幣による売買である「経済的交換」への変化である。

経済的交換の拡大は、人々の生活における市場の役割の増大を意味する。社会的交換は交換される量は明確ではないが、経済的交換は貨幣を介する交換であるから明示的で、厳密に行われる。社会的交換が経済的交換に移行することによって、人々の関係にも変化をもたらした。

例えば、農村においても農業の機械化は共同作業の必要性が縮小した。人々の絆は弱まり、コミュニティの機能も縮小して行った。自動車の普及は、地元の商店街での買い物を郊外のスーパーや量販店へと変えた。また、マスメディアが人々のコミュニケーションにとって代った。

家族とコミュニティの機能の縮小は、価値観や信念を培養する仕組みの喪失でもあり、家族、さらには個人の孤立化をもたらした。

人口の社会移動

工業生産は、生産・労働機能を家庭から工場へ移し、その結果若者を労働者として都市に集中させ、老人は地方に残された。特にわが国では、この人口の社会移動が急速に進んだため、都市問題と過疎化の問題が同時に起こり、社会問題となった。

都市化は家族の核家族化を促進した。家族内の世代間の助け合い機能は低下した。その救済の役割が政府に期待された。豊かさをもたらした工業化社会は、終身雇用制のもとで「夫が働き妻は専業主婦」という「典型的家族像」を定着させた。

しかし、後述するように、女子の労働力化にともない、この家族像もさらに変化しつつある。

家族の扶助機能低下とその対策

近年、産業は製造業からサービス産業化（脱工業化）しつつある。結局、①生産・労働機能、③教育機能は外部化した。②再生産[15]は最後まで残るであろうが、③の養育は保育として、女子の労働力化と共に一部外部化しつつある。④扶助は、福祉の原則が選別主義から普遍主義に変更されることにともない、外部化が進行中である。即ち、ケアは基本的には家族が担ってきたが、家族が担えない場合、政府がその役割を果たしてきた。その方法は行政措置によるケア提供から、市場での契約による提供に変化した。介護保険制度がその典型例である。

これは、低下した家族機能を政府だけではなく、市場に期待するということである。しかし、医療においては市場が失敗することが知られている。福祉ではどうかが問われているのである。

扶助への政府の介入

扶助、あるいは「助け合い」とはリスクへの対応である。伝統的社会においては、生命に対する多くのリスクが存在したが、それらに対する対応も基本的には家族単位で行われてきた。

飢饉に襲われれば家族全員が乏しい食物を分け合い、共に飢えた。豊作を与えられれば共に超越の力の恵に感謝した。狩に出かけても獲物が獲られなければ家族が忍耐を強いられたが、獲物が獲られれば家族が全員で豊かな食卓を囲むことができた。また、高齢になって労働ができなくなれば、耕作の労働は子供にゆだね、老人は孫の子守や食事の準備に回ったので、失業はなかった。

工業化と核家族化にともない、疾病や事故だけではなく、新たなリスクが出現した。突然、失業すれば貧困に陥らざるを得ない。定年を迎えれば、働く場を去らなければならない。

リスクへの対応は、家族、市場、あるいは国家により担わなければならないが、社会と家族の変貌により、家族機能が縮小したため、家族以外の国家、又は市場に期待せざるを得なくなった。

現代社会におけるリスクへの対応は、リスクの種類、人々の考え方によって変わる。例えば、年金や失業保険は規模やリスクの大きさから民間では担うことができないので、公的な制度が主流となる。[16]

自動車の普及は多くの利便をもたらしたが、一方交通事故が多発した。事故の被害者は運転者だけではないが、事故を起こした運転者に責任を負わせるとすれば、その事故のリスクは自動車を運転する人のみにある。保険は人が危険嫌い（risk averse）であることから、市場における等価交換で危険の分散が実現できる。

健康保険はその中間である。それは「健康」は保険できないが、病気になったときの経済負担リスクの分散である。アメリカのように、民間の健康保険がかなりの部分を担っている国もある。病気の危険は誰にもあり、対応も民間保険、社会保険、行政サービスなど色々あり得る。これは、市場価格では高価なサービス財でも、多くの人で負担しあえば、市場も対応できることを示している。わが国のように税などよる支援を加えて、社会保険方式で、いわゆるメリット財として提供される国もある。[17]

福祉国家

扶助における国家の役割は「夜警国家」から「福祉国家」へと変貌してきた。福祉における国の役割はいかなる国家体制でも、一定の方向へ収斂していくのではないかとする考えもあったが、その見方について最近は否定的である。Espin-Andersen[18]は、福祉国家は、社会保障政策の総和ではなく、レジームの問題であり、基本的には容易には変えられないという。そして、欧米の国々は、その発展の経緯の違いも含めて、三類型が存在するとした。

① 北欧型は、社会民主主義で、労働団体と政府の合意で福祉政策が決定され、平等な政府のサービスを主とする。

② イギリス・アメリカ型は自由主義で、個人の責任、市場と効率を重視、不平等に寛容である。[19]

③ ヨーロッパ大陸型は保守主義で、政府主導による社会保険が主である。基本にはパターナリズムと家族主義である。

いずれにおいても政府支出における社会保障支出の割合は高い。

しかし、むしろ政権交代のある国においては、社会保障に対する政策は、政権が異なると揺れると見るべきではないだろうか。自由主義経済の国では、政権によって民間の企業や産業政策や純粋に公共的な政策はさほど大きく変わることはないが、いわゆるsocial policyの領域では、人間観によって極めて大きく変化するからである。[20]

例えば、イギリスの政権が、新自由主義政権へ、そして社会民主主義へ交代することにより、社会保障政策は大きく変化した。[21]社会保障政策はいわゆるマニフェスト選挙においては大きな争点となり、政治も生活政治が重要になったという。[22]

視点を変えれば、ケアの領域では、家族機能が縮小し、また政府が小さな政府を指向しこの領域から後退すると、いわゆる準市場（quasi-market）[23]の領域が拡大した。その市場の動態は政府の介入の仕方によって大きく変化するのである。

福祉国家としての日本

Espin-Andersenも日本を福祉国家とし分類しかねている。わが国におけるリスクへの対応は、家庭の機能に大きく依存してきたという点ではイタリア、スペインなど南欧の国などと近く、基本的には「家族主義」であるという[24]。確かに、日本は家族主義を払拭できておらず、介護保険の導入にあたっても「日本の美風」を守るべきだと主張して法案に反対する政治家が少なからず存在した。

わが国のケア制度は法制度的にはドイツ（保守型）に近く、父権主義的である。さらに、レジームを見れば、極端な「行政国家」である[25]。日本は敗戦国で、社会保障制度の充実は遅れ、民間に大きく依存してきた。例えば、社会福祉法人、民間医療施設[26]などがサービスの多くを担ってきた。従って、政府支出に占める社会保障費用は少なかった[27]。

そのような中、近年の福祉事業は「選別主義」（政府による措置）から「普遍主義」へと大きく舵がきられた。即ち、措置による行政サービスとしての提供から、市場における購入への変更である。取引においては契約を取り交わすことになるが、一般の消費財と異なり、ケアについての契約は典型的な「不完備契約[28]」にならざるを得ない。

わが国で二〇〇〇年に発足した介護保険制度は普遍主義に基づく制度の典型であるが、今後はこの不完備契約下での諸々のモラルハザードを制御し、ケアの質と効率をどのようにしたら確保できるかが大きな政策研究の課題となる。

女性の社会進出と少子化[29]

核家族化に加えて、女性の社会進出は、家族の扶助機能の更なる低下を引き起こしている。核家族はさらに「個人」へと分解の道をたどっている。女性の社会進出は世界的な傾向であるが、わが国においては、その社会基盤の整備が遅れたことから、女性の社会進出は少子化をもたらしている。社会保障の整備の遅れが、さらに社会的基盤そのものを弱めつつあるという皮肉な結果である。

女性の社会進出がなぜ起こるかは必ずしも明らかではないが、その影響は多方面にわたる。

女性の働くことへの意識は明らかに変化してきた。進学率は、高校で一九六九年、大学・短大で一九八九年から女性のほうが高くなった。

「男は仕事、女は家庭」の考え方に同感しない人が増加した（総理府調査）。

「子供ができてもずっと職業を続けるほうが良い」と考える人の割合は、世界の国々と比べて日本では極めて低いが、世界の統計はわが国においても、その割合は今後高くなる可能性があることを示している。[30]

雇用者に占める女性の割合は、現在労働者のほぼ四〇％が女性であり、さらに増加傾向にある。この傾向は産業のサービス産業化が影響しているだろう。

いわゆるM型の就業形態は、韓国、日本で見られるが、アメリカ合衆国、フランス、デンマークでは見られない。

わが国における男女の賃金格差は、西欧諸国と比較するとまだ大きいが、その差は減少傾向にある。

女性に対する就業形態でも性差別の廃止は、「男女雇用機会均等法[31]」や「育児・介護休業法[32]」の制定などと進んではいるが、少子化対策というより、女性の子育て期間における母性保護の見地から行われているものである。

日本の少子化対策は遅れてきた。少子化の大きな要因は、結婚年齢、出産年齢の上昇、未婚率の上昇である。結婚した夫婦は平均で二・二人の子供を生んでいる。従って、その対策も単純ではないはずである。

Espin-Andersen は、少子化は日本、南欧など家族主義の強い国々で激しいので、その点ではカトリックと儒教は同様の影響を示しているという[33]。家族主義は社会進出を望む女性の環境整備をせず家庭に閉じ込めようとするので[34]、家庭内の女性の負担を増やすからであると考えられる。従って、家族主義は少子化につながり、将来の社会の扶助を支える社会的基盤である「次世代の育成」に失敗しているのである。

このような変化に対して、市場はすばやく反応している。例えば、外食産業の「中食[35]」への進出、私立保育園などである。

日本政府も遅ればせながら、対策を始めた。二〇〇五年四月から「次世代育成支援対策推進法」に基づく「一般事業主行動計画」の届出義務開始[36]された。また、二〇〇六年度から保育と幼稚園の総合化が推進されようとしている[37]。

このように見てくると、女性の欲求も自己実現[38]に向かって上昇しつつあると見ることができよう。そうであれば、この傾向を後戻りさせることはできない。

アトム化した家族は、新たな危険（リスク）にさらされるようになった。失業に対しては共稼ぎの方が強いかもしれないが、家庭の扶助の機能はさらに弱まりつつあり、高齢者だけでなく、子供の養育も危機にさらされることになる。

富永はこの家族の機能の低下を「家族の失敗[39]」と呼んだ。扶助において家族が失敗し、市場が失敗するので、政府が助け手として呼び込まれる事になる。政治において生活政治が重要になるのはこのためである。

しかし、一方、政府は小さな政府となることが期待されている。また、個々人の好みに応じてサービスを提供するといった仕事は、行政サービスには最も向かない仕事である。行政にむいているのは、平等に画一的な金銭の支給を行うような仕事である。

そのような中で、ケアの質と効率を確保するためには、どのような政策がありうるのか、これがケアの政策学に課せられた研究課題である。

介護保険制度の研究課題：ミクロな視点の重要性

人の高齢化にともない発生する諸問題は、医学など一専門分野が取り組むだけでは解決しない問題が多い。そこで、医学、社会学など多くの専門家が集まり、日本だけではなく国際老年学会が組織され、活発な活動を行っている。二〇〇〇年に発足した介護保険制度は、普遍主義に基づいてつくられた制度であるが、未完成であり、問題も多く、それだけにまた、研究課題も多い。

本制度は高齢者の介護の社会化であると言われている。しかし、消極的な表現をすれば、ケアにおける家族の機能が低下し、政府が後退すれば、その機能を市場に期待せざるを得なかったのである。しかし、ケアにおいては情報の非対称があり、市場は失敗する。そこで工夫をして、市場競争の力を利用し、質と効率を達成したいということになる。これが広い意味での Managed competition[40] という考え方である。

近年の経済学においては、市場モデルだけではなく、相対取引のモデルの研究が進歩しつつある。古くは代理人理論と呼ばれていたが、近年はより一般的に不完備契約の問題と呼ばれている。情報の非対称があれば、契約でエージェントを完全に拘束することはできない。従って、エージェントの組織とインセンティブの設計を通して、出来るだけモラルハザードを防止し、契約の目的を履行させるようにしなければならない。しかし、ケアで重要な要素は相手のためを思う利他の精神である。契約は心の側面まで拘束することは極めて困難である。

世界の先進国におけるケアの制度改革は基本的にこの managed competition の考え方によっている。より具体的には agent と incentive をいかに設計するか、即ち、計画するかである。世界的には多くの試みが行われている[41]。ただし、現実の政策は、人間に対する基本的な認識[42]と、それぞれの歴史的背景の違いから、相当違うものとなっている。しかし、この考え方に基づく政策、つまり計画には、人間性についての多くの仮定が存在する。その仮定が間違っていれば、現実の結果は、計画とは異なったものになる。これを合理性の誤り（rationality mistake）[43]とよぶ。従って、政策研究には実証研究が不可欠である。

介護保険制度は普遍主義に基づいてつくられた大きな制度である。そして、情報の非対称性を解決するために、介護支援専門員（通称、ケアマネージャ）というエージェントを設計した。しかし、ケアマネージャは介護事業者に所属するものが多く、利用者のエージェントではないという点で、その立場性に問題がある[44]。また、困難事例などの場合には、高度なソーシャルワーカの能力を必要とされるが、現状の人材確保や研修制度に問題がある。今後、大学の教育研究が寄与することを期待されている領域である。

介護保険制度が導入されようとしたとき、医療はともかく福祉の市場化に嫌悪感を示す関係者が多かった。しかし、情報の非対称の程度は、医療における医師・患者間のそれよりも、例えば介護における介護者とサービス利用者間の方がはるかに小さい。利用者は介護者の評価を事前的には困難であったとしても、事後的にはかなり評価できる可能性がある。従って医療よりも介護の方が市場化には適している可能性がある。

現在、利用者のヘルパーに対する評価能力は次第に向上して、その評価も厳しくなりつつあり、利用者、あるいは家族が自らケアプランを作成する運動が広がりつつある[45]。しかし、医療よりも介護の方が困難な面もある。専門家は患者やクライエントのケアのニードを評価し、そのニードに対してサービスを提供するように訓練されている。医療の場合には医学、看護学はそのような学問体系となっている。ニードによるサービスの提供には専門家支配となる傾向があるという批判がある。しかし、専門家の間にもそのような反省が進んでいることは前に述べた[46]。

福祉の場合には、サービスの目標は個人の生活の支援である。わがままや、いわゆる線引きの問題など、利用者のモラルハザードに対処するという困難が生じる。また、医療と福祉の制度間の調整なども現実の政策としては重要な課題となるであろう。

結　語

今や、伝統的な家族・親族関係へ回帰する可能性への見通しの甘さを払拭することが必要である[47]。A・ギデンスは家族の変貌については「民主的家族」を目指さなければならないと言う[48]。そして、家族の絆は、内側にとどまらず、外側に及んではじめて市民的結束の有効な基となるとして、「社会的に統合された家族」の構築が必要だという主張は正しいであろう。

「家族の失敗」の結果、国家が家庭に直接入ってくる。いわゆる生活政治が重要になる。そこでは、人間性に対する理解、仮定、そして現実の観察と評価が重要となる。従ってケアの政策学は必然的に『人間』福祉政策学となる。政策研究は今後どうしたらよいのかに関心を持つ。政策学は評論ではなく、具体的な課題に答えなければならない。

新らたな政策は、個人、家族、そして地方から、生まれる。これが地方自治の本旨でもある。

注

（1）Careは「世話」と訳されるが、単なる行為ではなく、その形容詞carefulが意味するように、ある人に対して良かれという思いを持って常に見守るという内面的な意味を含んでいる。従って、専門領域では邦語訳を用いず「ケア」が多用されている。経済的な支援は含まない。本論でも年金問題は直接は論じない。

（2）Moira Stewart, et al. (2003), *Patinet-Centered Medicine* : Transforming the Clinical Method (2nd Edition), Radcliffe Meical Press.

（3）郡司篤晃「地域福祉と医療計画」季刊社会保障研究、26(4): 369-384, 1991.

（4）日本では大正年間から死亡率が減少し始めているので、その時点を人口転換の始めと見ると、その遅れは約一〇〇年ということになる。明治時代に科学技術をはじめとして西欧文明を輸入したが、それによって生活水準が向上したのは大正年間になってからだということを示していよう。

（5）アダム・スミス『道徳情操論（上・下）』米林富男訳、未来社、一九六九年。

（6）原文には「神の」はない。しかし、ギリシャ悲劇「オイディプス」の運命の絆を意味する「神の見えざる手に導かれて」をスミスが引用した。京極高宣『福祉の経済思想』ミネルヴァ書房、一九九五年、一五頁。

（7）Freedmanは「選択の自由」の中で市場の威力を「鉛筆の話」を用いて雄弁に説明している。また、計画経済の困難性を示している。Freedman, M. Free to Choose, 1980.（『選択の自由』西山千明訳、日本経済新聞社、一九八〇年）

（8）スミスは規範の必要性を否定はしていない。少しのsympathyが必要だとした。しかし、救貧法には批判的で、軍隊や役人や僧侶などの非生産的階級を減らして、小さな政府を支持したという。京極高宣、前掲書、一九九五年。

(9) 行政国家の問題は、行政が肥大化すると、いわゆる圧力団体など、力が集中している集団の影響で政府が動かされるようになり、一般市民の力は分散しているがゆえに政治に反映されなくなる。その結果、代議員制民主主義は危機に陥る。

(10) 山脇直司、第三章「ヘーゲルから厚生経済学まで」、『経済の倫理学』、丸善、二〇〇二年。

(11) Robert Heilbroner, *The Worldly Philosophers*, Penguin Books, (1953, revised 7th ed 2000).(『入門経済思想史：世俗の思想家たち』八木甫ら訳、筑摩書房、二〇〇一年。五一〇—一一頁)

(12) 神野直彦(二〇〇二年)『人間回復の経済学』岩波新書、神野直彦(二〇〇二年)『地域再生の経済学：豊かさを問い直す』中公新書、神野直彦(二〇〇二年)『財政学』有斐閣。

(13) 再生産はreproductionの訳。医学では生殖という。子供を生むことを人口学の専門用語としてはこのように呼ぶ。

(14) 扶助はケアだけではなく、経済的な助け合いも含んでおり、さらに広い助け合いの機能である。

(15) 一九九四年の婚外出生率、イギリス三二%、イタリア七%、フランス三五%、デンマーク四七%、スウェーデン五〇%に達しており、イタリアを除く他のEU諸国においてもそれに迫る数字である。人々が結婚という法的規制にコンフォームすることを拒否することの結果である。

(16) 日本の現行の基礎年金は、最低レベルの生活を保障するもの。高齢化するリスクは誰にでもあり、それを保険で分散しようとする考えには無理がある。例えば、積み立て財源が枯渇すれば、純粋な異なる世代間の相互扶助となる。年金の財源については税方式から社会保険まで、給付方式には確定給付と確定拠出色々な方式があり、大きな研究領域である。二〇〇四年の年金制度改革で、マクロ経済スライド制を導入した。また、企業年金は確定拠出型へ移行しつつある。

(17) この場合は、純粋の民間保険とことなり、等価交換でない。

(18) G. Esping-Andersen (1999) Social Foundations of Post-industrial Economies.(渡辺雅男、渡辺景子訳(二〇〇〇

年）『ポスト工業経済の社会的基礎——市場・福祉国家・家族の政治経済学』桜井書店）
（19）現実の政策上は、市場による効率向上と平等はいわゆる 'trade-off' の関係にある。
（20）Julian Le Grand (2003), *Motivation, Agency, and Public Policy* : Of Knights & Knaves, Pawns & Queens, Oxford University Press.
（21）郡司篤晃（二〇〇五年五月）「イギリスにおける医療・福祉の現状とその評価——医療改革について」社会政策学会報告。
（22）Giddens は国民の関心は政治・外交などの High Politics から、市民生活に直接関係する Low Politics（生活政治）へ移行しつつあるという。Anthony Giddens, *The Third Way*, Polity Press, 1998.（A・ギデンス著、佐和隆光訳『第三の道』日本経済新聞社、一九九九年）
（23）準市場とは、政府の介入があり、サービスの提供主体は必ずしも利潤を目標としていないなど、多様であるなどを特徴とする。Le Grand J, Bartlett W (eds) (1993), *Quasi-markets and Social Policy*, Macmillan.
（24）G. Esping-Andersen（1999）前掲書、第四章家庭経済、第五章福祉レジームの比較：再検討。
（25）わが国では、法律案は行政によって作成され、議会でも行政官が答弁してきた。また、当然法の執行は行政の本来業務であるから、立法府は評議機関的な存在だった。行政国家の特徴は圧力団体との癒着と代議員制民主主義の危機である。わが国の社会保障制度の整備は行政主導で行われてきた。日本は保守党の政権が長く、政権交代がほとんどないので、この構造は長く定着してきた。
（26）個人立と医療法人立が医療施設の約四分の三を占める。
（27）武川正吾「日本における福祉国家と市場」、郡司篤晃編著（二〇〇四年）『医療と福祉における市場の役割と限界』聖学院大学出版会一一五—一二九頁、所収。
（28）ケアの売買についての契約はいわゆる「不完備契約」の典型である。だからモラルハザードを避けられない。不完備契約については、P. Milgrom & J. Roberts（1992）, Economics, Organization & Management, Prentice Hall, Inc.（奥野正寛ら訳（一九九七年）『組織の経済学』NTT出版）、柳川範之（二〇〇〇年）『契約と組織の経済学』東洋経済新報、など。医療における（準）市場の実証分析については、郡司篤晃『医療システム研究ノート』及び郡司篤晃編著（二〇〇四年）『医療と福祉における市場の役割と限界』聖学院大学出版会。

（29）平成八年「厚生白書」は「家族と社会保障」の特集号。

（30）東京都文化局（一九九四年）総理府（一九九二年）調査（平成八年厚生白書、二〇頁）。

（31）就業に関する性差別を禁止する一方、母性保護を定める。

・産前（予定日の六週前から）
・産後の休業（産後原則八週間）
・妊産婦の就業制限（産後は一年、残業、激職、有害環境での労働、など）
・生理休暇（届出）

（32）一歳に満たない子を養育する労働者の養育、一回、そのため不利な扱いの禁止。

・一―三歳までの子を養育する労働者の育児休業延長や勤務時間の短縮（申出）
・就学前の子を養育する労働者の時間外労働の軽減
・介護を必要とする家族のいる労働者にも最長三ヶ月、一回の休業を認める。
・その他、育児と類似の特権がある。

（33）G. Esping-Andersen（1999）前掲書。

（34）二〇〇五年国連開発計画（UNDP）がまとめた〇五年版「人間開発報告書」によれば、日本は健康、教育など「人間の豊かさ」を測る人間開発指数で世界の一七七ヵ国中で、一一位だが、女性の政治・経済分野への進出度を示す指数（Gender Empowerment Measure）では四三位と先進国では極端に低い。一位はノルウェー、USAは一二位、イタリアは三七位。

（35）いわゆるお惣菜屋。

（36）「次世代育成支援対策推進法」（平成一五年七月成立・公布、平成一七年四月一日以降、雇用者三〇〇人以上の事業主は「一般事業主行動計画」を速やかに届出る）。

（37）これらの養育・教育は学校法人等に対する新たな需要である。文部科学、厚生労働両省は、幼稚園と保育所を一元化した総合施設づくりを二〇〇六年度から全国で本格実施する予定である。

（38）Abraham H. Maslow "Motivation and Personality" Harper & Row, 1954. Frank G, Goble The Third Force : The Psychology of Abraham Maslow Grossman Publishers, Inc. 1970.（小口忠彦訳『マズローの心理学』、産業能率大学出版部、一九七二年）

（39）富永健一『社会変動の中の福祉国家――家族の失敗と新しい機能』中公新書、七〇頁。

（40）Enthoven, A. C., The history and principles of managed competition, Health Affairs 12, 1993. Enthoven, A. C., Theory and practice of managed competition in health care financing, North-Holland, 1988. これは講演をまとめた小冊子だが、良くまとまったものである。

（41）残念ながら、わが国ではこの考え方が十分浸透していない。制度改革の主流の考え方は相変わらず規制緩和であり、市場化である。

（42）Julian Le Grand (2003) Motivation, Agency, and Public Policy : Of Knights & Knaves, Pawns & Queens, Oxford University Press.

（43）A. Barlow, S Duncan and R. Edwards, *The Rationality Mistake* : New Labour's communitarianism and 'supporting families', in P. Taylor-Gooby (ed), *Risk, Trust and Welfare*, Macmillan Press Ltd., 2000.

（44）しかし、介護者との連絡調整が円滑に行われるなど利点もある。

（45）「全国マイケアプラン・ネットワーク」

（46）Moira Stewart, et al.（2003）, *Patinet-Centered Medicine*: Transforming the Clinical Method（2nd Edition), Radcliffe Meical Press. 具体的な施設運営などについてはSusan B. Frampton, et al.（2003）, *Putting Patients First*: Designing and Practicing Patient-Centered Care, Jossey-Bass（John Wiley & Sons, Inc.).

（47）憲法調査会最終報告（要旨）第四　国民の権利・義務（5）家族・家庭に関する事項。「女性の働く権利に資する等のために、選択的夫婦別姓導入に賛成する意見と、家族の崩壊を誘発する恐れがあることなどから、これに反対する意見が述べられた。また、家族・家庭や共同体の尊重のような規定を憲法にもおけることの是非について議論が行われ、この点については意見が分かれた。規定を憲法に設けるべきであるとする意見は、その根拠として家族・家庭の重要性を再認識し、家族における相互扶助、家庭教育などの家族・家庭が果たしてきた機能を再構築する必要があること等を上げている。規定を憲法に設けるべきではないとする意見は、その論拠として、家族・家庭の尊重のような価値の法制化に危惧をおぼえること、家族条項の規定が戦前の家族制度への回帰につながることへの懸念などを上げている」。朝日新聞、二〇〇五年五月一日八面。

（48）Anthony Giddens（1998）前掲書（訳本）一五四—一六七頁。

文献

1 Barlow, A, Duncan, S and Edwards, R.（2000）, The Rationality Mistake: New Labour's communitarianism and 'supporting families', in P. Taylor-Gooby (ed), *Risk, Trust and Welfare*, Macmillan Press Ltd..

2 Giddens, A（1998）, *The Third Way*, Polity Press,（A・ギデンス著　佐和隆光訳『第三の道』日本経済新聞社、一九九九年）

3 Enthoven, A C, (1993), The history and principles of managed competition, *Health Affairs* 12, p. 24-48.
4 Enthoven, A C, (1988), *Theory and practice of managed competition in health care financing*, North-Holland.
5 Goble, F G, (1970), *The Third Force* : The Psychology of Abraham Maslow Grossman Publishers, Inc.,（小口忠彦訳、『マズローの心理学』、産業能率大学出版部、一九七二年）
6 Freedman, M. (1980), *Free to Choose*,（『選択の自由』西山千明訳、日本経済新聞社、一九八〇年）
7 Esping-Andersen, G (1999), *Social Foundations of Post-industrial Economies*（渡辺雅男、渡辺景子訳（二〇〇〇年）『ポスト工業経済の社会的基礎――市場・福祉国家・家族の政治経済学』桜井書店）
8 Le Grand, J (2003), *Motivation, Agency, and Public Policy* : Of Knights & Knaves, Pawns & Queens, Oxford University Press.
9 Le Grand J, Bartlett W (eds) (1993), *Quasi-markets and Social Policy*, Macmillan.
10 Stewart, M. et al. (2003), *Patinet-Centered Medicine*: Transforming the Clinical Method (2nd Edition), Radcliffe Meical Press.
11 Milgrom, P & J Roberts (1992), *Economics, Organization & Management*, Prentice Hall, Inc.（奥野正寛ら訳（一九九七年）『組織の経済学』NTT出版）
12 Heilbroner, R (1953, revised 7th ed 2000), *The Worldly Philosophers*, Penguin Books,（『入門経済思想史――世俗の思想家たち』八木甫ら訳、筑摩書房、二〇〇二年五一〇―一一頁）
13 Susan B. Frampton, et al. (2003), *Putting Patients First*: Designing and Practicing Patient-Centered Care, Jossey-Bass (John Wiley & Sons, Inc.)
14 アダム・スミス（一九六九年）『道徳情操論（上・下）』米林富男訳、未来社。
15 京極宣高（一九九五年）『福祉の経済思想』ミネルバ書房。

16 郡司篤晃（二〇〇五年五月）「イギリスにおける医療・福祉の現状とその評価：医療改革について」社会政策学会報告。
17 郡司篤晃（二〇〇〇年）『医療システム研究ノート』。
18 郡司篤晃（一九九一年）「地域福祉と医療計画」『季刊社会保障研究』、26(4) 三六九―三八四頁。
19 郡司篤晃編著（二〇〇四年）『医療と福祉における市場の役割と限界』聖学院大学出版会。
20 山脇直司（二〇〇二年）第三章「ヘーゲルから厚生経済学まで」、『経済の倫理学』、丸善。
21 神野直彦（二〇〇二年）『財政学』有斐閣。
22 神野直彦（二〇〇二年）『人間回復の経済学』岩波新書。
23 神野直彦（二〇〇二年）『地域再生の経済学――豊かさを問い直す』中公新書。
24 平成八年厚生白書。
25 富永健一（二〇〇一年）『社会変動の中の福祉国家――家族の失敗と新しい機能』中公新書。
26 平成八年「厚生白書」は「家族と社会保障」の特集号。
27 柳川範之（二〇〇〇年）『契約と組織の経済学』東洋経済新報。

労働者階層とドイツ・ルター派
——フリードリッヒ・ナウマンと福音主義社会協議会

深井智朗

問題設定——ドイツの社会変動と労働者階層の登場

「ヴィルヘルム帝政期の最初の数十年ほど、ドイツの社会が急激な変化を経験したことはなかった」と言われるほどに、この時代のドイツは大きな社会変動を経験している。この社会変動については既に多くの研究者が論じているところであり、また分析がなされているところでもある。しかしこの問題を、ヴィルヘルム帝政期の社会と宗教との関係、とりわけルター派の問題として考察することはほとんどなされてこなかったのではないだろうか。この時代の社会変動の現実をもっとも深く受け止めていたドイツ・ルター派の牧師のひとりがフリードリッヒ・ナウマンであったと言ってよいであろう。ナウマンについては後に詳しく紹介するが、彼は初期にはその素朴な宗教的理想主義によって、後には社会政策的な視点から、このドイツの社会変動と取り組んだ牧師であった。その取り組みは、理論的であるよりは実践的、神学的であるよりは社会政策的であった。その例を一つ示すならば、いわゆる後期ナウマン、とりわけ国民社会主義者としてのナウマンが、彼独自の人口論に基づく政策議論を展開した時に、この社会変動はドイツの将来を規定する大きな問題に思えた。彼はしばしば、ドイツの人口が一八一六年にはまだ二、四八〇万人であったのに、一八七五年には四、二五〇万人になり、一九〇五年には六、〇三〇万人にまで達したことについて言及していた。彼はドイツの人口が年間八〇万人以上増えてゆく計算になることを知り、一九二五年には約八、〇〇〇万人の人口がドイツ帝国内で生活をし、仕事をしていることに不安を感じ、この膨大な人口を養うだけの経済力がドイツにはあるのか、あるいはこの社会変動の中で中心的な役割を担うようになった労働者階層をめぐる諸問題との取り組みは十分であるのか、ということを問題視していたのである。

いずれにしてもこの社会変動の原因は、ドイツの近代化、すなわちヴィルヘルム体制の中で、ビスマルクによる産業の構造改革が強力に進められ、工業化がドイツ全土に広められたということにある。そしてこの工業化が社会システムに大きな影響を与えることになったことは明らかであり、さまざまな仕方で分析されているが、この工業化はドイツ・ルター派にとっても大きな、そして深刻な問題であった。なぜならドイツ・ルター派はこの工業化によって、これまでに経験したことのない社会層を教会の中に抱えることになったからである。この変化をナウマンは「農業経済から工業経済への移行」と言う言葉で説明している。(1) この構造の変化は、確かにナウマンが言うように、社会システムの変化としては「農業経済から工業経済」への変化であるが、宗教問題としては、ドイツ・ルター派がその倫理、とりわけ農業社会のシステムと専門職を前提としていたルター派の職業倫理においてこれまで取り扱ったことのない社会階層としての、労働者階層の出現を意味していた。すなわちこの社会構造の転換は、ルター派にとっても新しい社会システムへの対応、新しい職業倫理の形成と言った課題を迫られる経験であった、ということが重要なのである。と言うのも、この社会変動によって生み出された社会システムは、ルター派にとっては、宗教改革以来の大きな転換の経験であったとさえ思われたからである。そこで起こっていることは、もはやルター派が生み出してきた社会と宗教との関係が、その基盤から覆されるような、そしてルター派にとっては未経験であった社会変動が生じ、ルター派がその対応を迫られているという新しい事態の発生だったのである。

この問題とのルター派内での取り組みにおいてもっともよく知られているのが、既に言及したフリードリッヒ・ナウマンなのである。このナウマンを取り扱うためには、このような時代に生きたナウマンの神学思想だけを、とりわけ彼の社会倫理的な思想だけを再検討するだけではなく、またナウマンの社会主義的な政治活動だけの分析でもなく、彼の思想と行動とを結び付けて、すなわちこの時代のルター派の神学的な立場と、社会的な状況とを結び付けて考察することが必要となるであろう。そのために本論ではルター派の神学者であるナウマンがこのヴィルヘルム帝政期の社会変動をどのように理解し、対応したのかということを検討してみたい。またそれはどのように変化し、あるいは逆に一貫していたのか、ということを、既に述べた通り、彼の思想とその時代の社会的動向とを常に相関関係の中で理解することで考察して行きたい。

フリードリッヒ・ナウマンはライプチィッヒ郊外のシュテルムタールで一八六〇年三月二五日に生まれている。教育はライプツィッヒとエアランゲンの神学部で受けている。フリードリッヒ・ナウマンほど帝政後期のドイツ政治史に名を残した神学者、牧師はいないであろう。しかし、それは彼の政治的な立場がその時代に大きな影響を与えたとか、彼の政策が現実的に受け入れられたということではない。むしろ彼の政治的な立場は何度も変更され、その度に批判され、彼の考えを受け入れ、理解できたのはむしろ少数であったと言ってよいかもしれない。ナウマンの思想の幾度にもわたる転換はヴィルヘルム帝政期のルター派の政治的な混迷を象徴していると言ってもよいであろう。ペーター・タイナーはナウマンの思想を「ヴィルヘルム期リベラリズムのひとつの変種[2]」だと理解している。その見方は正しいであろう。またフリードリッヒ・マイネッケは「ナウマンの国民社会主義運動は、ドイツ史のもっとも高尚な夢のひとつであった。しかしそれはまさにひとつの夢にほかならなかったのである」と述べているが、この見方も正しい。マイネッケが言うように、公共生活における市民階級と労働者階級との調和、他方で宗教的な視点から言うならば、ルター派における新しい社会倫理の確立という課題は不成功に終わったのである。

このナウマンの立場を批判しつつも、生涯ナウマンを理解しようとし、行動をともにしてきた友人のひとりはマックス・ヴェーバーである。ヴェーバー自身が生涯を通してさまざまな人物との交流があり、しかしそれが長続きしなかったことは有名であるが、ナウマンとの交流は例外的に生涯続けられた。ヴェーバーにとってナウマンとの関係は従兄弟のオットー・バウムガルテンとの関係のようではなく、またハイデルベルクでの同居人エルンスト・トレルチとの関係のようでもなかった。そこにはヴィルヘルム帝政期の運命についての危機感の共有からくる政治的友情が存在していた。ナウマンが一九一九年八月に亡くなったとき、ヴェーバーはあの有名な言葉を残した。「私自身の人生の長年の希望は彼と共に死んでしまった(3)」。

この時代の神学者たちや教会も必ずしもナウマンの立場を支持していたわけではなかった。ヴィルヘルム帝政期の最後の世代に属するカール・バルトは、ナウマンを「過ぎ去るべき時代の遺物」として批判したし、ナウマンより先の時代、すなわちワイマール共和国におけるルター派の政治的神学者となったエルンスト・トレルチにも必ずしもその思想は理解されるものでもなかった。しかしナウマンの思想とその変遷を理解することは、ナウマンの思想の解明のためだけではなく、この時代のルター派の政治的な立場、政策などを理解するためにきわめて重要な課題である。

このような課題と取り組むために、ヴィルヘルム帝政期におけるナウマンの思想を、彼がどのような政治的団体を背後において展開したのかということに注意しながら、段階的に考察する方法がこれまでにもとられてきたが、本論でもそれにならって考察を進めることにしたい。従来は政治思想史の研究者によって彼の思想は五期に分けて検討されてきた。すなわち、まず第一に国内伝道と深く関わった牧師時代、第二にルター派内部のキリスト教社会主義の活動の時期、第三にキリスト教社会主義から国民社会主義へと転換した時期、第四には政治的リベラリズムの影響下にあった時代、そして第五には国家社会主義の時代である。(4) しかし、この区分はナウマンの思想的発展を解明するために必ずしも必要な区分とは言えず、むしろ、ヴィルヘルム帝政期の政党史と関係する区分である。それ故に本論では、ナウマンの思想をただ前期と後期とに区分し、その間にある「転向」ないしは「改心」の意味を重視してみたい。すなわち本論の課題はナウマンが素朴にキリスト教信仰と社会主義との結合が可能であると考えていた時期、政治的にリベラルなルター派の路線を肯定していた時代から、「政治的な改心」を経験して、世俗的な社会主義へと、さらにはヴィルヘルム帝政を支える社会主義という方向へと展開して行くナウマンの思想と政治的活動の考察ということになる。

1　ルター派牧師としてのフリードリッヒ・ナウマンの誕生、あるいは国内運動

ナウマンはエアランゲンでの神学教育を終えた後、ハンブルクの郊外にヨハン・ハインリッヒ・ヴィーヒアンによって設立された「ラウエハウス」と呼ばれた「少年感化院」付け牧師となった。この時代のナウマンはまだ、後に対立することになるA・シュテッカーの強い影響のもとにルター派リベラリズムと社会主義への関心を高めることになった。さらに彼はザクセンで正式に按手を受け、ランゲンベルクの教会の牧師となったが、そこでナウマンが見た現実は、ヴィルヘルム帝政期における急速な近代化によって引き起こされた社会システムの急転換であり、そのような中で現実に適応不可能になってしまったと彼には思えた伝統的な価値観をもった人々の姿であった。とりわけ彼は新しく生み出された「労働者階級」の現実と取り組まざるを得なかった。ドイツ・ルター派の職業観はルター以来、い

わゆる専門職と農業従事者の社会を前提とし、工業化によって生み出された資本家と労働者、及び労働組合運動や社会政策については無防備であり、何らの政策も神学ももっていなかった。若きナウマンの著作『労働者の教理問答集』[5]は彼の初期の立場をよく表している。この問答書に見出されるナウマンの立場を、われわれは「初期ナウマン」、あるいは「ドイツ・ルタ派の素朴な支持者としてのナウマン」、「伝統的ルター派の枠組の中で労働者問題を処理できると確認していた時代のナウマン」などと呼ぶことができるであろう。

P・タイナーが言うように、「この書物は社会民主党の勝利によって政治的に引き出された選挙権の拡大という事態を前提に書かれており、労働者の政治参加に宗教的な基盤を与えようとするものであった」。その中でナウマンは「労働者階級はまず教会と宗教とに回帰すべきであり、〔ルター派〕教会の立場と〔ルター派〕教会によってこれまで保持されてきた伝統的諸価値を再生させること」を目指していたのである。

それ故にナウマンがはじめから政治的なリベラリスト、あるいは社会主義者であったと考えることはできない。彼の政治的な立場はその初期においては伝統的なルター派の内部における社会主義的なものの擁護、しかも伝統的な宗教システムを破壊しない範囲での社会主義的なものの擁護に過ぎなかったと言ってよいであろう。そのことは初期ナウマンが、急激な社会システムの改革や労働者運動を批判していたことからも明らかである。彼の初期の教会体験がそのような現実に対する理論の先行を許さなかったのである。彼はむしろ急速な社会システムの変換や労働者の権利拡大によって生じた社会システムの変化が伝統的なドイツ社会に大きなゆがみを引き起こしていることをむしろ問題視していたのである。ナウマンはたとえばこれまでの伝統的な社会観や家庭観が破壊され、婦人の社会進出や雇用の拡大によって、伝統的な家庭や教育、子供についての価値観もまた破壊されてしまった現実を地域教会の牧師として見ていたのである。彼は一八四八年の革命、すなわちドイツにおける啓蒙主義的な革命である三月革命によって、教会と社会との分断は決定的になったという認識をもっていたが、この分断こそが社会の悲劇の始まりであると考えていた。そしてこの分断を克服し、社会システムの道徳的な回復をめざすという点では、またこの宗教的な理想が政治的にも可能であると考えていた点では、彼はなお牧師であった。

それ故に、彼は社会民主党の政策には反対であったし、また社会民主党寄りの政策を打ち出したドイツ・ルター派内のリベラリストたちに対しても同様に反対したのであった。またビスマルク時代に強力に推し進められた工業化の支持者であったドイツ・ルター派の政策とその帰結として登場した教会内の援助運動としての社会保障運動、労働者運動への援助という立場とも一致してはいなかった。

ナウマンは確かにこの時代「既存の国家体制を土台とした社会主義者」であることを表明している[6]。彼はルター派という枠内を出てものごとを考えるつもりはなく、彼が当時そのように考えられていたように、あるいはカール・バルトが後に指摘したように、彼は牧師であることを辞めてしまったわけではなく、むしろ社会政策的には「牧師であること」、あるいはドイツ・ルター派の枠組みを前提とすることに固執していたのである。

この時代のナウマンの社会主義的な発想は、既に述べた通りあくまでドイツ・ルター派内部での社会運動であり、その点で初期ナウマンもそれと深く関わった「国内伝道」運動のそれとそれほど異なってはいなかったと言ってよいであろう。この時代ナウマンが力を傾けた「国内伝道」(Innere Mission)とは、決してキリスト教の国内向けの伝道、海外伝道活動の対になる概念ではなく、急速な社会システムに転換の中で、もう一度ルター派がいかにして社会の中心的な基盤になり得るのかという課題との取り組みだったのである。それは教会内社会運動のことであり、ナウマンのこの時代の立場はそれに相当するものであったと言ってよいであろう[7]。また彼がキリスト教社会主義の立場を鮮明にした後も、しばらくは同様のタイプの運動であったと言ってよいであろう。この思想的連続性はナウマンの

「イエス理解」が、この時期には一貫していることからも証明できる。

この時代のナウマンの社会主義の原理は、彼が理解した社会システムの中で「抑圧された者と連帯したイエス」、「貧しい者の友イエス」、「庶民としてのイエス」という彼のイエス理解に基づく、きわめて素朴な、宗教的社会理論であった。つまりイエスは、決して市民階級ではなく、また都市生活者でもなく、庶民であり、貧しい者たちと連帯された方であるので、キリスト教的な社会主義がめざすところの「現実的で実践をともなう」社会改革運動は、イエスの理想を現代に再生するという意味で、まさに「真のキリスト教」をこの世に実現する課題と同じ課題ということになるのである。

またナウマンはこの時代ルター派教会を基盤とした社会問題の解決に期待をかけており、脱教会化と教養市民層の指導のもとにヴィルヘルム体制を支える社会政策を進めるルター派リベラリズムにも反対し、「キリスト教的な国民共同体」をいかに再建することができるのか、そしてその教会が、いかにして非宗教的な社会民主主義を超える社会的な理想を実現できるのか、という課題と取り組んだのである。ナウマンは社会民主主義の掲げる社会改革のプログラムを凌駕するキリスト教的なプログラムとして「神の国」の理想を考えていたのであり、彼岸的であるだけではなく、此岸的である神の国をこの時代に確立することを理想としたのである。それは具体的にはイエスの教えをこの世に貫徹し、それによる社会と国民意識の変革を行うというプログラムであった。そのことは一八九五年前後から書きはじめられた同じ趣旨の諸論考において繰り返されていることであり、一八九八年の「われわれは脱宗教的な社会民主主義に対して何をなすべきか」という論文に典型的に現れ出ていると言ってよいであろう。またナウマンは一八九四年に「民衆としてのイエス」という論文の中で、最初のその言葉を使って以来繰り返し「イエスとわれわれは同時代人」であるという命題を繰り返すようになったのである。ナウマンのこのようなプログラムは彼の初期の『労働者の教理問答集』の立場と大きく異なっているということはできない。それ故に、J・シュナイダーのように回心前のナウマンの思想を二分して「国内伝道」の活動家としてのナウマンと「キリスト教社会主義者」としてのナウマンを区分する必然性はないであろう。(8)

2　ルター派内のキリスト教社会主義理解の分裂

既に述べたようなルター派の保守的で、農業経済を前提とした社会政策が大きな転換を見るのは、一八九〇年に設立された「福音主義社会協議会」の設立である。ルター派は当初急激な工業化によって生じた社会問題の解決やそれとの教会内の取り組みについては、公式の政策を何も発表していなかった。それどころか、この問題に対する社会主義的な傾向が教会内に進入することを警戒していた。その理由はルター派の保守層は農業社会を基盤とする伝統的な階層に支えられていたのであるし、ルター派内の政治的リベラリズムは教養市民層の政策を支持することで、政治に参与することを求めていたからである。前者はルター派が工業化や労働階層の諸問題に触れることを回避し、後者は政府の政策に追従していたのである。

このような状況に転機が訪れたのは、一八九〇年二月四日に出された皇帝ヴィルヘルム二世の二つの勅令、いわゆる「二月勅令」によってであった。(9) この勅令の中で皇帝は、もはや見過ごすわけには行かなくなった工業化の帰結としての労働者問題に好意的な政策を提示した。(10) ルター派はこの皇帝の勅令に対応するために、これまでの社会政策を一八〇度転換し、労働者階層の問題との取り組みを開始することになった。これが一八九〇年四月一七日にベルリンの福音主義高等宗務局が発布した、各領邦教会への指導文章で、この中では聖職者に対して、基本的には社会主義の教会への混入に対してはさらに阻止すべく努力すること、しかし労働者問題については、とりわけ労働者の要求に対して根本的な検討を開始し、福音主義的な労働組合運動の組織化、さらに工業化によって倫理的な規範の喪失した都市を道徳的に再建すべきことなどが通達された。[11]

この高等宗務局の通達に基づいて、その下部機関として設置されたのが福音主義社会協議会で、その第一回目の会議が五月二七日から二九日までベルリンで開催されることになった。このような政策変更と新しい政策立案のプロセスは驚くほどに迅速な対応だと思われるが、元来ベルリンの高等宗務局自体が、皇帝直属の行政機関として設置され、各領邦教会を監督する立場にあったことを考えるならば、この協議会の設置は織り込み済みのシナリオだったのである。それ故にこの協議会の設置のためにさまざまな準備をしたのは、ベルリンの宮廷付け牧師であったアードルフ・シュテッカーであったことも当然の人事であった。[12] この保守派の、しかし政策に長けた牧師のもとに、保守派も、政治的、神学的両リベラリズムも、リッチュル学派の主要な神学者たちもみなこの会議に参加し、さらにはマックス・ヴェーバーやアードルフ・ヴァーグナー、カール・オルデンブルク、ヴィルヘルム・シュテーダーなどの国民経済学者、ハンス・デルブリュックなどの高級官僚や国法学者たちも参加する、協議会となった。この協議会についてのさまざまな評価は別として、今やこの協議会はルター派の新しい社会政策と社会倫理とを方向つける会議として、さらにはこの新しいルター派の政策に基づいた新しい国家道徳の方向付けが求められる会議となったのである。

しかしこの官僚主導で開始された協議会であったが、その構成メンバーは明らかに二つの陣営にはじめから分裂していた。ひとつはヨハン・ハインリッヒ・ヴィーヒマンやナウマンの路線で、ナウマンを中心とするグループは「青年キリスト教社会主義者」と呼ばれていた。それに対する立場はアードルフ・シュテッカーや後にナウマンと対立して福音主義社会協議会を去ることになるマルティン・フォン・ナトゥージウスの路線である。

シュテッカーの路線とナウマンの路線との違いは、根本的には社会政策におけるルター派の位置についてであった。シュテッカーはルター派の官僚として、この労働者関連の政策においてルター派の従来とは変わらない社会の位置を確保することに懸命であった。それ故に彼は教会にこの政策の中心的な位置を与えることを第一の課題と考え、社会民主党の選挙での勝利による労働者問題での世俗化勢力の拡大を嫌い、聖職者主導による、従来の形の帝国内の道徳形成を確立しようとしたのである。そのために彼は「デマゴギーによる大衆操作」という方法に打って出た。P・ターナーが言うように、この時代のルター派の聖職者による政治神学や戦争神学はまさに「大衆操作」という言葉が適当であるように、社会における宗教の役割を「過剰な国民的感情とドイツにおけるルターの宗教改革の正統性と、そこから生み出された近代世界という見方によって正当化しようとしていた」のである。さらに彼は反ユダヤ主義をこのデマゴギーによる大衆操作に利用さえしたのであった[13]。このような操作は結局はルター派内の保守派の社会政策の支持層を失い、ルター派に社会主義的な要素を客観的に検討する余地を失わせ、最終的には帝政期後期にルター派の社会政策を急進右翼的な政治グループの政治政策と安易に結びつけてしまうことの下地を作ることになったのである。

それに対してナウマンの路線は、結局は労働者階級ではなく中産階級と結びつくシュテッカーのルター派保守主義とは違って、そのような勢力から自立して、時には教会外の社会主義とも連携し、自らを社会主義を実現するためのプロテスタント的な前衛とみなしていたのである。ナウマンはこの差異を両者の「イエス理解の違い」の中に見ていた。ナウマンはシュテッカーらのイエス理解は、きわめて近代的に作り直され、もしイエスがここにいたならば、その教えは私の教えではないというような、イエスが交流した人々とは異なった人々であり、民衆に対して抑圧からの解放を語るのではなく、その代わりに市民道徳を語るようなものになってしまっている」というのである。それに対してナウマンはイエスの交流した社会層は、そのような人々ではなく、抑圧された者たち、そして貧しい者たち、この同時代に生きる労働者たちと同じであると考えたのである。

ナウマンはシュテッカーの路線に対して「保守主義に取り込まれることから自由になり、労働者の解放要求に開かれたプロテスタンティズム」を目指したのであった。ここにも両者の違いが現れ出ている。ナウマンはシュテッカーの運動があまりにも官僚主義的な政策論で、労働者の現実から遊離した政策であると考えていたのである。それ故にナウマンは、福音主義社会協議会の課題は「保守主義と一緒になって社会民主主義勢力と戦う」ことではなく、「社会民主主義は歴史的にも思想的にもプロテスタンティズムの異端のひとつと考え」、その思想の核心部分を教会の中に取り込み、あるいは回復、再生産して、プロテスタンティズムに対して直接的ではないにしても、既に持っていた遺産を回復し、それを受け止めるという目標を設定させるものでなければならないと考えたのである。

この時ナウマンの中に、ルター派固有の家父長的な道徳観とその根底にあった「創造の秩序」の神学、反デモクラシーという見方への疑念が生じ、そしてそれからの自立こそが必要なことであるという考えが生じたのである。この伝統的な「創造の秩序」の神学がもはや現代社会においては不適合であることを教えているのがルター派の異端としての社会民主主義勢力だと考えたのである。

ところで「創造の秩序」の神学とは何であろうか。「創造の秩序」とはルター派の伝統的な社会倫理であり、その点では初期ナウマンのみならず、この時代のドイツ・ルター派の社会倫理の全てを規定していたと言ってよい。「創造の秩序」という考えは、マルティン・ルターの人間の三つの身体の区分と関係している。すなわちルターは人間を霊的、経済的、政治的身分に区分し、それを具体的には礼拝と教会、結婚と家庭、政治と国家という区分に対応させていた。後のルター派の神学者たちは、これらの身分を、その中でキリスト者が生きて行く神の「創造の秩序」とした。それ故に「創造の秩序」という考え方の中では、人間にとって本質的で特有な、少なくともその核心においては普遍的な人間関係の秩序がアプリオリに肯定されている。その点で「創造の秩序」の考え方は自然法の考えに限りなく接近する。しかし自然法の思想は既存の政治体制を基礎付ける側面と、自然法による既存の政治体制のラディカルな批判ということがあり得たが、「創造の秩序」はルター派の家族観、社会的な身分、保守的な政治体制や国家観をアプリオリに支える保守的な政治理論として、すなわち世俗的な秩序や権威を正当化するための機能を果たしてきた。そのために、「創造の秩序」をもって、ルター派は伝統的な家父長制度を保持し、デモクラティックな政治体制に反対することができたのであり、その意味では「創造の秩序」はルター派にとっては社会におけるドイツ的なもの、すなわちルター派の伝統を保持するための政治神学的な機能、あるいはナショナリズム再生装置という役割を果たしていたと言ってよいであろう。それ故にカール・バルトとその学派は、ルターの神学とルター派は国家社会主義の台頭に対して連帯責任を負うべきだと、第二次大戦中に述べたことがあるが、その批判の意味は「二王国説」のみならず、「創造の秩序」による世俗的秩序や権力の教会による宗教的な正当化が、ナチズムの台頭を許し、正当化する道を国民に与えてしまったということなのである。この批判は、必ずしも当たっているとはいえないが、「創造の秩序」がそのような機能を果たす可能性があったのであり、ナウマンらのキリスト教社会主義たちはこのような「創造の秩序」の保守性を批判したのである。(14)

3 ナウマンの転換、あるいはキリスト教社会主義から世俗的社会主義へ

このようなナウマンの思想的な転換を決定的なものとしたのが、一八九五年にマックス・ヴェーバーがフライブルク大学で行った教授就任講演、またプロイセン東部州の経済政策への保守派の政策転換、そして彼自身の一八九八年

のパレスチナ旅行とその手記としての『宗教に関する書簡』の発行であったと言われている。これまでもナウマンの思想的な転換は、そのような理由によって説明されてきたが、もうひとつ彼のキリスト教理解、あるいはパレスチナ旅行後の「イエス理解」の変化に注目しておくべきであろう。

まずはじめに、ナウマンの思想的な転換についての従来の説明について検討しておくことにしよう。マックス・ヴェーバーは福音主義社会協議会にもっとも積極的に参与した経済学者のひとりである。リータ・アルデンホフによればヴェーバーは一八九〇年の創設から一八九七年まで年次大会に毎年出席し、一八九二年からは委員会のメンバーにもなっている。また彼はこの協議会が主催する聖職者のための国民経済学講座を何度も担当し、経済学の基本について、また農業と農業政策などについての講義をしている。(15) また一八九六年と翌年は取引所問題と再び農業政策についての講義をしている。(16) さらには福音主義協議会とオーバーヘッセン州国内伝道協会でも新しい農業政策についての講演を行っている。そしてヴェーバーが、一八九一年から九二年にかけて社会政策学会が行った農業労働者に関する調査に対応する形で、福音主義社会協議会が一八九二年から九三年にかけて行った調査を指導したこともアンデンホフが指摘している通り重要なことである。福音主義社会協議会は、その設立当初から、社会調査を重視しており、そのことを主張し、調査を指導したのはマックス・ヴェーバーとナウマンの義兄弟マルティン・ラーデであった。そのために、調査結果はしばしば『福音主義社会協議会報』だけではなく、『キリスト教世界』にも掲載されることになったのである。それ故にこの福音主義社会協議会へのヴェーバーのコミットはかなり深いものであったことがわかる。この点に鑑みてヨハネス・ヴァイス（この名前は既にA・リッチュルの娘婿で宗教史学派の原始キリスト教史の研究者として登場しているが、ここでのヨハネス・ヴァイスは別人であり、ヴェーバー研究者である。）は、ヴェーバーは一八九四年に「キリスト教社会主義とは何を意味するのか」という論文でナウマン批判を展開するまでは、この福音主義社会協議会に期待し、「キリスト教と政治的な実践とを結びつける可能性」について何らかの期待を持っていた可能性があるとしているが、その可能性は完全に否定することはできないものではないだろうか[17]。しかしヴェーバーがこの協議会と深い関係をもっていたことから、単純にキリスト教的なものの可能性を重視していたと考えることはできないであろう。W・J・モムゼンが言うように、「マックス・ヴェーバーは福音主義社会協議会で協力関係にあった若手の神学者たちと社会参加を共にしたが、神学者たちが素朴な理想主義によって社会問題を解決できると信じていたことにはほとんど関心を示さなかった。むしろそれとは対照的にヴェーバーはドイツ・ルター派に対してははっきりと距離をおいていた」。むしろヴェーバーは「ドイツ教養市民層の精神構造に宿る消しがたい『お上』意識は、その大部分がルター派の責任であると感じていた」のである。それ故にヴェーバーはピューリタニズムの宗教性をドイツ・ルター派に対置させ、ルター派とピューリタニズムの宗教性の比較を政治の領域にまで拡大し、ピューリタンの「重要な現世内的な業績を指摘しつつ、ルター派にはそれが何もないどころか、ルター派がドイツにおける政治意識の脆弱さや国民の政治に対する静観的な態度を助長したとさえ考えていた」のである。

このように考えていたヴェーバーが福音主義社会協議会にルター派の改造を期待していた可能性はきわめて低いが、もしこのような改造を指導することができるとしたらそれはナウマンをおいて他にはないとヴェーバーは考えていたのである。それがヴェーバーとナウマンとの間の政治的な友情を生み出していたと言ってよいであろう。

さて、そのナウマンが「キリスト教社会主義」という運動の限界を感じ始めていた頃に、彼はヴェーバーから「キリスト教社会主義とは何を意味するのか」という論文をもって批判され、また翌年の一八九五年にはヴェーバーのフライブルク大学教授就任講演「国民国家と経済政策」を読み、これまでのキリスト教社会主義が結局は政策としては未熟な観念論であったことを痛感し、彼は自ら編集する雑誌『救済』にその講演のほぼ全文とそれについての評論を掲載したのであった。確かにそこではナウマンのこれまでのキリスト教社会主義的な見解は影を潜め、どちらかと言えばより現実主義的な政策を志向するナウマンの姿を読み取ることができる。

ヴェーバーのこの講演はカール・レーヴィットが述べているように、若き研究者の就任講演としては異例の率直なものの述べ方であり、大変挑戦的な物言いである。ヴェーバーがこの講演の中で東エルベの農業政策について論じつつも、後半で政策提言の基準の問題に触れていることが本論との関係で重要であろう。その中でヴェーバーは政治が倫理的な行為ではなく、その根底にある原理は生存競争であり、ドイツという自国がこの競争に勝ち、ドイツ国民の繁栄を確立し、将来に対して責任を果たすことが重要であると主張し、政治は国家理性によって営まれるべきことを主張している。L・A・スカッフが言うように、ヴェーバーはナウマンらの宗教的なものに足場を置いた社会主義運動の未熟さを指摘し、「国民的観点の精力的提唱によって、ナウマンを伝統的で保守的な利害関係の拒否へと導き、まもなく、アドルフ・シュテッカーの右翼路線との断絶をもたらした」[18]のであった。具体的には、後にヴェーバーの政策にナウマンは賛成し、賃金の低い労働力を安定して確保したいというユンカーの利害とは関係なく、東部国境をポーランド移民に対して封鎖すべきであるという、政策を打ち出すことになった。

ナウマンはこのように、このヴェーバーの就任講演に衝撃を受けただけではなく、具体的な政策の転換へと導かれることになったのである。ミュンヒェンの組織神学者ヘルマン・ティムのナウマン研究によれば、ナウマンは「国民経済学者であるヴェーバーが国民的観点を忘れた宗教的で、ヒューマニスティックな立場に対して国民的権力国家の理性を対置するために、宗教と政治のあらゆる結合を断ち切ろうとした」[19]ことから特に示唆を受けた。

ナウマンがこの講演をどのように受け止めたのかということについては、彼の創刊した『救済』誌にその講演の主要な部分を掲載し、ナウマンがその講演の趣旨に賛同するコメントを述べているので、そこから理解できる。ナウマンはこの講演からキリスト教社会主義を放棄して、いわゆる国民社会主義へと移行する契機を見出したのである。それ故にナウマンは「ウェーバーは正しいことを言ったのではないだろうか」と述べたのである。そして、これまでのキリスト教社会主義的な政策が、政策としては未熟なものであることを感じ、次のように述べているのである。もしロシアの「コサック兵が攻めてきたらどうであろうか。たとえ最良の社会政策を持っていたとしてもそれが何の役に立つのであろうか。それ故に内政を預かる者は、まず、民族、祖国、国境の保護、すなわち国民的な権力に配慮すべきなのではないだろうか。〔このように考えられないところに〕社会民主主義の弱点があるのではないだろうか」と述べている。ナウマンはこのようなこれまでの立場を自己批判した後に、今必要とされているのは「統治能力のある社会主義である」と述べている。そしてナウマンはこのような社会主義、すなわち「これまで以上に全体政治を取り扱うことができる」という意味での統治能力をもった社会主義はこれまでに見出すことは出来なかったが、ドイツ国民が必要としているのはこのような社会主義である」と述べている。

このようなナウマンの社会主義的な原理の転換は、彼の社会主義思想の中からキリスト教的なものを切り離すということであった。しかしこの転換によって両者は切り離されるのであるが、しばしば説明されるように、それはナウマンがキリスト教を放棄したということではない。むしろ彼は彼自身の説明のようにキリスト者であり続けているのである。この転換を理解するためには、またこれが可能になったことの理由としては、ヴェーバーの立場を受け入れることができるようになった、彼の「イエス理解」の転換があったということにこれまでの研究は注目してない。ナウマンはヴェーバーの教授就任講演の衝撃の翌年、すなわち一八九六年になって他の青年派のキリスト教社会主義者の主要メンバーとともに、国民社会連盟の結成準備に入った。ナウマンが国民社会連盟の設立大会で行った講演は、この転換を明確に語っている。ナウマンによれば、社会政策において重要なことは、もはやキリスト教信仰ではなくて、国民的権力の基盤としてのナショナリズムなのである。キリスト教信仰とは道徳や理念の問題であり、それは具体的な政策や社会形成力には欠けているものなのである。「ドイツの民衆の精神的な人倫的生の中心点に、われわれの信仰的な確信によればイエス・キリストへの信仰が存在しているのである。しかしこれは政党の問題からは区別される、公共生活における平和と共同性の力[20]」なのであると述べている。

つまりここでナウマンは宗教的な領域と政治的な領域とを区別しているのである。それは彼のイエス理解の転換でもある。キリスト教社会主義者としてのナウマンのイエス理解は、「同時代人イエス」であった。イエスはあの時代もこの時代においても貧しい者の友であり、抑圧者の解放者である庶民イエスである。しかし今やナウマンはこのような考えを放棄する。彼はイエスは、この問題を語っていないというのである。政治政策の問題はイエスの思想の範疇外のことであり、キリスト教的な政治を行うということは、具体的な政策の中に信仰を持ち込むということや、キリスト教原理に基づく政治を行うことでもなく、それは不正を行わないとか、愛をもって真実に生きるという程度のものであり、キリスト教的なものは政策とは関係しないし、イエスはそのことを教えてないというのである。しかしイエスの教えは、政策とは結びつかなくとも、人間の実践的な生命力としては確証されるべきものなのであり、社会主義運動が純化されたキリスト教と結びつくことそれ自体は自然なことであると彼は考えているのである。

この政策と宗教とを切り離すことで、キリスト教社会主義から国民社会主義へと彼が転換して行くプロセスで、彼のイエス理解の変化が重要であるということは、彼のいわゆるパレスチナ旅行によって生み出されたキリスト論の変化からも明らかになる。ナウマンはヴェーバーの講演に刺激を受け、新しい国民社会主義の方向へと進み始めたのだが、その決断を決定的にしたのは一八九八年の秋のパレスチナ旅行であった。この旅行はナウマンのイエス理解を大きく転換させ、国民社会主義への転向を確実なものとしたのであった。

ナウマンはこの時代のドイツ人にしてはめずらしく旅行好きであり、その生涯を通して何度も国外旅行に出かけている。この時ナウマンはナザレやエルサレムのみならず、アテネやカイロ、またイスタンブールなどの中近東を旅行した。ナウマンの期待は、このエルサレムで、かつてそこで生き、貧しい者と連体した、「庶民イエス」の形骸にふれることができるのではないかということであった。彼はそこでイエスが歩いた土地で、イエスと同じ民族の人々と接することで、歴史的なキリストについての宗教的な確信と歴史的確信とが増すであろうというまさに巡礼者的な思いで、その旅行に参加していた。つまりこの時点でナウマンは、あの同時代人キリストという確信を失っていなかったのであり、この旅行によってこの確信をさらに強くすることができるはずだと考えていたのである。しかしそのような願いは簡単に消え去ってしまったのである。むしろ彼はそこで大きな衝撃を受けたのである。その衝撃の大きさを表しているのが「私はエルサレムで宗教を見出せるはずであったが、それを見出すことはできなかった」という言葉である。

この旅行についての詳細な研究を行ったH・クラマー＝ミルスによれば[21]、ナウマンは正直なところ予想もしていなかったような、ヨーロッパとはまったく異なった、開発の遅れた、極めて原始的な生活を続けているパレスチナに衝撃を受けたのである。彼は確かに、その意味では、イエスを知ったのである。イエスは自分が考えていたような社会改革者でも、庶民でもない、ということに気がついたと言ってもよいであろう。自らのイエス像があまりにもその時代のパラダイムによって組み立てられていたこと、そのような視点からイエスの言動を読み込み、いわば「ドイツ人イエス」を作り上げてしまったことを彼は自己反省しているのである[22]。

ナウマンの旅行報告書のひとつの「アジア」はその衝撃を語っている[23]。ナウマンにとってパレスチナ旅行は決して快適なものではなかった。それどころか鉄道も整備されず、道路もお粗末な状況であることに驚き、この場所に行けば、歴史的イエスへの宗教的確信が深まると考えていた自らの愚かさを反省さえしているのである。すなわちここでナウマンが考えたことは、既に述べたドイツの地でドイツというパラダイムを通して知っていたイエスやそれに基づいて構成されたキリスト教が、いかにイエスの現実とかけ離れた、また文脈から切り離されたキリスト教を構成していたか、ということであった。

ナウマンはこの荒れ果てて、お粗末な交通路を前にしてこう問うのである。「イエスはこの交通路について何と語ったであろうか」と。これまでの「同時代者イエス」というナウマンの構想によれば、イエスはこの道路についての社会的な改革を訴えたということになるはずである。しかしナウマンは自らにこう問うのである。イエスはこの状況を耐え忍べと語ったのでも、その劣悪さを改革することが社会政策であると語ったのでもないのではないか。ナウマンはこの時、自らが考えていたイエス像の崩壊を経験したのである。すなわち彼が「キリスト教社会主義」を主張する際に前提としていたイエス理解が崩壊したのである。ナウマンが考えたような意味でイエスは社会改革者ではなく、それどころかイエスは「文化的な理想などもっていなかった」ということに気がつくのである。ナウマンは次のように述べたのであった。「私はパレスチナに来る前には新約聖書をドイツ人の目でドイツのために読んでいたが、実はそれはガリラヤのものだったのである」。

ナウマンはこの旅行を通して、宗教的な理想と文化や社会政策とを結び付けようとするあらゆる試みの限界を強く認識するようになる。これらはドイツ人が独自の社会的コンテクストで構想するイエスやキリスト教と、イエスの愛の教えのコンテクストは異なるということの認識なのである。それ故にナウマンはこのコンテクストをひとつに結び付けようとしたキリスト教社会主義の原理を失うことになったのである。

しかしこの結論は、ナウマンがキリスト教信仰を放棄したということを意味しているわけではない。彼はこの結び付き、すなわち宗教と文化との結びつきのこれまでの確信を放棄したのである。彼はここで両者を自律的な領域と考えるようになったのである。それ故に彼はその時『キリスト教』社会主義者」である必要性がなくなったのである。彼は「アジア」という報告記事の中で次のように述べているのである。「主よ、ドイツ的でないあなたが私たちの救い主でないならば、私たちは何処に行くべきなのでしょうか。たとえあなたがドイツ的でないとしても、あなたはやはり永遠の生ける御言葉をもって臨まれるはずであるので、私たちは、アジア人であり、あの埃まみれの、荒れた地の子孫であるあなたが依然として私たちの救い主であり、生ける神の子キリストであると信じているのである。」このイエス像の転換が、ナウマンの社会主義としての政策面での転換をもたらしたのである。

4 国民社会主義者としてのナウマン

ナウマンはこのパレスチナ旅行におけるイエス像のラディカルな転換によって、その社会主義観と具体的な政策においてもキリスト教社会主義の時代のような宗教的理想主義を放棄して、より現実的な政策へと転換して行く。シュテッカーらの保守的なルター派から分離するのみならず、その政策はマックス・ヴェーバーの影響のもとに国民的利益の追求としての政治政策という視点から展開されるようになる。それ故に彼はもはや「キリスト教社会主義者」ではなく「国民社会主義者」になったと言うべきであろう。

ナウマンの政策の主要な観点と彼のドイツ・ルター派としての立場との関係を明らかにしようとするならば、彼の社会層についての見解を検討してみるがよいであろう。ナウマンは社会変動の象徴として、農業人口と工業人口の割合の逆転をあげている。ナウマンによれば「かつてドイツ的なものの特質を規定しており、ドイツ的なものの存在を規定していたもの、さらにはドイツ的な生活態度と思想をその背後で規定していたのは農民であった」[24]。しかしこの農民は「階層的にもはや全国民の意識や思想を規定している」とは言えないし、農民に代わって工場労働者の数はますます増加しており、「賃金労働者こそ将来の平均的なドイツ人」となるはずだと考え、そのことを見据えた政策が必要だと彼は考えたのである。

ナウマンのキリスト教社会主義者の時代のこの問題への対応は『労働者の教理問答集』に現れている通り、この問題をキリスト教の視点から、道徳的な問題から解決し、人倫の改造による社会問題との取り組みを目指していたのである。けれども国民社会主義者としてのナウマンにはもはやそのような理想主義はなかったと言ってよい。彼がこの社会層の転換に基礎付けられた社会政策を主張しようとする時に問題であったのは、いわゆる大土地所有者としてのユンカーであり、それと強く結びついたドイツ・ルター派であった。

この転換は具体的にはどのようなものであったのだろうか。それは宗教の問題の個人化とそれにともなう政治的な規範としての「福音」の政治的領域からの切断ということであったと言ってよいであろう。ナウマンは次のように述べている。「キリストの倫理的な戒めは普遍的であることを主張する人間性に規定され、さらに純粋に倫理的であるので、工業主義の時代というようなある特定の時代に、われわれは社会主義的な政治かデモクラティックな政治か、あるいはアリストクラシーを行うべきというような問題について、何らの教示も与えることはできないのである」[25]。つまりナウマンは初期の確信から切り離されて、急激な工業化によってもたらされた国内外における今日の状況への対応を完全に宗教の問題から切り離しているのである。そのことについてナウマンはさらに次のように述べてもいる。すなわち政治の原理は宗教の教える原理とは異なっているのであり、政治の原理は闘争、ナウマンの言葉を使うならば「政治における一切の事柄は実は生存のための闘争」なのである[26]。それ故に「国家的、国民経済的な領域の事柄が問題になっている場合、ひとはもはやイエスに問うことはしないはずである」ということになる。政治を「キリスト教的な基礎付けをもって開始しようとしても、福音はそれらに何をもっても仕えることができない」ということになる。その時ナウマンはキリスト教的な理想主義者であることから政治的な現実主義者へと明らかに転換している。そのことは彼の次のような言葉からも理解できる。彼は「政治とは願わしいと思うことについての教説ではなくて、それは可能なものを達成するための手段である」[27]。

このことは具体的には、ナウマンが教会内部に向かっては平和主義者の倫理への批判、キリスト教的な道徳によるユートピア的な政策を批判し、さらには北清事変に際してなされた皇帝ヴィルヘルム二世の演説を支持するということに象徴されている。あるいはナウマンはドイツの対外政策と人口問題を考慮してイギリスの公海上における覇権に対抗するための政策である軍艦の建造を公然と支持するのである。その説明の中でナウマンは次のように述べている。「イギリスがもっている野望を断念させるためには、われわれもまたより強度な艦隊を整える必要があるのである。もちろんそれは征服戦争のためではなく、ドイツの貿易における利権と植民地と、ドイツの国民をこの地球上のどこにおいても安全に守るためである」[28]。それ故に、「ドイツ的なものの力を保持し、それを拡大しようとする者は、そしてドイツ人の労働意欲に対して十分な代価を与え、それに報いることは当然であると考える人々は、国民社会主義者とともに、ドイツ艦隊に賛成し、そしてこのドイツの世界政策を支持して欲しい。帝国の権力とは、すなわち海上の権力のことに他ならないからである」。そして「私はキリスト教徒であるからではなく、国家市民であるからそのようにするのである。すなわち私は根本的な国家の問題を山上の説教に基づいて決定しようとすることは放棄されねばならないことだと知っているので、そのようにするのである」[29]。

またナウマンはドイツの西側に向けてのこのようなナショナリズムに基づく政策の支持だけではなく、さらにはロシアを意識したいわゆる帝政期のスラブ問題についてもヴィルヘルム二世の政策を支持し次のように述べるのである。「皇帝が国民一般よりも特に強調して語っているように、偉大なるドイツという思想において重要なのは、結局は地球の分割をめぐる他国民との間の闘争という問題なのである。今日のわれわれの問題でいうならば、それはわれわれは将来イギリスの追従者になるのか、それともイギリスとスラブ民族の間に押し込められてしまうのか、さらにはどのような犠牲を払ってでも、われわれが全力で将来に向けての道を切り開いて行くのか[30]」ということなのである。このことからも明らかなように、ナウマンの政策というのは、偉大なるドイツの民族と文化とを守るというナショナリズムの原則に基づくものであり、それはなお政策決定的であるよりは、ひとつの文化的な原則に基づくものに過ぎなかったことが分かる。この点がマックス・ヴェーバーがナウマンに対して最後まで抱いていた不信の根源なのである。

同じ事は内政問題についても言い得る。それは具体的には大土地所有者としてのユンカー問題である。ナウマンはこの問題が賃金労働者問題、さらにはドイツの国際政治上の問題になっていることを見抜いていた。そこにはさらにナウマンの制度としてのドイツ・ルター派への批判がともなってもいる。

ナウマンはドイツが農業社会から工業社会へと転換したことを強く意識した政治家のひとりであったが、彼はもちろんこの社会変動の強力な推進役がオットー・フォン・ビスマルクであったことを忘れてはいない。ビスマルクのもとで「古い農業的ドイツは克服され、工業時代への扉が広く開かれた[31]」のである。しかしこの社会システムの転換の中で、もっとも大きな転換に迫られていたのが大土地所有者であり、ドイツにおける伝統的な支配者階層であるユンカーであった。このユンカー層は現実には、経済システムの点からすればもはや工業化の中でかつてのような支配力を失いつつあったが、政治システムの中では依然として力をもっており、またこのユンカー層はドイツ・ルター派の支持基盤でもあった。ナウマンはこの経済的な基盤と政治的な基盤との間にある明らかな矛盾がドイツの政策を国内的にだけではなく、対外的にも誤らせる原因であると考えていた。

この問題の解決でナウマンはもはやドイツ・ルター派が無力であると感じていた。それは彼らの理想主義的で宗教的なものに基づいた政策の故ではなく、構造的に、家父長的な価値観の上に社会倫理を構成し、反デモクラシーのルター派がこの点で政治的に適切な判断をできるとは考えていなかったからである。事実政治的に保守的なドイツ・ルター派は農業保護のための関税法案の成立に賛成したのであった。またカトリック的な政党である中央党がとった中庸の政策もまた非現実的なものと彼には思えたのであった。中央党は、すなわちドイツのカトリックはプロイセンのルター派とは違って、その中で農業従事者と工業労働者の領邦を抱えている以上、工業化した社会の中で、ドイツは農業国家でもなく、工業国家でもなく、その両方でなければならない、という政策をとった。ナウマンはこれに強い不満を覚え、「工業国家とは何か」という論説の中で、「今日明確で、原理的な経済政策とは何かということを人々が真剣に考えている中では、どちらかがその主導権を握らねばならないはずである。……それを放棄することは責任の放棄でもある(32)」と述べている。

ナウマンのこの問題との戦いは、一八九九年のいわゆる第二次艦隊法案の中で示した「結集政策」との関連で浮上した高度農業保護関税政策であった。これはまさにユンカー保護のための排他的、閉鎖的な国内向けの農業政策であった。これはナウマンによれば、ドイツの工業化と、人口問題と、世界政策とを無視した時代遅れのユンカー保護政策、あるいは延命政策であり、これによってドイツは貿易における国際的な競争力を失い、物価の高騰によって労働者の生活は逼迫したものとなり、物価の高騰は賃金労働者に不利な労使環境を生み出すことになるはずであった。それ故にナウマンは、この「プロイセンの保守派と聖職者との連合(33)」によってなされた政策は、反近代的な行為であると主張したのである。ナウマンによれば、保守派の農業主義者と聖職者が手と手をとりあって急速な工業化をとげようとしている民族を指導しようとすることこそ、ドイツの歴史におけるもっとも政治的に不幸な出来事なのである。[34]それだけではなく、ユンカーという保守層が資本主義的に成長した工業社会にある民族の指導権を保持し続けようとすること自体が不可能なことなのであり、さらには聖職者たちが教会の支持基盤を守るために、ユンカー層の保護に乗り出し、この法案に賛成することは、宗教的な問題であるよりも、国民的な視点から支持し得ないことなのである。[35]後者については、とりわけ厳しい批判をナウマンは展開している。ナウマンは、ルター派がその支持基盤としてのユンカー層を保護することは、政治的には可能であるが、問題はルター派がユンカー層を支持する以上の社会倫理を持っていないということなのであり、そのルター派がユンカー層を保護する勢力と手を組むことは、きわめて国家的な視点を喪失した危険な政策に他ならないというのである。

ナウマンはこのような状況の中で、工業主義への移行、すなわち政策における工業主義独裁は避けられないことだということを確信するようになった。しかし保守派と聖職者連合の反対の中で、また労働者階層におけるナショナリズムや政策的な展望の未成熟の中で、政治的にも政策的にも困難な戦いを迫られることになった。これがヴィルヘルム帝政期のナウマンのアポリアであり、彼は保守派と聖職者連合の伝統的な価値観に基づいたナショナリズムではない、労働者たちのナショナリズムの形成とそれに基づく政治政策立案可能な政治的基盤としての左派連合の結成という彼の政治的な課題と取り組むようになったのである。

5　ヴィルヘルム帝政を支える社会主義としての国家社会主義

キリスト教社会主義の精算と放棄とが後期ナウマンの政策を特徴付けていることはこれまで見てきた通りである。

この時期ナウマンはルター派内部における社会改革と社会民主主義との結びつきというプログラムを放棄し、現在進行中の産業社会を受け入れた社会主義者であろうとした。その最終的な政治的プログラムは、ヴィルヘルム帝政を肯定する社会主義というものであった。それが政策というものであり、政治であった。ナウマンはキリスト教社会主義者の時代の理想主義的な政策が何の政治的な力も持っていないことを痛感し、その上で政治とは闘争であり、そのために政治的な領域においては、国益にかなう政策を提示しなければならないと考えていた。

ナウマンは一八九六年に国民社会会議を設立して、この政治的プログラムの実行を考えていた。この時ナウマンは既にキリスト教的な枠組みを放棄し、信仰の核心は良心の、私的な領域においてのみ生きることができ、それを政治的な領域において適応することは幻想であると考えるようになった。それ故に彼は次のような有名な言葉を残している。「信仰は、語ることの中のみではなく、沈黙を守ることの中にもしばしば同じくらいに存在している」。

しかしキリスト教社会主義を放棄したナウマンが、「社会主義的なおしゃべり」から解放されていないことを指摘し続けたのはマックス・ヴェーバーであった。またナウマンの政治的なプログラムがなお帝政期の現実に適応していないことを指摘したのもヴェーバーであった。つまりナウマンが帝国主義者の世界政策に忠実であろうとしていること、またナウマンの国民社会会議が発展した国民社会党が政治的には決して勢力とはなり得そうにもない労働者による政党となってしまっていることをヴェーバーは批判しているのである。事実、国民社会党は中産階級の傍観者的な政党としてヴィルヘルム帝政期の政治システムに何らの影響を与えることもなかった。

さらにナウマンが国内政策において常にヴィルヘルム二世と感情的に同化する精神をもっていたことをヴェーバーは批判している。そのことはナウマンの『デモクラシーと帝国主義』の中に典型的に見て取ることができる。その中でナウマンが提示した新しい社会システムというのは、ヴィルヘルム二世によって全ての人を包み込もうとするデモクラティックな独裁政治という考えであった。それはヴィルヘルム二世のカリスマに依存する立憲君主制という構想であったが、それは一九〇三年の総選挙における国民社会党の政治的挫折によって夢と化した。

ナウマンは全く挫折してしまったかのように見えたが、国民社会党の残党と左派自由主義者たちの分派としての自由連合との政治的合流が彼に最後の、そして新しい政治的な活動の可能性を提供した。この政治的な運動の中で、ナウマンはブルジュワジーとプロテタリアートの統合というような政治的な幻想を捨て、「汎リベラリズム」というリベラリズム大連合を政治的な課題とした。そのために彼は選挙における政策戦を想定し、いわゆる専門的な党務官僚による政策立案に重点を置くようになっていた。具体的には、前近代的な名士による政治や家父長的な社会システムに終りをもたらし、社会民主党右派と連合することで、左派自由主義者の勢力ともバランスをとり、改良された社会政策の立案において、良心的な右と、左とを取り込んだ国民的政党を立ち上げるというものであった。それは宗教的にはドイツ・ルター派との完全な訣別であった。そしてこの構想こそ実はヴェーバーも賛成することができるものであり、彼は「唯一の希望の光であるナウマン」とこの時代には呼ぶことができたのであった。それは「自由主義的帝国主義者としてのナウマン」であり、これが後期ナウマンの姿である。あるいはそれこそがナウマンがめざした「統治能力のある社会主義」であり、「政策立案能力のある社会主義」であると言ってよいであろう。

結びにかえて
――きわめてルター派的なナウマン、あるいはドイツ・ルター派の社会教説の未熟さ

このようなナウマンの政策は、これまで見てきた通り、ひとりの牧師の社会政策についての理想や「社会主義のお

しゃべり」の段階を超えているという点、また彼自身がキリスト教的社会主義に見切りをつけて、政策担当可能な社会主義を目指したという点では、政治的なリアリティーを持つものであった。

政治史的にはナウマンの仕事は、ヴァイマール共和国、さらにはボン共和国の時代における彼の影響をも含めて検討されるべきなので、ここでナウマンの仕事についての総合的な評価や批判を展開することはできない。むしろここではヴィルヘルム帝政期の社会と宗教という視点から彼の仕事を検討してみるべきであろう。

その際検討してみたいことは、ナウマンの社会主義は彼自身がかってそう考えていたように、キリスト教の一変種、あるいは異端のひとつなのか、それともそれはまったくキリスト教的なものから切断されたものなのか、ということである。すなわちナウマンのあの転換、キリスト教社会主義から国民的社会主義への転換の意味とその質の問題である。この転換はどのような意味での転換なのか、また本当に転換と言い得るのであろうか、という問題である。この問いに対する本論の答えは、それはナウマンが言うほどには明瞭な転換ではなく、ナウマンの社会主義がなおルター派的な政治倫理の上に成り立っており、それはルター派の異端、あるいはルター派の一変種というよりも、より忠実なルター派のそれであると言わざるを得ないであろう、というものである。それはこれまでのナウマンの見方とは異なるものであるが、そのような見方をする理由を以下において、結びにかえて示してみたい。

ナウマンのキリスト教社会主義から国民社会主義への転換の帰結は、ナウマンが政治とは闘争であるという考え方にリアリティーを感じたことに他ならない。そのためにナウマンは現実主義的な政治政策を支持し、統治可能な社会主義をめざしたわけである。しかしナウマンの政策が常にナショナリズムとヴィルヘルム帝政という枠組みの中で営まれていたことに注目すべきであろう。確かにナウマンはこれまでの保守派と聖職者による政治、あるいは政治的名士による経済の支配などの伝統的な社会システムを批判しているが、その中で彼はその批判の理由として、それがドイツの工業化を経た社会システムに適応しないことをあげている。そしてドイツの社会システムを救済するために必要な政策を主張しているのである。しかしこれはナウマンの新しさと言うべきではなく、むしろ彼がもっていたルター派の神学者としての本性的な特徴なのである。すなわち彼は宗教的なもの、あるいは道徳に基づいた社会政策を放棄したが、彼の思想の根底にあったルター派的な「創造の秩序」の倫理を放棄するには至っていなかったと言うべきであろうし、これがマックス・ヴェーバーがナウマンに対して最後まで感じていた問題点でもあった。「創造の秩序」の倫理では、国家は家庭や結婚と並んで神の創造の秩序によって定められたものであり、アプリオリに肯定されているのである。それはナショナリズムの宗教的な基礎付けでもあり、ドイツ・ルター派が教養市民層の精神構造と結びつくことの理由でもある。ヴェーバーはこのようなドイツ・ルター派に対して批判的であり、それに対してピューリタニズムの宗教心を対置したのである。そこでヴェーバーはピューリタンの政治の領域における、いわば現世内的な意義に注目し、ルター派の政治に対する静観的な態度と、ピューリタニズムの革命思想との結びつきを指摘している。そしてヴェーバーはW・J・モムゼンが引用して以来、しばしば言及されるようになったあの有名な手紙をA・フォン・ハルナックに送ったのであった。すなわち彼は次のように述べている。「わが国民が厳格な禁欲主義の学校を一度も、いかなる形でも卒業しなかったということが、わが国民の（私自身の）憎むべき一面と私には思われるもののすべてを生み出した源泉です。」この批判はそのままヴェーバーの盟友ナウマンにも向けられている。ナウマンが社会主義者として、思想的にも政治的にもリベラリズムと接近しながらもなおナショナリズムと結びつくのは、明らかに彼のルター派的な世界観と無関係ではないのである。

さらには彼がキリスト教社会主義から、国民社会主義へと転向する中で、彼は宗教を精算したり、放棄したのでのではなく、既に見たように、政治の領域から宗教を切り離し、両者の共存を考えたこと自体がナウマンがなおルター派的な伝統と結び付いていることを明らかにしているのである。確かにナウマンは彼の編集する『救済』誌の性格を、いわゆるアジア旅行の後に大きく変えている。彼はこの雑誌の「神の救済、自己救済、国家救済、兄弟の救済」というタイトルを削除し、また毎回記してきた祈禱文の掲載をやめ、政治的な諸論考の掲載のみにしている。しかしこのことをもってナウマンが宗教を放棄したことの理由ということはできない。彼は宗教を個人の魂の領域の問題として、政治の世界から切り離した場で可能になる営みとしていたのである。それどころかこれは、ナウマンとしては、彼自身が良く知っていた解決であり、両者の区別は、どちらも神の創造した領域であるが、宗教的な領域と政治的な領域、教会と国家との主権領域を区別する、という考え方である。もちろん世俗国家もまた神の創造の秩序のうちにある以上宗教的には自律してはいないのであるが、この二王国説的な世界観は、ナウマンが宗教とは区分された政治政策の世界で働くことを可能にしたと言ってよいであろう。あるいは次のように言うことができるかもしれない。すなわち初期のナウマンはこの二王国説の故に、政治的な使命を果たす牧師の役割を考えていたのであり、後期のナウマンはこの二王国説の故に、統治可能な社会主義の確立と現実の政治的な役割を果たすことと、魂の問題としての宗教的な課題を区別して、共存させることができたのである。その意味ではナウマンはドイツ・ルター派の持つナショナリズムをもっとも強く継承し、それを責任的に近代化しようとした牧師であったと言うことができるはずである。

注

（1） Friedrich Naumann, Neudeutsche Wirtschaftspolitik, Berlin 1902, 3.

（2） Peter Teihner, Sozialer Liberalismus und deutsche Weltpolitik. Friedrich Naumann im wilhelminischen Deutsche

Wolitik. Friedrich Naumann im wilhelminischen Deutschland, Baden-Baden 1963.

（3）この言葉は Theodor Heuss, Friedrich Naumann. Der Mann, das Werk, die Zeit, 3. Aufl., München 1968, 534. に収録されている。

（4）この分類は著者のオリジナルではなく、J・シュナイダーによる分類である。Johannes Schneider, Friedrich Naumanns soziale Gedankenwelt, Berlin 1929. を参照のこと。

（5）Friedrich Naumann, Werke, hrsg. von Theodor Schieder, Bd. 5, Köln 1964, 1ff.

（6）aaO. 45.

（7）「国内伝道」（Innere Mission）については Jochen-Christoph Kaiser, Naumann und die Innere Mission, in : Friedrich Naumann in seiner Zeit, hrsg. Von Rüdiger vom Bruch, Berlin 2000, 11ff.

（8）Vgl. J. Schneider, Friedrich Noumanns Soziale Gedarlcenwelt, Berlin, 1929.

（9）これについては Karl Erich Born, Staat und Sozialpolitik seit Bismarks Sturz, Wiesbaden 1957.（鎌田武治訳『ビスマルク後の国家と社会政策』（法政大学出版局））を参照のこと。この勅令の中でヴィルヘルム二世は労働者保護のための国内政策を強化することと、またそのための国際協議を行うことが約束されている。

（10）福音主義社会会議についての研究はとりあえず、E. I. Kouri, Der deutsche Protestantismus und soziale Frage 1870-1919, Berlin 1984 ; Harry Liebersohn, Personality and Society : The Protestant Social Congress, 1890-1914, Pricton 1979. を参照のこと。

（11）Klaus Erich Pollmann, Friedrich Naumann und der Evangelisch-soziale Kongreß, in : Friedrich Naumann in seiner Zeit, hrsg. Von Rüdiger vom Bruch, Berlin 2000, 49.

（12）aaO. 51.

（13）Günther Brakelmann, Protestantismus und Politik. Werke und Wirkung Adolf Stoekkers, Hamburg 1982. を参

照のこと。

(14) ちなみにバルトにはこのような批判をする権利がほとんどないことは明白である。後に見るように、バルトの表現主義的な政治思想によるドイツ・ルター派の政治倫理の攻撃は、ドイツ・ルター派内部における健全な政治的リベラリズムの勢力と政治政策とを破壊し、政治的な勢力としての機能を持つことをできなくさせてしまった。それに対してバルトは亡命先の祖国スイスから、超越的な政治理論を展開するばかりで、ナチスに対しては政治的に無力であったと言わざるを得ない。それ故に、ルター派の創造の秩序がナチスの台頭に連帯責任を負うべきなのであるならば、同時にバルトの稚拙な政治神学もまたナチスの台頭に責任を持つべきであろう。この点についてたとえばテートが、バルトの第三帝国に対する責任についてのF・W・グラーフの論文を下品な言葉で批判するのは当たってはいないし、バルトの見方としては不公平ではないだろうか。

(15) Grundriß zu den Vorlesungen im Evangelisch-sozialen Kursus zu Berlin. Oktober 1893, Berlin o. J.

(16) Mitteilungen des Evangelisch-sozialen Kongresses, Berlin, Nr. 6, Sept. 1896 und Nr. 7, Sept. 1897.

(17) Johannes Weiß, Max Webers Grundlegung der Soziologie, Munchen 1975, 120.

(18) Lawrence A. Scaff, Max Weber's Politics and Political Education, in: The American Political Science Review, Vol. 67, No. 1 (1973), 138.

(19) Harmann Timm, Friedrich Naumanns theologischer Widerruf, München 1967, 37.

(20) Friedrich Naumann, Programmentwurf, in: Protokoll über die Vertreter-Versammlung aller National-Sozialen in Erfurt, Berlin 1894, 38. ここでの引用はH. Timmの前掲書に収録されたものからとられた。

(21) H. Kramer-Mills, Wilhelminische Moderne und das fremde Christentum. Zur Wirkungsgeschichte von Friedrich Naumanns "Briefe uber Religion", Neukichen-Vluyn 1998.

(22) Frank-Michael Kuhlemann, Friedrich Naumann und der Kirchliche Liberalismus, in: Friedrich Naumann in

seiner Zeit, hrsg. Von Rüdiger vom Bruch, Berlin 2000, 91.

（23） Friedrich Naumann, Asia, Berlin-Schöneberg 1899 u. ö.

（24） Friedrich Naumann, Die wirtschaftlichen und politischen Folgen der Bevölkerungs-vermehrung, Munchen 1904, 12.

（25） Friedrich Naumann, Demokratie und Kaisertum, 192.

（26） aaO. 81.

（27） Friedrich Naumnn, Wochenschau, in: Hilfe, 27 (1898), 1.

（28） Friedrcih Naumann, warum unterstützen die National-Sozialen eine Welypolitik Deutschlands? Flugblatt des National-Sozialen Vereins, Nr. 3.

（29） Friedrich Naumann, Briefe über Religion, 617.

（30） Friedrich Naumann, Das deutsche Kaisertum, in: Protokoll über die Verhandlungen des Nationalsozialen Vereins, 3 (1898), 63.

（31） Friedrich Naumann, Die Politik der Gegenwart, in: Werke Bd. 4, 39.

（32） Friedrich Naumann, Was heißt Industriestaat, in: Hilfe, 14 (1902), 3.

（33） Friedrich naumann, Das blaue Buch von Vaterland und Freiheit, 46.

（34） Friedrich Naumann, Demokratie und Kaisertum, 233.

（35） Friedrich Naumann, Das deutsche Kaisertum, 63.

歴史と神学

2005年11月30日　初版第1刷発行

編　者　古屋安雄
倉松　功
近藤勝彦
阿久戸光晴

発行者　大木英夫

発行所　聖学院大学出版会
〒362-8585　埼玉県上尾市戸崎1－1
電話(048)725-9801 Fax(048)725-0324
E-mail:press@seigakuin-univ.ac.jp
印刷・堀内印刷株式会社

ISBN 4-915832-63-5　C3016

執筆者一覧（執筆順）

A List of Contributors

古屋安雄（ふるや・やすお）
1926年生まれ。東京神学大学，サンフランシスコ，プリンストン神学大学院，チュービンゲン大学で学び，Th. D., 1959年から97年まで国際基督教大学で教え，その名誉教授とICU教会名誉牧師。99年から聖学院大学院教授，アメリカ・ヨーロッパ文化学研究科長。大木英夫との共著『日本の神学』（1989）。
〔**主著**〕『日本の将来とキリスト教』（聖学院大学出版会　2001），『キリスト教国アメリカ再訪』，『キリスト教と日本人』（2005）など。

髙橋義文（たかはし・よしぶみ）
1943年，東京に生まれる。ローマリンダ大学卒業。アンドリューズ大学大学院修士課程修了。東京神学大学大学院博士課程修了（神学博士）。現在，三育学院短期大学学長。
〔**著訳書**〕『キリスト教を理解する』（福音社，1983年），『教育の神学』学校伝道研究会編・共著（ヨルダン社，1987年），『ラインホールド・ニーバーの歴史神学』（聖学院大学出版会，1993年），『パウル・ティリッヒ研究』組織神学研究所編・共著（聖学院大学出版会，1999年），C.C. ブラウン『ニーバーとその時代』（聖学院大学出版会，2004年）

安酸敏眞（やすかた・としまさ）
1952年鳥取県生まれ。京都大学大学院博士課程，ヴァンダービルト大学大学院博士課程を修了。現在北海学園大学教授。Ph. D., 京都大学博士（文学）。
〔**著書**〕 *Ernst Troeltsch*（Scholars Press, 1986），『レッシングとドイツ啓蒙』（創文社，1998年），『歴史と探求』（聖学院大学出版会，2001年），*Lessing's Philosophy of Religion and the German Enlightenment*（Oxford University Press, 2002）など。

西谷幸介（にしたに・こうすけ）
1950年，佐賀県に生まれる。1980年，東京神学大学大学院博士後期課程修了。玉川神の教会牧師，聖学院大学政治経済学部教授，青山学院大学講師を経て，1997年，スイス・バーゼル大学より神学博士号（Dr. theol）を取得。同年より東北学院大学文学部・同大学院ヨーロッパ文化史専攻教授（～現在），宮城大

学講師。日本基督教団正教師。
〔**著書**〕『ロマドカとニーバーの歴史神学』(ヨルダン社，1996年)，『十字架の七つの言葉』(ヨルダン社，1999年)，*Niebuhr, Hromadka, Troeltsch, and Barth : The Significance of Theology of History for Christian Social Ethics* (New York : Peter Lang Publishing, 1999)，『宗教間対話と原理主義の克服』(新教出版社，2004年)，他に共著書。
〔**訳書**〕 W.パネンベルク『現代キリスト教の霊性』(教文館，1987年)，W.グロール『トレルチとバルト』(教文館，1991年)，J.M.ロッホマン『駆けよってくださる神』(新教出版社，2001年)，他に共訳書。

梅津順一(うめつ・じゅんいち)
1947年生まれ。国際基督教大学教養学部卒業。東京大学大学院経済学研究科博士課程満期退学。放送大学教養学部助教授，青山学院女子短期大学教養学科教授を経て，現在聖学院大学政治経済学部教授，経済学博士(東京大学)。
〔**著書**〕『近代経済人の宗教的根源――ヴェーバー・バクスター・スミス』(みすず書房，1989年)，『三訂版欧米経済史』(共著，放送大学教育振興会，1995年)，『昭和史からのメッセージ――市民的成熟を求めて』(青山学院女子短期大学学芸懇話会，1995年)，『近代西欧における宗教と経済』(共編著，同文館，1996年)，『中産層文化と近代』(共編著，日本経済評論社，1999年)，『「文明日本」と「市民的主体」――福沢諭吉・徳富蘇峰・内村鑑三』(聖学院大学出版会，2001年)

松谷好明(まつたに・よしあき)
1944年生まれ。一橋大学社会学部卒。神戸改革派神学校(3年中退)。英国Trinity College神学校ならびにUniversity of Bristol (Dip. Th.) に学ぶ。現在，聖学院大学総合研究所特任助教授(ピューリタニズム研究室長)。日本基督教団館林教会牧師。論文博士(Ph. D. 聖学院大学)。
〔**著書**〕『ウェストミンスター神学者会議の成立』，『ウェストミンスター神学者会議議事録抄』，『ウェストミンスター神学者会議―その構造化』(いずれも，一麦出版社刊)

渡邉守道(わたなべ・もりみち)
著者は1926年山形市に生まれ，山形中学，山形高校卒業後，当時の東京帝国大学法学部に入学，1948年，法学士号を受けた。その後，渡米し，プリンストン大学大学院に二年留学，帰国後，明治学院大学で教鞭をとり，国際キリスト教大学研究所員として政治学の研究を行った。1954年再び渡米してコロンビア大学大学院に入り，1961年，政治思想史，比較政治学専門でPh. D. を授与され

た。その後，キャンザス州立大学，ニューヨーク市立のクィーンズ・カレジで教えたのち，1963年にロングアイランド大学，C. W. Post キャンパスに移り，現在同大学の歴史・政治学教授である。その間，東京大学法学部，慶應大学法学部，姫路独協大学と聖学院大学で客員教授を勤めた。
〔**著書**〕 *The Political Ideas of Nicholas of Cusa, with Special Reference to His* “De concordantia catholica” (1963) は第二次大戦後英語で最も早くクザーヌスについて出版された本の一つである。その後出版された著書の中に聖学院大学出版会からでた『ニコラウス・クザーヌス』(2000) がある。現在，アメリカ・クザーヌス学会会長，*American Cusanus Society Newsletter* の編集・出版者。ドイツの Cusanus-Gesellschaft の学術顧問団員，日本の日本クザーヌス学会の特別顧問。

近藤勝彦（こんどう・かつひこ）
東京神学大学教授。1966年，東京大学文学部卒業。1970年，東京神学大学大学院修士課程修了。1977年，テュービンゲン大学にて神学博士号を取得。日本基督教団小岩教会，ベテル教会の牧師を経て1986年より現職。聖学院大学宗教センター所長（2003年まで），その後聖学院大学大学院特任教授を兼務。鳥居坂教会協力牧師。
〔**著書**〕『現代神学との対話』(1985年，ヨルダン社)，『歴史の神学の行方』(1993年，教文館)，『トレルチ研究上・下』(1996年，教文館)，『デモクラシーの神学思想』(2000年，教文館)，『伝道の神学』(2002年，教文館）その他多数。

佐藤司郎（さとう・しろう）
1946年生まれ。東北大学文学部哲学科卒業。東京神学大学大学院修士課程修了。日本基督教団大洲教会，同信濃町教会牧師を経て，1998年より東北学院大学文学部キリスト教学科教授。
〔**著訳書**〕『新しい言葉をもって』(1996)，『生ける主に従う――教会の神学を求めて』(1999)，H. E. テート『ヒトラー政権の共犯者，犠牲者，反対者』(2004共訳)，他。

森本あんり（もりもと・あんり）
1956年生まれ。国際基督教大学，東京神学大学大学院，プリンストン神学大学院卒（Ph. D.)。現在，国際基督教大学人文科学科教授。
〔**著書**〕『ジョナサン・エドワーズ研究』，『アジア神学講義』(創文社)，『使徒信条』(新教出版社)，*Jonathan Edwards and the Catholic Vision of Salvation* (Pennsylvania State University Press)，『現代に語りかけるキリスト教』(日本基督教団出版局)，『パウル・ティリッヒ研究』(共著・聖学院大学出版

会）他。

洛雲海（なく・うんへ）
1964年生まれ。1993年東京神学大学大学院卒業。現在，韓国長老会神学大学大学院博士課程に留学中。組織神学専攻。同大学神学大学院非常勤講師。
〔**論文**〕 “The Necessity of a ‘Theology of Japan’ and its Scope from an Asian Perspective,” in *A Theology of Japan : Origins and Task in the Age of Globalization*, Seigakuin University Press, 2005.

有賀　貞（あるが・ただし）
東京大学教養学士（1953），国際学修士（1955）。国際基督教大学助教授，成蹊大学，一橋大学名誉教授，独協大学教授を経て，2001年以来聖学院大学大学院アメリカ・ヨーロッパ文化学研究科教授。日本国際政治学会理事長（1988—90），アメリカ学会会長（1992—94）を務めた。
〔**著書**〕『アメリカ政治史』，『アメリカ史概論』，『アメリカ革命』，An International History of the Modern World,『ヒストリカルガイド・アメリカ』，編著書に『アメリカ外交と人権』，『エスニック状況の現在』，『アメリカ史Ⅰ，Ⅱ』などがある。

標　宣男（しめぎ・のぶお）
1943年生まれ。東京工業大学大学院理工学研究科修士課程修了，工学博士（東京大学）。日立製作所中央研究所研究員，原子力工学試験センター主任研究員を経て，現在聖学院大学政治経済学部教授，この間，1976～78年カダラッシュ原子力研究所（フランス）にて安全性研究に従事。
〔**著訳書**〕『数値流体力学』（共著，朝倉書店），『科学史の中のキリスト教』（教文館）他，パネンベルク『自然と神』（共訳，教文館）

郡司篤晃（ぐんじ・あつあき）
1965年東京大学医学部卒，1970年同大学院卒，医学博士，同年より東京女子医科大学日本心臓血圧研究所助手，講師，助教授を経て，1975年厚生省医務局総務課，課長補佐。その後環境庁，鹿児島県衛生部長，薬務局生物製剤課長，健康増進栄養課長を経て，1985年東京大学医学部，保健学科，保健管理学教室教授，1998年より，聖学院大学総合研究所教授，（兼）聖学院大学院教授，政治経済学部教授，2003年より，同大学院教授。
〔**著書**〕『医療システム研究ノート』（丸善プラネット），『保健医療計画ハンドブック』（編著・第一法規），『身体活動・不活動の健康影響』（編著・第一出版），『医療と福祉における市場の役割と限界』（聖学院大学出版会），ほか。

深井智朗（ふかい・ともあき）
1964年生まれ。1996年，アウクスブルク大学哲学・社会学部博士課程修了。哲学博士（アウクスブルク大学），現在，聖学院大学総合研究所助教授。
〔**著書**〕 Paradox und Prolepsis (Marburg 1996),『アポロゲティークと終末論』（北樹出版，1999年），『政治神学再考』（聖学院大学出版会，2000年），『文化は宗教を必要とするか』（教文館，2002年），Harnack und seine Zeit (Marburg 2002),『超越と認識』（創文社，2004年）等。

I.ジョン・ヘッセリンク（I. John Hesselink）
1928年，アメリカ・ミシガン州グランドラピッズで生まれる。ウェスタン神学大学卒業後，1953年よりアメリカ改革派教会（RCA）の宣教師として，東京，福岡などで働く。1961年から1973年，東京神学大学で歴史神学を教える。その間，国際キリスト教大学客員教授として来日したE.ブルンナーの知己を得て，スイス・バーゼル大学でカール・バルトについて学ぶ。学位論文「カルヴァンの律法概念とその用法」（Ph. D.）を著す。1973年から1985年，ウェスタン神学大学学長。1986年から1998年，同大学組織神学教授。引退後，現在に至るまで，同神学大学で教える傍ら，アメリカ・カルヴァン学会会長など歴任。2005年より，RCA 総会議長。
〔**著書**〕 *Calvin's Concept of the Law*, Alison Park, Pennsylvania : Pickwick Publication, 1992, *On Being Reformed: Distinctive Characteristics and Common Misunderstandings*, Grand Rapids : Reformed Church Press, 1988.（邦訳，広瀬久允訳『改革派とは何か』教文館，1995年），*Calvin's First Catechism : Commentary*, Louisville, Kentucky : Westminster John Knox Press, 1997. *Sovereign Grace and Human Freedom*（邦訳，松田慎二，秋山徹訳『神の主権的恵みと人間の自由』日本キリスト教会神学校植村正久記念講座，一麦出版社，2003年）ほか，論文多数。
I John Hesselink, Ph. D., was born in Grand Rapids, MI, USA in 1928. After he graduated from WTS in Michigan, he was sent to Japan in 1953 by Reformed Church in America to work in Tokyo and Fukuoka as a missionary. He taught historical theology in Tokyo Union Theological Seminary from 1961 through 1973. While he was there, he met Emil Brunner, who happened to be teaching as a visiting scholar at International Christian University, Tokyo. This meeting eventually led him to Basel University in Switzerland. He wrote his Ph. D. dissertation, *Calvin's Concept and Use of the Law*, 1961, under the guidance of Karl Barth. Upon his return to the United States in 1973, he was ordained and served as the president of Western Theological Seminary until 1985. He taught systematic theology

there from 1986 through 1988. In his retirement years he has held important posts in various academic societies such as Calvin Studies Society while teaching in his alma mater. Since 2005 he has chaired RCA General Assembly.
His writings include *Calvin's Concept of the Law*, Alison Park, Pennsylvania : Pickwick Publication, 1992, *On Being Reformed : Distinctive Characteristics and Common Misunderstandings*, Grand Rapids : Reformed Church Press, 1988., *Calvin's First Catechism : Commentary*, Louisville, Kentucky : Westminster John Knox Press, 1997. *Sovereign Grace and Human Freedom.*

フリードリッヒ・ヴィルヘルム・グラーフ（Dr. Friedrich Wilhelm Graf）
1948年生まれ。ウッパータール，テュービンゲン，ミュンヒェン大学にてプロテスタント神学，哲学，歴史学を学ぶ。ミュンヒェン大学にてD. F. シュトラウスについての学位論文にて神学博士号を取得。ハンブルグ防衛大学教授，アウグスブルグ大学教授を経て，現在，ミュンヒェン大学神学部教授。国際トレルチ教会会員。エルフルト大学マックス・ヴェーバー研究所研究員。ライプニッツ賞受賞。
〔**著書**〕『エルンスト・トレルチ著作目録』，『マルティン・ルター ひとつの試論』，『マックス・ヴェーバーと神学』，『プロテスタンティズムのプロフィール』，『19世紀のプロテスタンティズム』，『トレルチとドイツ文化プロテスタンティズム』（深井智朗・安酸敏眞編訳，聖学院大学出版会），ほか多数。
Friedrich Wilhelm Graf, Dr. theol., geboren 1948, ist Professor für Systematische Theologie und Ethik an der Universität München und nimmt daneben zahlreiche weitere Aufgaben wahr, u. a. als Ordentliches Mitglied der Bayerischen Akademie der Wissenschaften and Präsident der Ernst-Troeltsch-Gesellschaft. Einem größeren Publikum ist er durch regelmäßige Beiträge in fiihrenden Tageszeitungen bekannt. Als erster Theologe wurde er 1999 mit dem Leibniz-Preis der Deutschen Forschungsgemeinschaft ausgezeichnet.
Veröffentlichungen : F-W. Graf（Hg.）*Troeltsch-Studien*. Bd. 1–3, 5–7, 11, 12（Gerd Mohn, 1982–2002）, H. Ruddies und F. W. Graf（Hg.）*Ernst-Troeltsch-Bibliographie*（J. C. B. Mohr, 1982）, *Theonomie*（Gerd Mohn, 1988））, F. W. Graf（Hg.）*Profile des neuzeitlichen Protestantismus*. 3. Bd.（Gerd Mohn, 1990–1993）, *Die Wiederkehr der Götter*（3. Aufl., C. H. Beck, 2004）, F. W. Graf（Hg.）*Klassiker der Theologie*. 2. Bde.（C. H. Beck, 2005）, u. a.

ディヴィッド・大木・エーハン（David Oki Ahearn, Ph. D）
1959年生まれ。スイス・バーゼル大学でヤン・ミルチ・ロッホマン教授のもと研究。またサザン・メソジスト大学などを経てエモリー大学で博士号取得。現在，ジョージア州アトランタにあるラグレンジ大学助教授，人文科学・社会科学学科長。
〔**共著**〕 *Doing Right and Being Good : Catholic and Protestant Readings in Christian Ethics*, 2005（共著）, "Globalization, American Religious Identity, and the 'Theology of Japan'", *A Theology of Japan : Origins and Task in the Age of Globalization*, Seigakuin University Press, 2005. その他論文として "Aliens and Citizens : Competing Models of Political Involvement in Contemporary Christian Social Ethics" 聖学院大学総合研究所紀要，No. 17, 1999, "Urban Empowerment as Public Participation : The Atlanta Project and Juergen Hebermas' Theory of Communicative Action", 2000.
David Oki Ahearn, Ph. D., M. Div. (1959-), is Associate Professor and Chair of the Humanities and Social Sciences Division at LaGrange College (Georgia). He received a Ph. D. from Emory University. He was also educated at the University of Basel under Dr. Jan Milic Lochman and Perkins School of Theology at Southern Methodist University.
Ahearn's writings include *Doing Right and Being Good: Catholic and Protestant Readings in Christian Ethics* (2005, co-authored), "Globalization, American Religious Identity, and the 'Theology of Japan'" in : Hideo Oki et al. eds., *A Theology of Japan : Origins and Task in the Age of Globalization* (2005) "Aliens and Citizens : Competing Models of Political Involvement in Contemporary Christian Social Ethics (2003)," and "Urban Empowerment as Public Participation : The Atlanta Project and Juergen Habermas' Theory of Communicative Action (2000)." His research areas are Christian Ethics and Systematic Theology.

パトリック・グレイ（Dr. Patrick Gray）
エモリー大学で博士号取得。現在，テネシー州メンフィスにあるローズ大学助教授。新約聖書学。1992年から94年まで大木奨学金を受け，聖学院大学で研究。
〔**著書**〕 *Godly Fear : The Epistle to the Hebrews and Greco-Roman Critiques of Superstition*, the Society of Biblical Literature, 2003 がある。
Patrick Gray, Ph. D., is Assistant Professor of Religious Studies at Rhodes College in Memphis, Tennessee, specializing in New Testament studies. He holds a B. A. from Oglethorpe University, an M. T. S. from the Candler School of Theology/Emory University, and a Ph. D. in religion from Emory

University. Previously he has taught at Oglethorpe and at Emory. From 1992 to 1994, he taught and studied at Seigakuin University as the recipient of the Hideo Ohki Scholarship. He is the author of *Godly Fear : The Epistle to the Hebrews and Greco-Roman Critiques of Superstition* and co-editor of *Teaching the Bible : Practical Strategies for Classroom Instruction*. His research interests include Hellenistic moral philosophy and the history of biblical interpretation.

グラハム・ハウズ（Graham Anthony Kingston Howes）
1938年生まれ。1965年M.A.を取得後，Cambridge, Essex, Trinity Hall, London, Princeton，筑波，Chicagoなどの大学で教鞭を取る。1993年には国際交流基金及び日本私学大学財団のVisiting Scholarを務める。宗教社会学専攻。Trinity Hall, Cambridge大学教授を経て，現在Trinity Hallの名誉Fellow。国際YMCA開発援助部門の副議長。
〔**著書**〕“Social Context of Community Policing” “Christian Witness in Secular Societies”, “God Damn Yanquis――American Hegemony and Contemporary Latin American Christianity”, “Secular and Religious Concept in the Social Sciences” Higher Education in Britain，聖学院大学総合研究所紀要，No. 5, 1994,「英国における教育――自由の伝統」（“Education in England: The Tradition of Liberty”），「イギリスの高等教育における自由の伝統」（“The Tradition of Liberty in Higher Education in England”），聖学院大学総合研究所紀要，No. 9, 1996,「今日の英国における教会と国家」（“Church and State in England Today”），聖学院大学総合研究所紀要，No. 10, 1997. など。
Graham Anthony Kingston Howes is an Emeritus Fellow of Trinity Hall, University of Cambridge. Born in 1938, educated at Gresham’s School, Holt and Trinity Hall, Cambridge, B. A.-1962, M. A-1965. 1965 to 2003, Staff Tutor in Social and Political Sciences, University of Cambridge Board of Continuing Education. 1967 to 2003 Fellow and Director of Studies in Social and Political Sciences, Trinity Hall.
His writings include ‘Social Context of Community Policing,’ in M. Junger-Tas and J. J. Wilzing (eds.): *Crime Control in Europe*, Van-den Brink, 1988. ‘God damn Yanquis—American hegemony and Contemporary Latin American Christianity’ in W. C. Roof (ed.): *Religion and World Order*, State University of New York Press 1990. ‘Secular and Religious Concepts in the Social Sciences’ in A. Ashraf and P. Hirst (eds.): *Christian and Islamic Approaches to Education*, Islamic Academy Press, 1992. ‘Theology and the

Visual Arts' in David Ford (ed.): *The Modern Theologians*, Basil Blackwell, 1997. 'The Sociologist as Stylist-David Martin and Pentecostalism' in M. Percy and A. Walker (eds.): *Christianity and Culture,* Sheffield Academic Press, 2000.

V　海外から

Calvin on the Holy Spirit and the Christian Life

I. John Hesselink

Preface

It is a privilege and a joy to be able to contribute to the festschrift in honor of my friend and former colleague, Dr. Hideo Ohki. We both joined the Tokyo Union Seminary faculty in the early 1960s and enjoyed almost 12 years together as colleagues in the theological field. Our graduate school theological mentors were quite different, his Reinhold Niebuhr, mine Karl Barth, but we had a common friendship with Emil Brunner. In any case, we always enjoyed a special sense of camaraderie which was deepened during the difficult years of the student uprisings (1968–1970). I thank God for the health and vigor enjoyed by Dr. Ohki and for his continuing contributions to Christian education and theological studies.

I. Introduction

Almost 100 years ago the Princeton Seminary theologian B. B. Warfield dubbed Calvin "the theologian of the Holy Spirit." "The doctrine of the Holy Spirit," he said, "is a gift from Calvin to the church."[1] This has been repeated and reaffirmed several times by subsequent Calvin scholars, particularly in our own time.[2]

Nowhere is Calvin more obviously the theologian of the Holy Spirit than in his understanding of the Christian life. As the American historian, John Dillenberger, points out, the Holy Spirit is "the pivot

upon which everything turns." He proceeds to explain:

> For Calvin, every apprehension of God depends upon the activity of the Spirit, upon the way in which God becomes alive and lively to the depth of man. At the edges and limits of Calvin's thought, the Spirit takes over. The Spirit is so self-evidently the pivot of his apprehensions that it frequently operates as a *deus ex machina* in his thinking.[3]

As Calvin points out in his discussion of the Christian life, "The Christian philosophy bids reason give way to, submit and subject itself to, the Holy Spirit" (*Inst.* III. 7. 1). It should be noted at the same time that the concepts of God's gracious election and preservation are correlates, even if they are not always explicitly stated. For the Holy Spirit is the agent or power which effects God's sovereign grace in the life of the believer; and grace, in turn, is a manifestation of God's election. Unfortunately, in English there isn't a precise equivalent for the lovely German expression used so often by German theologians, especially Karl Barth: *Gottes Gnadenwahl* (God's gracious election—or election of grace). In any case, for Calvin the working of the Holy Spirit in the life of the believer is an implementation of God's *Gnadenwahl*. For from beginning to end the Christian life is made possible by God's grace as it is experienced by the presence and power of the Holy Spirit. This is suggested by Calvin in his frequent use of the phrase, "the grace of the Spirit."[4]

I noted earlier that Calvin had only one brief chapter on the Holy Spirit, apart from his discussion of the Trinity. This is not quite true, for in many ways the theme of Books III and IV of the *Institutes* is the work of the Holy Spirit; in Book III in relation to faith or regeneration, in Book IV in relation to the church and sacraments.

II. The Work of Christ and the Spirit

In Book III, however, Calvin moves from the objective work of Christ on our behalf to the subjective appropriation of the benefits of Christ's redemptive work. There is no explicit mention of the Holy Spirit in the title of Book III which reads: "The Ways in Which We Receive the Grace of Christ: What Benefits Come to Us from It, and What Effects Follow."[5] However, note the title of Chapter I (of Book III): "The Things Spoken Concerning Christ Profit Us by the Secret Working of the Spirit." This brief chapter contains, in brief, Calvin's doctrine of the Holy Spirit in relation to soteriology. However, as pointed out above, the succeeding chapters in Book III that deal with faith, regeneration, repentance, the life of the Christian man, etc. are treated from a pneumatological perspective. The same is true of Calvin's discussion of the church and sacraments in Book IV.

He begins with a foundational statement: "First, we must understand that as long as Christ remains outside of us, and we are separated from him, all that he has suffered and done for the salvation of the human race remains useless and of no value for us" (*Inst*. III. 1. 1).[6] To use more technical terms, "Christ *extra nos* [outside of us] through the Spirit becomes Christ *in nobis* [in us].[7] In Calvin's words, "Until our minds become intent upon the Spirit (*intentae in Spiritum*), Christ, so to speak, lies idle because we coldly contemplate him as outside ourselves—indeed far from us" (*Inst*. III. 1. 3). Hence we ought not "think of Christ, standing afar off," but "rather dwelling in us" (*Inst*. III. 2. 24). Thus there is an inseparable relation between Christology and pneumatology. For Christ does not dwell in us or we in him apart from the Holy Spirit. Christ "unites himself to us by the Spirit. By the grace and power of the same Spirit we are made his members, to keep

us under himself and in turn to possess him" (*Inst.* III. 1. 3). Moreover, "All that Christ possesses is nothing to us until we grow into one body with him" (*Inst.* III. 1. 1). And that is precisely the work of the Holy Spirit. The result is that all the gifts that the Father has bestowed on the Son are bestowed on his people (*Inst.* III. 1. 2).

In short, the Spirit is the link or "the bond (*vinculum*) by which Christ effectually unites us to himself" (*Inst.* III. 1. 1). Calvin elaborates on this point later in Book IV. 17. 12 :

> The bond of this connection [between the risen Christ and the believer] is the Spirit of Christ, with whom we are joined in unity, and is like a channel (*canalis*) through which all that Christ himself is and has is conveyed to us...On this account, Scripture, in speaking of our participation in Christ, relates its whole power to the Spirit.

Or, to use Kierkegaardian terminology, the Spirit is the agent or means by which the historical Christ becomes "contemporaneous" with us.

In this connection, Calvin also uses the same terminology he used in reference to the authority of Scripture, viz., "the testimony of the Spirit." Citing 1 John 5:7–8, Calvin concludes that the reference here to the testimony of the Spirit (along with the water and the blood) is "a testimony we feel engraved like a seal upon our hearts, with the result that it seals the cleansing and sacrifice of Christ" (*Inst.* III. 1. 1). Later, quoting Ephesians 1:13 which speaks of the Ephesians being sealed with the Holy Spirit of promise," Calvin concludes that Paul here "shows the Spirit to be the inner teacher by whose effort the promise of salvation penetrates into our minds, a promise that would otherwise only strike the air or beat upon our ears" (*Inst.* III. 1. 4).[8]

In his Geneva Catechism, where Calvin discusses the phrase in the Apostles Creed, "I believe in the Holy Spirit," he asks in Question 89,

"What do we gain by it?" (i.e., believing in the Holy Spirit). The answer: "The knowledge that as God has redeemed and saved us by Jesus Christ, he will also make us partakers of this redemption and salvation, through his Holy Spirit."

Then (in Q. 90) Calvin asks, "How?" The answer is based on 1 Peter 1:19: "As the blood of Christ is our cleansing, the Holy Spirit must sprinkle our consciences with it that they may be cleansed." This is followed by the comment (Q. 91): "This requires further explanation."

Then follows a rather lengthy answer which expresses the role of the Holy Spirit in our salvation in a nutshell:

> The Holy Spirit, while he dwells in our hearts, makes us feel the virtue of our Lord Jesus (Rom. 5:5). For He enlightens us to know His benefits; He seals and imprints them in our souls, and makes room for them in us (Eph. 1:3). He regenerates us and makes us new creatures, so that through Him we receive all the blessings and gifts which are offered to us in Jesus Christ.[9]

We should not conclude that this testimony of the Spirit is a different testimony from that of the witness to the divine origin of Scripture. Actually, there are four different facets to the one "testimony" of the Spirit: (1) the certainty of Scripture; (2) the certainty of salvation; (3) the certainty of our divine adoption; and (4) the certainty of the divine authority of the Word which offers the promise of adoption.[10] Ultimately, however, there are not two or four distinct witnesses (*testimonia*) of the Spirit but one. As Werner Krusche notes, "There are not two different witnesses [a witness of the Holy Spirit to Scripture and a separate witness to our adoption by God] but only one," although George Hendry distinguishes between a formal witness (the Scripture as the Word of God) and a material witness (the content of Scripture, the gospel.[11] However, Krusche goes on to affirm that

> Calvin has not separated the certainty of Scripture from the

certainty of salvation as it happened in orthodoxy. *The testimonium* does not first convince us of the divine origin of Scripture apart from its content as promise, and then convince us of its content. Both belong inseparably together (*beides fällt untrennbar in eins*).[12]

Thus far we have considered the role of the Holy Spirit in relation to the general theme of soteriology. Now I want to consider briefly some of the key components in Calvin's doctrine of salvation, viz., conversion, in the narrow sense of the word, faith, regeneration (repentance), union with Christ, justification, and sanctification.

Calvin does not develop his doctrine of salvation in terms of a plan or order of salvation (*ordo salutis*). This is a later development. Consequently, it is not easy to deal with the above topics in a systematic manner as I am attempting to do. Such a discussion is further complicated by the fact that Calvin sometimes uses soteriological terminology in different ways from their biblical or current usage. A case in point is regeneration, which is the subject of Book III, chapter 3 of the *Institutes*. Normally this refers to the initial work of the Spirit in the believer, often designated as the new birth or "being born again." For Calvin, however, it refers to the life-long process of repentance, including mortification and vivification. He rarely uses the word sanctification in this context, and then, to confuse matters further, he discusses justification much later.

III. Conversion or Regeneration

Calvin usually does not speak of regeneration or conversion in the usual sense but that is the best way of describing how a sinner turns from darkness to light, from a self-centered existence to a new life in Christ. In short, how does it come about that we are "born again"? In

one of the rare instances where Calvin employs scholastic language he says, "We discern in the Father the cause, in the Son the matter, and in the Spirit the effect, of our purgation and our regeneration." It is difficult to determine here whether the latter phrase—"purgation and regeneration"—refers to our initial coming to Christ or to the life-long process of regeneration or repentance. The preceding sentence, however, would seem to indicate that it is the former, for he says that "we obtain regeneration by Christ's death and resurrection only if we are sanctified by the Spirit and *imbued (imbuamur) with a new and spiritual nature*" (*Inst*. IV. 15. 6 ; emphasis mine).

In commenting on John 3:3f., Calvin maintains that Spirit and water mean the same thing, rather than water referring to one thing (baptism) and the Spirit to something else. Therefore, "to be the children of God we must be born anew and the Holy Spirit is the author of the second birth." Hence in John 1:5 "there is one single and simple statement."[13] Since we are by nature 'flesh' (John 1:6), i.e., corrupt and carnal and are incapable of discerning spiritual things, we "must be fashioned anew by the Spirit"[14] in order to enter the kingdom of God. In this connection Calvin concedes on the basis of John 1:6 that "man's soul is illumined by the brightness as never to be without some flame or at least a spark of it; but even with this illumination it does not comprehend God."[15] For, again, "flesh is not capable of such lofty wisdom as to conceive God and what is God's unless it be illumined by the Spirit of God" (*Inst*. II. 2. 19).

There is nothing unusual here, for the context of John 3 leads naturally to a discussion of the Holy Spirit. What is interesting, however, is to see how Calvin treats the means employed by the Holy Spirit in effectuating the new birth. Normally this would come about by the reading or the preaching of the Word. A key passage here is Romans 10:13ff. In general, one can say that "the Word is required for

the true knowledge of God." But more specifically, Calvin adds, "it is the preached Word alone which...is the normal mode for imparting his Word (*ordinaria ratio dispensandi*)."[16] However, "nothing is accomplished by preaching Christ if the Spirit, as our inner teacher, does not show our minds the way." No one can come to Christ except 'drawn' by the Father (John 6:44), but the Father, according to Calvin, enables us to understand and appropriate the knowledge of Christ "only where the Spirit by a wonderful and singular power forms our ears to hear and our minds to understand" (*Inst*. II. 2. 20).[17] Accordingly, if the illumination of the Holy Spirit is lacking, the Word will be of no effect. "Only when God shines in us by the light of his Spirit is there any profit from the Word."[18]

IV. Faith

When we turn from what is commonly called the doctrine of regeneration, where the believer is passive, to repentance and faith where the believer is more actively involved, it might seem that the role of the Holy Spirit is less significant. This is not the case with Calvin. Already in Chapter 1 of Book III he states that "faith is the principal work of the Holy Spirit."[19] Citing Ephesians 1:13, Calvin goes on to say that Paul here "shows the Spirit to be the inner teacher[20] by whose effort the promise of salvation penetrates into our minds, a promise that would otherwise strike the air or beat upon our ears." Then, referring to 2 Thessalonians 2:13, Calvin concludes, "Faith itself has no other source than the Spirit" (*Inst*. III. 1. 4).

In the above passages faith is still described in passive terms. Faith is what the Holy Spirit does to us more than what we do in responding to the gospel. And in a transitional statement at the end of Chapter 1, prior to the monumental chapter on faith, Calvin seems to combine

faith with regeneration and sanctification. In order to partake of the salvation which is found in Christ we must be baptized by him "in the Holy Spirit and fire" [Luke 3:16], bringing us into the light of faith in his gospel and so regenerating us that we become new creatures ; and consecrates us, purged of worldly uncleanness, as temples holy to God [cf. 1 Cor. 3:16–17 ; 6:19 ; 2 Cor. 6:16 ; Eph. 2:21]" (*Inst*. III. 1. 4).

In his discussion of faith in chapter 2 of Book III the more active aspects of faith are highlighted, but rarely in isolation from the work of the Holy Spirit. He begins by objecting to the notion that God as such is the object of faith. This is too general. He then cites a number of Scripture passages to show that, properly speaking, Christ is the object of faith. "We must be drawn by the Spirit to be aroused to seek Christ ; so, in turn, ...the invisible Father is to be sought solely in this image" (*Inst*. III. 2. 1).

Faith, of course involves knowledge, and for this the Word is indispensable. Faith is grounded in the Word. "Take away the Word," Calvin avers, "and no faith will remain" (*Inst*. III. 2. 6). The focus of faith, however, is not on the Word or even on a general belief in God, but on the promise of God's grace in Jesus Christ.[21] But again, God's gracious promises will neither be understood nor accepted without the aid of the Spirit. For they "cannot penetrate into our minds unless the Spirit, as the inner teacher, through his illumination makes entry for it (III. 2. 35).

In this pasasge and elsewhere Calvin refers to the Word "penetrating our minds." It is important to recognize, however, that in his discussion of faith Calvin emphasizes the heart more than the head, the affections (*affectus*) more than the brain.[22] This will come as a surprise to most people, even those in the Reformed tradition, for Calvinists have generally been known for their theological sharpness, not their "heartfelt religion." However, 'heart,' for Calvin, does not

mean primarily the emotions but the whole person, the experiential aspect of faith. First, let us look at Calvin's most comprehensive definition of faith:

> We call it [faith] a firm and certain knowledge of God's benevolence toward us, founded upon the truth of the freely given promise in Christ, both revealed to our minds and sealed upon our hearts through the Holy Spirit (*Inst.* III. 2. 7).

Note particularly four things in this definition: (1) The object of faith is God's kindness toward us grounded in his promise in Christ. (2) Faith can simply be defined as knowledge.[23] (3) This knowledge, however, is not academic knowledge, for it is a matter of the head ("our minds") and the heart. (4) Finally, this existential knowledge, though our own act, is ultimately a gift of the Holy Spirit.

Calvin amplifies these points in later sections of this chapter. "It is clear," he says, "that faith is much higher than human understanding. And it will not be enough for the *mind* to be illumined by the Spirit of God unless the heart is also strengthened by his power" (III. 2. 33). "We cannot come to Christ unless we are drawn by the Spirit of God, so when we are drawn we are lifted up *in mind and heart* above our understanding" (III. 2. 34, emphasis mine).

There are several other places where Calvin stresses that the knowledge of faith is a special kind of knowledge,[24] but one passage should suffice:

> It now remains to pour into the *heart* what the *mind* has absorbed. For the Word of God is not received by faith if it flits about in the top of the *brain*, but when it takes root in the depth of the *heart* that it may be an invincible defense to withstand and drive off all the stratagems of temptation. But if it is true that the mind's real *understanding* is illumination by the Spirit of God, then in such confirmation of the *heart* his power is much more

> clearly manifested, to the extent that the *heart's* distrust is greater than the *mind's* blindness. It is harder for the *heart* to be furnished with assurance than for the *mind* to be endowed with thought. The Spirit accordingly serves as a seal, to seal up in our *hearts* those very promises the certainty of which it has previously impressed on our *minds* ; and takes the place of a guarantee to confirm and establish them (III. 2. 36 ; emphasis mine).

Once again we see Calvin's concern with assurance[25] and what a later generation would call "experiential religion." At times Calvin sounds more like a Wesleyan than a Calvinist ! In any case, he does not intellectualize faith as some of his followers did in the next century. Moreover, faith, which is more a matter of the heart than the head, is from beginning to end the work of the Holy Spirit.

V. Union with Christ[26]

Faith comes to its fullest expression for Calvin in the notion of the mystical union of the believer with Christ. Except for Calvin specialists, few people are aware of this facet of Calvin's thought. Yet, as Alasdair Heron points out, "Union between Christ and us (which lies at the very heart of Calvin's theology) corresponds and answers to the union between God and man in the incarnation..." (see *Inst*. II. 12. 2).[27] Recall a passage referred to earlier where Calvin says that "we must understand that as long as Christ remains outside us and we are separated from him, all that he has suffered and done for the salvation of the human race remains useless and of no value for us. Therefore, to share with us what he had received from the Father, he had to become ours and to dwell within us" (*Inst*. III. 1. 1). Again, "by the grace and power of the Spirit we are made Christ's members, to keep us under himself in turn to possess him" (*Inst*. III. 1. 3). When some

scholars hear the phrase, "mystical union," they immediately conclude that this represents some form of mysticism. However, as Wilhelm Niesel points out, when Calvin uses this phrase, this "has nothing to do with the absorption of the pious mystic into the sphere of the divine being."[28] Francois Wendel agrees that when Calvin speaks of a union or communion with Christ he is not suggesting "any absorption into Christ, or any mystical identification that would diminish human personality in the slightest degree, or draw Christ down to us." Yet, "the relationship with Christ is nonetheless the closest..."[29]

Therefore, note carefully the wording in this key passage where Calvin is responding to Osiander :

> ...I confess that we are deprived of this utterly incomparable good [Christ and his righteousness] until Christ is made ours. Therefore, that joining together of Head and members, that indwelling of Christ in our hearts—in short, that mystical union (*mystica unio*)—are accorded by us the highest degree of importance, so that Christ, having been made ours, makes us sharers with him in the gifts with which he has been endowed. We do not, therefore, contemplate him outside ourselves from afar in order that his righteousness may be imputed to us but because we put on Christ and are engrafted into his body—in short, because he deigns to make us one with him. For this reason, we glory that we have fellowship of righteousness with him (*Inst*. III. 11. 10).

There is no mention of the Holy Spirit in this passage, but as we have seen from earlier quotations, such a faith-union is only possible because of the work of the Holy Spirit. Calvin makes this explicit elsewhere : "We hold ourselves," he says, "to be united with Christ by the secret power of the Spirit" (III. 11. 5).[30]

In the *Institutes*, Calvin only speaks once of a "mystical union" with Christ, but he expresses the same idea elsewhere in slightly different

words. For example, in his discussion of our partaking of Christ in the Lord's Supper he speaks of the "mystery of Christ's secret union (*arcanae unionis*) with the devout" (IV. 17. 1). Also, in this sacrament we "have a witness of our growth into one body with Christ such that whatever is his may be called ours" (IV. 17. 2). Again, there is no mention of the Holy Spirit in these passages, but that is presupposed. For, as he writes a little later, "Christ's flesh, separated from us by such a great distance, penetrates to us....[by] the secret power of the Holy Spirit" (IV. 17. 10).[31] Romans 8:9 is a key text for Calvin here, for this verse "teaches that the Spirit alone causes us to possess Christ completely and have him dwelling in us" (III. 17. 12).

Such mystical language may strike one as un-Reformed, but it is not peculiar to Calvin. Niesel finds similar passages in the Heidelberg Catechism and in his *Reformed Symbolics*[32] he calls union with Christ "the basic confession of the Reformed Churches."[33] This may be too strong an assertion, but there is no doubt that this is true for Calvin.[34] Moreover, for Calvin, the fruits of this mystical faith-union with Christ by the Holy Spirit are incalculable: regeneration, faith, justification, sanctification, and ultimately glorification.[35] "In Christ" we enjoy all of Christ's gracious gifts, for he is not "far off" but one with us.

VI. Justification and Sanctification

In traditional systematic theologies the Christian life is usually described broadly as a life of faith. Faith, then, is discussed under two main headings : justification and sanctification. Justification by grace through faith was one of the key issues of the Reformation and is the doctrine dear to the heart of all good Lutherans. Lutheran theologians love to point out that this is the doctrine "by which the church stands

or falls."

Traditionally, in the Reformed tradition the emphasis has been on sanctification, with a special interest in growth in the Christian life through the Spirit and a positive place for the law as a norm and guide in the Christian life. This is the so-called third use of the law (*usus tertius*) which many Lutherans reject.[36] Following Luther, they stress the second use of the law (for Calvin the first), the *usus elenchticus*, i.e., the accusing function of the law whereby we are made aware of our sinfulness and need for God's grace. Interestingly, in this regard, Calvin is closer to John Wesley, who also emphasized the positive role of the law in the quest for holiness.

In any case, Calvin, like Luther, was convinced that the doctrine of justification was absolutely essential. It is "the main hinge on which religion turns" (*Inst.* III. 11. 1).[37] However, whereas justification is usually considered a forensic doctrine, i.e., we are reckoned or declared righteous by God's grace through faith (see Romans 3:24 ; 4:1–16 ; Gal. 2:16), sanctification is usually thought of as a process whereby the Holy Spirit works in us renewing us according to the image of God in Christ. Justification is accordingly considered more objective (*Christus pro nobis*), sanctification more subjective (*Christus in nobis*). For Calvin, however, both are a work of the Holy Spirit and both are the fruit of our participation in Christ. "We hold ourselves to be united with Christ by the secret power of his Spirit," and it is through that power "that we grow together with Christ" (*Inst.* III. 11. 5). Justification and sanctification are distinct, yet inseparable, and both are gifts of our spiritual union with Christ.

A key verse in this connection is 1 Corinthians 1:30, a text to which Calvin returns again and again.[38] Here we read that God "is the source of your life in Christ Jesus," who "became for us wisdom from God and our righteousness and sanctification and redemption." Concern-

ing the phrase, "Christ is made our sanctification," Calvin writes,

> Paul means by that, that we who are in ourselves unholy by nature, are born again by his Spirit unto holiness. From this we also gather that we cannot be justified freely by faith alone, if we do not at the same time live in holiness. For these gifts of grace go together as if tied by an inseparable bond (*quasi individuo nexu cohaerunt*), so that if anyone tries to separate them, he is, in a sense, tearing Christ to pieces.[39]

In his discussion of the Holy Spirit as the third person of the Trinity, Calvin notes in passing,

> Through the Holy Spirit we come into communion with God, so that we in a way feel his life-giving power toward us. Our justification is his work ; from him is power, sanctification [cf. 1 Cor. 6: 11], truth, grace, and every good thing that can be conceived, since there is but one Spirit from whom flows every sort of gift [1 Cor. 12:11] (*Inst*. I. 13. 14).

However, what is surprising is that for Calvin the chief word he uses for the life of faith is not sanctification but *regeneration*. As noted earlier, Calvin has no neat *ordo salutis* (order or plan of salvation) like later Reformed and Lutheran theologians. Hence regeneration for him does not indicate that first step in becoming a Christian whereby the Holy Spirit works in our lives subconsciously to produce the new birth (or being "born again"). Rather, for Calvin, regeneration is a comprehensive term which includes conversion, repentance, or what is usually called sanctification.[40] Hence, after discussing faith in Chapter 2 of Book III, the next chapter is entitled: "Our Regeneration by Faith : Repentance." Calvin, like Luther, regarded repentance not as that which precedes faith, but as a product of faith and something which is a life-long process.[41]

This process, which also involves us—we are sanctified by faith as

well as justified by faith[42]—is above all the work of the Holy Spirit. Before specifying what regeneration consists of, Calvin states a fundamental presupposition : "I say that no uprightness can be found except where that Spirit reigns that Christ received to communicate to his members (*Inst*. III. 3. 2).

Then the reformer describes regeneration or repentance in terms of two classical categories: mortification and vivification, i.e., the death of the old Adam in us and the coming to life of the new person in Christ.[43] It is "the desire to live in a holy and devoted manner, a desire arising from rebirth ; as if it were said that man dies to himself that he may begin to live to God" (*Inst*. III. 3. 3). This twofold understanding of the Christian life is probably based on Ephesians 4:22-23 :

> You were taught to put away your former way of life, your old self, corrupt and deluded by its lusts, and to be renewed in the spirit of your minds, and to clothe yourselves with the new self, created according to the likeness of God in true righteousness and holiness.

As noted earlier, the law plays an important role in this whole process, for it provides us with the rule of godly living.[44] The first step in obeying the law, according to Calvin, "is to deny our own [sinful] nature." But that only "comes to pass when the Spirit of God so imbues our souls, steeped in holiness, with both new thoughts and feelings..." (*Inst*. III. 3. 8).

In his commentary on Ephesians 4:23 Calvin, following Paul, proposes that "the rule of a godly and holy life" has two parts. The first is the "denial of ourselves," i.e., "the putting off of the old man." The second part, which corresponds to vivification, "is to live not by our own spirit but by the Spirit of Christ." Here we have a description of the Christian life in a nutshell.

This theme is amplified in Calvin's famous chapter in the *Institutes*

on "The Sum of the Christian Life" (III. 7) which reiterates the theme in rhetorical fashion, "We are not our own...we are God's" (based on Rom. 1:1 ; 1 Cor. 6:19, and Rom. 14:8). And with this I close :

> Let this therefore be the first step, that a man depart from himself in order that he may apply the whole force of his ability in the service of the Lord. I call "service" not only what lies in obedience to God's Word but what turns the mind of man, empty of its own carnal sense, wholly to the bidding of God's Spirit. While it is the first entrance to life, all philosophers were ignorant of this transformation, which Paul calls "renewal of the mind" [Eph. 4: 23]. For they set up reason alone as the ruling principle in man, and think that it alone should be listened to ; to it alone, in short, they entrust the conduct of life. But the Christian philosophy bids reason give way to, submit and subject itself to, the Holy Spirit, so that the man himself may no longer live but bear Christ living and reigning within him [Gal. 2:20] (*Inst*. III. 7. 1).

ENDNOTES

1 "John Calvin, the Theologian," in *Calvin and Augustine* (Philadelphia : Presbyterian and Reformed Publishing Co., 1956), 484-5.

2 For example, this is reaffirmed in the magisterial study by Werner Krusche, *Das Wirken des Heiligen Geistes nach Calvin* (Göttingen : Vandenhoeck & Ruprecht, 1957), 12.

3 *John Calvin. Selections from His Writings* (Garden City, NY : Doubleday Anchor Books, 1971), 18.

4 See, e.g., *Institutes* II. 3. 7 (*per Spiritus gratiam*); III. 1. 3 ; Comm. John 16:16 (2x); Comm. Rom. 4:11.

5 It has been pointed out that there is no mention of the Holy Spirit in the title of Book III. Otto Weber notes that "The obvious assumption would seem to be that Calvin did not entitle his third book "The Holy Spirit and His Work" because he was so influenced by the biblical

statements..."The 'present Christ' is not absorbed by the Spirit but is at work in him," *Foundations of Dogmatics*, Vol. 2 (Grand Rapids : Eerdmans, 1983), 135.

6 After quoting this sentence, Hendrikus Berkhof concludes, "These words show that the relevance of Christ's sacrifice for our justification is the main purpose of the Holy Spirit," *The Doctrine of the Holy Spirit* (Richmond, VA : John Knox Press, 1964), 26. This is only half true. For the purpose of the Holy Spirit in Calvin's theology is above all the sanctification of the individual believer and the church.

7 Willem van't Spijker, " 'Extra Nos' and 'In Nobis' by Calvin in a Pneumatological Light," in *Calvin and the Holy Spirit*, edited by Peter De Klerk, (Grand Rapids : Calvin Seminary, 1989), 44.

8 In passages quoted from the *Institutes* III. 1. 3 and 4 the accent is on the Spirit's impact on our *minds*. Elsewhere, however, Calvin speaks of the Spirit as "engraved like a seal upon our *hearts* (III. 1. 3) and as "dwelling in our *hearts*" (Geneva Catechism, Q. 9 ; emphasis mine). As we shall see later in the discussion of faith Calvin emphasizes the heart and the affections more than the mind or the intellect in appropriating our salvation.

9 Translation based on the French edition included in the T. F. Torrance collection of Reformed Catechisms, *The School of Faith* (London : James Clarke, 1959), 19.

10 I am indebted to Krusche, *Das Wirken des Heiligen Geistes*, op. cit., 263, for these distinctions.

11 *The Holy Spirit in Christian Theology*, 77, cited in Bernard Ramm, *The Witness of the Spirit*, op. cit., 100.

12 Krusche, op. cit., 217-18. (Translation by Ramm, op. cit., 100. Cf. his further discussion of this issue involving B. B. Warfield and A. Kuyper.)

13 Comm. John 3:5.

14 Comm. John 3:6.

15 Calvin is surprisingly generous in his estimate of natural man's gifts in regard to "earthly things," i.e., the arts and sciences and some sense of "certain fair dealing and order" (*Inst*. II. 2. 13). Then he concludes this discussion with a remarkable passage : "If we regard the Spirit of

God as the sole fountain of truth, we shall neither reject the truth itself, nor despise it wherever it shall appear unless we wish to dishonor the Spirit of God. For by holding the gifts of the Spirit in slight esteem, we condemn and reproach the Spirit himself" (II. 2. 15). However, in regard to the mysteries of the kingdom of God and the knowledge of God the redeemer, "the greatest geniuses are blinder than moles !" (II. 2. 18).

16 Comm. Romans 10:14.

17 "There is a twofold hearing ; the one is preaching. But the voice of a man will not enter into the hearts of his hearers...unless they are taught by the Spirit of God. ...When God speaks to us by the mouths of men he joins the inward grace of the Holy Spirit to the end that the doctrine is not unprofitable but that it may bring forth fruit," The Third Sermon on Jacob and Esau (Genesis 25) in Calvin's *Sermons on Election and Reprobation* (Audobon, N. J. : Old Paths Pub., 1996), 63.

18 Comm. Romans 10:16. "God enlightens us inwardly by his Spirit so that his doctrine may take effect in us, and open our eyes and hearts that it may reach there," Comm. 2 Thessalonians 2:10.

19 The "peculiar work" of the Spirit is faith, *Inst*. III. 2. 39.

20 Calvin also refers to Christ as "the inner Schoolmaster" who "by his Spirit draws to himself those given to him by the Father" [cf. John 6: 44 ; 12:32 ; 17:6], Inst. III. 1. 4.

21 See *Institutes* III. 2. 7.

22 After defining faith as an "assent" to God's promises in Scripture, he goes on to explain that this assent "is more of the heart than of the brain, and more of the disposition [*affectus*—translated as "affections" by Allen] than of the understanding," *Institutes* III. 2. 8.

23 In the famous definition of faith (Q. 21) in the Heidelberg Catechism, faith consists of knowledge *and* trust. However, knowledge in this case is more abstract, i.e., less existential, than in Calvin.

24 Cf. *Institutes* III. 2. 8, 14, and throughout section 36.

25 Calvin's emphasis on certainty and assurance runs completely counter to one of the theses of William Bouwsma's brilliant but one-sided book, *John Calvin*, viz., that Calvin was an anxiety-ridden, doubt-filled believer (New York : Oxford U. Press, 1988), chapter 2.

26 The most recent and complete study of this theme in English is by Dennis E. Tamburello, *Union With Christ. John Calvin and the Mysticism of Bernard* (Louisville : Westminster, 1983), 103.

27 *The Holy Spirit* (Philadelphia : Westminster, 1983), 103.

28 *The Theology of Calvin* (Philadelphia : Westminster, 1956), 126.

29 *Calvin. Origins and Development of His Religious Thought* (New York : Harper & Row, 1963), 235—Wendel cites a number of passages from Calvin's sermons and commentaries where Calvin comes dangerously close to a substantial union of the believer with Christ, but he became more cautious after 1550 because of his conflict with Osiander and his mystical speculations. See 235-239. Calvin is quite clear that Christ's essence is not "mingled with ours," *Institutes* III. 11. 5, 731.

30 Here he is debating with Osiander. Later in this section Calvin says again that it is "through the power of the Holy Spirit that we grow together with Christ, and he becomes our Head and we his members... III. 11. 6). In his commentary on John 14:20 he also speaks of "that holy and spiritual union that is between Christ and us."

31 Cf. IV. 17. 12 : "The bond of this connection [between Christ and ourselves in the Supper] is the Spirit of Christ, with whom we are joined in unity, and is like a channel through which all that Christ himself is and has is conveyed to us."

32 The British title for his book, which in its American edition is called *The Gospel and the Churches*.

33 Ibid., 181.

34 The heart of Calvin's theology [is] union with Christ," van't Spijker, " 'Extra Nos' and 'in Nobis'..." in *Calvin and the Holy Spirit*, 44. Cf. the fine study of this theme by Wilhelm Kolfhaus, *Christusgemeinschaft bei Calvin* (Neukirchen : Buchhandlung des Erziehungsvereins, 1939).

35 The facet of glorification, often overlooked, is noted by Jelle Faber in his essay, "The Saving Work of the Holy Spirit," in *Calvin and the Holy Spirit*, 7-8.

36 On this question of Calvin's view of the law, and the third use of the law in particular, see my book *Calvin's Concept of the Law* (Allison Park, PA : Pickwick Publications, 1992), particularly Chapter V, "The

End and Use of the Law."

37 See Book III, chapters 11-16, in the *Institutes* for Calvin's discussion of justification. Note that this follows the chapter on Regeneration or Repentance, which is Calvin's way of discussing sanctification. Calvin scholars have puzzled over this arrangement and have proposed various solutions. See, e.g., Francois Wendel's discussion in his book, *Calvin. Origins and Development of His Religious Thought*, 257f. Cf. Wilhelm Niesel, who takes a different tack in his *Theology of Calvin*, 130f.

Karl Barth discusses at length whether it is really true that Calvin is the theologian of sanctification and Luther the theologian of justification and the nature of Calvin's treatment of justification in Book III. Depending on one's perspective, Barth concludes that a case can be made for Calvin's being also a theologian of justification. "Calvin was quite in earnest when he gave sanctification a strategic preference over justification. He was also quite in earnest when he gave the latter tactical precedence," *Church Dogmatics*, Vol. IV, Part 2, *The Doctrine of Reconciliation* (Edinburgh : T & T Clark, 1958), 510. Wendel states the matter very simply : "For Calvin, justification and sanctification are graces of equal value," op. cit., 257.

38 There are twelve references in the *Institutes* alone. Note how he uses this text in his famous debate with Cardinal Sadolet. Here he is defending the reformers against the charge that their radical view of justification by grace alone through faith would lead to moral indifference. "We deny that good works have any share in justification, but we claim full authority for them in the lives of the righteous. For if he, who has obtained justification possesses Christ, and at the same time Christ never is where his Spirit is not, it is obvious that gratuitous righteousness is necessarily connected with regeneration [i.e., sanctification]." Then follows a reference to 1 Corinthians 1:30 and the comment, "Where Christ is there also is the Spirit of holiness, who regenerates the soul to newness of life," "Reply to Sadolet," in *Calvin : Theological Treatises*, Library of Christian Classics, Vol. XXII, edited by J. K. S. Reid (Philadelphia : Westminster, 1954), 236.

39 Comm. 1 Cor. 1:30. Calvin is even more eloquent in discussing this

passage (1 Cor. 1:30) in the *Institutes* :

> Why, then, are we justified by faith? Because by faith we grasp Christ's righteousness, by which alone we are reconciled to God. Yet you could not grasp this without at the same time grasping sanctification also. For he "is given unto us for righteousness, wisdom, sanctification, and redemption" [1 Cor. 1:30]. Therefore Christ justifies no one whom he does not at the same time sanctify. These benefits are joined together by an everlasting and indissoluble bond, so that those whom he illumines by his wisdom, he redeems; those whom he redeems, he justifies; those whom he justifies, he sanctifies...
>
> Although we may distinguish them, Christ contains both of them inseparably in himself. Do you wish, then, to attain righteousness in Christ? You must first possess Christ; but you cannot possess him without being made partaker in his sanctification, because he cannot be divided into pieces [1 Cor. 1:13]. Since, therefore, it is solely by expending himself that the Lord gives us these benefits to enjoy, he bestows both of them at the same time, the one never without the other. Thus it is clear how true it is that we are justified not without works yet not through works, since in our sharing in Christ, which justifies us, sanctification is just as much included as righteousness (III. 16. 1).

On the basis of these and related comments it is clear that for Calvin and the New Testament—justification is not merely forensic, nor sanctification only a process. There is a sense in which we *are* sanctified in Christ. Note the perfect tense in passages like 1 Cor. 1:2 ; 6:11 ; Acts 20: 32 ; and Hebrews 2:11 ; 10:10, 14. Krusche fails to see this when he simply asserts that "The decisive distinction between justification and sanctification (*Wiedergeburt-lit. regeneration*) consists in this, that justification is a *total* act, whereas sanctification is a *progressive* happening," *Das Wirken des Heiligen Geistes*, 281. The passage Krusche cites in support of this (III. 11. 11) says something like this, but, as we have seen, that is not the whole story.

40 Hendrikus Berkhof discusses this terminology in his book, *The*

Doctrine of the Holy Spirit (Richmond, VA : John Knox, 1964) and notes that "regeneration" is the preferred term not only for Calvin but also for Schleiermacher and A. Kuyper. Berkhof himself prefers this word to describe "our transition from death to life, our being made alive in Christ," because it says that this "is entirely and exclusively the work of the Spirit." Moreover, thereby "All kinds of synergism are excluded. 'So it depends not upon man's will or exertion, but upon God's mercy' (Rom. 9:16)," 70.

41 Cf. Luther's first thesis in his 95 theses and the Heidelberg Catechism, Questions 88 - 90 where repentance and conversion are defined like Calvin's understanding of these terms, i.e., as "the dying away of the old self" and "the coming to life of the new." In short, *mortificatio* and *vivficatio*. Cf. the *Institutes* III. 3. 8-9. Calvin also equates conversion with repentance (III. 3. 5).

42 This is a theme of G. C. Berkouwer's study, *Faith and Sanctification* (Grand Rapids : Eerdmans, 1952).

43 Calvin briefly defines these two terms as "mortification of the flesh and vivification of the spirit" (*Inst*. III. 3. 8). "Flesh" for Calvin, as for the Apostle Paul, does not signify simply sinful physical desires but our whole sinful nature.

44 I have written at length about this in my book, *Calvin's Concept of the Law*, 15, 251ff.

Warum wurde aus Joseph Kardinal Ratzinger Benedikt XVI.? Der neue Papst aus protestantischer Sicht

Friedrich Wilhelm Graf

Im Jahr 1963 veröffentlichte der nordamerikanische Religionssoziologe Peter L. Berger einen heute berühmten Essay mit dem Titel „Ein Marktmodell für die Analyse der Ökumene“. Berger untersuchte darin zwei widersprüchlich erscheinende Entwicklungen auf den Religionsmärkten der USA. Einerseits, so seine Analyse, ließen sich vielfältige Gespräche der verschiedenen christlichen Kirchen und kleineren religiösen Gemeinschaften untereinander beobachten, Verhandlungen über konkrete Zusammenarbeit, etwa bei sozialen Dien sten, und Vereinbarungen über Zweckbündnisse und Fusionen. Andererseits seien viele dieser Kirchen um eine neue konfessionelle Profilbildung bemüht, um klare Abgrenzung von anderen Kirchen und religiösen Gruppen durch Neubestimmung konfessionsspezifischer Identität. Doch, so Berger: Zwischen diesen ökumenischen Aufbrüchen des 20. Jahrhunderts einerseits und der neuen Betonung des Konfessionellen andererseits bestehe durchaus kein Widerspruch.

Mit Begriffen der modernen Wirtschaftswissenschaften, in den Theoriesprachen der neoliberalen Ökonomie, versuchte der Soziologe vielmehr zu zeigen, daß es gerade der intensivierte *ökumenische* Dialog war, der neue konfessionelle Identitätserfindung provozierte. Alle religiösen Institutionen und Organisationen agierten auf einem pluralistischen Religionsmarkt, auf dem sie Konsumenten ihre Sinnpro-

dukte, Weltanschauungsgüter und rituellen Dienstleistungen offerierten. In dieser Marktsituation seien alle Religionsanbieter, gerade auch die großen Kirchen, dazu gezwungen, die besondere Leistungsfähigkeit ihrer Religionsgüter und Lebenssinnwaren herauszustellen. Wie jedes andere Unternehmen müßten auch Religionskonzerne ihre *corporate identity* pflegen, den eigenen Markennamen profilieren und die Qualität ihrer Güter und Dienstleistungen sichtbar machen.

Genau dazu diene die neue Mühe, die eigene Konfession zu einer Marke auszubauen: Je vielfältiger, bunter und unübersichtlicher moderne Religionsmärkte zu werden drohten, je mehr alte christliche Anbieter durch neue religiöse Bewegungen und Sinnstifter unter Konkurrenzdruck gerieten, desto mehr müsse jeder einzelne Anbieter die besondere, überlegene Güte seiner Angebote zur Schau stellen. In diesen Perspektiven der neueren Religionsökonomie erscheint die Wahl Joseph Kardinal Ratzingers zum Papst als ebenso kluge wie konsequente Politik.

Benedikt XVI. wird nur gerecht, wer das theologische Programm des Dogmatikprofessors Joseph Ratzinger ernst nimmt. Nie zuvor in der neueren Christentumsgeschichte ist ein vergleichbar brillanter Theologenintellektueller auf die cathedra Petri gelangt. Sein thematisch weit gespanntes theologisches Œuvre ist von hoher innerer Kontinuität und faszinierender gedanklicher Stringenz geprägt. Außergewöhnliche ideenhistorische Bildung verband sich schon in der Dissertation über „Augustins Lehre von der Kirche" mit dem Interesse am prägnanten, distinktionsstarken dogmatischen Begriff. Früh entwickelte Ratzinger eine kritische Sicht der modernen pluralistischen Beliebigkeitskultur und der vielfältigen Pathologien einer offenen Gesellschaft, die eines integrativen Ethos entbehrt. In engem

Zusammenhang mit seinen Zeitdiagnosen entfaltete er eine Theorie der starken Kirche als Hüterin wahrer Humanität. Obgleich viele seiner deutschsprachigen Fachkollegen ihn bald als starrsinnigen Hardliner und unbelehrbaren Glaubenswächter kritisierten, war er genau gelesen ein hörbereiter, dialogischer Denker. Bemerkenswerte Rezeptionsbereitschaft und sensible Nachdenklichkeit hat Ratzinger gerade mit Blick auf die deutschsprachige protestantische Theologie des 19. und 20. Jahrhunderts bewiesen. Seine Aufsätze und Bücher lassen Spuren intensiver Auseinandersetzung mit Ernst Troeltsch, Karl Barth, Rudolf Bultmann und Wolfhart Pannenberg erkennen. Gerade wegen seiner Hochschätzung protestantischer Universitätstheologie leidet auch Ratzinger unter dem Verfall der evangelischen Kirchentümer in Deutschland.

Im Münchner Gespräch mit Jürgen Habermas hat der Präfekt der Glaubenskongregation im Januar 2004 noch einmal das Grundproblem der europäischen Geistesgeschichte entfaltet, das Verhältnis von fides et ratio. Glaube und Vernunft ordnet Ratzinger einander in einem Modell wechselseitiger Begrenzung zu. Mit den Frankfurter Meisterdenkern einer „Dialektik der Aufklärung" führt er die antiliberalen, totalitären Ideologien des 19. und 20. Jahrhunderts auf den Monomythos einer sich selbst verabsolutierenden Zweckrationalität zurück. Wo die Vernunft sich keiner konstitutiven Grenzen bewußt bleibe, schlage sie in zerstörerische Allmachtsphantasien um. Ob der sich autonomisierenden Erkenntnisdynamik der modernen Wissenschaften und ihrer zerstörerischen Potenzen, von der Atomwaffe bis hin zu Menschenpark-Projekten einer biotechnischen Selbsterschaffung des endlich neuen Menschen, hält Ratzinger die Kantianische Konzeption einer kritizistischen Selbstbegrenzung der modernen Vernunft für gescheitert. Nur religiöser Glaube könne dank seines konstitutiven

Bezugs auf Gott ethisch relevante Grenzen des „Moderne-Projekts“ rein rationaler Selbst- und Weltentwürfe des Menschen markieren. Aufklärungsbelesen betont Ratzinger zugleich die hohe Ambivalenz des religiösen Bewußtseins, das in mehr oder minder subtiler symbolischer Selbstgleichschaltung mit Gott seinerseits sündhafte Omnipotenzlust zu kultivieren und in Fanatismus, Intoleranz oder gar in gewalttätigen Terror umzuschlagen drohe. Ratzinger will zugleich die Vernunft durch die Religion begrenzen und den christlichen Glauben durch die Vernunft vor religionsideologischer Selbstverabsolutierung bewahren. Nur dank innerer Klarheit, Vernünftigkeit könne der recht verstandene, zur Einsicht in seine Grenzen fähige christliche Glaube dramatisch bedrohte Humanität stützen. Einst von der römischen Kirche vehement abgelehnte „Menschenrechte“ deutet er als Konkretionen der Ebenbildlichkeit Gottes. In diesem Interpretationsprogramm steckt auch der steile Anspruch, daß letztlich nur der Kirche eine zureichende Deutungskompetenz über die Rechte des Menschen eigne.

Mit seiner „Korrelationsmethode“ (P. Tillich) kann Ratzinger der kulturellen Partikularität des okzidentalen Rationalismus ebenso gerecht werden wie der religionskulturellen de-facto-Relativität der christlichen Kirchen. Präziser als andere deutschsprachige katholische Dogmatiker seiner Generation hat er sich an den harten kognitiven Problemen des überkommenen christlichen Wahrheitsanspruchs abgearbeitet. Wo manche katholische Gelehrte die Vielfalt je eigener religiös grundierter Moralkulturen ignorieren und die Menschheit überhaupt mit ihrem artifiziell abstrakten Welteinheitsethos beglücken wollen (was Andersdenkende nur als wohlmeinende Unterdrückung erleiden können), setzt Ratzinger auf die Anerkennung faktischer Differenzen, so daß er interkulturelle Dialoge zu inten-

sivieren verlangt. Essentialistische Stereotypen antagonistischer Religionskulturräume, etwa im Sinne Huntingtons, dekonstruiert er mit dem Hinweis darauf, „daß alle kulturellen Räume durch tiefgreifende Spannungen innerhalb ihrer eigenen kulturellen Tradition geprägt sind". Die römisch-katholische Weltkirche sieht er in ihren pluralen religiös-kulturellen Umwelten deshalb mit je eigenen Wertkonflikten konfrontiert. Gerade deshalb gibt er der klaren, verbindlichen Lehre der Kirche auch in moralischen Fragen ein so hohes Gewicht. Nur durch prägnant definierte Identität, durch einen klaren ekklesiologischen Begriff ihrer selbst, könne die römisch-katholische Kirche verhindern, in den vielfältigen Interaktionen innerhalb divergenter Kulturen in ein Ensemble mehr oder minder katholischer „ortskirchen" auseinanderzufallen. Im klaren Gegensatz zu Walter Kardinal Kasper hat Ratzinger der römischen „Gesamtkirche" konsequent eine ontologische wie temporale Priorität vor jeder einzelnen „Teilkirche" zuerkannt. In seinen zahlreichen Texten zur Amtstheologie des Papsttums, die nun den Charakter antizipierter Selbstreflexionen gewonnen haben, hat Ratzinger gern die unaufhebbare Widersprüchlichkeit der Primatsidee betont. Gerade der ideale Repräsentant der Einheit wirkt faktisch kirchenspaltend. Insoweit kann ein protestantischer Theologe Benedikt XVI. nur an die Einsicht des Regensburger Dogmatikprofessors Joseph Ratzinger erinnern: „Für das Papsttum und die katholische Kirche bleibt die Papsttumskritik der nicht-katholischen Christenheit ein Stachel, eine immer christusgemäßere Verwirklichung des Petrusdienstes zu suchen."

Im Land der Reformation hat der Präfekt der Glaubenskongregation vor allem mit der „Erklärung Dominus Jesus" vom 6. August 2000 Ärgernis erregt. Die damals geführte Debatte hat begrüßenswerte theologische Klarheit befördert. Zwar können einzelne Getaufte an-

derer Konfessionen als „Bruder" und „Schwestern" angeredet werden. In einer höchst modernen Institutionentheorie hat das Lehramt zugleich darauf insistiert, daß die eine Kirche Jesu Christi allein in der römisch-katholischen Kirche „subsistiert". Bedeutet dies eine Zweiklassen-Ekklesiologie, derzufolge die Christen in den nichtrömischen „kirchlichen Gemeinschaften" erst dann wieder Glieder der wahren Kirche sind, wenn sie den Primat des Papstes anerkennen, das römisch-katholische Amtsverständnis teilen und die Eucharistie nur so empfangen, wie das Lehramt dies vorschreibt? Viele reformerische römisch-katholische Theologen haben diese Frage damals bejaht und Ratzinger eine klerikalarrogante Herabsetzung der leider getrennten protestantischen „Geschwister" vorgeworfen. Nicht wenige protestantische Universitätstheologen haben genau umgekehrt argumentiert und Ratzinger für wohltuende Präzision im ökumenischen Diskurs gedankt. Ratzinger ist kein Antiökumeniker, sondern genau umgekehrt ein offensiver Theoretiker ökumenischer Differenzhermeneutik. Er will die theologischen Unterschiede zwischen der römischen (in seiner Sprache: allein katholischen) Kirche und den aus der Reformation hervorgegangenen „kirchlichen Gemeinschaften" möglichst scharf und präzise benennen, weil nur im harten Ringen um die Wahrheit sich Chancen möglicher konstruktiver Verständigung eröffnen. In einem veröffentlichten, also zitierfähigen Glückwunschbrief an den Tübinger protestantischen Dogmatiker Eberhard Jüngel hat Joseph Kardinal Ratzinger im Oktober 2004 geschrieben: „Mitten in den Versuchungen des Relativismus haben Sie nachdrücklich das Bekenntnis zum Dominus Iesus in seiner ganzen Größe lebendig gehalten. Mit allem haben Sie auch einen entscheidenden ökumenischen Dienst geleistet, denn am Ende kann uns nur das Stehen zum 1. Gebot und das unverrückbare Bekenntnis zum Herrsein Jesu Christ miteinander verbinden. Daß Sie dabei auch kontrovers das pro-

testantische Erbe im Gegenüber zur katholischen Kirche verteidigt und eilfertige Harmonisierungen abgewiesen haben, sehe ich im letzten auch als einen Beitrag zur wirklichen Einheit an. Denn darin drückt sich nicht nur Ihre Treue zu dem Erbe aus, von dem her Sie in den Glauben hineingeführt worden sind, sondern auch der Ernst des Ringens um die Wahrheit.“ So schreibt kein Gegner ökumenischer Gespräche, sondern ein seriositätsbesessener Denker, der andere ernst nimmt, indem er argumentativen Streit um den theologischen Begriff verlogenen Konsensritualen vorzieht. Mit hoher Prägnanz hat er die ekklesiologische Alternative bezeichnet, um die es im Kern geht: Entweder existiert die eine Kirche Jesu Christi in einer legitimen Vielfalt sichtbarer Konfessionskirchen, so daß Einheit allein spirituell, als Prädikat der ecclesia invisibilis zu denken ist. Oder die Einheit muß empirisch gedacht, also strikt auf Rom bezogen werden.

In der Entfaltung des römischen Exklusivitätsanspruchs hat sich Ratzinger allerdings in tiefe Widersprüche verwickelt. Der Wahrheitsanspruch des kirchlichen Dogmas läßt sich dogmatisch nur im Rahmen der Offenbarungslehre und ethisch nur über eine Theorie des Naturrechts als lex divina begründen. Wieso dem römischen Lehramt hier eine qualitativ eigene Wissensnähe zu Gott zukommen soll, derer die Christen in den nicht-römischen Kirchen entbehren, begründet Ratzinger häufig durch amtstheologische Argumente, mit zirkulärer Selbstreferenzialität. Intellektuelle Fairneß gebietet den Hinweis, daß der Theologenintellektuelle Ratzinger hier selbst Probleme sieht, die ein Präfekt der Glaubenskongregation und nun Papst nur um den Preis einer – in römischer Perspektive – protestantisch fatalen Spiritualisierung des Kirchenverständnisses eingestehen könnte. Exemplarisch genannt sei das klassische kontroverstheologische Problem des Naturrechts. Auch für Ratzinger ist unter modernen Reflexions-

bedingungen, jedenfalls beim aktuellen Stand der Debatte, jener Begriff der Natur nur noch Schein, der für ein immer schon geltendes Naturrecht vorausgesetzt werden muß. Ob hier Beschwörungsformeln wie „gesetzt als nicht-gesetzt, unverfügbar" weiterhelfen? Oder hat der Präfekt der Glaubenskongregation, der kraft Amtes die Grenzen des kirchlich legitimen Diskurses definieren soll, hier implizit eine Politik der Diskursöffnung vorgeschlagen und sich als Reformer in mancherlei Moralfragen positioniert?

Es ist müßig, die Frage aufzuwerfen, wie Benedikt XVI. die extrem schwierige Aufgabe meistert, seine Verschärfungsrhtorik nach außen, den Kampf gegen den perhorreszierten „Relativismus", mit Integration nach innen hin zu verbinden. Hat „die Kirche" nicht mancherlei „Relativismen" der Moderne selbst mitformuliert? Bringt die Verschärfung von Spannungen in den verschiedenen Kulturen nicht auch eine neue Konfliktdynamik innerhalb der „Weltkirche" mit sich? Die römisch-katholische Theologie hat das Wirken des Heiligen Geistes immer an die Institutionalität der Kirche gebunden. Die protestantische Theologie sah sich außer Stande, dem Geist die Weise seiner Wirksamkeit juridisch prägnant vorzuschreiben. Desto mehr gilt: Gott sei Dank. Schade nur, daß ein Papst keine Zeit mehr dafür hat, um mit seinen protestantischen Ehedem-Kollegen gepflegt zu streiten.

Covenant, Community, and Law : The Relational Social Theory of Douglas Sturm

David Oki Ahearn

An enduring theme of Professor Ohki's rich academic work has been an exploration of the "root metaphor" of covenant in Christian ethics. James Luther Adams defined a "root metaphor" as the interpretive key to a culture. A root metaphor is the means by which a culture explains reality, shapes core values, and forms basic social and political institutions. Like Adams, Professor Ohki regards covenant as the center of Judeo-Christian culture. Its full exploration, therefore, can never be simply a matter of idle academic curiosity. Professor Ohki was motivated to study the Puritans in his dissertation studies because he was convinced that full appreciation and internalization of this metaphor could support the full democratization of Japan. Throughout his long career, Professor Ohki plumbed the depths of covenant as a means to shed light on politics, the expansion of the voluntary sector in Japanese society, and most recently the stresses of globalization. He also has sought to embody covenant institutionally through his leadership of The Seigakuin Schools. Professor Ohki's exploration of covenant is never simply pragmatic, however. Behind everything is a systematic theologian's concern for internal coherence, precision, and, ultimately, Truth itself. Professor Ohki is convinced that covenant is not only an effective basis for social policy, but also is the best reading of the biblical heritage and the Christian theological tradition.

The purpose of this essay is to introduce a Japanese audience to the work of another covenantal theorist, the American theological ethicist

Douglas Sturm. Douglas Sturm currently holds the position as Professor Emeritus of Religion and Political Science at Bucknell University in Pennsylvania. His eclectic intellectual interests encompass process philosophy, covenantal theology, law and legal theory, political science, and social policy. He was a founding member of the Council on Religion and Law (CORAL) and was instrumental in founding the *Journal of Law and Religion* and received the journal's Lifetime Achievement Award at his retirement in 1995. He was a regular columnist for *Christianity and Crisis* before its demise. Sturm also is a well-known social activist. Early in his career, Professor Sturm was executive director of Christian Action and for several years served on the General Council on Religion and Race for the United Methodist Church.

The reader may well ask why a systematic exposition of Douglas Sturm is appropriate for this particular *Festschrift*. Professor Sturm is in many ways an American counterpart to Professor Ohki. Like Professor Ohki, his work is rich and multi-faceted, but finds its center in the exploration of the "root metaphor" of covenant. Also like Professor Ohki, Sturm endeavors to ground his social and political conclusions in explicit, well-developed theological foundations. Finally, both figures are well-known and widely respected at home but have not reached the sort of following internationally that they merit. This author believes that the Japanese theological community would find Professor Sturm to be a provocative and original conversation partner.

Although Sturm has produced a significant corpus of work, he is an eclectic thinker who has chosen to develop his insights primarily through the medium of journal articles. For this reason, the comprehensive nature of his project is not always as clear to the reader as it might be. This article seeks to construct from Sturm's disparate

writings the broad outlines of a coherent world-view that links jurisprudence, process ontology, covenantal theology, and political theory. We shall argue that the touchstone for all of Sturm's work is a rich and nuanced concept of *relationality*, a value that encompasses both a profound respect for individuality and a deep sense of the interconnectedness of all beings. The first section of the essay will set forth the philosophical and theological foundations upon which his understanding of relationality rests. The second section will sketch out the implications of relationality for social and political life. We will examine especially Sturm's writings that focus on economic justice. The third section will outline Sturm's relational theory of law, paying special attention to the inner connection between law and religion. In this section we will examine Sturm's writings on the First Amendment religion clauses of the U. S. Constitution. The concluding section suggests remaining questions that must be resolved by scholars who wish to push forward with Sturm's provocative project.

I. Philosophical and Theological Foundations.

A. Ontological Foundations for Relationality : Process Philosophy.

Douglas Sturm's graduate studies at the University of Chicago in the 1950s allowed him to encounter Bernard E. Meland and Henry Nelson Wieman, two luminaries in process philosophy, as well as the then young process theologian Schubert Ogden. This experience left a lasting imprint on his core theological beliefs. The attentive reader can discern signs of process philosophy's influence on Sturm long before he began to engage it explicitly in his writings. He writes in a 1966 article, for example, that the supreme end is not so much an end state as it is a mode of developing that must be continually reactual-

ized.[1] A year later he describes love as "the drive toward the actualization of universal community in which the individuality of each is qualified by a concern for all,"[2] and that this "community of all with all" comes from "apprehending the actual occasion of human interaction in relation to the intentional workings of the God of love."[3]

Sturm's first systematic attempt to ground his understanding of relationality explored the ethical implications of Whitehead's concept of "civilization." God's purpose, Whitehead writes, is the attainment of value in the world. True value respects both the unique freedom of each being as a "novel moment" within the process of reality and the interdependence of all beings in a single comprehensive whole. Whitehead locates the fullest expression of value in the notion of "civilization." That norm, in turn, entails the qualities of Truth, Beauty, Art, Adventure, and Peace.

Sturm finds the last two qualities to be most relevant to his project. For Whitehead, adventure begins with the recognition that neither individual nor cosmic harmonies can remain static, for new patterns of relationships must emerge as each actual entity grows, progresses, and passes into and out of being. Adventure is the continual search for a new harmony of diverse individualities that can maintain the highest possible degree of liberty of its members.[4] Thus, while the true public good is a reflection of the human good,[5] the latter is itself forever in process. An adventurous community will not settle for conservative preservation of the present, but pushes humanity toward an open future. Whitehead's second value, peace, is the intuition that social and individual existence matter because they are apprehended by God. That intuition, in turn, dictates the need for both harmonious order and promotion of individual actualities within that order. Both Adventure and Peace, then, require for Whitehead both a recognition of the community of all beings and the need to preserve freedom of

expression within that community.

A decade later, Sturm turns to Whitehead's concept of the "reformed subjectivist principle" in order to more fully develop his understanding of relationality. The reformed subjectevist principle is "reformed" because Whitehead intends to signal his move from an individualistic to a relational model ; it is "subjectivist" because he pictures the world as an interaction of experiencing subjects. Self and world are enmeshed in a pattern of interaction ; the world is the condition of the self's realization, and the self contributes to the ongoing reality of the world. Whitehead writes :

> Relationship is of the essence. It is not just a connecting link forming the parts into a mechanism ; it is a live and serious confrontation of created centers of dignity pursuing the intentions and ends of self in and through communal existence.[6]

This rich description of relationship implies for Whitehead three values : the value of an individual for itself, the value of diverse individuals for each other, and the value of the objective world both derivative from the interrelations of these individuals and necessary for them. Whitehead translates these three values into the concepts of autonomy, relationality, and community. Sturm, in turn, argues that they can be expressed as the traditional ethical values of Liberty, Equality and the Common Good.[7]

Sturm's encounter with Bernard Meland begins with the former's 1980 article, "American Legal Realism and the Covenantal Tradition." In articles thereafter Sturm supplements or replaces Whitehead's "reformed subjectivist principle" with Meland's "principle of internal relations." Simply put, the latter principle asserts that "our lives as individuals are fulfilled within concrete existence through our relations with others, including God, whose creative intent bears its impress on each event."[8] Like Whitehead, Meland perceives human

life as a movement between the poles of community and individuation: human beings are the beneficiaries of a vast common store of material and symbolic treasures, and also the shapers of those gifts for future generations.

The reformed subjectivist principle and the principle of internal relations are, frankly, so similar it seems unlikely that Sturm moved from Whitehead to Meland on philosophical grounds alone. Sturm's attraction to Meland seems, rather, to be in Meland's creative synthesis of process thought and legal theory with the biblical root metaphor of covenant. We shall explore this theme in the following section.

B. Theological Foundations for Relationality: The Metaphor of Covenant.

Along with the University of Chicago's process theologians, Harvard's James Luther Adams was a second enduring influence on Sturm's work. Sturm continued Adams' project to advance the cause of progressive liberalism by grounding it in the metaphor of covenant. Adams regards covenant as a revised form of natural law, for it is embodies the very core of reality. When the Hebrews claimed that divine-human relationships, like human ones, are founded on the exchange of promises, they were claiming that each individual must be valued as a consenting subject, but also that life is intrinsically relational and that each of us is responsible to the community.[9] Sturm argues that covenant, like the principle of internal relations, sees human beings as responsible participants in a complex web of relationships that can either enhance or degrade life. While the Sinaitic covenant of the Hebrews is "a dynamic process of interaction that began at a particular time and place and that constituted a people as a people,"[10] it is not merely a convention that arose from divine fiat. Covenant reflects "the depth of relations that sustain and enhance the

world of being."[11] It describes, Sturm believes, a decisive vision of anthropological and ontological reality. Covenant both describes and critiques the actual world to which social institutions belong.[12]

With the deep compatibility between covenantal thought and process philosophy established, Sturm develops the biblical norms of covenant along process lines.[13] Peace (*shalom*) is a quality of unity, harmony, and agreement that is applicable both to simple friendships and complex relationships with the universal community. Righteousness (*sedaka*) is acting in conformity to the expectations of the covenantal community and the laws of one's being. Steadfastness (*hesed*) is the constant and courageous devotion to the covenant and the members of it.[14]

Later Sturm picks up from Meland a fourth norm to add to the above three. Covenant also requires liberation, or "the struggle to overcome structures that diminish life."[15] Here again, Adams' clear influence on Sturm is apparent. Sturm notes that for Adams the divine power is infused with the purpose of creating a just world-community. God works to empower persons ("power with") to overcome domination ("power over"). The main thrust of the prophetic tradition is that God's work to empower the needy and oppressed places a corresponding obligation on the faithful to replace political and economic structures of domination with those of mutuality.[16]

While Sturm believes that covenant requires community, he also argues that it rejects collectivism. To covenant is to be a moral agent, to be responsible for the particular duties, rights and claims that arise from one's commitments. The "responsible self" of covenant theology, like the experiencing self of process thought, requires social space to form and act on commitments without coercion.[17]

At various points in his long academic career, then, Sturm has developed his understanding of relationality according to three sets of

prescriptive values : from Whitehead's norm of civility, the qualities of Adventure and Peace ; from Whitehead's reformed subjectivist principle, the values of Autonomy, Relationality, and Community ; and from covenantal theology, the values of Peace, Righteousness, Steadfastness, and Liberation. Sturm does not define the nature of the relationship between these various formulations or adjudicate any conflicts between them. Clearly, the covenantal norms profoundly shape the values of process philosophy. First, these values are clearly *obligations :* they are not only descriptions of the true ground of our existence, but are clear claims against communal relations that fall short of the standard of community. Sturm's relationality has, then, a moral earnestness that is sometimes lacking in process philosophy. Second, because covenantal theology's theism perceives a sharper "note of dissonance" in the relations of world and God than the theism of process theology, Sturm believes that it introduces a healthy note of skepticism about human propensities.[18] Human beings may be members of a single cosmic community, but they are also selfish, short-sighted, and parochial.

II. The Implications of Relationality for Social and Political Life.

Sturm asserts that the relationality, which he also often discusses also by the terms "common good" and "community," is the deepest truth about human existence and is the first virtue of social institutions.[19] The following quotation from the preface to his last book, *Solidarity and Suffering*, is perhaps his most eloquent description of relationality :

> Perhaps more than we can ever fully discern, our live are but expressions, albeit creative expressions, of a communal matrix

> that sustains us, inspires us, and constitutes the origin of our dreams and yearnings, or obligations and our rights. We are members of each others. We belong together. That is the source of our joy in life, although that is, as well, the source of the tragedies of life, the dark side of our history, which, on all too many occasions, makes us shudder and anxious about our destiny.[20]

Sturm's social philosophy rests, therefore, on an entirely different moral core than liberalism, which grants to individual autonomy that privileged place. Sturm believes that process philosophy bids us to question the liberal democratic assumptions that private power is inherently innocent and public power inherently treacherous, and, consequently, that political association is subordinate to private governance.[21] If a political community is truly a community, then it is a whole that is larger than the stream of individuals and groups that pass through it ; the common interest is greater than the sum of individual interests. As with civic republicanism, one's membership to the community is determined by one's relationship to the central core of values, symbols, virtues, and institutions that compose its center.

We should note, however, that Sturm is careful to distinguish his version of communitarianism from those on the political right that valorize tradition or homogeneity. Whitehead's value of adventure is the leaven that ensures that communal peace does not stagnate. Similarly (and here following James Luther Adams) Sturm rejects "harmonism ;" i.e., the suppression of communication and social conflict in order to sustain the status quo.[22] Two implications follow. First, a truly open society creates maximal space for persons to participate in the shaping of community decisions and welcomes dissent in order to build a more authentic harmony.[23] Second (again following Adams), Sturm believes that genuine public discourse is best

preserved by strong voluntary associations. Adams means much more than a static separation of governmental institutions ensured by a constitution. The vast bureaucracies of mass society constantly threaten to exert hegemonic control over modern human beings. The struggle must be fought daily through a "continuous growth of new channels of participation and decision making" that flow out of a society rich in compacts freely formed.[24] A truly relational community treasures personal liberty and creates structures that encourage social innovation.

To be sure, even the best human societies embody relationality only imperfectly. Some societies are degrading and dehumanizing. *Community and Alienation*, the title of Sturm's first major collection of essays, suggests the basic polarity that Professor Sturm sees in sociopolitical life. Alienation is a "negative form of belonging" that entraps persons and degrades the connection of belongingness that exists between persons.[25] Alienation is not mere isolation, but is a patterning of relationship in which persons are entrapped in structures that work against their true good. The paradigmatic form of alienation is slavery,[26] but Sturm also points to the commodification of the environment, the denigration of women, and the perverse property relations of advanced capitalism as contemporary forms of alienation.[27]

As a first order virtue, relationality that shapes the secondary political virtues of liberty and equality. First, Sturm has no truck with individualistic forms of liberty that allow only a negative, regulatory role in the public realm. Yet, he also rejects an "indifference to individualism"[28] that chokes out individual autonomy and creative diversity for the sake of loyalty to an organic totality. Sturm agrees with Michael Sandel (and against John Rawls) that we live as "encumbered selves."[29] To be a self is to live in relationship with others and

to inherit and reproduce social practices. Thus, whereas classical liberalism regards property rights and civil liberties as means of self-fulfillment and self-expression, from the perspective of the common good they are also a trust held for the public good and a means to participate in public discourse.[30]

Second, Sturm's prioritization of relationality also shapes his understanding of equality. Seen through the lens of the common good, Sturm sees equality most fundamentally as unhindered participation in the community of selves. Sturm sees the good of participation implicit in all forms of democracy, though, as we have seen, its full flowering comes in that form of democracy that values participation in the public fora of both political and economic decision-making. Sturm remains optimistic that a steady change in American public policies within this century is signaling an inexorable shift from democratic capitalism to social democracy, i.e., the extension of the principle of public determination into all modes of social life, including the economic.[31]

Sturm recognizes that his hope for full expression of relationality in the economic sphere is very much unrealized. Especially in America, the ideologies that support individualist capitalism work against relationality. "Capitalism and democracy," he states flatly, "are in tension with each other."[32] Sturm points to the alienating effects of capitalism in practice : social dislocation, a permanent underclass, and rape of the environment. However, Sturm also wants to make the radical argument that capitalism also is alienating *in principle.* Classical capitalism's primacy of atomistic private governance is antithetical to democracy's primacy of participation. As the small scale capitalism of Adam Smith gave way to corporate capitalism, the most basic decisions about allocation of social resources are removed from public determination.[33] Traditional rights theory grants to corpora-

tions the right to dispose of their property as they choose as long as they obeys law and honor contracts. Traditional interest theory would reduce this issue to an economic calculus, promoting disinvestment as a short term pain on the way to greater economic health.

Sturm's search for greater relationality in economic relations is well-illustrated by his essay "Identifying Problems of Public Order : A Relational Approach," in which he reflects on the 1980 6th Circuit federal case *Local 1330 United Steel Workers v. U. S. Steel*. U. S. Steel Corporation reached a decision that their financial best interest would be best served by closing the Youngstown Steel Mill. Fearing total economic collapse, the community of Mahoning Valley sought legal intervention to keep the plant open. In the pretrial hearing Justice Lambros acknowledged the traditional rights of U. S. Steel to dispose of its property as it wished, but also reasoned that the employees and community may hold some sort of property rights, especially when that industry has been part of that community for an extended time and a vast network of dependent institutions has grown up around it. The judge concluded that

> a property right has arisen from this lengthy, long-established relationship between United States Steel, the steel industry as an institution, the community in Youngstown, the people of Mahoning County and the Mahoning Valley in having given and devoted their lives to this industry.[34]

In the court case itself, however, Judge Lambros lamented that the legal mechanism to reach an ideal settlement was not yet in existence. The case illustrates, Sturm believes, a felt need to define an issue in communitarian terms that was thwarted by a legal institution that is governed by liberal principles.

Sturm's use of this case is enlightening in several respects. First, it illustrates what it might mean to define autonomy within the context

of community. U. S. Steel had established a long-standing relationship with region of Mahoning Valley that caused roads to be built, persons to immigrate, businesses to open. In Whitehead's process terms, the company and the town are "enmeshed in a pattern of interaction." In Meland's covenantal terms, they are both "responsible participants in a complex web of relationships which can either enhance or degrade life." Sturm does not work his way through the difficult issue of what "mine and thine" mean legally in communitarian terms, nor does he adjudicate between the different levels of common good that would be affected by the decision (the town of Youngstown, the health of the U. S. economy, the world community, etc.,) but he does imply that attention to the common good would prevent decisions that affect so many so deeply to be made unilaterally. Second, the judge's quandary illustrates Sturm's belief that our choice is not that between the reality of private property and the ideal of relationality. The deepest reality of our lives, Sturm argues, is our relationality : "we live together; we belong together ; we depend on each other ; even in moments of solitariness, we bear one another's burdens."[35] The judge apprehended and expressed that reality, and regretted that legal institutions did not exist to enact it.

III. Jurisprudence for a Relational World : the Common *telos* of Law and Religion

The federal case examined above reveals that a community's laws are an important measure of its character. Working out a theologically-informed, relational view of law has been the major focus of Professor Sturm's life's work. Sturm's overall project is best seen as a protracted, multi-layered rumination on a question that he first raises in the 1976 essay "The 'Path of the Law' and the *Via*

Salutis": "Must some reference to religion enter into an adequate understanding of law or of a legal system?"[36] We should not that he sets up the topic as most centrally a task of *definition*. Getting clear on what religion and law *are* will reveal their inner relationship. In brief, his position is that because law and religion are directed toward a common *telos*, legal theory is deficient unless it pays some explicit attention to the religious dimension of life.

Sturm's principle interlocutor in the definitional debate is Legal Realism. That movement first arose in the 1920's and 1930's with the mission to move beyond the rhetoric of legal theory to an operational description of the way that law actually functions in society. Law, it argues, belongs to the complex matrix of social patterns and relationships. The "real rules" are not rules in books, but are the behaviors of judges, police and prosecutors, administrators, and private persons, which are only more or less affected by the written rules. Realism, then, tries to strip away the moral baggage that law carries in order to see it as it truly is. Realism sees law as a non-moral, *a fortiori*, and non-religious enterprise, subject only to internal critique. This school of thought is perhaps best identified with Justice Oliver Wendell Holmes, who famously waved away questions of the moral purpose of law as mere "drool." In his famous address "The Path of the Law," Holmes bids his readers to understand law as a purely operational enterprise:

> If you want to know the law and nothing else, you must look at it as a bad man, who cares only for the material consequences which such knowledge enables him to predict, not as a good one who finds his reason for conduct, whether inside or outside of it, in the vaguer sanctions of conscience.[37]

Here Holmes depicts law as an obstacle to be overcome for the fulfillment of one's goals, merely "the price of doing business" in the

society.

Yet, Sturm notes that Holmes moves to a teleological understanding of law in the closing pages of the essay. There Holmes writes that "a body of law is more rational and more civilized when every rule it contains is referred articulately and definitely to an end which it subserves, and when the grounds for desiring that end are stated or are ready to be stated in words."[38] Law is pictured as an instrument to fulfill social purposes.

Sturm thus argues that law, morality, and religion are all deeply teleological. Following Josiah Royce, but also enlisting the support of Tillich, Eliade, Lon Fuller, and H. R. Niebuhr, Sturm believes that religion is preeminently a *via salutis*, a way of salvation. The concept is composed of three constitutive ideas: first, that there is a paramount purpose or aim to life, against which all other aims are secondary, even trivial; second, that the fulfillment of this purpose is in jeopardy; third, that a Deliverer will aid the faithful in overcoming failure in order to realize their true good. Religion is, then, a *via*, oriented toward a future, not yet fully actualized world that overwhelms all penultimate concerns.[39] So understood, religion makes a total claim on each life, perceiving and evaluating it in its wholeness. Religious faith is, then, the ultimate context for the evaluation of the morality of law.[40] Just as Legal Purpose is subordinate to Social Purpose, Social Purpose is subordinate to Ultimate Purpose.

If, however, the purpose of law is subordinate to the purpose of religion, we confront at once the problems of pluralism, conscience, and dissent. Not all persons within a polity agree about their Ultimate purposes. One way out of the dilemma is to make religious faith a purely individual matter. We could interpret Sturm to mean that individual religious persons subordinate on some level the *telos* of law to what they conceive to be their particular and individual ultimate

telos. Each person's religious faith would be the plumb line for measuring what law means for that person alone. This position is, indeed, the strategy typically taken by Liberalism. Sturm is consistently critical of liberalism, however, because it renders impossible any discussion of the common good and thus cuts the legs out from any concept of a common social *telos* before we even begin. Clearly, Sturm wants to assert far more.

Conversely, Sturm could agree with the civic republicans that a society is formed by a religious foundation common to all its members. There is much in Sturm's writings that point in this direction. In a pivotal early essay, Sturm quotes with approval Augustine's definition of a society as "an assemblage of reasonable persons bound together by common agreement as to the objects of their love." Put simply, a society is what it loves. So understood, the foundational soteriological vision upon which the society is built is the external standard against which law is measured. "There is," Sturm writes, "a more or less direct connection between a people's religion and a people's law."[41] The religion of the American culture, Sturm argues, is the Judeo-Christian religious heritage.[42]

However, Sturm could not fully affirm the civic republican position, for it is deeply incompatible with the healthy pluralism that is a necessary attribute of a truly relational society. Civic republicanism regards religious pluralism as only an unfortunate, if necessary, truce in the midst of religious competition ; true faith could not finally rest until all persons within a society make common affirmation of the religious faith that binds them all. Thus, neither of these possible readings of Sturm's jurisprudence will help us advance beyond the current culture war between liberal and conservative legal theory in contemporary America.[43]

While one finds smatterings of the above two positions throughout

Sturm's writings, the overall tone of his writings suggests another alternative. His position is clearest in the essay "The 'Path of the Law' and the *Via Salutis*," discussed above. Here he reasons that there is an essential connection between law and religion because human existence, both individual and corporate, is inescapably religious.[44] To be sure, one cannot define law without reference to the actual religiousness in which that law functions. Yet, Sturm believes neither that societies are confessionally homogeneous nor that law is necessarily and simply subject to the standards of a religious tradition as that society understands it. Rather, the *telos* of salvation is dispersed throughout creation ; each religion is in the midst of a process of moving toward a *telos* that is shares with other religions and with law. He writes, "there lurks behind all human emotion and motivation some vision of the way of salvation, however dimly perceived or monstrously construed."[45] Sturm tellingly begins the *Via Salutis* essay by demonstrating the law's profound connection with religion with quotations from Buddhist, Hindu, Jewish, and Christian writings. By implication, the meaning of the law is a legitimate Christian concern, though not their exclusive concern. In the end, "the salvation of humankind" is synonymous with "the humanization of man [sic]."[46]

To sum up Sturm's argument thus far, we have found that any definition of law must include a reference to religious values because both law and religion are teleological enterprises directed toward human salvation. Sturm does not mean that the law functions as an ersatz-sacrament, so that good citizenship is the means by which to attain the prize of heaven. The law "saves," rather, to the degree that it creates structures in which human community, as the term is defined by process philosophy and covenantal theology, flourishes. Sturm writes,

From the perspective of communal ontology, the *basic meaning*

of law is less to promote the realization of the prescribed potentialities of human nature (as in classic natural law theory) or to protect the rights of individuals over against social systems (as in traditional natural rights theory) than it is to empower persons in the continuous formation and reformation of human community.[47]

Though statuatory and decisional law seek the formation of mundane human relationships and structures, Sturm believes that we perceive law's task rightly only when we understand it in its ultimate context.

If the law can save, the converse is also true: law can alienate persons and destroy community. Sturm agrees with legal theorist John T. Noonan that legal institutions "mask" reality. The law must reduce the rich interplay between complex beings to a set of rules, and these rules distort and deceive while they order and classify. Some degree of masking is inevitable, perhaps, to the degree that all interpretation is distortion. But legal institutions can also become party to tragic injustice, as when persons are classified as property, corporations as persons, and states as sovereign. Sturm argues for a "new realism" in which the law serves to regulate human relationships in all their fullness. This new realism must be guided by religious insight, Sturm believes, if it is to see the depth of relationality that is always visible just below the surface of everyday life.[48]

But what is the specific content of a purposive understanding of law? Why must law specifically reflect the norms of community as described by process philosophy and covenantal theology? Here Sturm enlists the aid of the legal theorist Lon Fuller. Sturm believes that the glimpse of a purposive understanding of law that appears rather incoherent in the Holmes' jurisprudence is argued consistently and is grounded in natural law by Fuller. Sturm sees in Fuller, in fact,

an "implicit religiousness" with a distinctly "Judaic-Christian character."[49]

While Fuller agrees with Henry Hart that legal procedures themselves imply a set of "inner" or "internal" obligations (generality, promulgation, prospectiveness, clarity, consistency, possibility), he insists that every legal system is also subject to a set of external obligations that come from the social-political reality. Fuller describes the law as the "collaborative articulation of shared purpose."[50] A legal system will be accepted to the degree in which it is congruent with the tacit or expressed purposes of society. Law is a purposive enterprise, Fuller maintains, but only as an aspect of the more inclusive social purpose. Sturm concludes, in apparent agreement with Fuller, "Law is not merely a tool of society in the sense in which a hoe is a tool for a gardener. Rather, the legal system is the society itself in one of its modes of interaction."[51]

One may argue that subordinating the internal natural law of procedure to the external natural law of social purpose does not solve the problem of relativism, but only moves it to the next higher level. In response, Fuller conceives social purpose as itself subordinate to normative propositions that are implied in the reality of the individual human being in her or his essence. Fuller argues that human nature as such requires that law respect three obligations. First, law must grant a moral presumption in favor of the *maintenance of human life* as the precondition for all other human values. This first proposition would find almost universal agreement from the Western legal tradition. Theories distinguish themselves, rather, by the nature of the quality of life that is attached to the mere fact of continued existence. Thus, and second, Professor Fuller finds *purposiveness* to be one quality constitutive of human nature. Purposiveness is not simply the preservation of an arena of maximal freedom of choice, but is the maintenance

of the creative, choosing side of human nature itself. Third, Fuller argues that mere survival also is only meaningful as the continuation of human *communication*, the interaction by which human beings convey to one another what they perceive, feel, and desire. Human life is, then, intrinsically social. Purposiveness and communication are mutually implicative for Fuller: communication is the source from which purposive desire is awakened and the means by which its is carried out, but communication only occurs as human beings have a purpose to do so. Thus, Fuller asserts that law must serve three normative postulates that are learned inductively from human nature: preserve human life, keep alive the purposive side of human nature, maintain communication.[52] Sturm argues that these postulates are also *necessarily* true because human understanding presupposes living, purposing, and communicating.[53]

These normative postulates are ends not in the sense that they refer to some future destiny, but in the sense that they place normative value on the quality of life that is chosen at each new moment. Human purposiveness and communication are continually advanced or impaired by structures that influence those choices and channel them into concrete action. For this reason Fuller pays especially close attention to the character of institutional procedures. Fuller intends these postulates to be only broadly normative of human action and value. No legal theory can account for the particular purposes that impel each person or the exact balance that must be found between the three postulates.[54] But, more basically, Fuller's tolerance for social experimentation reflects his respect for the human being as a purposive, choosing creature. Like liberal theory, then, Fuller concentrates on procedure and is tolerant of diversity, though for a precisely opposite reason. Liberal theory makes those choices because it is agnostic about the Good; Fuller has done so because they best embody

it.

Regrettably, Sturm does not explicitly relate Fuller's trilogic norm of Life-Purposiveness-Communication to Whitehead's triad Autonomy — Relationality ommunity, to Whitehead's "civil" qualities of Adventure and Peace, or to covenant theology's norms of Peace, Righteousness, Steadfastness, and Liberation. Clearly, none of these norms match up in a one-to-one comparison. The various sets of norms from Fuller, Whitehead, and covenant theology seem, rather, to be different ways of slicing up the same pie. That pie is a vision of community that combines the respect for individual autonomy found in liberalism with appreciation for the intrinsic relationality of life found in organic, Marxist, and traditional social theories. Sturm describes it as "the actualization of human community in which the individuality of each is qualified by a concern for all."[55]

As we noted above, Sturm is concerned more with problems of definition than with issues about religious criticism of law or legal enforcement of religion. On the theoretical level, he sketches the outlines of a coherent ontological-theological-legal system that integrates persons into communities without sacrificing an essential personal autonomy. In order to concretize what is often an exceedingly abstract discussion, however, it is illustrative for us to examine his various policy writings on the religion clause of the First Amendment of the U. S. constitution.

Sturm was a critic of the Reagan administration for upsetting the precarious balance that the American constitutional tradition has struggled to maintain between two values : first, that "religious sensibility is crucial to the vitality and character of a people's life and should be honored as such" and, second, that the coercive power of government should never preclude or promote a specific religious practice.[56] Sturm's particular balancing of these two values seems

nearer to liberal constitutionalism than to civic republicanism. His sensitivity to the ever-present reality of domination in society makes him more afraid of the abuse of state power than of disorder and disintegration. That fear is operative in both Sturm's approval of the Reagan administration's support of the plaintiff in *Estate of Thornton v. Caldor, Inc.*, who had been dismissed for refusing to work on his Sabbath day, and his indictment of the administration's support for public prayer in *Wallace v. Jaffree*. Both cases are marked by extreme imbalances of coercive power—corporate institution over employee in the first case, and educational institution over impressionable child in the second.[57] Sturm's sensitivity to abuse of state power is a familiar theme in the covenantal tradition, which has always emphasized that covenantal obligations must arise from the unfettered consent of the moral agent.

Yet, Sturm also wants to distance himself from liberalism. He differentiates liberalism's "old civility" of "studied indifference" from a more communal "new civility" that stresses respect for cultural traditions, self-criticism, and reconciliation toward perceived enemies. The new civility, Sturm writes, values a lively public engagement with religion while it remains vigilant against coercive institutions that smother debate. Out of respect for the plurality of religious experiences it would consider prayer inappropriate in public schools, though it would encourage study of religious traditions and movements critical of religion.[58] Whiteheadian adventure is an openness to debate that is prompted by the search for new, more complete harmonies of diverse individualities. Understood in this way, religious freedom, like other First Amendment freedoms of expression, is not merely an assertion of individual rights against the government. All of these freedoms are paths by which societies can fulfill their purpose to become progressive, open, intellectually robust communities.

IV. Concluding Reflections

Douglas Sturm's eclectic mind has led him to synthesis resources from a vast intellectual scope. Sturm is highly successful in pointing out provocative connections between process philosophy, religious covenant, communitarian social and political theory, and a purposive legal theory. Clearly, Sturm has not even attempted anything so ambitious as to weave these disparate disciplines into a seamless garment, but he does indicate one pattern by which the fields could be arranged, and has even supplied a few of the initial stitches. Though one walks away from his work with more questions than one had at the beginning, it is a tribute to him that the questions are richer and better defined. The issues that Sturm raises are significant and compelling ; clearly they are worth the attention of scholars working on the connections of covenant, law, and religion. The remainder of this essay will examine two of the "seams" in Sturm's project : first, that between process philosophy and covenantal theology, and, second, that between religio-philosophical foundations and legal theory. Our purpose here will be to identify issues that must be addressed by those who wish to advance Sturm's project.

1 . The seam between process philosophy and covenantal theology is the most provocative part of Professor Sturm's project, but also that which churns up the greatest number of unresolved issues.[59] What is at stake when one moves from covenant as a historical transaction to covenant as a universal philosophical principle ? Sturm is by no means the first to make this journey. The notion of covenant reemerged in the early modern world as reformers in the imperial free cities came to believe that they were "called apart" by explicit and periodically renewed covenants to form by mutual consent a distinct commu-

nity, a holy commonwealth, a "city set on a hill." Within a generation such theorists as Johannes Althusius and Philippe Duplessis de Mornay developed covenant into a principle of political organization with a universal claim. Covenant became in their hands a call for dispersion of power, social pluralism, and political structures based on consent. One might argue that this development in the early modern period is a slow unfolding of norms intrinsic to the covenant idea. As Sturm reasons, "a restrictive covenant is a contradiction in terms."[60] Indeed, it is precisely the attempt to limit covenantal loyalties has produced the most tragic misuses of the concept : apartheid, Zionism, manifest destiny. All of these aberrations of the covenant idea are based on a historical shared experience that is used to exclude other groups that do not share in that experience. Thus, though the distance between historical event and metaphysical principle is exceedingly great, that gulf from particular experience to universal principle was crossed quite early in the covenantal tradition. Whatever contradictions that accompany that journey are ones that Sturm shares with the major stream of the tradition.

Yet, unresolved issues remain. First, how closely must covenant continue to be tied to the Abrahamic faiths ? The covenants of Calvin and Bullinger, and for that matter the covenants of Althusius and Mornay, formed communities in which all citizens pledged loyalty to God and God's particular standards of justice. Covenant as a metaphysical principle, on the other hand, posits a universal relationality between individuals that may have only an implicit sense of the bond that connects them. By implication, versions of covenant modeled on the early modern model would stress religion's role in social cohesion and schooling in the virtues, while versions modeled after process philosophy would stress religious pluralism and autonomy of belief. The former would accept toleration only as an unfortunate necessity,

while the latter would value it as a positive virtue. Covenant does imply justice, peace, steadfastness, and liberation, but the content of those norms would seem to be dependent on a prior conception of *Who* defines justice, *Who* establishes peace, *Who* demands one's ultimate loyalty, and *Who* liberates. It is not clear how far the values of covenantal theology can be removed from their heritage in "radical monotheism" without also altering what we have taken them to be. Because this distinction is at the root of the debate between civic republicanism and liberalism, it deserves to be pursued with clarity and precision.[61]

Second, what role does a reworked concept of covenant play in Sturm's project ? This writer finds Sturm's argument persuasive that the biblical God-Who-Covenants is much better described by the Maximally Relational Being of process ontology than the Unmoved Mover of classical ontology. There are also ready parallels that can be drawn between the norms of process thought and covenantal faith : relationality and covenant loyalty, subjectivity and consent, Whiteheadian peace and Adamsian community of voluntary associations, and so on. Thus, it seems entirely appropriate to rework the covenantal tradition through process ontology. However, if Sturm's project is to be advanced, further reflection must be done about the special difficulties that arise when the complex of meanings that are associated with the covenantal tradition are translated into the terms of a contemporary philosophical school of thought. There is a point at which a term has become so radically altered in translation that it no longer has the same referent. A considerable distance in meaning separates the "covenant" that united the citizens of Bullinger's Geneva into a holy commonwealth, Althusius' "covenantal" basis of federalism, Adams' "covenant" of voluntary associations, and Sturm's "covenant" of ontological relationality. It is not sufficiently clear what set

of meanings in the covenantal tradition resist appropriation by process ontology so that the former continues to exert a prophetic critique on the latter. Further research must address the precise cluster of meanings that are the *sine qua non* of any conception of covenant, beyond which the term cannot be pushed if it is to remain connected with its parentage.

Third, many contemporary scholars are calling for a "public theology" that addresses issues of public concern in terms that are accessible to common experience and the dictates of reason. If Sturm is correct that covenant is one of the "root metaphors"[62] of Western civilization, and if the norms of process philosophy are implicit in human relationality itself, then his project may offer an excellent example for future scholarship of how public discourse about the relationship of law to metaphysical values can take place. Additional work should identify terms that might serve as the best candidates for that discourse and explicate what is gained and lost as they are translated into a secular vernacular.

2 . A second "seam" worthy of further discussion is that between metaphysical values and legal theory. Here the central issue is closely tied to those discussed above. Sturm seeks to develop a legal theory that fosters public engagement with religion while it preserves the religious traditions of sub-communities against the coercion of the state apparatus and the popular majority. In this regard, his unequivocal support of the Supreme Court's reaffirmation of the Neutrality Test in *Wallace v. Jaffree*[63] seems a bit premature. The critics of the neutrality test could argue that the test reflects, to use Sturm's terms, the *old* civility rather than the new, for neutrality as interpreted tends to mean the excise of religion from the public realm. Sturm's entire project suggests parallels between deeply held American values and the ultimate norms of covenant theology and process philosophy. It

remains an open question, then, whether a chastened form of accomodationism might also be compatible with Sturm's intention to revivify public discourse with religious values. The religious concept of covenant has been used by both liberals who seek neutrality and republicans who seek some sort of accomodationism. Clearly, Professor Sturm has developed a position that opens the option for a middle ground, but more reflection is in order concerning its implications follow for constitutional interpretation and legal policy.

1 Douglas Sturm, "Lon Fuller's Multidimensional Natural Law Theory," *Stanford Law Review* 18 (February 1966), 619.

2 Douglas Sturm, "Three Contexts of Law." *The Journal of Religion* 47 (April 1967), 137.

3 Ibid., 138.

4 Douglas Sturm, "The 'Path of the Law' and the *Via Salutis* : A Naturalistic Perspective." *Catholic University Law Review* 26 (Fall 1976), 48-49.

5 See Douglas Sturm, *Community and Alienation : Essays in Process Thought and the Public Life.* (Notre Dame, Indiana : University of Notre Dame Press, 1988), 82.

6 Alfred North Whitehead, *Process and Reality : An Essay in Cosmology*, corrected edition (New York : The Free Press, 1978), 190.

7 Sturm, *Community and Alienation*, 232-33.

8 Ibid., 2.

9 See Douglas Sturm, "Natural Law, Liberal Religion, and Freedom of Association : James Luther Adams On the Problem of Jurisprudence." *Journal of Religious Ethics* 20 (Spring 1992), 180-183.

10 Ibid., 129.

11 Ibid., 135.

12 Ibid., 200-04.

13 Ibid., 236-37. Sturm considers his communitarian concept of covenant to differ markedly from the confessional and personalistic cove-

nants of Karl Barth and Paul Ramsey.

14 Ibid., 130–34.

15 Ibid., 206.

16 Sturm, "Natural Law," 192ff.

17 Ibid., 133.

18 Sturm, *Community and Alienation*, 233–34.

19 Ibid., 170.

20 Sturm, *Solidarity and Suffering : Toward a Politics of Relationality* (Albany, N. Y. : State University of New York Press, 1998), 7.

21 Sturm, *Community and Alienation*, 60, 176.

22 Sturm, "Natural Law," 192.

23 Sturm, "Natural Law," 192.

24 Quoted in Sturm, "Natural Law," 200.

25 Sturm, *Community and Alienation*, 5, 103ff.

26 Ibid, 43.

27 Ibid, 52–74.

28 Ibid., 84.

29 Ibid., 168–169.

30 Ibid., 86–87.

31 Ibid., 185.

32 Ibid., 185.

33 Ibid, 185. Sturm argues throughout his writing that democratic forms of governance are most compatible with socialist forms of economic distribution. Yet, Sturm cautions that the state-bureaucratic, materialist, and hegemonic version of Socialism practiced in the former communist block would only substitute a collectivist version of alienation for an individualist version. The principle of internal relations and the social covenant demand a social democracy that is participatory, idealist, and pluralist. See Sturm, "Martin Luther King, Jr. As Democratic Socialist," *Journal of Religious Ethics* 18 (Fall 1990), 82ff.

34 Quoted in Sturm, *Community and Alienation*, 71–72.

35 Ibid., 73.

36 Sturm self-consciously brackets out three issues that he considers secondary to the central definitional task : (1) the historical connections

between religious value and law, (2) the possibilities and forms of religious criticism of law, and (3) issues about the legal enforcement of religion. While Sturm deals with these issues in passing from time to time, they are not his central concern. Douglas Sturm, "The 'Path of the Law' and the *Via Salutis* : A Naturalistic Perspective," *Catholic University Law Review* 26 (Fall 1976), 37-39.

37 Justice Oliver Wendell Holmes, "Path of the Law," *Harvard Law Review* 457 (1897), 459. Quoted in Sturm, "The Path of the Law," 40.

38 Holmes, 469 ; quoted on Sturm, "Path of the Law," 41.

39 Sturm, "Path of the Law," 44-45.

40 Sturm, "Three Contexts of Law," *The Journal of Religion* 47 (April 1967), 137.

41 Ibid.

42 Sturm, "Three Contexts," 138.

43 For a perceptive analysis of this culture war, see Stephen M.Tipton, "Republic and Liberal State : The Place of Religion in an Ambiguous Polity," *Emory Law Journal* 39 (Winter 1990): 193-200.

44 Sturm, "Path of the Law," 47.

45 Ibid., 46.

46 Sturm, "Three Contexts," 138.

47 Sturm, "Natural Law," 195-96 ; italics mine.

48 Sturm, *Community and Alienation*, 207ff. Catharine MacKinnon agrees that legal systems legitimate patterns of oppression by justifying them with supposedly neutral principles of morality. "Coercion legitimated becomes consent," she writes. Catharine A. MacKinnon, *Toward a Feminist Theory of the State*. Cambridge, Mass. : Harvard University Press, 1989, Chapter 13.)

49 Sturm, "Three Contexts," 138.

50 Lon Luvois Fuller, "A Rejoinder to Professor Nagel," *Nat. L. F.* 83 (1958): 95-99 ; quoted in Sturm, "Via Salutis," 42.

51 Sturm, "Three Contexts," 135.

52 Sturm, "Lon Fuller," 614-16.

53 Ibid., 617.

54 Ibid., 620-21.

55 Ibid., 137.

56 Douglas Sturm, "The Courts & the Church-State Tangle," *Christianity and Crisis* 44 (October 1, 1984), 341.

57 Ibid, 341.

58 Douglas Sturm, "Reagan's New Fundamentalism," *Christianity and Crisis* 45 (August 26, 985), 320.

59 See Harvey Cox's review, "*Community and Alienation : Essays in Process Thought and the Public Life*, by Douglas Sturm." In *Journal of Church and State* 31 (Autumn, 1989), 556.

60 Sturm, *Community and Alienation*, 203.

61 William P. George finds a "muting of Christian themes" and not enough focus on divine transcendence in Sturm's work. See William P. George, "Solidarity and Suffering : Towards a Politics of Relationality" (review) *Christian Century* Vol. 116 Issue 16 (May 1999), 589-92.

62 Sturm is quoting James Luther Adams. Sturm, "Natural Law," 193.

63 Ibid., 319.

Selected Bibliography

Cox, Harvey. Review of *Community and Alienation : Essays in Process Thought and the Public Life*, by Douglas Sturm. In *Journal of Church and State* 31 (Autumn, 989): 555-56.

George, William P. "Solidarity and Suffering : Towards a Politics of Relationality" (review) *Christian Century* Vol. 116 Issue 16 (May 1999), 589-92.

Levinson, Sanford. *Constitutional Faith.* Princeton, N. J. : Princeton University Press, 1988.

MacKinnon, Catharine A.. *Toward a Feminist Theory of the State.* Cambridge, Mass. : Harvard University Press, 1989.

Smith, Steven B.. *Hegel's Critique of Liberalism.* Chicago : University of Chicago Press, 1989.

Stackhouse, Max L. *Community and Alienation : Essays on Process Thought and Public life* (review) *The Journal of Religion*, Vol. 70, No. 1 (Jan. 1990), 125-126.

Sturm, Douglas. "Lon Fuller's Multidimensional Natural Law Theory." *Stanford Law Review* 18 (February 1966): 612-639.

_______. "Three Contexts of Law." *The Journal of Religion* 47 (April 1967): 127-145.

_______. "The 'Path of the Law' and the *Via Salutis :* A Naturalistic Perspective." *Catholic University Law Review* 26 (Fall 1976) : 35-56.

_______. "Constitutionalism and Conscientiousness : The Dignity of Objection to Military Service." *Journal of Law and Religion* 1 (1983): 265-279.

_______. "Reagan's Double Contempt for Law." *Christianity and Crisis* 44 (July 9, 1984): 268-69.

_______. "The Courts & the Church-State Tangle." *Christianity and Crisis* 44 (October 1, 1984): 340-42.

_______. "Crisis in the American Republic : The Legal and Political Significance of Martin Luther King's *Letter from a Birmingham Jail.*" *Journal of Law and Religion* 2 (1984): 309-24.

_______. "Reagan's New Fundamentalism." *Christianity and Crisis* 45 (August 26, 1985): 318-20.

_______. *Community and Alienation : Essays in Process Thought and the Public Life.* Notre Dame, Indiana : University of Notre Dame Press, 1988.

_______. "Martin Luther King, Jr. As Democratic Socialist." *Journal of Religious Ethics.* 18 (Fall 1990): 79-105.

_______. "Reformed Liberalism and the Principle of Non-violence." *Journal of Religion* 71 (October 1991): 479-97.

_______. "Natural Law, Liberal Religion, and Freedom of Association : James Luther Adams On the Problem of Jurisprudence." *Journal of Religious Ethics* 20 (Spring 1992): 179-207.

_______. "Human Rights and Political Possibility : A Religious Inquiry" *Journal of Law and Religion,* Vol. 13, No. 1 (1996-1999), 43-56.

_______. *Solidarity and Suffering : Toward a Politics of Relationality.* Albany, N. Y. : State University of New York Press, 1998.

Sturm, Douglas, editor. *Belonging Together : Faith and Politics in a Relational World.* Claremont, CA : P & F Press, 2003.

Tipton, Stephen M.. "Republic and Liberal State : The Place of Religion in an Ambiguous Polity." *Emory Law Journal* 39 (Winter 1990): 191-202.

What Hath Tokyo To Do With Jerusalem?

Patrick Gray

Students and colleagues alike have broadened their understanding of systematic theology, social ethics, and a host of other issues through their dialogue with Hideo Ohki. He also helped me to learn Japanese, though not in the usual way involving memorization of ideograms and verb inflections. I soon discovered, however, that the language I had acquired from Professor Ohki's lectures and sermons differed somewhat from that of the ordinary native speaker. As a Christian and as a theologian, Ohki's own manner of writing and speaking naturally differs from that of most of his countrymen. Is this an indication that his time as a student of Emil Brunner and Reinhold Niebuhr and his preoccupation with such western thinkers as Max Weber and Karl Barth have somehow transformed him into something other than a Japanese theologian? By no means! Perhaps no one has contributed more to the formulation of a "theology of Japan" or to the liberation of Japanese theology from its "Germanic captivity."

It is not in spite of his ongoing engagement with the western intellectual tradition but, rather, on that very basis that Ohki is eminently qualified to reflect on the meaning of Japanese identity at this historical juncture. With the arrival of foreign missionaries (from Spain and Portugal in the sixteenth century and from the United States beginning in the nineteenth century), many Japanese faced a difficult set of questions: Could a foreign faith be translated into Japanese terms? Or is something essential necessarily lost in translation? To what extent could one become truly and fully Christian while remaining truly and fully Japanese? Ohki's works constitute an indispensable

resource for meditation on these enduring questions.

Contemporary Japanese theologians are not the first to wrestle with the question of dual identities. Indeed, the birth of Christianity witnessed the negotiation of a similar set of issues : The first Christians were all Jewish, but was it possible to remain a faithful Jew and also to profess faith in a crucified messiah ? Should Gentile believers be required to fulfill the law of Moses in its entirety as a condition of their entry into Christian fellowship ? Were the conflicts in the early church like that between the Hebrews and the Hellenists in Acts 6 simply the result of cultural differences, or did they have deeper roots ? These points of contention were in fact variations on themes from longstanding debates within Judaism related to the cultural and geographical distinction between Palestine and the Diaspora. Many observers, both ancient and modern, believe that many of the differences between these two streams of Judaism are irreconcilable. In other words, the definitions of Jewish identity that obtained in Palestine and in the Diaspora are mutually exclusive. Other observers conclude that the differences have been greatly exaggerated. According to Arthur Darby Nock, "the only fundamental difference between Judaism in the Dispersion and Judaism in Palestine...is that involved in speaking and writing and thinking in Greek."[1]

To be sure, the distance between Tokyo and Jerusalem is considerable, yet many of the perennial concerns at the intersection of theology and cultural identity differ only in the details. The task of this brief essay is to evaluate Nock's claim about the essential continuity—language excepted—between Judaism in Palestine and the Diaspora. In so doing, I hope to provide some historical basis for drawing analogies with the situation facing Japanese theology in the present.

From Nock's tone, one has the impression that the linguistic differ-

ence between Palestinian and Diaspora Judaism, though he calls it a "fundamental" one, is in fact of little real consequence for distinguishing between the two. It would be very difficult to get away with so dismissive a comment on the role of language today. The sentiment is at the opposite end of the spectrum from the view that language, in the famous phrase of Heidegger, is "the house of Being."[2] Heightened sensitivity to linguistic questions characterizes the dominant strand of twentieth-century Anglo-American philosophy. Saussure, Wittgenstein, and their structuralist heirs, who saw language as a social convention in which words take on meaning only in relation to other signs in the same linguistic system and where different systems necessarily involve different sets of concepts, were rephrasing the age-old complaint of poets who despair of ever being understood in another language. One never merely speaks a language—one "lives" a language, and all efforts at translation inevitably fall short.[3] Had Josephus held this view, he might not have found the story (recounted in *Against Apion* 1.176–182) about Aristotle meeting a Palestinian Jew who not only spoke Greek "but had the soul of a Greek" quite so congenial. What this means for understanding Judaism in antiquity should be clear. To say that Judaism in Palestine and in the Diaspora were essentially the same if one allows for those differences "involved in speaking and writing and thinking in Greek" is to make an enormous exception. But is this not to beg the question? Is it possible to bracket language when comparing Palestine and the Diaspora?

Modern scholars are not the only ones to answer this last question in the negative. Ben Sira's grandson sensed the problem and expressed it in simple and straightforward terms. Judging from the preface to his translation of his grandfather's wisdom from Hebrew into Greek, he clearly falls somewhere between the extremes represented by Nock and Heidegger on the aforementioned spectrum. He asks for

the reader's patience, explaining that "what was originally expressed in Hebrew does not have exactly the same sense when translated into another language." Even the Law and the Prophets "differ not a little when read in the original." At first blush, these remarks seem to suggest that Nock has underestimated the effect that a Greek medium has upon the expression of Jewish thought. Given the sanctity and immutability ascribed to Torah by the Jews, the admission that translation changes its meaning is somewhat startling. The Hebrew original, then, is greatly to be preferred since change in this respect can only be for the worse. But what makes the preface of Sirach so interesting is the fact that the grandson lets his translation stand without any further apology. That Ben Sira is writing in response to contemporary pressures connected with the encroachment of Hellenism in Palestine leading up to the Maccabean revolt is evident.[4] Since the translator was well acquainted with Sirach's context and its theological content, and since he also shows a recognition of the problems inherent in translating Hebrew into Greek, the fact that he goes ahead with the publication of his translation suggests that language, though clearly a point of difference between Palestine and Diaspora, was perhaps not nearly as problematic as it might appear from a sociolinguistic perspective.

In support of the basic linguistic distinction made by Nock, on the other hand, Ben Sira's grandson offers his translation "for those living abroad." It is possible to see in the tone of the preface some intimation that Jews outside Israel have had to get by with an inferior version of the ancestral faith. But if this is so, he gives little clue as to what undesirable defects he perceives. Such reticence, of course, could have something to do with his own status as a Diaspora Jew. Extended reflection on the possible deviance of Diaspora Judaism connected with its reliance on the Greek scriptures (the Septuagint)

may be seen in such works as the so-called *Epistle of Aristeas*. It is difficult to date with much precision and therefore a number of theories as to its purpose have been proposed.[5] Is it intended to justify the literary culture of Alexandrian Judaism against criticisms leveled by Jews in Palestine? Is it a defense of a Greek translation of the Pentateuch? Is it written to lobby on behalf of an earlier Greek translation of the Hebrew scriptures against a more recent version? Any of these reasons could reflect some degree of tension between Jews in Palestine and in the Diaspora arising from linguistic barriers. That simple, straightforward reportage of the translation process itself is not the sole concern of *Aristeas* is clear from the very short shrift it receives.[6] The emphasis is not so much upon the miraculous mechanics of the process whereby the Septuagint was produced as it is upon the legitimacy of the end product.[7]

Philo's treatment of this legend likewise emphasizes the divine inspiration of the Septuagint. At the outset it is stressed that the translators must not add or take away anything from the original form and shape of the Law (*Mos.* 2. 34). When the job is finished, Philo reports that the Greek and "Chaldean" versions are the same, "both in matter and words," and the translators are regarded as "prophets and priests of the mysteries" almost on a par with Moses (2. 38-40). These legends suggest that there was indeed suspicion somewhere, at some time, by someone about the reliability of some form of the Septuagint. The relative absence of doubts about Jewish identity on the grounds of language is therefore striking.[8] As John Barclay puts it, "it mattered a thousand times more if a Jewish man was Hellenized in respect of his genitals than if he was Hellenized in respect of his speech."[9]

Given the pervasive Hellenization of the Mediterranean basin, the recognition of Greek as a valid translation language for the Old

Testament was a necessary condition under which both Palestinian and Diaspora Jewry had to determine what was and was not consonant with the biblical revelation delivered to the ancestors. The recognition that the Septuagint was a "copy" of the Hebrew "archetype" was not an automatic denigration of its revelatory potential. Indeed, yearly feasts to commemorate the translation were reportedly held in Alexandria (Philo, *Mos*. 2. 41), even if it possessed canonical status only insofar as it was seen to correspond with the original.[10] The prevalence of Greek in the Diaspora was clearly a difference to which Jews were sensitive, but language alone was not seen as a stumbling block to Jewish solidarity. Nock is therefore correct to recognize but downplay the linguistic distinction.

Circumstances in Palestine provide a different angle from which to approach the question. By asserting the basic compatibility of Judaism in Palestine and in the Diaspora, Nock was challenging the dominant view of his day. There was a sharp dichotomy between Palestinian and Diaspora Judaism according to this consensus, which is reflected in the habit of many scholars to use the terms "Hellenistic" and "Diaspora" almost interchangeably (and as antonyms with "Palestinian"). The consensus view goes back at least as far as Emil Schürer, whose summary of the intertestamental period is representative : "in the Diaspora, inconsistent Hellenistic Judaism was unable to hold its own in face of the greater consistency of the Pharisees", who represented the Jewish mainstream in the homeland.[11]

In the standard view, Palestinian Judaism was thought to be free from the pagan influences that had so tainted the Diaspora. Jews in the Diaspora were syncretistic like their Greek neighbors but Palestinian Jews practiced a purer version of their religion. Greek was used in the Diaspora but Hebrew or Aramaic were used in Palestine. In the Diaspora, Jews were rational or mystical while in Palestine they were

inclined toward apocalyptic speculation. Whether by conscious effort or by historical accident, Palestine was thought to have remained fairly isolated from the cultural pressures exerted by Hellenism in all other areas of the Mediterranean basin. W. W. Tarn provides a typical example of this standard portrait.[12] His chapter on "Hellenism and the Jews" opens and closes with a description of Jewish successes in resisting the pressures of Hellenization. The pious Jews, in their zeal for the Law, were particularly important in opposing Hellenism in Judea. While the Diaspora would sometimes go beyond the imitation of Greek forms and imbibe from the spirit of Greek culture, Palestine was safe from such temptations. Outbreaks of Hellenization from within Israel would occur periodically during the Hasmonean period, but they were always resisted and overcome. Attempts to exert pressure from without likewise met resistance and did not take root—the soil was not hospitable for any seeds that had been sown.

Wilhelm Bousset assumes the same kinds of sharp distinctions as Tarn, but Bousset's analysis of its connection to nascent Christianity implies a much more negative assessment of the "pure" Judaism found in Palestine.[13] Early Christianity is "liberated, universalized Diaspora-Judaism."[14] With its strong ethical emphasis (rooted in the teaching of the synagogue) as opposed to preoccupation with ritual matters (such as one would find in the Jerusalem temple), according to Bousset, all that is good about *Spätjudentum* is to be found in the Diaspora. The "routinization" of Christian teaching toward the end of the first century was a spiritual slide from the "unrestricted monotheism" of the Diaspora back to the "cultic fellowship" characteristic of Palestine.[15] That Bousset never uses the term "Hellenistic" Judaism indicates that he sees the Diaspora as a monolithic, uniform entity serving as a theological foil to a Palestinian Judaism that is equally monolithic and uniform.

Schürer and Bousset highlight the ways in which the Diaspora is thought to have deviated from normative Judaism, even if they regard this norm in a negative light. What about the norm itself? Morton Smith and Martin Hengel provide indirect support to Nock's position by demonstrating that Palestine had deviated from the norm just as much or in many of the same ways as Jews living abroad.[16] Smith suggests that such phenomena as the extensive use of Greek in inscriptions at the Beth-Shearim necropolis and the abundant evidence of Greek loan words in early rabbinic literature call for a revision of the common notion that Palestinian Jews were substantially free of Hellenistic influence. (If Smith's reading of the evidence is correct, it is not even necessary for Nock to include any qualification about language.) Smith claims that the influence of Greek upon rabbinic legal exegesis "would accord with the archaeological evidence for the extreme Hellenization of Palestine during the later Persian and Ptolemaic periods."[17] He furthermore argues that the characterization of the Pharisees one finds in Josephus as a school of philosophy is not the imposition of foreign categories it might seem. The Pharisees, according to Smith, did in fact self-identify as something analogous to a Greco-Roman philosophical school.

Smith makes a strong case for finding Hellenization in the Jewish homeland of a profound sort that is not dependent upon the Greek-Hebrew linguistic distinction between Palestine and the Diaspora. He pursues a similar line of argument in his study of Hellenization "in disguise."[18] With reference to the tannaitic literature, Smith shows that appeals made by the rabbis to biblical proof-texts do not by themselves prove the Hebraic origin of the ideas they put forward. For example, when one rabbi uses Genesis 1:27 ("Male and female created he them") as an excuse for teaching that God created humans as hermaphrodites, Smith rightly doubts that he found the idea in the

Bible. As Smith puts it, the rabbinic interpreter "finds it because he looks for it, and he looks for it because of the practices or ideas which have become important in the world around him."[19] While one might ask Smith if it is ever possible to rule out the possibility of "foreign influence" since he is able to find it whether or not it appears in Greek literature, his work is nevertheless suggestive of the wide variety of forms Hellenization could take during the period between the Maccabean revolt and the compilation of the Mishnah.

Hengel's bold thesis is that all Judaism from as early as the middle of the third century B. C. E. must be designated "Hellenistic Judaism," and that "Jewish Palestine was no hermetically sealed island in the sea of Hellenistic oriental syncretism."[20] He documents several instances of Greek political, administrative, economic, linguistic, educational, literary, and religious pressure in Palestine prior to the Maccabean period. The trajectory taken by Hellenistic influence in Palestine may not have been as clear and continuous as Hengel represents it.[21] His study has nevertheless placed the burden of proof upon those who would deny that Jews in Palestine lived in a context where they were bound to be influenced by the cultural forces set in motion by Alexander the Great, barring a conscious and sustained effort to resist them. Even the story of the most outstanding instance of Jewish resistance—the Maccabean revolt—has been preserved not in Hebrew but in Greek.

The purported distance between Palestine and the Diaspora is reduced even more when one recalls that Jews like Philo and Aristobulus were exceptional, even in Alexandria, in their tendency to interpret the scriptures in accordance with Hellenistic conventions. Philo certainly thought of himself first and foremost as a faithful Jew. Scripture is always (ostensibly, at least) the starting point of his treatises, and Moses is always allowed to arbitrate disputes between

Greek and Jewish thought. It is highly improbable, however, that the majority of Jews of Philo's day shared his synthesis of Israelite religion with Pythagorean, Platonic, and Stoic philosophy.[22]

A few centuries earlier than Philo, writers such as Artapanus are similarly complex. Artapanus takes part in the competitive apologetic historiography of his day, and he clearly displays strong Jewish sympathies in this literary context.[23] The unabashed syncretism he exhibits (in fragment 3) in explicitly identifying Moses with Hermes and having him teach animal worship to the Egyptians, however, raises questions about Artapanus' fundamental identity. It is unlikely that Philo and Artapanus entertained doubts about the authenticity of their own Jewishness. They were anxious to claim a Jewish origin for all that was good in the world. But if everything good is Jewish, then there remains very little of value that is peculiarly Jewish. As Peder Borgen writes, Philo was perhaps "on the verge...of being overcome by the ideas he wished to conquer."[24]

Theodotus, whose Jewish identity has also been questioned, provides a counterpoint.[25] Although he displays a high degree of Greek acculturation by composing in dactylic hexameter, using epic vocabulary, and writing in a style with detailed description reminiscent of Homer, his interpretation of Genesis 34 shows that he considers circumcision and endogamy as non-negotiable aspects of Jewishness. In this respect Theodotus is conservative to the core. Theological liberalism of the sort usually associated with the Hellenized Diaspora is therefore not a natural or universal concomitant of Greek acculturation.[26]

Even with a limited number of variables with respect to which Jewish identity in Palestine and the Diaspora might be assessed, such as resistance to the syncretistic equation of Jehovah with other deities, dietary restrictions, Sabbath observance, and circumcision, the num-

ber of different possible combinations is quite large. The situation becomes even more complex when factoring in local conditions confronting Jews such as political pressure, attitude towards the temple, educational opportunities, and the omnipresence of iconography. These considerations have led many scholars to de-emphasize the alleged dichotomy between Palestine and the Diaspora. Concern about the accuracy of the dichotomy, in this school of thought, functions to obscure the true diversity of Judaism during the period, both in Palestine and abroad. ("Dichotomy" falsely implies that the many options available to the Jews of antiquity can be reduced to two basic orientations.) The now-common habit of referring to the "Judaisms" (plural) of the ancient world reflects the currency of this approach.[27]

This trend is a salutary one in that it militates against sweeping generalizations. As George Foot Moore and others have convincingly shown, for centuries much of the interest in second temple Judaism was motivated by a desire to describe the "Jewish background" of the New Testament.[28] Hellenistic Judaism was seen as the primary matrix out of which early Christianity emerged, and flat portraits of Palestine and the Diaspora were more easily manipulated in the larger project of reconstructing Christian origins. A reaction against this excessive (when it is exclusive) interest in the relation of "early Judaism" to early Christianity is thus an encouraging development—especially as a corrective to the Wellhausian portrayal of Israelite history as one of steady degeneration and decline from the ethical zenith of the classical prophets to the chaos (at best) and dead legalism (at worst) of the intertestamental period.

It is now customary to see the Hellenistic-Roman period as one of great vitality within Judaism rather than a period of stagnation. And indeed it was. It should be noted, however, that to label the second temple period as one of "vitality" for Judaism is to presuppose a more

or less unitary entity that can experience "revitalization." Many will object that it is just such an "essentialist" way of looking at Judaism that fosters antisemitism by "blaming" Jewish distinctiveness for the ills that were visited upon Jews all around the Roman Empire. This, it is said, is to "confuse cause with pretext," but when the pretext is virtually the same almost everywhere that Jews were persecuted, one suspects that the non-Jewish perception of Jewish solidarity and distinctiveness was on target.[29] To affirm that all Jews practiced to some degree some form of *amixia*, for instance, is not to condemn them for it or to blame them for the hostile reactions it sometimes evoked from their neighbors. But if Judaism cannot claim some measure of fundamental (if diverse) unity, then neither can one describe its history in the second temple period as one of vitality. That would be to have one's cake and eat it, too. If the "Judaisms" of the Hellenistic world were not, in some basic sense, part of one and the same phenomenon, then it would be more accurate to speak of the general religious life of the Hellenistic age—of which these Judaisms were a small part—as one of vitality, and not the life of "Judaism" in particular.

The relationship between Palestinian and Diaspora Judaism is too complex to be reduced to one or two issues. Nock is correct in stating that the use of Greek, at least in terms of prevalence, was a fundamental difference, but language nowhere emerged as a litmus test for assessing orthodoxy or orthopraxis in either setting. Non-linguistic differences and similarities do not fall into the neat geographical categories of Palestine and Diaspora. In order to test Nock's claim about the compatibility of Palestinian and Diaspora Judaism, then, current trends in research that accentuate the diversity of Judaism in antiquity should go hand in hand with careful efforts to map the common ground.

1 Cf. Nock's review of *From Jesus to Paul*, by Joseph Klausner (*Journal of Biblical Literature* 63 [1944] : 60).

2 Martin Heidegger, *On the Way to Language* (trans. P. D. Hertz ; San Francisco : Harper, 1971), 63.

3 Or, as the Italian proverb puts it, *traduttori traditori* ("translators are traitors").

4 On Ben Sira's attitude toward the encounter between Judaism and Hellenism, see Alexander di Lella, "Conservative and Progressive Theology : Sirach and Wisdom," *Catholic Biblical Quarterly* 28 (1966) : 140-42.

5 See Sidney Jellicoe's discussion of *Aristeas* in the context of other legends explaining the production of the Septuagint (*The Septuagint and Modern Study* [Oxford : Clarendon, 1968], 29-58).

6 This is true not only in *Aristeas* (301-307), but in Aristobulus (fragment 3), Philo (*Mos*. 2. 31-40), and Josephus (*Ant*. 1. 101-109) as well.

7 The author of the *Epistle of Aristeas* (310-311) adds that the curse found in Deut 4:2 applied to those who would alter the Hebrew original applies equally to those who would alter the Greek translation.

8 Robert Hanhart argues that language nowhere appears to have been an explicit criterion for determining orthodoxy or heterodoxy in ancient Judaism ("Die Bedeutung der Septuaginta für die Definition des 'hellenistische Judentums'," in *Congress Volume Jerusalem* [ed. J. A. Emerton ; Vetus Testamentum Supplements 40 ; Leiden : Brill, 1988], 68).

9 J. M. G. Barclay, *Jews in the Mediterranean Diaspora* (Edinburgh : T & T Clark, 1996), 91. Among the Diaspora Jews appearing in the New Testament, Paul speaks Greek, but it is not his choice of language that provokes conflict with many of his fellow Jews in synagogues around the Aegean.

10 It is possible to regard the promulgation of the Septuagint as a capitulation, attended with varying degrees of enthusiasm, to the prevailing spirit of the Hellenistic age. Over against this construal, Hanhart contends that the translation of the Hebrew scriptures into Greek was essentially a process of "preservation," concomitantly serving the

purpose of legitimation. This legitimation, however, was not of Hellenistic Jewish identity but of Israelite identity in the Hellenistic period, which is a subtle but important difference. The cultural and religious concern of the Septuagint was not "openness" or "closedness" to all things Greek but rather the establishment by Jews of a faithful mode of engagement with Greek culture (Hanhart, "Die Bedeutung der Septuaginta," 69-77). It remained entirely possible to be deviant in Greek, of course, but Hellenization with respect to language was not considered something that automatically predisposed one to stray from the paths established by the ancestors.

11 E. Schürer, *The History of the Jewish People in the Age of Jesus Christ* (*175 B. C.-A. D. 135*) (rev. and ed. G. Vermes et al. ; Edinburgh : T & T Clark, 1973), 2. An edition of Schürer's influential work first appeared in 1874 as *Lehrbuch der neutestamentlichen Zeitgeschichte*.

12 W. W. Tarn, *Hellenistic Civilization* (3rd ed. ; London : Edward Arnold, 1952), 210-38.

13 Cf. W. Bousset, *Kyrios Christos : A History of the Belief in Christ from the Beginnings of Christianity to Irenaeus* (trans. J. E. Steely ; Nashville : Abingdon, 1970), 367-84. Originally published in German in 1913, Bousset's work had an enormous impact on the study of early Christianity in the twentieth century in part because of its influence on Rudolf Bultmann.

14 Bousset, *Kyrios Christos*, 367.

15 Ibid., 383.

16 Morton Smith, "Palestinian Judaism in the First Century," in *Israel : Its Role in Civilization* (ed. M. Davis ; New York : Harper, 1956), 67-81 ; Martin Hengel, *Judaism and Hellenism* (trans. J. Bowden ; 2 vols. ; Philadelphia : Fortress, 1974).

17 Smith, "Palestinian Judaism in the First Century," 71.

18 Morton Smith, "The Image of God : Notes on the Hellenization of Judea, With Especial Reference to Goodenough's Work on Jewish Symbols," *Bulletin of the John Rylands University Library* 40. 2 (1958): 473-512.

19 Ibid., 481.

20 Hengel, *Judaism and Hellenism*, 312.

21 One criticism of Hengel's method is that much of the evidence he marshals to support his thesis is not from Palestine and not from the Ptolemaic period. Louis Feldman has developed this criticism most fully, arguing that much of the evidence adduced by Hengel is susceptible to interpretations that would undercut his thesis ("How Much Hellenism in Jewish Palestine?" *Hebrew Union College Annual 57* [1986] : 83-111).

22 Further evidence that Philo remained a marginal figure is seen in his virtual absence from subsequent Jewish tradition until the sixteenth century. His absence may be due to the theological editing of the tradition by the rabbis after the destruction of the second temple.

23 John J. Collins, "Artapanus," in *Old Testament Pseudepigrapha* (ed. J. H. Charlesworth ; 2 vols. ; New York : Doubleday, 1983-85), 2:892-93.

24 Peder Borgen, "Philo of Alexandria," in the *Anchor Bible Dictionary* (ed. D. N. Freedman ; 6 vols. ; New York : Doubleday, 1992), 5:341. Borgen continues : "In this way, Philo's extreme form of particularism risked ending up in a universalism where Jewish distinctiveness was in danger of being lost."

25 On the ethnic-cultural background of Theodotus, see Carl R. Holladay, *Fragments from Hellenistic Jewish Authors, Volume 2* (Texts and Translations 30 ; Atlanta : Scholars Press, 1989), 57-70.

26 For this reason, it is necessary to differentiate between types and degrees of Hellenization (cf. Barclay, *Jews in the Mediterranean Diaspora*, 88-98). Barclay's scales of assimilation, acculturation, and accommodation provide a helpful heuristic device by which to sort and evaluate the political, social, linguistic, educational, ideological, religious, and material components of Jewish identity in the ancient world.

27 A. T. Kraabel, for example, has emphasized the diversity of the Diaspora ("The Roman Diaspora : Six Questionable Assumptions," *Journal of Jewish Studies* 33 [1982] : 445-64). The growing body of scholarship on the scribes, Hasidim, Samaritans, Pharisees, Sadducees, Zealots, Sicarii, and Qumran proves that in Palestine, too, Judaism was a multiform phenomenon. Lester L. Grabbe has furthermore shown

that "Hellenism" was a similarly variegated phenomenon (*Judaism from Cyrus to Hadrian* [Minneapolis: Fortress, 1992], 156–68). It was not a phenomenon constituted by a single, consistent ideology but a process of negotiation encountering distinctive patterns of acceptance and resistance wherever it took place. Neither was Hellenization the exclusive concern of Jews among the non-Greeks of the Mediterranean world.

28 G. F. Moore, "Christian Writers on Judaism," *Harvard Theological Review* 14 (1921): 197–254.

29 Cf. Z. Yavetz, "Judeophobia in Classical Antiquity: A Different Approach," *Journal of Jewish Studies* 44 (1993): 1–22.

The Trinity Hall Traitors

Graham Howes

Dr Ohki's visits to Cambridge, although infrequent, have always been eagerly awaited by me. It is not only that he is deeply apprecia-tive of the university's physical beauty and sheer antiquity (not to mention its excellent bookstores !). It is also that his awareness of our intellectual history, and especially its seventeenth century radical, Puritan, elements is both acute and profound. I recall one occasion when, walking together in the Fellows' Garden of my college—Trinity Hall—we reflected on the reasons why, in the Puritan Revolution, predominantly conservative institutions such as Cambridge should have simultaneously have produced so many political and theological radicals, including Lilburne, Winstanley, Baxter and, of course, Oliver Cromwell himself. 'Is that still the case today ?' Dr Okhi asked. 'I'm not sure about *today* 'I replied' as most of our students nowadays seem to be more interested in finding a job rather than overturning the world. The 'End of Ideology' 'I joked' 'is now at hand.' And so it is. Yet only seventy years ago, in the 1930s, for many Cambridge stu-dents, social conservatism and political extremism were symbiotically related, often with profound personal and professional consequences, as these two case studies of the so-called 'Trinity Hall Traitors' reveals.

Both Donald Maclean (1931) and Alan Nunn May (1930) are among Trinity Hall's least celebrated alumni. Indeed neither of these two notorious anti-heroes of the Cold War receives as much as a mention

in Crawley's otherwise generously inclusive official history of the college. Nor, as undergraduates, did their strongly Communist opinions especially attract the attention of the college authorities, for, as Maclean's German supervisor recalled, 'nobody minded because it was felt that he, like most of his friends, would grow out of them' It was also because both men (although a year apart and from very different social backgrounds) were, like so many of their peers, profoundly aware of the threat of Fascism, omnipresent poverty and mass unemployment and the cynical temporising of much domestic politics. Their response was to look Leftwards in general and in particular to a Russia where, to adapt Lincoln Steffens' then famous phrase 'they had seen the future and it worked.' They were not alone. Indeed by the mid-1930s, out of a total undergraduate population of around 7000, over 850 were members of the University Socialist Society. Even in Trinity Hall, not famed then, as now, for its political radicalism, there were such figures as 'Red Flag' Dreshfield (later a distinguished QC) and Fred Pateman, who proposed earnestly, and successfully, to the Union the motion that 'Class War is Inevitable'. In such a climate, MacLean and Nunn May, if never close friends, shared similar political beliefs. They were, of course, eventually to mask and act upon those in widely contrasting ways.

Alan Nunn May was born in Birmingham in 1911, the son of a brass-founder. Clever and hard-working, he won scholarships to King Edward's School and then to Trinity Hall, where he gained First Class Honours in Maths and Physics. His supervision reports—still in the college archives—speak for themselves 'Has done well this term' (Blackett), 'works very hard and knows a lot' (Bullard) and, as his Tutor, Wansborough-Jones, commented, 'we have every hope that he will get a First and stay on and do research' May did both, and in June

1936 was awarded his PhD, for which the famous physicist LordRutherford himself had been one examiner. Finally, on August 20th of that year, May could write to Wansborough-Jones from his lodgings at 199 Chesterton Road—on Union Society notepaper—saying that 'My post at King's College [London] has now definitely been fixed up.... I shall probably not see you before I go, so I will take this opportunity of thanking you (and the college) for your help'.

His flat tone is perhaps typical of the rather withdrawn, unmemorable young scientist, described by one contemporary as 'colourless' and by another as managing 'to convey the distant impression of always being spiritually in his laboratory', and with none of the dash or pretension of his smarter Left Wing peers. Yet the latter's high profile Communism and anti-Fascism—coupled, perhaps, with his own painful memories of the Depression years in his native West Midlands—clearly radicalised May. Like Maclean, he joined the University branch of the Communist Party, and in May 1932, voted for the successful Union motion that 'This House has more hope in Moscow than in Detroit'—although predictably (and unlike Maclean) he did not speak. Less predictably, and probably through his graduate links with the charismatic physicist/crystallographer, and Marxist, J. D. Bernal, he made his own pilgrimage to Russia in 1936. One Trinity Hall contemporary described May as 'principled and an idealist.' Both were qualities, which eventually led him, in 1943-44, to pass on vital atomic bomb secrets to the Soviet Union. He did so with some personal *angst*. 'The whole affair 'he told the High Court in May 1946' was extremely painful to me and I only embarked on it because I thought this was a contribution I could make to the safety of mankind. I certainly did not do it for gain' The presiding Judge was unimpressed and sentenced him to ten years in prison. Granted early release in

1952, Nunn May returned to Cambridge, married a German fellow scientist, and, after seventeen years at the University of Ghana, spent the last twenty-five years of his life living unobtrusively in a Cambridge suburb.... He is not known to have re-visited his old College during this period.

As an undergraduate Donald Maclean's political views were far more overt and pronounced than Nunn May's. The son of a Scots-born, strict Calvinist, Liberal politician who became a member of Ramsay Macdonald's 1931 National Government, Maclean had been educated at Gresham's School, Holt, a relatively progressive public school which had already produced Lord Reith, W. H. Auden and Stephen Spender as well as such avowedly Leftist contemporaries of Maclean's as James Klugmann, Brian Simon and H. L. Dreshfield. Hence his political views, which he concealed from his father, were already largely formed by the time he entered the Hall in October 1931. They also ran parallel to other more conventional orthodoxies. Nearly six foot four, fair-haired and very good looking, with an Exhibition (i. e. a minor entry Scholarship) in Modern Languages, Maclean not only worked hard, securing First Class Honours in his second and final years, but played hard too. He captained the college Cricket XI and was also awarded his college 'colours' for Rugby and Hockey. He was an active member of the Hesperides, an elite student discussion group, (hosting several meetings in his large rooms underneath the college's famous Elixabethan Old Library) and was closely involved in the college literary magazine, 'The Silver Crescent'. Unsurprising, therefore that his college Tutor, Wansborough-Jones (also from Gresham's School !) should describe Maclean as 'one of the leading members of the college.'

Yet it is also evident from college archival sources that Maclean was already consciously conducting a double life. We know already from other published sources that Maclean was a member, from his first year, of a small, Trinity College-based Communist study-group containing, among others, Burgess, Blunt and with Philby its Treasurer. We also know from Maclean's Caius College contemporary, fellow-diplomat and subsequent biographer, Robert Cecil that notwithstanding another contemporary's acid comment on him, that 'such people from a comparatively affluent background.... knew very little about the working classes that featured so loudly in their talk', Maclean was, in fact, arrested in 1932 (albeit briefly — his mother obtained his release within hours) for his part in an unemployment rally in Hyde Park.' He also took part, in early 1934 in a post-Jarrow 'Hunger March' which was passing throughthe nearby town of Royston. On that occasion, Cecil recalls, 'I looked ahead and saw the tall figure of Donald striding purposefully along, arm in arm with some genuine proletarian. His face wore a look of dedication I could not hope to emulate'.

Such 'dedication' was also evident to the college, too. Many of his contemporaries there would have attended or read the account in 'Granta,' (the leading student magazine of the time) of the 'Moscow versus Detroit' debate at the Union in May 1932, where the freshman Maclean told a packed chamber that 'The only ultimate solution is the victory of the property-less classes'. More still would have recognized the satirical reference in the December 1933 issue of the college's own Silver Crescent magazine to 'Donald Maclenin, with a Tomb of Red bakelite in Market Square'. Maclean's own contributions to the magazine were, however deadly serious. The December 1934 issue carries his bitter verse response to the so-called Armistice Day Riot,

when the Student Anti-War Council, en route to an Armistice Day demonstration at the city's mainWar Memorial, was waylaid by a crowd of right-wing students as they were crossing Parker's Piece, a well-known public space. Running battles ensued, in which Macle— and Guy Burgess (another potential traitor at the time)—took part, until the police intervened. Maclean's poem is worth re-printing in full.

DARE DOGGEREL. NOV. 11

Rugger toughs and boat club guys
In little brown coats and old school ties
Tempers be up and fore-arms bared
Down in the gutter with those who've dared.
Dared to think war-causes out,
Dared to know what they're shouting about,
Dared to leave a herd they hate,
Dared to question the church and state ;
Dared to ask what poppies are for,
Dared to say we'll fight no more,
Unless it be for a cause we know
And not for the sake of *status quo*.
Not for the sake of Armstrong Vickers,
Not for the sake of khaki knickers,
But for the sake of the class which bled,
But for the sake of daily bread.
Rugger toughs and boat club guys
Panic-herd with frightened eyes,
Sodden straws on a rising tide,
They know they've chosen the losing side.

D. M.

The next issue, for March 1934 was edited by Maclean himself. His editorial lays great stress on the decline in world trade precisely when traffic in arms and massive rearmament are increasing, attacks the League of Nations for 'instructing its members not to discourage territorial recruiting' and deplores 'the current politico-journalistic drive to war-mindedness' The same issue also carries a highly polemical, manifesto signed D. M. and entitled 'Read This' When one does, the tone and content go well beyond routine consciousness-raising Instead it calls upon his fellow Trinity Hall students 'to identify with the working class' and for 'everyone of military age to start thinking seriously about politics. For 'the students and workers will suffer most : it is they who will be gassed, it is they who will be shot down' this will be 'the real position of the student during the present stage of capitalist decline'. For good measure, he also contends that 'the university is economically a capitalist institution, and for that reason the teaching and ideology are bound to be capitalist'. On such evidence (and there is much more in the same vein) it is clear that in 1933 -4, his final year, and following the death of his politically Conservative father the previous June, Maclean decided to give public expression—albeit though his college's own modest magazine—to his own political convictions. By then he had already built up a largish personal library of Marxist and Soviet books and pamphlets. One item, the newly translated 'Brief History of Russia', by M. N. Pokrovsky, with a preface by Lenin himself, had accompanied him to a small Christmas house party at Hawarden, the Gladstone family home (the Maclean family's own social connections were impeccable—hence the invitation). Page 145 has a quotation, which Maclean heavily under-

lined, and initialled and dated. It reads; 'Like the bourgeoisie, the intelligentsia lived on the surplus product that was extracted by force from the peasant and the workman. A communist revolution would mean that it would have to give up its advantages, renounce all its privileges and join the ranks of manual labour. And this prospect could be accepted only by a small number of the most sincere and devoted revolutionaries of the intelligentsia'.

Donald Maclean clearly identified closely with the latter, while also obediently giving up his formal membership of the Communist Party on instructions from his new Russian contacts in London, and opting for the Foreign Office rather than, as previously envisaged, graduate work or a teaching post in Russia. As for his communist sympathies 'I've rather given up on all that lately' he lied to his very relieved mother. One suspects that he took a not dissimilar line with his Tutor, Wansborough-Jones, whose own letter to Maclean (a copy is still in the archives), dated 29th August 1934, speaks for itself 'I have very little doubt that your decision is a wise one. It may seem a little dull at first sight, but from what I have seen of people who went into the Foreign Office I gather that they have a very interesting time, and I am not sure that you will not find you have considerable talents in that direction' The same file also contains Jones's formal reference to the Civil Service Commission concerning his former pupil, dated 11th March 1935-when Maclean was already in contact with the NKVD!. Part of it reads.

'I knew Mr Maclean very intimately when he was up here and I have no hesitation in saying that on the scores of intellect, personality and ability he is in every way fitted for selection for service in the/Foreign Office and Diplomatic Service. He is a man possessing both quite

unusual personal charm and distinction of mind, ... At the same time he always took a prominent part in College and University affairs and he had particularly in his last year rather pronounced political views. Without allowing his work to suffer he spent a good deal of his time assisting various political associations both in Cambridge, and I think, elsewhere. I have always found him a man who had the courage of his convictions and always able to make up his own mind firmly and decisively after hearing various points of view'.

Maclean entered the Foreign Office successfully later that autumn, and the rest is, of course, history. Whether either Maclean's political beliefs, let alone their consequent pattern of deception and betrayal are likely to be generated and replicated in today's world remains open to question. In a world where the ideological fault-lines are now predicated more by what Samuel Huntingdon has called 'The Clash of Civilizations' than by geopolitics, economics, class or race, Maclean s brand of Communist idealism (and Nunn May's, too) now has a distinctively old-fashioned ring to it. At the time,in the 1930's, as in Okhi's beloved 17th century, such radical extremism had it's own rationale Today it is different, and the challenge for today's student generation—whether at Cambridge or Seigakuin—as well as for the rest of us, is surely to strive for what Hideo Okhi has so memorably called 'responsible globaliszation' which 'will travel between the deep valleys of hope and despair' towards a normative 'world community' beyond. That really *is* a vision for our own time.